"广州律智"法律服务丛书

建设工程法律纠纷实战智慧

广州市律师协会 编著

PRACTICAL WISDOM IN CONSTRUCTION
LAW DISPUTES

法律出版社
LAW PRESS·CHINA
北京

本书编委会

（人名排序不分先后）

主 编

王 瀚　胡斯恒

副主编

李松涛　黎国贵　胡 键　周林飞
李一鸣

成 员

黄建球　史 萍　王云辉　陈育虹
陈滨宏　邓 攀　林永青　白 峻
肖挺俊　徐敏仪　王育民　左韵琦
潘钰鸣　蔡泳书　张壮飞

编 辑

梁淑娴　陈向荣　张志钰　劳倩仪

目 录

1. 施工合同无效时工程款如何结算 …………………………………………… 1
   广东洛亚律师事务所　黄建球

2. 工程转分包或挂靠如何界定"实际施工人"及代位权 ……………… 10
   广东天禄盟德律师事务所　李松涛

3. 发包人在诉讼中以工程结算需要审计为由抗辩，应如何见招
   拆招 …………………………………………………………………………… 20
   广东天禄盟德律师事务所　李松涛

4. 工程转包合同被认定无效为何凭"单方制作"的证据胜诉 ………… 29
   广东天禄盟德律师事务所　李松涛

5. 民刑交叉的工程质量纠纷案如何并行处理索赔与反索赔 ………… 48
   广东天禄盟德律师事务所　李松涛

6. 工程验收合格后，能否以工程质量问题作为拒绝支付工程价款
   的抗辩事由 ………………………………………………………………… 65
   广东德寰律师事务所　马平川

7. 设计变更后工作成果不合格是否影响变更前的验收效力 ………… 72
   广东德寰律师事务所　马平川

8. 施工企业的分公司承包经营造成总公司的损失应如何追索 ……… 80
   广东合盛律师事务所　麦志峰

9. 勘察设计方能否突破合同相对性主张勘察设计费 ………………… 91

广东法制盛邦律师事务所　王华金

10　工程案中的举证责任分配实证研究……………………………… 99
　　广东广语堂律师事务所　王云辉

11　工程价款优先受偿权案例研究…………………………………… 106
　　广东广语堂律师事务所　王云辉

12　发包人与分包人达成结算调解后，发包人再主张工程质量索
　　赔是否构成重复起诉……………………………………………… 113
　　北京市盈科（广州）律师事务所　向　焘

13　多重转包、分包下，建设工程施工合同与承揽合同的认定…… 122
　　广东固法律师事务所　谢君宜　陈立宏

14　承包人适用简易计税方法，发包人是否有权扣减税费差额…… 130
　　广东固法律师事务所　谢君宜　陈立宏

15　当事人约定工程价款实行固定价结算，工程价款能否调整…… 139
　　广东协言律师事务所　谢兰才

16　发包人未违反合同约定，但结算期限远超合理期限情况下，
　　工程款利息何时起算……………………………………………… 146
　　广东环球经纬律师事务所　左韵琦　陈启环

17　实际施工人的认定………………………………………………… 153
　　北京市隆安（广州）律师事务所　韦国祥

18　与第三方签订新的施工合同，原施工合同是否自动终止……… 159
　　广东元道泽粤律师事务所　吴宗烨　彭威艳

19　建筑工程承建单位的认定不宜仅以备案合同、建筑工程施工
　　许可证记载的内容作为依据……………………………………… 165
　　广东元道泽粤律师事务所　吴宗烨　彭威艳

20　工程价款结算文件无法获取原件的情况下结算金额的认定…… 172
　　广东启源律师事务所　张壮飞

21 合同无效且均有过错的情况下，实际施工人如何向承包人赔偿因质量问题所导致的损失 …………………………………………… 180
　　广州金鹏律师事务所　孔　源

22 分包人超额向实际施工人支付工程款后能否追讨管理费 ………… 187
　　广东粤通律师事务所　刘　涓

23 财政评审报告"不予计取"的分包合同签证工程量应当如何结算？
　　………………………………………………………………………… 193
　　广州金鹏律师事务所　闫　涛

24 工程层层转包后的工程款支付义务的承担 …………………………… 198
　　广东格林律师事务所　李国勇

25 自然人签字的工程结算单的效力认定 ………………………………… 205
　　广东红棉律师事务所　马敬山

26 建设工程施工合同纠纷中总承包公司是否对劳务施工人承担连带责任 …………………………………………………………………… 213
　　广东红棉律师事务所　马敬山

27 施工方与总承包方就同一项目同时签订多份不同性质的合同，如何确定结算依据 ………………………………………………… 227
　　广东广之洲律师事务所　王腾远

28 转包合同关系中，实际施工人能否要求发包人支付逾期付款利息
　　………………………………………………………………………… 233
　　广东广之洲律师事务所　王腾远

29 施工单位变更后如何确定农民工工资支付履约保险的保证责任归属 ……………………………………………………………………… 241
　　广东启源律师事务所　胡斯恒

30 如何认定工程多次转包下实际施工人的权利边界 ………………… 251
　　广东胜伦律师事务所　肖挺俊

31　约定以财政投资评审结论作为工程结算依据的例外情形⋯⋯⋯ 260
　　北京天达共和（广州）律师事务所　陈滨宏　朱春容

32　逾期支付工程质保金是否适用工程款迟延支付违约责任的约定⋯⋯ 272
　　北京天达共和（广州）律师事务所　陈滨宏　朱春容

33　财政投资评审程序中发包人的责任边界⋯⋯⋯⋯⋯⋯⋯⋯⋯⋯ 278
　　北京天达共和（广州）律师事务所　陈滨宏

34　工程保险损失的认定及索赔若干建议⋯⋯⋯⋯⋯⋯⋯⋯⋯⋯⋯ 292
　　北京市竞天公诚（广州）律师事务所　胡　键　邓杰朗

35　实际施工人经仲裁程序未追回工程款后可起诉发包人在未付
　　工程款的范围内承担责任⋯⋯⋯⋯⋯⋯⋯⋯⋯⋯⋯⋯⋯⋯⋯ 303
　　广东红棉律师事务所　胡焱平

36　固定单价合同下材料价格上涨的承包方风险⋯⋯⋯⋯⋯⋯⋯⋯ 311
　　广东富临国泰律师事务所　雷　鸣

37　未到期工程质量保证金是否属于发包人欠付的工程款范围⋯⋯⋯ 323
　　广东南国德赛律师事务所　黎荣贵

38　建设工程施工合同纠纷中事实合同关系的认定⋯⋯⋯⋯⋯⋯⋯ 330
　　广东南磁律师事务所　徐敏仪

39　建设工程合同纠纷存在挂靠行为时的合同效力及责任分配⋯⋯⋯ 338
　　广东法制盛邦律师事务所　张茂东

40　挂靠人以自己的名义签订建设工程分包、转包合同的效力及
　　责任的认定⋯⋯⋯⋯⋯⋯⋯⋯⋯⋯⋯⋯⋯⋯⋯⋯⋯⋯⋯⋯ 349
　　广东法制盛邦律师事务所　张茂东

41　工程已交付使用未结算之证据收集⋯⋯⋯⋯⋯⋯⋯⋯⋯⋯⋯⋯ 357
　　广东四端律师事务所　郑　莉

42　获取关键证据成功主张设计费及可期待利益损失⋯⋯⋯⋯⋯⋯ 367
　　广东广信君达律师事务所　黎国贵　李甜甜

| 43 | 一审鉴定报告被推翻，二审缘何反败为胜 | 374 |

广东广信君达律师事务所　黎国贵

| 44 | 破解一审败局，助设计公司成功追回设计费用 | 382 |

广东广信君达律师事务所　黎国贵　李甜甜

| 45 | 建设工程施工合同发生实质性变更情形下结算依据的认定 | 395 |

北京天达共和（广州）律师事务所　陈滨宏　王育民

| 46 | 工程未竣工验收但已取得交工验收证书，发包人理应返还工程质量保证金 | 403 |

广东金桥百信律师事务所　邓攀　邓骞

| 47 | 建材价格猛涨以情势变更为由主张调价致施工合同解除，承包人误期违约及损失赔偿责任之认定 | 412 |

广东金桥百信律师事务所　邓攀

| 48 | 建设工程施工合同无效情况下管理费约定之效力认定 | 427 |

北京市炜衡（广州）律师事务所　董泽云

| 49 | 未经验收，已完工工程质保期起算点的认定 | 436 |

北京大成（广州）律师事务所　黄威

| 50 | 装饰装修合同纠纷应否适用专属管辖 | 444 |

广东广信君达律师事务所　史萍

| 51 | 建设工程施工分包合同无效时的利益平衡 | 451 |

广东正大方略律师事务所　黄早松　张浩然

| 52 | 建设工程优先受偿权期间的起算 | 459 |

广东正大方略律师事务所　黄早松　张浩然

| 53 | 总公司是否需对他人冒用名义设立的分公司的建设工程债务担责 | 467 |

广东华誉品智律师事务所　幸桂诗　黄仲光

54　"交钥匙"总承包工程合同下，因法律变动导致设计变更所增

加的工程价款由谁承担？⋯⋯⋯⋯⋯⋯⋯⋯⋯⋯⋯⋯⋯⋯⋯ 475
  广东金桥百信律师事务所　白　峻　邓玟洁

55 工程长期未结算情形下工程款利息的起算⋯⋯⋯⋯⋯⋯⋯ 485
  广东金桥百信律师事务所　白　峻　杨　倩

56 建设工程捐资方是否属于建设工程的发包人？⋯⋯⋯⋯⋯ 492
  广东金桥百信律师事务所　白　峻　康悦晴　武　妍

57 招标与否以及采取何种方式招标，对光伏发电项目 EPC 总承
  包合同的法律效力是否产生影响？⋯⋯⋯⋯⋯⋯⋯⋯⋯⋯ 498
  广东金桥百信律师事务所　白　峻　陈送炜

58 针对同一工程进行多次结算情况下工程款结算金额的认定⋯⋯ 504
  广东金桥百信律师事务所　白　峻　武　妍

59 使用承包人技术资料专用章签订的买卖合同是否构成表见代理⋯⋯ 512
  泰和泰（广州）律师事务所　王　瀚

60 多重转包情况下实际施工人向发包人主张权利应受到限制⋯⋯ 520
  泰和泰（广州）律师事务所　王　瀚

61 工程被多次转包承包人为工程垫付的费用应向谁主张？⋯⋯ 529
  广州金鹏律师事务所　周林飞

62 建设工程施工合同无效，工期延误损失的赔偿责任该如何认定？
  ⋯⋯⋯⋯⋯⋯⋯⋯⋯⋯⋯⋯⋯⋯⋯⋯⋯⋯⋯⋯⋯⋯⋯⋯ 537
  广州金鹏律师事务所　周林飞

63 工程未获得合同约定的行业最高质量奖，拒付保证金是否应
  得到支持⋯⋯⋯⋯⋯⋯⋯⋯⋯⋯⋯⋯⋯⋯⋯⋯⋯⋯⋯⋯ 545
  广州金鹏律师事务所　周林飞

64 如何认定合同无效时承包人的建设工程价款优先受偿权⋯⋯ 553
  北京市盈科（广州）律师事务所　李一鸣

65 历经十一年且穷尽所有法律程序的工程结算改判案⋯⋯⋯⋯ 561

　　　　广东正平天成律师事务所　　赵亚荣　　廖　莘

66　3.21亿元天价工期违约金索赔背后的真相 …………………… 571
　　　　广东启源律师事务所　　陈镇慧　　陈育虹

67　建设工程合同无效的情况下，约定的管理费能否参照执行………… 584
　　　　广东连越律师事务所　　林永青　　宋家艳

68　录音证据在工程纠纷案件中的运用和法律分析……………………… 597
　　　　广东连越律师事务所　　林永青　　黄安雯

69　情势变更制度在建设工程纠纷中适用的窘境…………………………… 605
　　　　广东启源律师事务所　　陈镇慧　　陈育虹

70　竣工逾6个月尚未结算，能否适用建设工程价款优先受偿权…… 622
　　　　广东环球经纬律师事务所　　左韵琦　　陈启环

施工合同无效时工程款如何结算

广东洛亚律师事务所　黄建球

一、当事人的基本情况及案由

上诉人（原审原告）：J 公司
上诉人（原审被告）：马某
案由：建设工程合同纠纷

二、案情介绍

J 公司为工程项目的发包人，D 公司为总承包人。

2013 年 3 月，J 公司与马某签订《施工劳务组织协议》，约定由马某为 J 公司项目的土建主体工程提供施工劳务组织，工期自 2013 年 3 月 10 日至 2014 年 4 月 30 日。

合同签订后，马某按合同要求于 2013 年 4 月 8 日支付工人工资保证金 1,000,000 元，并按约定组织劳务施工，J 公司则按约定向马某支付进度款（部分进度款按马某要求直接代其支付给材料商）。

2014 年 4 月 17 日，J 公司与马某签订补充协议，约定马某自 2014 年 4 月 20 日起不再承担项目的施工组织总协调工作，马某组织进场的工程在完工后按约定竣工验收及结算。该协议签订后，马某不再参与工程的施工，双方于 2014 年 6 月对马某尚未用完的建筑材料进行了清点。

2014 年 9 月 2 日，双方签订《临时板房等设施转卖协议》，马某将 J 公司项目的临时板房等设施作价 50,000 元转卖给 J 公司。马某施工期间，因以总承包人 D 公司的名义租用誉新供应部的套扣式脚手架，遂于 2014 年 7

月4日委托J公司及D公司以抵扣工程款的方式支付租金481,874.08元给该供应部。因其中的241,874.08元未及时支付，该供应部向江门市蓬江区人民法院起诉D公司，该院作出民事判决书，判令D公司向该供应部支付租金241,874.08元及违约金。

为执行该判决，D公司、J公司与该供应部于2015年10月26日达成和解协议，由J公司代付欠款本金及诉讼费用共249,511.08元，供应部放弃违约金。根据该和解协议，J公司于2015年10月29日通过王某向该供应部支付249,511.08元。

马某不参与J公司工程的施工后，J公司与马某双方于2014年6月17日签订确认书，一致同意由J公司委托Z中心对马某施工的工程进行结算审核，同时约定，若审核的结算结果与马某提交的结算结果差异较大，由双方商定结算数额。Z中心接受委托后，组织双方对鉴定文件进行了审核。马某单方提供的结算清单显示，结算总价为28,995,974.87元，但因双方未能提供完整的工程文件给Z中心进行审核，该中心最后于2014年12月16日作出《结算审核报告》，确定结算价为15,969,893.11元，并注明了工程量计算文件不完整的事实。

2015年1月，马某明确告知J公司，Z中心的结算审核报告是未经实质性对数作出的，且与马某自行计算的结算价误差太大，因而不予认可。双方未能进一步协商后，J公司以Z中心的结算审核报告及本方核算已支付给马某25,279,363.69元（含J公司代马某支付的供应商材料款及工人工资等）为依据，诉请马某返还多付的劳务费9,059,959.50元及利息，并支付脚手架垫付费用241,874.07元及利息。

一审法院判决：（1）马某于本判决生效之日起10日内支付241,874.07元及相应利息（以实际欠款数按银行同期同类贷款利率从2015年10月30日起计至付清欠款之日止）给J公司；（2）驳回J公司的其他诉讼请求。

二审法院查明：

J公司与马某在《施工劳务组织协议》（签订日期为2013年3月4日）中约定按照"每月施工进度付款"。

J公司与马某在《施工劳务组织协议补充协议1》（签订日期为2013年

9月11日）约定，"土建主体框架工程每月按工程的施工形象进度计付施工劳务组织费用进度款"。

J公司与马某在《确认书》（签订日期为2014年6月17日）约定，"（1）由J公司财务部和马某委托的陈X，在现场监理罗X总监的见证下，共同确认结算工程量。（2）由J公司委托Z中心对马某提交的结算书进行最终审定，双方确认审定后的结算有效，但如果结算结果和马某提交的结算书数额差异较大，由K公司董事长和马某协商决定最终数额，并作为支付结算工程款的依据"。

Z中心作出的《结算审核报告》载明，"本次结算审核是在现有发包人及承包人提供的有限资料的基础上进行的"。

该案一审重审期间，一审法院曾向J公司释明由建行出具的《结算审核报告》不能作为涉案工程劳务费用的计算依据，故建议其申请对马某负责施工的工程进行鉴定，但J公司坚持以上述《结算审核报告》作为结算依据的前提下仅申请对马某施工的部分工程进行鉴定。

三、争议焦点

1. 《施工劳务组织协议》是否有效。
2. 是否超付施工劳务组织费用。
3. 《结算审核报告》能否作为定案依据。
4. 马某应否返还因施工期间租赁脚手架而产生的租金给J公司。

四、各方的意见

（一）J公司的意见

1. 上诉请求

撤销一审判决，改判马某返还J公司多付的施工劳务组织费用9,059,959.50元及利息（自2014年12月16日起按银行同期贷款利率计算至付款止）。

2. 理由

（1）Z中心出具的《结算审核报告》可以作为涉案工程结算的依据，

符合双方约定及法律规定。

（2）《确认书》《会议纪要》应视为各方对施工合同结束的补充约定。

（3）Z中心出具的《结算审核报告》不具备《最高人民法院关于民事诉讼证据的若干规定》（2008）第二十七条第一款规定的情形，一审法院认为《结算审核报告》第三条第（三）第一款陈述了未提交竣工图进而认定审核资料不完整，是错误的。

（4）马某在规定的时间内没有提交有效的工程资料，J公司有权按照已有资料进行审查，责任由马某自行承担。

（5）Z中心出具的《结算审核报告》中的核减符合合同约定及法律规定。

（二）马某的意见

1. 答辩请求

不同意J公司的上诉请求。

2. 答辩理由

J公司的上诉理由之一，认为Z中心出具的《结算审核报告》可以直接作为该案认定事实及判决的依据，这是对《结算审核报告》断章取义的片面理解。

3. 上诉请求

撤销一审判决第一项，依法改判马某不予返还套扣式脚手架租金。

4. 上诉理由

脚手架租金属于该案工程款项的一部分，实际上应由J公司承担，马某不应返还该脚手架租金。

（三）J公司的意见

脚手架的租金是在（20××）江蓬法杜民初字××号判决书中明确规定了由D公司支付，后多方达成和解协议，由J公司代为支付该款项，且没有在和解协议中明确上述款项在工程款中进行抵扣，因此，一审法院要求马某支付J公司所垫付的款项是符合事实与法律规定的。

五、裁判结果

驳回上诉，维持原判。

六、裁判理由

本案为建设工程合同纠纷。马某不具备建设工程施工资质，作为涉案工程发包方的J公司将工程的施工劳务发包给马某并据此签订《施工劳务组织协议》，根据《最高人民法院关于审理建设工程施工合同纠纷案件适用法律问题的解释》（2004年，现已失效）第一条的规定，上述合同依法应认定无效。虽然上述合同无效，但马某已实际进场为J公司提供施工劳务，马某依法享有收取相应施工劳务费用的权利。马某与J公司就上述施工劳务费用的结算事宜所签订诸如《确认书》等协议，为双方的真实意思表示，且没有违反法律、行政法规的效力性强制性规定，应属合法有效。

本案中，结合J公司、马某在《施工劳务组织协议》《施工劳务组织协议补充协议1》中的约定以及在案《工程款支付申请书》所显示进度款的批准支付情况等可初步推知，J公司向马某已付的进度款多于实际应付施工劳务费金额的可能性较低。

J公司现主张超付施工劳务组织费用9,059,959.50元，根据"谁主张，谁举证"的原则及《最高人民法院关于适用〈中华人民共和国民事诉讼法〉的解释》（2015）第九十条第一款的规定，依法应由J公司就上述主张所依据的事实承担举证责任。

关于Z中心《结算审核报告》能否作为定案依据的问题。审核结果也难以反映涉案工程施工劳务的客观实际。因此，一审法院不予采纳《结算审核报告》作为定案依据并无不当，法院依法确认。

综上，由于J公司未能就其诉讼请求所依据的不可欠缺的事实之一（马某已完工程的应付施工劳务费）完成举证责任，依法应承担举证不能的不利后果。因此，J公司主张马某返还多付的施工劳务组织费用9,059,959.50元及利息，理据不足，法院不予支持。

关于马某应否返还因施工期间租赁脚手架而产生的租金给J公司的问

题。虽然马某在前述委托书中提及脚手架租金及相应税金应在其享有的涉案施工劳务费中扣除，但从J公司在2015年1月26日便起诉主张马某返还施工劳务费的行为可知，J公司在代为付款之前早已否定马某尚有施工劳务费可以抵偿的事实。由于马某未能举证证明J公司尚欠其施工劳务费，故其主张J公司所支付的脚手架租金可在施工劳务费中扣除，依据不足，法院不予支持。

七、案例评析

（一）施工合同无效并不影响结算协议的效力

施工合同无效情形下结算协议的效力问题，实质上是相对于无效的建设施工合同，所涉工程的工程价款而形成的结算协议是否具有独立性的问题。笔者认可该案法院的观点。在建设施工合同无效的情况下，结算协议不会完全丧失独立存在的空间和基础，结算协议的效力不受施工合同无效的影响。理由如下。

1. 结算协议属于清理结算性质，依法具有独立性

《民法典》第五百六十七条指出，合同的权利义务关系终止，不影响合同中结算和清理条款的效力。该条款明确了清理结算条款具有相对的独立性。另行签订的结算协议在性质上和无效合同中的清理结算条款具有一致性。无效合同中的清理结算条款尚且有效，无效合同以外另行签订的结算协议当然亦为有效。

2. 结算协议是对合法债权债务之结算和清理，并不违反强制性规定

《最高人民法院关于审理建设工程施工合同纠纷案件适用法律问题的解释（一）》第二十四条第一款，①《民法典》第七百九十三条②的规定指出，

---

① 《最高人民法院关于审理建设工程施工合同纠纷案件适用法律问题的解释（一）》第二十四条第一款规定，当事人就同一建设工程订立的数份建设工程施工合同均无效，但建设工程质量合格，一方当事人请求参照实际履行的合同关于工程价款的约定折价补偿承包人的，人民法院应予支持。

② 《民法典》第七百九十三条规定："建设工程施工合同无效，但是建设工程经验收合格的，可以参照合同关于工程价款的约定折价补偿承包人。

建设工程施工合同无效，且建设工程经验收不合格的，按照以下情形处理：

（一）修复后的建设工程经验收合格的，发包人可以请求承包人承担修复费用；

（二）修复后的建设工程经验收不合格的，承包人无权请求参照合同关于工程价款的约定折价补偿。

发包人对因建设工程不合格造成的损失有过错的，应当承担相应的责任。"

合同无效情况下，仍可参照无效合同的约定进行处理。该等规定实质上把无效合同进行了有效化处理，不仅认可了实际施工人应获取的权益，还认可了无效合同之于该等权益结算的价值。即使施工合同无效，实际施工人和相对人之间仍存在合法有效的债权债务关系。结算协议系对既存的合法有效的债权债务关系的结算与清理，当然没有违反法律、行政法规的强制性规定，一般情况下依法具有法律效力。

（二）尽管施工合同无效，无须进行利润、间接费之扣减

《民法典》第七百九十三条指出，验收合格情况下，承包人可以参照合同关于工程价款的约定要求折价补偿；修复后建设工程验收合格，可以请求承包人承担修复费用。法律明确施工合同无效的情况下，依然可以参照无效的施工合同关于工程价款的约定进行结算，但是在如何参照计算，是否需要扣减费用的问题上，法律未作明确规定。《住房和城乡建设部、财政部关于印发〈建筑安装工程费用项目组成〉的通知》第一条第一款①指出，建筑安装工程费含直接费、间接费、利润和税金。实务中，如何结算工程价款，尤其是否应扣减利润、间接费存在较大的争议。

需扣减的观点认为，利润属于非法所得，实际施工人不能因无效合同取得利益，应当予以扣除；实际施工人并无相应资质，并未提供相应管理，因而无权获得规费、管理费等间接费用。

本案中，该问题未被作为争议焦点进行处理，法院最终未进行间接费、利润的扣减。笔者认为，《住房和城乡建设部、财政部关于印发〈建筑安装工程费用项目组成〉的通知》本质上是用来规范建筑安装工程费用的计价活动的规定，该规定不能替代双方当事人对自身权利处分达成的合意。理由如下。

1. 建设工程有关费用的计算非常复杂，并且由于各种原因，施工人仍

---

① 《住房和城乡建设部、财政部关于印发〈建筑安装工程费用项目组成〉的通知》
一、《费用组成》调整的主要内容：
（一）建筑安装工程费用项目按费用构成要素组成划分为人工费、材料费、施工机具使用费、企业管理费、利润、规费和税金（见附件1）。

可能存在亏损的风险。即使无效合同中明确区分了各项费用，其中费用组成如利润、管理费实际上仍可能属于实际施工人的基本成本。各工程的计价方法并不统一，由各工程的实际施工人和相对人自行确定。如予以扣减很可能不符施工之实际。

2. 实际施工人和相对人的利益是此消彼长的关系，如予以扣减，实际上会导致实际施工人融入建筑工程产品中的利润被相对人获取，使得相对人依据无效合同取得了实施施工人本应得到的利益。不予扣减，符合公平原则。

3. 相对人和实际施工人在订立合同之时即应对合同无效的情况有合理的预见，因而他们所订立的无效的工程价款基本上能够反映出合同无效情况下的利益分配。不予扣减，符合意思自治原则。

4. 相对人和实际施工人在订立合同之时即应对合同无效的情况有合理的预见，相对人订立合同后又以合同无效为由拒付利润、间接费等，本质上属于在损害他人利益的前提下追求自己的利益，最终使得双方利益失衡。不予扣减，符合诚信原则。

（三）法院是否应对鉴定、评估报告进行实质审查

法官不可能同时是各行各领域的专家，不可能面面俱到地审查各方面的实质性问题。长期以来，部分法院认为鉴定、评估评报告涉及专门性知识，法院无法判断，进而直接认可其证据效力。该案中，法院进行了一定的实质审查，认为审核结果难以反映涉案工程施工劳务的客观实际，当事人在评估之前也作了一定的保留，故最终未据此定案。证据只有在真实性、客观性、关联性以及证明目的符合要求的情况下，才能作为定案依据，该等要求并不因证据为有关报告（如鉴定报告）而免除或降低。不应直接或进行形式审查后即认可报告的效力，对有关报告除了应进行形式审查（如是否有资质，报告形式是否合法，程序是否符合国家或行业标准等）外，还应进行实质审查。笔者认为，可以从以下角度或方式进行实质审查。

1. 有关报告是否基于案件情况的客观现实作出。该点涉及报告依据的事实的真实性问题和有效性问题。如本案中，报告缺失关键的客观现实作

为依据,因而并无作为定案依据的基础。

2. 根据案件的具体情况由出具报告的专家证人作出具体的解释。报告涉及的专业性较强,法官仅凭书面的报告或难以理解鉴定意见。出具鉴定意见的专家的具体解释,可以帮助法官对报告反映的情况作出判断,进而查清事实。

3. 如存在多个报告,且各个报告之间存在一定的矛盾之处,应对各个报告进行更严格的甄别和取舍。应当由该等报告的出具人对报告作出相应的解释,同时,亦可邀请权威专家对相互矛盾的报告发表专业意见,帮助法官进行理解和判断。[①]

【点评】

当前建筑工程施工领域,存在项目应招标而未招标、甲方直接指定分包等各种原因导致合同无效的情形,无效的建设工程合同客观上大量存在。如果合同中结算条款清晰,或各方签署了相应的清理结算协议,该条款、协议的效力问题在实务中存在一定的争议。结算条款或清理结算协议实际上是建设工程合同双方当事人利益平衡的结果,如果结算条款或清理结算协议无效,有关造价需进行评估和鉴定,再精确的评估和鉴定结果亦肯定无法企及合同双方当事人对实际施工情况的了解程度。合同双方根据意思自治原则达成的结算条款或清理结算协议实际上更能反映项目的实际情况,应依法得到遵守。具体到本案,法院最终判决结算协议有效,对清理结算协议的价值和意义予以肯定,依该协议执行并进行分配,较为妥善地平衡了双方的利益,对建筑市场规范发展亦起到了积极的引导作用。

点评人:泰和泰(广州)律师事务所律师 王 瀚

---

① 广东省江门市中级人民法院民事判决书,(2017)粤07民终3186号。

工程转分包或挂靠如何界定"实际施工人"及代位权

广东天禄盟德律师事务所　李松涛

一、当事人的基本情况及案由

原告：李某

被告：A公司

第三人：B公司

第三人：C公司

案由：建设工程合同纠纷

二、案情介绍

涉案的珠江三角洲外环高速公路肇花（某地）至花都（某山）段（以下简称肇花高速公路第九合同段）工程位于广州市花都区狮岭镇，建设单位为G公司，总承包单位为A公司。

2010年10月8日，A公司（甲方）与C公司（乙方）签订《联合经营（施工）项目协议书》，约定："甲、乙双方就肇花高速公路第九合同段土建工程进行联合经营，工程项目合同（协议）总额165,094,010元……"

2010年10月11日，A公司被确定为肇花高速公路第九合同段土建工程的中标单位，中标价为165,094,010元。2010年11月16日，G公司（发包人）与A公司（承包人）签订合同协议书，约定发包人将肇花高速公路第九合同段发包给承包方，合同价为165,094,010元。

2010年11月20日，A公司（甲方）与B公司（乙方、分包人）签订《专业分包合同》。2011年1月，A公司与C公司签订与上述内容相同的《专业分包合同》，乙方的落款委托代理人处有李某的签字，并载明C公司的银行账户。

2015年8月28日，A公司肇花高速公路项目经理部向G公司发送《关于肇花高速公路第九合同段请求解决施工期间窝工损失、增加投入等遗留问题的报告》。

2016年12月13日，G公司组织召开肇花高速公路第九合同段施工承包合同结算谈判会，参加会议的有G公司、A公司、项目部等单位相关人员，并形成会议纪要。

2017年10月12日，G公司与A公司签订结算协议，主要内容为："经核实，甲、乙双方同意本协议的结算金额为172,032,108元，该费用包含了承包人为完成合同工程所需的一切费用（包括相关规、税费等）。鉴于本结算需经审计部门和行业主管部门审核确认，若审计部门的审计决定和行业主管部门造价审查结果不一致，双方同意按以下原则处理：1. 行业主管部门和审计部门对同一内容有不同意见的，根据核减数额较高的意见进行调整。2. 行业主管部门和审计部门对不同内容进行调整的，综合行业主管部门和审计部门的意见进行调整。"

李某向一审法院起诉A公司，其诉讼请求：（1）A公司向李某支付拖欠的由李某施工的肇花高速公路第九合同段土建工程款28,401,488.22元及利息（按银行同期贷款利率计算，自2017年10月28日起计至实际付清之日止，暂计至2019年6月30日为2,258,307.37元）；（2）A公司向李某支付结算损失53,112,196元及拖欠结算损失的银行利息（按银行同期贷款利率计算，自2017年10月28日计至实际付清之日止，暂计至2019年6月30日为4,223,147.15元）；（3）A公司向李某返还工程履约保证金495万元及支付拖欠返还工程履约保证金的银行利息（按银行同期贷款利率计算，自2017年10月28日起计至实际付清之日止，暂计至2019年6月30日为393,592.81元）。法院依法立案，案号为（2019）粤0114民初8806号。

三、争议焦点

李某是否有权向 A 公司主张工程款等费用。

四、各方的意见

（一）李某的意见

A 公司与 B 公司是转包合同关系，A 公司将第九合同标段的工程整体转包给 C 公司。李某借用 B 公司的资质签订合同，类似于挂靠、合作关系，李某是实际施工人。之后，李某又称其是借用 A 公司的资质取得涉案工程，但认为其与 A 公司之间不存在合同关系。为此，李某提交了《工程项目开发合作协议书》、工商银行电子回单、企业信用信息予以证明。

原告不但是涉案工程的实际施工人，而且根据生效的广州市中级人民法院（2017）粤01民终17887号民事判决书已经认定原告与被告具有合同关系。

（二）A 公司的意见

A 公司仅与第三人 B 公司及 C 公司存在转分包合同关系，所支付的工程款和收取的发票均是与第三人之间发生的。A 公司与李某个人之间没有任何合同等其他的法律关系，李某没有实施施工行为，他只是 B 公司授权的全权代表，李某不是该案的适格原告，李某无权向 A 公司主张权利，其诉讼请求无任何事实和法律依据，依法应全部予以驳回。（1）A 公司与李某之间没有施工合同关系，A 公司中标承建的涉案工程，按照与第三人签订的合同将工程转分包给该案第三人 B 公司，双方签订了《联合经营（施工）项目协议书》和《专业分包合同》及系列补充合同，所签合同的主体合法，内容是双方的真实意思表示，没有违反法律的禁止性规定，应为有效合同。涉案工程是肇花高速公路第九合同段工程，于2010年10月10日开工，A 公司为涉案工程的施工总承包单位。A 公司中标后按与第三人签订的合同文件约定整体内部转包给第三人，由第三人负责施工。2010年11月15日B 公司向 A 公司出具《关于授权"C 公司"及启用银行账号的函》，B 公司书面授权其子公司 C 公司副董事长李某负责处理该合同实施过程中的全部事务，并在函中明确了启用在"珠海市工商银行某某支行"开设的银行账号"20020×××××00082386"。涉案工程施工期间，为了明确责任和管理架构，B 公司向 A 公司出具了《委托书》及《承诺书》，明确承诺涉案工程施工过程中李某及其被委托的人所签署、确认的合同、费用及对外与第三方产生的债权债务等均应由 B 公司承担全部责任。因此，李某只是代表 B 公司从事职务行为，并非李某个人的行为，李某个人与 A 公司之间没有任何合同等其他法律关系，李某不是该案的适格原告，更无权向 A 公司主张权利，李某的起诉依法应予以驳回。（2）在合同实际履行过程中，A 公司根据与第三人的合同约定履行向第三人的付款义务，由第三人 B 公司收到款项后向 A 公司出具发票，A 公司从未向原告李某支付过任何款项。由于在该工程施工过程中，B 公司指定的 C 公司施工时管理不到位，工程款没有专款专用，拖欠现场施工班组费用，导致项目多次出现"工潮事件"。2015 年，B 公司授权代表李某向 A 公司出具《授权委托书》，确认：委托李某、杜某林、杜某平三人在肇花高速公路第九合同段工程中，以 B 公司名义对涉案工程进行现场管理，李某、杜某林、杜某平在该工程建设期间所签署的合同协议、补充合同、还款协议、承诺书、担保、证明、办理结算、请款、代收合同款项以及处理与该工程有关事务的一切行为，均予以认可并承担全部责任。该授权委托书自工程开工到债务清偿完毕时有效。（3）《最高人民法院关于审理建设工程施工合同纠纷案件适用法律问题的解释（一）》第二十六条及《最高人民法院关于审理建设工程施工合同纠纷案件适用法律问题的解释（二）》第二十四条只适用于建设工程非法转包和违法分包情况，不适用于挂靠情形，该解释第二条赋予主张工程款的权利主体为承包人而非实际施工人，李某主张适用上述司法解释以所谓实际施工人的名义企图越过其被挂靠的单位第三人，直接向第三人的合同相对方主张工程款，无法律依据，是对上述法律规定的曲解和错误适用。

李某在诉状中提出的所谓拖欠工程款 28,401,488.22 元及所谓结算损失 53,112,196 元毫无事实和法律依据。事实是涉案工程因第三人多收了 A 公司的款项，A 公司已另案向贵院提起诉讼，贵院于 2019 年 10 月 15 日已经受理，在该案中A公司已经清楚地说明了相关事实。李某与第三人之间的内部权利义务关系与A公司无关，是他们双方另寻法律途径解决的问题。

A公司自始至终都是履行与第三人签订的合同，涉案合同约定B公司应交的工程履约保证金，A公司已应第三人要求返还给C公司。李某无权向A公司主张返还工程履约保证金。第三人是按与A公司签订的合同约定向A公司支付工程履约保证金人民币495万元，施工过程中，第三人以资金周转困难为由来函要求A公司先予返还，A公司于2011年1月7日已将该工程履约保证金返还给C公司。李某无权向A公司主张返还工程履约保证金，李某该主张既没合同依据，也与事实不符，至于李某与第三人之间用哪个账号划出该履约保证金是他们内部的问题，与A公司无关，A公司自始至终履行的都是与第三人签订的合同并按第三人C公司的要求将该工程履约保证金返还。

（三）第三人B公司、C公司的意见

原告提出的诉讼请求主张与第三人无关，原告将B公司、C公司列为第三人缺乏事实依据。截至目前，原告至少收到工程款1亿元以上，否则原告不可能仅向被告主张第一项诉讼请求的金额。尽管从流程上看被告与第三人没有进行结算，同时原告与第三人也没有进行结算，但是在该案中，被告未通过第三人C公司账户而直接向原告支付的金额近1亿元，这表明被告与第三人以及原告与第三人在实质上已经完成结算，第三人并没有拖欠原告一分一文。因此，原告将B公司、C公司列为第三人没有事实依据，其主张的所谓事实不成立。

关于原告的第二项诉讼请求，原告与被告之间的结算损失之讼争，实则与第三人毫无关系，原告起诉被告又无端累及第三人，完全没有任何道理。第三人自始至终没有实际参与案涉工程项目的施工活动，对于原告与被告是否曾经向业主方面提出过索赔主张，被告在结算过程中是否主动放弃索赔主张，以及原告主张索赔事实是否存在，第三人对此并不清楚，更何况，被索赔的业主单位与第三人并无直接的合同关系也没有其他关联关系，该案两个第三人与原告的索赔主张并无直接的利害关系，也并无法律上和事实上的因果关系，因此，原告诉称的结算损失实则与第三人无关，原告将第三人列为第三人于理不符，于法无据。

原告诉称的履约保证金，既不是通过第三人 C 公司的银行账号向被告支付的，也不是第三人 B 公司委托原告向被告支付的，而是原告以其个人名义转账给被告的，收款人为被告。由此产生的责任与交易风险应由当事人被告与原告双方自行承担，这与第三人无关。

五、裁判结果

（一）一审的裁判结果

广州市花都区人民法院依照《最高人民法院关于适用〈中华人民共和国民事诉讼法〉的解释》（2015）第九十条的规定，判决驳回原告李某的全部诉讼请求。

（二）二审的裁判结果

二审法院对一审法院关于李某与 A 公司之间不存在建设工程施工合同关系，A 公司也不是涉案工程发包人的认定正确，但以实体判决的形式驳回李某的诉讼请求，属于适用法律错误，依法予以纠正。2020 年 12 月，二审法院依照《最高人民法院关于适用〈中华人民共和国民事诉讼法〉的解释》（2015）第三百三十条规定作出裁定：（1）撤销广东省广州市花都区人民法院（2019）粤 0114 民初 8806 号民事判决；（2）驳回李某的起诉。

六、裁判理由

（一）一审的裁判理由

法院认为，关于各主体之间的关系，根据《最高人民法院关于适用〈中华人民共和国民事诉讼法〉的解释》（2015）第九十条规定："当事人对自己提出的诉讼请求所依据的事实或者反驳对方诉讼请求所依据的事实，应当提供证据加以证明，但法律另有规定的除外。在作出判决前，当事人未能提供证据或者证据不足以证明其事实主张的，由负有举证证明责任的当事人承担不利的后果。"首先，根据该案查明的事实，涉案的《联合经营（施工）项目协议书》《专业分包合同》等施工合同均是由 A 公司与 B 公司或 C 公司签订，李某只是作为 B 公司、C 公司的委托代理人在合同中签名。工程款也是由 A 公司直接拨付给 C 公司，由 B 公司向 A 公司开具发票。B 公司出具的《关于授权"C 公司"及启用银行账号的函》，也表明李某在涉案工程中的行为只是履行其职务的行为。在李某要求 A 公司退还工程履约保证金的函件中，其表明系代 C 公司支付工程履约保证金，要求工程履约保证金退至 C 公司账户。上述一系列事实均表明，在 A 公司和 B 公司之间成立合同关系，李某与 A 公司之间并不存在合同关系。其次，即使李某与 B 公司之间存在挂靠合同关系或其他关系，李某是实际施工人，李某也并未提交证据证明 A 公司知道李某与 B 公司二者之间的关系以及李某与 A 公司形成了事实上的建筑工程施工合同关系。故，即便认定李某为涉案工程的实际施工人，其亦无权突破合同相对性，直接向非合同相对方 A 公司主张建设工程合同中的权利。至于李某与 B 公司、C 公司之间的内部权利义务关系，双方仍可另寻法律途径解决。最后，李某认为其有权依据《最高人民法院关于审理建设工程施工合同纠纷案件适用法律问题的解释》第二十六条的规定要求 A 公司在未付工程款内承担连带责任，由于 A 公司并非涉案工程的发包方，而是总包方，因此李某的主张适用法律错误。综上，李某直接向 A 公司主张支付工程款等费用，没有合同和事实依据，法院不予支持。

一审判决后，原告李某不服提起上诉。

(二) 二审的裁判理由

二审法院对一审法院查明的事实予以确认，涉案《联合经营（施工）项目协议书》《专业分包合同》等施工合同均是由 A 公司与 B 公司或 C 公司签订，李某只是作为 B 公司、C 公司的委托代理人在合同中签名；涉案工程款由 A 公司直接拨付给 C 公司，由 B 公司向 A 公司开具发票；B 公司出具《关于授权"C 公司"及启用银行账号的函》，载明李某作为 C 公司的副董事长负责处理涉案合同事务；李某就涉案工程履约保证金返还事宜出具的函件，载明其受 C 公司委托代交履约保证金，请求 A 公司将履约保证金退至 C 公司账户等事实和证据，证明李某提起该案诉讼所依据的建设工程施工合同关系是由 A 公司与 B 公司、C 公司设立的。至于李某引述已经发生法律效力的法院（2017）粤 01 民终 17887 号民事判决中"李某或 B 公司与 A 公司形成合同关系"的内容，并未确定 A 公司的合同相对方是李某还是 B 公司，因该事实并非该案的争议焦点，且该判决也有认定 A 公司与 B 公司形成合同关系的内容。因此，根据该案现有证据，不能证明 A 公司与李某之间设立了该案建设工程施工合同关系的事实。此外，即使李某与 B 公司或者 C 公司之间存在涉案工程的施工挂靠关系及李某是实际施工人，李某也无证据证明 A 公司知道或者应当知道该挂靠关系并予以认可的事实，也就是说李某并无证据证明其与 A 公司之间设立了事实上的建设工程施工合同关系。另外，A 公司不是《最高人民法院关于审理建设工程施工合同纠纷案件适用法律问题的解释》第二十六条及《最高人民法院关于审理建设工程施工合同纠纷案件适用法律问题的解释（二）》第二十四条规定的发包人，即李某与 A 公司之间不存在依照上述司法解释规定而设立的债权债务关系。至于李某上诉提出代位行使债务人的债权的意见，因李某是以建设工程施工合同纠纷而非债权人代位权纠纷提起该案诉讼，故该上诉意见法院不予采纳。综上所述，李某与 A 公司之间不存在与该案建设工程有关的合同关系或其他债权债务关系，故李某与该案没有直接利害关系。《民事诉讼法》（2017 年修正，现已被修订）第一百一十九条规定："起诉必须符合下列条件：（一）原告是与该案有直接利害关系的公民、法人和其他组织；……"因此，李某提起该案诉讼不符合上述法律规定的起诉条件，属于诉讼主体不适格，依法应当裁定驳回其起诉。

七、案例评析

本案所涉工程纠纷，是司法实践中经常遇到的，诸如工程施工过程中存在非法转分包或挂靠情形下如何界定所涉合同相对性、实际施工人及代位权等难点和热点。本案的代理律师，在充分了解所涉工程的案件事实后，制定了本案抗辩和另案起诉第三人的诉讼策略，本案的主要抗辩意见紧紧围绕如下几点：（1）通过法院生效判决查明的事实，证明 A 公司仅与本案的第三人 B 公司和 C 公司有转分包合同关系，所支付的工程款和收取的发票均是与第三人之间发生的，李某只是 B 公司授权的全权代表，其不是实际施工人，A 公司与李某之间没有任何合同等法律关系，其无权向 A 公司主张权利。（2）关于何为"实际施工人"？在庭审抗辩及代理意见中，代理人认为最高人民法院已明确《最高人民法院关于审理建设工程施工合同纠纷案件适用法律问题的解释（一）》第二十六条及《最高人民法院关于审理建设工程施工合同纠纷案件适用法律问题的解释（二）》第二十四条只适用于建设工程非法转包和违法分包情况，不适用于挂靠情形，赋予主张工程款的权利主体为承包人而非实际施工人，如前所述李某并非司法解释定义的"实际施工人"，其主张适用上述司法解释以所谓实际施工人的名义企图越过第三人，直接向第三人的合同相对方主张工程款，无法律依据，是对上述法律规定的曲解和错误适用。同时，《最高人民法院关于审理建设工程施工合同纠纷案件适用法律问题的解释（一）》第二十六条以及《最高人民法院关于审理建设工程施工合同纠纷案件适用法律问题的解释（二）》第二十四条规定的宗旨是为了保护农民工的利益，而上诉人李某并非农民工，因此李某与该法律规定所需保护的对象无关。（3）涉案工程因两个第三人多收了 A 公司的款项，A 公司已另案向法院提起诉讼，要求两个第三人返还多收的款项，李某在庭审及上诉状中已确认"该案中两个第三人对于上诉人来说是债务人，……，然后（两个第三人）将收到的工程款全部支付给上诉人。"可见李某是知道其与 A 公司之间没有合同关系和债权债务关系的，且李某并无证据证明其与 A 公司之间设立了事实上的建设工程施工合同关系。另外，A 公司不是《最高人民法院关于审理建设工程施工合同纠纷案件适用法律问题的解释（一）》第二十六条及《最高人民法院关于审理建设工程施工合同纠纷案件适用法律问题的解释（二）》第二十四条规定的发包人，即李某与 A 公司之间不存在依照上述司法解释规定而设立的债权债务关系，该案因此不存在上诉人李某在上诉状中所谓的"代位权"的问题。

【点评】

本案的难度在于建设工程在施工过程中存在非法转分包或挂靠情形下应如何界定所涉合同相对性、实际施工人及代位权。

点评人：泰和泰（广州）律师事务所律师　王　瀚

发包人在诉讼中以工程结算需要审计为由抗辩，应如何见招拆招

广东天禄盟德律师事务所　李松涛

一、当事人的基本情况及案由

原告：A 公司

被告：B 医院

案由：建设工程合同纠纷

二、案情介绍

2011 年，B 医院发布的《广州市 B 医院新增 1∗800KVA 供配电系统设备采购招标公告》，载明：项目名称：广州市 B 医院新增 1∗800KVA 供配电系统设备采购项目，项目内容：开关房内高压配电柜、变压器、高低压配电柜、高压电缆设备采购、安装等工作内容。2011 年 8 月 29 日，广州某招标代理有限公司发布的《中标通知书》载明：包组名称：800KVA 双回路用电增容设备，中标人名称：A 公司，中标金额 2,338,530.10 元，完工期为签订合同之日起 100 个工作日。

2011 年 10 月，B 医院（发包单位/甲方）与 A 公司（承包单位/乙方）签订的《广州市 B 医院医用电 800KVA 双回路用电增容设备安装工程项目合同》约定，工程名称：广州市 B 医院医用电 800KVA 双回路用电增容设备安装工程项目，工程期限计算的起止时间为签订合同之日起 110 工作天完工。乙方应在规定的工期期限前准备好工程结算资料，向甲方提出验收和结算申请。合同金额为 2,338,530.10 元，本合同采用固定综合单价方式。

乙方负责向税务局缴交本项工程所有的相关税金。合同签订后10日内，采购人支付合同总价的25%（584,632.53元）作为首期付款，设备全部到达工地现场经采购人验收后7日内支付合同总价的25%（584,632.53元），设备安装调试验收合格后，采购人支付合同总价的25%（584,632.53元），设备运行正常一个月后支付合同总价的20%（467,706元），合同总价的5%（116,926.51元）作为质保金。在竣工验收之日起满1年后，经复查无质量问题，退回质保金（不计利息）。

工程开工/复工报审表中载明：2012年5月16日，案涉工程具备开工/复工条件，广州市某工程建设监理有限公司同意A公司的开工申请。工程最终延期审批表中载明：2012年2月23日，广州市某工程建设监理有限公司同意A公司延长案涉工程工期的申请，竣工日期从原来的2012年4月12日延迟到2013年4月12日。工程竣工验收报告载明：案涉工程的验收日期为2013年4月19日。原、被告确认案涉工程已于2013年4月19日进行竣工验收，但报告于2013年4月20日形成。报告的出具日期为2013年4月20日。2013年4月20日经原、被告确认真实性的结算文件显示，结算价为2,393,666.23元，落款处加盖A公司、B医院的印章。

2019年11月11日，A公司向法院起诉B法院，请求：（1）判令被告向A公司支付工程款444,768.64元；（2）判令被告自2013年5月20日起向A公司支付迟延付款利息（按照中国人民银行同期同类贷款利率加计50%计算至2019年8月19日，从2019年8月20日起，按照银行间拆借中心发布利率加计50%计算至清偿之日止，暂计至2019年10月31日为275,138.98元）；（3）判令被告承担本案的诉讼费。

A公司认为2013年4月20日双方确认案涉工程的结算价为2,393,666.23元。按照合同约定设备运行正常一个月后发包方应支付至合同总价的95%，即被告B医院最迟应在2013年5月20日前应累计支付工程款至2,273,982.92元，合同签订总价的5%作为质保金，在竣工验收之日起满1年后，经复查无质量问题，退回质保金。案涉工程2013年4月20日竣工验收至今已6年有余，其间A公司从未收到过B医院关于质量问题的函件，所以B医院应依约于2014年4月20日期满后将质保金116,926.51

元全额退回 A 公司。综上，双方确认的结算价为 2,393,666.23 元，但被告合计只支付了工程款 1,948,897.59 元，因此被告尚欠工程款 444,768.64 元未支付 A 公司。

三、争议焦点

1. A 公司的诉请是否超过诉讼时效。
2. 涉案工程是否需要以财政评审作为结算依据以及是否已经最终进行结算。
3. A 公司主张利息的起计时间的依据是否准确。

四、各方的意见

（一）A 公司的意见

1. 关于诉讼时效问题

案涉工程的竣工验收时间是 2013 年 4 月 19 日，原、被告双方于 2013 年 4 月 20 日进行结算并盖章确认本案工程的结算，A 公司于 2014 年 2 月 20 日按合同第八条"支付方式"第二款约定"设备运行正常一个月后支付合同总价的 20%（467,706 元）"，开具了金额为 467,706 元发票给 B 医院，B 医院的"冯某"于 2014 年 2 月 21 日进行了签收，其后 A 公司催要款项，B 医院分别于 2014 年 4 月 4 日支付了 10 万元、2014 年 11 月 4 日支付了 9.5 万元给 A 公司，并未按发票全额付款。A 公司多次催促和不断派员上门追讨工程尾款，如 2016 年 3 月、2017 年 9 月和 2019 年 3 月上门，B 医院均以领导更换要进行内部领导离任审计或以其管理文件通知工程款支付要办理内部评审手续为由，一直拖延支付工程款，而且每次都复印了其内部函件给 A 公司的工作人员，详见 2016 年 3 月 2 日、2017 年 9 月 25 日和 2019 年 3 月 12 日三份《关于办理 B 医院新增 800KVA 双回路电源供电工程结算评审的函》。2016 年 12 月 29 日 B 医院出具一份《工程项目评审对数记录》要求 A 公司配合其内部评审，A 公司明确表示不同意，提请法院注意 B 医院及主管部门在前述三份函中均确认的案涉工程结算金额为 2,393,666.23 元。

在多次催促 B 医院支付工程尾款未果后，A 公司不得不于 2019 年 7 月

25 日委托律师事务所向 B 医院发出律师函，并于 2019 年 11 月 11 日向法院提起本案诉讼，法院组织双方诉前联调无果后于 2019 年 11 月 29 日受理本案。以上事实充分证明 A 公司不但不断催收工程尾款，而且根据 2017 年 10 月 1 日实施的《民法总则》的普通诉讼时效为 3 年的法律规定，A 公司的诉请没有超过诉讼时效，B 医院的抗辩违背事实和法律规定，是为了推卸履行支付工程款义务和承担违约责任的借口和恶意缠诉，依法应受到制裁。

被告 B 医院在庭审答辩和质证过程中没有提出任何有关诉讼时效的抗辩，而且被告一方面认为未经评审涉案工程未结算，既然未结算何来已过诉讼时效？另一方面被告当庭也确认尚欠 A 公司部分工程款，且 B 医院及主管部门在 2016 年 3 月 2 日、2017 年 9 月 25 日和 2019 年 3 月 12 日三份函中均确认案涉工程结算金额为 2,393,666.23 元，只是要其主管部门"确认结算手续"。案涉工程在 2013 年 4 月 20 日竣工验收并交付使用后，A 公司就通过各种方式向 B 医院主张催要案涉工程的尾款，如果 A 公司没有不断向 B 医院主张案涉工程尾款，B 医院也不可能发函到广州市白云区财政局和广州市白云区卫生健康局要求进行财评，第三方评估机构也不会向 B 医院出具"退审通知书"，而且 A 公司也不可能冒着国有资产流失的风险放弃自己的权利。因此被告 B 医院在法庭辩论阶段提出的诉讼时效抗辩，称 A 公司没有向他们主张权利是完全不符合逻辑和情理的，也与事实不符。

2. 被告称涉案工程需要以财政评审作为结算依据的抗辩无任何事实和法律依据

首先，案涉合同双方 A 公司和 B 医院，是平等的民事主体，合同条款是双方的真实意思表示，合同合法有效，案涉工程的招投标文件、签订的项目合同等合同组成文件中没有任何有关案涉工程结算需经过财政评审或者以财政评审作为依据的约定，合同款项也非财政资金，被告也当庭确认是用自有资金支付涉案的工程款给 A 公司。

其次，案涉工程于 2013 年 4 月 19 日竣工验收，2013 年 4 月 20 日 A 公司与被告进行最终结算，并在结算文件上盖章确认，内容和表现形式都是一份经过双方盖章确认的结算书，而不是像被告辩称的是工程结算报批表，且被告提交的《关于办理 B 医院新增 800KVA 双回路电源供电工程结算评审的函》以及A公司补充提交的证据都清楚地证明被告是确认结算书中的2,393,666.23元的,被告称案涉工程结算需要进行财政评审是被告与上级之间的行政监督和管理关系,与本案的民事合同关系无关。被告以其内部人事变动以及其需要接受上级部门评审为由拖延支付工程款是不成立的。

再次,A公司从来没有同意案涉工程结算需经过财政评审或者以财政评审作为依据,即使被告因为领导更换和内部管理有新规定告知A公司支付工程结算尾款其内部需要重新走审批流程,这并不等同于A公司同意其推翻双方已结算的事实,被告将其内部行政监督审计的要求强行加入平等民事主体的合同当中没有任何合同和法律依据,且严重违反了《合同法》的基本原则。《合同法》第三条"合同当事人的法律地位平等,一方不得将自己的意志强加给另一方"以及第六条"当事人行使权利、履行义务应当遵循诚实信用原则"。被告在案涉合同履行过程中严重违反了平等原则和诚实信用原则,在A公司提起诉讼后,才答辩称其不确认双方已结算并盖章确认的涉案工程结算,并在没有任何法律和合同依据下提出对涉案工程重新进行结算,这种明显违约违法的行为,已严重侵害A公司的合法权益。

最后,被告在庭审中抗辩主张依据《财政投资评审管理规定》财建〔2009〕648号(以下简称〔2009〕648号规定)和《广州市财政投资评审监督管理办法的通知》穗府办规〔2019〕3号(以下简称〔2019〕3号通知)的规定案涉工程竣工结算需要经过财政评审。〔2009〕648号规定和〔2019〕3号通知适用于上级和财政部门对下级部门的监督审计,其主体、范围、效力、法律关系均与本案平等主体的民事法律关系无关,不应适用于本案。《最高人民法院司法观点集成(新编版)·民事卷Ⅲ》第2061页878点"除双方合同约定之外,审计部门对建设资金的审计不能作为工程款结算的依据"。另外,最高人民法院(2012)民提字第205号民事判决书裁判摘要指出:"根据审计法的规定,国家审计机关对工程建设单位进行审计是一种行政监督行为,审计人与被审计人之间因国家审计发生的法律关系与本案当事人之间的民事法律关系性质不同。因此,在民事合同中,当事人对接受行政审计作为确定民事法律关系依据的约定,应当具体明确,而不能通过解释推定的方式,认为合同签订时,当事人已经同意接受国家机关的审计行为对民事法律关系的介入。"〔2019〕3号通知的颁布时间是2019年，案涉工程招投标和合同签订的时间是2011年，法律不能溯及既往，更何况是规范文件。因此被告抗辩的主张没有任何事实和法律依据，其抗辩主张不应予以采信。

3. 关于利息的问题

A公司每期收款前均向B医院开具与当期应收工程款金额等额的工程款发票，A公司累计已开具工程款发票2,221,603.59元给B医院，但B医院合计只支付了工程款1,948,897.59元，所以，B医院尚未支付的工程款444,768.64元（大写：肆拾肆万肆仟柒佰陆拾捌元陆角肆分），其中的272,706.00元B医院已收到发票却至今未依约付款，B医院已严重违约，依法依约均应向A公司支付迟延付款的利息作为违约金。

(二) 被告B医院的意见

所涉工程款并未进行统一结算，A公司提交的结算书仅是工程完工后向财政评审机关提交的竣工财务决算审批数额，工程价款应将财政评审作为结算依据，当时没有约定，但是项目从立项到最后的结算双方均是依据财政评审做的。

根据〔2009〕648号规定第三条，本工程适用财政投资评审范围中的财政预算内专项资金安排的建设项目；〔2019〕3号通知第三条规定，财政投资评审是指市财政部门组织对财政性资金、市属行政事业单位自筹资金投资项目的预算、结算及竣工财务决算进行政策性、技术性、经济性的评价审查行为。财政投资评审库中的第三方——辽宁某工程咨询有限公司于2016年12月29日的退审通知书因A公司多次不能按时提交资料并对评审结果不认可，评审单位在此情况下发出了退审通知书。从上述事实及证据可知，此工程自始至终均是原告不认可财评结果而致工程款没有最终结算，责任不在被告。

根据双方签订的电力工程承发包合同及中标通知书，此工程送审价为3,096,848.00元，财评价为2,342,799.94元，核减金额为754,048.06元，招投标价为2,338,530.10元，被告已付工程款1,948,897.59元；增加工程价款为 39,811.91 元，应付工程款为 429,444.42 元，结合财评应扣除的金额为 390,960.38（231,070.3 + 39,190.98 + 92,602.67 + 3238.58 + 24,857.85）元，被告仅欠 A 公司工程款 38,484.04 元。原告也非常清楚工程结算是要经过财政评审的，从被告提交的证据，建设项目预算评审结果确认表及第三方评估机构"退审通知书"可知，被告自始至终均按财评要求进行工程预算及决算进行工程竣工结算，而原告对评估价不满意双方未能对工程款进行最终结算。

双方对工程的最终结算以财评价为结算依据合理合法，若原告坚持不认可原财评结果，被告希望将对工程结算价的重新鉴定作为结算依据。

原告关于利息的诉讼请求由于没有进行竣工结算，所以不存在延期支付的事实，不应该支持该项诉请。

五、裁判结果

广州市天河区人民法院判决如下：（1）自本判决发生法律效力之日起 5 日内，被告 B 医院向原告 A 公司支付工程款 444,768.64 元及利息（利息以 444,768.64 元为本金，自 2013 年 5 月 20 日至 2019 年 8 月 19 日按照中国人民银行发布的同期同类贷款利率计付；自 2019 年 8 月 20 日至实际支付之日止按照同期全国银行间同业拆借中心公布的贷款市场报价利率计付）。（2）驳回 A 公司的其他诉讼请求。如果未按本判决指定的期间履行给付金钱义务，应当依照《民事诉讼法》第二百五十三条之规定，加倍支付迟延履行期间的债务利息。

六、裁判理由

法院认为，原、被告签订的《B 医院医用电 800KVA 双回路用电增容设备安装工程项目合同》是双方当事人的真实意思表示，其内容未违反法律和行政法规的强制性规定，合法有效，当事人应当依约履行。

关于诉讼时效。被告总务科负责人冯某某确认原告在 2014 年后至今不间断地向其追索剩余工程款，原告的上述行为产生诉讼时效中断的法律效力，故被告关于诉讼时效的抗辩缺乏理据，法院不予支持。

关于工程款。《最高人民法院关于审理建设工程施工合同纠纷案件适用法律问题的解释》第十六条第一款规定："当事人对建设工程的计价标准或者计价方法有约定的，按照约定结算工程价款。"本案中合同约定采用固定综合单价方式，综合单价不会由于其他任何因素而调整，被告虽辩称案涉工程款需以财政部门审核为准，双方签署的结算文件仅为报送申请的数额，但财政部门的审查只是其行使国家财政性资金监督管理职能的体现，而非当事人结算的法定依据，不能以此否认其民事行为的效力，且被告自认案涉工程系由其自筹资金支付，故法院对其该项抗辩意见不予采纳。原、被告已于2013年4月20日签署结算文件，载明案涉工程结算价为2,393,666.23元，工程项目评审对数记录亦载明送审金额为2,393,666.23元，上述金额相互印证，法院对此予以采纳，被告已向原告支付1,948,897.59元，故其还应向原告支付剩余工程款444,768.64（2,393,666.23 – 1,948,897.59）元。

关于利息。《最高人民法院关于审理建设工程施工合同纠纷案件适用法律问题的解释》第十七条规定："当事人对欠付工程价款利息计付标准有约定的，按照约定处理；没有约定的，按照中国人民银行发布的同期同类贷款利率计息。"合同约定设备运行正常一个月后支付合同总价的20%，案涉工程已于2013年4月19日经竣工验收，故原告主张自2013年5月20日起计算延期付款利息符合理据，法院予以支持。但原告主张的利率过高，法院予以调整，其中2013年5月20日至2019年8月19日的利息按照中国人民银行发布的同期同类贷款利率计付；2019年8月20日至工程款实际支付之日止的利息按照同期全国银行间同业拆借中心公布的贷款市场报价利率计付。

一审判决作出后，双方都没有提出上诉，被告按一审判决的结果自觉向原告A公司支付了工程款。一个拖延长达6年之久的工程结算尾款终于通过诉讼合理合法得到解决。

七、案例评析

本案是一起常见的建设工程施工中涉及招投标工程的索赔与反索赔的纠纷，本案关键的争议焦点就是该工程结算是否需要财政评审，原告A公司的起诉是否超过诉讼时效。关于诉讼时效的问题一审法院查明事实并作出认定，在此不再赘述。关于案涉工程价款是否应依财评作为结算依据的问题，A公司主要抓住了如下核心问题进行抗辩：第一，双方当事人签订的合同有无明确约定工程结算需经过财政评审或者以财政评审作为依据。第二，建设工程的款项来源是否为财政资金。案涉合同明确约定被告支付的工程款的资金来源是自筹，非财政资金；A公司申请法院调查取证，查明被告是用自有资金支付涉案的工程款给A公司。第三，参考司法实践和裁判观点，其中，最高人民法院（2012）民提字第205号民事判决书裁判观点给本案处理起到重要作用："根据审计法的规定，国家审计机关对工程建设单位进行审计是一种行政监督行为，审计人与被审计人之间因国家审计发生的法律关系与本案当事人之间的民事法律关系性质不同。因此，在民事合同中，当事人对接受行政审计作为确定民事法律关系依据的约定，应当具体明确，而不能通过解释推定的方式，认为合同签订时，当事人已经同意接受国家机关的审计行为对民事法律关系的介入"。一审法院不再采纳被告提出的希望将对工程结算价的重新鉴定作为结算依据的意见，避免了旷日持久的诉累。①

【点评】

交付使用6年之久的医院工程，施工单位一直被建设单位以工程结算需依财政评审为由拖而不决，最终通过诉讼程序厘清案涉工程结算无须经过财政评审或者以财政评审作为依据，原告通过申请法院调取了相关证据和证人出庭等，让法官通过审理案件事实形成其充分的裁判确信，取得了一审判决的胜诉结果且双方均没有上诉，较好地维护了委托人的合法权益。

点评人：泰和泰（广州）律师事务所律师　王　瀚

---

① 广州市天河区人民法院民事判决书，(2019) 粤0106民初第41524号。

工程转包合同被认定无效为何凭"单方制作"的证据胜诉

广东天禄盟德律师事务所　李松涛

一、当事人的基本情况及案由

原告：A 公司

被告一：B 公司

被告二：C 公司

第三人：李某

案由：建设工程合同纠纷

二、案情介绍

2010 年 10 月 8 日，A 公司（甲方）与 C 公司（乙方）签订的《联合经营（施工）项目协议书》约定："甲、乙双方就珠江三角洲外环高速公路肇庆（某地）至花都（某地）段土建工程第九合同段联合经营，工程项目合同（协议）总额 165,094,010 元。"合同约定了甲方管理费、甲方职责、乙方职责、违约责任等甲、乙两方的权利及义务。

2010 年 10 月 11 日，A 公司被确定为肇花高速公路第九合同段的中标单位，中标价为 165,094,010 元。2010 年 11 月 16 日，G 公司（发包人）与 A 公司（承包人）签订合同协议书，约定发包人将肇花高速公路第九合同段发包给承包方，合同价为 165,094,010 元。

2010 年 11 月 15 日，B 公司向 A 公司及相关单位发出《关于授权"C 公司"及启用银行账号的函》。

2010年11月20日，A公司（甲方）与B公司（乙方、分包人）签订《专业分包合同》。

2011年1月17日，A公司与C公司签订与上述内容相同的《专业分包合同》。

2012年8月3日，李某、B公司出具委托书，就涉案工程相关的劳务合同、材料合同（包含零星材料、周转材料等所有材料）、机械设备租赁、临时工程合同一并委托A公司的项目经理部对外签订。同日，李某、B公司还出具一份承诺书。

2012年11月13日，A公司肇花高速公路九标项目部与B公司签订补充协议书。随后涉案工程由李某以C公司、B公司的名义组织人员施工，由于该工程施工过程中B公司指定的C公司在施工中管理不到位，工程款没有专款专用，拖欠现场施工班组费用导致项目出现多次"工潮事件"，施工进度缓慢，2014年初B公司、C公司的施工人员自行撤离施工现场，A公司不得不另行组织施工队伍抢工直至2014年底完工，2014年12月28日工程交付使用。

2015年涉案工程再次出现"工潮事件"，2016年1月26日，B公司授权代表李某向原告出具《授权委托书》。

从2015年底开始涉案工程陆续出现关联诉讼案件十多起，2019年10月14日A公司为了维护自身的合法权益，向法院起诉，请求：（1）判令被告B公司向原告返还多收的款项19,949,960.96元，并从起诉之日起至实际退还之日止按银行同期贷款利率计付多收款项的利息给原告（暂计至2019年10月31日的利息为45,801.79元）；（2）判令被告C公司对被告B公司前述应返还多收的款项及支付利息承担连带责任；（3）判令被告B公司、被告C公司承担该案诉讼受理费及保全费。法院依法立案，案号为（2019）粤0114民初11295号。

2021年1月18日，G公司向A公司发送《关于发送广东省某地至某地公路项目审计结果的函》，内容为：本合同段送审结算价为172,032,108元，核减金额为975,930.32元，核定实际结算价为171,056,177.68元。核减金额将在最终结算支付时调减。2021年1月14日，法院向G公司发函询问涉案工程是否完成了最终结算。该公司回复称尚未完成最终结算,原因是肇花高速公路项目竣工决算报告尚未取得省交通运输厅的造价审查意见。同时,G公司回复法院,截至其收到本院函件之日起,其已向A公司实际支付工程款114,440,519元,剩余1,040,494.68元未支付,原因是尚未满足合同条款约定的支付条件,即"剩余部分质量保证金在整个工程缺陷责任期满,并且政府行业主管部门造价审查和审计部门审计完成后,调整增减后的质量保证金将退还给乙方"。诉讼中,三方当事人均确认A公司与B公司、C公司的结算以A公司与G公司的结算为准,由于最终结算尚未取得省交通运输厅的造价审查意见,为了解决该案争议,各方均同意在该案中以171,056,177.68元作为结算价,如果最终的结算价与171,056,177.68元不一致,A公司与B公司、C公司三方再对超出部分或者不足部分另行主张权利。

三、争议焦点

1. 合同的相对方如何认定。
2. A公司是否存在超付工程款的情况。
3. 原告的诉请是否超过诉讼时效。

四、各方的意见

(一)原告A公司的意见

1. 关于合同相对方的问题。该案中《联合经营(施工)项目协议书》由A公司与C公司签订,但是补充协议书、专业分包合同由B公司签订,实际履行过程中由C公司收取工程款,B公司开具发票,说明B公司与C公司均是涉案《联合经营(施工)项目协议书》及补充协议书的相对方,应共同承担涉案合同项下的义务。

2. 关于A公司是否存在超付工程款的问题。从以下两个方面可以充分说明A公司已超付工程款。

第一,A公司核算的B公司、C公司应收工程款为157,363,886.00元。A公司主张其与B公司、C公司的结算计算方式为业主审核价

171,056,177.68 元扣减 3% 的管理费、管理人员及新增管理人员的工资。

以上的事实内容，A 公司编制了上述应扣减费用项目的清单及相关资料作为核定 B 公司、C 公司应收工程款的证据向法院提交。

第二，A 公司主张 B 公司、C 公司应承担费用及已收款合计 177,313,846.96 元。

包括三大项：（1）开累支付金额，包含以下项目：第一，业主代扣代缴费用，包括业主扣减甲控料、桥面调坡费用、保险费、竣工文件编制费等。第二，项目部代付费用，包括克缺整治费用、CAD 图委外承包费用、竣工结算编制费用、代付材料、工程款、B 公司管理费支出（间接费）、税费等。第三，B 公司专业分包合同工程款。（2）项目部其他费用支出，包含以下项目：①竣工资料整理费用；②劳务队伍未开税票代扣税金；③抢工费用等。（3）公司垫付资金利息损失 2,587,267.47 元。

在该案中 A 公司主张按照《联合经营（施工）项目协议书》及补充协议等核算 B 公司应计得工程款为 157,363,886.00 元，而 B 公司、C 公司应承担费用和已收款合计达 177,313,846.96 元。因此，A 公司已超付给 B 公司 19,949,960.96 元，B 公司应当返还 A 公司该超付的款项及利息。被告 C 公司代表被告 B 公司实施涉案工程，对 B 公司返还多收的款项及支付利息依法承担连带责任。

3. A 公司的诉请不存在超过诉讼时效的问题，由于双方之间一直到该案中才进行结算，双方之间的债权债务关系一直未确定，因此 A 公司的主张并未超过诉讼时效。

（二）被告 B 公司、C 公司的意见

1. B 公司、C 公司抗辩李某是实际施工人，因此认为涉案一系列合同的相对方为李某与 A 公司。

首先，原告不是施工总承包单位，仅是案涉工程的一个标段的承包人。原告关于案涉工程项目系整体内部转分包法律关系的观点是不正确的。原告与两被告之间以及被告 B 公司与被告 C 公司之间并不存在法律或事实上的隶属关系。原、被告各方都是独立的企业法人，不存在所谓的内、外部之分。第三人以被告委托代理人的名义与原告签订《专业分包合同》和《补充施工合同》并不是为了方便原告、被告共同实际施工，而是利用被告协助原告，便于其向第三人支付工程进度款。原告与第三人之间的权利和义务是由所谓的《联合经营（施工）项目协议书》和《专业分包合同》的内容约定的，并不是由《委托书》和《承诺书》确定的，且这三份文件上加盖的被告 B 公司的印章与被告 B 公司的真实印章并不相符，对此被告 B 公司并不认可，这三份材料显示签署时间为 2010 年 11 月 15 日、2012 年 8 月 3 日、2012 年 8 月 3 日，这是在案涉合同履行过程中发生的。毫无疑问，以上材料无一不证明被告 B 公司为了协助原告向第三人支付案涉的工程进度款和便于第三人能及时收到原告支付的工程款这一事实，无论材料文件真假与否，实际上与两被告无关，两被告并没有实际参与施工，故两被告不应为此承担任何责任。

其次，两被告自始至终都没有参与案涉工程的实际施工与管理，原告诉称的被告 C 公司管理不到位的情况何来之有？从《联合经营（施工）项目协议书》第六条甲方（原告）职责的约定，可以看出，由原告设立了"A 公司肇花高速公路第九合同段项目经理部"，由该项目经理部代表原告行使管理职责和进行财务控制。被告对案涉工程施工活动的确不了解，是否发生过"工潮事件"，第三人与原告之间到底发生了什么事情，第三人为什么会突然撤离施工现场，原告是否已经另行组织施工队伍进行抢工，2015 年案涉工程为何再次出现"工潮事件"，以及第三人为什么要向原告出具《授权委托书》等有关情况，此前被告对此一无所知。

2. 原告诉称"原告已超付给 B 公司 19,949,960.96 元，B 公司应当返还原告该超付的款项"的主张，没有事实和法律依据。

第一，案涉工程于 2014 年 12 月 23 日竣工验收，原告既没有与被告 C 公司进行工程款结算，也没有与被告 B 公司进行工程款结算，同时也未支付工程款。第二，原告单方面制作的所谓核算数据，未经被告或第三人签字确认，完全没有可信度，原告在其提交的证据材料中，将虚列的数百万元不合理的间接费用记入案涉项目账目上，明显损害了被告和第三人的合法权益。第三，从原告提交的证据可以看出，原告未经第三人同意，擅自将案涉工程肢解转发包给案外人怀化铁某劳务有限公司，且直接向案外人和第三人支付《专业分包合同》约定合同金额之外的其他款项。这种支付行为，当然不能视为原告直接向被告支付了款项，同时也当然不能视为被告应当承担的费用金额。第四，截至目前，根据《专业分包合同》的约定，原告已向被告B公司支付工程款金额为34,109,929元，被告B公司向其开具了等额的工程款发票，原告尚欠被告B公司5,760,071元未付，被告B公司完全可以依法保留向原告继续追讨的权利。第五，原告诉请要求被告C公司承担连带责任，缺乏事实与法律依据。

3. 原告提起该案诉讼，已超过法定的诉讼时效期间，法院依法应驳回原告的全部诉讼请求。从原告最后一笔工程款支付日（2014年7月4日）算起至原告提起该案诉讼之日（2019年10月12日）止，历经5年，原告未向两被告或者法院提出过权利主张或提起诉讼，原告起诉已超过法定的诉讼时效期限三年，因此，请求法院依法驳回原告的诉讼请求。

（三）第三人李某的意见

1. 涉案工程款根本没有超付的事实和依据。根据双方签订的《联合经营（施工）项目协议书》第七条第四款约定："工程款到达项目部账号后，甲方扣除管理费后，其余款项由项目部支配，但保证工程款专款专用，不得挪作他用。"事实上项目部的银行账户是由原告专门把控，每笔款项划出给被告账户都经过原告的严格核算，因此所谓的超付是根本不可能发生的。另外，根据原告提供的证据可知，原告最后划出的一笔款项是2014年7月31日，至今已经5年多，原告现在追讨早已经超过了法律规定的诉讼时效。

2. 原告为了达到其超付工程款项的诉讼目的，向法庭提交的证据11和证据12是无效的，理由如下。

第一，关于证据11肇花高速公路第九合同段B公司工程款《计算书》中的第一项不是上报给业主的结算金额，而是双方正式签订的发生法律效力的《结算协议》，结算总金额为172,032,108.00元。业主在花都区人民法院（2018）粤0114民初11526号《民事判决书》中确认与原告签订《结算协议》后，除质保金之外（2018年时），已经向原告支付完毕全部工程款。原告在该《计算书》中的第（一）项业主审价核减金额问题：该核减的金额5,335,318.31元是没有效力的，原告依据的是两份附件，该两份附件只是业主向原告发送的两份《征求意见函》，只是一种征求意见，不能推翻已经生效的《结算协议》。因此原告妄图在1.7亿元的《结算协议》中核减该5,335,318.31元根本没有事实依据。

该《计算书》中的第二项"业主最终批复结算金额166,696,789.69元"更是没有任何证据支持，既没有业主的最终批复，也没有原告与业主签订新的《结算协议》为依据，根本没有任何法律效力。

该《计算书》中的第三项"项目部管理费用9,332,903.69元"同样无效。其一，该费用的第1项3%的管理费不应按原告主张的结算价166,696,789.69元计算，而应按《结算协议》中的结算金额172,032,108.00元计算，实际的管理费应是5,160,963.24元。其二，第2项管理人员工资2,700,000元应该以项目部账目中经被告签名核准的每月支出的金额为准，该管理人员的工资根本不能计算到2019年9月，因为涉案工程早已于2014年12月23日完工并通过了验收，之后撤离了现场，同时项目部也撤销和撤离了，至此不应再有管理人员的工资发生；另外，原告也没有工资单和支付凭证等证据证明已经发放了管理人员工资2,700,000元。其三，第3项新增管理人员的工资1,632,000元的支出同样没有依据，原告所依据的《补充协议书》不是原告与被告签订的，属于无效的协议；另外，原告也没有工资单和支付凭证等证据证明已经发放了新增的该管理人员工资1,632,000元。综上，原告自己单方制作的该《计算书》无效。

第二，关于证据12《肇花高速公路第九合同段潮阳第某筑总公司应承担费用及已收款清单》是原告自己单方制作的，未经被告和第三人的同意，应属无效。

其一，该清单第一项B公司应结算金额157,163,886.00元错误，应以原告与业主签订的《结算协议》中的结算金额172,032,108.00元为准，因为根据《联合经营（施工）项目协议书》的约定，原告将涉案工程全部整体转包给被告，那么原告与业主签订的1.7亿元的结算价款除了应扣除原告的3%管理费之外，余额应全部归被告所有。至于项目部的各项开支，根据

《联合经营（施工）项目协议书》的约定，应以双方共同确认的数额为准，未经共同确认的开支均属于原告的违约开支，不能计入项目部的开支数据中。其二，该清单第二项开累支付金额 169,130,115.89 元，第三人只承认其中的开支 128,458,403.76 元，不承认的开支数均没有经过第三人的签名确认，许多费用没有支付凭证，一些施工费用没有合同依据，部分费用不是从项目部的账户支出，与该案无关。其三，对该清单第三项"项目部其他费用支出"5,596,463.60 元全部不予认可，该开支费用均没有经过第三人的签名确认，一些费用没有支付凭证和合同依据，一些费用不是从项目部的账户中支出，与该案无关。其四，对该清单第四项"公司垫付资金利息损失"2,587,267.47 元同样不予认可，该开支费用是原告单方制作的一张表格，没有任何证据证明，也没有经过第三人的签名确认，被告和第三人从未向原告申请过任何借款和垫付款，相反的是原告自己从项目部的账户中抽走资金挪作他用。其五，综合以上费用进行计算：172,032,108.00 元（结算款）- 128,458,403.76 元（第三人承认的开支数额）- 5,160,963.24 元（原告 3% 的管理费）= 38,412,741.00 元，即原告实际仍拖欠工程款 38,412,741.00 元未付，根本不存在超付的情况发生。

五、裁判结果

（一）一审的裁判结果

广州市花都区人民法院依照《民法典》第七百九十一条第二款，《最高人民法院关于审理建设工程施工合同纠纷案件适用法律问题的解释（一）》第一条，《最高人民法院关于适用〈中华人民共和国民事诉讼法〉的解释》第九十二条的规定，判决如下：（1）被告 B 公司、C 公司于本判决发生法律效力之日起 10 日内向原告 A 公司支付多收的款项 6,745,829.85 元；（2）驳回原告 A 公司的其他诉讼请求。

（二）二审的裁判结果

该案一审判决作出后，双方都提出上诉，广州市中级人民法院依法受理，案号为（2021）粤 01 民终 27679 号，二审法院对一审法院查明的事实予以确认，依照《民事诉讼法》第一百七十七条第一款第（一）项之规定，作出判决：驳回上诉，维持原判。

六、裁判理由

（一）一审的裁判理由

法院认为，转包，是指建筑工程的承包方将其承包的建筑工程转让给第三方，使受让人实际成为建筑工程的承包方的行为。根据 A 公司与 C 公司签订的《联合经营（施工）项目协议书》第七条第一款的约定"履行 G 公司与 A 公司签订的施工合同（协议），承担该施工合同（协议）中乙方所有责任及义务"可知，A 公司系将其承包的珠江三角洲外环高速公路肇庆（某地）至花都（某地）段土建工程第九合同段的工程整体转包给 C 公司施工，A 公司从中收取管理费，A 公司的转包行为违反了《民法典》第七百九十一条第二款禁止转包的规定，根据《最高人民法院关于审理建设工程施工合同纠纷案件适用法律问题的解释（一）》第一条的规定，A 公司与 C 公司签署的《联合经营（施工）项目协议书》无效。经法院释明，A 公司表示假如其与 B 公司、C 公司之间签订的合同无效，其亦不需要变更诉讼请求。

关于合同的相对方，B 公司、C 公司、李某均抗辩李某是实际施工人，因此认为涉案一系列合同的相对方为李某与 A 公司。李某以其为实际施工人，与 A 公司之间成立合同关系，A 公司拖欠其工程款为由，向法院提起诉讼，案号为（2019）粤 0114 民初 8806 号。李某不服一审判决，向广州市中级人民法院提起上诉，广州市中级人民法院在作出的（2020）粤 01 民终 16747 号民事裁定中对 A 公司与李某之间不成立合同关系进行了详细论述，在此不再赘述，因此对 B 公司、C 公司、李某的抗辩意见，法院不予采纳。该案中《联合经营（施工）项目协议书》由 A 公司与 C 公司签订，但是补充协议书、专业分包合同由 B 公司，实际履行过程中由 C 公司收取工程款，B 公司开具发票，说明 B 公司与 C 公司均是涉案《联合经营（施工）项目协议书》及补充协议书的相对方，应共同承担涉案合同项下的义务。

关于 A 公司是否存在超付工程款的情况问题。C 公司、B 公司应收工程款，根据《联合经营（施工）项目协议书》的约定为最终结算价扣减管理费及管理人员工资。三方当事人均确认 A 公司与 B 公司、C 公司的结算以 A 公司与 G 公司的结算为准，由于最终结算尚未取得省交通运输厅的造价审查意见，为了解决该案争议，各方均同意在该案中以 G 公司的审核价 171,056,177.68 元作为结算价，最终结算价与该审核价不一致的，各方同意另行处理，这是各方的真实意思表示，法院予以准许。根据《联合经营（施工）项目协议书》及补充协议书的约定，C 公司、B 公司应向 A 公司上缴项目总造价 3% 的管理费，因此管理费为 5,131,685.33 元（171,056,177.68 × 3%）。关于 A 公司委派人员的工资，《联合经营（施工）项目协议书》约定 C 公司每月支付项目经理、安全副经理和财务管理人员工资总额 25,000元。补充协议书是对 A 公司新委派到涉案项目部人员工资负担的约定，该协议书约定新委派到项目部的 4 名人员的工资总额 34,000 元由 B 公司负责支付，直到项目部撤销。A 公司称其收取的上述合同及协议约定的工资是按照岗位发放，而非发放至具体的个人，其委派到项目部的人员工资是根据其与该人员签订的劳动合同的约定进行发放。A 公司认为管理人员的工资应计算至业主退还全部质保金为止，新增管理人员的工资应计算至 2016 年 12月 A 公司完成竣工结算资料并交给业主方。B 公司、C 公司及李某认为应计算至 2014 年 12 月项目部撤销，而《联合经营（施工）项目协议书》签订后至 2012 年 7 月 12 日涉案工程因拆迁而被停工期间的工资不应由 B 公司、C 公司承担。对此，法院认为，第一，《联合经营（施工）项目协议书》及补充协议书中关于人员工资由乙方负担的约定是双方的真实意思表示，应该遵照执行。《联合经营（施工）项目协议书》未约定工资支付的起止日期，补充协议书约定为到项目部撤销，由于补充协议是对新委派人员工资数额、期限的约定，因此补充协议书对工资支付截止日期的约定可以视为对《联合经营（施工）项目协议书》中管理人员工资支付期限的补充约定。第二，关于对补充协议书中约定的工资支付截止日期为"项目部撤销"，各方理解存在争议。根据 A 公司的陈述，派驻到项目部的人员工资是根据其与派驻人员签订的劳动合同支付，并非根据上述合同中约定的工资标准进行支付，无论实际派驻人员是否在涉案项目工作，A 公司均需要向派驻人员支付工资，相当于上述合同中约定由乙方承担人员工资仅仅是 A 公司固定收取的利益。因此综合该案案情，法院认为"项目部撤销"应按照字面意思理解，指的是涉案工地项目部撤销。工地项目部撤销的时间是一个各方都能掌握的具体时间，这也更符合订立合同时双方的真实意思表示。涉案工程于 2014 年 12 月 23 日竣工，因此法院认为人员工资应计算至 2014 年 12 月 23 日。第三，关于人员工资计算的起算时间，《联合经营（施工）项目协议书》中没有约定起算时间，但是根据《联合经营（施工）项目协议书》中对派驻人员的职责和工作内容可以看出应该为项目部组建之时，对于项目部何时组建，各方均未提交证据证明。A 公司虽然主张 2010 年 10 月 10 日中标通知书下发当天即入场，B 公司、C 公司、李某均不认可，认为是 2011 年 10 月开始正式施工。由于 A 公司于 2010 年 11 月 16 日才与 G 公司签订合同，按照交易习惯，一般是在签订合同之后才入场，因此法院酌定起算时间为 2010 年 11 月 17 日。B 公司、C 公司及李某认为 2011 年 10 月才开始施工，并不影响项目部的组建，其也未提交证据证明项目部组建的具体时间，因此对其意见，法院不予采纳。经核算，2010 年 11 月 17 日至 2014 年 12 月 23 日的管理人员工资为 1,230,833 元。对于新增管理人员的工资，由于补充协议书约定为"新近委派"，说明在签订补充协议书时已经委派了该 4 名人员，但是具体何时委派，A 公司并未提交证据证明，因此工资应该从补充协议书签订之日即 2012 年 11 月 13 日开始计算，计算至 2014 年 12 月 23 日的工资为 828,466 元。

综上，C 公司、B 公司的应收款为 163,865,193.35 元（171,056,177.68 元 - 5,131,685.33 元 - 1,230,833 元 - 828,466 元）。

对于 C 公司、B 公司应承担及已收款，C 公司、B 公司对以下款项无异议，法院予以确认，具体为：业主代扣代缴费用中的 1～6 项合计 55,575,163.11 元，代付材料、工程款中的 385,392 元、间接费中的 6,141,919.17 元、中标交易服务费 122,547.01 元、专业分包合同工程款 39,211,561 元。对于有争议的部分，法院分析如下。

开累支付金额

（1）业主代扣代缴费用中的委托克缺整治费用 98,000 元，A 公司提交的证据可以证明涉案工程完工之后，确实存在工程缺陷需要修复，A 公司与 G 公司、广东省长某公路工程有限公司签订的《肇某高速公路第九合同段桥涵边坡缺陷工程修复施工委托协议》约定缺陷修复费用由 G 公司代为垫付，实际上 G 公司也支付了该笔费用，但是由于该笔费用需要在质量保证金中抵扣，而目前尚有部分质量保证金在 G 公司处尚未支付，该笔费用尚未抵扣，因此该案中对该笔费用不予支持。

（2）项目部代付费用

①克缺整治费用。A 公司提交的该组证据形成了完整的证据链能够证明涉案工程完工之后存在缺陷问题需要修复，之后由 A 公司第一工程有限公司与相关施工单位签订了合同，并支付了修复费用合计 553,668 元，参照《联合经营（施工）项目协议书》第七条乙方职责第三款的约定"工程竣工后，在质量保修期内进行回访及承担质量保修责任"，因此该笔费用应由 C 公司、B 公司负担。②CAD 图委外承包费用。③竣工结算编制费用。该费用为根据业主和监理单位需要编制涉案工程的竣工图、竣工结算所支出的费用。《联合经营（施工）项目协议书》中并未约定此类费用由乙方承担，而是在第六条甲方职责第四款中约定"负责提供工程项目在施工中各部门（含建委、税务、银行、工商等）及业主所需要由甲方必须提供的有关文件资料及办理相关的义务手续"。由此可见，由 A 公司负责向业主提供所需要的有关文件资料，而 A 公司收取了管理费，根据权利义务相对等的原则，编制相关资料的费用应当由 A 公司自行负担，A 公司要求 B 公司、C 公司负担的依据不足，法院不予支持。④代付材料、工程款。B 公司、C 公司对应由其承担代付材料、工程款无异议，只是对佛山市顺德区某石油化工有限公司、韶关市曲江某建材实业有限公司、衡水中铁某工程某有限公司、柳州欧某某机械股份有限公司、广州市万某建贸易有限公司、怀化铁某劳务有限公司的材料款部分确认，部分不确认，不确认的理由基本为付款方非 A 公司而是 A 公司第一工程有限公司。对此法院认为，A 公司已经提交了银行流水、收据证明了其付款情况，相应的公司也确认收齐了相应的材料款，至于有部分款项由 A 公司第一工程有限公司垫付，是 A 公司与 A 公司第一工程有限公司之间存在的内部关系，并不违反法律法规的强制性规

定，因此对 A 公司主张的佛山市顺德区某石油化工有限公司材料款 3,661,450 元、韶关市曲江某建材实业有限公司材料款 2,043,563.84 元、衡水中铁某工程某有限公司材料款 1,864,670 元、柳州欧某某机械股份有限公司材料款 1,030,000 元、广州市万某建贸易有限公司材料款 7,187,126 元、怀化铁某劳务有限公司的材料款 21,721,301 元，法院予以采信。对于 A 公司主张的鹰潭月湖区弘某工程设备租赁有限公司的垫付款 18,283,613 元，B 公司、李某在 2012 年 8 月 3 日出具的委托书中明确载明就工程相关的机械设备租赁合同委托 A 公司集团有限公司肇花高速公路第九合同段项目经理部对外签订。A 公司提交的合同载明合同签订方为 A 公司集团有限公司肇花高速公路第九合同段项目经理部及鹰潭月湖区弘某工程设备租赁有限公司，租赁设备使用的地点为肇花 9 标桥涵工程，杜某也在其中的付款审批单中签名，因此可以证明 A 公司集团有限公司肇花高速公路第九合同段项目经理部系为涉案工程需要而与鹰潭月湖区弘某工程设备租赁有限公司签订的合同，A 公司提交的付款证明亦可以证明其向鹰潭月湖区弘某工程设备租赁有限公司支付了机械设备租金金额 18,283,613 元，B 公司、C 公司及李某抗辩与鹰潭月湖区弘某工程设备租赁有限公司之间不存在真实的合同关系，只是在施工过程中，因为走账、支取农民工工资及工程款的需要，与该公司发生了几笔走账业务，但是 B 公司、C 公司及李某并没有提交证据进行反驳，因此对其抗辩意见，法院不予采纳。故对 A 公司主张的鹰潭月湖区弘某工程设备租赁有限公司的垫付款 18,283,613 元法院予以采信。对于 A 公司代 B 公司、C 公司向广州市国土资源和房屋管理局花都区分局狮岭国土所支付的临时用地垦复押金 188,104 元，由于 A 公司并未举证证明广州市国土资源和房屋管理局花都区分局狮岭国土所没收了该笔费用，因此对该笔费用法院不予支持。⑤ A 公司主张共产生间接费 7,230,547.67 元，B 公司、C 公司、李某对其中的 6,141,919.17 元予以确认，对剩余的 1,088,628.50 元不确认。对于不予确认部分由于涉及的项目众多，法院经过核证之后，采信其中的 616,508.5 元。⑥税费。⑦公证费、保函费，A 公司提交了银行付款凭证、借（提）款单、银行进账单、税收通用缴款书可以证明其或者 A 公司集团第一工程有限公司支付了税费

4,773,072.61元，公证费、保函费41,782.95元。B公司、C公司、李某在第一次质证时认可上述金额，之后又否认前述意见，仅认可部分金额，理由是第一次质证的时候财务人员并未核实税费产生的合理性，没有掌握完整的数据，因此认可A公司诉请的金额。根据《最高人民法院关于适用〈中华人民共和国民事诉讼法〉的解释》第九十二条第一款的规定，一方当事人在法庭审理中，或者在起诉状、答辩状、代理词等书面材料中，对于己不利的事实明确表示承认的，另一方当事人无须举证证明。B公司、C公司虽然在第一次质证时并未确认该金额，但是基于李某是实际施工人，在诉讼中明确表示追认李某此前的质证意见，而李某第一次质证时明确确认该金额，之后又反言，但是并未提交相反的证据进行反驳，也未作出合理的解释，而且《联合经营（施工）项目协议书》也约定该工程项目所有税费均由乙方承担，现在A公司已经举证证明其或其子公司支付税费、公证费、保函费的情况，因此对A公司的该项主张，法院予以采信。⑧印花税，由于已经包含在前述税费中，对于A公司重复主张该笔费用，法院不予支持。

（3）项目部其他费用支出

①竣工资料整理费用。法院不予支持，理由同前述CAD图委外承包费用及竣工结算编制费用。②劳务队伍未开税票代扣税金。A公司仅提交了其自制的一张表格，并未提交其他证据进行佐证，应承担举证不能的法律后果，因此对该笔费用，法院不予支持。③抢工费用。A公司主张在2014年10月B公司、C公司的人员撤离了现场，为了赶工而另行委托伍某华施工。李某在（2019）粤0114民初8806号案的起诉状中表述："到了施工后期（2014年10月至2015年6月），被告安排了项目经理（先是余某，后是邹某）、财务人员、材料部长、总工、技术人员工5名管理人员和多名劳务民工以及多名保安人员全面驻守项目部，导致原告方的管理人员被迫撤出由自己建设的项目部，而另在狮岭镇溢盈广场租房办公。由于被告方的违约行为，原告对施工现场完全不可控，尤其是被告方所派驻人员无论是在项目部资金安排使用还是在剩余工程施工方面，都不与我方商量，而是擅自处理。"A公司及李某的陈述基本吻合，可以证明2014年10月之后B公

司、C 公司的施工人员离开了涉案工程的施工现场，但是此时工程尚未完工，因此涉案工程客观上将产生抢工费用。对于抢工费用，A 公司提交了劳务分包队验工计价单、机械设备租赁计价单、竣工结算协议、情况说明予以证明，其中竣工结算协议载明工程结算金额为 3,203,700 元，A 公司肇某高速公路第九合同段项目经理部已经付清，至于该笔款项是由谁支付的，属于 A 公司与其他公司之间的法律关系，并不影响对该案事实的认定。由于 A 公司系将其与 G 公司签订的工程合同中的全部工程转包给 B 公司、C 公司施工，因此产生的抢工费用应由 B 公司、C 公司负担。④沧州科源诉讼费用。参照《联合经营（施工）项目协议书》第七条乙方职责第七款的约定"该工程项目的民事、行政、刑事责任均由乙方负责"，根据沧州科某建筑器材有限公司诉中铁二十五局租赁合同纠纷一案〔（2015）献民初字第 1236 号〕查明的事实及判决结果，A 公司应向沧州科某建筑器材有限公司支付租金及案件受理费 712,962.01 元。由于该案中拖欠的租金是涉案工程施工中产生的费用，而且有杜某的确认，A 公司集团第一工程有限公司代 A 公司集团有限公司肇花高速公路第九合同段项目经理部支付了 712,962.01 元，因此该费用应由 B 公司、C 公司负担。⑤律师费、诉讼费。A 公司主张其为处理与涉案工程有关的纠纷支付了律师费 492,296.23 元，根据《联合经营（施工）项目协议》第七条乙方职责第七款的约定，该类费用应由 B 公司、C 公司承担，为此提交了委托代理合同、转账凭证、发票证明其上付款情况。法院认为，《联合经营（施工）项目协议书》第七条乙方职责第七款虽然约定处理费用由乙方承担，但是并没有明确哪些费用属于处理费用，属于约定不明的情况，而律师费并非诉讼必然产生的费用，A 公司委托律师处理案件也未征得 B 公司、C 公司的同意，因此对律师费，法院不予支持。对于诉讼费中的上诉费，由于 A 公司并非在 B 公司、C 公司的授意下提起上诉，因此上诉案件诉讼费应由 A 公司自行承担。对于 A 公司支付的与韶关市曲江某建材实业有限公司的诉讼费 4761 元以及衡水中铁建工程某有限公司的诉讼费 7731 元，确实是为处理涉案工程材料款纠纷所支出的必然费用，因此法院予以支持。⑥公司垫付资金利息损失，A 公司仅提交了其自制的表格予以证明，而且 A 公司作为一家国有建筑公司，明知整体转包违法仍然进行转包,其应该预测到可能带来的经营风险,因此对其主张的利息损失,法院不予支持。

综上,B公司、C公司应承担的费用为170,611,023.2元,而A公司应当向B公司、C公司支付的款项为163,865,193.35元,因此A公司向B公司、C公司超付工程款6,745,829.85元,对A公司主张的6,745,829.85元,法院予以支持,超出部分,法院不予支持。至于A公司主张的超付工程款利息,由于其对合同无效亦存在过错,而且双方一直未予结算,因此对其主张的利息,法院不予支持。

关于B公司、C公司抗辩A公司的诉请已经超过诉讼时效的问题,由于双方之间一直到该案中才进行结算,双方之间的债权债务一直未明晰,因此A公司的主张并未超过诉讼时效,对B公司、C公司的抗辩意见法院不予采纳。

(二)二审的裁判理由

A公司上诉认为委派人员的工资计算至竣工之日即2014年12月23日与《联合经营(施工)项目协议书》和补充协议书约定不符,一审法院计算B公司、C公司应收款为163,865,193.35元是错误的,应改判为161,592,492.35元。对此法院认为,《联合经营(施工)项目协议书》未约定工资支付的起止日期,而补充协议书约定的工资支付截止日期为"项目部撤销",双方对工资支付的时间产生争议,应当按照双方订立合同和派驻人员的目的解释。《联合经营(施工)项目协议书》约定委派人员系履行管理和监督工作,而补充协议书约定的新近委派人员系项目总工、物资部长、计合部长、项目出纳等,上述人员均与工程在施工过程中产生的事务相关,案涉工程完工后,委派人员也无继续履行上述工作职责的必要,故一审法院据此将委派人员的工资计算至2014年12月23日,并据此认定B公司、C公司的应收款为163,865,193.35元,处理并无不当,二审法院对此予以确认。

A公司上诉认为一审判决对B公司、C公司应承担费用的项目和金额核查存在错漏,包括克缺整治费用、CAD图委托承包费用、竣工结算编制费用、竣工资料整理费用、代付材料工程款、临时征用垦复押金、间接费、劳务队伍未开税票代扣税金、律师费、诉讼费等，B公司、C公司应承担的费用为177,264,318.76元；B公司、C公司上诉认为项目部代付费用是否存在虚假交易、虚列开支的问题未查清，A公司超付工程款6,745,829.85元是错误的。对此二审法院认为，A公司、B公司、C公司所提上述各项费用的问题，一审法院均在"本院认为"部分进行了详细的论述，经查并无不当之处，二审法院对此予以确认，对此不再进行赘述。A公司、B公司、C公司虽然就此仍然不服，但其在二审中并未提供充分证据、事实支持其主张，故二审法院对其二审上述主张均不予支持。

A公司上诉认为其主张资金利息损失是合法合理的，应予支持。对此二审法院认为，A公司与B公司、C公司并未进行最终的结算，A公司超付工程款的金额于该案诉讼中才最终予以确定，一审法院另考虑到A公司存在转包的情形以及应当预测可能带来的风险等因素，不予支持利息损失的处理并无不当，二审法院对此予以认同。

B公司、C公司上诉认为A公司与李某是否形成事实合同关系的问题未查清，该两方形成事实的合同关系，李某为相对方，一审法院以B公司开具发票视为履约行为及合同相对方，理据不充分。对此二审法院认为，二审法院于2020年11月10日作出（2020）粤01民终16747号民事裁定书认定李某与A公司不存在案涉建设工程有关的合同关系或其他债权债务关系，并据此驳回李某的起诉。上述民事裁定书已经发生法律效力，可以作为该案认定事实的依据，故二审法院对B公司、C公司的上述意见不予采纳。B公司、C公司上诉提出的其他意见，欠缺相应的事实和法律依据，二审法院对此均不予采纳。

七、案例评析

该案所涉工程纠纷几乎囊括了建设工程施工领域所涉的工程疑难杂症，据不完全统计涉及的纠纷案件30多起，都是围绕向总承包方索赔展开的，总包方的代理律师参与了一系列案件的代理工作并具体制定了诉讼策略和方案，一一解除材料供应商、设备设施出租方、施工劳务分包实际施工方对总包方提起的诉讼案件的追索案件的责任的风险，这些案件的胜诉不但维护了委托人的合法权益，同时也为该案的最终索赔成功奠定了基础。该案与常见的建设工程施工涉及工程结算款超付有明显不同之处，例如：一是常见的工程款超付纠纷一般是建设单位向施工方主张超付的偏多，该案却是中标的施工总包方作为原告向内部签订转包合同（最终被法院认定为无效）的相对方被告公司主张超付，被告却认为其是被第三人挂靠不是合同相对方，对此，一审、二审法院均采纳了原告代理人在涉案工程相关系列案中的意见和生效判决查明的事实，认定涉案《联合经营（施工）项目协议书》《专业分包合同》等施工合同均是由 A 公司与 B 公司或 C 公司签订，李某只是作为 B 公司、C 公司的委托代理人在合同上签名，B 公司与 C 公司均是涉案《联合经营（施工）项目协议书》及补充协议书的相对方，应共同承担涉案合同项下的义务；二是在各方对结算和索赔存在巨大分歧的情况下，法院最终没有采取常规操作的司法鉴定方式，而是在法院的主持下，根据原告制作的两组重要证据（证据 11 和证据 12）进行一一核对查明，这既体现出法院目前审理工程案件已不再是"以鉴代审"的判案模式，同时也证明代理律师通过制定严谨的工程索赔与反索赔思路、方案和梳理文件的重要性。该案中被告和第三人抗辩称所谓原告"单方制作"的两组证据其实是原告制作了两组证据的架构、项目和内容指向的对应的证据的可视化清单，两组证据架构和内容清单均有相对应的证据随附，一组是证明 B 公司、C 公司的应收款项，另一组就是证明 B 公司、C 公司应承担的费用。原告的该两组证据，既有利于法院全面了解原告主张涉案工程超付的款项构成的来龙去脉，也为减少各方争议事项做足了功课，毕竟任何一方提出司法鉴定都会考量必要性、时间和诉讼成本。所以，在该案第一次开庭中，被告质证称对原告"单方制作"的这两组证据有异议时，经法院释明，A 公司同意向法院申请司法审计鉴定，B 公司、C 公司、李某衡量再三提出没必要委托第三方进行审计，不同意法院继续进行司法鉴定。对此，法院通过听证释明被告和第三人应积极配合法院对原告提交的前述两组证据的核查工作，然后 A 公司最终撤回了司法审计鉴定申请。随后，在法院的主持下进行了不计其数的文件往来和质证核查，历时三年，一审法院作出了 100 页含 30 页附表的民事判决书，2022 年二审法院依法维持该判决，该结果依法维护了当事人的合法权益，原告非常满意。而该涉案工程涉及数十起诉讼案件历经长达 7 年之久最终结算通过该案诉讼卸下帷幕。[①]

【点评】

司法实践中主张超付工程款的主体比较常见的是建设单位，该案所涉认为已超付工程款是中标的总包单位向内部转分包的施工企业，该案在工程施工过程中又涉及分包企业主张其存在非法转分包或被"实际施工人"挂靠的情形。从该案案情及法院对案件的分析可见案情及所涉主体关系均较复杂，而该案原告的代理律师因参与了该工程项目结算阶段材料供应商、设备设施出租方、施工劳务分包实际施工方对总包方提起的一系列诉讼案件的代理工作从而较为熟悉和了解案件，形成索赔的两组重要证据，在各方对结算和索赔存在巨大分歧的情况下，法院最终没有采取常规操作的司法鉴定。原告方所提供的被告方认为是"单方制作"的两组证据在法院的主持下进行充分举证和质证核查形成法院确信的裁判依据，最终取得了一审、二审法院的胜诉判决。

点评人：泰和泰（广州）律师事务所律师　王　瀚

---

① 广州市花都区人民法院民事判决书，(2019) 粤 0114 民初 11295 号；广州市中级人民法院民事判决书，(2021) 粤 01 民终 27679 号。

民刑交叉的工程质量纠纷案
如何并行处理索赔与反索赔

广东天禄盟德律师事务所　李松涛

一、当事人的基本情况及案由

原告：A公司

被告1：B公司

被告2：黄某

案由：建设工程合同纠纷

二、案情介绍

广州某广场综合改造项目的电气专业分包工程、空调及通风系统专业分包工程由施工总承包方分包给原告A公司。

2013年11月6日，A公司下属一分公司（甲方）与被告B公司签订《低压母线槽合同书》，就"新鸿基广州某广场"项目低压母线槽的定作供应及调试事宜约定合同双方的权利义务关系。随后，A公司以支票方式向被告B公司支付案涉工程款项，被告B公司向A公司开具了对应的增值税普通发票。上述工程于2015年12月竣工验收，于2016年初启用。

2019年8月27日，广州某广场物业工作人员发现上述电气及空调工程范围内的一段由A公司负责供应及安装的西门子品牌1600A母线槽发热异常。西门子公司初步检查后，认为该部分母线槽疑似贴牌假冒商品，随即向公安机关报案。

2019年10月14日，某市公安局向广州某广场房地产开发有限公司发出《调取证据通知书》，调取了某广场项目母线槽产品的相关交易文件。

2019年12月20日，西门子公司向广州某广场房地产开发有限公司发出《鉴定报告》，鉴定结论为：贵司开发的某广场项目所用部分母线槽产品并非我司的某牌子母线槽产品，其中一类部分产品（约53米）贴有西门子商标和标签，但该"西门子商标"是假冒我司印刷的标签；另一类部分产品（约221米）未贴上任何标签，但产品外观与我司的西门子母线槽产品相似。我司不对上述假冒产品承担产品质量责任，同时希望贵司配合公安机关对假冒产品的生产者、销售者依法处理，维护贵我双方的合法权益。

2020年1月3日，A公司向被告B公司发出《告知函》，告知如一经证实该电气及空调工程范围内部分西门子品牌母线槽系假冒产品，被告B公司将承担严重违约责任。该函件由被告B公司于2020年2月26日签收。

2020年1月14日，西门子公司出具《鉴定报告（补充）》，表示："继我司于2019年12月20日就某广场'西门子'品牌母线槽产品出具《鉴定报告》后，我司后续又在某广场B2发电机房检测发现了部分假冒的'西门子'品牌母线槽产品，经鉴定，其中一类部分产品（约7.27米）贴有'西门子商标'标签，但该'西门子商标'标签是假冒我司印刷的标签；另一类部分产品（约56.64米）未贴上任何标签，但产品外观与我司的西门子母线槽产品相似。"

2020年4月10日，A公司再次向被告B公司发出告知函，通告被告B公司：需负责拆除所有假冒西门子品牌低压母线槽及重新购买安装正品西门子低压母线槽产品并承担全部的费用。

2020年7月22日，业主（甲方）、总包方（乙方）、A公司（丙方）、西门子公司（丁方）共同签订《某广场西门子母线槽整改工程协议书》，合同签订后，A公司于2020年7月14日进场施工，验收时间为2020年12月15日。

2020年10月13日，原告（甲方）与某劳务公司签订《劳务分包工程补充协议》。

2020年12月30日，A公司、业主、总包方、西门子公司、某物业公司共同签署《单位（子单位）工程质量竣工验收记录》，确认共更换母线槽

321.91米，工程验收合格。

2021年1月，扬中市公安局作出扣押决定书，决定扣押800A、1600A、4000A、5000A母线槽分别为21.13米、55.51米、230.84米、14.43米，共计321.91米。

2020年12月25日，镇江经济开发区人民法院作出（2020）苏1191刑初163号刑事判决，查明被告黄某在案涉广州某广场项目中将澳普电气有限公司生产的母线槽贴牌西门子商标出售给被告B公司，澳普公司收到被告B公司支付的销售款1,425,118元等，认定被告黄某伙同他人未经注册商标所有人许可，在同一种商品上使用与其注册商标相同的商标，情节特别严重，构成假冒注册商标罪，判处有期徒刑三年，缓刑三年，并处罚金713,000元。

A公司向法院提出诉讼请求：（1）被告B公司向原告赔付因其销售安装假冒产品而导致A公司重新购买及拆卸、安装西门子产品的材料和劳务款2,934,600.42元；（2）被告B公司向A公司赔付因拆除假冒产品并重新安装产品派驻工程人员额外产生的用工费用152,382.71元；（3）两被告共同向A公司赔付因拆除重装西门子产品工程购买施工保险而支付的保险费14,590.63元；（4）被告B公司向A公司赔偿因维权而支付的鉴定费用6117.13元；（5）被告B公司向A公司支付前述款项的利息，按全国银行间同业拆借中心公布的同期贷款市场报价利率，从A公司实际支付之日计至被告实际赔付之日止；（6）被告B公司赔付A公司被业主扣留保修金200,000元及保证金500,000元的利息损失（自2020年7月22日起按照全国银行间同业拆借中心公布的同期贷款市场报价利率计付至业主方退还前述保修金及保证金之日止）；（7）两被告对A公司的损失承担连带赔偿责任。

本案诉讼过程中，根据两被告的申请，法院于2021年7月1日通过司法委托程序委托广东某工程咨询有限公司对案涉低压母线槽工程整改项目的工程量以及所产生的各项税费及劳务费用进行鉴定，鉴定费用由两被告各预付50%。同年7月22日，该鉴定机构向法院发出《关于对广州市白云区人民法院司法委托需补充提供资料及收费说明》，预收鉴定费71,060元。

2021年8月18日，被告B公司向法院表示鉴于被告黄某不愿意承担本次评估鉴定费，其决定放弃申请本次鉴定，所产生的法律后果由其自行承担。被告黄某则表示其经济困难，无力支付高额的鉴定费用且主张根据现有证据足以核算案涉工程造价，拒绝支付鉴定费用。2021年8月25日，法院向广东某工程咨询有限公司发出通知函，告知本案鉴定事宜因申请人拒绝缴纳鉴定费而无法进行，通知撤回本案鉴定事宜。

三、争议焦点

1. 被告B公司、黄某是否应当向A公司承担赔偿责任以及承担赔偿责任的方式问题。

2. 被告B公司、黄某应负赔偿责任的核定问题。

四、各方的意见

（一）原告A公司的意见

1. A公司诉请被告B公司、黄某向A公司承担赔偿责任且黄某对造成A公司的损失与被告B公司承担连带清偿责任。

根据本案中A公司与被告B公司签订的《低压母线槽合同书》及《西门子母线槽报价单》等合同文件的约定，被告B公司应依约负有为某广场机电项目提供正品西门子母线槽产品并进行安装的合同义务。但被告B公司违反合同约定，提供并安装了案涉的假冒的西门子品牌母线槽产品导致了本案的诉争。就有关的违约事实，本案庭审过程中经已查明且证据确凿，被告B公司提交的（2020）苏1191刑初163号刑事判决书证实，黄某最迟在2019年11月16日被取保候审时就已经知悉"东窗事发"。但两被告均未采取任何积极的补救措施，庭审中被告B公司确认收到A公司发出的《告知函》（证据6）后，但被告B公司及黄某均确认没有参与案涉母线槽重置工程。根据《合同法》第一百零七条"当事人一方不履行合同义务或者履行合同义务不符合约定的，应当承担继续履行、采取补救措施或者赔偿损失等违约责任"的规定，因两被告对其违约造成的损害结果未采取任何的补救措施，更没有对损失进行任何的赔偿，而A公司为防止事件造成的损失和影响进一步扩大，采取了积极措施承担了重置正品西门子母线槽产品所需的全部工作和费用。因此，被告 B 公司应对其违约和违法行为所造成 A 公司的为此支付的费用和损失承担全部责任，根据《最高人民法院关于审理建设工程施工合同纠纷案件适用法律问题的解释（一）》第七条的规定，基于庭审查明的被告 B 公司与黄某之间的挂靠关系，应由黄某对 A 公司的损失与被告 B 公司承担连带赔偿责任。

2. A 公司已主动积极地承担了拆除重置案涉母线槽产品的工作和费用，有效防止了因两被告违约所造成的影响和衍生的二次损失。与拆除重置工程有关的采购费用、劳务费用等费用均为客观存在，均应由两被告予以全部承担。

（1）根据由业主方广州某广场房地产开发有限公司、总承包方广州某股份有限公司、镇江西门子母线有限公司以及原告为拆除假冒西门子品牌母线槽产品重新购置和安装正品母线槽产品而签订的《某广场西门子母线槽整改工程协议书》的约定，重新购置的母线槽产品均统一由原告向镇江西门子母线有限公司指定的供应商海某某公司采购。为此，A 公司与海某某公司签订合同，已向该公司支付及待支付的质保金合计 2,519,804.79 元，上述采购费用均有合同、发票和银行转账凭证等证据证实，可以证明有关采购支出均用于案涉的工程项目，根据本案查明的事实和相关法律规定，可以认定有关的费用均应由两被告承担。两被告抗辩称整改工程协议书约定的数量 338 米与竣工验收记录及公安机关扣押记录中的数量 321.91 米的数量存在差距，但该主张并不能否定或推翻 A 公司确实向海某某公司支付及待支付质保金合计 2,519,804.79 元的客观事实。并且，由于协议签订时工程尚未启动，该 338 米的数量是在假冒母线槽被安装于已完工的建筑结构的内部，且在因带电而无法接近测量情况下目测计算的结果，其存在一定的误差属于合理且无法避免的范围。根据整改工程协议中"鉴于"部分第三条的约定"该电气工程范围内共有约 338 米的'西门子'母线槽产品属于假冒产品……实际更换数量以现场实际需求为准"，对拆除案涉假冒母线槽及重置的工程，两被告完全知悉且具备条件参与和承担责任，但两被告事前不予理睬逃避责任，事后在诉讼期间法院根据其申请已经就鉴定程序启动的情况下却逾期不交鉴定费用，依法认定两被告主动放弃鉴定权利，故两被告未能就其主张提出任何证据予以佐证，也没有任何证据能够证明原告向海某某公司支付的费用不是用于购买正品西门子母线槽产品的，两被告的抗辩不成立。

（2）庭审查明A公司提交的《整改工程协议》的附件的《施工组织方案》第1.4条约定"本工程施工时间为2020年6～9月"，据此，A公司与劳务承包方在2020年6月签订了劳务工程分包合同，约定工期为90天，劳务费用为14.4万元。上述的合同约定，只是在工程正式启动之前根据工程计划对工期和工程劳务费用的预计。事实上，业主方、物业管理方、总承包方、西门子公司以及原告共同确认的竣工验收记录证明，在履行过程中，实际施工日期自2020年7月14日起至2020年12月30日止共计5个多月，工程施工时间远超预计的时间。并且，A公司提供的现场记录及图片可以证实，除工程时间超预期外，工程量和施工难度也较原预计大幅增加。根据业主方的要求以及《整改工程协议》的约定"母线槽更换工程须配合停电处理，将会对某广场的经营造成一定影响，为将该等影响降至最低，工程采取多次、多天间断分批进行……甲方有权根据天气、商场运营情况等因素随时更改或者取消当次的施工时间段，丙方（A公司）须无条件配合执行……并以不影响某广场的正常经营为大原则"。这造成施工时间不确定，单次施工时间短的情况。特别是部分假冒母线槽产品所处的位置需要额外拆除已有设施后才能施工，且需在拆除后对已有设施进行反复还原。有关的母线槽拆装工程需要专业技术工人施工，有关工人不可能临时聘请，由于2020年疫情的原因专业技术工人聘请难且市场成本高涨，何况涉案工程即便当天施工只有三两个小时也需按完整的班次支付劳务报酬，各项实际施工因素均导致工程量和劳务量超出预期而大量增加。对此，A公司提交了2020年7月14日起至2020年12月29日止的《施工过程中间交接记录》予以证实，该记录内容详尽且每一份均由包括施工单位、厂家、物业单位和业主方四方共同确认。鉴于上述实际施工情况的改变，原告与劳务承包方在2020年10月13日签订了劳务分包补充协议，增加了有关的劳务费用，并按照协议支付了劳务费40.4万元，有关的劳务费用支出有发票及银行转账凭证等证据予以佐证，足以证明该劳务费用的发生是真实存在且劳务费用的增加也具有合理性和必要性的。现被告 B 公司及黄某在因逃避责任而未参与实际施工的情况下，提出对该劳务量真实性的质疑却未提供任何反驳证据，并放弃对工程劳务费用的鉴定权利，因此，应由其承担放弃鉴定权利和举证不能的法律后果。

（3）关于 A 公司提出因案涉拆除重置工程派驻工程人员而额外产生的用工费用 152,382.71 元由被告方赔偿的主张。根据《整改工程协议》的相关约定，A 公司需派专业工程师与包括西门子公司等各方每日对当天施工完成进行确认。同时，还约定"如母线槽更换过程中对场地、物品、设施造成任何的损坏或引致甲方产生任何的损失，甲方有权直接要求原告承担相应的损失赔偿责任"。为了确保工程安全施工且防止造成衍生的二次损失的赔偿责任，A 公司根据业主要求和四方合同的约定需派驻专业工程管理人员组成工作组历时 5 个多月全职参与有关的监督管理工作，以保障工程安全有序进行。该项监督管理工作，与劳务承包方根据劳务合同所实施的劳务工程属于不同的工作内容；同时，也是由于被告 B 公司违约提供假冒母线槽产品且逃避善后补救责任而导致的额外工作，故在重置工程施工期间，A 公司支付给派驻的工作组人员用工费用应由两被告承担。

（4）因案涉的拆除重置工程，A 公司被暂扣"母线槽更换工程保修金" 20 万元及为确保重置的产品为正品而被暂扣保证金 50 万元，直至保修期届满后 45 个工作日，因此造成的利息损失应当由被告承担。根据《整改工程协议》第十条的约定，为确保经本次拆除重置工程重新安装的母线槽产品为西门子正品以及保证质量和保修等义务，业主方从整体电气工程最终期保修款中扣除了上述的保证金及保修金直至约定之日。由于案涉的拆除重置工程责任本应由被告 B 公司承担，上述的保修金及保证金亦本应当由被告 B 公司缴纳，现该笔保修金及保证金从 A 公司整体电气工程最终保修款中扣除因此造成的利息损失属于因违约行为及为采取补救措施而导致的损失之一，应当由被告承担。另，庭审中各方均共同确认，保修期满后第 45 个工作日为 2021 年 9 月 1 日，则现 A 公司主张两被告应承担自业主方与 A 公司 2020 年 7 月 22 日签订《整改工程协议》时起至约定退还日届满之日止的保证金、保修金按照全国银行间同业拆借中心公布的一年期贷款市场报价利率标准计算的利息损失符合事实，依法有据。

同理，因两被告未就其违约行为进行任何的补救措施，原告因案涉拆除重置工程而采取的措施所发生的全部费用以及因承担有关费用而产生的利息损失，均应由两被告承担。

所以，A公司已就案涉重新购置正品西门子母线槽采购费用，重置的数量提供了包括发票、银行转账凭证、竣工验收记录以及公安机关扣押清单等直接证据，有关证据能与其他辅助证据互相印证形成证据链条，足以证明A公司所主张的因采购正品母线槽的损失符合事实且依法有据。

（二）被告B公司的意见

1. 被告B公司仅出借公司资质给被告黄某使用，对黄某采购、销售涉嫌假冒西门子品牌的母线槽并不知情，本案的赔偿责任应当由被告黄某承担。被告黄某借用被告B公司的资质承接本案母线槽安装项目，其负责整个合同的洽谈、合同签订、采购、安装等事项，被告B公司仅在项目合同上加盖公章及提供公司账户给被告黄某收付项目款，被告B公司对被告黄某采购、安装的西门子品牌母线槽是否为正品并不知情。案件发生后，被告B公司第一时间找到被告黄某，要求被告黄某对接A公司，积极处理产品侵权产生的赔偿问题。被告黄某也书写了一份《承诺函》，承认其挂靠被告B公司承接了"广州某广场母线槽"安装项目，因采购了部分涉嫌假冒西门子品牌的母线槽产品，承诺对A公司的违约责任和损失赔偿责任承担全部的责任。因此，被告B公司对被告黄某采购、销售假冒某品牌产品并不知情，不应当对A公司的损失承担赔偿责任。

2. 原告索赔的金额过高：(1) 关于A公司重新采购西门子品牌产品而支出的材料费250余万元，刑事判决书显示，假冒的西门子品牌产品销售金额为140余万元，两者的数额差距巨大，且原告向西门子品牌公司实际采购母线槽产品的数量亦与公安机关鉴定的数量不符，劳务费也是A公司委托关联公司进行安装，费用过高。(2) 关于A公司主张派驻工程人员的费用，该工程人员均由A公司派驻，被告B公司对该项费用不予认可。(3) A公司为案涉工程投保的保险费并非必要性的损失，不应当由被告B公司支付。（4）鉴定费系基于A公司单方委托鉴定的行为所致，没有告知被告B公司，故鉴定程序不合法，相关费用亦应当由A公司自行承担。（5）业主单位扣除的保证金及相关利息损失不应当由被告B公司承担。该项目的电气工程已经于2015年竣工验收并投入使用，保质期为24个月，A公司应当在保质期满两年后即2017年向业主主张退还保证金。现A公司怠于行使权利，由此导致的损失应当由A公司自行承担。

（三）被告黄某的意见

1. 被告黄某认为A公司要求其赔偿重新购买及拆卸和安装西门子品牌产品的材料款2,530,600.42元没有事实和法律依据。

（1）西门子公司鉴定认定母线槽产品只有60.21米涉嫌假冒其商标产品，故根据合同所需要更换的也只有60.21米的母线槽产品，超出上述长度的材料款不应得到支持。根据A公司购买的单价予以计算，被告所需赔付的材料款仅为338,530.52元。对于无标签的产品，西门子公司的鉴定报告中也认可无标签产品的外观与西门子公司的母线槽产品相似。由于西门子品牌标签是用不干胶粘在产品上的，本工程的母线槽产品从2014年安装完毕至2019年底进行鉴定时，母线槽产品已经实际使用长达5年之久，由于母线槽产品需要进行通电使用，结合热胀冷缩以及使用环境等因素，西门子品牌标签会自然脱落，故对无标签的产品不应认定为涉嫌假冒产品，无须进行更换。西门子公司自身对母线槽产品早已检测过才允许安装，之后经过鉴定也只发现了52.94米涉嫌假冒，其余没有标签的产品不应视为假冒产品。

（2）即使A公司认为无标签母线槽产品同样需要进行更换，A公司提供的证据显示，其实际使用了270.88米母线槽产品，却从某某公司购买了360米的母线槽产品，A公司根本没有将其购买的全部母线槽产品用于更换，未使用的部分不应予以支持。综上，根据A公司实际施工的产品数量计算，黄某所需要赔偿的材料款为1,504,072.22元。

2. A公司要求被告赔偿重新购买及拆卸和安装西门子品牌产品的劳务款

404,000 元没有事实与法律依据。A 公司系某劳务公司的大股东，两者属于关联公司，故《劳务工程分包合同》及补充协议系关联交易。根据前述计算可知，本次更换工程总价为 1,504,072.22 元，按照《广东省通用安装工程综合定额》（2018 年）的规定，安装施工的劳务费按照更换工程价的 5%～8% 进行计算，故劳务费用的大概区间为 7.5 万～12 万元，即使考虑其他施工因素或难度，原合同约定的 14.4 万元是合理的价格。但 A 公司与其关联公司突然在 2020 年 10 月 13 日签订补充合同，约定需增加 26 万元作为案涉工程的劳务费用，且在无任何证据证实工作量增加的情况下，调整合同价款至 404,000 元，足以认定 A 公司通过本案诉讼谋取非法利益，故对其主张的劳务费用 404,000 元不应予以支持。

3. A 公司要求黄某赔偿重新购买及拆卸和安装西门子品牌产品的派驻工程人员的额外用工费用 152,382.71 元没有事实与法律依据。根据《广东省通用安装工程综合定额》（2018 年）的规定，相关人工费、材料费、管理费和利润、机具费等均应包括在委托第三方进行更换工程的劳务工程分包合同中，不应额外产生其他的用工费用。本项目中，A 公司委托其关联公司某劳务公司对本更换工程提供劳务，其中包括人工费、劳务费、措施费，已经充分考虑工人加班等相关费用，根本无须由 A 公司派驻工作人员在现场进行监工，故该部分额外用工费用完全不合理，不应予以支持。A 公司在本案中仅提供其自制的表格，没有其他任何证据证实 4 名工作人员确实在现场，且每天安装时间仅为数个小时，A 公司却按月平均日工资标准发放工资，完全不合理。A 公司亦未能提供该 4 名员工的全年工资数额进行比对，不能排除在 7～12 月故意提高上述 4 名员工工资的可能性。

4. A 公司要求黄某赔偿所支付的保险费没有事实与法律依据。本次工程中的母线槽产品即使需要更换，也只是在晚上，且在室内，不会给该保单的受益人造成损害，保险费 14,590.63 元不应予以支持。

5. A 公司要求被告赔偿鉴定费 6117.13 元没有事实与法律依据。鉴定报告的出具单位某某工程咨询有限公司与 A 公司存在关联关系，且是 A 公司自行委托而进行的评估，不具有客观性，本身就不应予以采纳。从鉴定报告的内容来看，送审拆卸、安装费用按材料总价的 8% 偏高；预算书、工程量清单没有附上，不能判断其预算及工程量清单的真实性；项目中水平支架并不属于更换的范围；A 公司提供的工程数量也不客观，不真实。

6. 保修金及保证金的利息 12,127.5 元与本项目无关，没有事实及法律依据，不应予以支持。另外，请法院根据上述实际应当支持的赔偿款计算相关的利息。

五、裁判结果

（一）一审的裁判结果

广州市白云区人民法院依照相关规定，判决如下：（1）于本判决生效之日起 5 日内，被告 B 公司向原告 A 公司赔付向某智能科技有限公司购买低压母线槽产品而产生的货款损失 2,511,712.74 元；（2）于本判决生效之日起 5 日内，被告 B 公司向原告 A 公司赔付基于低压母线槽更换工程而支付的劳务费 404,000 元；（3）于判决生效之日起 5 日内，被告 B 公司向原告 A 公司赔付基于低压母线槽更换工程而支付的派驻工程人员工资共计 152,382.71 元；（4）于本判决生效之日起 5 日内，被告 B 公司向原告 A 公司赔付基于低压母线槽更换工程而导致的保险费损失 14,590.63 元；（5）于本判决生效之日起 5 日内，被告 B 公司向原告 A 公司赔付鉴定费 6117.13 元；（6）于本判决生效之日起 5 日内，被告 B 公司向原告 A 公司赔付基于低压母线槽更换工程垫付资金而产生的利息损失（利息按照全国银行间同业拆借中心公布的一年期贷款市场报价利率标准，按照本判决中《利息计算表》载明的计算基数、起算时间及截止时间计算）；（7）于本判决生效之日起 5 日内，被告 B 公司向原告 A 公司赔付保修金、保证金被暂扣期间的利息（利息以 700,000 元为基数，自 2020 年 7 月 22 日起按照全国银行间同业拆借中心公布的一年期贷款市场报价利率计付至 2021 年 9 月 1 日止）；（8）被告黄某对被告 B 公司于前述判决第一项至第七项中所负债务承担连带清偿责任；（9）驳回原告 A 公司的其他诉讼请求。

（二）二审的裁判结果

二审法院作出判决：驳回上诉，维持原判。

六、裁判理由

（一）一审的裁判理由

法院认为，第一，案涉综合改造项目的电气专业分包工程于 2015 年 12 月竣工验收。虽然原告与被告 B 公司签订的《低压母线槽合同书》约定的保修期自业主最终通电验收后 24 个月，但该保修期是在被告 B 公司依约提供正品"西门子"低压母线槽产品的基础上约定的保修期。被告 B 公司作为《低压母线槽合同书》的合同相对人，未经原告同意将案涉工程交付给无资质的自然人被告黄某进行施工，构成合同欺诈。被告黄某在上述工程施工过程中，故意提供假冒的"西门子"母线槽产品，同样构成合同欺诈。在两被告均存在合同欺诈行为的情况下，上述工程的保修期不应再受保修期 24 个月的规制。被告 B 公司作为《低压母线槽合同书》的合同相对人，应当就其违约行为向原告承担直接的赔偿责任。被告黄某作为上述工程的实际施工方，且为提供假冒"西门子"母线槽产品等过错行为的实施方，应当对被告 B 公司所负之赔偿责任承担连带清偿责任。被告 B 公司以上述工程已经超过保修期以及其并非实际施工方为由主张其无须承担赔偿责任缺乏合同及法律依据，法院均不予采纳。第二，被告 B 公司、黄某应负赔偿责任的核定问题。因被告 B 公司、黄某的过错行为，导致原告作为本案综合改造项目电气专业分包工程的分包方，需要对上述工程中使用假冒"西门子"的低压母线槽产品进行更换，由此产生的损失应当由被告 B 公司、黄某承担。被告 B 公司、黄某对原告在履行《某广场西门子母线槽整改工程协议书》中低压母线槽更换工程中所发生的费用有异议，但法院依法启动司法鉴定程序后，两被告均以各种理由拒不交纳鉴定费用，由此造成举证不能的不利后果应当由其自行承担。根据原、被告关于原告于低压母线槽更换工程中产生的费用，法院认定如下。

1. 关于原告为履行《某广场西门子母线槽整改工程协议书》而向海某某公司购买低压母线槽产品而支付的材料款问题。原告提供的《低压母线槽采购合同书》显示，原告向海某某公司购买各种型号的低压母线槽产品共计 360 米，含配套产品后合同价款共计为 2,519,804.79 元。虽该产品长度与扬中市公安局《扣押决定书》记载的321.91米之间存在10.58%的差距，但考虑到母线槽更换工程实施过程中的材料损耗以及施工工艺等因素，上述损耗比例相对合理。被告B公司在收到原告发出的告知函后，明知其为合同相对人，应负合同义务的情况下，拒不派员参与更换工程。被告黄某作为原工程的实际施工人员，在收到被告B公司的通知后亦未主动参与母线槽更换工程。上述两被告的不作为行为，表明其主动放弃其在母线槽更换工程中针对材料数量、工程量、价款的异议权利。现上述两被告在低压母线槽更换工程已经竣工验收后再提出异议，显然有违诚实信用原则。兼之，在法院就母线槽更换工程的工程量以及所产生的各项税费及劳务费用委托司法鉴定之后，两被告拒绝交纳鉴定费用，直接导致法院无法通过具有合法资质的第三方鉴定机构对案涉母线槽更换工程的工程量、税费、劳务费用的合法性、合规性以及具体金额进行认定，由此产生的不利后果应当由两被告承担，两被告亦未能提供其他相反的证据否定材料款的合理性。同理，对于被告黄某提出《低压母线槽采购合同书》中约定的水平支架费用的合理性问题，法院亦不予采纳。另，被告黄某主张应当按照刑事判决书认定的金额1,425,118元计算更换母线槽的费用，但上述金额仅为某销售假冒"西门子"低压母线槽产品的销售金额，并不能等同于购买正品"西门子"低压母线槽产品的金额。综上，两被告的辩解均不能成立，法院均不予采纳。原告提供的发票以及转账记录显示，原告基于向海某某公司购买低压母线槽产品共计支付了2,436,361.36元，按照已付金额为合同金额97%的约定折算，实际应付价款为2,511,712.74元，剩余75,351.38元为合同约定的质保金。

2. 关于原告主张的劳务费用404,000元的问题。虽《劳务工程分包合同》中约定的劳务费用为144,000元，但工期仅为90天。而实际施工过程中，因需要避免因停电导致某广场产生更大的损失以及商誉损失，故开工时间为24时至次日凌晨，施工难度增大。原告的进场时间为2020年7月14日，直至2020年12月30日竣工验收，工期长达169天，延长工期79天。两被告对此有异议，但既拒绝参加母线槽更换工程，亦未按照法院要求完成鉴定，其亦未能就施工劳务费用提供任何反证，故法院对两被告的辩解均不予采纳，认定案涉母线槽更换工程的劳务费用为 404,000 元。

3. 关于原告主张因母线槽更换工程需由其派驻工程人员额外产生的用工费用 152,382.71 元的问题。根据《某广场西门子母线槽整改工程协议书》的约定，在母线槽工程实施阶段，原告需有应急预案，并且备件、备料、备工具、备人员，以应对次日商场运营时间内突发的母线槽故障；原告在每次/天施工完毕后，必须得到业主方、总包公司、西门子公司的认可确认才能恢复当晚的通电运行，做到施工、验收、通电在规定时间内同日完成，以满足商场营业时间的正常用电需求。根据上述约定，除负责施工的劳务公司的施工人员以外，原告必须配备其公司相应的人员以完成现场监督、验收、应对突发事件，故原告安排现场负责人、项目安全员、施工员、资料员参与工程施工符合合同约定，且上述人员的工资标准亦不高于 2020 年全省国有单位在岗职工年平均工资 143,622 元的标准。两被告认为无须支付上述款项，却未能提供相应的反证，法院对其辩解不予采纳。

4. 关于原告主张的保险费 14,590.63 元的问题。根据《某广场西门子母线槽整改工程协议书》的约定，原告须在母线槽更换工程施工前购买以下保险：（1）丙方下属雇员之劳工保险；（2）安装工程一切险；（3）第三者责任险。原告根据上述约定向中国人民财产保险股份有限公司广州市分公司投保"团体建筑施工人员意外伤害保险"以及"建筑工程一切险"，由此支付的保险费为 14,590.63 元。上述保险险种属于建筑工程施工过程中必须投保的保险险种，保险费用属于母线槽更换工程中必然发生的费用，属于原告履行上述工程协议书所导致的损失。两被告未能就此提供相应的反证，故原告要求两被告承担上述损失合理合法，法院予以支持。

5. 关于原告主张的鉴定费 6117.13 元的问题。根据《低压母线槽合同书》的约定，含税工地交货价为 6,494,720 元。《鉴定报告》和《鉴定报告（补充）》显示，仅有部分"西门子"母线槽为假冒产品，在被告 B 公司、黄某均未参与母线槽整改事项的情况下，原告通过委托某某工程咨询股份有限公司作出《关于广州某广场低压母线槽采购及拆旧装新工程预算评审的报告》以确定母线槽更换工程所需之费用，并将之作为处理母线槽整改事宜的依据，符合常理。上述费用的发生完全是由于两被告不予配合整改所致，由此产生的鉴定费用6117.13元应当由两被告承担。

6. 关于原告主张的利息问题，基于两被告的合同欺诈行为，导致原告需先行垫付款项完成母线槽整改工程并支付相关款项，原告要求两被告自其实际支出款项之日起按照全国银行间同业拆借中心公布的贷款市场报价利率计付利息至被告实际赔偿之日止合理，法院予以支持。被告黄某辩称应按存款利率计算利息无理，法院不予采纳。

7. 关于原告主张被业主方暂扣的保修金200,000元及保证金500,000元的利息问题。上述保修金及保证金均为广州某广场综合改造项目的保修金及保证金。被告B公司、黄某的违约行为导致上述项目需要进行母线槽更换工程，从而被业主方暂扣用于母线槽更换工程的保修金及保证金，现原告要求被告支付按照自《某广场西门子母线槽整改工程协议书》签订之日即2020年7月22日起按照全国银行间同业拆借中心公布的贷款市场报价利率计付上述款项被暂扣期间的利息损失合理，法院予以支持。但因《某广场西门子母线槽整改工程协议书》约定的保修期至2021年9月1日届满，原告应当在保修期届满后及时向业主方主张退还款项，故其主张2021年9月2日起的利息缺乏法律依据，法院则不予支持。

该案一审判决作出后，被告黄某提起上诉，广州市中级人民法院依法受理，二审法院对一审法院查明的事实予以确认。

（二）二审的裁判理由

二审法院归纳的争议焦点问题为：黄某是否应向A公司赔付基于低压母线槽更换工程而支付的派驻工程人员工资。对此，二审法院分析认定：案涉整改工程是由于B公司在由其承揽的某广场母线槽工程中违约违法提供假冒品牌低压母线槽产品，导致A公司承担了更换正品母线槽。根据《某广场西门子母线槽整改工程协议书》的约定，除负责施工的某劳务公司的施工人员以外，A公司必须配备其公司相应的人员以完成现场监督、验收、应对突发事件，A公司安排现场负责人、项目安全员、施工员、资料员参与工程施工符合合同约定，也符合施工管理规范要求。A公司据此支出管理人员和派驻现场人员费用有事实依据，应由B公司承担。黄某提出上述费用已包含在某劳务公司劳务班组的款项中，理由不成立。此外，黄某主张母线槽整改数量应按照扬中市公安局出具《扣押决定书》中的321.91米而非A公司重新购买的数量360米来认定。虽实际购买的产品长度与《扣押决定书》中的长度存在10.58%的差距，但考虑到母线槽更换工程实施过程中的材料损耗以及施工工艺等因素，上述损耗比例相对合理。黄某作为工程的实际施工人员，在收到B公司通知后，未参与整改工程，在整改工程完成之后又对材料数量提出异议，有违诚信原则。此外，黄某在一审庭审中拒绝承担就案涉项目产生的费用进行鉴定的费用，放弃鉴定申请，应承担由此产生的不利后果，亦无法对A公司实际支出费用提出相应反证，对其上诉主张，法院不予支持。一审判决B公司赔付A公司基于低压母线槽更换工程而支付的派驻工程人员工资共计152,382.71元，并由黄某承担连带责任，并无不当，依法应予以维持。

七、案例评析

本案所涉工程纠纷是建设工程施工领域中比较复杂的案件，一是本案涉及民刑交叉的质量索赔与反索赔。二是所涉的工程质量索赔项目位于广州市目前的中轴线上标志性建筑之一的大型商业广场，该商场2015年12月竣工验收，于2016年初启用，至2019年底该商场的建设单位向总包广某公司、A公司发出索赔的《律师函》已交付使用长达三年多。三是涉案工程纠纷发生时刚好面临疫情最困难的2020年，A公司作为电气工程的分包单位积极面对建设单位的索赔问题，一方面，及时听取法律意见和建议，在案涉的母线槽产品经公安部门作出鉴定为假冒产品后，即向被告B公司发出《律师函》；另一方面，聘请律师全过程协助A公司制定了一系列的依约依法向被告B公司索赔与反索赔的措施，同时委托律师提起了本索赔诉讼案，便有了前面展示的本案的索赔过程一系列法律事实和证据，包括刑事判决书、公诉书、《低压母线槽合同书》、《西门子母线槽报价单》、《主要材料进场检查验收记录》、《律师函》、《鉴定报告》、《鉴定报告（补充）》、《告知函》、《谅解协议书》、《会议纪要》、《关于广州某广场低压母线槽采购及拆旧装新预算评审的报告》、《某广场西门子母线槽整改工程协议书》

及《施工组织方案》、《广州某广场低压母线槽采购及拆旧装新工程低压母线槽采购合同书》、增值税专用发票及银行转账凭证、《劳务工程分包合同》及补充协议、《发货清单》、《施工过程中间交接记录》、出勤表、用工成本表、工资转账凭证、施工照片、扣押移交确认书、移交清单、扣押决定书及当事人陈述等证据证实，形成完整的证据链，最终A公司的索赔项目和金额全部得到一审、二审法院的支持，切实维护了委托人的合法权益。①

【点评】

本案所涉工程质量纠纷的特点在于涉及民刑交叉的工程质量索赔与反索赔，难点在于所涉的工程质量的项目是已交付业主使用多年的大型商业广场。案涉的母线槽产品的采购及安装经公安部门的鉴定为假冒产品的是A公司内部分包的B公司。在本案中，代理律师及时介入，既协助委托人理顺与业主、公安部门及总包单位等的关系，同时也及时向责任主体提出诉讼索赔，尤其是索赔证据充分扎实，一环扣一环，使委托人的索赔项目和金额全部得到支持，该案涉及民刑交叉的工程质量索赔与反索赔的思路及证据材料的收集、处理值得同类案件借鉴。

点评人：泰和泰（广州）律师事务所律师　王　瀚

---

① 广州市白云区人民法院民事判决书，(2020) 粤0111民初36602号；广州市中级人民法院民事判决书，(2022) 粤01民终1154号。

工程验收合格后,能否以工程质量问题作为拒绝支付工程价款的抗辩事由

广东德寰律师事务所　马平川

一、当事人的基本情况及案由

原告：G 公司

被告：B 公司

案由：装饰装修合同纠纷

二、案情介绍

2016 年 8 月 13 日,原告 G 公司与被告 B 公司签订了《合同书》,约定将 B 公司承建的广州某商住项目中数栋金属栏杆、扶手等铁艺项目转包给 G 公司,由 G 公司负责提供物料和施工,合同总价为 1,783,773.4 元。G 公司应承担的责任有：(1) 制作的产品质量严格执行国家相关标准,对标准和规范上未明确说明的,可以按照 B 公司、监理方确定的文件和图案施工标准；(2) 选材标准：钢材的规格采用甲方提供的图纸说明,确保设计钢管壁厚,使用国家标准镀锌钢材；面漆要保证 10 年内不脱漆、不变色；(3) 在施工过程中随时接受 B 公司的安全检查,服从 B 公司指挥,对安全、质量隐患应按技术交底的内容进行整改；(4) 每道工序完成后,需 B 公司验收合格后方可进行下道工序的施工；(5) 在施工过程中,栏板采用焊接连接方式,配件连接螺丝采用不锈钢材质,拉爆螺丝为锌钢材质。合同约定的付款方式：合同签订后三日内 B 公司向 G 公司支付 50,000 元定金,本工程按月进度支付工程款。安装好之前向 B 公司提交工程进度并经 B 公司

现场工程师核验后，B 公司按月结算工程进度款的 80%，栏杆安装完毕（3 个月内）并通过 B 公司的验收后，一个月内支付总造价的 97%，剩余 3% 为保修金，保修期为一年，保修期满一个月内无息返还。

2017 年底，G 公司依约完成并交付了工作成果。2018 年 8 月，B 公司组织验收合格，该工程同时投入使用。2020 年 1 月 4 日，双方完成了工程量汇总，并签订《工程结算汇总表》就工程价款结算达成协商，确认结算总额为 1,609,120.47 元，已付金额为 100 万元，工程罚款为 38,500 元，本次应收 100% 结算款金额为 570,620.47 元。

2020 年 4 月 17 日，G 公司向 B 公司发送支付工程结算款函，催促支付剩余工程款 570,620.47 元。2020 年 4 月 24 日，B 公司支付结算款 250,000 元，此后 B 公司再未付款。G 公司经多次催促无果后，提起本案诉讼。

一审中，法院经审理查明：2013～2017 年，被告 B 公司是案外人 H 公司在广州及周边地区的经销商。经案外人 H 公司授权，被告 B 公司在广州及周边地区进行护栏围栏等系列产品的销售、安装、服务。H 公司拥有设计、施工、维修资格（资质等级为贰级）。在授权期间，被告 B 公司被授权使用 H 公司的资质。在 2016 年，被告 B 公司以 H 公司在广州地区的经销商身份和资质对广州某商住项目四期铁艺栏杆工程进行投标并中标。

2020 年 11 月 2 日，B 公司又接到建设单位工作联系单，要求对案涉铁艺栏杆进行维修、翻新。B 公司遂要求 G 公司再次配合维修整改，G 公司认为工程已过保修期，且 B 公司尚欠工程尾款，拒绝配合维修。此后，B 公司另聘请案外人黄某等完成维修翻新工作，并于 2020 年 11 月 28 日与黄某签订《铁艺栏杆、整改与维修劳务合同》，约定对涉案项目无法通过验收的部分进行维修，维修过程中产生损失材料费 43,000 元、劳务费用 208,964 元，庭审时维修工作仍在进行中。

三、争议焦点

1.《工程结算汇总表》能否作为最终验收结算的依据。

2. 工程验收合格后，能否以工程质量问题作为拒绝支付工程价款的抗辩事由。

3. 涉案工程质量是否存在问题。

四、各方的意见

（一）原告的意见

1. 根据《合同书》第五条第一项的约定，栏杆安装完毕通过 B 公司验收后付款至97%，一年质保期结束后支付至100%。2020 年 1 月 4 日，双方签订的《工程结算汇总表》中载明"本次应收 100% 结算款金额为 570,620.47 元"，说明双方已就包括质保金在内的全部合同价款结算达成协议，确认结算总额为 1,609,120.47 元，待支付结算款为 570,620.47 元。2020 年 4 月 24 日，B 公司支付结算款 250,000 元，表明 B 公司确认了《工程结算汇总表》中的结算金额。

2.《合同书》第三条第四项约定，每道工序完成，B 公司验收后才可以进行下一阶段的施工。第五条第一项约定栏杆安装完毕通过 B 公司验收后付款至97%，一年质保期结束后支付至100%。G 公司于 2017 年 12 月施工完毕，2018 年 8 月通过 B 公司验收，2019 年 10 月 31 日质保期结束。双方在 2020 年 1 月 4 日对涉案工程价款进行结算，此时已距工程竣工时间达 2 年之久，已超出工程的一年保修期限，且结算金额中已扣除了质量瑕疵违约金，G 公司不应再承担保修责任。

3. 根据《合同书》第三条第一项的约定，产品质量执行国家标准。《合同书》第三条第四项、第五条第一项约定由 B 公司负责验收。涉案工程 2017 年竣工，2018 年通过 B 公司验收。这一事实足以说明，施工过程中、竣工验收、保修期届满后这三个结算的重要时间节点，B 公司对施工质量均是认可的，G 公司的工程质量不存在问题。B 公司在工程竣工超过两年且已过保修期之后，以施工瑕疵为由拒付剩余工程款，纯属无理，不应得到支持。况且，B 公司主张 G 公司工程质量不合格，依据的是涉案工程未通过建设单位的验收，而不是《合同书》或国家标准的具体哪项条款，也未能提交相关证据加以佐证，不能作为施工存在瑕疵的依据。

（二）被告的意见

1. 双方 2020 年 1 月 4 日签署的《工程结算汇总表》虽然对工程量进行了初步汇总结算，但是对涉案工程的质量是否符合验收标准并未在文件中进行相应约定，最终工程款的计算除了合同约定的工程量的因素之外，还要考虑截至主张工程款之前对工程质量不合格部分的维修费用的实际支出。B 公司并未对工程质量进行确认，该汇总表不能作为最终验收结算的依据。

2. 涉案工程存在严重的质量问题，G 公司选材不符合合同约定，阳台、栏杆质量不符合施工图设计说明，B 公司有权依据法律规定减少工程款。依据《合同法》第一百一十条，B 公司有权要求减少涉案工程价款 320,620.47 元。G 公司要求支付利息，既没有合同约定，也没有事实和法律依据，B 公司对此不予认可。

3. G 公司不履行整改维修义务，导致涉案工程一直未能通过建设单位的验收，B 公司一直无法收到工程的剩余款项，遭受严重损失。

4. 由于 G 公司不履行整改维修义务，迫于总包方的多次催告，B 公司只好请第三方黄某进行整改维修，并于 2020 年 11 月 28 日与黄某签订《铁艺栏杆、整改与维修劳务合同》，约定对涉案项目无法通过验收的部分进行维修，维修过程中产生的材料费用 43,000 元、劳务费用 208,964 元，上述费用应由 G 公司承担。

五、裁判结果

广州市番禺区人民法院作出一审判决：（1）被告 B 公司应于本判决生效之日 10 日内向原告 G 公司支付工程款 320,620.47 元；（2）被告 B 公司应于本判决生效之日 10 日内向原告 G 公司支付工程款利息（以 320,620.47 元为本金，按照同期全国银行间同业拆借中心公布的贷款市场报价利率为标准，从 2020 年 1 月 5 日起计算至实际清偿之日止，利息总额以本金为限）；（3）驳回原告 G 公司的其他诉讼请求。

六、裁判理由

（一）《工程结算汇总表》能否作为最终验收结算的依据

被告 B 公司将涉案工程发包给原告 G 公司施工，工程完工后，双方在 2020 年 1 月 4 日对涉案工程价款进行结算，确认结算总额为 1,609,120.47 元，已付金额为 100 万元，工程罚款为 38,500 元，本次应收 100% 结算款金额为 570,620.47 元。被告在结算后于 2020 年 4 月 24 日支付工程款 250,000 元，还剩余工程款 320,620.47 元未支付，原告起诉要求被告支付剩余工程款 320,620.47 元，具有事实和法律依据，法院予以支持。

（二）工程验收合格后，能否以工程质量问题作为拒绝支付工程价款的抗辩事由

广州市番禺区人民法院对此认为，建设工程合同是双务合同，保证工程质量和支付工程款是双方的主要义务。涉案合同已约定工程款的支付方式，即"本工程按月进度支付工程款。安装好前向被告提交工程进度并经被告现场工程师核验后，甲方按月结算工程进度款的 80%，栏杆安装完毕（3 个月内）并通过甲方验收后，一个月内支付总造价的 97%，剩余 3% 为保修金，保修期为一年，保修期满一个月内无息返还"。原告 G 公司于 2017 年底施工完工，双方在 2020 年 1 月 4 日签署了一份《工程结算汇总表》对涉案工程价款进行结算，此时距工程竣工时间已达 2 年之久，已超出工程的一年保修期限，被告 B 公司逾期支付工程款，应承担相应的违约责任。合同没有约定违约责任，根据《最高人民法院关于审理建设工程施工合同纠纷案件适用法律问题的解释（一）》第二十六条的规定，当事人对欠付工程价款利息计付标准有约定的，按照约定处理。没有约定的，按照同期同类贷款利率或者同期贷款市场报价利率计息。原告起诉要求支付利息，具有合同依据和法律依据，利息计算方式应为：以 320,620.47 元为本金，按照同期全国银行间同业拆借中心公布的贷款市场报价利率为标准，从 2020 年 1 月 5 日起计算至实际给付之日止，利息总额以本金为限。

(三) 涉案工程质量是否存在问题

被告 B 公司主张工程存在质量问题并要求 G 公司支付维修费，由于 B 公司已经委托第三方进行整改，整改工作现在还正在进行，被告 B 公司可以待整改工作完成后另行提起诉讼。

七、案例评析

本案涉及两个主要问题：一是《工程结算汇总表》能否作为工程款的结算依据；二是工程验收结算后，能否再以质量问题进行抗辩并拒付工程款。

关于第一个问题，涉案工程于 2017 年竣工，2018 年通过发包方 B 公司验收，2019 年 10 月 31 日质保期结束。双方在 2020 年 1 月 4 日对涉案工程价款进行结算，《工程结算汇总表》载明了案涉工程总价款、结算总额、已付金额、工程罚款、本次应收 100% 结算款金额，经发包方 B 公司和承包方 G 公司代表签字并加盖公章，具有法律效力。依据《最高人民法院关于审理建设工程施工合同纠纷案件适用法律问题的解释（一）》第二十九条的规定，双方应当遵守诚实信用原则，履行已经认可的结算方式、结算金额。

关于第二个问题，基于建设工程的特殊性，建设工程竣工验收是合同双方所作的对工程质量的确认行为，对双方均具有法律效力，因此，工程竣工验收合格后，应视为施工单位的主合同义务已经履行完毕。在竣工验收合格后，除确实由于施工单位原因导致工程的地基基础工程或主体结构质量不合格外，工程存在的质量问题一般应属于保修问题，发包方以工程质量为由拒付或减付工程款的抗辩不应得到支持。根据《合同法》第二百七十条的规定，验收合格的，发包人应当按照约定支付价款，并接收该建设工程。因此，建设工程验收合格后，工程质量问题不能成为发包人拒付工程款的理由，发包人应按合同约定支付工程款。本案中，B 公司在验收结算后又以工程质量存在问题为由拒付工程款，应对此承担举证责任，否则应当承担举证不能的法律后果。

【点评】

《建筑法》第八十条规定:"在建筑物的合理使用寿命内,因建筑工程质量不合格受到损害的,有权向责任者要求赔偿。"因此,工程验收合格后,如果由于施工人的原因导致了质量事故,权利人依法有权向施工人主张承担民事责任。任何法律、法规均没有工程一经验收合格,施工人对之后出现的任何质量问题均可免责的规定。

具体到本案,双方结算金额并不存在争议且保修期已届满,B公司以工程质量问题为由拒绝支付工程价款虽有法律依据,却未能举证证明工程存在质量以及因质量问题而产生损害,因此其抗辩理由并不成立,自然也无法被法院采纳。

实践中,业主单位或发包人时常以工程存在质量问题为由拖欠或克扣施工单位的工程款并因此导致诉讼,因此施工单位应确保工程质量符合合同约定和/或法律法规的规定,并在此基础上获得业主单位或发包人关于工程质量合格的书面确认,必要时可共同聘请鉴定机构就工程质量问题进行鉴定,以便解决双方在工程质量问题上可能存在的争议。

点评人:广东圣和胜律师事务所律师　王育民

设计变更后工作成果不合格
是否影响变更前的验收效力

广东德寰律师事务所　马平川

一、当事人的基本情况及案由

上诉人（原审被告，反诉原告）：Z公司，H公司
被上诉人（原审原告，反诉被告）：P市某职能局
案由：建设工程合同纠纷

二、案情介绍

P市某职能局为发包人，Z公司、H公司为勘察、设计人（以下简称联合体）。2010年9月，P市某职能局与联合体签订《建设工程勘察设计合同》，约定将P市某水库建设工程的勘察设计工作发包给联合体，合同总价1031万元。勘察设计分为项目建议书、可行性研究、初步设计、招标设计、施工图设计5个阶段，交付招标设计工作成果后支付至合同总价的71.2%，余款待工程完工后付清。

2010年11月至2011年12月，联合体向P市某职能局交付了项目建议书、可行性研究，P市某职能局上级主管部门组织专家组分别验收通过，并联合发改部门作出正式批复。2012年12月，联合体向P市某职能局提交了初步设计报告、设计概算及附图。P市某职能局随即组织专家组评审。专家组认为，初步设计报告对水文条件的计算方法正确，同意水文及降雨径流复核计算成果，同意初步设计报告对区域构造稳定、水库不存在诱发地震的风险的评价意见，同意初步设计报告对选定的上坝线下坝线工程地质条

件的评价，同意初步设计报告的工程布置方案和建筑物设计方案等。该审查意见在技术上全面肯定了初步设计关于水库坝线、水库建筑规划等方案，全面肯定了初步设计的深度。在审查意见的基础上，上级主管部门对初步设计作出验收通过的正式批复。

2014年12月，联合体交付了招标设计工作成果。2014年后，某水库建设项目因资金问题长期停滞。此间，P市某职能局仅支付勘察设计费455万元，且其中100万元存于P市某职能局与联合体的共管账户中。

2016年10月，P市某职能局因"某水库工程主要任务由农田灌溉用水调整为饮用水供应兼顾农田灌溉""取消原设计的烟叶基地灌溉取水泵站、输水管线等相关设施"，要求联合体对已经通过验收的初步设计进行修改，并承诺根据修改的内容及工作量增加勘察设计费。联合体根据P市某职能局的要求，对原初步设计进行了两次修改。2017年初，专家组对第一次修改后的初步设计结论是，工程关键章节特别是地质、工程任务和规模，水工建筑物等章节需修改和完善内容较多，大坝形体优化余地很大，工程投资不能锁定，不同意通过。2017年下旬，第二批专家组对第二次修改后的初步设计的结论是现有趾板设计方案在水力梯度方面不满足规范容许性要求；山体风化强烈，谷口位置深层滑动需要复核；枢纽布置不合理；方案设计图不完整，细节错误较多，设计深度不足。专家组建议因现有坝线工程地质较差，不适宜修建刚性坝，目前提出的面板坝方案缺乏有效的适应措施，应尽早考虑在其下游主河道另选坝址开展勘察设计工作。2017年两批专家组的意见与2012年专家组的意见完全不同。尤其是第二批专家组的建议，等于根本上推翻了2012年专家组的结论。

嗣后，P市某职能局强令联合体在第二批专家组的指定地址重新勘察，联合体则以初步设计确定的坝址已经2012年专家组验收通过，且上级主管部门批复认可为由拒绝。由于发包人与勘察设计单位在技术问题上产生分歧，谁也无法说服谁，导致勘察设计工作停滞。随着时间的流逝，矛盾逐渐从技术分歧发展到法律纷争，无法通过协商解决，诉讼不可避免。

2018年10月，P市某职能局向P市人民法院起诉，请求：（1）解除原、被告签订的《建设工程勘察设计合同》；（2）判决联合体返还P市某职能局支付的勘察设计费 455 万元。联合体提出反诉，请求：（1）解除双方签订的《建设工程勘察设计合同》。（2）判决 P 市某职能局向联合体支付 2016 年 10 月前欠付的勘察设计费约 300 万元及相应利息。（3）判决 P 市某职能局协助联合体将共管账户中的 100 万元划转至联合体账户。（4）判决 P 市某职能局向联合体支付 2016 年 10 月后为修改初步设计支出的差旅费及人工成本约 50 万元。P 市某职能局认为，虽然专家组审查的是修改后的初步设计，但其审查范围并非仅限于修改部分，而是及于初步设计整体。既然专家组认为修改后的初步设计质量不合格，尤其是否定了初步设计对水文条件、地质构造的判断，并对坝址的选择、建筑物的布置等根本问题提出不同意见，那就意味着 2012 年验收通过的结论是错误的。

2019 年 5 月，一审法院判决：（1）联合体将存于共管账户中的 100 万元勘察设计费返还 P 市某职能局；（2）驳回各方的其他诉讼请求。联合体不服一审判决，提起上诉。

2019 年 10 月，二审法院认为，一审判决认定基本事实不清，裁定：（1）撤销一审民事判决；（2）该案发回一审法院重审。

2020 年 3 月，一审法院重审后判决：（1）解除 P 市某职能局与联合体签订的《建设工程勘察设计合同》；（2）联合体向 P 市某职能局返还已支付的全部勘察设计费 455 万元；（3）驳回联合体的全部诉讼请求。联合体不服重审后的一审判决，提起上诉。

2020 年 12 月，二审法院判决维持一审判决第一项；撤销一审判决第二、三项；P 市某职能局向联合体支付勘察设计费约 300 万元及违约金。P 市某职能局协助联合体将共管账户中的 100 万元划转至联合体账户。P 市某职能局不服重审后的二审判决，申请再审。

三、争议焦点

1. P 市某职能局能否以 2017 年专家组的审查意见为依据，推翻已通过验收的项目建议、可行性研究、初步设计。

2. 如果勘察设计质量部分存在瑕疵，发包人能否以部分存在瑕疵导致合同目的整体无法实现为由，要求勘察设计人返还全部勘察设计费。

四、各方的意见

(一) P 市某职能局的再审请求及理由

1. 再审请求

撤销二审判决,改判解除双方签订于 2010 年 9 月 28 日的《建设工程勘察设计合同》,联合体返还 P 市某职能局已支付的勘察设计费 455 万元。

2. 理由

(1) 2016 年专家组作出的审查意见认为原初步设计选定的坝址工程地质较差,不适宜修建刚性坝,建议在主河道下游另选坝址开展勘察设计工作。说明之前的可行性研究、初步设计的质量是不合格的。既然之前对项目建议、可行性研究和初步设计的验收是错误的,那么就应当予以纠正。

(2) 勘察设计服务于水库建设这一目的,是不可分割的整体。项目建议、可行性研究、初步设计的质量不合格,必然无法作为水库建设的依据,发包人的合同目的无法实现。在这一逻辑的基础上,发包人有权要求解除合同,并要求勘察设计人返还全部勘察设计费。

(二) 联合体的答辩意见及理由

1. 答辩意见

要求驳回 P 市某职能局的再审请求。

2. 理由

(1) 2016 年专家组否定的是根据 P 市某职能局要求调整后的初步设计,并不是 2012 年已经通过验收的初步设计。

(2) 即便 2016 年专家组的审查意见正确,并且其结论部分涉及原来的初步设计,也不能以该审查意见为依据,推翻之前的验收结论。根据《水利工程建设项目管理规定》第十条至第十三条的规定,项目建议书、可行性研究报告、初步设计和施工图设计都是分步执行,分别验收,每个阶段都有独立的价值。后一阶段即便存在瑕疵,也并不意味着前一阶段必然存在瑕疵;更不能因为后一阶段存在瑕疵,而否认前一阶段的价值。尤其是《建设工程勘察设计合同》约定的是按阶段验收,分别付款。

（3）在项目建议、可行性研究和初步设计都取得了相应批复的情况下，不能因未满足 P 市某职能局对原初步设计的修改要求，而否决联合体的全部工作。

五、裁判结果及理由

（一）发回重审的一审裁判结果和理由

1. 一审裁判结果

解除原、被告双方签订的《建设工程勘察设计合同》，联合体于判决发生法律效力后 15 日内返还 P 市某职能局勘察设计费 455 万元，驳回联合体的诉讼请求。

2. 裁判理由

关于联合体完成的勘察设计工程是否合格，联合体是否应当返还 P 市某职能局勘察设计费 455 万元的问题。双方对技术审查单位作出的审查意见不持异议，该审查意见针对修改稿重要问题的审查意见是：方案设计图不完整，细节错误较多，设计深度不足，并建议各方尽早考虑在其下游主河道另选坝址开展勘察设计工作。从该审查意见可以看出，被告之前作出的勘察设计不合格，需另选坝址开展勘察设计工作。勘察设计是不可分割的整体，项目建议、可行性研究报告可直接导致初步设计的质量不符合要求。双方在《建设工程勘察设计合同》中约定联合体应提交质量合格的设计资料并对其负责。根据《合同法》第二百八十条的规定，勘察、设计的质量不符合要求或者未按照期限提交勘察、设计文件拖延工期，造成发包人损失的，勘察人、设计人应当继续完善勘察设计，减少或者免收勘察、设计费并赔偿损失。故联合体应返还 P 市某职能局勘察设计费 455 万元。

（二）再审的裁判结果和理由

1. 再审的裁判结果

撤销发回重审后作出的一审、二审判决，解除《建设工程勘察设计合同》，P 市某职能局协助联合体将共管账户中 100 万元的 825,170 元划转至联合体账户，其他款项返还 P 市某职能局，驳回各方的其他诉讼请求。

2. 裁判理由

再审判决采纳了联合体委托诉讼代理人关于变更工作内容不能否定在先已完成工作成果的意见。

再审判决认为,双方签订的《建设工程勘察设计合同》约定联合体承担P市某水库的工程的项目建议书、可行性研究、初步设计、招标设计、施工图设计的勘察设计工作,P市某职能局向联合体支付相应的勘察设计费。法院查明,联合体签订合同后按照合同约定实际完成了项目建议书、可行性研究、初步设计阶段的工作,并分别取得相关部门的批复,其履行的合同义务已经转化为相应的工作成果且质量合格。P市某职能局后期变更工作内容,不能否定联合体之前按照合同约定支付已完成且质量合格的工作成果所对应的勘察设计费。后P市某职能局向联合体提出修改初步设计报告。按合同约定,联合体负有修改完善的义务。从联合体提交修改初步设计报告后相关部门出具的复审意见可知,报告复审不能通过。联合体另行提交的初步设计报告未通过专家评审,表明其工作成果质量不合格,责任在联合体。故联合体请求支付后续勘察设计费用的请求无事实及法律依据,法院不予支持。

六、案例评析

长期以来,地方政府职能部门作为发包方,相对于勘察设计单位有绝对优势,拖欠勘察设计费已是司空见惯。勘察设计单位出于多种考虑,往往忍气吞声。P市某职能局拖欠联合体高额勘察设计费多年,联合体始终不愿通过诉讼主张权利,就属于这种情况。收到应诉通知后,联合体给出的底线是,不退还已收到的勘察设计费,放弃全部未收取的债权,与P市某职能局协商解除合同即可,可见其期望值之低。后经反复权衡,联合体才提出反诉,并经过反复拉锯,最终取得较为满意的结果。

该案过程一波三折,庭审也异常激烈。双方的技术代表站在己方的立场上,大量援引专业理论和数据,给法官和代理人上了一堂生动的水利工程专业课。代理人则援引合同条款和法律规范唇枪舌剑,互不相让。但真正值得回味的是,双方自始至终无法在技术上说服对方,定分止争靠的还是法律。法官通过法律规则处理了双方的纠纷，为这场争议画上了句号。至于 2012 年的专家组观点正确，还是 2016 年的专家组观点正确，只能留待时间去检验了。

回到案件本身，双方对 2012 年的初步设计通过了验收，2016 年修改后的初步设计没有通过验收这一事实本身并无争议，但基层人民法院与中级人民法院、高级人民法院历次判决、裁定的结论完全不同。P 市基层人民法院两次判决均驳回联合体的全部反诉请求，支持 P 市某职能局大部分或全部诉讼请求。中级人民法院则部分支持联合体的反诉请求，驳回 P 市某职能局的全部诉讼请求。该案得以冲破地方保护主义的影响，得益于合理展示证据，充分解释技术细节。

该案值得关注的法律问题是如何理解勘察、设计合同的合同目的。一般来讲，发包人签订勘察、设计合同是为了后续的施工。《建筑法》和《建设工程质量管理条例》中也有施工企业必须按照工程设计图纸施工的规定。那么，勘察、设计类合同的目的是不是为工程施工提供技术基础，就成为一个值得讨论的问题。该案中，联合体明确提出，勘察合同的目的是提供真实、准确的地质、测量和水文结果，设计合同的目的是提供符合国家规定的设计深度要求的设计文件。从商业角度上看，勘察设计合同确实是为了满足后续施工的需要，但不能因此认为勘察设计合同依附于施工合同，更不能以施工合同的履行情况作为评价勘察设计合同的基础。《水利工程建设项目管理规定（试行）》也明确了勘察、设计合同各自独立的存在价值。从再审的判决结果来看，法院认可了联合体的观点。[①]

【点评】

该案主要涉及一个法律问题，即勘察设计合同划分为若干阶段，前期各个阶段验收合格，但由于发包人的原因变更了工作任务，而变更后的工作成果又无法通过验收的情况下，能否以最终验收不合格导致合同目的无

---

① 贵州省盘州市人民法院民事判决书，（2020）黔 0222 民初 145 号；贵州省六盘水市中级人民法院民事判决书，（2021）黔 02 民再 74 号。

法实现为由，否定之前阶段性验收的法律效力。笔者作为勘察设计单位的代理律师克服困难，向法院充分说明应该支持其委托人的诉请的技术及法律依据，最终使法院认可勘察设计单位前期各个阶段的工作成果，维护了委托人的合法权益。

点评人：广东天禄盟德律师事务所律师　李松涛

施工企业的分公司承包经营造成总公司的损失应如何追索

广东合盛律师事务所　麦志峰

一、当事人的基本情况及案由

原告（反诉被告，被上诉人）：A 公司（施工单位总公司）

被告一（反诉原告，上诉人）：B 分公司负责人师某（B 分公司为施工单位分公司）

被告二：林某

二、案情介绍

2011 年，A 公司作出《关于师某任免的通知》，决定：师某任 A 公司分公司（B 分公司）的负责人，负责 B 分公司的经营管理工作；B 分公司承担经营期间发生的相关成本费用；B 分公司按照与集团签订的《生产经营责任书》，确保完成年度生产经营目标，及时向集团上缴利润。

2011 年，A 公司与师某签订《B 分公司经营责任书》，责任书载明：B 分公司实行独立核算、自负盈亏，自行承担经营期间的全部成本费用。

2012 年，A 公司与师某签订《劳动合同》，约定合同期限为 2012 年某月某日起至 2017 年某月某日止，师某的职务为 B 分公司负责人。

2014 年，A 公司作为甲方、师某和涉案第三人林某作为乙方，签订《经营责任承包合同》，该合同记载，甲方设立的 B 分公司是甲方的分支机构，不具备独立企业法人资格；乙方的承包经营期限暂定三年，为 2014～2017 年；在甲方统一领导下，乙方在承包期间独立核算，自主经营，自负盈亏，风险独担；乙方承担承包经营期间因 B 分公司或乙方责任给甲方或 B 分公司造成的一切经济损失，包括但不限于甲方为乙方或因乙方而实际支付或可能支付的一切款项及利息，以及所发生的诉讼费、仲裁费、律师费、差旅费、赔偿金等。

在师某担任 B 分公司负责人期间，A 公司和 B 分公司与案外公司发生了一系列诉讼，包括多起合同纠纷，该多起纠纷主要系案外公司依据买卖合同主张 B 分公司支付剩余货款，并由 A 公司承担补充偿还责任。该多起纠纷的判决生效后进入执行阶段，A 公司因该多份判决被划扣巨额款项。后，师某向 A 公司出具《还款承诺书》，针对上述 A 公司被扣划的金额，师某愿意自该款项从公司账户划走之日起按年利率 8% 支付利息，同时承诺在 2017 年某月某日前偿还 A 公司该款项。后 A 公司多次发出催款函，要求师某赔偿 A 公司因上述案件造成的损失。

2019 年，A 公司主张师某伪造印章、擅自签订合同造成 A 公司的前述损失并以此为由提起诉讼，案由为损害公司利益责任纠纷，诉讼请求为：（1）师某赔偿 A 公司××元，并承担该期间的利息。（2）师某赔偿 A 公司××元并承担从立案之日起至清偿之日止的利息。（3）师某赔偿 A 公司律师费、差旅费及鉴定费用等××元。一审法院评析认为，涉案民事判决书均为生效法律文书，判决书均认定各案涉及的合同为有效合同并作出相应处理，并不存在 A 公司主张的存在伪造印章的情形，A 公司的主张与涉案判决书认定的事实存在矛盾，一审法院不予采信。根据 A 公司提交的证据，B 分公司采取独立核算、自主经营、自负盈亏、风险独担的经营模式，A 公司诉请所涉的款项均系 A 公司根据生效法律文书应向合同相对方支付的对价，不属于 A 公司的损失。一审法院认为，A 公司在本案中以师某伪造印章、擅自签订合同为由要求师某承担赔偿责任，缺乏事实和法律依据，一审法院对 A 公司的诉请未予支持。

A 公司对一审法院的判决不服，2020 年，A 公司提起上诉。二审法院认为，本案的争议焦点为：A 公司要求师某对涉案损失承担赔偿责任是否具有法律依据。对此，二审法院认定如下：A 公司在本案中选择的案由是损害公司利益责任纠纷，在一审的庭审过程中，一审法院已要求 A 公司明确诉请师某承责的基础，A公司进一步称其要求师某赔偿涉案损失的理由是师某利用自己的身份伪造A公司的公章、法定代表人私章以及B分公司公章，并且未经A公司允许和知情签署合同。A公司提交的证据显示，B分公司采取独立核算、自主经营、自负盈亏、风险独担的经营模式，故A公司关于师某擅自签订合同的主张，与其自身提供的证据相矛盾，现有证据也不能充足证明涉案公章系由师某伪造，A公司以此为由要求师某在本案中承担赔偿责任，证据尚不充分，一审判决予以驳回，并无不当。对于上述损失，A公司可以依据其与师某之间的约定，另循法律途径解决。

2021年，A公司追加第三人林某为被告，以合同纠纷为案由向广州市越秀区人民法院提起一审诉讼，并提出如下诉讼请求：（1）师某、林某向A公司返还垫付款项××元，并支付利息××元。（2）师某、林某共同向A公司支付案件律师代理费及案件鉴定费、案件上诉费合计××元。以上请求得到了一审法院的支持。后，师某向广州市中级人民法院提起上诉。

三、争议焦点

根据本案的情况、被告作出的答辩意见及反诉请求，一审法院关注的主要争议焦点为：（1）本案是否为重复诉讼；（2）本案是否属于劳动纠纷；（3）师某、林某应否向A公司返还另案垫付款并支付违约金；（4）A公司应否向师某返还管理费、保证金并赔偿预期收益。

四、各方的意见

（一）A公司的意见

A公司认为，师某与A公司签订的《经营责任承包合同》为双方真实的意思表示，师某自2001年起便在D集团（A公司的上级集团公司）工作，其中2005~2007年、2011~2020年均由A公司缴纳社保，师某与A公司构成合法的企业内部承包关系，双方签订的《经营责任书》及《经营责任承包合同》合法有效。师某出具的《还款承诺书》也是其真实意思表示，合法有效，不存在所谓的重大误解，不应予以撤销，且该《还款承诺书》已经超过1年的撤销期，师某应当按照《还款承诺书》及双方签订的《经营责任书》承担相应的还款责任。同时，师某提及的（20××）粤××民初××××号、（20××）粤××民终××××号判决，该两份判决均认为A公司可以依据其与师某的约定另寻法律途径解决，所以本案并不违反一事不再理原则。

本案的案由为合同纠纷，A公司提起了要求师某与林某基于有效的《经营责任承包合同》向A公司返还垫付款的诉讼请求。由于本案系A公司就同一事项的第二次起诉，且师某提起了反诉［（1）师某要求A公司向其返还管理费、保证金并赔偿预期收益；（2）师某要求撤销《还款承诺书》］，A公司追加第三人林某为被告，向广州市越秀区人民法院提起一审诉讼，以下争议焦点较大程度上影响了本案的走向，总结如下：（1）本案的案由是什么；（2）原告A公司与师某构成怎样的法律关系；（3）本案案涉《经营责任承包合同》的效力如何；（4）A公司主张的另案款项是其损失，还是垫付款。

（二）师某的意见

师某认为：（1）师某与A公司之间存在劳动关系，应按劳动纠纷进行处理，法院无权直接受理该案。（2）合同存在无效情形，无效合同不能作为其请求依据。根据《合同法》第五十二条和《最高人民法院关于审理建设工程施工合同纠纷案件适用法律问题的解释》第一条的规定，本案中，师某和B分公司都没有建筑资质，其经营建筑业的行为实质是借用、挂靠总公司的名义的违法、无效行为，故《经营责任承包合同》无效，A公司要求师某进行赔偿无法律依据。假如A公司不承认二者之间存在劳动关系即构成内部承包，那么合同条款与合同其他条款充分证实双方之间存在外部资质承包的行为，因违反《行政许可法》、《建筑法》以及《合同法》的强制性规定，导致合同无效。（3）分公司不独立承担责任，其承包人更无须承责。《公司法》第十四条规定，分公司的民事责任由总公司承担，这一规定是强制性规定，《经营责任承包合同》中的约定事项不得违反该规定。总公司以自己的名义签署合同，自身承担责任。既然法律已经规定总公司对外承担义务，分公司不必承担，那么承包分公司的师某更不必承担责任。

(4)相关判决或调解书的承担责任主体并非分公司。A公司所涉诉讼均是法院依据法律法规作出的合法有效判决。由于A公司是B分公司的总公司，实际上对外责任应当由A公司承担。(5)相关案件中部分合同并非B分公司、师某或林某签署的，师某、林某不应承担任何责任。A公司据以索赔的部分合同是案外人伪造A公司签章签署的，并非师某、林某或者B分公司对外签署或者允许他人签署的。(6)关于诉讼支出，A公司应承担举证不能的后果。相关费用并非A公司对外诉讼的必要费用，是A公司自由选择的权利，但此权利的代价并不应当由他人承担。

（三）林某的意见

林某认为：(1)公司员工无任何义务为公司经营的盈亏承担任何对外责任。2014年，A公司与师某、林某签署的《经营责任承包合同》，第一条宗旨部分明确写明乙方（师某、林某）作为甲方（A公司）聘用的员工，要求对B分公司在一定期限内的经营进行责任承包。这一条款实际上就是劳动合同条款的内容，双方正式建立了劳动关系。公司对外经营的亏损向员工进行索赔没有任何法律依据。根据《劳动法》第七十九条的规定，林某作为A公司的员工，与A公司就劳动事项发生纠纷时应当按照劳动仲裁前置规则处理。(2)A公司以无效合同作为索赔依据，该请求不应得到支持。《经营责任承包合同》属于工程内部承包合同。根据《最高人民法院关于审理建设工程施工合同纠纷案件适用法律问题的解释》第一条第一款的规定，该内部承包合同属于无效合同。A公司凭借无效合同的条款对员工林某进行索赔，不应得到支持。(3)林某所在的B分公司并不对外独立担责，相关判决的责任承担主体为A公司。根据《公司法》第十四条的规定，分公司不具备法人资格，其民事责任由总公司承担。(4)部分合同的签署并非出自林某之手，林某没有涉入该相关案件的理由。根据《合同法》第八条的规定，依法成立的合同，仅对当事人具有法律约束力，但是法律另有规定的除外。(5)关于诉讼支出，A公司应承担举证不能的后果。

五、裁判结果及理由

（一）裁判结果

一审法院判决如下：（1）被告师某、林某于本判决发生法律效力之日起10日内向原告A公司支付执行扣划款及利息；（2）被告师某、林某于本判决发生法律效力之日起10日内向原告A公司支付律师费、差旅费；（3）被告师某、林某于本判决发生法律效力之日起10日内向原告A公司支付案件受理费；（4）驳回反诉原告师某的反诉请求。

师某对上述一审判决不服，提起上诉后，二审法院维持原判，驳回了师某的上诉请求。

（二）裁判理由

一审法院的评析如下。

第一，关于案涉《经营责任承包合同》的效力问题。《公司法》第十四条第一款规定："……分公司不具有法人资格，其民事责任由公司承担。"根据A公司与师某、林某签订的《经营责任承包合同》第二条的约定，B分公司是A公司设立的分公司，按照A公司的企业法人营业执照和资质证书所批准的经营范围、经营方式进行经营。上述条款并未约定A公司对外出借建筑资质，也未免除B分公司在从事经营活动时依法依规取得相应资质的义务。师某、林某主张该合同因涉及违法借用建筑资质而无效，理由不成立，法院不予采信。A公司与师某、林某在内部承包关系中约定B分公司的盈亏、风险由师某、林某自负，该约定亦不影响A公司对外承担B分公司的民事责任。因此，案涉《经营责任承包合同》不违反法律、法规的强制性规定，合法有效，对签约各方当事人均有约束力。

第二，关于本案是否为劳动纠纷的问题。《经营责任承包合同》第一条约定，师某、林某作为A公司聘用的员工，对B分公司在一定期限内的经营进行责任承包。该合同第四条同时约定，承包期间师某、林某采取独立核算、自主经营、自负盈亏、风险独担的经营方式。上述条款表明，师某、林某与A公司之间同时存在劳动关系和承包关系。双方签订《经营责任承包合同》就是为了明确承包期间的权利义务关系。《经营责任承包合同》第五条第七款约定，乙方承担承包经营期间因 B 分公司或乙方责任给甲方或（和）B 分公司造成的一切经济损失。现 A 公司基于该条款的约定，主张师某、林某承担其承包经营期间的合同责任，该案属于商事合同纠纷而非劳动争议。师某、林某主张该案是劳动纠纷、应通过劳动仲裁程序处理的意见，理由不成立，法院不予采纳。

第三，关于本案是否重复诉讼的问题。（20××）粤××民初××××号、（20××）粤××民终××××号 A 公司诉师某损害公司利益责任纠纷一案审查的是师某身为 B 分公司负责人是否存在伪造印章、擅自签订合同以及上述行为是否导致 A 公司遭受损失的问题，该案生效判决认定 A 公司以师某伪造印章、擅自签订合同为由要求师某承担赔偿责任的依据不充分，同时明确 A 公司可依据其与师某之间的约定就相关损失另循法律途径解决。因此，A 公司依据《经营责任承包合同》的约定提起本案诉讼不违反"一事不再理"原则，不属于重复诉讼。

第四，关于师某、林某应否向 A 公司返还另案垫付款并支付违约金的问题。《经营责任承包合同》第五条第七款约定，乙方承担承包经营期间因 B 分公司或乙方责任给甲方或（和）B 分公司造成的一切经济损失，包括但不限于甲方为乙方或因乙方而实际支付或可能支付的一切款项及利息，以及所发生的诉讼费、仲裁费、律师费、差旅费、赔偿金等，上述款项乙方应在明确责任后 7 日内支付给甲方。上述条款是 A 公司与师某、林某之间关于内部责任分配的约定，不违反法律、法规的强制性规定，合法有效。A 公司根据另案生效判决对外承担责任后，有权依据上述约定要求师某、林某承担相关责任。

第五，关于 A 公司是否应当返还保证金、管理费并赔偿预期收益的问题。师某提出该主张的理由是《经营责任承包合同》无效以及 A 公司未办理"××备案"导致其无法继续经营。首先，如前文所分析的，师某主张《经营责任承包合同》无效的理由不成立。其次，虽然《经营责任承包合同》第六条第二款约定"甲方负责办理开展经营活动所必需的证明（营业执照、资质证书等）证件资料"，但 X 并未举证证明"××备案"是 B 分公司开展经营活动所必不可少的资料，且师某亦未举证证明其曾催促 A 公司办理该"××备案"或就此向 A 公司提出异议或主张解除合同，现师某在合同约定的承包期结束后以此为由主张 A 公司全额退还已付的保证金、管理费，理据不足。师某在根据《经营责任承包合同》双方未对承包期间 B 分公司的债权债务进行清算的情况下就主张全额退还保证金，亦缺乏充分依据。最后，关于预期收×××× 元，师某的主张无任何证据证实，应承担举证不能的不利后果。因此，法院对师某主张 A 公司退还保证金、管理费及赔偿预期收益的反诉请求均不予支持。

六、案例评析

本案依据不同的案由、不同的法律关系经历了两次一审和两次二审，因此具有一定的典型意义。同时，本案的裁判结果决定了同类型判决的策略方向，因此本案对其他案件具有指导性作用。

（一）本案的法律关系认定及案由选择

本案的第一个难点在于 A 公司与师某的法律关系认定，该问题也可以理解为案由选择问题。案由，是法律关系的概括与反映，案由不仅决定案件的管辖，还影响案件走向。在本案中，原一审 A 公司的原代理人选择了损害公司利益责任纠纷为诉讼案由，将师某的案外合同纠纷着力于师某对印章的伪造行为，将师某的行为定性为高级管理人员的忠实勤勉义务之违反，并以此为请求权基础由 A 公司向师某请求赔偿，然而，根据我国《公司法》，师某的高级管理人员[①]身份并不明确，且并无证据证明师某具有伪造印章等违反法律法规或公司章程的行为，加之《公司法》明确规定"分公司不具有法人资格，其民事责任由公司承担"，[②] 因此总公司 A 公司的损失无法在师某或分公司处得到赔偿，诉讼方向的偏差导致本案在原一审中

---

① 《公司法》第二百一十六条　本法下列用语的含义：（一）高级管理人员，是指公司的经理、副经理、财务负责人，上市公司董事会秘书和公司章程规定的其他人员。……
② 《公司法》第十四条第一款　公司可以设立分公司。设立分公司，应当向公司登记机关申请登记，领取营业执照。分公司不具有法人资格，其民事责任由公司承担。

败诉。

笔者接手本案后，详细分析案件资料，并对本案涉案《经营责任书》《经营责任承包合同》（以下简称合同）进行了研究，确定了本案 A 公司与师某的法律关系应定性为建设工程项目内部承包关系。建设工程项目内部承包有别于挂靠、转包与分包，系建筑施工单位实现内部管理与提升员工积极性的一种经营方式，内部承包合同在不违反法律、法规强制性规定的情况下合法有效。[①] 本案中，A 公司与师某的纠纷即可认定为施工企业与内部承包人之间的追偿纠纷。

鉴于此，在案由选择上，笔者作为 A 公司代理人确定了三个方向，并结合相关裁判案例逐一进行分析。

第一，以建设工程施工合同纠纷为案由。建设工程施工合同是承包人进行工程建设，发包人支付价款的合同。有法院［如内蒙古自治区高级人民法院（2015）内民一终字第 17 号］认为，施工企业就垫付行为向实际债务人予以追偿所引发的诉讼，并不涉及工程款的结算等问题，因此追偿权纠纷定性为建设工程合同纠纷应予纠正；不过，也有法院认为，由于该类诉争很大程度上与工程款结算问题相关联，被告可能提起施工企业工程款未结算的抗辩或反诉，且施工单位与内部承包人之间的关系建立在建设工程施工的基础之上，因为工程施工而发生关系，发生纠纷的案由为建设工程施工合同纠纷。然而，建设工程施工合同纠纷为专属管辖，以此为案由会导致本案须向建设工程所在地法院提起诉讼，因本案所涉项目在云南，因此管辖法院为云南当地法院，这无疑会增加诉讼成本，且建设工程纠纷难免涉及工程款结算等问题，基于多方面考虑，本所代理人未以此为案由提起诉讼。

第二，以追偿权纠纷为案由，这在实践中占大多数，比如杭州市江干区人民法院（2014）杭江民初字第 1040 号判决，北京市高级人民法院

[①] 《关于改革国营施工企业经营机制的若干规定》第二条 施工企业内部可以根据承包工程的不同情况，按照所有权与经营权适当分离的原则，实行多层次、多形式的内部承包经营责任制，以调动基层施工单位的积极性。可组织混合工种的小分队或专业承包队，按单位工程进行承包，实行内部独立核算；也可以由现行的施工队进行集体承包，队负盈亏。不论采取哪种承包方式，都必须签订承包合同，明确规定双方的责权利关系。

(2014)高民申字第 2189 号判决等，以上判决认为，施工单位是依据内部承包合同当中的追偿条款主张追偿权的，且所涉款项本应由内部承包人承担，现在由施工单位承担，符合追偿权的性质。然而，本所代理人经查阅《最高人民法院新民事案件案由规定理解与适用》，追偿权纠纷包含两种：担保责任追偿权纠纷和合伙债务追偿权纠纷。担保责任追偿权和合伙债务追偿权的权利来源于相关法律的直接规定，而内部承包追偿权的权利则来源于施工单位与内部承包人的合同约定，可见后者与前者的权利来源并不一致。

第三，以合同纠纷为案由。追偿权基于内部承包合同而产生，应当属于合同纠纷，至于是否属于合同纠纷子项目中的追偿权纠纷，如前述分析，目前还缺乏法律依据。"追偿权纠纷"为三级案由，"合同纠纷"为二级案由，因合同约定对 A 公司较为有利，且也约定为 A 公司所在地人民法院管辖，因此，经综合考虑后，A 公司决定以合同纠纷为案由提起诉讼。

（二）涉案合同的效力问题

经过分析，并对比相关裁判案例，A 公司可基于与师某的内部承包合同的约定向师某进行追偿。具体来说，A 公司系施工单位总公司，B 分公司系与总公司具有行政隶属关系的分公司，师某系与 A 公司具有劳动关系的在册职工，A 公司为分公司及师某的建设工程项目在资金、技术、设备、人力等方面提供了一定支持，因此本案符合建设工程项目内部承包关系的要件。[①] 由于我国并未禁止施工企业内部承包的经营模式，因此在不违反强制性法律法规的情况下，本案涉及的内部承包经营合同（《经营责任书》《经

---

① 《河北省高级人民法院建设工程施工合同案件审理指南》
第一条第三项　建筑施工企业与其下属分支机构或所属职工签订合同，将其承包的全部或者部分工程分包给其下属分支机构或职工施工，并在资金、技术、设备、人力等方面给予支持的，可以认定为企业内部承包合同。判断是否为企业的所属职工应以书面劳动合同、社保缴纳凭证、工资发放证明等证据综合予以认定。……
《四川省高级人民法院关于审理建设工程施工合同纠纷案件若干疑难问题的解答》
第一条第六问　建筑施工企业将其承包的全部或部分工程交由其下属分支机构或在册的项目经理等本企业职工个人承包施工，建筑施工企业对工程施工过程及质量进行管理，并在资金、技术、设备、人力等方面给予支持的，属于内部承包。

营责任承包合同》）合法有效。

（三）涉案款项定性问题

在将本案 A 公司与师某的关系认定为内部承包关系之后，对于涉案合同款项的性质问题，A 公司被案外合同纠纷划扣的款项应定性为垫付款。根据内部承包合同的约定，师某可主张向 A 公司返还该多笔垫付款及利息。

如果内部承包合同因涉嫌实质为挂靠或转包关系从而被认定合同无效，那么根据原《合同法》，"合同无效或者被撤销后，因该合同取得的财产，应当予以返还；不能返还或者没有必要返还的，应当折价补偿。有过错的一方应当赔偿对方因此所受到的损失，双方都有过错的，应当各自承担相应的责任"。由此，因本案内部承包经营合同效力认定存在不确定性，要求师某赔偿相应的损失就存在较大的法律风险。

鉴于以上分析，A 公司接受了代理律师的意见，追加案外人林某为被告，向 A 公司所在地人民法院提起诉讼，基于内部承包合同要求师某和林某返还垫付款及利息等。最终，A 公司的诉请得到了法院的支持，本案最终得以成功逆转。①

【点评】

本案最终回归到施工单位分公司与总公司之间的内部承包合同，通过转变案由的方式，争取到了案件的胜诉判决。实践中，对于施工单位分公司的承包经营损失，总公司如何向承包管理者索赔的问题，不少代理律师为了规避法院认定内部承包合同涉嫌挂靠或分包等情形的可能性，以其他案由或法律关系主张其诉讼请求不能自圆其说。可见，我国法院的裁判思路仍然是"实质重于形式"，凭空架构的法律关系最终不能得到支持，将思路落脚于涉案当事人直接真实的法律关系，并以相关证据加以证明，最终才有可能争取到公平合理的判决。

点评人：广东天禄盟德律师事务所律师　李松涛

---

① 广州市中级人民法院民事判决书，（2021）粤 01 民终 13507 号。

勘察设计方能否突破合同相对性主张勘察设计费

广东法制盛邦律师事务所　王华金

一、当事人的基本情况及案由

原告：H公司

被告：S中心

被告：E公司

第三人：W公司

案由：建设工程勘察设计合同纠纷

二、案情介绍

2009年11月26日，S中心委托H公司承担工程勘察设计任务，H公司于2010年1月完成上述勘察及初步设计工作，并将设计方案报G公司审批，该设计方案于2010年8月6日取得G公司的批复文件。

2010年11月28日，被告E公司与第三人W公司签订《联合体协议书》，约定两单位组成联合体，参加案涉工程投标，E公司为联合体投标主体，W公司为联合体成员。

2010年12月15日，未经过招投标程序，原告H公司与被告S中心签订《建设工程勘察设计合同》，约定由H公司完成案涉工程勘察与初步设计工作，其中初步设计费人民币98.25万元，勘察费人民币41.6万元，共计人民币139.85万元。H公司完成上述工作后，S中心采用H公司的设计成果招标，最终由E公司和W公司以联合体形式中标。

2011年1月20日，S中心和E公司签订《广东省建设工程标准施工合同》，合同总价为人民币 52,108,800 元，该合同第三部分专用条款第 19.5 条明确约定工程的初步设计及审查费、施工图纸费用等均由 S 中心向 E 公司支付。考虑到 H 公司前期做了大量工作，对项目的情况比较了解，后经 S 中心协调由 W 公司委托 H 公司负责本项目后续的施工图设计，且 W 公司与 H 公司于 2011 年 2 月 20 日签订《工程设计服务协议书》，合同设计劳务费为人民币 25 万元，H 公司于当年完成本协议约定的设计成果并交付给 W 公司。

H 公司完成上述全部工作内容后，多次向 S 中心、E 公司和 W 公司主张勘察费、初步设计费、施工图设计劳务费，S 中心均多次表示上述费用无法单独向 H 公司支付，只能先将费用付给中标牵头方即 E 公司，再由 E 公司支付给 H 公司，但 E 公司和 W 公司均多次表示未收到相应的费用，故无法向 H 公司支付。

2011 年 3 月 5 日，被告 E 公司作为申请单位，向被告 S 中心申请拨款 300 万元，其中包括：（1）初步设计费 1,170,000 元；（2）初步设计审查费 117,000 元；（3）铁路部门施工配合费 1,750,000 元；（4）施工图水包干费 200,000 元；（5）施工图电包干费 3,287,000 元。2011 年 4 月 15 日，S 中心将工程款人民币 300 万元支付给 E 公司，后 H 公司于 2012 年 8 月 8 日收到 E 公司支付的部分费用人民币 40 万元，剩余费用 H 公司一直未收到。为此，H 公司以 S 中心和 E 公司为被告向法院提起诉讼，诉请要求：（1）判令两被告向原告支付初步设计费及勘察费共计人民币 99.85 万元；（2）判令两被告向原告支付施工图设计劳务费人民币 25 万元；（3）判令两被告立即向原告支付逾期付款违约金暂定人民币 364,899.36 元（违约金暂计算至 2020 年 8 月 9 日，最终违约金的金额以上述第 1、2 项金额为本金，按每日万分之一的标准，自 2012 年 8 月 9 日起计算至全部费用清偿之日止）；（4）判令本案的诉讼费用均由两被告承担。

三、争议焦点

1. 涉案《建设工程勘察设计合同》是否有效。
2. 原告起诉是否超过诉讼时效。

3. 涉案《建设工程勘察设计合同》产生的责任应该如何承担。

四、各方的意见

（一）原告的意见

H 公司与 S 中心签订的《建设工程勘察设计合同》合法有效，双方都应该诚信履约，S 中心逾期未支付全部费用，构成违约。原告 H 公司于 2020 年 3 月、8 月还分别向被告 S 中心、E 公司发函主张涉案的未支付的费用，E 公司在收到 S 中心支付的包含设计费及勘察费的工程款 300 万元后，只向 H 公司支付部分费用 40 万元，故 S 中心和 E 公司应对剩余未支付的费用共同承担责任。

（二）被告 S 中心的意见

1. 涉案《建设工程勘察设计合同》的真实性不予认可，认为该合同是虚假合同。

2. 签订日期为 2010 年 12 月 15 日的《建设工程勘察设计合同》若真，也是无效合同。

3. S 中心在 2011 年 3 月按约定支付了全部初步设计费及审查费给 E 公司，H 公司应向 E 公司主张相应的费用。

（三）被告 E 公司的意见

1. 在 E 公司中标前，H 公司已经完成了初步设计图，E 公司仅是代收代付相关的设计费用。S 中心仅向 E 公司支付了 300 万元的配合费，从未向 E 公司支付初步设计费和初步勘察费，E 公司已提前为 S 中心垫付了 40 万元的费用，不存在任何违约行为。合作过程中是 S 中心拖欠 E 公司和 H 公司的工程款，根据合同相对性，违约责任也应当由 S 中心承担，而 H 公司与 S 中心之间的合同中没有违约金条款，其计算方式没有依据。

2. H 公司与 W 公司的合同，与 E 公司无关，根据合同相对性，应当由 W 公司承担。

3. S 中心与 E 公司的工程纠纷已由韶关仲裁委员会仲裁，相关的设计费用与设计成果正在进行鉴定。

4. H 公司收到 E 公司垫付的款项是在 2012 年，在 2012～2020 年，从未向 E 公司主张过相关的设计费用和勘察费，已过诉讼时效。

(四) 第三人 W 公司的意见

1. W 公司与 H 公司之间的合同是代表联合体签订的，合同应该由业主或者 E 公司支付。

2. W 公司不具备支付 H 公司合同款的条件。W 公司与 E 公司组成联合体中标的工程，W 公司一直没有收到设计款，根据 W 公司与 H 公司签订的《工程设计服务协议书》第四条第二款中支付方式的约定，甲方（W 公司）支付乙方（H 公司）费用的方式，与甲方委托本项目的方式相同，且在甲方收到相应合同款的前提下支付。因 W 公司一直未收到该项目的付款，故不具备支付 H 公司合同款的前提条件。

五、裁判结果及理由

(一) 裁判结果

(1) 被告 E 公司应支付原告 H 公司初步设计、勘察费 77 万元；(2) 被告 S 中心应支付原告 H 公司初步设计、勘察费 22.88 万元；(3) 第三人 W 公司支付原告 H 公司劳务费 25 万元；(4) 驳回原告的其他诉讼请求。

(二) 裁判理由

1. 关于该案是否超过法定诉讼时效的问题。该案中，原告 H 公司于 2020 年 3 月、8 月还分别向被告 S 中心、E 公司发函主张涉案未支付的费用，因此根据《民法总则》第一百九十五条的规定，[①] 该案并未超过诉讼

---

① 《民法总则》第一百九十五条规定："有下列情形之一的，诉讼时效中断，从中断、有关程序终结时起，诉讼时效期间重新计算：（一）权利人向义务人提出履行请求；（二）义务人同意履行义务；（三）权利人提起诉讼或者申请仲裁；（四）与提起诉讼或者申请仲裁具有同等效力的其他情形。"

时效。

2. 关于涉案《建设工程勘察设计合同》的效力问题。从法院查明的事实来看，案涉的初步设计、勘察图纸，原告 H 公司在合同签订前的 2010 年 6 月 23 日及 8 月 13 日已经交付给 S 中心，上述合同原告 H 公司与被告 S 中心签订于 2010 年 12 月 15 日，实际上是案涉的初步设计、勘察图交付之后再补签的合同，合同签订时《招投标法》已经施行。根据《招投标法》第三条的规定，涉案工程是公路支线工程，法律规定涉及公用事业等关系到社会公共利益、公众安全的项目的勘察、设计，必须招投标。但是，原告 H 公司与被告 S 中心在未经招投标的情况下即将案涉工程的初步设计、勘察发包给原告 H 公司，并且签订上述合同，违反了《招投标法》（2000 年施行）的强制性规定。根据《最高人民法院关于审理建设工程施工合同纠纷案件适用法律问题的解释》第一条①的规定，涉案《建设工程勘察设计合同》应为无效。

鉴于《建设工程勘察设计合同》已被认定为无效，根据《合同法》第五十八条的规定②以及参照《最高人民法院关于审理建设工程施工合同纠纷案件适用法律问题的解释》第二条③的规定，由于该案中原告 H 公司已经按照被告 S 中心的要求完成了案涉工程项目的初步设计和勘察工作，并将合同约定的勘察、设计图交付给被告 S 中心，被告 S 中心亦使用了上述初步设计、勘察的成果，故即使涉案《建设工程勘察设计合同》被认定为无效，被告 S 中心仍应按照合同约定支付原告初步设计、勘察费。

3. 关于原告主张的初步设计、勘察费以及劳务费如何支付的问题。法

---

① 《最高人民法院关于审理建设工程施工合同纠纷案件适用法律问题的解释》第一条规定："建设工程施工合同具有下列情形之一的，应当根据合同法第五十二条第（五）项的规定，认定无效：（一）承包人未取得建筑施工企业资质或者超越资质等级的；（二）没有资质的实际施工人借用有资质的建筑施工企业名义的；（三）建设工程必须进行招标而未招标或者中标无效的。"

② 《合同法》第五十八条规定："合同无效或者被撤销后，因该合同取得的财产，应当予以返还；不能返还或者没有必要返还的，应当折价补偿。有过错的一方应当赔偿对方因此所受到的损失，双方都有过错的，应当各自承担相应的责任。"

③ 《最高人民法院关于审理建设工程施工合同纠纷案件适用法律问题的解释》第二条规定："建设工程施工合同无效，但建设工程经竣工验收合格，承包人请求参照合同约定支付工程价款的，应予支持。"

院经审理查明认定被告 E 公司已于 2011 年 3 月向被告 S 中心申领初步设计费 1,170,000 元、铁路部门施工配合费 1,750,000 元等共计 3,287,000 元，最终经 S 中心主管部门审批，核发 300 万元。该案诉讼过程中 E 公司未对 S 中心最终核发的款项金额提出异议或抗辩，且其并未实际施工，故确认涉案初步设计费、初勘费 1,170,000 元已经由 S 中心支付给 E 公司，E 公司收到上述费用后，支付 40 万元给原告 H 公司。因 E 公司并非涉案初步设计及初勘方，其无理由收取该部分款项，故理应将剩余 77 万元的初步设计、初勘费支付给原告 H 公司，剩余 22.88 万元被告 S 中心并未提供证据证明已支付给 E 公司以及原告，故该部分由 S 中心承担。

第三人 W 公司与原告 H 公司之间的《工程设计服务协议书》系双方自愿签订，且内容未违反法律法规的强制性规定，故合法有效。原告 H 公司已完成施工设计图并交付第三人 W 公司，第三人 W 公司有向原告 H 公司支付劳务费的义务，因两被告均不是《工程设计服务协议书》的当事人，根据合同相对性原则，原告 H 公司主张劳务费由两被告承担没有法律依据，该费用应由第三人 W 公司承担。第三人 W 公司在支付了上述款项之后，可根据其与被告 E 公司的约定，另循合法途径解决。

4. 关于原告要求两被告承担逾期付款违约金的问题。首先，涉案《建设工程勘察设计合同》被认定为无效，故 S 中心不存在违约的问题；其次，原告与 E 公司不存在直接的合同关系，故要求 E 公司承担违约金无法律依据；最后，该案两被告均不是《工程设计服务协议书》的一方当事人，原告 H 公司要求两被告承担违约责任无法律依据，另外，该合同约定的付款条件无法成就并非第三人 W 公司的过错造成，第三人不存在违约，故亦无须承担违约责任。

六、案例评析

1. 本案的第一个难点在于解决诉讼时效的问题，原告 H 公司于 2020 年 3 月 6 日向被告 S 中心发函之前，已经超过三年没有通过书面发函的形式向其催款，亦没有其他书面证据能够证明本案的诉讼时效因发生中断可重新起算。但原告 H 公司一直以来并没有放弃追偿工程款的权利，本案代理律师也一直在与被告 S 中心进行协商、交涉。2020 年 3 月 16 日，原告 H 公司收到被告 S 中心出具的回函，表示其已将初步设计费及勘察费支付给被告 E 公司，并且同意协助原告 H 公司与被告 E 公司协商解决此事，在被告 S 中心明确表示同意履行还款义务的情况下，原告 H 公司及时启动该案诉讼程序。根据《最高人民法院关于审理民事案件适用诉讼时效制度若干问题的规定》（2008）第二十二条①的规定，该函成为本案诉讼的关键，顺利解决了本案诉讼时效的问题。

2. 一般而言，根据民事诉讼不告不理的原则，在原告未明确要求第三人承担责任的情况下，法院不应直接判决由第三人承担责任。如何准确把握"不告不理"与"一次性解决纠纷"之间的平衡，在司法实践中不同法院存在不同的理解，对于第三人问题的处理方式也是各不相同。回归到本案，在本案中实际上存在两个法律关系，涉及两份合同，一是原告 H 公司与被告 S 中心签订的《建设工程勘察设计合同》，二是原告 H 公司与第三人 W 公司签订的《工程设计服务协议书》。原告 H 公司起诉的主要目的是向被告 S 中心和被告 E 公司追讨被拖欠的勘察设计工程款，但是并没有将 W 公司列为该案被告。原告在起诉之时将 W 公司列为该案第三人，并在诉讼请求中明确由两被告承担原告 H 公司与第三人 W 公司签订的《工程设计服务协议书》中涉及的劳务费，主要目的在于将原告 H 公司与第三人 W 公司之间有关的案件事实通过本案的诉讼固定下来，以便原告 H 公司后续在另案中起诉第三人 W 公司并向其追讨劳务费。一审法院在本案中根据查明的事实依法径直判令劳务费由第三人 W 公司承担，直接解决了原告 H 公司与第三人 W 公司之间关于追讨劳务费的纠纷，既便于案件的实体处理，又便于案件的最终执行，节约司法资源，更是避免了原告诉累，是本案的一大亮点。不可否认的是，判令第三人直接承担责任有利于一次性解决现代社会复杂的民事关系及纠纷，不仅符合诉讼经济原则，也可避免法院对关联案件作出矛盾的判决。

---

① 《最高人民法院关于审理民事案件适用诉讼时效制度若干问题的规定》（2008）第二十二条规定，诉讼时效期间届满，当事人一方向对方当事人作出同意履行义务的意思表示或者自愿履行义务后，又以诉讼时效期间届满为由进行抗辩的，人民法院不予支持。

3. 原告 H 公司与被告 S 中心签订的《建设工程勘察设计合同》在本案中虽然被认定为无效，但一审法院依据《最高人民法院关于审理建设工程施工合同纠纷案件适用法律问题的解释》第二条，①认为涉案勘察设计工作已经实际完成并已交付，支持了原告 H 公司主张的初步设计、勘察费，维护了原告 H 公司的合法权益。除此之外，本案突破了合同的相对性原则，虽然被告 E 公司不是《建设工程勘察设计合同》的签订主体，但根据法院查明的事实可以确定，被告 S 中心已将部分初步设计、勘察费 77 万元支付给被告 E 公司，故一审法院依法判令由被告 E 公司承担部分初步设计、勘察费 77 万元，不仅使原告 H 公司的诉讼请求得以支持，也避免出现被告 S 中心向原告重复支付部分初步设计、勘察费的情况，有效地维护、平衡了合同当事人的合法权益。遵循合同相对性原则可确保交易的稳定性，同时降低交易风险，但随着市场交易的复杂化，合同的相对性原则无法有效地平衡各方利益，突破合同的相对性实际上弥补了合同相对性原则在实际操作中的不足与漏洞，同时亦提高了争议解决的便捷性。②

【点评】

对案件情况的全面了解以及对相关法律法规的熟练掌握至关重要，便于在不同主体签订的合同及不同法律关系下解决欠款支付问题，有效地维护、平衡合同当事人的合法权益，避免委托人及各方当事人之间的诉累。

点评人：广东天禄盟德律师事务所律师　李松涛

---

① 同第 95 页引③《最高人民法院关于审理建设工程施工合同纠纷案件适用法律问题的解释》第二条。

② 广东省韶关市曲江区人民法院民事判决书，（2020）粤 0205 民初 1755 号。

工程案中的举证责任分配实证研究

广东广语堂律师事务所　王云辉

一、当事人的基本情况及案由

原告：夏某

被告一：张某

被告二：L建筑公司

被告三：业主G公司

案由：建设工程施工合同纠纷

二、案情介绍

夏某与张某为原始内部合伙人，共同挂靠L建筑公司。2019年3月29日，L建筑公司与业主G公司签订某工程装修施工合同，约定：业主G公司将该装修工程项目发包给L建筑公司。之后，L建筑公司与张某签订《工程项目内部承包协议》，约定：L建筑公司将装修工程项目以内部风险抵押承包的方式承包给张某。2019年6月，夏某与张某签订《备忘录》，载明：双方同意由张某承包的装修工程项目，项目负责人变更为夏某。2019年7月，夏某与L建筑公司、张某签订《补充协议》，约定：三方同意装修工程项目的项目承包人由张某变更为夏某，由夏某组织施工投入。夏某仅持有该《补充协议》的复印件，后L建筑公司拒绝将协议原件交给夏某。

张某退出合伙后，项目由原告夏某接手。在一个月后张某反悔，将夏某强行驱逐出场，并进入工地施工。L建筑公司也拒绝认可夏某的身份，仍配合张某施工。后张某也和L建筑公司产生矛盾，在政府主持下委托造价公司进行造价鉴定，但双方对鉴定结论产生争议。为了追索工程款，夏某不得不提起诉讼主张结算款，将 L 建筑公司、张某、业主 G 公司一并起诉。起诉后才偶然得知，在该案夏某起诉前，张某和 L 建筑公司早已启动诉讼办理工程款结算，拟确认全部施工成果归张某所有，夏某的施工成果面临被侵占的极大风险。得知此消息后，夏某立即申请以第三人身份加入该诉讼，未果，遂提起诉讼，请求 L 建筑公司和张某共同向其支付工程款本金及利息，并且要求业主 G 公司在欠付工程款的范围内对前述工程款承担连带支付责任。

庭审中，原告夏某主张以政府委托的第三方造价咨询公司出具的《工程结算书》作为结算依据，结算书包括三部分：主厂房、办公楼、宿舍楼，并主张自己完成的工程量是其中的主厂房、办公楼，后来张某抢夺工地后施工的是宿舍楼，法院直接采纳结算书中的主厂房、办公楼的工程量数据即可。法官向张某的代理人询问施工界面及工程量划分，代理人回答说不清楚；向 L 建筑公司询问，代理人回答说不清楚；业主 G 公司回复也不清楚。后法院要求张某亲自出庭接受询问，张某未出庭。

三、争议焦点

1. 夏某是否有权诉请涉案工程款。

2. 能否采纳工程造价咨询事务所有限公司出具的《工程结算书》认定涉案工程款。

3. 是否应由 L 建筑公司、张某支付涉案欠付工程款。

四、各方的意见

（一）原告的意见

原告夏某认为：（1）三方签订的《补充协议》具有工程价款清算的法律效力，应作为各方费用结算的依据；（2）在签订《补充协议》后，其实际进场施工，是实际施工人；（3）《工程结算书》是政府委托第三方按合同约定计价标准出具的公允鉴定结论，L 建筑公司和张某在申请鉴定时就声明了受其约束；（4）L 建筑公司不顾自身利益和《律师函》对其的警告，继续向张某付款，由此导致的可能超付，其可另行向张某主张超付返还责任。

(二) 被告一的意见

L建筑公司认为：(1)《补充协议》是无效的，在《补充协议》无效的前提下，张某也并未按约定退场，夏某没有进场并组织工人施工，即夏某并不是实际施工人；(2) 第三方工程造价咨询事务所有限公司出具的《工程结算书》与夏某无关；(3) 即使夏某系已完工程的权益人，那么所有的责任也应由夏某承担，L建筑公司已超额支付工程款，因此不但无须再支付工程款，相反，夏某应退还L建筑公司超额支付的款项。

(三) 被告二的意见

张某认为：(1)《补充协议》不具有约束力；(2) 夏某没有进场并组织工人施工；(3)《工程结算书》是对张某与L建筑公司的施工造价进行鉴定，与夏某无关；(4) 其与L建筑公司不具连带责任的前提条件和法律依据。

(四) 被告三的意见

业主G公司认为：(1) 业主G公司已经按约付清了应付工程款，其无须对夏某承担付款责任；(2) 业主G公司与夏某不存在合同关系，基于合同相对性原理，业主G公司不应对夏某承担付款责任。

五、裁判结果

法院一审判决张某、L建筑公司共同向夏某支付工程款本金及利息。后张某、L建筑公司提起上诉，二审维持原判。

六、裁判理由

该案中，夏某作为合伙人，工地被另一个合伙人强行抢夺，L建筑公司也共同抵制夏某，拒绝向夏某支付任何款项，并将相关的合同及施工资料全部扣留，导致夏某拟提起法律程序维权时面临困境，既无法证明自己的施工人身份，又无法证明实际完成的工程量。此处就裁判理由进行评析。

（一）原告是否有权诉请涉案工程款

1. 三方签订的《补充协议》具有工程价款清算的法律效力，应作为各方费用的结算依据，符合最高人民法院相应的指导性判例。

该协议是关于工程款结算权益的转让，其效力与是否具有资质无关。夏某接手该工程后继续建设施工的，该协议才因为没有资质导致不具有法律强制约束力，无法要求强制继续履行。但对已经实际施工的已完工程，夏某仍然可以依据实际施工的工程量据实结算。对此，最高人民法院关于此类清算协议有效的认定，有相应案例，详见（2014）最高法民一终字第61号、（2016）最高法民终546号、（2016）最高法民终107号等。结算及清算协议的效力不受施工合同效力的影响。

2. 三方《补充协议》证明夏某具有实际施工人身份。

《补充协议》中约定了该项目的权益人变更为夏某，协议第二条约定："原合作协议书的权益变更为L建筑公司与丙方的合作协议；所有权利、责任、义务由丙方（夏某）承担。"故截至该协议签订之日即2019年7月1日，此前由张某和夏某共同投入生产的产值，应归属夏某单独所有，这点显然没有争议。换言之，签订《补充协议》后，夏某是否继续组织投入施工，不影响夏某对此前的工程款享有的权益的主张。

再者，夏某、张某、L建筑公司三方于2019年7月1日签订《补充协议》后，权益已转归夏某所有。在夏某施工到2019年7月底时，张某又强行进场抢夺工地，对宿舍楼进行施工。在得知L建筑公司和张某可能存在串通侵害夏某利益后，夏某立即寄发《律师函》，要求L建筑公司停止向张某付款，否则夏某不予认可付款行为。2019年12月底各方矛盾导致全面停工，在政府的委托下进行了工程造价鉴定。

综上，夏某不仅享有签订《补充协议》前工程款产值的权益，也享有此后夏某自己施工部分的工程款权益。至于张某抢夺工地后对宿舍楼的施工，由其自行和L建筑公司进行结算，不在该案的审理诉求范围之内。

（二）能否采纳工程造价咨询事务所有限公司出具的《工程结算书》认定涉案工程款

《工程结算书》是诉讼前政府委托第三方按合同约定的计价标准出具的公允鉴定结论，L建筑公司和张某在申请鉴定时就声明受其约束，且一审中L建筑公司和张某均既未提出对造价的鉴定申请，也未明确指出其有何不妥之处，该结算书应作为案涉工程的造价结算依据。

工程造价金额是客观的和唯一的，第三方鉴定只是确定金额的一种手段而已，夏某虽不是该《工程结算书》的申请人，但不影响该《工程结算书》的真实性和准确性，可以作为确定工程款的结算依据。只有在结算书存在计算错误或不准确的情况时，才是不可作为结算依据的正当理由。该工程结算造价包括三个部分：主厂房、办公楼、宿舍楼。在签订《补充协议》后，张某接手了宿舍楼的施工，签订《补充协议》前完工和夏某此后投入的部分是主厂房、办公楼，三个建筑体相互独立，其单项造价金额在结算书中一目了然。法院将主厂房、办公楼的对应工程造价列入夏某的权益范围，既符合《补充协议》的约定又符合施工事实，合情合理。

（三）是否应由L建筑公司、张某支付涉案欠付的工程款

L建筑公司上诉认为其已超付，责任应由夏某承担，理由不成立。

1. 2019年7月1日三方签订《补充协议》，在明知权益人已变更为夏某，且夏某又寄发了《律师函》严厉要求停止向张某付款的情况下，L建筑公司此后仍继续向张某支付巨额款项，与夏某无关。在签订《补充协议》后直到起诉之日止，L建筑公司没有向夏某支付过一分钱的工程款，L建筑公司向夏某主张超付工程款不成立。

2. 在收到《律师函》要求止付后，L建筑公司仍然不断向张某或按张某指示付款，属于自己的处分行为。其实，因为张某后来强行接手宿舍楼施工，L建筑公司事实上也认可其施工的宿舍楼工程产值归张某所有，所以基于与张某的事实合同关系才向张某付款，至于是否超付，他们可以另案清理结算。

3. 在 2019 年 8 月张某强行接手工地，进场施工宿舍楼后，客观会产生一部分施工成本和产值。张某是否利用该机会故意虚构合同，向 L 建筑公司套取巨额资金，L 建筑公司从企业管理的角度负有谨慎义务，应按建筑行业的通常标准审查合理施工人的材机成本额度，因其疏于审查监管，仍配合张某签约走账，从而导致不正常款项支付。L 建筑公司和张某之间的费用关系复杂，应在结合张某已完工程价款金额的基础上另行清算，双方多退少补，与该案的审理无关。

七、案例评析

该案中，在夏某和合伙人签订权益转让协议后，本律师立即向 L 建筑公司寄发了《律师函》，要求 L 建筑公司立即停止向合伙人张某支付任何费用，否则不予认可。该《律师函》将复杂的财务问题简单化，使挂靠单位的复杂繁多的支付行为与对夏某的支付行为分割开，为法庭裁判创造了有利条件。业主 G 公司的欠付责任在该案判决书中得到了适当限制。在工程未完工未结算的情况下，业主已经按约支付了进度款的，不再承担连带责任，该裁判思路符合公平原则，为此后此类案件的裁判预测提供了参考。

法庭审理过程中，就施工工程量划分的关键问题，原告夏某进行了举证和说明，但当时毕竟未固定施工界面，出于庭审调查的需要，法院要求其他当事人回复说明界面的划分情况，各方的回应均为不清楚，该回复显然不符合诚实信用原则。在法庭多次要求被告亲自出庭就施工界面进行说明的情况下，其仍拒绝出庭回复，法院依据诚实信用原则让其承担不利后果，与"谁主张，谁举证"的证据分配规则并不矛盾，正好形成了良好互补。诚实信用作为一项规制民事诉讼主体行为的原则，即使已经条文化，但在其适用方面依然面临应该在民事诉讼的哪些环节或事项上发挥作用，尤其是在将其作为一项补充性原则的情况下，如何弥补或矫正民事诉讼其他原则规制不足的问题，也就是如何落实诚实信用原则，不至于使该原则成为一种装饰或一种伦理性教示的问题，这值得我们讨论和思考。

可见，工程案件庭审中，无正当理由回避或拒绝回应法庭对事实的调查，会存在相应的诉讼风险。①

【点评】

工程案中，对举证责任的预判对形成代理思路至关重要。因为案情的细微差异、审判人员视角等的不同，即使类似的工程案件，在个案中也可能会有不同的举证责任分担。无论具体个案有何不同，均应受到诚实信用原则的约束，比如在历史施工界面已无法还原的情况下，举证方完成了初步举证，而另一方拒绝举证且又故意回避法庭调查，则极有可能承担不利后果。从该案得出结论，即使在原告方举证存在较大缺陷或不足的情况下，被告方仍应积极做好证据准备，仍应遵守诚实信用原则，不能消极应对。

点评人：广东天禄盟德律师事务所律师　李松涛

---

① 广东省惠州市惠城区人民法院民事判决书，(2020) 粤 1302 民初 15027 号；广东省惠州市中级人民法院民事判决书，(2021) 粤 13 民终 5460 号。

工程价款优先受偿权案例研究

广东广语堂律师事务所　王云辉

一、当事人的基本情况及案由

申请人：陈某某

被申请人1：A公司

被申请人2：何某某

案由：建设工程施工合同纠纷

二、案情介绍

何某某是A公司的法定代表人，A公司为发包方，陈某某为实际承包施工方。

2015年，A公司与案外人广西某建筑公司就承包鼎盛世家5号、6号、7号楼及地下室工程项目签订了一份《建设工程施工合同》，合同对计价、付款期限、承包内容作了约定（合同签订的具体日期未注明）。

2016年1月30日，陈某某与A公司就施工承包鼎盛世家项目A区6号、7号楼施工工程项目签订了《意向协议》，对计价、付款期限、承包内容作了约定。2016年5月16日，陈某某与A公司就承包8/9号楼及21号楼工程项目又签订了一份《意向协议》，对计价、付款期限、承包内容作了约定。

后工程结构封顶，因A公司资金不足，无法按约支付工程进度款，双方产生争议。为了盘活项目，A公司引进第三方施工方继续投入。2017年1月2日，A公司与案外人广西某建筑公司签订了5号、6号、7号、22号楼

《解除协议合同协议书》，各实际施工人均同时签字表示确认。2017 年 1 月 23 日由陈某某、A 公司、案外人广西某建筑公司共同签订《施工场地交接确认书》，确认将场地移交给了 A 公司。

2017 年 7 月 15 日和 2017 年 8 月 30 日，在政府的主持下达成两份会议纪要，约定以第三方鉴定结论作为结算依据。2017 年 8 月 30 日，陈某某与 A 公司签订《协议书》，就委托第三方鉴定及付款、迟延付款的利息等内容作了约定，并约定了仲裁程序。2018 年 6 月 8 日，在参考第三方鉴定造价的基础上，陈某某与何某某签订了《最终结算协议》，确定工程结算造价为 65,168,123.65 元。

申请人于 2018 年 8 月 10 日提起仲裁，申请仲裁的主要请求事项为：（1）请求支付拖欠的工程 2000 多万元，并按月息 2% 计收利息；（2）请求对前述工程价款具有优先受偿权；（3）何某某承担连带责任；（4）请求支付律师费及其他主张。

三、争议焦点

1. 申请人与案外人是否具有挂靠关系。
2. 申请人对工程价款是否应享有工程价款优先受偿权。

四、各方的意见

（一）第一个争议焦点，该案是否存在挂靠事实？

1. 陈某某认为，陈某某与案外人广西某建筑公司之间不存在挂靠关系，双方之间并未形成合同关系，双方也没签订内部承包合同、挂靠合同或其他类似合同，但 A 公司与案外人广西某建筑公司之间存在挂靠关系，双方在 2015 年签订的《建设工程施工合同》的目的就是开票、报建的需要，该协议的性质就是委托挂靠协议性质。该案中的挂靠，是发包人的挂靠，而不是承包人的挂靠。从时间关系来看，是发包人先自行找好挂靠单位并签订了施工合同，再由发包人自行与实际施工人陈某某另行签订《意向协议》。该《意向协议》对承包范围、计价标准、付款、质量等均作了明确约定，具备施工合同的主要条款，具有施工合同性质，也即发包人与实际施工人陈某某之间建立了施工合同关系。A 公司将部分款项委托支付给案外人广西某建筑公司后，再由案外人广西某建筑公司支付给陈某某。A 公司和案外人广西某建筑公司存在委托付款关系，因案外人广西某建筑公司和申请人无合同关系，故案外人广西某建筑公司没有向申请人付款的合同义务。A 公司向案外人广西某建筑公司的付款不能视为向陈某某的付款，案外人广西某建筑公司的收款也不能视为陈某某的收款。申请人只承包了 6 号、7 号楼的施工工程，而案外人广西某建筑公司接受的工程款包括 5 号、6 号、7 号、22 号楼，其所收款项不能视为申请人的收款，且案外人广西某建筑公司未参加庭审，陈某某也未委托其收款，A 公司与案外人广西某建筑公司有合同关系，双方具备财务结算条件，它们之间应另行结算，多退少补。

2. A 公司、何某某共同认为，申请人陈某某与案外人广西某建筑公司存在挂靠关系。A 公司向案外人广西某建筑公司的付款，应视为对陈某某的付款，应计入已付款金额内。从目前的数据来看，已经超付工程款。

（二）第二个争议焦点，申请人的工程价款是否具有工程价款优先受偿权？

1. 申请人认为，申请人的工程价款具有优先受偿权。理由如下：（1）2018 年 6 月 8 日双方签订《结算协议书》时结算金额才最终确定，该日才具备付款条款，优先权起算也才具备条件，优先权尚未届满。（2）陈某某与 A 公司之间建立了直接的合同关系。2016 年 1 月 30 日，双方签订了《意向协议》，退场时在政府的主持下于 2017 年 8 月 30 日签订了《协议书》，在委托第三方鉴定的基础上双方又于 2018 年 6 月 8 日签订了《最终结算协议》，上述系列合同均证明陈某某与 A 公司构成了直接的合同关系，成立了承发包合同关系。既然双方具备直接的承发包关系，那么依据《最高人民法院关于审理建设工程施工合同纠纷案件适用法律问题的解释（二）》第十七条规定，申请人的工程价款具有建设工程价款优先权。

2. 两个被申请人认为，工程价款优先受偿权的前提是主体适格，申请人作为自然人主体不适格，不享有工程价款优先受偿权。

五、裁决结果

根据相关法律规定,仲裁庭作出如下裁决:(1) A 公司向陈某某支付工程款人民币 18,419,996.15 元;(2) A 公司向陈某某支付逾期付款利息(利息以工程款人民币 18,419,996.15 元为基数,自 2018 年 6 月 17 日起至 2019 年 8 月 19 日止的利息,按中国人民银行发布的同期同类贷款利率的 4 倍标准计算;自 2019 年 8 月 20 日起至实际清偿之日止的利息,按照全国银行同业拆借中心公布的贷款市场报价利率的 4 倍计算);(3) 申请人对本裁决第 1 项确定的债权范围享有工程价款优先受偿权;(4) A 公司补偿陈某某律师费人民币 21 万元;(5) 仲裁费由双方分担。

六、裁决理由

关于合同效力。仲裁庭认为,陈某某与 A 公司签订的《意向协议》因违反法律规定,属无效合同。但陈某某作为实际施工人,与 A 公司之间形成建设工程施工合同关系,其退场后与 A 公司就工程款结算问题达成的《协议书》(2017 年 8 月 30 日)及《最终结算协议》(2018 年 6 月 8 日)属于合同争议解决条款,应认定为有效,对双方均有法律约束力。

关于工程款及利息的请求。仲裁庭认为,根据《最高人民法院关于审理建设工程施工合同纠纷案件适用法律问题的解释》第二条"建设工程施工合同无效,但建设工程经竣工验收合格,承包人请求参照合同约定支付工程价款的,应予以支持"的规定,案涉工程经验收合格,申请人有权要求被申请人按照《协议书》及《最终结算协议》的约定支付相应工程款。2018 年 6 月 8 日《最终结算协议》确定的最终结算价款为 65,168,123.65 元,A 公司共向陈某某支付了工程款 35,759,620 元,另扣除混凝土款 10,978,507.5 元,A 公司应向陈某某支付款项 18,419,996.15 元。A 公司向案外人广西某建筑公司支付工程款后,案外人广西某建筑公司再向陈某某支付工程款,并主张向案外人已付款 46,238,311.67 元的问题,仲裁庭认为,广西某建筑公司出具的支付明细表之间存在矛盾,仲裁庭不予采信,且 A 公司与案外人广西某建筑公司之间的工程款结算问题与本案无关,A

公司应另案处理。关于利息问题，仲裁庭认为，该案中 A 公司至今未支付工程款构成违约，依据 2017 年 8 月 30 日《协议书》，陈某某有权按照中国人民银行发布的同期同类贷款利率的 4 倍支付利息。但申请人关于月息 2% 的主张超过相应标准，故予以调整。

关于工程价款本金及利息是否享有工程价款优先权的问题。仲裁庭认为，根据《最高人民法院关于审理建设工程施工合同纠纷案件适用法律问题的解释（二）》第二十一条的规定，同时该案案涉工程属于中途退场，双方于 2018 年 6 月 8 日确定了结算金额，申请人于 2018 年 8 月提出仲裁申请，未超过 6 个月优先权的有效期，符合《最高人民法院关于审理建设工程施工合同纠纷案件适用法律问题的解释（二）》第二十二条的规定，故申请人关于工程价款本金具有优先权的主张予以支持，对利息的优先权主张不予支持。

七、案例评析

该案的仲裁裁决时间是在《最高人民法院关于审理建设工程施工合同纠纷案件适用法律问题的解释（二）》公布实施之后，而且《民法典》和《最高人民法院关于审理建设工程施工合同纠纷案件适用法律问题的解释（一）》也基本继承了该解释的主要观点，本案对《民法典》公布后的类似施工合同案件审理，具有借鉴意义。

关于挂靠性质的认定，往往不能一概而论。实践中施工合同挂靠有两种情况，一种是实际施工人自己内部安排的挂靠（可称为"施工人的挂靠"），为了承接业务的需要，实际施工人与挂靠单位签订内部协议；另一种是发包人出于报建、开票、验收、控制风险等需要，由发包人单方指定和安排的挂靠建筑公司（可称为"发包人的倒挂"），该挂靠单位只和发包人建立合同关系，对发包人负责，与实际施工人无直接合同关系，为了开具建安发票的需要，工程款的支付从发包人处付款到挂靠的建筑公司，再由挂靠建筑公司转支付给实际施工人。前述两种挂靠模式的法律后果有所不同。该案中的挂靠属于第二种类型的挂靠，是由发包人指定和安排，案外人广西某建筑公司与实际施工人陈某某未建立合同关系，双方无合同权利义务约束。既然此种挂靠并非实际施工人的主观意愿,显然不能强行在实际施工人与挂靠建筑公司之间建立权责关系。

关于此种发包人倒挂的情形,实际施工人是否享有优先权的问题。该案中,申请人陈某某作为实际施工人,与发包人通过《意向协议》形式签订了施工合同,且在退场过程中、结算时又签订了《协议书》《最终结算协议》,可见,实际施工人与发包人建立了直接的合同关系。《最高人民法院关于审理建设工程施工合同纠纷案件适用法律问题的解释(一)》第三十五条完全继承了《最高人民法院关于审理建设工程施工合同纠纷案件适用法律问题的解释(二)》第十七条的规定,肯定了与发包人订立建设工程施工合同的承包人,请求对其承建工程的价款享有优先受偿权的,应予支持。

最高人民法院民事审判第一庭编著的《最高人民法院建设工程施工合同司法解释(二)理解与适用》第367~371页关于"(三)实际施工人不应享有建设工程价款优先受偿权"的论述中,首先采取排除法明确了违法分包的承包方、挂靠承包人、转承包人、不具备建筑资质的承包人不享有优先受偿权,同时又采取肯定的方法明确了只有与发包人签订施工合同的承包人才享有优先受偿权。为了周延,还用"但书"形式进行了例外情形解读,如"实务中,存在发包人指定分包人的情形。发包人与承包人签订的施工合同中如果约定由发包人指定特定项目由第三人作分包人,而且在履行过程中,指定分包人完全代替承包人就特定工程项目履行了合同义务,承包人仅承担配合盖章等手续的义务,则在指定分包人与发包人之间形成了事实合同关系。在此种情形下,指定的分包人享有工程价款优先受偿权"。从对该例外情形的解读来看,发包人倒挂建筑公司与此类情形相似,对优先受偿权的解释也应采取相同的口径及取向。该案中,发包人指定的建筑公司也仅承担形式上的盖章义务,不承担具体的施工任务,这实际上是发包人的真实意思,也正是在此基础和前提条件下,陈某某才和 A 公司签订了《意向协议》。在此种情形下,剥夺实际施工人的优先受偿权不妥,何况实际施工人与发包人建立了直接的施工合同关系,具备《最高人民法院关于审理建设工程施工合同纠纷案件适用法律问题的解释(二)》第三十五条的适用条件。从第三十五条的规定来看,并不排斥与发包人建立了施工合同关系的实际施工人的优先受偿权。司法解释之所以要否定实际施工人的优先受偿权，其立法目的在于给予违法分包、挂靠、转包以不利责任负担，但该案的情形是为了发包人利益、由发包人预先单方安排的资质倒挂，不能由实际施工人错位承担丧失优先受偿权的不利后果。该案仲裁庭对申请人优先受偿权的肯定符合最高人民法院最新司法解释的精神和立法目的。①

【点评】

挂靠和转包、违法分包一样，具有类似的违法性，均会涉及实际施工人的利益问题。《民法典》公布后，相应的施工合同司法解释明确只有与发包人签订施工合同的承包人才享有工程价款优先受偿权，锁定和加强了合同相对性。在理解与发包人签订施工合同的承包人时，可做宽窄不同范围的理解。狭义上，可以理解为备案施工合同、施工许可证上记载的承包方为合同相对方；广义上，只要是与发包人存在施工性质的协议，无论是具有资质的被挂靠建筑公司，还是实际施工人，均可理解为合同相对方，从而符合享有主张价款优先权的主体资格。从该案例可以看出，法律条文的理解存在狭义和广义解读时，会产生不同的适用后果，此时恰恰体现了律师的服务价值。

点评人：广东天禄盟德律师事务所律师　李松涛

---

① 清远仲裁委员会裁决书，（2018）清仲字第558号。

发包人与分包人达成结算调解后，
发包人再主张工程质量索赔是否构成重复起诉

北京市盈科（广州）律师事务所　向　焘

一、当事人的基本情况及案由

原告：X 公司

被告：J 公司

案由：建设工程合同纠纷

二、案情介绍

2014 年 1 月 3 日，X 公司（发包方）与案外人 S 公司签订《承发包合同》，约定由 J 公司承包 X 商业广场项目内的一切防水工程（以下简称涉案工程）。

涉案工程于 2015 年 8 月 3 日竣工后至提起本案诉讼时，X 公司已实际使用该商城近 5 年。

2016 年，S 公司因与 X 公司建设工程施工合同纠纷，向广州市白云区人民法院提起诉讼［案号：（2016）粤 0111 民初 10453 号］。法院在诉讼中查明，2015 年 8 月 3 日，涉案工程竣工，结算造价为 6380 万元，经法院委托鉴定机构出具《建筑结构安全性鉴定报告》，认定双方签订的《承发包合同》因涉案工程未取得建设工程规划许可证，违反法律、行政法规的强制性规定而无效，因而作出如下判决：（1）X 公司向 S 公司支付工程款 17,460,000 元及逾期付款违约金；（2）S 公司对位于广州市白云区广州大道北的 X 商业广场建设项目存在的质量问题进行加固或者修缮补强处理

（包括对承载力不足构件进行加固处理；对楼板、墙体渗漏水部分进行修缮补强，重做防水处理；对楼板、梁开裂部位进行修缮补强处理；对墙体开裂部位进行修缮处理），待上述质量问题处理完毕后10日内，X公司向S公司拟支付剩余工程款3,190,000元。同时，二审法院广州市中级人民法院维持了一审判决。

此外，2017年1月10日，J公司向广州市白云区人民法院起诉X公司[案号：（2017）粤0111民初842号]，要求支付工程款2,088,174.02元。2017年3月8日，X公司（乙方）、J公司（甲方）达成和解协议书，内容为：（1）乙方确认甲方的工程款为2,088,174.02元，已收保证金10万元；（2）乙方在2017年3月8日退回保证金10万元，并同意在2017年3月15日前，向甲方支付20万元；在2017年6月15日前，向甲方支付30万元；在2017年9月15日前，向甲方支付30万元；在2017年12月15日前，向甲方支付30万元；在2018年3月15日前，再向甲方支付15万元。甲方同意如乙方按本协议约定期限付款的，工程款及保证金只收取135万元。甲方放弃其他诉讼请求。甲方不再承担任何税金及补漏维修等费用，任何一方不得再向对方主张权利。（3）乙方如有任何一期未按协议第二条约定的期限及数额付款，甲方有权就工程款及保证金总额2,188,174.02元向法院申请强制执行（扣除已付部分），乙方还应向甲方支付自2015年10月1日起至实际付清之日的利息（利息按中国人民银行公布的同期同类贷款利率计算）。法院据此作出（2017）粤0111民初842号民事调解书，调解书的内容如下："J公司与X公司双方确认工程款为2,188,174.02元（含保证金100,000元）。X公司向J公司支付工程款1,350,000元（含保证金100,000元），具体支付方式如下：（1）于2017年3月8日退还保证金100,000元（已支付）；（2）于2017年3月15日支付200,000元（已支付）；（3）于2017年6月15日前支付300,000元；（4）于2017年9月15日前支付300,000元；（5）于2017年12月15日前支付300,000元；（6）于2018年3月15日前支付150,000元。本项调解协议的内容履行完毕之日止，J公司与X公司双方于2014年1月3日就广东X商业广场防水工程所签订的《工程承包合同》所涉权利义务终结。X公司如有任何一期未按本调解书第二项确定的期限及金额付款，J 公司按工程款（含保证金 100,000 元）总额 2,188,174.02 元及利息（利息以 2,188,174.02 元为本金，自 2015 年 10 月 1 日起，按中国人民银行公布的同期同类贷款利率至实际付清之日）向法院申请强制执行（扣除已付款部分）。该案诉讼费 24,305 元减半收取 12,152.5 元由 J 公司负担。此后，X 公司未按调解书执行，J 公司向法院申请强制执行，执行工程款总额 2,188,174.02 元及利息，最终执行结案。"

随后，原告 X 公司向法院起诉 J 公司［案号（2019）粤 0111 民初 23957 号］，请求：（1）被告继续履行工程承包合同承担维修责任，并赔偿原告造成的经济损失 85 万元；（2）该案诉讼费由被告承担。

诉讼过程中，经法院委托，鉴定公司对涉案工程（负二层除外）进行了质量鉴定。鉴定报告显示，涉案工程屋面防水工程不符合《屋面工程技术规范》的要求；地下防水工程等级不符合《地下防水工程质量验收规范》对防水等级一级、二级、三级、四级的要求。

故此，原告基于此鉴定报告在一审中变更诉讼请求为：（1）被告全额退还 X 商业广场的防水工程的工程费 2,088,174.02 元；（2）该案诉讼费用由被告承担。

第二次庭审中，X 公司不主张对修复费用进行评估，而是要求 J 公司退还工程款 2,088,174.02 元。

三、争议焦点

1. 该案是否构成重复起诉。

2. 如不构成重复起诉，原告基于被告施工的防水工程质量不合格要求退还工程款 2,088,174.02 元是否应当支持。

四、各方的意见

（一）原告 X 公司的意见

X 公司起诉认为，施工期间，涉案工程项目监理部多次向被告发函告知：因被告并未按合同约定的防水工程施工工艺标准施工，涉案工程已出现多处质量问题，被告应当做好防渗补漏工作，在涉案工程依然存在质量问题的情况下，被告要求原告对涉案工程进行竣工验收。原告表示应待被告解决漏水、墙面渗透等质量问题后再对工程予以验收，被告却一直不予处理且强行退场。因经营需要，原告不得不进场使用该商场。原告多次要求被告返工维修，被告却一直不予处理。现鉴定结果认定全部检测项目基本不合格。对这种质量级别的工程根本无法修复，只能放弃原来的防水重做后才能解决问题。在已完工的建筑上重新做防水施工的费用，应当按被告已收取的防水工程款计算。被告所做的工程完全起不到任何作用，应该退款；另外这几年被告一直拒绝维修，而且从鉴定结论上看也无法以修复方式解决质量问题。被告此前已通过诉讼方式，从原告处获取了2,088,174.02元，而且还另外给付几十万元的利息，故原告请求被告退还2,088,174.02元完全有理由。

（二）被告J公司的意见

J公司辩称，原告起诉时隐瞒了根据2017年3月8日与被告达成和解和2017年3月16日的民事调解书已经处理该案的诉讼请求部分的重大事实，原告片面截取部分事实起诉，被告已按和解协议和民事调解书的内容履行完毕，原告构成重复起诉，违背一事不再理原则，请求驳回起诉。变更后的诉讼请求没有任何事实和法律依据。被告承包的涉案防水工程早已完工，而且原告早已实际使用，且在另外原告与S公司的建筑工程纠纷中已查明涉案工程整体于2015年8月13日验收合格。原告在变更诉讼请求中陈述的这几年被告一直拒绝维修不是事实，原告既没有举证其通知过维修，也没有证据证明被告拒绝过维修。从鉴定结论上也无法看出可以通过修复的方式解决质量问题，鉴定结论上仅说建议双方协商。故原告的诉请没有任何依据，请求法院予以驳回。

五、裁判结果

（一）一审判决

一审法院作出如下判决：（1）自本判决生效之日起10日内，被告J公司向X公司返还工程款763,862.23元；（2）驳回X公司的其他诉讼请求。

（二）二审判决

一审判决后，双方均不服一审，遂上诉至广州市中级人民法院。二审法院作出如下裁定：（1）撤销广东省广州市白云区人民法院（2019）粤0111民初23957号民事判决书；（2）驳回X公司的起诉。

（三）再审立案审查

2021年6月30日，X公司向广东省高级人民法院申请再审。广东省高级人民法院于2021年9月8日作出（2021）粤民申8435号民事裁定书，裁定：指令广东省广州市中级人民法院再审该案。

（四）再审实体审理

广州市中级人民法院再审裁定：维持本院（2021）粤01民终293号民事裁定。

（五）检院监督申请程序

广州市人民检察院决定：不支持X公司的监督申请。

六、裁判理由

（一）一审的裁判理由

一审人民法院认为，（2017）粤0111民初842号民事调解书为双方真实意思表示、合法有效，协议对此后税金及补漏维修问题进行约定，如X公司按照约定支付135万元，J公司则不再承担任何税金及补漏维修等费用，因X公司未按约支付135万元，导致被申请执行支付工程款及保证金合计2,088,174.02元及利息，该案X公司主张工程存在质量问题要求退还工程款，与此前工程款支付不属于重复起诉。J公司未提供证据证实质量问题系由于X公司使用不当等其他因素造成，双方无法就发现的质量问题协商处理，X公司不主张对修复费用进行评估而要求被告退还工程款2,088,174.02元，双方在工程款纠纷处理中达成的和解协议书中明确税金及补漏维修等费用计算为 2,088,174.02 元 − 1,350,000 元 = 838,174.02 元，税金根据结算表计算为 74,311.79 元，可认定税金及补漏维修费用计算为 838,174.02 元 − 74,311.79 元 = 763,862.23 元。

一审法院的审判思路值得商榷。在几个关键的问题上均刻意增加被告 J 公司的举证责任，而忽视了对原告不利的证据，且未要求原告承担任何举证责任。（1）原告在诉讼过程中主动提交了一份不利的证明，该证明说明涉案工程五楼天花板有漏水现象，故五楼租客请专业人员进行检查，发现天花顶混凝土裂缝及排水管有多处漏水，明显自证了上述质量问题并非被告施工质量问题所致，但一审法院对该证据只字不提，反而认定被告未提供证据证实由于其他原因导致漏水的质量问题；（2）原告当庭提出不对涉案工程质量问题的修复费用进行评估，一审法院却根据双方此前的和解协议书中协商的补漏维修等费用直接认定维修补漏费用为 763,862.23 元。

（二）二审的裁判理由

二审人民法院认为，双方在一审法院（2017）粤 0111 民初 842 号案件中就案涉工程的工程款、保证金、税金及维修补漏等费用达成和解协议书，并以此为基础申请一审法院作出民事调解书。和解协议书涉及补漏维修等费用，因此双方对案涉工程存在需要维修的事实是清楚的，根据案涉工程现状，有关的工程款、保证金、税金及补漏维修等费用均在民事调解书中予以解决，X 公司在该案一审起诉要求退还防水工程的工程费 2,088,174.02 元，该案诉讼标的与（2017）粤 0111 民初 842 号民事调解书所涉诉讼标的相同，故 X 公司构成重复起诉。

（三）再审立案审查

广东省高级人民法院认为，虽然该案与（2017）粤 0111 民初 842 号案的当事人相同，但两案的诉讼标的并不相同。从双方和解协议约定的内容看，双方在和解协议第二条中约定，工程款按照 135 万元收取的前提条件是按约定期限付款及 J 公司不再承担任何税金及补漏维修等费用。而和解协议第三条约定的则是排除适用该和解协议第二条的约定。事实上，在该案执行中，亦是按照和解协议第三条的约定执行了 2,188,174.02 元，排除了和解协议第二条的执行。因此，广州市白云区人民法院据此作出的（2017）粤 0111 民初 842 号民事调解书对案涉工程质量问题也并未作出处理，在该案中 X 公司基于工程质量问题提起诉讼，并不构成重复诉讼。综上，该案与（2017）粤 0111 民初 842 号案不构成重复起诉，二审法院撤销一审判决并驳回 X 公司的起诉不当，再审法院依法予以纠正。

（四）再审实体审理

广州市中级人民法院认为，二审法院认定前诉与该案当事人相同、诉讼标的相同、诉讼请求相同，构成重复起诉，具有事实和法律依据。再审申请人 X 公司的再审请求依据不足，法院再审不予支持。

（五）检院监督申请程序

广州市人民检察院认为，终审法院据此认定 X 公司提起的该案诉讼与前诉（2017）粤 0111 民初 842 号案的当事人相同、诉讼标的相同、诉讼请求构成相互否定，构成重复起诉，具有事实和法律依据，并无不当。因此，不支持 X 公司的监督申请。

七、案例评析

该案虽为因质量问题引发的建设工程合同纠纷案，但最终以程序上重复起诉为由驳回原告的起诉而结案。本代理律师代理了该案的一审、二审、再审及检院监督程序，在整个代理过程中始终坚持程序上构成重复起诉，但实体上本代理人对业主方就质量缺陷的索赔和一审法院对实体问题认定，做出了细致的答辩和上诉方案。遗憾的是，二审法院仅在程序上驳回了 X 公司的起诉，没有在实体上对一审法院的认定部分进行评判。

一审过程中，由于重复起诉并非审查重点，或者说一审法院并不认为构成重复起诉，因而一审的侧重点更倾向于对质量缺陷与质量问题方面的审查，获得了防水工程质量问题反索赔方面宝贵的经验。一审代理的过程可圈可点，其中存在一些需要注意的细节：如涉案工程并非全部防水都由 J

公司承包，J 公司仅是对屋面顶板、地下室剪力墙及底板的柔性防水，因建筑防水的好坏并非单纯柔性防水一个因素，还有刚性防水等其他诸多因素，如果不注意区分，则容易陷入漏水与被告施工问题存在因果关系的误区中；又如，原告在申请对涉案工程质量问题进行鉴定时，建议被告特别关注在鉴定报告中有无对因果关系的评析和论述，否则，鉴定报告不应被采信。

该案二审法院在实体层面未采信一审法院的判案观点，代理律师认为还是比较充分的。虽然有鉴定报告证明涉案防水工程存在质量缺陷，但并未有鉴定结论指出原告诉称的漏水问题系被告施工原因导致，原告自己提交的证据反而证实了漏水为被告施工以外的因素导致，原告关于漏水问题与被告防水施工的因果关系并未举证证明，因此被告代理律师认为不应承担维修补漏责任。该案的难点在于，广东省高级人民法院再审裁定直接否定了二审法院对原告重复起诉的论述，依法予以纠正，并指令广州市中级人民法院再审该案。代理律师在广州市中级人民法院是否再审坚持二审重复起诉的观点并没有多大把握，毕竟上级人民法院对此通过裁定依法纠正，而且案件所涉和解协议确实比较特殊并没有相关可以借鉴的案例。①

【点评】

该案在重复起诉案件中属于比较特殊的情形。所谓重复起诉，是指新起诉的案件与前案的诉讼当事人相同、诉讼标的相同、诉讼请求相同的情形。工程结算是发包方和承包方对工程款、工期、质量等内容一揽子解决的行为。如果双方在协议中没有就工期或者质量约定可另行主张的，在签订结算协议后，任何一方再行主张都可能得不到法院支持。故在实务中，无论是发包方还是承包方，在签订结算或调解协议时，应特别注意其中的内容。该案在双方达成调解时明确约定，案涉《工程承包合同》所涉权利义务终结。根据该约定，意味着双方对工程质量问题予以解决。调解书签订并履行完毕后，作为发包人的原告，又提起关于质量问题的索赔，明显与双方达成的调解内容相悖，故构成重复起诉。另外，在工程质量鉴定过

---

① 广州市中级人民法院民事判决书，（2021）粤 01 民终 293 号。

程中，作为施工的一方，应特别注意对质量问题的形成原因或者因果关系提出抗辩，质量鉴定报告中也经常存在对质量问题的形成原因或者因果关系不进行分析论述的情形。如果报告中未对质量问题的形成原因进行分析论述，则无法确定造成质量问题的原因是否与施工方有关，报告即便可以确定工程质量存在问题，在司法实践中，也有不被法院采信的风险。该案对结算和工程质量鉴定存在的风险给我们提供了一个很好的范例，值得我们在实务中好好研究。

点评人：广东广信君达律师事务所律师　黎国贵

多重转包、分包下，建设工程施工合同与承揽合同的认定

广东固法律师事务所　谢君宜　陈立宏

一、当事人的基本情况及案由

上诉人（原审被告）：G 公司
被上诉人（原审被告）：郭某
被上诉人（原审原告）：梁某
被上诉人（原审被告）：Z 公司
被上诉人（原审被告）：H 公司
被上诉人（原审被告）：朱某
案由：建设工程施工合同纠纷

二、案情介绍

2017 年 1 月 16 日，Z 公司（发包人）与 H 公司（承包人）签订了《D 市水利水电工程施工合同》，约定 Z 公司将案涉工程发包给 H 公司，合同总金额为 143,560,758.25 元。H 公司承包该项目后，将其中的土方淤泥清运工作分包给了案外人福某，福某又联系了郭某及案外人朱某云进行清运。

2017 年 12 月 20 日，郭某、案外人朱某云（作为共同甲方）与 G 公司（乙方）签订了《合作协议》，约定双方就案涉工程装运土项目进行合作，甲方以承包施工挖机装运土为主（方量约 30 万/㎡），乙方垫资 60 万元，垫资期限为 3 个半月，甲方按每立方米 2 元的利润标准向乙方分配，乙方 3 个半月收回 60 万元本金和利润，乙方可参与工作，甲方就项目工作向乙方

代表汇报，工作中甲方接受乙方的合理性建议，合作时间为 2017 年 12 月至 2018 年，合同约定 5 万立方米为工程结算点，每个结算点乙方收回本金 25 万元，甲方应尽量做到工作顺畅，把产量提高，乙方垫付的周转金 60 万元人民币由双方共管，在签订协议当天由乙方配合甲方支付运费等实际支出，合作期双方友好合作。郭某确认 G 公司仅出资，未参与涉案工程的实际管理和施工。郭某在实际清运过程中委托梁某以自己的机器设备及工人完成了土方淤泥清除工作。

2018 年 3 月 28 日，郭某向梁某出具案涉工程《长臂挖机工作时间结算表》，载明截至 2018 年 2 月 5 日，郭某尚欠梁某 381,700 元。

2018 年 9 月 3 日，郭某向梁某出具《欠条》，内容为："兹有郭某因案涉工程工地租用梁某勾机租金 381,700 元，经双方对账，现有勾机租金未付。本人承诺于 2018 年 10 月 3 日支付，否则，按照日千分之三的标准计收违约金，并承担梁某实现债权的全部费用。"

2019 年 3 月 21 日，案外人张某出具《证明》，拟证明梁某带人和挖机在工地挖土石方，2018 年春节之后有开工做事，具体工作都交给朱某。

梁某在 2018 年 10 月 3 日之后多次向郭某索要费用共 453,700 元，郭某却以多种理由拒绝支付。梁某遂向法院起诉，请求：（1）判令五被告连带向梁某支付劳务费 453,700 元；（2）判令五被告连带向梁某支付违约金 114,579 元；（3）判令被告承担梁某为实现债权所支付的全部费用，包括该案的诉讼费、律师代理费 32,000 元。

在一审庭审时，案涉工程已经完工，处于验收阶段，Z 公司已按约定向承包人 H 公司足额支付了工程进度款。

一审法院认定该案为建设工程施工合同纠纷并判决：（1）限郭某、G 公司于本判决发生法律效力之日起 7 日内向梁某支付工程款 381,700 元；（2）限郭某于本判决发生法律效力之日起 7 日内向梁某支付逾期付款违约金（以 381,700 元为本金，按照每日千分之三的标准，从 2018 年 10 月 4 日起计算至付清之日止，但违约金的金额以本金为限）；（3）限 G 公司于本判决发生法律效力之日起 7 日内向梁某支付逾期付款利息（自 2018 年 10 月 4 日起至 2019 年 8 月 19 日止的利息，以 381,700 元为基数，按照中国人民银行规定的同期同类贷款基准利率计算；自 2019 年 8 月 20 日起至清偿之日止的利息，以 381,700 元为基数，按照全国银行间同业拆借中心公布的同期贷款市场报价利率计算）；(4) 驳回梁某的其他诉讼请求。

G 公司不服一审判决，提起上诉。

三、争议焦点

1. 本案的案由是建设工程施工合同纠纷还是承揽合同纠纷。
2. G 公司是否应就郭某对梁某的欠款承担连带清偿责任。

四、各方的意见

（一）上诉人（原审被告）G 公司的意见

1. 梁某不能突破合同相对性向 G 公司主张权利，G 公司既不是发包人，也不是转包人或者分包人，不应当承担连带支付义务。梁某与 G 公司之间不存在合同关系，双方既不存在缔约前的磋商或者接触，也不存在意思表示上的合意，更没有签订任何书面合同，甚至没有经济往来，故 G 公司与梁某之间不成立合同之债，G 公司不负有付款义务。一审法院不能仅根据《合作协议》就突破合同相对性认定 G 公司承担连带付款责任。即使突破了合同相对性，G 公司也不应负付款义务。一审法院已经查明，案涉工程发包人为 Z 公司，分包人为 H 公司，G 公司既非发包人、转包人或者分包人，也从未委托或者聘请梁某进行施工。

2. G 公司与郭某、案外人朱某云之间只是纯粹的借贷关系，《合作协议》明确约定借出的 60 万元必须三个半月后返还本息，G 公司从未去过施工现场，也没有参与案涉工程的管理和安排，一审法院认定借出的 60 万元为出资，属于事实认定错误。

3. H 公司属于违法分包，应当对所欠梁某的工程款承担连带责任。郭某与梁某均不具有施工资质，发包人 Z 公司也没有对他们的施工行为进行确认。依照《建设工程质量管理条例》第七十八条的规定，H 公司拆分工程违法分包给郭某个人，应当对其工程款承担连带付款责任。

4. 朱某携带工程款潜逃，应当对梁某工程款承担连带责任，但一审法院仅凭梁某确认朱某是财务人员就认定其无须承担责任是错误的。

5. 一审法院错误认定G公司承担逾期付款的违约责任，逾期付款的违约责任只能在郭某和梁某之间存在，且一审法院同时支持违约金和逾期利息请求，梁某已构成双重获利，显然是错误的。

6. 一审法院未通知其他应当到庭的当事人参加该案的庭审，程序存在严重违法。一审法院根据《合作协议》认定G公司与涉案工程存在关联，但该《合作协议》系G公司与其他当事人之间的借款协议，且还存在朱某云、X公司等其他当事人，一审法院应当依法通知其他当事人到庭以便查明事实。

（二）被上诉人（原审被告）郭某的意见

1. 该案存在明显的违法分包合同关系，依法属于无效合同，H公司违法分包给朱某云、郭某，再由朱某云分包给朱某，朱某转包给梁某，在合同无效的情况下，不适用合同法律关系，不存在合同相对性的问题，而应适用侵权法律关系。H公司是直接责任人，是主要过错方，却无须承担责任，于法无据。

2. 案涉工程从2017年9月开始到2018年1月4日朱某是受雇于朱某云、郭某。2018年1月5日郭某、朱某云、朱某、H公司口头协议将案涉工程全部转给朱某，郭某、朱某云退出，所以就有H公司将全部工程款支付给朱某的事实，案涉款项如何对账，是否已经结清，只有朱某本人才能核实清楚。朱某不是财务人员。

（三）被上诉人（原审原告）梁某的意见

原审法院认定事实清楚，适用法律正确，请求二审维持一审判决。

（四）被上诉人（原审被告）Z公司的意见

G公司的上诉请求不涉及Z公司，不应把Z公司列为被上诉人。

（五）被上诉人（原审被告）H公司的意见

1. 原审判决适用法律正确，H公司无须对该案承担连带责任。《最高人民法院关于审理建设工程施工合同纠纷案件适用法律问题的解释》第二十六条第二款规定的责任主体"发包人",不能随意扩大适用范围。

2. H公司不存在拖欠工程款的行为。H公司向朱某云和郭某指定的收款人朱某支付了工程款70万元并垫付了加油费586,958.5元。如G公司认为H公司存在拖欠工程款的行为,应举证证明。

五、裁判结果

二审法院作出如下判决:(1)维持一审法院判决第二项,即限郭某于本判决发生法律效力之日起7日内向梁某支付逾期付款违约金(以381,700元为本金,按照每日千分之三的标准,从2018年10月4日起计算至付清之日止,但违约金的金额以本金为限);(2)撤销一审法院判决第一项、第三项、第四项及诉讼费负担的决定;(3)限郭某于本判决发生法律效力之日起7日内向梁某支付381,700元;(4)驳回梁某的其他诉讼请求。

六、裁判理由

(一)梁某与郭某之间为建设工程施工合同关系还是承揽合同关系

H公司从Z公司承包了水利水电工程后,将其中的土方淤泥清运工作分包给福某。福某又将该工作转包给郭某及朱某云。梁某确认其以自己的机器设备及工人为郭某完成了土方淤泥清运工作。亦即梁某按照郭某的要求完成工作,向郭某交付工作成果,郭某给付报酬,因此梁某与郭某之间成立承揽合同关系。

(二)G公司是否应对郭某的应付款项承担连带责任

梁某主张其不清楚郭某如何取得案涉工程,也不清楚郭某、G公司、H公司、朱某云、朱某之间的关系,其是在郭某拖欠款项后追讨过程中,才得知郭某与G公司之间的合作协议。而郭某与G公司、朱某云、X公司之间的合作协议是该四方之间的内部关系。郭某在与梁某形成承揽合同关系的过程中,并未向梁某披露该内部关系。故梁某根据其在追讨过程中得知的合作协议内容,要求G公司对郭某的应付款项承担连带责任依据不足。

（三）该案是否遗漏了必要的共同诉讼当事人

郭某与 G 公司、朱某云、X 公司之间的合作协议为四方之间的内部关系，朱某云及 X 公司并非本案必要的共同诉讼当事人，故 G 公司提出该案遗漏了必要的共同诉讼当事人依据不足。

（四）郭某是否应向梁某支付款项

针对郭某尚欠梁某的款项，郭某先后向梁某出具了结算表及欠条进行了确认。郭某提交的证据，不足以证明其是因为受到胁迫而出具的，因此，法院认定郭某应向梁某支付 381,700 元并按欠条约定支付违约金。

（五）Z 公司、H 公司及朱某对梁某主张的款项承担责任

一审法院认为，根据《最高人民法院关于审理建设工程施工合同纠纷案件适用法律问题的解释》第二十六条第二款的规定"实际施工人以发包人为被告主张权利的，人民法院可以追加转包人或者违法分包人为该案当事人。发包人只在欠付工程价款范围内对实际施工人承担责任"，H 公司是案涉工程的分包人，并非工程的发包人，梁某诉请 H 公司承担付款责任，缺乏法律依据。对于发包人 Z 公司，H 公司已确认 Z 公司按期结算工程款，并未拖欠工程款，因此 Z 公司也无须承担付款责任。对于朱某，由于梁某确认朱某为郭某、朱某云、G 公司共同委托的财务人员，故朱某在相关单据上签名和收款是职务行为，梁某要求朱某承担付款责任，缺乏法律依据。二审法院认为原审法院认定正确，予以维持。

七、案例评析

本案中，案涉工程存在多重转包（分包）的情况，H 公司从 Z 公司承包了水利水电工程后，将其中的土方淤泥清运工作分包给了福某，福某转包给郭某及朱某云，郭某又安排梁某自带机器设备及工人负责淤泥清运工作。在该等情形下，梁某与郭某之间的纠纷是建设工程合同纠纷还是承揽合同纠纷？在承揽关系下，梁某要求发包人 Z 公司和承包人 H 公司对郭某

欠付的款项承担连带责任是否具有请求权基础？G 公司是否应对郭某欠付的款项承担连带责任？

梁某与郭某之间为施工合同关系还是承揽合同关系，根据《民法典》第七百七十条的规定，承揽合同是承揽人按照定作人的要求完成工作，交付工作成果，定作人支付报酬的合同，承揽包括加工、定做、修理、复制、测试、检验等工作。承揽合同虽然也包括营造、安装活动，但是承揽合同的标的物一般以可移动的动产为主，且一般规模或体量较小。该案中，梁某按照郭某的要求对土方淤泥进行清运，并向郭某交付符合要求的工作成果，交易的标的物为土方和淤泥，属于可移动的动产，且梁某向郭某交付的工作成果应是将土方和淤泥从工程施工地点清除到其他指定地点，该等工作成果并非移交工程本身，二者的关系认定为承揽合同关系更切合实际。在承揽合同关系下，梁某要求案涉工程发包人 Z 公司和承包人 H 公司对郭某欠付的款项承担连带责任，缺乏请求权基础。

对于 G 公司是否应承担连带责任问题，郭某在与梁某形成承揽合同关系的过程中，并未向梁某披露其与 G 公司之间的内部合作关系，且梁某亦无证据证明郭某向梁某承诺还款及逾期支付利息的行为是受 G 公司委托或指示，其要求 G 公司承担连带责任缺乏依据；而且，一审判决除支持郭某向梁某承担逾期付款违约金外，另行支持 G 公司向梁某支付逾期付款利息，存在重复之嫌。二审法院基于前列查明的事实，认定梁某要求 G 公司承担连带赔偿责任依据不足，进而做出 G 公司无须对郭某欠付梁某应付款项承担连带责任的判决，更符合案件的实际情况。[①]

【点评】

《最高人民法院关于审理建设工程施工合同纠纷案件适用法律问题的解释》第二十六条第二款的规定，本意在于更好地保护农民工的合法权益，但在实际操作中，该条规定被滥用的情况很多，该案就是一个代表，该案表面上看属于实际施工人基于《最高人民法院关于审理建设工程施工合同

---

① 东莞市中级人民法院民事判决书，（2020）粤 19 民终 4599 号。

纠纷案件适用法律问题的解释》第二十六条的规定，向包括发包人、承包人、转包人、违法分包人等在内的所有相关主体追索工程价款，而究其本质，该案属于基于建设工程多重转包背景下的普通承揽合同纠纷。但审判实践中，往往忽视对基本法律关系的厘清，较为机械地套用《最高人民法院关于审理建设工程施工合同纠纷案件适用法律问题的解释》的相关规定，而忽视了《最高人民法院关于审理建设工程施工合同纠纷案件适用法律问题的解释》的司法价值和目的。该案的二审判决，在厘清基础法律关系的基础上，更好地保护了各方的合法权益，彰显了以事实为基础的基本审判原则，对后续类似案件的处理具有积极的借鉴意义。

点评人：广东广信君达律师事务所律师　黎国贵

承包人适用简易计税方法，发包人是否有权扣减税费差额

广东固法律师事务所　谢君宜　陈立宏

一、当事人的基本情况及案由

原告：G公司
被告：Z公司
被告：S公司
被告：F中心
案由：建设工程施工合同纠纷

二、案情介绍

2017年10月27日，被告F中心发布招标文件，原告G公司于2017年11月22日提交《投标文件》，载明：投标报价为199,279,411.30元，其中税金为20,513,623.60元，不含税价为178,765,787.70元。

2017年12月1日，被告F中心在案涉工程《中标通知书》上加盖公章确认，《中标通知书》记载，中标报价为199,279,411.30元，下浮率为5.60%，单列安全生产、文明施工措施费7,721,699.61元，定额工日工资总额为59,793,281.37元。

2018年1月16日，原告G公司与被告F中心签订《广东省建设工程标准施工合同2009年版》，约定被告F中心将案涉工程发包给原告G公司，工程内容为工程招标图纸及工程量清单所含内容，其中，F型钢筋混凝土内衬PVC顶管、内肋增强聚乙烯（PE）螺旋波纹管等主材为甲供材料，不纳

入本次的招标范围,合同价款为 207,001,110.91 元,其中包含定额工日工资总额为 59,793,281.37 元,单列安全生产、文明施工措施费 7,721,699.61 元。项目单价详见承包人(即原告 G 公司)的投标报价书。另外,该合同第三部分专用条款第 82.1 条约定:"不按合同通用条款的规定;办理结算程序和时限为:按国家规定由承包人缴纳的各种税收已包含在本工程合同价款内,由承包人向税收部门支付。招标工程的总价、单价均以定标价为准,一次包定,结算时不作调整。"

2018 年 12 月 25 日,被告 Z 公司作为甲方,原告 G 公司作为乙方,被告 F 中心作为丙方,三方签订《三方协议》,约定自该协议生效之日起,原合同的发包人变更为本协议的甲方,变更后,甲方委托丙方代为履行其在原合同中的权利和义务。

被告 S 公司为被告 Z 公司的唯一股东,2018 年 5 月 9 日,被告 S 公司发出案涉工程《计量支付报表审查意见(第 3 期)》,称经对上报的案涉工程第三期计量支付报表进行审查,存在部分工程量累计超合同清单、部分工程量计算错误的问题,本期实际应支付金额为 18,231,108.19 元。

2018 年 7 月 24 日,被告 S 公司发出《关于工程增值税税率差额临时处理意见告知函》,称案涉工程由镇街进行招标,镇财审在审核施工招标控制价和签订施工合同价款时均采用一般计税方法计价,其中增值税税率为 11%(粤建市函〔2018〕898 号文调整为 10%),造价审核人员在审核工程进度款时,发现有部分施工单位送来的增值税专用发票的税率为 3%。经确认,主要原因是该部分工程的部分管材为甲供材料,适用简易计税方法计税,征收税率为 3%,两者之间存在 8% 的差额。经各相关单位多次商谈,因无具体的相关明文解释和可参考的实施案例,暂无法找出具体解决甲供工程增值税税率差额问题的办法。为保障工程的施工进度,防止工程款超付,对存在税率差额的甲供工程,已支付金额占合同总金额 73% 以上的项目,暂不再支付进度款,已支付金额占合同总金额 73% 以下的项目,审核时仍按 10% 的税率进行审核,在支付金额达到合同总金额的 73% 后,暂不再支付进度款,待相关主管部门作出具体处理意见后再行确认相关款项。

2019 年 4 月 19 日,案涉工程经竣工验收合格。2019 年 11 月 25 日,F

镇财政投资审核中心审定该工程造价为 226,309,712.84 元。该结算价包含合同价、设计变更、相关签证、未施工部分和原合同清单重复或有误调整部分，税金按合同原增值税 11% 暂定计取。

2019 年 7 月 8 日，原告 G 公司向税务局提出一般纳税人为甲供工程提供的建筑服务适用简易计税方法计税的备案申请，税务局受理。

原告 G 公司确认已收到工程款 203,699,129.80 元，主张各被告尚欠工程款 15,821,291.63 元未付，遂向法院提起诉讼，请求判令：（1）被告 Z 公司向原告支付工程款 15,821,291.63 元，并从应支付之日（2021 年 1 月 21 日）起按 6% 的年利率标准支付逾期未支付工程款违约金（暂计至 2020 年 10 月 26 日为 735,690.06 元）；（2）被告 S 公司、被告 F 中心对被告 Z 公司的上述债务承担连带责任；（3）本案诉讼费用由上述被告承担。

三、争议焦点

1. 承包人投标报价时采用一般计税方法，中标后能否单方变更为简易计税方法计税。

2. 承包人变更为简易计税方法计税，发包人是否有权扣减税费差额。

四、各方的意见

（一）原告 G 公司的意见

1. 本工程采用合同总价包干的总承包方式，如不符合合同约定的调整工程造价的情形，原被告均不得调整工程造价。无论是从合同约定或是从法律规定出发，被告均无权以原告适用简易计税方式为由要求调整合同价。

（1）《施工合同》专用条款第六十八条关于合同价款的调整事件包括"（1）分部分项工程款清单缺项漏项事件；（2）工程变更事件；（3）工程量偏差事件；（4）费用索赔事件；（5）现场签证事件"，原告选择简易计税方式计征增值税不属于合同约定调整工程造价的情形。被告以此为由要求调整工程造价，违反了合同约定，更违背了锁定合同总价、规避风险的合同订立原意。

（2）本工程属于建设工程、本案合同属于招投标合同，因而建设工类、招投标类法律法规的效力当然及于本案,被告的行为违反了相关法律法规的强制性规定,即《最高人民法院关于审理建设工程施工合同纠纷案件适用法律问题的解释(二)》第一条规定"招标人和中标人另行签订的建设工程合同约定的工程范围、建设工期、工程质量、工程价款等实质性内容,与中标合同不一致,一方当事人请求按照中标合同确定权利义务的,人民法院应予支持"。而且《建设工程价款结算暂行办法》(财建〔2004〕369号)第六条第二款也明确规定"合同价款在合同中约定后,任何一方不得擅自更改"。因此被告暂扣原告工程款,要求扣减的行为是擅自变更合同价款的行为,构成对合同实质性内容的变更,违反了建设工程法律法规的强制性规定,也违反了《招标投标法实施条例》第五十七条有关"招标人和投标人不得再行订立背离合同实质性内容的其他协议"的强制性规定。

2. 从合同实际履行的角度出发,被告Z公司已经构成对原告选择简易计税方式的默示同意,应当继续沿用。原告在中标后依法与被告F中心签订《施工合同》,因本工程属于加工工程,符合财税〔2016〕36号文的规定,征得税务部门的同意并依法进行简易征收备案,并在收取工程款过程中多次按简易计税方式计税并给被告F中心开具了3%增值税专用发票,被告F中心以此税率支付工程进度款,构成对原告选择简易计税方式的默示同意。因被告Z公司、被告F中心与原告于2018年12月25日签订了《三方协议》,被告Z公司已承接了被告F中心在原合同中的权利义务,被告Z公司应当继续沿用之前被告F中心的结算方式,不能以此为由扣减工程款。

3. 本工程采用简易计税,符合增值税法的规定。首先,根据财税〔2016〕36号《财政部 国家税务总局关于全面推开营业税改征增值税试点的通知》附件2《营业税改征增值税试点有关事项的规定》第一条第七款"建筑服务"第2项的规定,一般纳税人为甲供工程提供的建筑服务,可以选择使用简易计税方法计税。也就是说,原告既可以选择一般计税方法计征增值税,也可以选择简易计税方法计征增值税。甲供工程,是指全部或部分设备、材料、动力由工程发包方自行采购的建筑工程,本工程是甲供工程,原告选用简易计税方法计征增值税,符合财税〔2016〕36号文的规定。其次,税务部门对案涉工程审核后,同意原告采用简易计税方式缴纳税费，并完成税局备案工作，原告选择增值税计税方法是原告选择依法履行纳税义务的方式，与原告履行建设工程合同无关，仅受税务部门监督管理，而被告作为合同当事人，有且仅有权对合同的履行进行处理，以税率调整为由拒付工程款属于滥用合同相对方支配地位的行为，侵犯了原告的合法权益。最后，与选择一般计税方法计征增值税相比，原告选用简易计税方法计征增值税，并没有少缴纳增值税。被告认为原告调整计税方法少征税，存在税率差的收益，这种观点是错误的，属于对加价规则的错误认识。据《广东省住房和城乡建设厅关于营业税改征增值税后调整广东省建设工程计价依据的通知》（粤建市函〔2016〕1113号）文件第八条规定，选择简易计税方法计税的建设工程项目符合财税〔2016〕36号文规定的"建设工程老项目"，税金调改为增值税征收率，其他参照执行营改增前的计价规定。即"甲供工程"简易计税方法的工程计价为（含增值税的人工费＋含增值税的材料费＋含增值税的施工机具费＋含增值税的企业管理费＋函增值税的规费＋利润）×（1＋3%），而一般计税方法的工程计价规则为（不含增值税的人工费＋不含增值税的材料费＋不含增值税的施工机具费＋不含增值税的企业管理费＋不含增值税的规费＋利润）×（1＋11%或10%）（2018年4月30日增值税率由11%调整为10%）。因此两种情况下的税前工程造价是不同的，原告选择简易计税方法计征增值税时，不能再抵扣增值税进项税额了，项目施工过程中所承担的增值税税额当然应该计入施工成本，这也是简易计税方式的逻辑所在。被告的认识是错误的，据此拒付工程款更是毫无依据。

（二）被告Z公司的意见

原告关于结算工程款的主张与法律规定不符、与合同约定不符、与F镇财审报告工程款的构成不符。

1. 按照法律规定，建设工程各项工程计价活动自2016年起均应遵循增值税"价税分离"的原则，即工程造价＝税前工程造价×（1＋增值税税率）。其中，增值税税率发生变化的，则工程造价应随之调整；换言之，若原告按照增值税3%计税，则工程造价需要按增值税3%的税率进行调整。

2. 按照合同约定，原告 2017 年投标时的工程造价报价遵循增值税"价税分离"的原则，由税前工程造价和法定增值税税率 11% 的税金组成。原告在中标后自行变更增值税税率为 3%，与合同约定不符，违反了投标时的承诺。

3. F 镇财政评审的工程造价是由税前工程造价和增值税金额构成（按 11% 增值税税率计算）。原告按照增值税 3% 计税，却要求按 11% 增值税税率主张工程总价，与 F 镇财政评审的构成亦不相符。相反，根据 F 镇财政评审的税前工程造价 203,882,624.18 元，若根据增值税税率 3% 调整工程造价，则工程造价为 209,999,102.9054 元，结算至 97% 则为 203,699,129.82 元，与被告累计支付的金额一致，即被告已按进度足额支付原告工程款。被告认为，原告在只开具增值税税率为 3% 发票的情况下却要求被告按照增值税率 11% 结算工程款不符合法律规定和合同约定。如法院判决被告在接受原告增值税税率为 3% 发票的情况下按照增值税率 11% 结算工程款，将导致被告产生 8% 税点的损失，从而造成国有资产的流失。

（三）被告 S 公司的意见

同意被告 Z 公司的意见，根据原告申请简易计税备案的时间，原告在 2021 年应该可以重新调整为一般计税。

（四）被告 F 中心的意见

同意按合同约定的金额支付工程款，现已支付至工程款的 97%。

五、裁判结果

东莞市第三人民法院作出如下判决：（1）被告 Z 公司应于本判决发生法律效力之日起 5 日内向原告 G 公司支付工程款 15,821,291.63 元及利息（以 15,821,291.63 元为本金，从 2020 年 1 月 25 日起，按全国银行间同业拆借中心公布的同期贷款市场报价利率支付至实际清偿之日止）；（2）驳回原告 G 公司的其他诉讼请求。本案受理费由被告 Z 公司负担。

六、裁判理由

(一) 被告 Z 公司主张扣减工程款是否成立

法院认为，被告 Z 公司的主张理据不充分，其主张不能成立，理由如下。

1. 根据《广东省建设工程标准施工合同 2009 年版》关于 F 型钢筋混凝土内衬 PVC 顶管、内肋增强聚乙烯（PE）螺旋波纹管等主材为甲供材料的约定，案涉工程为甲供工程。被告 G 公司作为承包人，对甲供工程采用简易计税方法计税，并不违反税法的相关规定，且税务部门已受理原告 G 公司提出的一般纳税人为甲供工程提供的建筑服务适用简易计税方法计税的备案申请。此外，根据证人证言，原告采用简易计税方法计税，并不必然导致少缴税，也不必然导致案涉工程含税造价的减少。

2. 《广东省建设工程标准施工合同 2009 年版》约定可以调整合同价款的事件包括分部分项工程量清单缺项漏项事件、工程变更事件、工程量偏差事件、费用索赔事件、现场签证事件，不包括后续法律法规变化事件、项目特征描述不符事实、物价涨落事件、其他调整因素。被告 Z 公司未提供充分证据证明其主张扣减工程款的事项属于合同约定的可以调整合同价款的事件。被告 Z 公司应承担举证不能的不利后果。

3. F 镇财政投资审核中心审定案涉工程造价为 226,309,712.84 元。该结算价包含合同价、设计变更、相关签证、未施工部分和原合同清单重复或有误调整部分，税金按合同原增值税 11% 暂定计取。该审定结果符合案涉施工合同的约定。

(二) 被告 S 公司和 F 中心是否应承担责任

1. 根据《广东省建设工程标准施工合同 2009 年版》和《三方协议》的约定，原工程施工合同的合同相对方为原告 G 公司与被告 F 中心，后 F 中心将其在原工程施工合同中的权利义务转让给被告 Z 公司，原告 G 公司对此没有异议。被告 S 公司、F 中心并非案涉工程施工合同的合同相对方，原告 G 公司要求该两被告支付案涉工程款，缺乏合同依据。

2. 被告 S 公司为被告 Z 公司的唯一股东，原告 G 公司依据被告 S 公司发出的《工程计量支付报表审查意见（第 3 期）》和《关于工程增值税税率差额临时处理意见告知函》，主张被告 S 公司为案涉工程的实际发包人，依据不充分。

3. 案涉工程为财政投资工程，仅表明案涉工程款的资金来源，不能据此推定资金提供方为案涉工程的发包方，原告 G 公司据此认定被告 S 公司、F 中心为实际发包人，理由不成立。因此，原告 G 公司要求被告 S 公司、F 中心对案涉工程款承担连带责任，理由不成立，不予支持。

七、案例评析

2016 年 4 月 25 日广东省住房和城乡建设厅颁布了《关于营业税改征增值税后调整广东省建设工程计价依据的通知》（粤建市函〔2016〕1113 号），该通知第二条规定营改增后，建设工程各项工程计价活动，均应遵循增值税"价税分离"的原则，工程造价按以下公式计算：工程造价＝税前工程造价×（1＋增值税税率），式中税前工程造价，为不包含进项税额的人工费、材料费、施工机具使用费、企业管理费、利润和规费之和；建筑业增值税税率为 11%。该规定即为通常所说的"价税分离"。

本案原告按照上述"价税分离"原则进行投标报价并中标，虽合同约定"按国家规定由承包人缴纳的各种税收已包含在本工程合同价款内，由承包人向税收部门支付。招标工程的总价、单价均以定标价为准，一次包定，结算时不作调整……"，但该约定的含税固定总价应结合投标报价文件中的计税方法确定，即含税固定总价并不排斥适用"价税分离"原则。

本案争议事项与常规因税务政策变动引发的税金差额争议不同，究其本质，本案原告是单方变更了案涉工程所适用的工程计价规则，虽获得税务部门的批准，但已违背其投标承诺，并直接影响了发包人可抵扣的进项税额，如本案被告 F 中心在原告首次提交简易计税发票时提出异议并要求原告按投标报价文件提供 11% 的增值税发票，则应视为原告单方变更计税方法。但被告 F 中心并未提出异议，反而是按原告开出的简易计税发票支付了工程进度款，被告 F 中心以实际行为默认同意了原告变更计税方法。

结合被告 Z 公司在承继 F 中心的权利义务时，亦未能明确要求原告恢复一般计税方法；换言之，被告 Z 公司应视为已全部承继原合同的权利义务，包括默认同意了原告变更计税方法。再结合双方合同约定含税固定总价的同时，并未明确约定对全部价款适用 11% 的增值税计算税款，因此，二审法院裁定维持一审判决，这是原告胜诉的关键所在。①

【点评】

本案是因承包人计税方法变更引发的税费差额争议，一般计税方法下工程造价应遵循"价税分离"原则，而简易计税方法下工程造价中的人工费、材料费、施工机具费、企业管理费和规费均含税；另外，采用不同的计税模式，发包人可抵扣的进项税有明显的不同，较简易计税方法，发包人在一般计税方法下可抵扣的进项税额更高。实务中，部分发包人对不同计税方法所适用的工程计价规则认识不清，想当然地认为所有的工程造价都应实行"价税分离"原则，或者在招标时要求投标人按"价税分离"原则进行报价，但签订的合同中又忽视了对合同价款中有关税费的约定或者相关约定前后矛盾，进而引发争议。本案即为一个典型，法院以本案双方签订的合同未明确约定所适用的税率，且实际履行中又变更了投标文件的计税方法为由，判决不予支持被告扣减税费差额，足以警醒发包人在后续招标文件以及签订的合同中正确地理解及适用工程计价规则。

点评人：北京天达共和（广州）律师事务所律师　王育民

---

① 东莞市第三人民法院民事判决书，(2021) 粤 1973 民初 2375 号。

当事人约定工程价款实行固定价结算，工程价款能否调整

广东协言律师事务所　谢兰才

一、当事人的基本情况及案由

原告（反诉被告）：A 公司

被告（反诉原告）：B 公司

委托诉讼代理人：刘某，公司员工

案由：承揽合同纠纷

二、案情介绍

2015 年 7 月 8 日，A 公司（乙方）与 B 公司（甲方）签订了《工程施工合同》。双方就工程范围、工期、工程质量与施工要求、合同价款与支付方式、双方的职责、违约责任等进行了明确约定。

合同签订后，A 公司依约施工。工程开工和竣工后，A 公司分别向涉案项目工程监理单位 C 公司递交了《工程开工/复工报审表》和竣工报告，均经监理单位 C 公司总监理工程师何某签字确认。

在合同履行过程中，A 公司称双方经口头协商达成一致，中轴大门钢结构部分，变更为在家居百货大楼边增加不锈钢球雕塑造型。

2018 年 6 月 20 日，经 B 公司委托，由 X 公司出具了星宇国际广场外立面装修工程预算书一份，认定山西孝义鉴定国际广场外立面装修工程总造价 4,452,016.06 元，其中 M 栋外立面装修工程造价 2,598,578.45 元，N 栋外立面装修工程造价 1,853,437.61 元。

B公司陆续给付A公司工程款共计6,045,455元，因剩余工程款尚未给付，原审原告A公司向法院起诉，提出诉讼请求如下：（1）判令被告向原告支付拖欠的合同款项为人民币3,954,545元及逾期付款违约金（违约金按日3‰计算至实际清偿上述款项之日止）；（2）被告承担本案的诉讼费用。另，原告当庭主张逾期付款违约金分别以200万元、150万元、50万元为基数自2015年9月1日、2015年10月1日、2017年10月15日起计算至实际清偿之日。

反诉原告B公司提出反诉请求如下：（1）判令解除反诉原、被告签订的《工程施工合同》；（2）判令反诉被告支付反诉原告违约金35万元；（3）判令反诉被告对家居百货外立面包装项目履行返工义务，该项义务以200万元计算（含质保金）。

三、争议焦点

本案的争议焦点在于双方当事人约定工程价款实行固定价结算的，一方主张按照工程预算书中认定的工程造价支付的，案涉工程的工程款应当如何确定，以及该涉案工程是否存在质量问题，A公司是否存在违约情形。

四、各方的意见

一审法院审理过程中，A公司认为，其与B公司于2015年7月8日签订《工程施工合同》。合同就B公司委托其承担星宇国际广场外立面装修工程项目的内容、合同价款与支付方式、双方的权利义务及违约责任等均进行了约定。其中，双方约定本工程实行总价包干，合同固定总价为1000万元整，B公司应在2015年7月10日支付工程进度款300万元，于2015年8月30日支付工程进度款300万元，工程完工并经验收合格后支付工程进度款150万元，保修金50万元，保修期2年，在保修终结后14日内一次性结清。若B公司迟延付款，每逾期一日，应向A公司支付逾期付款金额的3‰/日的违约金，逾期超过14日的，A公司有权单方面解除合同，B公司还需向A公司支付合同总价5%的违约金。合同签订后，A公司已按双方约定全面履行自己的义务，但B公司仅向A公司支付合同款项人民币

6,045,455 元，余款虽经 A 公司多次催讨，但 B 公司均以各种借口予以拖延。A 公司认为，双方签订的合同是双方的真实意思表示，内容不违反法律、法规的强制性规定，合法有效，双方均应全面履行合同约定。A 公司已依约全面履行了合同义务，B 公司应按照合同的约定支付相应的款项。B 公司长期拖欠 A 公司合同款的行为违反了合同约定，严重侵犯了 A 公司的合法权益，依法应承担相应的法律责任。

B 公司认为，A 公司诉称的星宇国际广场外立面装修工程的设计单位和施工单位均为原审原告，设计合同约定的合理使用年限为 12 年，而施工合同约定的保修期为 2 年，二者发生冲突；另合同中约定的中轴钢结构框架因原告不具备相应设计资质导致合同中的重要组成部分中轴框架至今未施工，影响了整体效果，而且其他工程项目至今未办理验收交付手续，加之外立面经过一个冬天后出现了大面积褪色起皮脱落，A 公司也未进行保修，B 公司依法提起反诉，要求 A 公司履行返修义务。

A 公司针对反诉辩称：（1）不同意反诉原告的反诉请求，请求依法予以驳回。（2）反诉被告已经实际履行完毕《工程施工合同》，不存在任何违约行为，反诉原告要求解除合同并要求反诉被告支付违约金没有依据，且该项诉讼请求已过 2 年诉讼时效，不应支持。（3）涉案工程于 2015 年 9 月 30 日竣工并验收合格，至今已过 2 年保修期限，反诉原告要求反诉被告履行返工义务没有依据。根据双方签订的《工程施工合同》第十条和第八条"3.3"的约定，本工程保修期为 2 年，自工程竣工验收合格之日起计。竣工验收合格，通过竣工验收的日期为实际竣工日期。涉案工程实际竣工日期为 2015 年 9 月 30 日，因此，涉案工程已于 2015 年 9 月 30 日竣工并验收合格，至 2017 年 9 月 30 日保修期已期满。反诉原告要求反诉被告对涉案工程履行返工义务没有依据。涉案工程自 2015 年 9 月 30 日竣工以来，反诉原告从未向反诉被告提出过装修质量异议，反诉原告也没有提出任何证据证明涉案工程存在开裂、褪色、表皮脱落等现象，且反诉原、被告互负履行义务，反诉原告未先行履行按时支付工程款项的义务，反诉被告有权拒绝反诉原告履行返工义务的要求。（4）双方签订的《工程施工合同》第五条"1.1"约定，本工程实行总价包干，合同固定总价为 1000 万元。固定价款合同，是指承发包双方在订立合同时已对工程价款结算作出确认，不论盈亏，不论实际工程量，均无须另行结算，只要合同履行完毕，发包人就应该无条件支付合同约定价款。而反诉原告仅向反诉被告支付部分工程款，应当立即向反诉被告清偿余款 3,954,545 元，并按合同第五条第 2 点和第十一条第 1 点的约定支付逾期付款违约金。综上所述，反诉原告的各项反诉请求没有事实和法律依据，请求依法予以驳回，并判令支持反诉被告的全部诉讼请求。

在二审法院审理过程中，上诉人 B 公司向法院提交了书面申请撤回上诉的申请，未提交其他书面意见。

五、裁判结果

一审法院判决：（1）被告（反诉原告）B 公司给付原告（反诉被告）A 公司工程款 200 万元，于判决书生效后 15 日内付清；（2）被告（反诉原告）B 公司支付原告（反诉被告）A 公司上述款项自 2017 年 1 月 25 日起至付清之日止，以中国人民银行同期同类贷款利率计算之逾期付款违约金；（3）驳回原告 A 公司的其他诉讼请求；（4）驳回被告（反诉原告）B 公司的反诉请求。

本案二审审理过程中，上诉人 B 公司向二审法院书面申请撤回上诉。

二审法院认为，B 公司的撤诉申请系对其诉讼权利的放弃，不违反法律规定，依法应予准许。依照相关规定，裁定如下：准许上诉人 B 公司撤回上诉。一审判决自本裁定书送达之日起发生法律效力。

六、裁判理由

法院认为，B 公司与 A 公司签订的《工程施工合同》形式合法、内容明确，且系双方的真实意思表示，属有效合同，法院对此依法予以确认。B 公司变更了公司名称，即应对名称变更前的法律行为承担法律责任。换言之，上述法律文件均对被告 B 公司具有法律约束力。A 公司主张上述工程实行总价包干，被告 B 公司应按照合同价款 1000 万元核减已经支付的 6,045,455 元，支付原告剩余工程款 3,954,545 元；被告 B 公司主张按照 X

公司出具的星宇国际广场外立面装修工程预算书中认定的工程造价4,452,016.06 元核算最终工程款项。法院综合考虑双方所签合同对工程项目、工程价款的约定、实际施工的情况、预算书认定的工程造价等，结合原告在实际施工中并未就合同工程组成部分中轴钢结构部分进行施工，且原告在本案审理过程之前双方口头达成一致，变更合同将之前的中轴钢结构变更为钢球雕塑造型，被告予以否认，原告对其主张未能提供证据证实，故法院酌情认定被告给予原告剩余工程款 200 万元。被告辩称涉诉工程的合理使用年限为 12 年，工程尚未验收、交付使用即已存在质量问题，要求原告返工、维修。剩余款项待工程验收合格后再行支付，并反诉原告应履行返工义务，以 200 万元计算，并支付违约金。针对其本诉辩解与反诉主张，被告提供《建设工程设计合同》一份。对此，《建设工程设计合同》仅能证实双方在施工前就涉案工程签订了相应的设计合同，合同内容不能证明工程存在质量问题，亦未能证明原告存在违约情形，原告依后续签订的《工程施工合同》履行了约定义务，工程于 2015 年 9 月 30 日竣工，并形成了竣工报告，由监理单位总监理工程师签字予以确认，故法院对被告的辩解意见不予采信，同理，对其反诉主张亦不予支持。

七、案例评析

在一审法院的审理过程中，首先，双方争议的问题之一是案涉工程的工程款应当如何确定。A 公司与 B 公司签订的《工程施工合同》明确约定了工程范围、工期、工程质量与施工要求、合同价款与支付方式、双方的职责、违约责任等内容。在合同价款约定中，明确本工程实行总价包干，合同固定总价为 1000 万元。因此本合同属于固定总价合同。虽然双方当事人在合同中约定工程价款实行固定价结算方式，但 B 公司认为合同中的中轴的施工属于钢结构施工，A 公司不具备资质也没有进行施工，中轴的部分属于无效条款，应当从工程总价中予以核减。A 公司则认为中轴部分是经双方协商后没有做，取消了钢结构的设计施工，改为其他雕塑的设计，其具备施工资质，因此主张以合同约定价款再核减已经支付的计算剩余工程款。虽然双方在合同中约定固定总价，但这并不意味着工程价款一律不得调整。

在双方约定的工程范围内,双方就 A 公司在实际施工中并未就合同工程组成部分中轴钢结构部分进行施工的情况均予以确认,且 A 公司未提供证据证明双方就此协商一致且变更了合同,故 A 公司实际施工的工程量是比约定的工程范围有所增减的。一审法院在确认固定价的基础上,参照合同约定对增减部分进行结算,再根据结算结果相应增减总价款,酌情认定 B 公司给付原告 A 公司剩余工程款 200 万元。法院既没有完全按照工程预算书中认定的工程造价,也没有撇开合同约定,而是结合具体案情中固定价合同的特点以及民法中的公平原则进行的综合考量。

其次,双方争议的问题之二是涉案工程是否存在质量问题,A 公司是否存在违约情形。一审法院经审查认为,A 公司已完成竣工报告,且验收合格,B 公司对其主张没有提供其他充分的证据证实,当事人对自己提出的诉讼请求所依据的事实或者反驳对方诉讼请求所依据的事实,应当提供证据加以证明。未能提供证据或者证据不足以证明当事人的事实主张的,由负有举证责任的当事人承担不利后果。一审法院对 B 公司的辩解意见不予采信,对其反诉主张不予支持。

固定总价合同是建筑工程项目中一种常用的合同形式,但也具有明显的优缺点,如果合同签订阶段双方对合同细节约定不够明确,容易引发争议,造成后续合同纠纷问题。代理律师在把握"固定总价"合同纠纷时,要准确认识和理解当事人合同约定的"固定价"的定义,把握细节问题,明确合同中对承包范围的约定,实际工程量调整是由发包人还是承包人导致抑或客观原因导致等,不能机械地理解固定总价合同[①]。

【点评】

在 GF—2015—0210 建设工程设计合同示范文本(专业建设工程)中明确解释,总价合同是指合同当事人约定以发包人提供的上一阶段工程设计文件及有关条件进行合同价格计算、调整和确认的建设工程设计合同,在约定的范围内合同总价不作调整。

[①] 山西省孝义市人民法院民事判决书,(2018)晋 1181 民初 18 号。

针对固定总价合同中如何结算工程款问题，《最高人民法院关于审理建设工程施工合同纠纷案件适用法律问题的解释（一）》第二十八条规定："当事人约定按照固定价结算工程价款，一方当事人请求对建设工程造价进行鉴定的，不予支持。"该规定为实践中建设工程款的结算确定了一定的计价标准，在法院审理相关纠纷时起到了一定的指引作用，但并非合同约定了固定总价，就意味着工程价款一律不得调整。在实践中，应当正确理解固定总价的概念，不能机械地适用该司法解释，当事人约定工程款实行固定总价，而实际施工的工程量比约定的工程范围有所增减的，可在确认固定总价的基础上，参照合同约定对增减部分进行结算，再根据结算结果相应增减总价款。因此律师在仔细分析个案时，需要借鉴实践中法院审理的意见，把握总价合同中的例外情形，减少当事人的损失，维护当事人的合法权益。

点评人：广东圣和胜律师事务所律师　王育民

发包人未违反合同约定，但结算期限远超合理期限情况下，工程款利息何时起算

广东环球经纬律师事务所　左韵琦　陈启环

一、当事人的基本情况及案由

申请人：某工程局有限公司（以下简称某工程局）

被申请人：广东某船厂有限公司（以下简称广东某船厂）

案由：建设工程施工合同纠纷

二、案情介绍

（一）合同的签订情况

2011年5月26日，某工程局与广东某船厂签订《施工承包合同》（第二标段），合同约定本合同中"竣工验收"是指工程"交工验收"。

合同"补充资料"约定，工程进度款支付的方式和办法：按照月度工程计量的90%（不少于80%）支付，当工程款支付达到合同总价85%（不少于80%）时，停止支付；待工程全部竣工验收合格且工程结算经发包人所委托的造价咨询公司审核并由双方确认后，在承包人向发包人提供竣工结算报告和完整的竣工结算资料后90日内支付至全部工程结算值的95%，5%质量保证金待工程缺陷责任期满60日内付清，质量保证金不计利息。

（二）合同的履行情况

2011年6月1日，案涉工程开工。2013年11月12日至2014年12月22日，双方就9个单项工程签署《建筑工程竣工验收报告》。2015年1月

14 日广东某船厂签署《交工验收证书》，该证书显示：合同开工日期为 2011 年 6 月 1 日，实际交工日期为 2014 年 8 月 18 日。

2015 年 1 月 21 日及 2016 年 1 月 10 日，双方另行签署 2 个单项工程《建筑工程竣工验收报告》。

2015 年 2 月 10 日，某工程局向广东某船厂移交工程结算资料。2017 年 3 月广州某区建设和交通局作出《建设工程质量监督报告》，该报告载明 2016 年 12 月 30 日，建设、组织、勘察、设计、施工监理等单位对该工程进行了竣工验收，符合工程竣工验收有关规定。

后广州某工程咨询有限公司在 2016 年 10 月接受广东某船厂的委托，对案涉工程进行结算审核，并于 2017 年 3 月作出《结算审核的报告》，核定金额逾 3.9 亿元。

2017 年 4 月 23 日，某工程局与广东某船厂签署《竣工结算书》，结算金额为某咨询公司的核定金额，该结算书有某工程局、广东某船厂和某咨询公司的盖章。

后某工程局分别于 2017 年 6 月、8 月向广东某船厂发出《工程款催款函》，该两份函件已经由广东某船厂签收。

庭审中双方均确认广东某船厂已向某工程局支付工程款逾 3.3 亿元。

三、争议焦点

本案的焦点在于，广东某船厂在不存在违反合同约定结算条款的情况下，工程结算尾款的利息从何时起算。

四、各方的意见

某工程局认为：（1）合同约定交工验收即为竣工验收，项目早已竣工验收并交付使用。（2）利息属于工程价款的法定孳息，利息的支付不以违约为前提。最高人民法院类案值得本案借鉴，即"是否违约是追究违约责任的前提，并非支付利息的前提。工程完工并验收交付，作为建设方即具有了支付工程款的义务，如没有支付等于事实上占有了施工方的金钱，即形成了对施工方的欠债，该债权的金钱数额无论何时确定，在支付之前客观上必定为占有方受益。利息作为债权的法定孳息应当成为债务方的支付义务"。(3) 结算尾款的支付时间约定不明，即使认为约定明确，鉴于广东某船厂拖延 26 个月结算，也应当视为广东某船厂不当阻却付款期限所附条件成就。按《最高人民法院关于审理建设工程施工合同纠纷案件适用法律问题的解释》第十七条、第十八条的规定，交付之日即应当支付工程款，逾期支付应当支付利息。

广东某船厂认为：(1) 某工程局与广东某船厂通过《补充资料》约定支付至全部工程结算值的 95% 以及 5% 质保金的前提是案涉工程已通过合法结算，因目前结算存疑而相关材料正在纪委监察委查办中，因付款条件不成就故不存在逾期付款问题。(2) 某工程局承包的工程范围包括码头、船台及后方附属工程，某工程局提交的《施工承包合同》《开工令》等载明工程款付款进度依合同总价计算，工程款的结算范围也包括全部合同工程，某工程局以某项工程的交工日期作为支付合同约定全部工程结算款的期限没有依据。(3) 某工程局以部分工程交工日期作为支付合同约定全部工程结算款的期限没有法律依据。《合同法》第二百七十九条、《建筑法》第六十一条、《建设工程质量管理条例》第十六条均规定建设工程经验收合格的，方可以交付使用。某工程局以部分工程的交工验收日期作为广东某船厂支付合同约定全部工程结算款的日期不仅不符合约定，也违反了前述法律规定，排除了施工人的主要义务，是无效的。(4) 广东某船厂不存在拖延结算的事实，双方一直在就结算事宜进行协商。综上，某工程局请求支付工程结算款和逾期利息的条件均不成就，没有法律依据。本案应中止审理，等待纪委监察委的查办结果以及另案件查明事实之后再进行审理。

五、裁决结果及理由

广州仲裁委员会采纳了某工程局代理律师关于广东某船厂拖延结算，在结算过程中存在过错的意见。仲裁庭认为，第一，参照《最高人民法院关于审理建设工程施工合同纠纷案件适用法律问题的解释》第十八条的规定，以交工日期作为应付工程款时间的前提有：一是当事人对付款时间没有约定或者约定不明；二是建设工程已实际交付。本案中，《施工承包合同》第二部分"补充资料"明确约定了工程款的支付条件，即工程全部竣工验收合格且工程结算经发包人委托的造价咨询公司审核并由双方确认后，在承包人向发包人提供竣工结算报告和完整的竣工结算资料后90日内支付全部工程结算值的95%，5%的质量保证金待工程缺陷责任期满60日内付清。可见合同对付款时间已经作出明确约定。第二，某工程局提交的《交工验收证书》载明的工程内容为1号舾装码头、1号2号船台、围堰及护岸、陆域形成、软基处理。该工程内容与实际施工的内容不一致，且某工程局在庭审中确认案涉工程的部分工程于2014年8月18日后交付。某工程局提交的案涉工程土建部分（舾装服务车间及集配库）《建筑工程竣工验收报告》、案涉工程土建部分（辅助楼）《建筑工程竣工验收报告》、案涉工程土建部分（地磅房及焊材库）《建筑工程竣工验收报告》显示该三项工程均晚于2014年8月18日的竣工验收。由此可知，2014年8月18日，某工程局没有将案涉工程整体交付广东某船厂。即便某工程局已经交付工程，某工程局也负有向广东某船厂提交结算资料的义务，某工程局以部分工程的交付时间作为支付工程款的时间没有依据。因此，本案不属于《最高人民法院关于审理建设工程施工合同纠纷案件适用法律问题的解释》第十八条规定的以交工日期作为应付工程款时间的情形。第三，广州市某区建设和交通局于2017年3月作出的《建设工程质量监督报告》仅针对案涉造船基地工程Ⅱ标段（土建部分），并非对案涉工程的整体验收。综上，仲裁庭对双方主张的利息起算时间均不予采纳。

根据《施工承包合同》第二部分"补充资料"的约定，付款的前提为工程全部竣工验收合格且工程结算经发包人委托的造价咨询公司审核并由双方确认，且承包人向发包人提供竣工结算报告和完整的竣工结算资料。付款的期限是提供上述结算资料之日起90日。根据本案查明的事实，某工程局于2015年2月10日向广东某船厂移交工程结算资料，双方签署《工程结算书移交签收单》。2016年10月，广东某船厂委托某公司进行审核，经过近6个月的审核，某公司于2017年3月完成审核，双方直至2017年4月23日才签署《竣工结算书》。仲裁庭认为，某工程局提交结算资料的时间与广东某船厂委托某公司审核的时间相差近20个月，广东某船厂本应在签收某工程局提交的结算资料后及时组织审核并进行结算，广东某船厂在结算过程中存在一定过错。同时，考虑到某公司审核所耗时间不可归责于广东某船厂，故，仲裁庭认定广东某船厂支付工程款的期限为自2015年2月10日起算90日（即2015年5月11日）。鉴于某公司的审核时间（自2016年10月至2017年3月，共计6个月不可归责于广东某船厂，广东某船厂支付工程款的期限应当顺延6个月。经核算，广东某船厂应付工程款的时间为2015年11月11日。故，利息应自2015年11月12日起计算。同时，参照《最高人民法院关于审理建设工程施工合同纠纷案件适用法律问题的解释》第十七条的规定，当事人对欠付工程价款利息计付标准有约定的，按照约定处理；没有约定的，按照中国人民银行发布的同期同类贷款利率计息。案涉合同没有约定利息的计算标准，应按照该司法解释的规定处理。同时，自2019年8月20日起，中国人民银行已经授权全国银行间同业拆借中心于每月20日（遇节假日顺延）9时30分公布贷款市场报价利率（LPR），并取消中国人民银行贷款基准利率的标准。因此，广东某船厂向某工程局支付的利息以欠付工程款39,211,471.811元为基数，自2015年11月12日起至2019年8月19日按照中国人民银行同期同档次贷款基准利率计算，自2019年8月20日起至实际清偿之日止按同期全国银行间同业拆借中心公布的贷款市场报价利率计算。

六、案例评析

本案的疑难之处在于，案涉合同约定由发包人委托的审计机构审核且承包人向发包人提供竣工结算报告和完整的竣工结算资料后90日内支付结算尾款至95%，而关于何时委托审计机构，审计期限为多长并没有约定。在项目早已竣工验收，发包人没有违反合同约定，但发包人实际的审核期限长达2年之久的情况下，承包人主张工程结算尾款的利息从何时起算？

《最高人民法院关于审理建设工程施工合同纠纷案件适用法律问题的解释》第十八条规定："利息从应付工程价款之日计付。当事人对付款时间没有约定或者约定不明的，下列时间视为应付款时间：（一）建设工程已实际交付的，为交付之日；（二）建设工程没有交付的，为提交竣工结算文件之日；（三）建设工程未交付，工程价款也未结算的，为当事人起诉之日。"

若主张从《竣工结算书》出具之日起第91天主张工程款利息，无疑能够得到裁判机关的支持，但是某工程局代理律师从承包人利益最大化的角度，提出案涉合同未限定审计的最长期限，导致发包人可以无限期地拖延结算，属于付款时间约定不明，应当从交工之日（合同约定交工视为竣工）开始计付利息。此外，鉴于案涉合同关于付款时间有作出相关约定，为避免裁判机关认定为约定明确，因此同时指出在某工程局2015年2月即已经提交完整结算资料的情况下，广东某船厂直到2017年4月才办理结算，存在恶意拖延结算，不当阻却付款条件成就的情形。

最终广州仲裁委员会没有支持以交工日期作为利息起算点的观点，而是采纳了广东某船厂超期结算，在结算中存在过错的观点，裁决以某工程局提交结算文件的日期为基础，顺延审计机构的审计时间等因素而计算出利息起算的时间点。某工程局律师认为，广州仲裁委员会如此裁决的原因有二：其一，认为关于付款时间的约定明确；其二，庭审查明交工日期后还有部分土建工程陆续签署竣工验收文件，因此在交工日期这一节点某工程局并未完成全部工程。

本案仲裁委裁决工程结算尾款利息的起算日为2015年11月12日，远早于仅按照案涉合同字面意义的结算文件后的90日（项目于2017年4月23日达成结算）。①

【点评】

目前建筑行业的发包人往往处于强势地位，承包人处于弱势地位，以致承包人被迫签订针对发包人结算不设固定期限的不平等条款。与本案类似，大量建设工程施工合同中关于结算仅约定了承包人提交竣工结算资料的期限，但未明确约定发包人最终审核结算价款（含委托第三方审核）的期限。若约定最终结算价以审计机构审计的结果为准，那么，何时委托，如何约定委托审核时间，均由发包人控制。在发包人表面上未违反合同约

---

① 广州仲裁委员会裁决书，(2018) 穗仲案字第32479号。

定，但拖延结算的情况下如何维护承包人的合法权益？

《最高人民法院关于审理建设工程施工合同纠纷案件适用法律问题的解释（一）》第二十七条（原《最高人民法院关于审理建设工程施工合同纠纷案件适用法律问题的解释》第十八条）立法的原意就是为了保护处于弱势地位的承包人的合法权益，避免发包人恶意拖延结算。但需要注意的是，该条款使用的前提是"当事人对付款时间没有约定或者约定不明的"，在办案过程中可以通过提供类案、加强说理等方式论证合同条款属于司法解释规定的"约定不明"。本案仲裁委最终没有支持以交工日作为利息起算的主要原因可能在于交工之日施工实际未全部完成。此外，为了避免裁判机构与代理人对付款时间约定不明有不同的理解，同时可以主张发包人存在不当阻却付款条件成就视为条件已经成就。

本案裁判机关没有机械地理解合同的字面含义，而是从公平合理的角度出发，作出裁判，保护了承包人的合法权益，也对发包人利用优势地位设定期限不明的结算条款拖延结算的行为予以否定的评价，对于规范建筑行业结算动辄数年的乱象，起到了一定的警示作用。

点评人：北京市竞天公诚（广州）律师事务所律师　胡　键

实际施工人的认定

北京市隆安（广州）律师事务所　韦国祥

一、当事人的基本情况及案由

原告：陈某

被告一：A公司

被告二：某局

案由：建设工程施工合同纠纷

二、案情介绍

2009年11月22日，原告陈某以A公司肇庆分公司负责人的名义（乙方）与被告一A公司（甲方）签订了一份《A公司分公司目标管理及安全生产责任承包协议书》，约定："乙方利用甲方资质发展工程业务，在甲方资质范围内参加社会各种招投标及工程承接任务活动，自负盈亏，自主经营，承包期限2010年1月1日至2015年1月1日；第1年上缴总公司项目管理费20万元，以后每年递增3万元，依此类推等。"

2015年1月2日，原告陈某（乙方）与被告一A公司（甲方）又签订了一份《A公司内部承包经营协议书》，约定甲方同意将A公司肇庆分公司发包给乙方承包经营，承包期限自2015年1月1日至2020年1月1日。

2011年10月9日，被告二某局（发包人）与被告一A公司（承包人）签订了一份《广东省建设工程标准施工合同》，约定：（1）工程名称：2011年度端州城区保障性住房小区A幢至F幢、H5-H8幢及配套工程；（2）工程地点：肇庆市12区肇庆大道南、龙塘路西；（3）工程内容：土建、装修、水电、消防、小区道路、配套设施等，以施工图纸为准；（4）工程承包范围：施工总承包，根据招标单位提供的图纸资料，按招标文件要求进行工程量清单范围内的综合单价包干，包工包料、包质量、包安全、包文明施工，包验收；（5）合同价款：114,761,981.67元；（6）工程款的支付：工程进度款总额付至工程总价的90%时，不再拨付，待工程竣工验收合格且经肇庆市财政局投资评审中心的结算评审报告出具后10日内，付至结算评审报告的结算价的97%，保留结算价的3%作保修金，该保修金依据相关法规在竣工验收合格一年后30日内无息退还。

合同签订后，双方均依约履行。工程完工后，案涉工程于2016年1月21日验收合格，并分别出具了《建筑工程竣工验收报告》。此后，案涉工程经肇庆市财政局投资评审中心评审，有关工程结算评审如下：（1）2017年1月10日，2011年度端州城区保障性住房小区A幢建设项目审定造价为20,756,609.15元；（2）2017年1月10日，2011年度端州城区保障性住房小区B幢建设项目审定造价为22,465,834.37元；（3）2017年1月12日，2011年度端州城区保障性住房小区C幢建设项目审定造价为23,540,001.94元；（4）2016年3月31日，2011年度端州城区保障性住房小区D幢建设项目审定造价为16,513,444.74元；（5）2016年3月31日，2011年度端州城区保障性住房小区E幢建设项目审定造价为14,240,144.65元；（6）2016年3月31日，2011年度端州城区保障性住房小区F幢建设项目审定造价为14,377,335.89元；（7）2017年1月10日，2011年度端州城区保障性住房小区H5-H8幢建设项目审定造价为13,651,697.16元。两被告均分别在上述《工程预（结）算评审定案表》"施工单位意见"和"建设单位意见"一栏加具"同意"的意见，并加盖公章确认。

2019年12月3日，被告一出具一份《关于肇庆市惠和居保障性住房建设项目等工程确认函》，函件记载："端州城区保障性住房小区A幢至F幢、H5-H8幢及配套工程项目"的发包人某局应付我司的该项目全部款项包括但不限于：工程预付款、工程进度款、工程结算款、工程保修金等工程价款和相应利息以及其他权利等，由实际承包人陈某向相关部门主张并领取等。"

2020年10月16日，原告向法院提起诉讼，请求确认其为上述项目的实际施工人。

三、争议焦点

陈某是否为案涉工程项目的实际施工人。

四、各方的意见

（一）原告的意见

原告通过内部承包方式，挂靠被告一承包案涉工程，原告系案涉工程项目的实际施工人，主要事实依据如下。

1. 《分公司目标管理及安全生产责任承包协议书》

该协议第一条约定："乙方（即原告）利用甲方（即被告一）资质积极发展工程业务，在甲方资质范围内参加社会各种招投标及工程承接任务活动，自负盈亏，自主经营。"

第四条约定："甲方在承包期内必须保证总公司的各项证照齐全，且各种证件年检合格，向乙方提供用于工程投标的四大证件。"

第七条约定："实行建造师、项目经理等个人资质有偿使用制度。中标项目使用集团公司建造师或项目经理证书的，按以下方式收费……。"

2. 《A公司内部承包经营协议书》及其附件《承诺书》

该协议是原告与被告一在《分公司目标管理及安全生产责任承包协议书》承包期届满后的第二天即2015年1月2日签订的，该协议约定由原告承包经营A公司肇庆分公司，继续由原告利用被告一的资质，参加各种招投标及工程承接活动，自负盈亏，自主经营。承包期限为2015年1月1日至2020年1月1日。

原告在该协议附件《承诺书》上承诺："凡是本人及分公司以A公司名义承接履行的工程项目及其他所有事项，由本人负责履行公司与业主及有关部门签订的施工合同和协议规定的各项责任和义务。在履行过程中所发生的纠纷、违约责任、经济责任和法律责任，均由本人承担全责，与A公司无关。"

3. 《关于肇庆市惠和居保障性住房建设项目等工程确认函》

被告一在 2019 年 12 月 3 日出具的《关于肇庆市惠和居保障性住房建设项目等工程确认函》，同意并确认"项目发包人某局应付我司的'端州城区保障性住房小区 A 幢至 F 幢、H5－H8 幢及配套工程项目'全部款项包括但不限于：工程预付款、工程进度款、工程结算款、工程保修金等工程价款和相应利息以及其他权利等，由实际承包人陈某向相关部门主张并领取"。证明涉案工程系原告借用被告一的资质中标施工，原告系实际承包人、实际施工人。

4. 《收款明细表、对应的银行对账单及流水》

原告以被告一的名义在肇庆开设银行账户，在工程款到账后，便将到账工程款转入原告、原告的妻子、原告控股公司的银行账户，通过这种方式原告收到被告二已付的全部工程款。这充分证明了原告是涉案工程的挂靠人、实际承包人、实际施工人，否则不可能如此取得全部工程款。

（二）被告一的意见

案涉工程项目的实际承包人、实际施工人是陈某，被告一对陈某的诉讼请求没有异议。理由如下：（1）根据其与陈某于 2009 年 11 月 22 日签订的《分公司目标管理及安全生产责任承包协议书》以及于 2015 年 1 月 2 日签订的《A 公司内部承包经营协议书》及《承诺书》的约定同意陈某以 A 公司肇庆分公司名义在肇庆市地区承接工程项目，陈某以 A 公司名义承接履行的工程项目及其他所有事项，由陈某负责履行 A 公司与业主有关部门签订的施工合同和协议约定的各项责任和义务，在履行过程中所发生的纠纷、违约责任、经济责任和法律责任，均由陈某承担全责，与 A 公司无关。（2）关于 A 公司与某局于 2011 年 10 月 9 日签订的"端州城区保障性住房小区 A 幢至 F 幢、H5－H8 幢及配套工程项目"、《广东省建设工程标准施工合同》，均由陈某以 A 公司名义中标并签订，并均由实际承包人陈某实际履行上述三个项目工程的施工合同。依照"权、责、利对等""公平合理、等价有偿"的民事行为准则，以上工程项目的工程价款、质保金和相应利息以及其他权利等全部权利由陈某享有，并由其承担相应的全部义务和责任。

(三) 被告二的意见

被告二认为,其就案涉工程项目与被告一签订了《建筑工程施工合同》,根据合同相对性原则,两被告设定了权利和义务关系,被告一有义务负责施工并向被告二交付合格工程,被告二有义务向被告一支付工程款,在合同履行过程中,工程招投标、合同签订和履行、工程验收与交付、工程款支付和结算,被告二自始至终均是与被告一来往。原告与被告一之间的协议等均是内部协议,与被告二没有关系,对被告二没有法律约束力。原告是否实际承包、施工人无须被告二知晓和确认,被告二也没有知晓和确认。被告二与原告之间不存在任何合同上的权利和义务,不应是该案的适格被告。

五、裁判结果

肇庆市端州区人民法院判决确认原告陈某为 2011 年 10 月 9 日签订的《广东省建设工程标准施工合同》项下广东省肇庆市 12 区肇庆大道南、龙塘路西"2011 年度端州城区保障性住房小区 A 幢至 F 幢、H5－H8 幢及配套工程"的实际施工人。判决后,各方均未上诉,该判决已生效。

六、裁判理由

一审法院认为:该案为建设工程施工合同纠纷。根据该案查明的事实,案涉之工程即"2011 年度端州城区保障性住房小区 A 幢至 F 幢、H5－H8 幢及配套工程"为原告陈某借用 A 公司资质自行投入资金、材料及劳动力,组织施工完成的工程,有关工程款亦是由陈某支配、使用,且被告一在诉讼中亦明确案涉工程是由陈某以其公司名义中标签订,并由陈某实际履行项目工程的施工合同。因此,原告是案涉工程的实际施工人。原告的该项请求,理据充分,法院予以支持。

七、案例评析

该案的起因是,A 公司因其他债务,四川巴中市巴州区人民法院裁定冻结 A 公司案涉工程项目应领取的工程款，限制某局向 A 公司支付工程款，陈某作为实际施工人，在提起执行异议之诉的过程中，提起该案诉讼，请求法院确认其实际施工人身份。四川巴中市巴州区人民法院一审驳回陈某的异议请求，陈某提出上诉期间，肇庆市端州区人民法院作出一审判决，判决确认陈某为案涉工程项目的实际施工人身份，四川巴中市中级人民法院在审理执行异议之诉过程中，A 公司被法院裁定破产清算，陈某依据确认其为实际施工人的生效判决向破产管理人申请取回案涉工程款并获许取回，从而维护了陈某的实际施工人权益。①

【点评】

该案中，陈某（原告）代理人以事实为依据，使得肇庆市端州区人民法院的生效判决确认了陈某为案涉工程项目的实际施工人身份，维护了陈某在 A 公司（被告一）被法院裁定破产清算后，从 A 公司破产管理人处取回案涉工程款的合法权益。陈某在实际挂靠 A 公司承包涉案工程的情况下，提供了其与 A 公司订立的一系列协议、说明函、账单等，用以证明其为实际施工人，且 A 公司亦对前述证据不持异议，并明确承认陈某为实际施工人。然而，某局（被告二）以合同相对性原则进行抗辩，认为其仅需对 A 公司履行义务，与陈某无涉。肇庆市端州区人民法院依据原告及其代理人提供的证据最终认定陈某为实际施工人，并未以陈某与某局未订立合同为由否认陈某的实际施工人身份。

点评人：北京市竞天公诚（广州）律师事务所律师　胡　键

---

① 肇庆市端州区人民法院民事判决书，（2020）粤 1202 民初 6944 号。

与第三方签订新的施工合同，原施工合同是否自动终止

广东元道泽粤律师事务所　吴宗烨　彭威艳

一、当事人的基本情况及案由

原告：A 建设集团股份有限公司
被告：B 建设工程有限公司
第三人：C 置业有限公司
案由：建设工程施工合同纠纷

二、案情介绍

2017 年 12 月，第三人置业有限公司（甲方、发包人）、被告 B 建设工程有限公司（乙方、总承包人）与原告 A 建设集团股份有限公司（丙方、分包人）签订《珠海某某国际中心 1－1 栋酒店式办公楼及 1－3 栋（19－38 层）商业办公楼室内装修工程合同》（以下简称为"三方协议"），约定：珠海某某国际中心 1－1 栋酒店式办公楼及 1－3 栋（19－38 层）商业办公楼室内装修工程已纳入被告工程总承包范围，由第三人、被告共同委托原告实施、完成该工程的所有施工任务；原告承包范围包括 1－1 栋酒店式办公楼 3－28 层及 1－3 栋商业办公楼 19－38 层（不包括 25 层的避难层）的室内装饰及水电安装工程；工程按完全综合单价进行包干，工程量以按实结算的方式进行承包，工程含税暂定总价为 250,000,000 元；合同签订后，第三人在开工日期前 7 个工作日内将合同总价的 10% 作为预付款支付给被告，被告收到该笔款项后 5 个工作日内支付给原告，工程进度款每月按原告现场

实际完成工程量的80%支付，其余款项待竣工验收合格、竣工资料齐全并审核结算定案后，支付至结算总金额的95%，留工程结算总金额的5%作为工程质量保修金；预留安全生产保证金100万元，被告在支付丙方预付款时一次性预留，待工程竣工验收未发生安全事故，经被告审核后5个工作日内无息返还；本工程的总工期为350日历天，实际开工日期以第三人发出的开工令为准，除不可抗力以及合同约定外，任何一方不得无故单方解除合同，否则视为违约，违约方需向守约方支付合同暂定总价10%的违约金；除三方另行协议将合同终止，或因一方违约使合同无法履行外，违约方承担违约责任后应继续履行合同。上述合同签订后，被告于2018年2月8日向原告支付了1370万元，又于2018年6月21日向原告支付了980万元，共计向原告支付预付款2350万元，对该预付款，原告已开具工程款发票并交付被告。

2018年12月6日，第三人与原告签订《珠海某某国际广场工程施工合同》，约定：工程名称为珠海某某国际广场1－1栋酒店式办公楼室内精装修工程，原告的承包范围为1－1栋酒店式办公楼3－28层室内装饰及水电安装工程；工程按完全综合单价进行包干，工程量以按实结算的方式进行承包，工程含税暂定总价为50,932,700元；本工程的总工期为90日历天，实际开工日期以第三人发出的开工令为准。2018年12月14日，第三人与原告签订《〈珠海某某国际广场工程施工合同〉的补充合同1》，约定工程范围为1－1栋酒店式办公楼3－28层室内的精装修工程，工程总工期为90天。2019年1月29日，第三人与原告签订《〈珠海某某国际广场工程施工合同〉的补充合同2》，约定由原告按第三人要求及控制价与佛山市零度建材有限公司签订抛釉面砖的采购合同，第三人以工程款的形式支付该墙砖材料款。2019年8月5日，第三人与原告签订《〈珠海某某国际广场工程施工合同〉的补充合同3》，约定变更珠海某某国际广场1－1栋酒店式办公楼3－28层精装修工程包干总价为16,860,480元。上述合同及补充合同签订后，第三人向原告支付了部分工程款，原告向第三人开具了部分工程款发票。

2019年2月22日，被告向原告移交了1－1栋第26层的场地，由原告进场进行精装修工程施工。在工程施工期间，第三人、被告、原告均参加了监理单位广东建设工程监理有限公司组织召开的监理例会及工程协调会。2020年2月26日，原告向第三人和被告发出《申报复工单位疫情防控承诺书》，称其已完成各项复工前的准备工作，承诺复工后落实防控主体责任。

原告的诉请：

（1）要求被告退回原告生产保证金100万元。

（2）诉讼费由被告承担。

原告诉请的主要事实和理由为：根据原告、被告与第三人签订的三方协议，被告应在收到第三人支付的预付款后5个工作日内支付给原告，同时被告在向原告支付预付款时一次性预留安全生产保证金100万元，待工程竣工验收未发生安全事故后5个工作日内无息返还给原告。被告已经按照合同预留了100万元安全生产保证金。现由于第三人的原因，三方协议已经终止，且原告已施工部分工程未发生安全事故，因此原告要求被告返还100万元的生产安全保证金。

三、争议焦点

1. 原施工合同（三方协议）是否终止。
2. 被告是否需要向原告返还100万元的生产安全保证金。

四、各方的意见

在庭审中，三方围绕三方协议是否终止的事实依据与法律依据展开了激烈的辩论。

原告认为，三方虽然并未签订协议终止原三方协议的履行，但由于原告与第三方另行签订了施工合同，该施工合同约定的施工范围与原三方协议施工范围有重叠，因此原三方协议已经于2018年12月31日终止。被告已经按照原告已完成的工程量支付相应的款项，视为原被告双方已经结算完毕，双方不再另行结算；由于三方协议终止，双方亦无须再对案涉装修工程进行验收。原告于2018年1月19日进场施工，但因第三人多次口头通知要求改变装修设计，故工程未在工期内完工，原告确认案涉装修工程目前仍未完工。

被告认为,三方并未终止三方协议的履行,相反,三方正在履行三方协议。三方协议第十三条"13.8"约定:"除不可抗力以及合同约定外,任何一方不得无故单方解除合同,否则视为违约,违约方需向守约方支付合同暂定总价的10%的违约金。"第十七条"17.8"约定:"如第三人或原告原因使合同无法履行,被告可单方提出解除本合同。由第三人、原告依发包人、承包人关系继续履行本协议。"根据上述合同条款的约定,三方协议除不可抗力和被告单方提出解除合同外不可解除。目前案涉项目既未因不可抗力导致合同解除,被告也未向第三人和原告发出解除合同的通知,且原告自2019年2月26日进场施工,至今仍在现场施工,因工程至今未竣工验收,原、被告之间也无法结算。因此三方协议并未终止。

第三人在庭审中称,被告是珠海某某国际中心项目的总承包人,原、被告及第三人签订三方协议后,原、被告均未向第三人提出过要求解除三方协议。在三方协议的履行过程中,原告一直称钱不够,希望第三人预付工程款,因三方协议约定工程款由被告支付,第三人不清楚付款情况,且工程进展缓慢,为了按照计划完成案涉装修工程,第三人又与原告签订双方协议,向原告支付工程款,以保障工程进度。

五、裁判结果及理由

经过一系列法庭辩论与举证,法院驳回了原告的全部诉讼请求。法院认为,原告与被告、第三人签订的《珠海某某国际中心1-1栋酒店式办公楼及1-3栋(19-38层)商业办公楼室内装修工程合同》为三方的真实意思表示,合同内容不违反法律、行政法规的强制性规定,合同成立并生效,三方均应按照合同约定履行各自的权利和义务。原告认为三方协议已经终止,却未提供相应证据,被告与第三人均否认该合同已经终止,原告应承担举证不能的法律后果。原告称其按照三方协议施工的工程无须验收和结算,不符合行业惯例及常理,法院对原告所称的三方协议已经终止的说辞不予采信。原告又称其与第三人另行签订了装修合同,所以三方协议自行终止,根据合同的相对性,原告与第三人之间的合同并不影响三方协议的效力,原告的主张没有法律依据。在原告与第三人签订装修合同后,在工程实际施工过程中,原告与被告、第三人均共同参加了监理单位组织的例会及协调会,原告也向被告、第三人提交了相关申请与承诺书,原告至今仍在案涉项目内进行装修工程施工,可见,三方仍在履行三方协议。按照三方协议的约定,在工程竣工验收未发生安全事故,且经被告审核后,预留的安全生产保证金才能退还给原告。现原告仍在进行施工,工程并未竣工验收,退还安全生产保证金的条件并未成就,因此原告诉请退还安全生产保证金100万元没有合同依据,法院不予支持。

一审判决后各方均没有上诉,一审判决已经生效。

六、案例评析

笔者认为,与第三方签订新的施工合同,原施工合同是否自动终止,取决于合同签订的主体以及合同的内容是否相同。

若前合同与后合同约束的主体相同,且后合同的内容与前合同约束的法律关系相同,仅是对合同内容进行修改,此种情况应视为当事人合意变更合同。《民法典》第五百四十三条规定:"当事人协商一致,可以变更合同。"《民法典》第五百四十四条规定:"当事人对合同变更的内容约定不明确的,推定为未变更。"可见,若后合同为当事人协商一致签订且内容较为明确,是对前合同的变更,此时,后合同替代了前合同,前合同自动终止。

本案中,三方协议(前合同)由原告、被告与第三人签订,合同的主体为原告、被告与第三人。在原告与第三人签订的后合同中,合同的主体为原告与第三人。因此前合同与后合同的相对人并不相同。除此之外,前后两个合同的内容也不相同,后装修合同约定的施工范围仅是前合同约定的施工范围的一小部分,对大部分的装修范围,原告与第三人签订的后合同中是没有约定的。因此后合同不应视为对前合同的变更,前合同不会自动终止。

《民法典》第四百六十五条第二款规定:"依法成立的合同,仅对当事人具有法律约束力,但是法律另有规定的除外。"可见,合同法律关系的相对性是指合同的债权人和债务人的相对性,合同的债权人只能向该合同的债务人请求给付，合同的债务人的给付义务只针对该合同的债权人履行。具体的表现有：第一，合同主体的相对性，是指合同关系只能发生在特定的主体之间，只有合同的一方当事人才能够向合同的另一方当事人基于合同提出请求；第二，合同内容的相对性，是指合同的权利与义务相互对应，并为合同当事人所享有；第三，合同责任的相对性，是指合同责任只能发生在特定的债务人之间，合同关系以外的人不承担违约责任，合同的债务人也不对合同关系以外的第三人承担违约责任。

本案中，根据合同的相对性，原告受三方协议（前合同）的约束，且原告与第三人之间的后合同并不影响前合同的效力。《民法典》第五百零九条第一、二款规定："当事人应当按照约定全面履行自己的义务。当事人应当遵循诚信原则，根据合同的性质、目的和交易习惯履行通知、协助、保密等义务。"可见，原告仍须按照三方协议的约定履行合同。①

【点评】

本案体现了合同相对性的原则，维护了生效合同的稳定性，并保护了合同订立方的合法权益。在实践中，经常会出现在原施工合同（以下简称前合同）履行过程中，前合同一方与第三方订立新的施工合同（以下简称后合同）的情况，在此情形之下，对前合同是否自动终止的认定，是本案的最大贡献。我们亦应认同，依据《民法典》第五百四十三、五百四十四条关于合同变更的规定，若前合同与后合同约束的主体相同、法律关系相同且仅对合同内容进行修改的，则应视为当事人合意变更前合同；反之，若前合同与后合同的相对人不相同、内容不相同，则应当依据合同相对性的原则，认定后合同并非对前合同的变更，前合同未终止。本案对前后两份合同之间关系的定性，是认定前合同是否自动终止的关键。

点评人：北京市竞天公诚（广州）律师事务所律师　胡　键

---

① 珠海市香洲区人民法院民事判决书，（2020）粤0402民初12371号。

建筑工程承建单位的认定不宜仅以备案合同、建筑工程施工许可证记载的内容作为依据

广东元道泽粤律师事务所　吴宗烨　彭威艳

一、当事人的基本情况及案由

原告：A 某

被告一：B 建设公司

被告二：C 装饰工程公司

被告三：D 某

被告四：E 某

被告五：F 置业公司

案由：建设工程施工合同纠纷

二、案情介绍

2011 年 12 月，F 置业公司与 B 建设公司签订《建设工程施工合同》，约定 F 置业公司将酒店工程发包给 B 建设公司施工。

2013 年 2 月，F 置业公司与 B 建设公司签订《工程施工合同》，约定 F 置业公司将酒店宿舍楼工程交由 B 建设公司总承包；B 建设公司在落款处盖章，D 某在乙方法定代表人处签字。

2013 年 4 月，发包人 F 置业公司又与 C 装饰工程公司签订《工程施工合同》，约定 C 装饰工程公司施工总承包酒店宿舍楼工程，双方对酒店宿舍楼工程的承包范围及方式、合同工期、工程质量标准、合同价款及结算调整等方面进行了约定；C 装饰工程公司在落款处盖章，D 某在乙方法定代表

人处签字。

F 置业公司出具《情况说明》，写明其开发的酒店宿舍楼工程是 D 某挂靠 C 装饰工程公司实际施工的，并签订了有关施工合同。

2013 年 10 月，E 某以酒店工程项目部的名义（甲方）与 A 某以瓦工班砌筑班组的名义（乙方）签订《瓦工班组施工合同书》，约定甲方将酒店宿舍楼工程的室内砌砖工程以包工的形式承包给乙方负责施工。2014 年 1 月，E 某与砌砖班组组长 A 某等人在《酒店宿舍楼工程砌砖班组结算单》（以下简称《结算单》）上签字结算，《结算单》载明人工费约 51 万元、材料款约 86 万元，合计约 137 万元。

2014 年 12 月，法院作出民事调解书，B 建设公司已与 F 置业公司就其承建的工程进行结算，双方解除 2011 年 12 月签订的《建设工程施工合同》，并约定 F 置业公司就酒店宿舍楼工程与 C 装饰工程公司签订的工程施工合同及补充协议书涉及的未结清的债务，由 F 置业公司处理，与 B 建设公司无关。

2015 年 2 月，A 某因未收到人工费向人社局投诉，人社局向 B 建设公司发出《劳动保障监察行政处理决定书》（以下简称《行政处理决定书》），认为 B 建设公司为酒店宿舍楼工程的施工单位，A 某为该工程项目的负责人，故责令 B 建设公司立即支付《结算单》中所载明的人工费约 51 万元。B 建设公司不服该《行政处理决定书》向法院提起行政诉讼，法院经审理于 2017 年 5 月作出行政判决书，查明涉案工程的《工程施工许可证》载明的施工单位为 B 建设公司，认定 B 建设公司为涉案工程的承建单位，应当向 A 某支付工人工资。

2018 年 9 月，A 某出具《情况说明》，载明："本人清楚酒店项目与酒店宿舍楼项目是两个不同的项目，酒店项目由 B 建设公司承建。本人明确知道酒店宿舍楼项目系由 F 置业公司发包给 C 装饰工程公司，该公司的负责人是 D 某。本人及本人负责的班组工人于 2015 年向劳动监察大队反映酒店宿舍楼项目拖欠本人及班组工人工资问题，本人及本人负责的班组工人系向 F 置业公司及 D 某追讨，并非向 B 建设公司追讨。"

2019 年 10 月，A 某因未收到《结算单》中载明的材料费，遂诉至法院。

原告的诉请：

1. 要求五被告向其支付工程款 86 万余元及自 2014 年 1 月起至付清之日止的资金占用费；

2. 诉讼费由被告承担。

原告诉请的主要事实和理由为：B 建设公司承包酒店宿舍楼工程，原告与被告 B 建设公司签订了上述《瓦工班组施工合同书》《结算单》。原告经申请强制执行，已收取《结算单》中载明的人工费，但一直未收回材料费约 86 万元。因此原告要求五被告向其支付工程款约 86 万元及资金占用费。

三、争议焦点

1. 被告 B 建设公司与原告 A 某之间是否存在合同关系，被告 B 建设公司是否应向原告支付工程款。

2. 涉案工程的承建单位是否为被告 B 建设公司。

四、各方的意见

在庭审中，各方就上述争议焦点的事实依据与法律依据展开了激烈的辩论。

原告 A 某认为，针对焦点一，E 某与其签订《瓦工班组施工合同书》、签署《结算单》的行为构成对被告的表见代理，该合同书及《结算单》对被告产生法律效力，被告应据此向原告支付约 86 万元工程款；针对焦点二，该案应当以涉案工程施工许可证、《行政处罚决定书》及行政判决书作为定案根据，认定 B 建设公司为涉案工程的承建单位。

被告 B 建设公司认为，针对焦点一，B 建设公司与原告 A 某不存在合同关系，理由如下：首先，《瓦工班组施工合同书》《结算单》系被告 E 某与原告 A 某签订，与 B 建设公司无关。其次，被告 E 某的行为不构成表见代理，被告 E 某并非 B 建设公司的员工、无代理被告的行为表象，原告在庭审中明确，其没有见过被告 E 某持有被告出具的授权委托材料，只知道被告 E 某系被告 D 某聘请的人员，故被告 E 某与原告 A 某签订《瓦工班组施工合同书》的行为对被告不构成表见代理，该合同书对被告不产生法律效力。原告由于自身缺乏应有的谨慎，未查明被告 E 某的身份即与其签订相关合同，应当自行承担相应风险。针对焦点二，认定建设工程承建单位时应以事实为依据，不宜仅依据建筑工程施工许可证及原告 A 某提供的行政判决书的内容作出认定，理由如下：首先，被告 B 建设公司与被告 F 置业公司签订的《工程施工合同》仅用于备案及办理相关材料，B 建设公司并未实际参与涉案工程的建设；其次，原告 A 某提供的生效裁判文书认定的事实已被其他生效民事裁判文书推翻，不应作为定案依据；再次，原告所提供的行政判决书认定事实的基础为人社局作出的《行政处理决定书》，但该决定书查明事实的严谨程度远低于上述生效民事裁判，证明力不足，不应作为定案的依据；最后，被告 B 建设公司提供的被告 F 置业公司与被告 C 装饰工程公司于 2013 年 4 月签署的《工程施工合同》、被告 F 置业公司出具的《情况说明》以及原告 A 某作出的《情况说明》等证据充分证明被告事实上并非涉案工程的承建单位。

被告 D 某在庭审中称其为涉案工程的实际施工人，但因该案存在发包合同、分包合同违法情形，发包人或承包人应承担支付劳动报酬的责任，原告应当向发包方被告 F 置业公司而非向其他被告主张工程款。

被告 E 某在庭审中称其是被告 D 某请的技术总工，是按照被告 D 某的吩咐与原告 A 某签订的《瓦工班组施工合同书》。

其他被告未就诉争焦点发表意见。

五、裁判结果及理由

经过一系列法庭辩论与举证，一审法院判决被告 D 某向原告 A 某支付工程款 86 万余元及利息，驳回其他诉讼请求。

一审判决认为，从该案查明的事实看，被告 F 置业公司将涉案工程承包给被告 B 建设公司后又将该工程全部承包给被告 C 装饰工程公司承建，被告 B 建设公司与被告 F 置业公司签订的《工程施工合同》仅用于备案以及办理相关建设施工文件和材料，B 建设公司、C 装饰工程公司并未实际参与涉案工程的建设，庭审中，原告 A 某、被告 D 某、B 建设公司、F 置业公司均认可涉案工程的工程量是由被告 D 某完成的。在被告 F 置业公司破产案件中，被告 D 某以个人名义向被告 F 置业公司破产管理人申报了涉案工程的债权，但被告 B 建设公司、C 装饰工程公司均未申报，且各方当事人对被告 D 某债权申报材料的真实性无异议，故被告 D 某为涉案工程的实际施工人。至于原告 A 某与被告 E 某签订的《瓦工班组施工合同书》，被告 E 某在庭审中称自己是被告 D 某请的技术总工，是按照 D 某的吩咐与原告 A 某签订的上述合同书，且原告 A 某亦认可上述陈述，故被告 E 某与原告 A 某签订《瓦工班组施工合同书》的行为代表被告 D 某，原告 A 某与被告 D 某之间存在合同关系，因此应由被告 D 某向原告 A 某支付工程款，其他被告不对此承担责任。

原告 A 某不服一审判决并提起上诉，请求二审法院撤销一审判决，改判由被告 B 建设公司、C 装饰工程公司、F 置业公司与 D 某就欠付的工程款本息对原告 A 某承担连带责任。二审法院认为原告 A 某的上诉请求不能成立，判决驳回上诉，维持原判。

六、案例评析

笔者认为，不宜仅依据备案合同、建筑工程施工许可证记载的内容认定建筑工程的承建单位，而应将事实作为认定依据。

仅将备案合同、建筑工程施工许可证记载的内容作为认定建筑工程承建单位的依据有失偏颇。该案中，B 建设公司虽与 F 置业公司签订了《工程施工合同》，但该合同仅用于备案及办理相关材料，B 建设公司事实上并未参与涉案工程的建设，仅凭建筑工程施工许可证的内容即认定 B 建设公司为涉案工程承建单位的，将严重背离客观事实。

根据《最高人民法院关于民事诉讼证据的若干规定》（2001）第九条"下列事实，当事人无需举证证明：……（四）已为人民法院发生法律效力的裁判所确认的事实；……前款（一）、（三）、（四）、（五）、（六）项，当事人有相反证据足以推翻的除外"之规定，在生效裁判文书认定法律事实存在矛盾的情况下，法院应当就实际情况进行审查，综合考虑不同生效裁判作出的背景，并以事实作为定案依据。

该案中，A 某提供的生效行政判决书作出的背景是：人力资源和社会保障局由于原告等人投诉 B 建设公司拖欠工资而对 B 建设公司作出了《行政处理决定书》，B 建设公司不服该《行政处理决定书》提起行政诉讼。也即，行政判决作出"B 建设公司是酒店宿舍楼工程承建单位"的认定，是基于人力资源和社会保障局在行政处理决定书中的认定。人力资源和社会保障局作出该认定的目的主要是确定原告 A 某等农民工工资支付的责任主体，保障农民工的合法权益。我国现有的政策对保护农民工工资权益的力度是十分大的，尤其在建设工程领域。《国务院办公厅关于全面治理拖欠农民工工资问题的意见》第三条规定："……在工程建设领域，施工总承包企业（包括直接承包建设单位发包工程的专业承包企业，下同）对所承包工程项目的农民工工资支付负总责……"由于 C 装饰公司恶意逃薪，转移资产，实际上已无支付原告 A 某等人工资的可能。故人力资源和社会保障局才根据备案合同、《建设工程施工许可证》等片面证据要求 B 建设公司承担用工责任，目的在于保障原告等人的工资和维护社会稳定。然而，人力资源和社会保障局作出劳动监察行为过程中的事实查明程序、举证质证程序等的严格、严谨程度均远远低于民事诉讼程序。B 建设公司提交的生效民事裁判文书认定事实的证明力远大于该《行政处理决定书》和上述行政判决书认定事实的证明力。在此情况下，法院不能仅以原告提供的生效行政判决所确认的事实作为定案依据，而是应着重审查该案各方当事人提供的证据，查明案件的实际情况。通过积极举证及答辩，法院最终采纳了 B 建设公司的意见，认定 B 建设公司并非涉案工程的承建单位。[①]

【点评】

该案中，B 建设公司（被告）代理人以事实为依据，在 A 某（原告）提出对其不利证据的情况之下，成功令审理该案的一审、二审法院均认定 A 某与 D 某（被告）之间存在合同关系，而包括 B 建设公司在内的其他公司

---

① 广西壮族自治区富州瑶族自治县人民法院民事判决书，(2020) 桂 1123 民初 922 号；广西壮族自治区贺州市中级人民法院民事判决书，(2021) 桂 11 民终 1298 号。

不对工程款及利息承担责任，认定 B 建设公司非该案建筑工程承建单位，维护了 B 建设公司的合法权益。B 建设公司代理人积极寻找建筑工程施工许可证、备案合同以及 A 某提供的生效行政判决书中存在的与客观事实不相符之处，并着重强调，生效行政判决书中关于"B 建设公司是酒店宿舍楼工程承建单位"的认定，在事实查明程序、举证质证程序等的严格、严谨程度均远远低于民事诉讼程序。另外，B 建设公司承担用工责任的前提是 C 装饰公司（被告）无支付 A 某等人工资的可能，因此法院亦有保障 A 某等人的工资权益以及维护社会稳定的职责。最终，法院没有认定该案中建筑工程承建单位为 B 建设公司。该案对妥善处理行政判决与民事判决之间的关系提供了十分有益的参考。

点评人：北京市竞天公诚（广州）律师事务所律师　胡　健

工程价款结算文件无法获取原件的情况下结算金额的认定

广东启源律师事务所　张壮飞

一、当事人的基本情况及案由

申请人：胡某某

被申请人：某某广州公司（以下简称 A 公司）

被申请人：广东某建设集团有限公司（以下简称 B 公司）

被申请人：广州某电子有限公司（以下简称 C 公司）

案由：建设工程施工合同纠纷

二、案情介绍

C 公司为广州某电子 PCB 贴片加工厂房建设项目的建设方，项目地点位于广州经济技术开发区永和永安大道；B 公司为该建设项目的总承包方；A 公司从 B 公司、C 公司处承接了建设项目的部分工程。

2018 年 9 月 12 日，A 公司作为发包人与胡某某签订《木工工程材料购销及首层地面打夯调平合同》，将广州某电子 PCB 贴片加工厂房建设项目架子工部分工程发包给胡某某，合同约定：胡某某包工包料包质量包工期包施工完成模板工程和首层地面打夯调平，其中模板工程的结算按实际完成模板工程展开面积计算（建筑面积的 2.28 倍），结算单价为 62.5 元/平方米，首层地面打夯调平按首层建筑面积计算，结算单价为 8 元/平方米，合同价款暂定 2,930,000 元；价款支付方式为材料进场的次月起，每月 25 日胡某某上报工程进度给 A 公司，经双方代表确认已完成合格工程造价后，一周内 A 公司支付工程进度款至 70%，完成厂房楼全部模板工程 10 日内支付至进度款的 97%，余款 3% 待全部完工，所有材料全部退场工程竣工验收后一个月结清、付清；如发生争议，协商不成由广州仲裁委员会依法裁决。

此外，A 公司还将广州某电子 PCB 贴片加工厂房建设项目的其他部分劳务工程分包给胡某某，并分别于 2018 年 9 月 12 日、2018 年 10 月 1 日、2018 年 10 月 10 日、2019 年 4 月 3 日签订了《架子工班组判工任务书》《钢筋、模板班组判工任务书》《叉车及铲车租赁协议》《晋阳电子项目判工单—围墙工程项目班组判工》等文件，对双方劳务分包的具体内容进行约定。上述合同文件签订后，胡某某即按照约定开展工作，在完成全部施工任务后，于 2019 年 1 月初将涉案工程交付并使用至今。

后因胡某某认为 A 公司拖欠《木工工程材料购销及首层地面打夯调平合同》项下的合同款项 1,813,990.92 元，双方遂发生争议。

2020 年 4 月 16 日，广州仲裁委员会受理了胡某某提起的仲裁申请，胡某某的仲裁请求具体如下：（1）A 公司向胡某某支付工程结算款 1,813,990.92 元及逾期付款的利息；（2）B 公司、C 公司对 A 公司的上述债务在其欠付工程款的范围内承担连带清偿责任；（3）A 公司、B 公司、C 公司共同补偿胡某某因该案合理支出的律师费用 150,000 元；（4）该案仲裁费用由 A 公司、B 公司、C 公司共同承担。

仲裁过程中，A 公司向广州仲裁委员会提起仲裁反请求：（1）胡某某退还 A 公司超额支付的工程款 3,195,294.92 元；（2）胡某某向 A 公司支付因违约行为造成的可得利益损失 882,018 元；（3）胡某某承担 A 公司支出的律师费 441,430 元；（4）仲裁费用（含保全费、鉴定费、评估费等）由胡某某承担。

三、争议焦点

1. 广州仲裁委员会对该案是否具有管辖权。
2. 案涉《工程进度（决算）款申请报告》的真实性。
3. 案涉项目的结算方式。
4. 案涉项目的结算总价。

四、各方的意见

（一）各方对该案本请求的意见

1. 胡某某的意见

胡某某向 A 公司等主张的款项仅为《木工工程材料购销及首层地面打夯调平合同》中的剩余工程款，该合同中明确约定了争议解决方式为"由广州仲裁委员会依法裁决"；胡某某在仲裁庭审中提交其他 4 份合同及结算凭证的目的，主要是证明双方之间总体的收付款情况，不涉及对其他 4 份合同款项的主张，A 公司亦在其他案件的诉讼中自认前述其他 4 份合同的款项均已结清；故其他 4 份合同虽均约定争议解决方式为法院管辖，但因该案争议与其他 4 份合同无关，故不影响该案由广州仲裁委员会管辖。

胡某某无法提交案涉 5 份《工程进度（决算）款申请报告》原件的原因系该结算材料均已提交 A 公司用于结算，故仅存复印件。但是其并非孤证，A 公司项目负责人之一的陈某某就涉案项目结算事宜出具的书面说明，可以佐证其真实性：审核结算文件上签字确认人均为德力施公司员工及负责人员；实施项目均已完工并通过验收；已完工程均已完成结算额确认，总金额为 11,110,990.25 元，各合同项下的结算金额与结算文件吻合。

案涉《木工工程材料购销及首层地面打夯调平合同》模板工程的结算按实际完成模板工程展开面积计算（建筑面积的 2.28 倍），结算单价为 62.5 元/平方米，首层地面打夯调平按首层建筑面积计算，结算单价为 8 元/平方米，合同价款暂定 2,930,000 元。A 公司出具的《关于晋阳项目胡香平班组结算结论函》中 A 公司认为合同约定的结算规则（按展开面积计算）与双方合同洽谈期间的真实意思表示（按建筑投影面积计算）不符，故以工作人员对结算规则存在重大误解为由拒绝支付剩余合同款项，是一种单方违约行为。胡某某作为自然人与 A 公司签订的上述合同虽可能因违反法律法规的强制性规定而无效，但是根据《最高人民法院关于审理建设工程施工合同纠纷案件适用法律问题的解释》第二条"建设工程施工合同无效，但建设工程经竣工验收合格，承包人请求参照合同约定支付工程价款的，应予支持"，胡某某可参照合同约定要求支付工程款。

如前所述，案涉项目的结算总价应根据 5 份《工程进度（决算）款申请报告》以及 A 公司项目负责人之一的陈某某就涉案项目结算事宜出具的书面说明予以确定。

2. A 公司的意见

从 A 公司提交的《仲裁反请求申请书》及证据材料可知，A 公司已向胡某某支付全部应付工程款，胡某某要求支付工程款但未提交足够证据予以证明，提出的金额已经远远高于合同金额，但没有任何签证单、工程量清单等确认工程量变更的文件予以佐证，该请求缺乏事实与法律依据。

（二）各方对该案反请求的意见

1. A 公司的意见

《木工工程材料购销及首层地面打夯调平合同》《架子工班组判工任务书》《钢筋、模板班组判工任务书》《叉车及铲车租赁协议》《晋阳电子项目判工单—围墙工程项目班组判工》该 5 份合同涉及的金额总额为 6,101,704.41 元，合同签订后，A 公司已经向胡某某合计支付 9,296,999.33 元，胡某某应向 A 公司退还超额支付的工程款 3,195,294.92 元。

前述 5 份合同完工后，胡某某擅自将《木工工程材料购销及首层地面打夯调平合同》中约定应交付的模板等材料全部运走，应赔偿可得利益损失 882,018 元。

2. 胡某某的意见

A 公司在仲裁反请求中提出的退还超付工程款金额，包含胡某某在履行上述全部 5 份合同时的结算金额，但是，该 5 份独立合同中，除了《木工工程材料购销及首层地面打夯调平合同》外，其他 4 份均没有约定仲裁管辖条款，双方也未达成仲裁管辖的补充协议，也就是说，A 公司提起的仲裁反请求所依据的 5 份合同，广州仲裁委员会只对其中 1 份合同具有管辖权，对其余 4 份无管辖权；在 A 公司就全部 5 份合同提出笼统的仲裁反请求而无法对《木工工程材料购销及首层地面打夯调平合同》单独提出反请求的情况下，应依法驳回 A 公司的全部仲裁反请求。

A 公司单纯地主张将 5 份合同的价款总额作为工程结算价违反常识，该价款只是合同最初的估算价（预算价），非竣工结算价。A公司直接以签订合同暂定的金额作为结算金额不符合据实结算的约定，亦根本没有考虑工程量在施工过程中的动态变化情况，明显违反建设工程结算的基本常识。

A公司在《管辖权异议申请书》中自认除《木工工程材料购销及首层地面打夯调平合同》外，其他4份合同款项已经结清，所谓结清即指双方互不相欠，按照新证据规则，对A公司自认的对己不利的事实应予以确认。同时，A公司项目负责人之一的陈某某出具的情况说明中的结算数据，相较而言具有较强的证据效力，A公司的仲裁反请求申请书中的数据也可以与之相互验证，充分佐证双方之间的结算情况是真实客观的，应予以采信并作为双方结算的依据。

五、裁决结果

经过开庭审理，仲裁庭采纳了申请人方的绝大部分意见，裁决几乎全部支持了胡某某对A公司的全部仲裁请求，并驳回了A公司的仲裁反请求，裁决如下。

1. 驳回胡某某对B公司、C公司的仲裁申请；

2. A公司向胡某某支付工程结算款1,813,318.92元及逾期付款利息；

3. A公司补偿胡某某律师费15万元；

4. 对胡某某的其他仲裁请求不予支持；

5. 对A公司的全部反请求不予支持；

6. 该案本请求仲裁费31,597元由A公司迳付胡某某，反请求仲裁费49,179元由A公司自行承担。

六、裁决理由

结合双方的质证情况，根据查明的事实，现将仲裁庭的主要意见简要归纳如下。

1. 关于管辖权，A公司在（2019）粤0112民初12228号案中主张，双方对劳务部分的款项已经达成协议并结算完毕，有争议的是关于模板部分的材料款。鉴于模板部分的材料款属于《木工工程材料购销及首层地面打夯调平合同》项下的款项，双方在该合同中明确约定的争议解决方式为"协商不成由本会依法裁决"，故广州仲裁委员会有权管辖仲裁本请求。同时，因《木工工程材料购销及首层地面打夯调平合同》的签订主体为胡某某与A公司，B公司、C公司并未在案涉合同上签字，B公司、C公司并非合同当事人，故合同中的仲裁条款不能约束B公司、C公司；又因胡某某未举证证明与B公司、C公司另行达成了仲裁协议，应承担举证不能的法律后果。根据《仲裁法》第四条"当事人采用仲裁方式解决纠纷，应当双方自愿，达成仲裁协议。没有仲裁协议，一方申请仲裁的，仲裁委员会不予受理"的规定，对胡某某向B公司、C公司提出的仲裁申请，予以驳回。

关于案涉5份《工程进度（决算）款申请报告》复印件，仲裁庭认为，其一，A公司确认在结算申请文件上签字的人员均为其员工；其二，A公司确认结算申请均应由公司财务部及预算部审核后确认最终结算价格，前述文件也载有"同意结算，请公司审核"以及"已审核完成，同意提交公司预算部"的字样；其三，案涉结算文件的原件是用以结算的过程性文件，胡某某主张原件已提交A公司符合建设工程结算的惯例；其四，结算文件载明的金额与胡某某提交的A公司项目负责人之一的陈某某出具的情况说明中的结算数据基本吻合。综上，参考《最高人民法院关于民事诉讼证据的若干规定》（2001）第七十五条关于"有证据证明一方当事人持有证据无正当理由拒不提供，如果对方当事人主张该证据的内容不利于证据持有人，可以推定该主张成立"的规定，仲裁庭认为胡某某提交的案涉5份《工程进度（决算）款申请报告》的复印件与原件具有同等证明力，确认真实性并予以采信。

关于项目结算方式，仲裁庭认为，第一，A公司未举证证明与胡某某对模板结算价达成了新的合意，第二，合同明文约定了模板材料结算规则并经双方签名盖章确认，胡某某与A公司签订的上述合同虽可能因违反法律法规的强制性规定而无效，但涉案工程已于2019年10月28日通过竣工验收。根据《最高人民法院关于审理建设工程施工合同纠纷案件适用法律问题的解释》第二条"建设工程施工合同无效，但建设工程经竣工验收合格，承包人请求参照合同约定支付工程价款的，应予支持"，胡某某可参照合同约定要求支付工程款。

关于案涉项目的结算总价，仲裁庭根据案涉5份《工程进度（决算）款申请报告》确认的工程量及金额，确认案涉工程的结算总价为11,110,318.25元，并以此为结算依据计算A公司的欠款金额。

七、案例评析

该案申请人胡某某在委托笔者之前，已经委托其他律师就该案争议向广州市黄埔区人民法院提起诉讼，但因管辖权的问题被驳回起诉。胡某某更换律师委托笔者后，笔者在了解情况、梳理证据，结合当时的法律背景进行分析后及时采取切实可行的诉讼策略，同时指导胡某某完善证据材料，为胡某某工程债权的实现打下了坚实的基础。

该案中最主要的证据——工程结算材料原件——由A公司掌握，胡某某手里只有复印件，如果无其他辅助证据，该案大概率会由于证据原因导致胡某某的仲裁请求无法得到支持。可贵的是胡某某听取了笔者的意见，获取了其他有力证据证明了核心证据结算材料复印件内容的真实性，仲裁庭最终采纳了胡某某代理人的意见并支持了胡某某几乎全部仲裁请求。

同时，该案也提醒施工人，办理结算时应该持有结算材料的原件或者对方收取结算材料原件的凭证，以避免在诉讼或仲裁过程中处于不利地位。[①]

【点评】

该案中胡某某提交的工程价款结算文件原件均由A公司掌握，在无法获取原件仅有复印件的情况下对结算文件的效力认定问题，是该案核心的争议焦点，直接关系到结算金额的认定。仲裁庭根据复印件上记载的"已提交公司预算部"的相关内容认为胡某某主张的原件已提交A公司符合建设工程结算的惯例，同时根据结算文件复印件载明的金额与A公司项目负责人之一的陈某某出具的情况说明中的结算数据基本吻合的情况，最终认

---

① 广州仲裁委员会裁决书，（2020）穗仲案字第5139号。

定复印件与原件具有同等证明力，对其证据效力予以采信并以此为结算依据计算 A 公司的欠款金额。

仲裁庭在审理该案过程中，充分考量了制定建设工程司法解释的本意以及行业惯例，在进行相关认定时理据充分，既符合民法公平和诚信的原则精神，又充分展现了专业性，保护了施工人的合法权益。

点评人：北京市竞天公诚（广州）律师事务所律师　胡　键

合同无效且均有过错的情况下，实际施工人如何向承包人赔偿因质量问题所导致的损失

广州金鹏律师事务所　孔　源

一、当事人的基本情况及案由

上诉人（原审原告）：广东省 NX 建筑工程有限公司（以下简称 NX 公司）

上诉人（原审被告）：吕某胜

案由：建设工程合同纠纷

二、案情介绍

2006 年 11 月 25 日，NX 公司与佛山市顺德区乐从镇荷村股份合作社（以下简称荷村股份社）签订了一份《广东省建设工程施工合同》，约定由 NX 公司承建乐从镇荷村新市场土建工程，合同价款为 11,785,061.11 元。同日，NX 公司与吕某胜签订了一份《建筑工程内部承包合同》，约定由 NX 公司将乐从镇荷村新市场土建工程交由吕某胜施工，NX 公司按约定的比例收取配合施工费、流转税、印花税及国家规定的建筑企业应当缴纳的全部费用。

前述合同签订后，吕某胜开展了案涉工程的施工工作，该工程于 2008 年 1 月 4 日验收。荷村股份社在接收案涉工程并投入使用后，陆续发现案涉工程存在楼面渗水、漏水和墙面开裂等质量问题。在数次维修均不能完全解决前述质量问题的情况下，荷村股份社于 2011 年 12 月向佛山市顺德区人民法院提起诉讼，要求 NX 公司支付案涉工程未达到市级以上优良工程违约

金、赔偿案涉工程维修加固费用并承担包括评估鉴定费在内的全部诉讼费用。荷村股份社在提起诉讼的同时，向佛山市顺德区人民法院申请财产保全，佛山市顺德区人民法院据此采取了保全措施，冻结了 NX 公司在中国建设银行广州市直属支行的存款 4,462,055 元。吕某胜也应 NX 公司的要求，向 NX 公司账户汇入 200 万元，用于解决 NX 公司流动资金问题。该案最终由佛山市中级人民法院作出（2015）佛中法民三终字第 412 号民事判决，判决 NX 公司向荷村股份社支付维修加固费用 5,410,187.37 元，并由 NX 公司承担一审受理费和财产保全费 44,367.27 元、质量鉴定费 483,000 元、加固方案设计费 286,470.27 元、加固工程造价鉴定费 100,000 元、二审受理费 49,671.31 元。二审判决生效后，荷村股份社根据佛山市顺德区人民法院作出的（2012）佛顺法民一初字第 600 号民事判决书和佛山市中级人民法院作出的（2015）佛中法民三终字第 412 号民事判决书以 NX 公司为被执行人向佛山市顺德区人民法院申请执行。佛山市顺德区人民法院于 2015 年 9 月 18 日将该案执行完毕，执行金额为 6,438,790.11 元。

之后，NX 公司要求吕某胜承担赔偿前述损失的责任，双方发生争议，于是 NX 公司于 2015 年 10 月 19 日向佛山市顺德区人民法院提起该案诉讼，请求：（1）吕某胜赔偿 NX 公司经济损失 4,438,790.11 元；（2）吕某胜赔偿 NX 公司自 2012 年 1 月 11 日起的利息损失；（3）吕某胜承担本案的全部诉讼费用。

佛山市顺德区人民法院经审理后认为，NX 公司与吕某胜签订的《建设工程内部承包合同》属无效合同，有过错的一方应当赔偿对方因此受到的损失，双方都有过错的，应当各自承担相应的责任。对于 NX 公司败诉被执行所产生的损失，双方均存在过错，综合 NX 公司和吕某胜的过错程度，一审法院酌情确定吕某胜对 NX 公司的损失承担 60% 的赔偿责任，NX 公司对自身损失承担 40% 的责任。佛山市顺德区人民法院最终作出一审判决，判决：（1）吕某胜应于判决发生效力之日起 10 日内向 NX 公司赔偿 1,863,274.07 元，并从 2015 年 9 月 18 日，按中国人民银行同期贷款利率向 NX 公司给付利息至款项实际清偿之日止；（2）驳回 NX 公司的其他诉讼请求。

NX 公司不服一审判决，遂向佛山市中级人民法院提起上诉。

三、争议焦点

（1）NX 公司与吕某胜签订的《建设工程内部承包合同》无效的情况下，吕某胜对于因其未提供质量合格工程、未履行保修义务的行为给 NX 公司所造成的损失应当如何承担赔偿责任。（2）NX 公司主张吕某胜应赔偿 NX 公司的全部损失应否得到支持。

四、各方的意见

（一）NX 公司的意见

1. NX 公司与吕某胜签订的《建筑工程内部承包合同》约定吕某胜负有交付质量合格工程和进行保修的义务。即使《建筑工程内部承包合同》无效，在吕某胜收到 NX 公司按照质量合格工程支付的工程款（含保修金）的情况下，吕某胜也应当交付质量合格的工程并承担保修义务。故吕某胜应对未交付质量合格工程和承担保修义务给 NX 公司造成的损失，全额承担赔偿责任。

2. 吕某胜未交付质量合格工程和承担保修义务的行为与 NX 公司的损失之间存在直接因果关系。即使在《建筑工程内部承包合同》无效的情况下，如果吕某胜能够交付质量合格工程和承担保修义务，则 NX 公司就不会因向荷村股份社承担质量不合格责任而产生经济损失。由此可见，吕某胜未交付质量合格工程和承担保修义务的行为是导致 NX 公司经济损失的直接和根本原因。

3. NX 公司虽将案涉工程转包给不具备资质的吕某胜，但该行为并不必然导致案涉工程存在质量问题以及吕某胜一定不承担保修责任，因此 NX 公司的转包行为也就不必然导致 NX 公司一定会遭受经济损失。故 NX 公司的转包行为与损失之间并不存在因果关系，不应对损失承担责任。

（二）吕某胜的意见

NX 公司存在严重过错应承担 70% 以上的主要责任。理由如下。

1. NX 公司低价中标后，在工程并无利润的情况下，为了确保自身获得固定回报，规避风险，明知吕某胜没有任何资质，还将工程违法转包给吕某胜，主观上存在明显过错。

2. 施工过程中，NX 公司没有委派人员履行对工程施工质量、技术等进行监督和指导的义务。

3. NX 公司在收走了荷村股份社的工程款后，直接扣取了合计 842,202.22 元的施工配合费以及流转税、印花税等费用。NX 公司没有任何付出即获得了 842,202.22 元的收益和利润，吕某胜在施工案涉工程时却亏损了近 200 万元。

五、裁判结果及理由

佛山市中级人民法院认为，对于合同无效，NX 公司、吕某胜均存在过错。NX 公司承接案涉工程后，明知吕某胜不具有施工资质却仍将工程转包给吕某胜施工，存在过错；吕某胜作为案涉工程的实际施工人，明知自身不具备建筑工程资质仍承接工程，亦存在过错。根据《合同法》第五十八条的规定，NX 公司案涉工程质量问题造成的损失为 6,438,790.11 元，吕某胜应承担一定的赔偿责任，NX 公司亦应自行承担部分损失。关于赔偿比例。考虑到 NX 公司与吕某胜签订合同时约定了工程质量标准和保修义务，吕某胜在案涉工程出现质量问题后未积极履行保修义务致诉讼后质量鉴定费、加固方案设计费、加固工程造价鉴定费等损失扩大，结合双方的合同履行情况，根据公平原则和诚实信用原则，酌定确定吕某胜对 NX 公司的损失承担 80% 的赔偿责任计 5,151,032.09 元。NX 公司上诉主张吕某胜承担 100% 的赔偿责任，理由不成立，不予支持。一审判决吕某胜对 NX 公司的损失承担 60% 的赔偿责任，予以纠正。

佛山市中级人民法院的最终判决如下。

1. 撤销广东省佛山市顺德区人民法院（2015）佛顺法民一初字第 658 号民事判决第二项、第三项；

2. 变更广东省佛山市顺德区人民法院（2015）佛顺法民一初字第 658 号民事判决第一项为：被上诉人吕某胜应于本判决发生法律效力之日起 10 日内向上诉人 NX 公司赔偿 3,151,032.09 元，并从 2015 年 9 月 18 日，按中国人民银行工期贷款利率向上诉人 NX 公司计付利息至款项实际清偿之日止；

3. 驳回上诉人 NX 公司的其他诉讼请求。

六、案例评析

该案中，双方对 NX 公司和吕某胜签订的《建筑工程内部承包合同》属无效合同以及 NX 公司因吕某胜的行为产生经济损失均无异议。《合同法》第五十八条规定："……有过错的一方应当赔偿对方因此所受到的损失，双方都有过错的，应当各自承担相应的责任。"因此，双方争议的焦点主要在于各自应承担损失的具体比例。人民法院在确定责任比例时，既要综合考虑双方的过错程度，也要考虑双方各自的过错对损失的原因力大小，分析各自过错与损失之间的因果关系。

佛山市顺德区人民法院在其一审判决说理部分，主要分析了 NX 公司与吕某胜各自对合同无效存在的过错，但并没有详细分析 NX 公司与吕某胜各自的过错对于 NX 公司损失的原因力大小和过错与损失之间的因果关系。同时，对 NX 公司与吕某胜各自过错的分析也基本围绕 NX 公司将工程转包给无资质的实际施工人和吕某胜明知无资质仍承接工程均违反法律强制性规定这两点展开，但没有考虑双方在合同履行过程中的行为存在何种过错以及履行中的过错与损失之间的因果关系。因此，一审法院最终认定吕某胜对 NX 公司的损失承担 60% 的责任，NX 公司对自身的损失承担 40% 的责任。

鉴于一审判决中存在前述情况，代理律师在代理 NX 公司上诉的理由中的重点就放在论述吕某胜履行合同行为中存在的过错以及 NX 公司和吕某胜各自过错与损失之间的因果关系以及原因力大小上。代理律师首先提出，NX 公司已经履行了支付质量合格工程所对应的工程价款义务，也支付了全额的保修金，NX 公司在履行合同中没有过错。但是吕某胜在收到工程款和保修金的情况下，既未交付质量合格的工程，也未全面履行保修义务，履行合同过程中存在极大的过错。其次，代理律师还提出，NX 公司将案涉工程转包给不具备资质的吕某胜的过错与 NX 公司因工程质量和保修问题遭受损失之间不存在直接的因果关系，导致该损失产生的直接原因是吕某胜未履行交付质量合格工程和保修义务。否则，即使该案存在转包，只要实际施工人能够全面履行义务，NX 公司的损失也就不会发生。

佛山市中级人民法院在二审判决中，部分采纳了代理律师的前述理由，认为应当结合双方的合同履行情况，根据公平原则和诚实信用原则，分配双方的责任比例，改判吕某胜对 NX 公司的损失承担 80% 的赔偿责任。

代理律师在该案代理过程中的不足之处在于，没有根据 NX 公司所遭受损失的不同原因区分损失的具体类型，导致进而没有具体分析双方各自过错与不同类型的损失之间的因果关系和原因力大小。具体而言，该案中 NX 公司的损失主要分为两大部分，即因工程质量问题产生的维修加固费用 5,410,187.37 元和前案诉讼过程中发生的质量鉴定费 483,000 元、加固方案设计费 286,470.27 元、加固工程造价鉴定费 100,000 元。如果说 NX 公司将案涉工程转包给并无施工资质的吕某胜和施工过程中未尽到对吕某胜的管理责任这两大过错对于案涉工程质量存在问题产生维修加固费用的损失尚有一定的因果关系，那么吕某胜不履行保修义务才是导致该案发生诉讼并产生鉴定费用的主要和直接原因，NX 公司的过错对于该部分损失并无直接因果关系，不应承担该部分损失的任何责任。最终还是佛山市中级人民法院注意到 NX 公司所遭受损失的分为两个部分，并认为质量鉴定费、加固方案设计费、加固工程造价鉴定费等损失属于吕某胜在案涉工程出现质量问题后未积极履行保修义务致诉讼后扩大的损失。①

【点评】

现阶段建筑行业中仍大量存在挂靠、转包和非法分包的情形，导致建设工程合同无效的情况频繁发生。建设工程被认定无效后，无论是建设工程质量不合格，承包人无法请求进行折价补偿进而导致因实际投入材料和人工等产生经济损失，还是虽然建设工程质量合格能够折价补偿，但发包

---

① 案号：佛山市顺德区人民法院民事判决书，（2012）佛顺法民一初字第 600 号；佛山市中级人民法院民事判决书，（2015）佛中法民三终字第 412 号；佛山市顺德区人民法院民事判决书，（2015）佛顺法民一初字第 658 号；佛山市中级人民法院民事判决书，（2016）粤 06 民终 2762 号。

人或承包人产生了质量、工期或其他方面的损失，均会面临损失如何承担的问题。

《民法典》第一百五十七条规定，民事法律行为无效、被撤销或者确定不发生法律效力后，有过错的一方应当赔偿对方由此所受到的损失；各自都有过错的，应当各自承担相应的责任。该条规定确立了，合同无效后赔偿损失的原则。但该条规定因过于原则，实践中难以直接依据该规定对当事人均有过错情况下各自应承担的责任比例进行判断和认定。

为了在建设工程合同审判实践中具体适用前述法律规定，《最高人民法院关于审理建设工程施工合同纠纷案件适用法律问题的解释（一）》第六条第一款规定："建设工程施工合同无效，一方当事人请求对方赔偿损失的，应当就对方过错、损失大小、过错与损失之间的因果关系承担举证责任。"该条规定为建设工程合同无效后，当事人均有过错的情况下判断和认定各自应承担的责任比例提供的相应方法和标准，即既要考察各自的过错大小，也要分析和判断过错与损失之间的因果关系及原因力大小。在考察各方当事人的过错大小时，不仅要考察各方对导致合同无效所存在的过错，还要考察各方在履行合同中的过错。如根据导致损失产生的原因不同，还应当将损失区分为不同类型，分别考察和分析过错大小和过错与损失之间的因果关系。

具体到该案而言，一审法院虽详细分析了双方对合同无效的过错，但没有考虑到双方在合同履行中有无过错，也没有对双方过错与损失之间的因果关系和原因力大小进行详细说明。代理律师虽然能注意到需要考察双方履行合同过程中的过错以及双方过错与损失之间的因果关系和原因力大小，但忽略了 NX 公司的损失是由两种不同原因造成的，进而没有将损失区分为两个部分分别论述双方的过错大小和过错与损失之间的因果关系。一审法院和代理律师均有失偏颇。二审法院在其民事判决说理部分，确定责任比例时能够全面考察和分析各种因素，值得我们在办理类似案件时进行学习和参考。

点评人：广东启源律师事务所律师　胡斯恒

分包人超额向实际施工人支付工程款后能否追讨管理费

广东粤通律师事务所　刘　涓

一、当事人的基本情况及案由

上诉人（原审原告）：A 公司

被上诉人（原审被告）：B 公司

被上诉人（原审被告）：陈某

案由：建设工程施工合同纠纷

二、案情介绍

2010 年 1 月 1 日，原增城市某政管理局（发包人）与 A 公司（承包人）签订《施工合同》，约定：工程名称为增城市增城广场周边灯饰光亮市政工程施工专业承包；工程暂定合同价 7,926,104.34 元（中标价）。双方此后签订补充合同，增加材料款，约定工程结算以财政评审审核为准。

2010 年 5 月 11 日，B 公司（甲方）与陈某（乙方）签订《内部合作承包协议书》，约定：甲乙双方共同以甲方名义对外与 A 公司签订工程分包合同，承接增城广场周边灯饰光亮市政工程施工专业承包项目，并由乙方承包包干经营、自负盈亏；甲方按分包工程总造价的 0.3% 收取工程管理费后由乙方包干经营，自负盈亏，管理费在每笔工程款中按相应比例收取。

A 公司（甲方）又与 B 公司（乙方）签订的《增城市增城广场周边灯饰光亮市政工程施工专业承包联合经营合同》约定："一、工程内容及联营的工程造价：甲方同建设方签订的《建筑工程承包合同》（以下简称总包合同）工程造价为 7,926,104.34 元，现暂定以 7,688,321.21 元作为乙方的工程承包总价。该工程最终总包造价以甲方与建设方的工程结算价为准，乙方应向甲方支付的相关款项按照本合同《补充协议》的有关规定执行。"

A 公司（甲方）又与 B 公司（乙方）签订《建筑工程联合经营合同补充协议》，约定："工程名称增城市增城广场周边灯饰光亮市政工程施工专业承包；乙方按照实际完成工程结算款总额的 3% 向甲方交纳施工配合费及相关税费。"

A 公司（发包方，甲方）与陈某（承包方，乙方）签订的《A 公司工程项目承包施工合同》约定："工程造价暂定以 3,887,000 元作为乙方的工程承包总价。该工程最终造价以甲方与建设单位的工程结算价为准……甲方在本工程中采取以下方式收取配合费和代扣税金等费用：乙方按照完成工程结算款总额的 3% 向甲方交纳施工配合费及相关税费。"

2016 年 6 月 30 日，A 公司与广州市增城区住房和建设局、广州市增城区财政投资评审中心共同出具的《工程评审确认表》记载，工程名称：增城市增城广场周边灯饰光亮市政工程；送审额：11,998,168.29 元；评审额：8,593,098.18 元。

2017 年 10 月 23 日，广州市增城区住房和建设局出具增住建函〔2017〕484 号《广州市增城区住房和建设局关于做好增城广场周边灯饰工程费退款工作的函》给 A 公司，要求 A 公司于 2017 年 10 月 31 日前将多收款项 260,403.31 元退回广州市增城区财政局。

2017 年 12 月 4 日，广州市增城区住房和建设局再次发函要求 A 公司将多收款项退回广州市增城区财政局。

2017 年 12 月 13 日，A 公司出具《告知函》给陈某，要求陈某将 260,403.31 元退回 A 公司账户，再从 A 公司账户退给广州市增城区财政局。

2017 年 12 月 28 日，A 公司向广州市增城区财政局的银行账户汇入 260,403.31 元。

该工程因 B 公司与陈某未将多收款项 260,403.31 元退回 A 公司产生纠纷。

原审原告 A 公司向法院起诉,请求:(1) B 公司、陈某连带返还 A 公司工程款项 260,403.31 元并支付利息;(2) B 公司、陈某承担 A 公司的律师费。

该案经历一审、二审裁定发回重审、重审一审,重审一审法院判决认定 A 公司分别与 B 公司和陈某签订的《承包联合经营合同》《联合经营合同补充协议》《承包施工合同》均为无效合同。关于 A 公司主张 B 公司、陈某返还工程款 260,403.31 元的问题,法院认定 A 公司未能举证证明其超额向 B 公司、陈某支付工程款;对 A 公司主张上述合同约定其可收取 3% 的施工配合费(即管理费),认为由于上述合同均无效,故合同中关于 A 公司可收取管理费的约定亦无效。以此驳回 A 公司的全部诉讼请求。

A 公司不服一审判决,提起上诉。

三、争议焦点

建设工程施工转包,转包合同认定无效,A 公司超额向实际施工人即 B 公司和陈某支付工程款的情况下,是否能依据《最高人民法院关于审理建设工程施工合同纠纷案件适用法律问题的解释》第二条的规定,请求实际施工人 B 公司向 A 公司退还多支付的管理费。

四、各方的意见

(一) A 公司的意见

A 公司与 B 公司、陈某的施工合同虽被认定为无效,但根据《最高人民法院关于审理建设工程施工合同纠纷案件适用法律问题的解释》第二条的规定,涉案建设工程已竣工验收合同,发包人应当参照上述合同约定结算工程价款。

根据补充协议及施工合同的约定,施工配合费(即管理费)、营业税等税收系计入工程结算价款的费用,且实际施工人取得工程价款依法也应当缴纳相关税费,故补充协议及施工合同关于施工配合费(即管理费)、营业税等税费负担的约定,属于工程结算条款。一审法院认定上述补充协议及施工合同中关于施工配合费(即管理费)的约定属于无效的意见与《最高人民法院关于审理建设工程施工合同纠纷案件适用法律问题的解释》第二条的立法原意相悖，通过补强 A 公司进行施工管理工作等人力、物力等证据，缴纳相应税费的凭证来予以佐证补充协议的相关费用应计入工程结算条款予以扣除。

（二）B 公司及陈某的意见

1. 一审法院的认定正确，涉案工程全部转包，属于违法转包行为。
2. 虽然约定由 A 公司代缴税款，但是税费是由陈某自己缴纳的。

五、裁判结果

1. 撤销广东省广州市增城区人民法院（2019）粤 0118 民初 6713 号民事判决；
2. B 公司、陈某自本判决发生法律效力之日起 10 日内共同向 A 公司返还 260,403.31 元并支付该款自 2017 年 12 月 28 日起至付清该款之日止按照中国人民银行同期同类贷款基准利率计算的利息。

六、裁判理由

二审法院认为，A 公司诉讼请求 B 公司、陈某返还多支付的工程款 260,403.31 元，根据双方的诉辩意见，双方实际争议的是涉案工程的施工配合费（即管理费）、营业税等税收是否应当由 B 公司、陈某负担的问题。

A 公司与 B 公司签订的《建设工程联合经营合同补充协议》，以及 A 公司与陈某签订的《A 公司工程项目承包施工合同》，均约定 B 公司、陈某向 A 公司按照实际完成工程结算款总额缴纳营业税等税费以及国家规定建筑企业应缴纳的全部费用。虽然 A 公司与 B 公司签订的《增城市增城广场周边灯饰光亮市政工程施工专业承包联合经营合同》和补充协议及施工合同因涉及承包人非法转包、没有资质的实际施工人借用有资质的建筑施工企业与他人签订建设工程施工合同的行为而无效，但根据《最高人民法院关于审理建设工程施工合同纠纷案件适用法律问题的解释》第二条关于"建设工程施工合同无效，但建设工程经竣工验收合格，承包人请求参照合同约定支付工程价款的，应予支持"的规定，涉案建设工程已竣工验收合格，应当参照上述合同约定结算工程价款。根据补充协议及施工合同的约定，施工配合费（即管理费）、营业税等税费系计入工程结算价款中的费用，且实际施工人取得工程价款依法也应当缴纳相关税费，故补充协议及施工合同关于施工配合费（即管理费）、营业税等税费负担的约定，属于工程结算条款，该约定系双方当事人的真实意思表示，故结算 B 公司、陈某的涉案工程价款时，应当扣减上述施工配合费（即管理费）、营业税等税费。一审法院认定上述补充协议及施工合同中关于施工配合费（即管理费）的约定亦属无效的审查意见，适用法律错误，二审法院予以纠正。上述施工配合费（即管理费）系 A 公司应当举证证明其进行了施工管理工作的事实；上述营业税等税费系实际施工人缴纳的税费，A 公司主张其代缴该税费，应当承担举证责任。因此，在 A 公司于一审中未充分举证证明其进行了施工管理工作及代缴上述税费的情况下，一审判决 A 公司承担举证不能的法律后果，并无不当。A 公司在二审中举证证明其进行了施工管理工作并代实际施工人缴纳了上述税费的事实，故 A 公司可向实际施工人收取约定的施工配合法（即管理费）并请求实际施工人返还代缴的税费。A 公司主张在与实际施工人结算涉案工程价款时扣减上述施工配合费（即管理费）和上述税费，并无不当，应当准许。

七、案例评析

作为违法分包的发包人如何向实际施工人主张超额支付的工程款是一个难题。该案经历一审驳回分包人的全部诉请、二审发回重审、重审一审驳回分包人的全部诉请，重审二审最终得到改判，支持发包人诉讼请求的过程。其中的难点在于《最高人民法院关于审理建设工程施工合同纠纷案件适用法律问题的解释》第二条中的承包人的定义是否包括发包人，另外一方是否能够在合同无效，且工程经竣工验收合格的情况下，按照合同约定主张工程价款的问题。

其一，该案通过经历长达 4 个阶段的坚持及修正，不断探索《最高人民法院关于审理建设工程施工合同纠纷案件适用法律问题的解释》第二条的立法原意。代理律师的意见印证了《最高人民法院关于审理建设工程施工合同纠纷案件适用法律问题的解释》第二条的立法原意,不仅保护承包人的利益,更注重保护工程价款结算中的意思自治。

其二,违法分包中的分包人的管理费是否能够得到支持,在司法实践中,不同的法院判决不一,该案即出现两种不同的判决结果。代理律师认为,要想管理费得到法院的支持,除了合同约定外,更应该从证据上主张分包人管理工程项目的实际管理工作,即为管理工程的报酬及劳务支出。

代理律师的代理意见完全得到二审法院的支持,使该案的坚持最终得到逆转。①

【点评】

《最高人民法院关于审理建设工程施工合同纠纷案件适用法律问题的解释》第二条关于"建设工程施工合同无效,但建设工程经竣工验收合格,承包人请求参照合同约定支付工程价款的,应予支持"的规定在实务中适用艰难。能否适用在于法院对违法分包情况的是遏制还是支持。本条款的适用前提是在合同无效下的情况,权利人如何获得相应的工程价款。该案的出现恰恰说明该条款尚有模糊不清的地带,需要通过实践不断进行修正。

点评人:泰和泰(广州)律师事务所律师　王　瀚

---

① 广州市中级人民法院民事判决书,(2020)粤01民终3503号。

财政评审报告"不予计取"的
分包合同签证工程量应当如何结算？

广州金鹏律师事务所 闫 涛

一、当事人的基本情况及案由

原告：广州某机电公司（以下简称机电公司）
被告一：广东某建设公司（以下简称建设公司）
被告二：广东某建设公司二分公司（以下简称二分公司）
案由：建设工程施工合同纠纷

二、案情介绍

被告二分公司系被告建设公司领取了营业执照的分公司。

粤西某市某环保工程BOT特许经营权及厂外管网配套工程项目（以下简称环保项目）的建设单位为该市环境保护局，总承包单位为案外人某环保公司，总承包联合体单位为案外人某装备公司，工程内容包括"厂区土建、设备及安装工程、道路、绿化、给排水、围墙工程"等。总承包合同签订后，某装备公司与被告一建设公司签订了《设备安装合作合同》（以下简称合作合同），环保项目总承包范围内的设备安装工程交由被告一建设公司施工。

合作合同签订后，被告二二分公司与原告机电公司签订《设备安装分包合同》（以下简称分包合同），将建设公司通过合作合同承接的全部工程内容交由原告机电公司施工，约定分包工程"以地方财政审核中心最终核定给项目投资方的工程结算价下浮20%为最终工程结算价"。

在分包合同履行的过程中，就软基处理问题，应被告建设公司和二分公司的要求，原告机电公司通过签证方式增加了部分工程量，工程签证单经承包单位、监理单位审核签认。原告机电公司和被告二二分公司就增加工程签订了《分包合同补充协议》（以下简称补充协议），约定增加工程量的结算也"以地方财政审核中心最终核定给项目投资方的工程结算价下浮20%为准"。

工程竣工后，由总承包单位案外人某环保公司、某装备公司编制的工程结算书对总包合同作了结算，结算内容包括案涉分包合同和签证内容，各方确认结算金额后，提交财政评审。经评审，财政评审报告认为分包合同项下的签证工程量"为总包单位风险造成，不予计取"。被告建设公司和二分公司以财政评审报告对签证工程量"不予计取"为由，拒绝向原告机电公司支付签证工程量的结算款，还欠付部分签证工程量之外的工程结算款。

原告机电公司以建设公司、二分公司为共同被告向人民法院提起诉讼。

三、争议焦点

1. 财政评审报告对签证工程量"不予计取"应如何理解。

2. 补充协议约定的"以地方财政审核中心最终核定给项目投资方的工程结算价下浮20%为准"应如何理解。

3. 财政评审报告"不予计取"的签证工程量是否应当在财政评审报告审定金额之外结算。

四、各方的意见

（一）原告的意见

1. 关于财政评审报告对签证工程量"不予计取"的理解

该案所涉财政评审，系对包括"厂区土建、设备及安装工程、道路、绿化、给排水、围墙工程"等在内的总包合同结算金额进行评审，而非仅对分包合同结算金额进行评审，评审的依据之一系总包合同。分包合同的工程量仅作为总包合同工程量的一部分而参与评审。如果分包合同部分工程量超过总包合同约定的范围,或系总包合同约定的总包单位风险内容,则该部分工程量将被"不予计取"。

在工程造价审核过程中,送审工程量被核减存在多种情况,其一为送审内容系在合同工程范围之内,应当计价,但工程量不实或价格适用错误,因此被核减数量或金额;其二为送审内容超出合同施工范围或者结算范围而不予计价。本案财政评审报告认为,本案部分签证工程系"为总包单位风险造成,不予计取",显然并非在审核后因工程量不实或价格错误予以核减,而系整体排除在评审范围之外,未作审核,系前述第二种情况。

2. 关于补充协议约定的"以地方财政审核中心最终核定给项目投资方的工程结算价下浮20%为准"的理解

补充协议约定"暂定增加的工程造价为×××元。最终分包结算价以地方财政审核中心最终核定给项目投资方的工程结算价下浮20%为准",应理解为双方确认增加工程造价需作结算,并约定以财政评审结论作为最终结算价计算或确定依据;不应理解为不能通过财政评审则不作结算的风险性或射幸性约定。理由如下。

其一,该条款明确约定了暂定增加工程造价,即双方确认该部分工程量需作结算,而非可以不作结算。

其二,《建筑法》和《民法典》合同编关于建设工程施工合同的立法原则清晰明确,即最大限度地保证建筑物质量和安全,具体规则是限制工程多次分包和转包,并且禁止低于成本价格承揽工程,其出发点是防范实际施工费用不足以覆盖合格建筑物的建设成本,造成质量或安全隐患。如果将通过财政评审作为增加工程的结算条件,则赋予分包合同以射幸合同的性质,不但违反双方的真实意思,也违背了立法原意。

3. 关于财政评审报告"不予计取"的签证工程量是否应当在财政评审报告审定金额之外结算

如上所述,财政评审的对象是总包合同,而非分包合同。原告机电公司非总包合同当事人,总包合同中关于工程范围和结算范围的约定对原告机电公司无约束力。对于财政评审范围所覆盖的分包合同的工程量,原告机电公司应当根据合同约定,接受财政评审金额。对于分包合同项下超出总包合同结算范围的工程量，应当依法处理。

在分包合同和补充协议签订和履行过程中，被告建设公司和二分公司未向原告机电公司出示和说明总包合同内容，致原告机电公司无法考察和核对财政评审结算范围和签证增加工程的对应关系，致补充协议中关于结算金额计算方式的约定客观上无法履行，其责任应由被告建设公司和二分公司承担。另外，财政评审报告明示"系总包单位风险造成"，即相关风险由总包单位承担，非因约定或法定事由，不应分包单位承担。

虽然补充协议中关于结算金额计算方式的约定客观上无法履行，但原告机电公司已经实际完成工程且验收合格，应当根据法律规定和公平原则予以结算，即参照分包合同工程未经财政评审的结算金额下浮20%处理。

（二）被告的意见

被告认为，补充协议已经明确约定"以地方财政审核中心最终核定给项目投资方的工程结算价下浮20%为准"，现财政评审报告对该部分内容"不予计取"，即不符合合同约定的支付条件，不同意支付相应工程结算款。

五、裁判结果及理由

就前述案件事实和理由，一审法院作出判决，驳回原告要求被告支付签证工程量结算款的诉求，支持了原告要求被告支付签证工程量结算款之外的欠付工程款的诉求。理由如下：补充协议已经明确约定"以地方财政审核中心最终核定给项目投资方的工程结算价下浮20%为准"，该约定不违反法律的强制性规定，合法有效，原告签订了该补充协议，则应接受相应风险。

原告机电公司不服一审判决，提起上诉。二审法院采纳上诉人（机电公司）的主要意见，撤销一审判决，改判被上诉人（被告）在财政评审结论之外结算增加的工程，支持了上诉人（机电公司）的诉求。

六、案例评析

本案的分包工程经多次转手，分包合同存在效力瑕疵。某装备公司系环保项目总承包方，与被告一建设公司签订了合作合同，名为合作，实为分包。被告二二分公司作为被告一建设公司的分支机构，将合作合同项下的全部工程内容以分包的名义交由原告机电公司施工，属于转包。根据《最高人民法院关于审理建设工程施工合同纠纷案件适用法律问题的解释（一）》的规定，分包合同存在被认定为无效合同的风险。经代理律师向原告释明建设工程施工合同被认定为无效后可能发生的相应后果，原告决定不在本案中主张合同无效。当然，如果本案将分包合同效力瑕疵作为诉讼重点处理，则分包合同被认定无效的可能性较大。但分包合同被认定无效后的结算方式是否有利于原告存在商榷空间。

就案件现有争议焦点而言，将财政评审作为确定工程结算价依据的做法在财政投资工程中十分常见。如果相应约定清晰明确可行，一般情况下，司法机关倾向于尊重双方约定的结算方式或计价方法。但是，如果非因分包单位的过错使工程量增加，且部分工程量因故未被纳入财政评审的范围，则仅由分包方单方承担该部分损失明显不当。在本案中，代理律师从增加工程量被核减原因以及原因背后各方的责任和过错等角度着手，搜集和组织证据，纠正了一审判决的错误。当然，工程施工分包单位在签订以财政评审结论为结算依据的分包合同时，应对总包合同的施工范围及结算范围作适当了解，避免分包合同与总包合同对于工程范围和工程量的约定不一致，从而导致结算争议。[①]

【点评】

本案是较为典型的涉财政评审分包工程结算争议。原告代理律师在一审判决不利的情况下，在二审程序中通过追查财政评审对部分增加工程"不予计取"的原因和理由，区分财政评审对工程量整体不纳入评审范围和纳入评审范围后予以核减的区别，得到了二审判决的认同，系通过专业知识扭转案件结果的典型案例。

点评人：广东启源律师事务所律师　胡斯恒

[①] 广东省徐闻县人民法院民事判决书，（2020）粤0825民初813号；湛江市中级人民法院民事判决书，（2021）粤08民终847号。

工程层层转包后的工程款支付义务的承担

广东格林律师事务所　李国勇

一、当事人的基本情况及案由

原告：广东 MA 交通工程有限公司（以下简称 MA 公司）

被告：广东 RJ 工程有限公司（以下简称 RJ 公司）

被告：贺某

案由：建设工程施工合同纠纷

二、案情介绍

2017 年 3 月 13 日，RJ 公司（承包人）与广州市番禺区基本建设投资管理办公室（发包人）签订《广州市建设工程施工合同》，其中约定：工程名称为 2016 年番禺区市桥街部分道路交叉口改造工程，工程地点为广州市番禺区，资金来源为财政拨款；工程规模为将现有平交进行渠化改造，相应完善交叉口范围内的交通及安全设施，并对改造后的绿化带、绿化岛进行绿化，以及对应路面标线重新标划等（具体以施工图纸为准）；合同工期为总日历天数 90 天，合同总价为 3,380,953.65 元。

合同通用条款 7.1 约定：承包人应自己实施、完成合同工程的主体结构，不得将其承包的全部工程或将其肢解后以分包的名义转包给第三方，也不得将合同工程主体结构、关键性工作分包给第三方；7.2 约定：承包人可将部分工程分包给具有相应分包资质的分包人，但未经发包人同意，承包人不得将工程的任何部分或者任何工作分包给第三方，其中施工劳务作业分包等情况属例外。

RJ 公司签约后，将涉案工程以口头协议方式全部转包给广州市 LY 建设工程有限公司，2017 年 3 月 29 日，LY 公司（发包方、甲方）与被告贺某（承包方、乙方）签订《合作协议书》，LY 公司将涉案工程转包给贺某，其中约定：工程名称为 2016 年番禺区市桥街部分道路交叉口改造工程，工程地点为广州市番禺区；工程规模为将现有环形平交改造成渠化平交，相应完善交叉口范围内的交通及安全设施，并对改造后的绿化带、绿化岛进行绿化，以及对应路面标线重新标划等（具体以施工图纸为准）；工程合同造价为 3,380,953.65 元；合同工期为总日历天数 90 天，开工日期以发包人批准的开工日期为准，暂从 2017 年 2 月 26 日至 2017 年 5 月 25 日。

贺某承接前述工程后，又将部分工程转包给该案原告 MA 公司施工，MA 公司为了保证自己的权益，要求与被告 RJ 公司就涉案工程部分签订施工合同，贺某遂找到周某要求按 MA 公司的要求与 RJ 公司签订合同，经周某斡旋，2017 年 4 月 20 日 MA 公司与 RJ 公司签署了 4 份《2016 年番禺区市桥街部分道路交叉口改造工程合同》，被告贺某在其中一份合同上签署了自己的名字，按照合同约定，工程合同总价款为 450,797 元；被告 RJ 公司应于合同签订后 3 日内向原告支付本工程总价款的 20%（即 90,159.4 元）作为本工程的预付款；工程实施过程中根据现场的实际施工情况由原告申请工程进度付款，付款金额为完成数量的该批次工程款的 80%。在所有工程验收合格后一次性向原告支付工程结算款的 95%（即 338,097.75 元）；剩余 5%（即 22,539.85 元）质保款在质保期满一年后 5 个工作日内一次性支付给原告。

随后，原告 MA 公司进场施工，工程竣工验收后，贺某未支付任何工程款，MA 公司也未能提供任何结算资料，经向被告贺某及 LY 公司负责人周某多次讨要无果之后，MA 公司遂依据与 RJ 公司的前述工程施工合同对 RJ 公司及贺某向广州市番禺区人民法院提起该案诉讼。

原告的诉请为：（1）二被告向原告支付拖欠工程 450,797 元；（2）二被告向原告支付欠付工程款利息（其中，以欠付工程款 90,159.40 元为基数，自 2017 年 4 月 24 日起至 2019 年 8 月 19 日止，按中国人民银行发布的同期同类贷款利率计算；以欠付工程款 338,097.75 元为基数，自 2018 年 12

月 1 日起至 2019 年 8 月 19 日止，按中国人民银行发布的同期同类贷款利率计算；以欠付工程款 450,797 元为基数，自 2019 年 8 月 20 日起至付清之日止，按全国银行间同业拆借中心公布的贷款市场报价利率计算）；（3）由二被告承担该案的全部诉讼费用。

三、争议焦点

1. 上述涉案交通设施改造工程合同的签订情况及各方的关系。
2. 涉案交通设施改造工程施工、结算情况。

四、各方的意见

（一）原告的意见

原告主张：原告与被告 RJ 公司共签订了 4 份交通设施改造工程合同，原告持有两份合同原件，其中一份有被告贺某的签名，一份没有被告贺某的签名，另外两份合同原件给了被告贺某；周某承接了被告 RJ 公司的分包工程，周某又将工程转包给被告贺某，被告贺某与周某之间有分包协议，被告贺某将工程分包给原告；周某和被告贺某为涉案工程的分包人，因为工程项目合作的特殊性，原告与被告 RJ 公司直接签订了涉案交通设施改造工程合同，该合同由原告给被告贺某拿给被告 RJ 公司盖章，原告出于安全考虑让被告贺某在合同上签名，案涉工程的合同相对方是原告与被告 RJ 公司、贺某，涉案交通设施改造工程由原告实际施工；按照原告与被告贺某之前的工程合作模式，被告贺某是分包人，但该案的工程中，原告与工程的总包方即被告 RJ 公司直接签订了工程合同。

合同签订后，原告已按照双方约定履行了义务，该工程已完工，且原告已将工程移交给被告 RJ 公司，被告 RJ 公司也已将该工程投入使用，目前该工程质保期已经届满。另外，被告贺某在上述工程合同上签字，同时在原告的多次沟通中同意向原告支付工程款，故被告 RJ 公司及贺某应按合同约定支付工程款。

（二）被告 RJ 公司的意见

被告 RJ 公司确认原告提交的交通设施改造工程合同上系被告 RJ 公司的印章，但主张因未经发包方广州市番禺区基本建设投资管理办公室同意，该合同无效，且该合同未实际履行，原告在提起诉讼前从未依据合同约定向原告主张过工程款，原告也与被告贺某没有关系，原告提供的微信往来人员及被告贺某均非被告 RJ 公司的员工。

原告未能提交任何现场施工过程资料、竣工验收文件、结算资料等证据证明其对涉案工程进行过实际施工。原告也未举证证明其曾按合同约定向原告主张过工程预付款、进度款。即便是原告曾对涉案工程进行过实际施工，根据涉案合同价款的规定，双方也应按实际完成的工程量进行结算，原告未举证证实其实际完成的工程量，依法应承担举证不能的法律后果。

确定涉案工程为 2016 年番禺区市桥街部分道路交叉口改造工程的一部分，涉案工程的主材为被告 RJ 公司购买；被告 RJ 公司中标该改造工程后，将工程分包给 LY 公司施工，不清楚 LY 公司是自行施工还是再分包；在该案纠纷发生前，被告 RJ 公司一直与 LY 公司结算工程款。

（三）被告贺某的意见

被告贺某经传票传唤未出庭应诉，但其在庭审后前往法院接受了法庭询问。贺某的主要意见：2016 年番禺区市桥街部分道路交叉口改造工程，被告 RJ 公司是中标单位及总承包方，并把工程转包给 LY 公司（法定代表人是周某），被告贺某向 LY 公司承接该工程，被告贺某并非原告或被告 RJ 公司的员工；被告贺某与 LY 公司签订了合作协议书之后，原告找到被告贺某要求承接交通设施部分的工程施工，被告贺某就告知 LY 公司将交通设施部分交给原告施工，对此情况被告贺某没有再与 LY 公司更改已签订的协议，原告也没有与被告贺某或 LY 公司单独签订协议，因原告想直接与中标单位对接，故原告与被告 RJ 公司直接就交通设施部分签订了合同，该交通设施改造工程合同是包含在 300 多万元的协议里面的；但上述交通设施改造工程合同是用来开具发票，非实际施工合同；确认原告提交的交通设施改造工程合同上的签名是被告贺某本人所签，是应原告要求代表原告在每一页上签名，合同最后一页在被告 RJ 公司下方联系人处的签名是笔误，有被告贺某签字的交通设施改造工程合同原件应该只有周某持有；被告贺某不清楚被告 RJ 公司由谁负责该工程，与被告 RJ 公司没有直接联系，被告 RJ 公司只认 LY 公司；被告贺某与周某就被告贺某负责的市政部分施工已按实际施工量大部分结算，周某已经将市政部分的工程款 150 多万元支付给被告贺某，剩下的需要验收合格后再结算；对于原告施工部分（交通设施）的结算，由周某与被告 RJ 公司结算后再支付工程款给原告；被告 RJ 公司已经收到业主 80% 的工程款，并同意支付 LY 公司 80%，被告 RJ 公司正在与 LY 公司办理结算，LY 公司收到工程款后再分别与被告贺某、原告进行结算。无法联系周某到庭接受询问。

五、裁判结果

一审判决内容如下。

1. 被告贺某应于本判决发生法律效力之日起 7 日内向原告 MA 司支付工程款 450,797 元及利息（利息以 450,797 元为基数，自 2020 年 5 月 28 日起至清偿日止按全国银行间同业拆借中心公布的贷款市场报价利率计算）；

2. 驳回原告 MA 公司对 RJ 公司的全部诉讼请求。

六、裁判理由

关于涉案交通设施改造工程的相对方及实际施工方问题。结合原、被告关于交通设施改造工程合同签订过程的陈述及双方提供的证据等情况，原告与被告 RJ 公司就上述交通设施改造工程合同只是在形式上签订，双方未直接形成合同关系，也未实际履行该合同，结合原告与被告贺某关于工程发包的陈述及双方就此工程进行的微信往来及被告贺某提供的《合作协议书》，交通设施改造工程实际系由被告贺某发包给原告施工，双方是该工程的相对方，故原告要求总承包方被告 RJ 公司承担支付该案工程款责任，依据不足，法院不予支持。另外，被告贺某确认原告为交通设施改造工程的施工方，结合原告提供的微信往来记录，原告主张其为涉案交通设施改造工程的实际施工方，具有高度可能性，法院予以采纳，故原告作为涉案交通设施改造工程的实际施工方有权要求发包方被告贺某支付相应工程款。

关于原告主张的工程款及利息的诉讼请求。对于涉案交通设施改造工程的结算情况，双方均未提供相关证据。原告主张已按交通设施改造工程合同施工完毕，因相关施工结算材料遗失，故要求按合同约定的总价450,797元支付工程款。结合涉案整体工程已完工且验收完毕，在被告贺某自认原告就涉案交通设施改造部分已施工完毕，双方未就工程质量提出异议的情况下，被告贺某亦在交通设施改造工程合同上签名确认，且未对原告主张按合同价支付工程款提出异议，故法院支持原告该主张，被告贺某应按上述交通设施改造工程合同约定的金额支付原告工程款450,797元。关于利息，因原告未提供其实际施工量及双方曾就交通设施改造工程进行结算的证据，其主张按该交通设施改造工程合同的约定分段支付利息，依据不足，法院结合该案的实际情况支持利息从起诉之日即2020年5月28日起算。原告主张的利息计算标准，符合相关规定，法院予以支持。故法院支持利息以450,797元为基数，按同期全国银行间同业拆借中心公布的贷款市场报价利率自2020年5月28日起计算至全部工程款清偿之日止。

被告贺某经法院传唤未到庭参加诉讼，视为放弃相应的诉讼权利，法院依法作出缺席判决。

该案判决下发后，各方均服判。

七、案例评析

该案的亮点在于坚持了合同相对性原则，即便是在承包人已与实际施工人签订了工程施工合同的情况下，仍强调合同的实际履行情况，未援引《最高人民法院关于审理建设工程施工合同纠纷案件适用法律问题的解释》第二十六条的规定，要求承包人承担支付工程款的责任。[1]

【点评】

该案涉案工程被多层转包，工程转包行为及合同关系复杂。被告RJ公

---

[1] 广州市番禺区人民法院民事判决书，(2020) 粤0113民初8335号。

司（承包人）与发包人签订《广州市建设工程施工合同》后，被告 RJ 公司将涉案工程以口头协议方式转包给 LY 公司，LY 公司又将涉案工程转包给被告贺某并与贺某签订《合作协议书》，被告贺某又将涉案工程转包给原告 MA 公司施工。原告 MA 公司为了保证自己的权益，要求与被告 RJ 公司就涉案工程签订施工合同，于是被告贺某找到 LY 公司负责人周某斡旋，最终原告 MA 公司与被告 RJ 公司签署了 4 份施工合同，被告贺某在其中一份合同上签署了自己的名字。被告 RJ 公司通过证据向法院还原了涉案工程转包、原告 MA 公司与被告 RJ 公司签订施工合同的真实过程，最终法院采信了被告的主张，根据工程转包的实际履行情况认定原告 MA 公司与被告贺某是合同相对方，没有简单地依据原告 MA 公司与被告 RJ 公司签订的书面合同认定被告 RJ 公司是相对方，并使被告 RJ 公司免于向原告 MA 公司的付款责任，被告 RJ 公司取得了客观公正的裁判结果，一审判决后原、被告皆服判未上诉。该案堪称经典，值得推荐。

点评人：广州金鹏律师事务所律师　周林飞

自然人签字的工程结算单的效力认定

广东红棉律师事务所　马敬山

一、当事人的基本情况及案由

原告：赵某

被告：L 劳务公司

案外人：H 建工公司、郭某、先某

案由：承揽合同纠纷

二、案情介绍

2015 年，云南师范大学附中附小项目呈贡校区工程项目由 H 建工公司总承包，后 H 建工公司将该项目违法分包给 L 劳务公司，L 劳务公司再将上述项目的铝合金门窗施工分包给赵某施工。

2015 年 5 月 11 日，赵某与 L 劳务公司签订《铝合金门窗工程分包施工合同》，约定：赵某以包工包料的形式完成承包范围内的铝合金门窗施工工程，由 L 劳务公司指定施工范围，按包干价 235 元/平方米计算工程款。合同签订后，赵某按照合同约定履行采购、设计图纸及施工安装等所有合同义务，后工程移交并验收合格。

2018 年 6 月 29 日，赵某与 L 劳务公司共同进行工程量及工程款的核算，并制作了《铝合金班组结算工程量清单》。《铝合金班组结算工程量清单》由赵某及 L 劳务公司项目负责人周某签字确认，但没有 L 劳务公司的公章。

《铝合金班组结算工程量清单》显示，工程量约 15,199 平方米，工程总价款小计 3,567,740.09 元，已付工程款 3,213,956.51 元。尚有 353,783.58 元工程款未支付。因多次追讨工程款无果，赵某只好诉至法院。

三、争议焦点

1. 周某是否为 L 劳务公司的员工。
2. 周某是否有签字的权力，有无授权，是否构成表见代理。
3. 双方是否完成了结算。
4. 先某是否为 L 劳务公司的大股东，是否为 H 建工公司的负责人。
5. L 劳务公司是否应当按照《铝合金班组结算工程量清单》中的结算金额给付劳务工程款。

四、各方的意见

（一）原告赵某的意见

1. 周某是 L 劳务公司的员工。

原告通过举证，认为另案的（2018）云 0114 民初 896 号判决书中，周某作为 L 劳务公司的特别授权代理人，足以证明周某是 L 劳务公司的员工。另外，工程项目中，公司不为员工购买保险是一种普遍现象，不能用社会保险的有无判断周某是否在公司工作。

（2018）云 0114 民初 896 号案于 2018 年 3 月 16 日受理，2018 年 10 月 10 日判决，周某于 2018 年 6 月 29 日代表 L 劳务公司签订了《铝合金班组结算工程量清单》。

2. L 劳务公司应当按照《铝合金班组结算工程量清单》中的结算金额给付劳务工程款。

在另案的（2018）云 0114 民初 896 号判决书中，出现了由周某签署的结算单材料，并且该结算单作为另案证据被法院采纳。该案中的情况与另案的情况高度一致，因此可以证明 L 劳务公司授权周某签署结算单。L 劳务公司应当对其授权员工的行为负责。

同时，应当指出，L 劳务公司没有在结算单上盖公章是 L 劳务公司的常规操作，这样对 L 劳务公司的赖账行为提供了便利，亦增加了权利人的举证难度。

3. 原告提供了先某和郭某的聊天记录。先某代表 L 劳务公司，郭某系周某的包工头即负责人，从双方的对话中明显能看出，郭某给先某完成工作，但先某对支付工程款态度消极。

4. 一审原告赵某提起上诉，在二审中补充提交了如下证据：

（1）证据七：周某书写的证明书、周某的身份证复印件。证明书的主要内容为"本人周某，是 H 建工集团有限责任公司云南分公司的预算工程师，公司老板是先某。L 劳务有限公司与 H 建工集团有限责任公司云南分公司是同一个老板先某。云南师范大学附中附小项目呈贡校区是周某负责项目的预算、结算，劳务有限公司的结算也是周某负责"。该证明书主要证明周某在建工集团云南分公司、L 劳务有限公司做预算工程师，负责项目预结算，周某与赵某完成结算工作。

（2）证据八：建工集团云南分公司、云南黑工集团项目管理有限公司主体信息。证明先某是 H 建工集团云南分公司负责人，是云南 H 建工集团项目管理有限公司的法定代表人，该证据证明上述两公司与 L 劳务有限公司是同一实际控制人。

（3）证据九：L 劳务有限公司的主体信息。该证据证明先某是 L 劳务有限公司的大股东，实际控制人。先某是 H 建工集团云南分公司负责人，是云南 H 建工集团项目管理有限公司的法定代表人，证明上述两公司与 L 劳务有限公司是同一实际控制人。

（二）被告 L 劳务公司的意见

被告 L 劳务公司辩称，公司对与原告之间的合同事实认可，原告按合同约定完成了其安装义务公司也认可，对原告提交的《铝合金班组结算工程量清单》不认可。清单上的核算人"周某"不是公司的员工，公司也没有授权托他与原告进行核算；清单上没有盖公司的印章，也没有公司的法定代表人签名确认，以此证明双方之间根本就没有进行过核算。故原告提交的清单上公司尚欠 353,783.58 元的金额公司不予认可，请求驳回原告的诉讼请求。

五、裁判结果

一审：四川省合江县人民法院判决如下：驳回赵某的诉讼请求。

二审：四川省泸州市中级人民法院判决如下：（1）撤销四川省合江县人民法院（2022）川0522民初501号民事判决；（2）L劳务公司于本判决生效之日起10日内，给付上诉人赵某劳务工程款353,783.58元，并自2018年9月29日起按照中国人民银行授权全国银行间同业拆借中心公布的一年期贷款市场报价利率（LPR）标准计算利息至付清之日止。

六、裁判理由

（一）一审法院

1. L劳务公司否认周某是公司的员工，并列举了公司在那一时间段购买了社保的员工的证明材料。赵某质证认为，工程项目中，公司不为员工购买保险是一种普遍现象，并提交了（2018）云0114民初896号判决书予以证明。法院认为，只要在公司上班，就应当认定为公司的员工；公司没有为员工购买社会保险，不一定代表他没在公司上班。故此，法院对赵某的质证意见予以采纳，L劳务公司提交的证据无法证明其证明目的。赵某提交的判决书上载明周某是公司员工，若L劳务公司没有出具手续证明周某是其公司的员工，法院是不可能在判决书上这样写的。因此，可以推定赵某在安装铝合金门窗工程那段时间周某是L劳务公司的员工。

2. 赵某提交了《铝合金班组结算工程量清单》，证明与L劳务公司进行了结算，L劳务公司应按照清单上载明的尚欠金额353,783.58元予以支付。L劳务公司质证认为，公司没有授权周某与赵某进行核算；清单上既没有盖公司的印章，也没有公司的法定代表人签名确认，赵某提交的清单无法证明赵某与公司进行了最终的核算，赵某以此提起给付之诉，达不到其证明目的。法院认为，赵某提交的（2018）云0114民初896号判决书只能证明周某在此案的审理中系特别授权，不能代表与赵某核算L劳务公司也进行了授权。即使周某为L劳务公司的员工，其与赵某进行了核算，其在没有得到L劳务公司授权的情况下，与赵某进行的核算，显然对L劳务公司没有约束力。从另一个方面说，若 L 劳务公司在《铝合金班组结算工程量清单》上加盖了公章或其法定代表人签字予以确认，即使没有授权周某核算，也能表明 L 劳务公司在事后予以了追认。虽赵某提交了郭某与 L 劳务公司股东先某的微信聊天记录和电话通话录音，但其聊天和通话的内容及先某只是股东的身份也达不到 L 劳务公司事后对结算进行了追认的目的。另赵某也没有提交周某构成表见代理的证据。法院认为，原告提交的证据不足以证明周某与自己进行结算是在被告 L 劳务公司授权的情况下进行的，也没有证据证明事后得到了 L 劳务公司的追认，也没有提交周某构成表见代理的证据，因此，原告与周某之间进行结算的《铝合金班组结算工程量清单》这一结算凭据对被告 L 劳务公司不能产生法律上的约束力，原告以清单上载明的未付工程款金额要求被告 L 劳务公司支付，不应得到法院的支持。

（二）二审法院

二审法院认为，该案的争议焦点只有一个，即被上诉人是否应当按照《铝合金班组结算工程量清单》上的结算金额给付上诉人劳务工程款。对此，二审法院认为，第一，关于周某的身份，根据已经发生法律效力的昆明市呈贡区人民法院（2018）云 0114 民初 896 号民事判决，该判决中明确载明"委托诉讼代理人：周某，男，1989 年 6 月 25 日生，汉族，该公司员工，特别授权代理"，该案于 2018 年 2 月 12 日立案，2018 年 10 月 10 日判决，根据上述内容，二审法院认定，周某在该时间段，上诉人自认周某为该公司员工。而该案中，双方结算时间为 2018 年 6 月 29 日，在上述时间段范围内；同时，被上诉人在一审期间提供的《社会保险参保证明》，明确 2018 年 4 月至 2018 年 7 月未给周某购买社会保险，据此主张周某不是该公司的员工，明显不能成立。根据二审法院二审调取的证据，在 2018 年 7 月后，被上诉人依然没有给周某购买社会保险，但在昆明市呈贡区人民法院（2018）云 0114 民初 896 号案件中，周某却以该公司员工的身份代理该案。第二，经二审查明，先某系 H 建工集团项目管理有限公司的法定代表人，H 建工集团云南分公司负责人，被上诉人的第一大股东，故先某可以代表被上诉人。案外人郭某与先某的微信聊天记录，先某在二审中认可该聊天记录的真实性，上诉人赵某认可郭某为其工地负责人，故上述聊天记录，二审法院予以采纳。此聊天记录，进一步印证了《铝合金班组结算工程量清单》的真实性。综上，上诉人的上诉理由和请求成立，一审判决驳回上诉人的诉讼请求不当，二审法院依法予以改判。关于被上诉人在一审期间主张的工程款占用利息，二审法院认为，上诉人与被上诉人于2018年6月29日结算，法院酌定给予被上诉人三个月履行期，其后计算该资金占用利息。据此，判决如下：

1. 撤销四川省合江县人民法院（2022）川0522民初501号民事判决；

2. L劳务公司于本判决生效之日起10日内，给付上诉人赵某劳务工程款353,783.58元，并自2018年9月29日起按照中国人民银行授权全国银行间同业拆借中心公布的一年期贷款市场报价利率（LPR）标准计算利息至付清之日止。

七、案例评析

建设工程纠纷中，因工作人员导致的表见代理认定是一个难题。由于挂靠、违法分包行为在建筑市场十分普遍，因此表见代理在建设工程案件中变得异常复杂。建筑市场人员流动较大，加之付款方拖延付款等，结算时间大大延后。

该案中，周某实际上为L劳务公司的负责人之一，既没有授权委托书，也没有工作证明，但以单位名义实施的行为是履行职务的行为。授权行为基于基础法律关系产生，因此效力从属于基础法律关系。赵某在施工过程中，因为周某是L劳务公司管理人员，对周某的签名有正当信赖。"有理由相信"即为"善意无过失的相信"，应当建立在相对人已经对行为人的代理权外观尽到合理审核义务的基础之上。换言之，代理权表象形式要素与相对人善意无过失的主观要件之间具有因果关系，代理权外观成立导致相对人的合理信赖。

在涉建设工程商事案件中，相对人常处于弱势缔约地位，往往缺少完备的书面合同保护。发生争议后，就获取证据的手段来说，其亦多处于证据弱势地位。此时，建筑单位如果以行为人不是本单位职工、未得到本单位授权为由，抗辩其与相对人之间不存在合同关系，则对相对人十分不利。

相对人善意无过失，所谓主观上的善意，是指相对人不知道且不应当知道无权代理人实际上没有代理权。所谓无过失，是指相对人不知道行为人没有代理权并非因疏忽大意或懈怠造成的。相对人主张表见代理成立的，应证明缔约时其有充分的理由相信行为人有代理权，其在缔约时已尽到合理的注意审核义务。建筑单位是否知道项目经理的行为及是否参与合同履行。建筑单位对实际施工人的缔约或结算行为进行追认的，无权代理转化为有权代理。如果建筑单位明知实际施工人以其名义进行商事交易，而不予阻止或不作否认表示的，该沉默构成默示方式的追认，类似于德国法上的"容忍代理"。即使认为默示不是一种追认的意思表示，只是使无权代理具有了权利外观而变成表见代理，只要相对人能够求证该默示行为的客观存在，就应认定其已尽到善意无过失的审核义务，就可以发生由建筑单位承担责任的法律后果。此外，在合同履行的过程中，如果曾有代理行为的，还应当考察综合判断是否成立追认。①

【点评】

该案的难点在于原告如何证明周某签署的《铝合金班组结算工程量清单》，构成对被告L劳务公司的表见代理。周某没有L劳务公司和其法定代表人的授权委托书，也没有L劳务公司的工作证明。作者作为诉讼代理人，代表原告提交了L劳务公司的另案判决文书，另案于2018年2月12日立案，2018年10月10日判决，在该时间段内上诉人自认周某为该公司员工。该案周某签字时间（即双方结算时间）为2018年6月29日，在上述时间段范围内。另外，作者提供了L劳务公司实际控制人先某与原告的微信聊天记录，证明先某对周某签署的结算认可或默认。因此即使被告L劳务公司举证证明2018年6月没有为周某购买社保，二审法院仍采信了原告方的代

---

① 四川省合江县人民法院民事判决书，(2022) 川 0522 民初 501 号；四川省泸州市中级人民法院民事判决书，(2022) 川 05 民终 1374 号。

理意见，认定《铝合金班组结算工程量清单》的真实性及周某签署的行为构成对 L 劳务公司的表见代理，并最终支持原告方的诉讼请求。该案在一审败诉的基础上，在二审获得改判，实属精彩，值得学习借鉴。

点评人：广州金鹏律师事务所律师　周林飞

建设工程施工合同纠纷中总承包公司是否对劳务施工人承担连带责任

广东红棉律师事务所　马敬山

一、当事人的基本情况及案由

原告：鲍某

被告一：HYC（邯郸）实业有限公司

被告二：HB 建设集团有限公司

被告三：胡某

被告四：何某

重审被告：吴某

案由：建设工程施工合同纠纷

二、案情介绍

鲍某诉 HYC（邯郸）实业有限公司（以下简称 HYC 公司）、HB 建设集团有限公司（以下简称 HB 建设公司）、胡某、何某劳务合同纠纷一案，于 2020 年 8 月 12 日在河北省邯郸市邯山区人民法院开庭审理。

被告 HYC 公司开发的华耀城一期精品区交易市场 DK-11、DK-12 地块由 HB 建设公司总承包，HB 建设公司代表吴某将华耀城交易市场 DK-11、DK-12 项目劳务转包给该案第三被告胡某，胡某又将华耀城交易市场 DK-11 地块项目中的一部分劳务转包给该案第四被告何某，何某与原告鲍某于 2016 年 5 月 1 日补签河北邯郸华耀城精品三区人工费承包协议，实际上原告于 2015 年 12 月初开始施工，于 2017 年 8 月完工，施工范围为邯郸华耀城精品三区内铺 A1、A2、A3、A4、A5、A6、A7、A8、D1、D2、D3、D4、D5、D6、D7、D8、C5、C6、C7、C8 共 20 栋，外铺 4A、4A2、AD（1-2）段、4C 一段，2 段的 1/2，共计 80,179 平方米。后该案被告 HB 建设公司与原告协商后约定为施工建筑面积 79,834.68 平方米，按照 235 元/平方米计算，价款合计为 79,834.68×235＝18,761,149.8 元，HB 建设公司尚有 30 万元未支付，但承诺在 2020 年 7 月底支付并在邯山区住房与城乡建设局备案。在施工时，何某在协议约定外新增华耀城精品三区三个门头，将南门头、北门头、西门头共计 600 平方米（门头款已经付清）交给原告施工。将精品三区内的楼梯地砖、通道地砖、外墙饰面砖、刚性屋面保护层、公共卫生间地砖、墙砖都交由原告施工，人工费共计 959,312 元尚未支付。原告于 2017 年 8 月完成施工，HYC 公司验收合格且已将部分商铺出售，商户已经开始经营使用，而原告的外墙贴砖人工费 959,312 元没有结算。HB 建设公司表示钱已经付给何某，何某表示并没有完全收到款项。2019 年 10 月 24 日原告与 HB 建设公司签订邯郸华耀城项目建设工程结算单，结算单显示尚有 130 万元劳务费未结清。随后 HB 建设公司陆续给了原告一部分，同时在邯山区住房与城乡建设局备案，在 2020 年 7 月底全部支付。2020 年 7 月原告与被告因劳务合同纠纷起诉至邯山区人民法院后，HB 建设公司未结清所剩 155,000 元。原告带领工人施工的过程中，为了工期进度，经何某要求垫付施工过程中需要的零星辅料和机器设备共计 798,346 元。原告多次要求何某支付，何某以没有收到劳务款为由拒绝支付，截至法院立案，依旧没有支付。

原告鲍某向法院提出诉讼请求：（1）判决四被告连带支付原告劳务费人民币 959,312 元；（2）判决由四被告承担该案的诉讼费。后增加诉讼请求：（1）判决 HB 建设集团有限公司支付原告劳务费 155,000 元；（2）判决四被告共同支付原告垫付的零星辅料和机器设备费共计 798,346 元。

邯山区人民法院认为，本案为劳务合同纠纷，华耀城将其开发的邯郸华耀城一期精品区交易市场 DK-11、DK-12 地块施工总承包给 HB 建设公司，后 HB 建设公司签约代表吴某将该项目的劳务工程承包给胡某，胡某又将该 DK-11 地块项目中的部分劳务工程承包给何某，何某又与鲍某签订河北邯郸华耀城精品三区人工费承包协议,并在劳务结算清单中确认鲍某的施工建筑面积为79,834.68平方米,主体人工费按每平方米245元计算,合同外贴砖总计959,312元等未付。根据《最高人民法院关于审理建设工程施工合同纠纷案件适用法律问题的解释》第二十六条"实际施工人以转包人、违法分包人为被告起诉的,人民法院应当依法受理。实际施工人以发包人为被告主张权利的,人民法院应当追加转包人或者违法分包人为该案第三人。发包人只在欠付工程价款范围内对实际施工人承担责任"的规定,鲍某作为邯郸华耀城一期精品区交易市场DK-11地块项目中部分劳务工程的实际施工人,2019年10月24日HB建设公司签约代表吴某的授权委托人吴某某与鲍某签署的《邯郸华耀城项目建设工程结算单》确认未付鲍某款项为130万元。吴某为了保障工程的顺利进行,承诺如果鲍某作为实际施工人完成后续工作,同意直接与鲍某结算,结算价格为每平方米235元,吴某垫付胡某、何某拖欠的工程款给鲍某班组,相应数项纳入工程结算额,施工完成后由吴某与鲍某班组结算。事实上,鲍某实际施工的邯郸华耀城一期精品区交易市场DK-11地块项目中部分劳务工程已完工;鲍某于2019年10月24日至2020年6月16日收到HB建设公司签约代表吴某支付的款项共计114.5万元,吴某作为HB建设公司的签约代表,其行为构成表见代理,故鲍某主张HB建设公司支付劳务费155,000元(1,300,000 - 1,145,000元)的诉请,法院予以支持。何某确认鲍某的施工建筑面积为79,834.68平方米,主体人工费按每平方米245元计算,HB建设公司签约代表吴某的授权委托人吴某某与鲍某签署的《邯郸华耀城项目建设工程结算单》,确认鲍某的施工建筑面积为79,834.68平方米,结算单价每平方米235元,故鲍某主张HB建设公司、胡某、何某支付合同外贴砖劳务费959,312元及垫付的零星辅料和机器设备费798,346元[79,834.68平方米×(245 - 235)]的诉请,法院予以支持。根据《最高人民法院关于审理建设工程施工合同纠纷案件适用法律问题的解释》第二十六条"实际施工人以转包人、违法分包人为被告起诉的,人民法院应当依法受理。实际施工人以发包人为被告主张权利的,人民法院可以追加转包人或者违法分包人为该案当事人。发包人只在欠付工程价款范围内对实际施工人承担责任"的规定，鲍某主张 HYC 公司承担责任的诉请，根据其提交的现有证据，尚不足以证实 HYC 公司存在欠付工程价款的行为，故对其该项主张法院不予支持。原告所诉，符合法律规定的部分，法院予以支持。

故此，邯山区人民法院一审作出（2020）冀 0402 民初 2428 号民事判决书：（1）HB 建设公司、胡某、何某于本判决生效之日起 10 日内共同支付鲍某劳务费 959,312 元；（2）HB 建设公司于本判决生效之日起 10 日内支付鲍某劳务费 155,000 元；（3）HB 建设公司、胡某、何某于本判决生效之日起 10 日内共同支付鲍某垫付的零星辅料和机器设备费 798,346 元；（4）驳回鲍某的其他诉讼请求。

HB 建设公司依法向河北省邯郸市中级人民法院提起上诉。上诉理由为：（1）上诉人与被上诉人鲍某、胡某、何某没有合同关系；（2）被上诉人不是法律上的实际施工人，仅是劳务班组负责人，不能突破合同相对性向上诉人主张权利；（3）原审法院认定案外人吴某对上诉人构成表见代理缺乏依据；（4）案外人吴某与鲍某完成工程结算，案外人吴某在该案中具有这么重要的法律地位，既没有被追加为被告，也没有被追加为第三人，遗漏了重要的诉讼主体；（5）被上诉人鲍某的各款项已经结算并支付完毕。所以，上诉人与被上诉人之间没有任何法律关系，亦没有支付款项的事实和经济往来，一审法院遗漏诉讼主体案外人吴某，一审判决在法律关系和事实认定上存在错误，适用法律错误。

河北省邯郸市中级人民法院开审审理后，认为原判认定事实不清，违反法定程序，遗漏必要的当事人参加诉讼，发回后应追加吴某参加该案诉讼，进一步查清案件事实，故于 2021 年 8 月 11 日，作出（2021）冀 04 民终 3250 号民事裁定书，撤销河北省邯郸市邯山区人民法院（2020）冀 0402 民初 2428 号民事判决，发回河北省邯郸市邯山区人民法院重新审理。

河北省邯郸市邯山区人民法院另行组成合议庭重新审理此案后，依法追加吴某为该案被告。原告鲍某向法院提出诉讼请求：（1）判决五被告连带支付原告劳务费人民币 959,312 元。（2）判决由五被告承担该案诉讼费。后增加两项诉讼请求：（1）请法院判决 HB 建设公司及被告吴某支付原告劳务费 155,000 元。（2）请法院判决五被告共同支付原告垫付的零星辅料和机器设备费共计798,346元。

根据当事人的陈述和经审查确认的证据,法院认定事实如下:2015年12月5日,HYC公司与HB建设公司签订《邯郸华耀城一期DK-11地块精品区交易市场施工总承包合同之补充合同》和《邯郸华耀城一期DK-12地块精品区交易市场施工总承包合同之补充合同》,将HYC公司开发的邯郸华耀城一期精品区交易市场DK-11和DK-12地块施工总承包给HB建设公司;2015年12月22日,HB建设公司与吴某签订《邯郸华耀城项目建筑安装工程内部承包协议》,将该工程转包给吴某;2015年12月1日,吴某与胡某签订《劳务承包合同》,将该项目的劳务工程分包给胡某;2016年1月9日,胡某与何某签订《劳务承包合同》,又将该DK-11地块项目中的劳务工程分包给何某;2016年5月1日,何某与鲍某补签《河北邯郸华耀城精品三区人工费承包协议》。案涉工程现已完工。

2017年12月26日,胡某出具《授权书》,将其与吴某签订的邯郸华耀城精品三区劳务合同中何某施工队的民工工资结算事宜授权给何某。胡某在授权人胡某处按捺指印。2018年5月8日,胡某又对《授权书》再次确认,并重新出具《授权委托书》。何某与鲍某于2019年6月19日签署《邯郸华耀城一期DK-11地块何某施工队跟鲍某劳务结算清单》,双方确认"鲍某的施工建筑面积为79,834.68平方米,主体人工费按每平方米245元计算为19,559,496.6元;大门头工程款为153,000元;合同外贴砖工程款总计959,312元;至2019年6月19日止,共计支付鲍某15,967,400元,总结算还应付鲍某人工费4,704,409元"。何某在发包人处签字捺印,鲍某在承包人处签字捺印。

2019年10月24日,吴某的授权委托人吴某某与鲍某签订《邯郸华耀城项目建设工程结算单》,吴某与鲍某重新确认施工项目为"邯郸华耀城DK-11地块精品三期交易市场项目—土建劳务"施工建筑面积为79,834.68平方米,确认结算单价为235元,结算审核金额18,761,149.80元,已支付(胡某、何某已支付)15,967,400元,吴某已支付(含代付、垫付)1,854,689元,增加工程额360,939.2元,结算审核总金额19,122,089元,未付款总额为人民币130万元。在双方确认事项第8条中明确:鲍某施工范围及内容：邯郸华耀城一期精品三区施工图范围的劳务施工内容以及施工过程中甲方书面确认的设计变更等全部劳务施工，包括模板工程、腔工程、钢筋工程、砌筑工程、内外墙抹灰、施工范围内文明施工等。第9条确认：本结算单中审核后最终价款包括但不限于承包人和实际施工人之间就"邯郸华耀城一期精品三区交易市场DK-11地块施工总承包工程"涉及本工程的工程款、签证、变更、借款、代付款等款项全部计算在内，无漏项、未报项等计算项目。吴某某在承包人/授权委托人处签字捺印，鲍某在实际施工人处签字捺印。同日，吴某的授权委托人吴某某与鲍某签署《付款协议》，主要内容为："吴某与鲍某于2019年10月24日签署的《邯郸华耀城项目建设工程结算单》未付款达成如下支付协议：1. 2019年10月24日支付200,000元；2. 鲍某撤回所有政府相关部门投诉并登报致歉完成后一日内支付100,000元；3. 2019年11月30日前支付500,000元（含2019年8月10日鲍某对冷某授权委托书中剩余的未付冷某款项157,344.00元，该款项约定由鲍某直接支付冷某，由鲍某、冷某共同出具结清手续给吴某后，由吴某付清本笔结算款）；4. 2020年3月31日前支付500,000元。"吴某某在甲方处签字捺印，鲍某在乙方处签字捺印。

在吴某与鲍某签订结算单和付款协议后，鲍某自认收到吴某支付款项共计845,945元，吴某支付鲍某下属班组冷某135,000元，支付郭某33,000元，折抵吴某侄子吴某星借款100,000元及利息30,000元，以上共计1,143,945元。吴某提交的2020年2月5日王某收据显示鲍某下属班组王某收到24,600元。后鲍某以未结清劳务费等为由，诉至法院。

三、争议焦点

1. 鲍某主张的合同外贴砖工程款959,312元是否包括在吴某与鲍某2019年10月24日的结算单中，应如何结算。

2. 鲍某主张的垫付零星辅料和机器设备费798,346元是否属实。

3. HB建设公司是否承担连带责任。

四、各方的意见

（一）原告鲍某的意见

HYC 公司开发的华耀城一期精品区交易市场 DK-11、DK-12 地块，由 HB 建设公司总承包该项目劳务工程，HB 建设公司的代表吴某将华耀城交易市场 DK-11、DK-12 项目劳务转包给胡某，胡某又将华耀城交易市场 DK-11 地块项目中的一部分劳务转包给何某。2016 年 5 月 1 日，何某与鲍某补签河北邯郸华耀城精品三区人工费承包协议，鲍某 2015 年 12 月初开始施工，2017 年 8 月完工，施工范围为邯郸华耀城精品三区内铺 A1、A2、A3、A4、A5、A6、A7、A8、D1、D2、D3、D4、D5、D6、D7、D8、C5、C6、C7、C8 共 20 栋，外铺 4A、4A2、AD（1-2）段、4C 一段，2 段的 1/2，共计 80,179 平方米，HYC 公司已经验收合格且已将部分商铺出售，商户已经经营使用。在施工时，何某在协议约定外新增华耀城精品三区三个门头，将南门头、北门头、西门头共计 600 平方米（门头款已经付清）交给鲍某施工，以及精品三区内的楼梯地砖、通道地砖、外墙饰面砖、刚性屋面保护层、公共卫生间地砖、墙砖都交由鲍某施工，人工费共计 959,312 元尚未支付。HB 建设公司表示钱已经付给何某，何某表示并没有完全收到。2019 年 10 月 24 日，鲍某与 HB 建设公司签订邯郸华耀城项目建设工程结算单，显示施工建筑面积 79,834.68 平方米，按照 235 元/平方米计算，价款合计为 79,834.68×235=18,761,149.8 元。结算单显示尚有 130 万元劳务费未结清。随后 HB 建设公司陆续给了鲍某一部分，同时在邯山区住房与城乡建设局备案在 2020 年 7 月底全部支付。2020 年 7 月，鲍某与被告因劳务合同纠纷起诉至邯山区人民法院后，HB 建设公司至今未结清所剩 155,000 元。同时，鲍某带领工人干活的过程中，为了工期进度，经何某要求垫付干活过程中需要的零星辅料和机器设备共计 798,346 元。鲍某多次要求何某支付，何某以没有收到劳务款为由拒绝支付。故此提出诉讼请求。

（二）被告 HYC 公司的意见

1. HYC 公司与鲍某既无合同关系又无事实上的法律关系，鲍某将 HYC

公司列为被告无任何事实和法律依据。

2. HYC 公司 DK-11、DK-12 地块的建设工程总承包单位是 HB 建设公司，鲍某是辅助该总包单位完成建设工程施工合同的合法施工队，仅为该工程施工提供部分劳务作业（具体情况为总包单位提供建设工程施工材料，鲍某提供劳务），鲍某并未完全代替总包单位全面履行与我公司的建设工程施工合同义务，根据《最高人民法院关于审理建设工程施工合同纠纷的解释》一、二及最高人民法院民一庭编著的《最高人民法院建设工程施工合同司法解释的理解与适用》意见可知，鲍某并非实际施工人，而是总承包单位的履行辅助人，鲍某并不具备按《最高人民法院关于审理建设工程施工合同纠纷的解释》第二十六条或《最高人民法院关于审理建设工程施工合同纠纷的解释（二）》第二十四条将发包方作为被告的身份，如将 HYC 公司列为被告则是法律适用错误，应依法驳回鲍某对 HYC 公司的诉讼请求。

3. HYC 公司已将 DK-11、DK-12 地块的总承包工程依法发包给 HB 建设公司，并已按合同约定按时支付了工程款，HYC 公司无须承担本次劳务合同纠纷的清偿责任。

（三）被告 HB 建设公司的意见

该案事实清楚，鲍某为劳务班组的负责人，鲍某与 HB 建设公司没有任何合同关系，该案是劳务合同纠纷，鲍某不具有实际施工人的法律地位，不能突破合同相对性向 HB 建设公司主张权利。鲍某是与吴某结算，并不是与 HB 建设公司结算，吴某与鲍某就案涉工程已经结算完毕，鲍某与吴某双方没有任何异议。根据结算书第十一条，吴某与鲍某不存在任何经济争议和其他争议。鲍某与吴某结算完毕后，形成新的债权债务关系，根据结算书的内容，吴某应按照结算书支付相应的款项，即使吴某未支付，鲍某也仅能向吴某主张权利。

（四）被告吴某的意见

1. 鲍某班组为胡某、何某的下属劳务班组，胡某为吴某下属劳务，因胡某、何某中途退出，收款后失联、失踪，鲍某和吴某无法联系上胡某，导致鲍某多次上访，为了解决纷争，吴某与鲍某就案涉工程纠纷进行了结算。2019 年 10 月 24 日，吴某与鲍某签署《邯郸华耀城项目工程结算单》，对案涉所有工程的结算审核金额、已付金额、增加工程额、结算审核总金额等内容进行了最终确认。经双方确认，审核后未付款总金额为 130 万元，在双方确认的事项中，第三条：鲍某确认所有施工材料、周转材料及辅材都是由吴某提供的；第四条：双方同意结算价格为 235 元/平方米；第九条：确认本结算单中审核后的最终价款包括但不限于吴某和鲍某之间就"邯郸华耀城一期精品三区交易市场 DK-11 地块滋工总承包工程"所涉及本工程所有的工程款、签证、变更、借款、垫付款、代付款等款项，无漏项、未报项等未计算项目；第十一条：自本结算单签订之日起双方确认本结算单内容，不存在任何经济争议及其他争议。因此，鲍某与吴某就案涉工程所有纷争均以工程结算单的形式确定下来，该结算单系双方的真实意思表示，双方已完成结算，不存在任何其他经济争议，且吴某亦按照结算单的内容履行了支付 1,204,600 元工程款的义务。也就是说，鲍某与吴某之间就案涉工程的结算数额已经明确，双方仅限于结算单的履行产生争议，而对结算单已经确定的内容不应再有任何争议。

2. 关于鲍某主张的 155,000 元劳务费，吴某实际付款金额为 1,204,600 元，鲍某认可收到 1,145,000 元。根据一审卷宗材料，双方的争议金额为王某 24,600 元及鲍某应分摊的维修费用 35,000 元，王某为鲍某下属劳务班组刁某的工人，支付王某钱款时间为 2020 年 2 月 5 日，就该案而言，鲍某依据结算单主张剩余款项，说明其认可该结算单的效力，该结算单系双方基于真实自愿签署的，包括案涉工程的全部结算内容，不存在漏项及未报项目，故对鲍某结算单之外的劳务费及周转辅材主张，于吴某而言，没有事实和法律依据。

3. 关于鲍某劳务费的主张，首先，鲍某与吴某对所有增加工程部分已经在结算单中进行了工程额的确认，即 360,939.2 元，该增加工程额部分系双方共同确认的增加工程的工程款数额，除此之外，鲍某确认无漏项、未报项等项目。因此，鲍某与吴某之间就案涉工程所增加的劳务部分已经在结算过程中进行了协商和确认，并包括在工程结算单中，鲍某的劳务费主张没有事实和法律依据。其次,鲍某依据的系何某于2019年6月19日的劳务结算清单,该结算清单系在鲍某与吴某签署结算单之前出具,亦理应包括在结算单内容中。

4. 关于周转辅材的主张,首先,在鲍某与吴某的结算单中非常明确,双方一致确认的单价系235元,鲍某确认所有施工材料、周转材料及辅材都是由吴某提供的,故不存在周转辅材费用问题,且鲍某与吴某之间所有的结算均包括在结算单确定的数额中,应以结算单为准。其次,鲍某的该主张亦没有任何实际发生费用的证据予以证实;鲍某的计算方式为(245 - 235)×施工面积79,834.68平方米;从其算法可以看出,鲍某是在用与何某的约定向其他被告主张结算单差额,吴某认为,在吴某已经与鲍某签署最终结算单完成全部工程结算的情况下,鲍某与吴某就案涉工程款的总数额已经没有争议,如果鲍某不同意按照235元单价结算,则不可能出具结算单,更不可能在出具结算单之后,认为亏损又要求结算方在没有其他证据的情况下再行支付的道理,而鲍某与何某只按进度额约定的效力并不及于合同外的他方。

(五)胡某和何某的意见

被告胡某、何某均未到庭,亦未提交书面答辩状。

五、重审裁判结果

河北省邯郸市邯山区人民法院,作出(2021)冀0402民初4540号民事判决书:(1)吴某、胡某、何某于本判决生效之日起10日内共同支付鲍某劳务费131,455元;(2)驳回鲍某的其他诉讼请求。

河北省邯郸市中级人民法院,作出终审(2022)冀04民终3142号判决书:

(1)维持河北省邯郸市邯山区人民法院(2021)冀0402民初4540号民事判决第二项;

(2)变更河北省邯郸市邯山区人民法院(2021)冀0402民初4540号民事判决第一项为:吴某于本判决生效之日起十日内支付鲍某劳务费

155,000 元。

（3）何某于本判决生效之日起十日内支付鲍某二次装修费 959,312 元。

六、裁判理由

（一）鲍某主张的合同外贴砖工程款 959,312 元是否包含在吴某与鲍某 2019 年 10 月 24 日的结算单中，应如何结算

鲍某在案涉工程"邯郸华耀城 DK-11 地块精品三期交易市场项目——土建劳务"中为实际施工人。对于所争议的合同外贴砖工程款，鲍某与何某签订的结算单虽显示合同外贴砖工程款为 959,312 元，但其后又经吴某与鲍某再次结算后，重新出具了结算单，确定了工程款总额，并在结算单第九条明确说明所有涉及本工程的款项全部计算在内，故所争议合同外贴砖工程款亦已包含在此结算单内。此结算单经由鲍某签字后，即应为其对所有工程款项的最终自认，其签字行为系有效民事行为，应以该最后结算单中的工程款数额为准，并按该数额予以结算。结算单中未付清劳务费为 130 万元，后鲍某自认陆续共收到吴某支付的款项 1,143,945 元。吴某又主张代付鲍某维修费 35,000 元和支付鲍某下属班组王某劳务费 24,600 元应予抵扣，支付的 24,600 元从吴某提交的证据中可以认定，吴某主张的 35,000 元无证据支持。经计算，吴某实付鲍某 1,168,545 元（1,143,945 元 + 24,600 元），未支付劳务费应为 131,455 元。鲍某虽称与吴某签字的结算单并非其真实意思表示，应以与何某所签结算单为准，但无证据足以反驳。

（二）鲍某主张的垫付零星辅料和机器设备费 798,346 元是否属实

鲍某主张的零星辅料和机器设备费问题，何某与鲍某于 2016 年 5 月 1 日签订的人工费承包协议明确记载为"包工不包料，按实际建筑面积算每平方米 245 元"，故鲍某的该主张没有证据予以支撑，法院对该诉请不予支持。

（三）HB 建设公司是否承担连带责任

原一审法院在审理过程中，既没有将吴某列为第三人，也没有追加吴

某为被告，没有在"本院查明"部分阐述吴某的相关信息及在案涉工程中的法律关系和法律地位，却在"本院认为"中直接认定吴某对华北集团构成表见代理，让人十分不解。更值得注意的是，吴某还让吴某某对鲍某进行沟通，并授权了吴某某与鲍某签署协议。

在案涉工程中，吴某没有权力代表HB建设公司签署任何协议，HB建设公司也从未授权吴某签署任何协议。

HB建设公司与鲍某、胡某、何某没有任何经济往来，没有任何银行流水和交易记录。如果吴某代表HB建设公司签订协议，HB建设公司与鲍某、胡某、何某一定有经济往来记录或银行支付记录。所以，一审法院认定案外人吴某构成表见代理没有法律依据。

该案中，关于劳务费给付的责任主体问题，HYC公司与HB建设公司之间已经结算并支付工程款，HB建设公司也与吴某之间结算并支付工程款。故HYC公司、HB建设公司无须再承担责任。吴某没有权力代表HB建设公司、更没有权力再委托吴某某代表HB建设公司进行法律行为，亦未能举证证明其已足额支付胡某承包款项。根据《最高人民法院关于审理建设工程施工合同纠纷案件适用法律问题的解释》第二十六条的规定，吴某应当承担连带责任，和胡某、何某共同支付鲍某劳务费131,455元。

七、案例评析

原一审法院在审理过程中，既没有将吴某列为第三人，也没有追加吴某为被告，在没有查明吴某的相关信息及在案涉工程的法律关系和法律地位的情况下，却直接认定吴某对HB建设公司构成表见代理，使HB建设公司不但需要额外支付鲍某155,000元劳务费，还对鲍某的959,312元劳务费、鲍某垫付的798,346元零星辅料和机器设备费，与胡某、何某承担连带支付责任，使HB建设公司陷入不利局面。

根据案件事实，认为HB建设公司与鲍某、胡某、何某之间没有合同关系，且鲍某不是法律上的实际施工人，仅是劳务班组负责人，不应突破合同相对性向HB建设公司主张权利；HB建设公司与吴某之间已结算并支付所有的工程款，而HB建设公司与鲍某之间并无任何经济关系；吴某自始至终并未得到 HB 建设公司的授权，吴某构成表见代理缺乏依据。最后，HB 建设公司指出一审法院遗漏了必要的诉讼主体，在法律关系和事实认定上存在错误，适用法律错误。故此，HB 建设公司向河北省邯郸市中级人民法院提起上诉，要求追加吴某为被告。

河北省邯郸市中级人民法院审理案件后认为，原判认定事实不清，违反法定程序，遗漏必要的当事人参加诉讼，发回后应追加吴某参加该案诉讼，进一步查清案件事实。依照《民事诉讼法》第一百七十条第一款第（四）项规定，撤销河北省邯郸市邯山区人民法院（2021）冀 0402 民初 2428 号民事判决、发回河北省邯郸市邯山区人民法院重审。

邯山区人民法院重审后认同 HB 建设公司的观点，"邯郸华耀城精品三区"是 HB 建设公司总承包承建的项目，但 HB 建设公司与鲍某没有签订过任何合同，也没有实际履行过有关上述项目的义务，HB 建设公司仅将部分项目分包给吴某，且已完成结算。而吴某与鲍某亦结算完毕，鲍某不能突破合同相对性向总承包人主张权利，其只能向与其有合同关系的吴某主张权利。

吴某与鲍某再次结算后，重新出具了结算单，确定了工程款总额，并在结算单第九条明确说明所有涉及本工程的款项全部计算在内，故所争议合同外贴砖工程款亦已包含在此结算单内，鲍某虽答辩称自己签署多份违背其真实意愿的承诺书，但其在原审审理过程中，并未提交相关材料证明其违背意愿的观点，应承担举证不能的责任。各款项已经结算支付完毕的事实应予以认定。

该案重审后，通过还原事实真相，二审法院一针见血地指出一审错误，在重审中提出有力的论证观点，使 HB 建设公司免于承担连带责任，从而避免陷入债务旋涡。总承包公司是否需要对实际施工人承担连带责任，该案中，HB 建设公司与鲍某的讼争判例，在建设工程施工合同纠纷的案件中，具有代表性的一面，为将来出现诸如纷争，提供了有力的参考。[1]

---

[1] 河北省邯郸市邯山区人民法院民事判决书，(2020) 冀 0402 民初 2428 号；邯郸市中级人民法院民事裁定书，(2021) 冀 04 民终 3250 号；河北省邯郸市邯山区人民法院民事判决书，(2021) 冀 0402 民初 4540 号；邯郸市中级人民法院民事判决书，(2022) 冀 04 民终 3142 号。

【点评】

该案的难度在于建设工程存在转包、违法分包的情况下,如何界定所涉合同相对性、实际施工人身份。作者作为总包单位的诉讼代理人,一是抓住一审法院违反法定程序、遗漏必要的当事人的错误,成功争取到二审发回重审的初步有利裁决。二是提出总包单位与原告之间没有合同关系、不构成表见代理,原告不是法律上的实际施工人,仅是劳务班组负责人,不应突破合同相对性向总包单位主张权利,且总包单位与下游合同方已结清并支付了所有的工程款,总包单位不应承担连带责任。发回重审后的一审法院采纳了作者的代理意见,案件最终取得较好的效果。该案对于同类案件具有较好的借鉴意义。

点评人:广州金鹏律师事务所律师　周林飞

施工方与总承包方就同一项目同时签订多份不同性质的合同，如何确定结算依据

广东广之洲律师事务所　王腾远

一、当事人的基本情况及案由

原告：A 公司

被告：B 公司

第三人一：C 公司

第三人二：D 公司

第三人三：E 公司

案由：买卖合同纠纷

二、案情介绍

第三人 C 公司是案涉沈阳××IDC 项目（以下简称案涉项目）的建设方，B 公司是该项目的总包方，A 公司是该项目的施工单位。

B 公司就案涉项目与 A 公司分别签订了《[2014]年度施工合作框架协议》（以下简称框架协议）《沈阳××IDC 建设项目集成合同项目施工合作简易合同》《沈阳××IDC 建设项目补充项目施工合作建议合同》、编号为 1201《采购合同》及编号为 1230《采购合同》，其中 1201《采购合同》的采购金额为 14,729,918 元，1230《采购合同》的采购金额为 20,474,060.34 元。

框架协议约定，就 A 公司承担具体项目施工事宜须与 B 公司另行签订《施工合作简式合同》或《施工合作框架协议订单》，并约定双方签订的具

体合作项目协议/订单的预算总价款仅作为合同预付款和工程进度款的支付依据，不作为结算款的支付依据。最终结算款根据 A 公司实际完成的工程量，并经建设单位审计或委托的审计单位审定并由甲方核实后的施工费用为准。

1230《采购合同》约定，B 公司向 A 公司采购高低压供配电系统 1 套、柴油发电机组 1 套、空调制冷设备 1 批、静电泄放系统 1 套、智能办公（OA）网管系统 1 套，A 公司需在合同签订后 7 日内，一次性把标的物送达指定地点；该合同还约定，A 公司交付完毕所有标的物后 2 个工作日内，由 B 公司按照合同约定对标的物进行外包装和数量的清点验收，并签收交货清单，双方应当在 B 公司签收交货清单后 3 日内，根据合同对质量标准的约定，对标的物的品质和性能共同验收，验收合格的，B 公司签发验收清单，结算方式为，B 公司签发验收清单且收到 A 公司开具的发票后 15 日内付清全部货款。

案涉项目于 2013 年 9 月开工建设，前期由 A 公司实际控制人韩某某控制的第三人 D 公司负责，A 公司于 2013 年 10 月 16 日成立后，案涉项目由 A 公司继续负责施工及采购案涉项目设备，在实际履行过程中，A 公司并未按照采购合同的约定一次性采购相关设备，而是根据工程进度，边施工边采购。案涉项目于 2015 年 3 月竣工，第三人 C 公司及 B 公司称该项目没有验收。

2017 年 5 月 24 日，A 公司向越秀区人民法院提起该案诉讼，要求 B 公司支付 1230《采购合同》项下的货款 10,974,060.34 元及违约金。

2017 年 11 月 24 日，越秀区人民法院判决：B 公司在本判决生效之日起 10 日内向 A 公司清偿货款 10,974,060.34 元及逾期付款的违约金（从 2015 年 4 月 10 日起，以欠款为计算基数，以中国人民银行同期贷款利率的 4 倍为标准计至判决限定还款之日止）。B 公司不服一审判决，提起上诉。

2018 年 5 月 29 日，二审法院认为，一审判决在 A 公司送货金额及 B 公司付款金额的问题上，存在认定基本事实不清问题；此外，还存在遗漏必要的诉讼参加人问题，将本案发回一审法院重审。

2020 年 4 月 8 日，一审法院重审后判决：驳回 A 公司的全部诉讼请求。

2020年11月10日，二审法院判决：驳回上诉，维持原判。

三、争议焦点

1. A公司是否完成案涉1230《采购合同》项下货物的交付义务及交货金额。

2. 案涉1230《采购合同》约定的付款条件是否成就。

3. B公司前期预付给第三人D公司的460万元是否应当予以抵扣。

4. 第三人C公司绕过B公司径自向A公司支付的款项是否应当予以抵扣。

四、各方的意见

A公司的主要意见：其已经交付了案涉1230《采购合同》项下的全部货物，也已经向B公司开具了发票，付款条件已经成就，B公司应当向A公司支付剩余货款10,974,060.34元及违约金，同时对B公司预付给第三人D公司的460万元及第三人C公司向其及关联公司的支付款项均不予认可。

B公司的主要意见：A公司是案涉项目的发起人及实际施工方，对案涉项目进行包工包料建设，双方的最终结算款应当按照框架协议的约定，根据A公司实际完成的工程量，并经建设单位审计或委托的审计单位审定并以甲方核实后的施工费用为准，《采购合同》仅为预付款的支付依据，而非双方结算款的支付依据，且经法院委托的鉴定机构鉴定证实，A公司向法院提交的《送货签收单》《货品验收清单》《企业询证函—函证账户余额及交易》《竣工报告文件》《结算审核报告书》等材料中B公司的印章均是虚假的，不能作为A公司完成交付1230《采购合同》项下货物的依据，A公司从未组织B公司就其交付的货物进行清点和验收，B公司对A公司的实际交付数量并不清楚，A公司未能举证证实其实际交付的货物的数量，同时A公司并未向B公司开具发票，据此认为，A公司要求按照合同约定的金额支付剩余货款10,974,060.34元及违约金没有依据。

五、裁判结果及裁判理由

（一）原二审的裁判结果及裁判理由

1. 原二审的裁判结果

撤销一审判决书，将本案发回广州市越秀区人民法院重审。

2. 原二审的裁判理由

原二审法院审理后认为：原一审判决在 A 公司的送货金额及 B 公司的付款金额问题上，存在认定基本事实不清问题，此外，还存在遗漏必要的诉讼参加人，据此裁定该案发回一审法院重审。

（二）发回重审一审的裁判结果及裁判理由

1. 重审一审的裁判结果

驳回 A 公司的全部诉讼请求。

2. 重审一审的裁判理由

根据案涉《采购合同》第十条的约定，B 公司支付货款的条件和期限是收到 A 公司账号及符合国家财务规定的合法发票后 15 日内。从国家税务总局广东省税务局第三税务分局对越秀法院《协助调查函》的函复内容可知，A 公司在本案中提交的其向 B 公司开具的增值税专用发票并非合法发票，因此，两份《采购合同》约定的付款条件尚未成就。

（三）重审二审的裁判结果及裁判理由

1. 重审二审的裁判结果

驳回上诉，维持原判。

2. 重审二审的裁判理由

A 公司与 B 公司虽将案涉机房项目的分包建设分为买卖合同和建设工程施工合同两种不同类型的合同分别签订和履行，但两者在本质上具有不可分割性。A 公司既作为工程设备和材料的供应方，又作为直接的施工方，实际上承揽了案涉工程的全部工作。A 公司与 B 公司签订的买卖合同和建设工程施工合同，虽在形式上可以进行拆分并分别作为权利主张的合同依据，但该种割裂无益于双方法律关系一揽子的清结且与该案客观情况相悖。

B 公司与 A 公司签订的框架协议虽名为施工方面的框架协议，但多处均规定了设备采购的相关内容，实际是 A 公司与 B 公司就案涉机房建设所有环节问题而形成的综合性协议，其相关条款内容对涉案《采购合同》的理解和适用当然具有法律效力。框架协议约定："鉴于工程施工存在较多的不确定因素，双方签订具体合作项目协议/订单的预算总价仅作为合同预付款和工程进度款的支付依据，不作为结算款的支付依据。最终结算款根据 A 公司实际完成工程量，并经建设单位第三人 C 公司审计机构或者委托的审计单位并以 B 公司核实后的施工费用为准。A 公司全面、清楚地理解和认识其全部项目合作收益来源并依赖于建设单位第三人 C 公司的付款并自愿承担相应项目的资金结算风险。A 公司特别承诺，若 B 公司未收到建设单位第三人 C 公司的工程款等相应款项，A 公司不向 B 公司收取或主张任何款项。"综合上述条款在合同中的位置及体系解释，重审二审法院认为案涉机房项目在进入结算阶段后，A 公司主张 B 公司支付设备余款应当适用"最终结算款"支付条件的相关规定。

A 公司在自行出具的 2017 年 1 月 22 日《关于沈阳××IDC 机房建设费用结算的说明》中明确承诺："我司与贵公司签订的关于沈阳××IDC 机房建设分包合同中，尚有部分款项没有结清，希望贵公司积极向投资方催收欠款，在 2017 年底前将对我司的欠款全部偿还。2017 年度双方结算方式按照以往投资方向贵公司付款然后贵公司向我司付款的方式进行。"涉案采购合同、框架协议及简式合同，均属于 A 公司具体履行机房建设分包义务的合同项目。在 B 公司与第三人 C 公司就案涉项目工程款支付尚有未决诉讼且没有获得有效执行款项的情况下，依照《采购合同》约定的价格及确定的送货数量计算货款金额，仅是双方的预算总价款，而不能作为 A 公司与 B 公司进行最终结算款的支付依据。

综合上述观点，重审二审判决认为，A 公司不能仅将《采购合同》作为确认 B 公司向其支付货款的依据，A 公司可待最终结算款支付条件成就后另行向 B 公司主张权利，并以此驳回 A 公司的诉讼请求。

六、案例评析

在本案中，B 公司一审败诉后，代理人接受委托，代理了后续二审、重审一审及重审二审阶段的工作，最终取得驳回 A 公司全部诉讼请求的胜诉判决，感慨良多，小结如下。

在建设工程施工领域，有关各方有可能就同一项目签订多种不同性质的协议或合同，虽然该等不同性质的合同或协议在形式上可以进行拆分，但该种割裂无益于双方法律关系一揽子清结，且有可能与双方实际履行情况相悖。

在本案中，B 公司与 A 公司就签订了框架协议、采购合同、建设工程施工合同三份协议或合同，但三份协议或合同均为 A 公司分包案涉机房建设的合同，框架协议中多处规定了采购合同项下设备采购的相关内容，尤其是在款项结算方面进行了详细约定。因此，框架协议中其相关条款内容对涉案《采购合同》的理解和适用具有法律效力。

据此，代理人认为，在代理此类案件过程中，代理人应当全面地了解双方就案涉项目的实际履行情况，仔细分析各种不同性质的协议或合同之间的内在联系，进行综合分析，而不能将协议或合同孤立割裂开来。[①]

【点评】

本案涉及的主要法律问题为，双方当事人就同一项目分别签订了买卖合同和建设工程施工合同两种不同类型的合同，该等合同虽在形式上可以进行拆分并分别作为权利主张的依据，但该种割裂无益于双方法律关系一揽子的清结，且与案件客观情况相悖。本案的作者作为项目承包方的代理律师，在综合分析各个合同的内在关系之后，向法院阐释说明了双方应当适用的最终结算条款，并得到了法院的支持，维护了委托人的合法权益。

点评人：北京市盈科（广州）律师事务所律师　李一鸣

---

① 广州市中级人民法院民事判决书，（2018）粤01民终4590号；广州市越秀区人民法院民事判决书，（2018）粤0104民初28223号；广州市中级人民法院民事判决书，（2020）粤01民终16265号。

转包合同关系中，实际施工人能否要求发包人支付逾期付款利息

广东广之洲律师事务所　王腾远

一、当事人的基本情况及案由

原告：A公司

被告一：B公司

被告二：C公司

被告三：C分公司

案由：建设工程施工合同

二、案情介绍

2009年11月29日，C公司与B公司签订了《××小区E区别墅建筑安装工程联合体承包协议书》（以下简称总包合同），2011年10月28日，C公司又与B公司签订了《××小区E区别墅区总承包合同补充协议二》（以下简称补充协议二），主要约定：B公司在总包合同基础上增加小学建筑安装工程、室外水电工程、西区电房（R-8、R-9、R-10）、小学门卫室、运动场结构部分等以及书面委托的其他工程、市政工程；增加工程暂估价为16,624,361.54元；补充协议二可单独结算；补充协议二未约定事项按总包合同有关条款执行。

C公司与B公司签订上述总包合同和补充协议二后，由于B公司修改E区别墅外立面及屋面瓦等原因，造成C公司中途退场，B公司、C公司与A公司协商，三方达成一致，B公司与C公司将上述补充协议二中约定的小

学项目交给A公司承包，但因为该项目已以C公司的名义报建并领取了施工许可证（但尚未开工），三方一致同意仍以C公司的名义报建并办理竣工备案等有关手续，但实际施工方和实际承包方为A公司，B公司按照与C公司签订的总包合同和补充协议二及双方母公司签署的长期合作协议书的相关约定进行结算及支付，C公司/C分公司收取相关款项后扣除3%的管理费、相关税费及派驻管理人员工资等款项后将剩余款项支付给A公司。

各方达成一致后，在C公司的安排下，A公司与C分公司签订了《××小学建筑安装工程项目承包协议》（以下简称承包协议），该协议约定，C分公司将××小学建筑安装工程全权委托A公司对该工程进行专业施工和管理，合同造价暂定人民币16,624,361.54元，A公司按工程结算税前总造价的3%向C分公司交纳管理费（其中施工合同中约定的甲A材料不纳入总价计取管理费），本工程依法应由施工单位缴纳的税金由A公司承担，C公司代扣代缴，同时C公司派驻本工程现场管理人员的工资及福利10,000元/月由A公司承担。

A公司与B公司、C公司达成一致后，组织工人入场施工，涉案项目于2011年6月1日开工，2013年4月23日竣工并通过B公司验收，且各方确认A公司就本工程无质量违约行为、无因施工单位责任造成的工期延误、无进度违约及其他违约行为。

2014年10月18日，A公司以C公司的名义送审工程结算资料至B公司处，其中送审C公司负责的工程造价为24,250,207.68元。

B公司经过两年多的反复核对，减去双方确认甩项部分的工程造价，最终于2016年10月26日签字确认了结算金额，C公司负责部分的造价为21,855,000元。B公司相关负责人及总监在结算书上签字确认，并且各方均加盖公章确认。

2018年5月14日，涉案项目5年保修期已经届满，保修义务已经转由使用单位承担，在这5年保修期间，A公司以C公司的名义按照合同完全履行了保修义务，保修终结手续业已办结，B公司向A公司支付包括质量保修金在内的全部工程款的条件已经成就。

在项目实施过程中，B公司违反合同约定，未按约支付工程进度款，导致 C 公司未按约向 A 公司支付工程进度款。根据 B 公司的统计，截至 2015 年 2 月 11 日，B 公司累计向 C 公司支付的进度款总额为 19,158,181.11 元，此后再没有任何支付费用，尚有 2,696,818.89 元未支付。

2019 年 10 月 25 日，A 公司以 C 公司的名义向广东自由贸易区南沙片区人民法院提起民事诉讼，要求 B 公司支付工程款 2,696,818.89 元及相关利息、工程维修费等款项。法院受理该案后，B 公司于 2019 年 11 月 21 日向 C 公司支付了工程款 2,696,818.89 元，但未支付逾期付款利息及工程维修费，C 公司收到上述工程款后不顾 A 公司要求继续审理的要求，单方撤回该案的起诉，致使 A 公司的合法权益受损。

C 公司收到 B 公司的工程款后，未按合同约定将相关款项支付给 A 公司，截至 2015 年 3 月 30 日，C 公司共向 A 公司支付工程款 17,393,794.02 元，B 公司于 2019 年 11 月 21 日结清工程款后，C 公司于 2019 年 12 月 18 日向 A 公司支付了工程款 2,200,000 元，尚有 595,504.7 元工程款未支付。

在涉案项目施工过程中，C 公司将本属于 A 公司的工程款 300 万元挪作他用，C 公司应向 A 公司支付资金占用期间的利息。

因此，A 公司向法院提起民事诉讼，要求：（1）请求判令 B 公司向 A 公司支付逾期付款利息 2,013,526.9 元；（2）判令 C 公司向 A 公司支付工程款 595,504.7 元及利息至实际清偿全部工程欠款之日止；（3）判令 C 公司向 A 公司支付占用 300 万元资金自 2012 年 1 月 17 日至 2012 年 8 月 9 日的利息 105,588.55 元；（4）判令 C 公司就诉讼请求（1）与 B 公司承担连带清偿责任；（5）判令三被告承担本案的全部诉讼费用。

三、争议焦点

1. A 公司与 C 分公司之间的合同性质如何认定。

2. A 公司主张的逾期付款利息、工程款占用利息、工程款应当如何确认。

3. 相应的责任主体应当如何确定。

四、各方的意见

（一）A公司的意见

B公司应当按照约定支付工程节点的进度款和工程结算款，因其逾期支付节点的进度款、逾期支付工程结算款、逾期办理结算的利息，导致A公司资金占用成本增加，B公司对A公司是涉案工程的实际承办人是知情且同意的，B公司逾期付款利息权益归A公司所有。C公司应当向A公司支付剩余工程款及逾期付款利息，在涉案工程的施工过程中，C公司将本属于A公司的工程款300万元挪作他用，应向A公司支付占用期间的利息。

（二）B公司的意见

A公司主张逾期付款利息缺乏合同依据，B公司没有与A公司签订书面合同，双方不存在合同关系，A公司向B公司主张权利违反了合同相对性原则。B公司与C公司就涉案工程进行结算，双方签署了工程结算书，B公司已向C公司付清了全部工程款，不存在需要对A公司承担责任的前提条件。

（三）C公司和C分公司的意见

1. B公司延期支付工程款的利息，C公司不应承担连带责任。根据《最高人民法院关于审理建设工程施工合同纠纷案件适用法律问题的解释（二）》第二十四条之规定，A公司是实际施工人，可以突破合同相对性向发包人主张权利。利息属于工程款的从属债务，理应由发包人承担。

2. A公司主张300万元资金占用费，发生在2012年，已经过了诉讼时效。

3. 对于工程款，A公司没有向C公司报送正式的结算材料，C公司已向A公司督促报送，但A公司并未报送，双方对结算金额并未达成一致意见，不具备支付结算款的条件，因此，不存在延期支付的问题。

五、裁判结果

1. C 公司和 C 分公司于本判决发生法律效力之日起 5 日内向 A 公司支付工程款 507,684.55 元及逾期付款利息。

2. C 公司和 C 分公司于本判决发生法律效力之日起 5 日内向 A 公司支付逾期付款利息（分段计算）。

3. 驳回 A 公司的其他诉讼请求。

一审判决作出后，A 公司及 C 公司均不服一审判决，提起上诉，广州市中级人民法院审理后，作出终审判决，判决结果为：驳回上诉，维持原判。

六、裁判理由

（一）关于 A 公司与 C 分公司之间的合同性质问题

就涉案工程，B 公司作为发包人与 C 公司作为承包人签订了《补充协议二》，因 C 公司退出而交由 A 公司施工，但因已经以 A 公司名义办理了报建手续，故继续由 A 公司以 C 公司的名义施工，B 公司对此均是知情且同意的。事实上，A 公司与 C 分公司签订的《承包协议》并未对施工的相关内容作出规定，A 公司施工均是按照《补充协议二》的约定进行，C 公司只是作为名义上的承包人履行与 B 公司之间的合同关系。根据上述事实，依据《建设工程质量管理条例》第七十八条第三款"本条例所称转包，是指承包单位承包建设工程后，不履行合同约定的责任和义务，将其承包的全部建设工程转给他人或者将其承包的全部建设工程肢解以后以分包的名义分别转给其他单位承包的行为"之规定，再结合 A 公司具备涉案工程的施工资质以及其并未参与合同订立等缔约磋商阶段活动的客观情况，可以认定 A 公司与 C 公司之间构成转包关系而非挂靠关系。《最高人民法院关于审理建设工程施工合同纠纷案件适用法律问题的解释》第四条规定："承包人非法转包、违法分包建设工程或者没有资质的实际施工人借用有资质的建筑施工企业名义与他人签订建设工程施工合同的行为无效。人民法院可以根据民法通则第一百三十四条规定，收缴当事人已经取得的非法所得。"

依据该规定，A公司与C分公司签订的《承包协议》应为无效。同时，依据上述规定第二条"建设工程施工合同无效，但建设工程经竣工验收合格，承包人请求参照合同约定支付工程价款的，应予支持"之规定，C分公司应当参照《承包协议》之约定支付工程款给A公司。

（二）关于C公司是否应当承担责任的问题

《民法总则》第七十四条第二款规定："分支机构以自己的名义从事民事活动，产生的民事责任由法人承担；也可以先以该分支机构管理的财产承担，不足以承担的，由法人承担。"依据上述规定，《承包协议》是A公司与C分公司签订，C公司应当对此承担责任。

（三）关于B公司是否应当承担责任的问题

依据合同相对性原则，合同的效力仅及于合同的当事人，违约责任只能发生在当事人之间，一方当事人违约应当向对方承担违约责任，而不能将其违约责任推卸给第三人。该案中，A公司虽然陈述其是经与B公司、C公司三方协商后确定承接涉案工程，且由C分公司与其签订了《承包协议》，以C公司的名义承接涉案工程。B公司虽然知晓A公司为涉案工程的实际施工人和承包人，但其不是《承包协议》的相对人，其与A公司并不存在合同关系，故其无须承担《承包协议》的合同义务。根据《最高人民法院关于审理建设工程施工合同纠纷案件适用法律问题的解释（一）》第二十四条之规定，发包人在欠付建设工程价款范围内对实际施工人承担责任。依据该规定，利息属于工程款的法定孳息，但发包人的责任范围是以欠付工程款为限，故在B公司已经支付了全部工程款的情况下，无须再承担责任。因此，B公司的抗辩有理，法院予以采纳，对A公司要求B公司支付逾期付款利息不予支持。

（四）关于300万元工程款的资金占用利息问题

C公司和C分公司提出了诉讼时效的抗辩意见。权利的行使应当及时，当事人不及时行使权利超过诉讼时效的，将丧失请求人民法院通过强制力保护其民事权利的权利。《民法通则》第一百三十五条规定："向人民法院请求保护民事权利的诉讼时效期间为二年，法律另有规定的除外。"第一百三十七条规定："诉讼时效期间从知道或者应当知道权利被侵害时起计算。……"该案中，根据《承包协议》的约定，C分公司应当在收到业主的工程款后在扣除管理费后5个工作日内将工程款支付给A公司。结合A公司收到该笔工程款的时间，A公司最迟在2012年8月9日收到最后一笔款项时应当知道其权利受到损害，亦能够主张权利，但在提起该案诉讼前并未提出该项主张。因此，C公司关于已经超过诉讼时效的抗辩意见有理，法院予以支持。对A公司的该项诉请，法院不予支持。

（五）关于工程款逾期付款利息的问题

A公司主张由被告对工程款逾期付款利息承担连带责任，故仍应对C公司和C分公司是否承担逾期付款的利息进行审查。虽然因B公司未及时支付工程款，导致C公司及C分公司未及时支付工程款，但依据合同相对性原则，C分公司不能因此而免除其承担迟延支付工程款利息的违约责任。利息属于工程款的法定孳息，故A公司主张逾期付款利息，法院予以支持。《最高人民法院关于审理建设工程施工合同纠纷案件适用法律问题的解释》第十七条规定："当事人对欠付工程价款利息计付标准有约定的，按照约定处理；没有约定的，按照中国人民银行发布的同期同类贷款利率计息。"依据上述规定，A公司要求按中国人民银行规定的金融机构人民币贷款基准利率的1.5倍标准计付利息，与上述规定不符，故法院认定2019年8月19日之前按中国人民银行同期同类一年期贷款基准利率标准计算，该日以后按全国银行间同业拆借中心公布的同期一年期贷款市场报价利率标准计算利息。

七、案例评析

在该案中，A公司与C公司存在转包合同关系，由于A公司并非《总包合同》和《补充协议二》的承包人，B公司也并非《承包协议》的合同相对人。A公司作为实际施工人，依据《最高人民法院关于审理建设工程施工合同纠纷案件适用法律问题的解释（一）》第四十三条的规定，突破合同相对性可以要求发包人支付款项的范围仅为工程价款，并不包括违约金和利息。

关于"工程价款"的范围，《最高人民法院关于审理建设工程施工合同纠纷案件适用法律问题的解释（一）》第四十条规定："承包人建设工程价款优先受偿的范围依照国务院有关行政主管部门关于建设工程价款范围的规定确定。承包人就逾期支付建设工程价款的利息、违约金、损害赔偿金等主张优先受偿的，人民法院不予支持。"该条虽为优先受偿权的规定，但关于工程价款的范围认定可予参照适用。由于 A 公司与 B 公司之间不存在合同关系，因此，根据合同的相对性原则，其请求 B 公司支付逾期付款利息无合同依据，其诉请无法得到法院的支持。

因此，在这类案件中，作为实际施工人的 A 公司可根据其与 C 分公司签订的《承包协议》要求 C 公司承担逾期付款的利息，该诉请得到法院的支持。[①]

【点评】

该案主要涉及的两个法律关系，一是发包人与承包人之间的建设工程施工合同关系；二是承包人作为转包人与转承包人之间的转包关系。在建筑领域，承包人进行转包、违法分包及挂靠的现象屡见不鲜。该案中，转承包人在合同无效的情形下，其作为实际施工方可突破合同相对性向发包人主张权利，但依据《最高人民法院关于审理建设工程施工合同纠纷案件适用法律问题的解释（一）》第四十条之规定，突破合同相对性可以要求发包人支付款项的范围仅为工程价款，并不包括违约金和利息。

点评人：北京市盈科（广州）律师事务所　李一鸣

[①] 广东自由贸易区南沙片区人民法院民事判决书，(2021) 粤 0191 民初 3465 号；广州市中级人民法院民事判决书，(2021) 粤 01 民终 16947 号。

施工单位变更后如何确定农民工工资支付履约保险的保证责任归属

广东启源律师事务所　胡斯恒

一、当事人的基本情况及案由

原告：R 保险股份有限公司（以下简称 R 公司）

被告一：C 建设有限公司（以下简称 C 公司）

被告二：L 某（C 公司法定代表人）

被告三：D 建设工程有限公司（以下简称 D 公司）

被告四：Z 建设有限公司（以下简称 Z 公司）

被告五：S 装饰材料有限公司（以下简称 S 公司）

案由：保证保险合同纠纷

二、案情介绍

2018 年 6 月，Z 公司承接了 S 公司的建设项目。同年 7 月 20 日，Z 公司作为投保人向原告 R 公司投保了农民工工资支付履约保证保险，双方签订了《农民工工资支付履约保证保险保险单》，约定被保险人为投保人依法招用的农民工，保险金额为人民币 1,515,730 元，保险期间共 18 个月，自 2018 年 7 月 20 日零时起至 2020 年 1 月 19 日二十四时止。Z 公司还向 R 公司出具了一份《承诺函》，内容为："我公司 Z 公司本次向贵公司申请开具的工人工资保单函，我公司特此承诺：（1）我公司严格履行《××市建设领域施工企业工人工资支付保证金管理办法》的相关管理规定，承诺不发生拖欠工人工资行为。（2）我公司向 R 公司提供的全部投保材料和调查问卷真实、完整、准确。我公司违反前述两项承诺中的任何一条，一旦发生保险事故，贵公司将依法享有追偿权，我公司不可撤销且无条件地同意：将在保险事故发生三日内或贵公司需支付的赔偿款项确定后三日内（两者以先发生之日为我公司赔偿之日），自愿按照贵公司需支付的赔偿款项数额向其进行全额赔偿。本承诺函系独立于保险合同存在，并自即日起立刻生效。"

因Z公司资质不完善，2018年9月6日，Z公司与S公司解除了合同退出该项目，D公司承接了该项目继续进行施工。2019年4月，D公司也与S公司解除了合同退出该项目，C公司则承接了该项目继续施工。

经被保险人申请，原告R公司对保单做了两次批改，第一次批改中，R公司同意自2018年9月12日零时起，增加D公司为投保人，并注明本保险单所载其他条件不变，特此批注。第二次批改中，R公司同意自2019年6月4日零时起，删除投保人Z公司、D公司，增加C公司为投保人，并注明本保险单所载其他条件不变。

后来，C公司在承建S公司建设项目时发生拖欠工人工资的情况，经该市人社局介入调查后，向原告发出《S公司项目欠薪问题调查认定报告》，说明了有关C公司的欠薪情况。该局针对欠薪案件还向C公司下达《劳动保障监察限期改正指令书》，要求C公司限期改正。

2019年12月10日，该市人社局出具《损失证明》，内容为："C公司承建S公司建设项目，因实际施工单位C公司资金短缺无力垫资，而且施工单位与业主存在工程量的巨大争议造成此工程于2019年6月停工。经调查，截至目前，C公司仍拖欠工人2018年8月至今产生的应付工资，共计60人，工资额1,509,776.27元。"被告C公司和L某分别在该《损失证明》所附工资损失清单上盖章及签名予以确认。该市人社局基于上述情况向R公司提出书面索赔申请，该《索赔申请书》中写明："根据C公司和被欠薪工人的申请，现由我局代S项目被欠薪工人向贵公司提出索赔申请，索赔金额为1,509,776.27元。请贵公司调查核实，核准赔付。"

2020年1月2日，被告一C公司向原告R公司出具《拖欠工人工资确认函》，承认C公司自2018年9月起承建位于该市产业转移园GL－07－

02-06 地块的 S 公司办公楼、宿舍楼、4 号、5 号厂房、1 号、2 号、3 号、6 号、7 号、8 号厂房工程，尚未支付依法招用 S 项目共 60 名工人工资 1,509,776.27 元，并且同意 R 公司代为支付上述工资后可向 C 公司追偿相应的代付工资款项。L 某除作为法人代表在该确认函上签名外，还向原告出具了一份《承诺函》，内容为："本人承诺以下事实：1. 本人从 2018 年 7 月起至 2019 年 7 月止作为 S 公司项目建设施工方的现场管理人员及实际受益人。2. 本人确认尚欠 S 项目施工人员 60 名工人工资共 1,509,776.27 元未支付。本人同意为农民工工资支付履约保证保险承担不可撤销的连带责任保证。"

原告 R 公司在该市人社局提出索赔申请后，于 2020 年 1 月 18 日对涉案农民工工资合计 1,509,776.27 元进行了代偿。收到工资的相关农民工均向原告出具了书面的《权益转让书》，明确将权益转让给 R 公司。R 公司在垫付 S 公司项目所欠的农民工工资后向被告追偿未果，遂向人民法院提起诉讼，主张 5 位被告承担相关责任。

三、争议焦点

1. 原告 R 公司主张被告一 C 公司偿还案涉项目的代付工资 1,509,776.27 元的诉请能否得到支持。

2. 被告二 L 某、被告三 D 公司与被告四 Z 公司是否应对原告 R 公司代付案涉项目工资债务承担连带责任。

3. S 公司是否应在欠付案涉项目工程款范围内对上述债务承担连带清偿责任。

4. 原告 R 公司对案涉项目建设工程价款在其垫付工人工资 1,509,776.27 元范围内是否享有优先受偿权。

四、各方的意见

（一）原告 R 公司的意见

涉案农民工均与被告三 D 公司、被告四 Z 公司建立了用工关系，且被告三 D 公司、被告四 Z 公司也是涉案项目的 2019 年 6 月之前的承建方及投保人，拖欠工人工资的事实也发生在该时间段。仅因被告四 Z 公司、被告三 D 公司及被告一 C 公司之间的工程项目转让，并不能免除被告三 D 公司、被告四 Z 公司对涉案农民工给付工资的义务。故被告三 D 公司、被告四 Z 公司理应对原告代付工资的赔偿承担连带还款责任。基于以上事实，原告于 2020 年 1 月 18 日，对上述 60 笔农民工工资进行全部理赔，合计 1,509,776.27 元。理赔后，所有农民工均出具书面《权益转让书》，明确将权益转让给原告。综上，原告已全额垫付了 S 项目所欠的农民工工资，但向各被告提出追偿一直未果。故请求法院：（1）判令被告一 C 公司、被告二 L 某立即向原告偿还 S 公司项目的代付工资 1,509,776.27 元及代付工资 1,509,776.27 元从起诉之日起至还清之日止的逾期付款利息（利率按全国银行间同业拆借中心公布的贷款市场报价利率计算）；（2）判令被告三 D 公司、被告四 Z 公司对上述债务承担连带清偿责任；（3）判令被告五 S 公司在欠付涉案项目工程款范围内对上述债务承担连带清偿责任；（4）判令原告在垫付工人工资 1,509,776.27 元范围内对涉案项目建筑工程价款享有优先受偿权；（5）判令本案的全部诉讼费用（含案件受理费、财产保全费等）由以上被告连带承担。

（二）被告一 C 公司、L 某的意见

被告一 C 公司、被告二 L 某共同辩称：（1）当事人已经购买了 R 公司的保险，R 公司应根据《农民工工资保单保函》的内容进行无条件赔偿，而不应向投保人和被保险人追偿；（2）既然 R 公司不愿赔付，至少应将 2020 年 1 月 19 日预缴费的 48,500 元无条件退回，否则涉嫌诈骗；（3）S 公司因欠付涉案项目的工程款，应当被列为被告；（4）2019 年 6 月 5 日零时起，保险单已删除投保人 Z 公司、D 公司，所以 Z 公司、D 公司不应列为被告；（5）2019 年 6 月 5 日起，保险单的投保人变更为 C 公司，L 某不在投保人的主体范围内，不应列为被告。R 公司以不赔付农民工工资为由强迫 L 某签订担保协议，违背 L 某的自由意志，担保协议无效。

（三）被告三 D 公司的意见

被告三 D 公司辩称：（1）该案案由是保证保险合同纠纷，D 公司与原告没有签订任何保险合同,双方之间不存在保证保险合同关系;(2)原告要求 D 公司承担连带责任,连带责任必须有法定依据和合同约定依据,从该案事实来说原告未与 D 公司签订合同,没有证据证实被告 D 公司应该承担连带责任;(3)原告在起诉状中陈述原告对保险人作出了两次投保人变更,假如原告所诉属实,也是保险合同的主体发生变更,不应当再继续追究 D 公司的保险理赔的追偿责任。

(四)被告四 Z 公司的意见

被告四 Z 公司辩称,不同意原告 R 公司要求 Z 公司对该案的债务承担连带清偿责任的请求,理由如下:(1)Z 公司没有拖欠涉案工程的工人工资,因此没有违反承诺函的条款,无须对原告承担连带赔偿责任;(2)原告受让的农民工工资权益不包含 Z 公司债权;(3)即使查证有欠付工人工资的事实,Z 公司也仅对承包期内欠付的工资承担责任,而不应对他人欠付的工资承担责任。所以原告针对 Z 公司的请求均没有法律依据和事实根据,应予以驳回。

(五)被告五 S 公司的意见

被告五 S 公司辩称,原告所称 S 公司欠付工程款不属实。(1)截至 2019 年 4 月 30 日,S 公司已支付工程款 1800 万元给被告 C 公司,C 公司于 2019 年 5 月 12 日起无故恶意停工,S 公司及工业园管委会多次催促复工未果。双方为此发生纠纷,双方共同委托某工业园管理委员会,通过招投标方式摇珠选定某公司对 C 公司施工的工程进行造价评估鉴定,经鉴定 C 公司施工造价的评估金额为 1,733,271.8 元。对比 S 公司已支付工程款 1800 万元,S 公司已多支付 667,225.22 元。(2)原告主张工程款价款优先受偿,没有法律依据。(3)该案保险金理赔存在有计划有预谋的骗保情况。有 18 人根本不在涉案工程施工,涉案金额为 460,450.66 元,以及 C 公司于 5 月 12 日开始停工,此次骗保全员工资全部计算到了 6 月和 7 月。综上所述,应依法驳回原告的诉讼请求。

五、裁判结果

1. 被告一 C 公司应于本判决生效之日起 5 日内支付原告 R 公司理赔款 1,509,776.27 元及利息（利息的计算：以本金 1,509,776.27 元为基数按全国银行间同业拆借中心公布的贷款市场报价利率自 2020 年 4 月 2 日起计算至被告 C 公司还清款项之日止）；

2. 被告二 L 某对上述第一项判决确定的付款义务，承担连带清偿责任；

3. 驳回原告 R 公司的其他诉讼请求。

一审判决后，各方均没有上诉，判决已生效。

六、裁判理由

（一）关于原告主张被告一 C 公司偿还 S 项目的代付工资 1,509,776.27 元的诉请能否得到支持的问题

法院认为，该案系保证保险合同纠纷。涉案保单的《农民工工资支付履约保证保险保险单》，是各方当事人的真实意思表示，且合同内容没有违反法律法规的禁止性规定，合法有效，各方当事人应当按照合同的约定履行各自的义务。被告 C 公司出具的《拖欠工人工资确认函》已确认其在承建 S 公司项目时尚未支付依法招用的 60 名工人工资 1,509,776.27 元，该欠薪行为发生在农民工工资支付履约保证保险合同的期限内，原告在被告 C 公司欠薪后依据上述保证保险合同对被保险人即 C 公司依法招用的农民工进行了理赔，共计代偿 1,509,776.27 元。C 公司依法招用的农民工也都签订了《权益转让书》给原告，根据《R 公司农民工工资支付履约保证保险条款》第十八条"发生保险责任范围内的损失，保险人自向被保险人赔偿保险金之日起，在赔偿金额范围内代为行使被保险人对投保人请求赔偿的权利"的约定，原告有权要求被告 C 公司支付上述代偿款，故原告要求被告 C 公司向其偿还 S 公司项目的代付工资 1,509,776.27 元的诉请，事实清楚，证据确凿，法院予以支持。保险事故发生后，原告已支付保险赔偿金 1,509,776.27 元给被保险人 C 公司依法招用的农民工，代被告一 C 公司履行了支付工资的义务，因此，原告要求被告一 C 公司从起诉之日起按照全

国银行间同业拆借中心公布的贷款市场报价利率计算至还清款项之日止的诉请，符合法律的相关规定。

（二）关于被告二L某是否应当对S项目的代付工资债务承担连带责任的问题

因L某已向原告出具《承诺函》，同意为保单的农民工工资支付履约保证保险承担不可撤销的连带责任保证，被告二L某应对上述债务承担连带清偿责任。由于被告二L某的《承诺函》并未约定在公司无法偿还的情况下才由L某个人偿还，因此，被告二L某提出只有在公司无法偿还的情况下才由其个人偿还的抗辩，没有依据，法院不予采信。该案中，原告要求被告二L某与被告一C公司共同向其偿还代付工资1,509,776.27元的主张有误，法院予以纠正。

（三）关于D公司、Z公司是否应对上述债务承担连带清偿责任的问题

从原、被告双方提供的证据及庭审查明的事实可知，涉案S项目工程先后由Z公司、D公司、C公司承建，后被告Z公司、D公司先后与S公司解除合同并签署《合同解除声明》（Z公司的声明明确自2018年9月6日后S公司厂区工程与Z公司无关；D公司的声明明确自2019年4月23日后S公司厂区工程与D公司无关），涉案项目工程最后由被告一C公司接手承建。该案中，由于原告所代付的工人工资1,509,776.27元是被告一C公司尚未支付的依法招用的案涉项目60名工人工资，且该市人社局作出的《S项目欠薪问题调查认定报告》、《损失证明》（C公司及L某均在该证明所附清单上注明清单所列均为C公司及L某拖欠S项目工程的工人工资且无异议的内容）、《索赔申请书》、《劳动保障监察行政处理决定书》以及被告C公司出具的《拖欠工人工资确认函》均确认了C公司拖欠S项目60名工人工资1,509,776.27元未支付的事实，证据充分。因此，原告代付的工人工资1,509,776.27元的欠薪主体是被告一C公司，被告四Z公司、被告三D公司不是欠薪主体。Z公司向其出具的《承诺函》是在2018年7月19日前

即涉案保单的农民工工资支付履约保证保险未生效前做出，也未明确原告对上述保险在保险事故发生后享有追偿权的承诺，故该《承诺函》不能作为原告要求其承担责任的依据。从保险合同的相对性来看，案涉保单的合同相对人是原告与 C 公司，该案所涉保单是保险性质的合同，案涉保险合同作批单后，被告四 Z 公司、被告三 D 公司不是案涉保险合同的相对人。综上，原告主张要求被告四 Z 公司、被告三 D 公司对上述债务承担连带清偿责任的诉讼请求，没有依据，法院不予支持。

（四）关于 S 公司是否应在欠付涉案项目工程款范围内对上述债务承担连带清偿责任、原告对涉案项目建筑工程价款在其垫付工人工资 1,509,776.27 元范围内是否享有优先受偿权的问题

因原告与 S 公司也不存在案涉保险合同关系，不是案涉保险合同的相对人，而原告主张的涉案项目工程款，是 S 公司与 C 公司之间的关系，与该案无关。故原告要求判令 S 公司在欠付涉案项目工程款范围内对上述债务承担连带清偿责任，以及判令其在垫付工人工资 1,509,776.27 元范围内对涉案项目建筑工程价款享有优先受偿权的诉讼请求，没有法律依据，法院不予支持。

七、案例评析

该案是一例具有代表性的建筑工程领域的保证保险合同纠纷案，案涉主体多，法律关系看似复杂，但只要厘清其中的两种法律关系，就能为委托人针对原告的诉求找到解决思路。

（一）基于两份承诺函产生的法律关系

其一，Z 公司向 R 公司出具了一份《承诺函》，内容为："我公司 Z 公司本次向贵公司申请开具的工人工资保单保函，我公司特此承诺：（1）我公司严格履行《××市建设领域施工企业工人工资支付保证金管理办法》的相关管理规定，承诺不发生拖欠工人工资行为。（2）我公司向 R 公司提供的全部投保材料和调查问卷真实、完整、准确。我公司违反前述两项承

诺中的任何一条，一旦发生保险事故，贵公司将依法享有追偿权，我公司不可撤销且无条件地同意：将在保险事故发生三日内或贵公司需支付的赔偿款项确定后三日内（两者以先发生之日为我公司赔偿之日），自愿按照贵公司需支付的赔偿款项数额向其进行全额赔偿。本承诺函系独立于保险合同存在，并自即日起立刻生效。"原告对Z公司追偿代付工资的诉请即是基于此份承诺函，但实际上从该市人社局对涉案农民工被拖欠工资的事实调查可知在Z公司承包S项目期间并没有拖欠工资；根据建筑行业"付旧欠新"的发放工资惯例，Z公司在解除施工合同时已经付清农民工工资；另外，涉案农民工出具的《权益转让书》，追偿主体应为C公司而非Z公司。Z公司并没有违反承诺函的条款，因此不触发对承诺函的违约责任，Z公司无须对代付工资的债务承担连带清偿责任。

其二，L某亦向原告出具了一份《承诺函》，其内容为："本人承诺以下事实：1. 本人从2018年7月起至2019年7月止作为S公司项目建设施工方的现场管理人员及实际受益人。2. 本人确认尚欠S项目施工人员60名工人工资共1,509,776.27元未支付。本人同意为农民工工资支付履约保证保险承担不可撤销的连带责任保证。"由此可知，此份承诺函的效力贯穿S公司项目的整个施工过程。一旦L某拖欠工资的事实发生，即会触发上述L某本人保证的对农民工工资支付履约保证保险不可撤销的连带责任。

（二）基于农民工出具的《权益转让书》产生的法律关系

原告对涉案农民工工资进行了代偿后，收到工资的相关农民工均向原告出具了书面的《权益转让书》，明确将其在S公司项目建设过程中被C公司拖欠的工资追偿权益转让给了原告，农民工工资追偿权的主体已明确为C公司。因此，原告基于权益转让书受让的农民工工资权益仅包含C公司债权，而不包含D公司与Z公司债权，事实上D公司和Z公司也不欠付这些农民工的工资，与这些农民工没有工资债务关系，故法院驳回原告要求C公司和L某外的其余被告承担责任是正确的。[①]

---

① 广东省乐昌市人民法院民事判决书，（2020）粤0281民初503号。

【点评】

　　本案的保证保险合同纠纷中，原告的诉讼请求的法律关系比较混乱，没有明确其请求权的基础。而本文作者作为Z公司的代理人，抓住该案的要点，厘清了原告的请求权的基础一是基于承诺函的保证关系，二是基于农民工《权益转让书》的债权转让。这两种法律关系即可明确原告的追偿权主体仅限定在C公司与L某之间，而向其余被告主张对代付工资的债务承担责任显然是没有事实根据和法律根据的。因此，在代理此类案件时，首先要分清案涉各类法律关系，明确原告诉请的法律基础，再结合案件事实逐个分析其合理性与合法性，抽丝剥茧，案涉是非即柳暗花明，最终取得很好的代理效果。

　　　　　　　　　点评人：北京市盈科（广州）律师事务所律师　李一鸣

如何认定工程多次转包下实际施工人的权利边界

广东胜伦律师事务所　肖挺俊

一、当事人的基本情况及案由

原告：深圳市某空调制冷有限公司（以下简称深圳某制冷公司）

被告一：许某某

被告二：广东省某装饰集团公司（以下简称广东某装饰公司）

被告三：华南某大学（以下简称某大学）

被告四：涂某某

案由：建设工程合同纠纷

二、案情介绍

（一）案涉主体之间的合同关系

2016年9月30日，华南某大学与广东某装饰公司签订的《建设工程施工合同》约定，工程名称为华南某大学第六教学楼等大课室装修修缮工程项目，工期为60日历天，签约合同价为2,842,829.4元等。

2016年12月2日，广东某装饰公司与涂某某签订协议，协议载明：根据施工管理方与华南某大学2016年9月30日签订的华南某大学第六教学楼等大课室装修修缮工程项目施工合同，结合广东某装饰公司管理的有关规定，经研究决定将该工程项目交由涂某某负责组织施工，由涂某某任施工方负责人。

原告深圳某制冷公司与许某某约定，由原告作为案涉工程项目空调班组的实际施工方，双方签订了《空调安装施工合同》。涂某某确认许某某负责涉案工程项目的相关工作。

(二) 一审诉讼中原、被告提交的证据及陈述

1. 一审诉讼中,原告深圳某制冷公司提交《空调安装施工合同》证明双方存在合同关系。《空调安装施工合同》载明:承包人为深圳某制冷公司,工程名称为华南某大学水冷柜机空调工程,工程地点为华南某大学第六教学楼,合同总价为210,000元,第一期工程款为签订本合同且乙方(深圳某制冷公司)进场后3个工作日内,发包方支付合同总价款的30%,即63,000元;第二期工程款为水冷柜机空调、离心风机发货前,发包方支付合同货款总价款的70%,即40,796元;第三期工程款为空调风管部分主体基本吊装完毕之日起3个工作日内,发包方应支付到总价款的70%,即43,204元;第四期工程款为空调调试完毕后再支付17,484元;第五期工程款为工程验收合格后3个工作日内,发包方支付空调风管部分总价款的30%,即45,516元。合同落款的发包人签约代表处有许某某的签名,日期为2016年11月25日。

2. 一审诉讼中,原告深圳某制冷公司为证明所拖欠的款项,向法院提交了《欠付工班工资汇总表》,该表列明:空调—刘辉煌合同价210,000元,增加50,000元,结算实数260,000元,已付147,000元,欠付113,000元,班组确认处有刘某某的签名,表格下方"施工现场确认"栏目有许某某及案外人杜某某的签名及日期"2018年6月5日"。许某某确认《空调安装施工合同》及《欠付工班工资汇总表》上许某某的签名为其本人签署,但强调说《欠付工班工资汇总表》系被迫签字的。许某某确认杜某某是其聘请的案涉装修工程的管理人员。

3. 一审诉讼中,广东某装饰公司表示空调安装施工合同的真实性由项目部确认,若合同真实,工程款的数量和支付方式也不能支持原告的诉请。涂某某表示未见过空调安装施工合同,对其真实性不予认可。广东某装饰公司及涂某某对《欠付工班工资汇总表》的真实性无异议,但辩称数据未得到项目部及华南某大学的确认,不应采纳。

4. 一审诉讼中,关于新增项目,原告提交了华南某大学空调工程—漏

项报价清单、微信聊天记录。经原告代表刘某某与许某某确认的微信聊天记录记载，（2017年3月6日刘）"许总，附件为华南某大学项目空调部分漏项清单，请查收，我也发了份给杜某某了"；（2017年3月29日）"许总……上次你提到这个月25号或者月底前结部分款17,484元（即合同的第四期工程款），作为工程新增项56,530元的预付款，请安排下……"（2017年3月31日许）"ok"；（2017年5月4日刘）"许总，华南某大学那边新增部分能否安排2万元，压力好大"，（2017年5月4日许）"现在不行啊，现在增加的部分都还没有验收"，（2017年6月5日刘）"华南某大学第六教学楼那边空调上周已经调试完毕，杜工还有甲方那边电工都过来看过了，效果很好"。

5. 一审诉讼中，关于涉案工程的经营管理情况，许某某、涂某某及曹某某表示由三人共同管理涉案工程，并参与分配提成。广东某装饰公司则表示涉案工程的项目负责人主要是涂某某、李某某。关于涉案工程的竣工验收时间，原告表示为2017年7月15日，广东某装饰公司、华南某大学、涂某某及曹某某则表示竣工时间为2017年7月7日。

（三）各方的意见

1. 原告的意见

（1）其已按与许某某的约定完成了工作，涉案工程已交付给华南某大学使用，经其多次催促，许某某仍未予以支付，所以许某某应支付拖欠的工程款。涂某某与许某某作为付款人应对款项支付承担连带责任。

（2）广东某装饰公司作为涉案工程的承包人，同时原告与许某某签订了空调安装施工合同，许某某及涂某某的行为应归属于广东某装饰公司的相关行为，故广东某装饰公司应依法承担付清所拖欠工资的责任。

（3）华南某大学作为建设单位，应在欠付工程款的范围内对支付工人工资承担连带责任。

（4）被告未及时支付拖欠工人工资，应支付相应的利息。

2. 被告三华南某大学的意见

（1）根据法律规定，原告只能请求华南某大学在欠付工程款的范围内承担连带责任，而华南某大学并未欠付工程款。

（2）涉案合同属于违法分包合同，依法应认定无效，所以原告主张的利息、律师费没有合同依据。

（3）广东某装饰公司存在违约行为，华南某大学可以向广东某装饰公司主张相应的违约金，违约金可以在应付工程款中予以扣除。

3. 被告三广东某装饰公司的意见

原告深圳某制冷公司的损失，如果确实产生应由华南某大学及涂某某承担，根据广东某装饰公司与涂某某签订的合同，涂某某项目部应该负责工程过程中产生的工人工资，因此需要涂某某核实，如属实，则应由其予以支付。

4. 被告四涂某某的主要意见

涉案空调安装合同是许某某个人与原告签订的，属于一份班组合同，该合同并没有送涂某某审核，涂某某对具体金额也不清楚。

（四）一审法院的分析和判决

1. 一审法院的分析：根据查明的事实可知，华南某大学作为发包人将涉案工程发包给广东某装饰公司进行施工，后实际由许某某与原告签订合同将涉案工程中的空调项目交由原告负责，而涂某某、许某某共同经营管理案涉工程并共享利润，故原告与涂某某、许某某之间成立建设工程施工合同关系。因此，原告作为实际施工人请求涂某某、许某某向其支付欠付的工程款并无不当。

虽然华南某大学主张广东某装饰公司在履行合同义务过程中存在违约行为，但对该违约责任的判定应局限于华南某大学与广东某装饰公司之间，不属于该案的审理范围，故华南某大学不得以此对抗其对实际施工人即原告所应承担的付款责任。

原告与广东某装饰公司之间没有合同关系，其要求广东某装饰公司承担支付工程款的责任缺乏法律依据。

2. 一审法院依照相关法律规定，判决如下：（1）被告四涂某某、被告一许某某于本判决发生法律效力之日起10日内，向原告深圳某制冷公司支付工程款 95,152 元及违约金（违约金以 95,152 元为基数，自 2017 年 6 月 5 日起按每日万分之五的标准计付至实际支付之日止）；（2）被告华南某大学对上述第一、二项所涉款项在未付工程款 486,656.77 元的范围内向原告深圳某制冷公司承担连带责任。如果未按本判决指定的期间履行给付金钱义务，应当依照《民事诉讼法》第二百五十三条之规定，加倍支付迟延履行期间的债务利息。案件受理费 3380 元，由原告深圳某制冷公司负担 330 元，被告涂某某、许某某负担 1525 元，被告华南某大学负担 1525 元。

深圳某制冷公司不服一审法院作出的该（2020）粤 0106 民初 28982 号《民事判决书》，遂提起上诉。请求：（1）请求维持（2020）粤 0106 民初 28982 号《民事判决书》第一项；（2）改判广东某装饰公司与华南某大学一并对一审第一项确定的许某某、涂某某的责任承担连带责任；（3）该案一审、二审案件受理费均由各被上诉人承担。

三、争议焦点

1. 华南某大学能否以承包人广东某装饰公司存在违约行为为由不向实际施工人深圳某制冷公司在欠付工程款范围内承担责任。

2. 实际施工人深圳某制冷公司能否要求承包人广东某装饰公司承担支付工程款的义务。

四、各方二审的意见

（一）上诉人深圳某制冷公司的意见

首先，广东某装饰公司在庭审时自认，可以认定华南某大学工程项目部是广东某装饰公司设立的具体负责案涉工程的施工部门，涂某某、李某某是广东某装饰公司任命的项目负责人，负责案涉工程项目的施工管理，从事与项目有关的民事行为。许某某是经涂某某聘请，参与涉案项目的管理工作。故前述部门及人员实施的与涉案工程有关的行为应视为广东某装饰公司的职务行为，对外代表广东某装饰公司，广东某装饰公司应对许某某、涂某某的行为承担责任。

其次，广东某装饰公司在庭审中辩称已与涂某某签订项目部责任合同书，实行内部包干责任制进行管理，涂某某代表项目部承担支付责任。但该项目部责任合同书为公司的内部管理协议，不具有对外效力，对协议以外的第三人不具有约束力。故广东某装饰公司应承担责任。

（二）被上诉人四华南某大学的意见

华南某大学作为发包人，只在欠付工程款的范围内承担责任，一审法院已经就此作出判决，深圳某制冷公司主张华南某大学需对第一项诉求承担连带责任缺乏依据。

（三）被上诉人一广东某装饰公司的意见

与上诉人存在合同关系的是涂某某、许某某，其在一审庭前未签过该合同，因此合同义务应由涂某某、许某某承担，其不应承担连带责任。

五、裁判结果及理由

（一）裁判结果

广州市中级人民法院经审查认为，深圳某制冷公司的上诉请求不能成立，应予驳回。一审判决认定事实清楚，适用法律正确，应予维持。依照相关法律规定，判决如下：

驳回上诉，维持原判。

该案二审受理费330元由深圳某制冷公司负担。本判决为终审判决。

（二）裁判理由

关于广东某装饰公司的责任。涉案《空调安装施工合同》系许某某与深圳某制冷公司签订，由深圳某制冷公司承包安装案涉空调工程。深圳某制冷公司与许某某是合同相对人，广东某装饰公司与深圳某制冷公司不存在合同关系。广东某装饰公司作为案涉《建设工程施工合同》的承包人，其并未将案涉空调工程转包或者违法分包给深圳某制冷公司，故一审法院认定广东某装饰公司无须承担支付工程款的责任。

关于华南某大学的责任。华南某大学是涉案工程的发包人，深圳某制冷公司是案涉空调工程的实际施工人，根据《最高人民法院关于审理建设工程施工合同纠纷案件适用法律问题的解释》第二十六条的规定，华南某大学只在欠付工程价款的范围内对实际施工人承担责任。故此深圳某制冷公司上诉主张华南某大学应对一审判决第一项确定的涂某某、许某某的责任承担连带责任，缺乏事实和法律依据。

六、案例评析

该案是一起较为常见的实际施工人为追索工程款，将发包人、承包人及多层转包过程的相关主体一并起诉，要求发包人、承包人及相关主体对拖欠工程款承担连带责任。深圳某制冷公司作为实际施工人，要求发包人、承包人对许某某、涂某某应付的工程款承担连带责任，实际施工人是否享有前述权利？法院在该案中作出了相应的分析，现笔者主要围绕如下两个问题进行分析。

（一）发包人能否以承包人存在违约行为为由而不向实际施工人在欠付工程款的范围内承担责任？

《最高人民法院关于审理建设工程施工合同纠纷案件适用法律问题的解释（一）》第四十三条第二款规定，实际施工人以发包人为被告主张权利的，人民法院应当追加转包人或者违法分包人为该案第三人，在查明发包人欠付转包人或者违法分包人建设工程价款的数额后，判决发包人在欠付建设工程价款范围内对实际施工人承担责任。

从前述规定可知，在实际施工人向发包人主张权利时，法院主要着重查明发包人欠付转包人或违法分包人建设工程价款的金额，并不会审查承包人是否存在违约行为。就如该案，华南某大学作为发包人主张承包人广东某装饰公司存在违约行为，不具备支付工程款的条件，进而主张不应向实际施工人深圳某制冷公司承担责任，但法院不予支持，该裁判结果符合前述司法解释的规定。

实际上，之所以允许实际施工人突破合同相对性要求发包人在欠付工程款范围内承担责任，主要原因在于实际施工人直接面向的是农民工，如实际施工人未能及时拿到工程款,则不利于保障农民工的合法权益,进而可能会影响到社会稳定。纵观建设工程领域,发包人与承包人因履行建设工程施工合同发生纠纷的概率非常大,换言之,发包人主张承包人存在违约行为是较为常见的。如允许发包人简单以承包人存在违约行为为由无须在欠付工程款的范围内向实际施工人承担责任,则基本上架空了前述司法解释的规定,根本上不利于保障农民工的合法权利。为此,笔者认为法院在该案中不予支持华南某大学的主张符合法理。

但需要说明的是,如发包人已就承包人违约行为提起诉讼,且法院已判决承包人需向发包人支付违约金或赔偿损失,则笔者倾向于认为该判决结果实际上系发包人对承包人享有的金钱给付之债,而发包人应向承包人支付的工程款也属于金钱给付之债,发包人可以主张先抵销承包人欠款后再对实际施工人承担责任。前述观点在亳州市广齐置业有限公司诉宜兴市建工建筑安装有限责任公司建设工程施工合同纠纷再审一案〔案号:(2017)最高法民再274号〕中便有体现。因此,对于发包人而言,如认为承包人存在违约行为,则应该尽快启动诉讼予以确定,只有经判决确认后的违约金或赔偿损失等,发包人才可以主张在欠付工程款中予以抵销,并仅需在抵销后的欠付工程范围内对实际施工人承担责任。

(二)实际施工人能否向未存在合同关系的承包人主张权利?

目前司法实践中,对于合同相对性原则,法院普遍认为该原则属于合同法上的基本原理,须具备严格的适用条件方可有所突破。就如该案,实际施工人深圳某制冷公司要求承包人广东某装饰公司承担连带责任,但其与承包人广东某装饰公司之间并没有合同关系,同时目前并没有法律规定其可以突破合同相对性向承包人主张权利,因此法院不支持其该主张。换言之,实际施工人没有权利向不存在合同关系的承包人主张权利。

但对于承包人而言,虽然在实际施工人提起的诉讼中可能暂不需要承担责任,但是其主张的工程款可能会涉及承包人的权利,比如该案中,实际施工人深圳某制冷公司向许某某、涂某某主张的工程款,可能会涉及许某某、涂某某与广东某装饰公司之间的相关款项的结算,因此作为承包人的广东某装饰公司需要对实际施工人的资格及主张工程款的金额等提出相应的抗辩,以免后期与存在合同关系的许某某、涂某某结算相关款项发生争议时陷入被动的局面。①

【点评】

在多层违法转包或分包情形下,与实际施工人无直接合同关系的转包或分包主体是否应承担责任,存在一定争议,较多判决认定中间转手方无责,但也有少数判决例外。《民法典》公布后,合同相对性原则貌似得到了进一步坚持。除了合同相对性理论困惑外,如果将中间转手方也纳入承责范围,审判中也可能会导致多层转包工程款结算不清而增加审判难度。发包人作为建筑成果的受益方,只在欠付总额范围内向实际施工方承担责任,实体上貌似并无不妥之处,不仅不会损害其合法权益,相反可能会减少责任承担。比如,一般法院判决发包人仅在欠付工程款的范围内担责,从而可能事实上免除了发包人因拖延结算或支付工程款期间的利息或违约责任。至于发包人主张相对承包人违约责任的问题,本身就属于另案可诉请的权利,不因欠付责任的承担而丧失,发包人可另行主张。

点评人:广东广语堂律师事务所律师　王云辉

---

① 广州市天河区人民法院民事判决书,(2019)粤0106民初28982号;广州市中级人民法院民事判决书,(2020)粤01民终16581号。

约定以财政投资评审结论作为
工程结算依据的例外情形

北京天达共和（广州）律师事务所　陈滨宏　朱春容

一、当事人的基本情况及案由

原告：某建筑工程公司
被告：某政府基建办
案由：建设工程施工合同纠纷

二、案情介绍

被告某政府基建办（发包人，甲方）与原告某建筑工程公司（承包人，乙方）于2013年11月21日签订《工程施工合同》，约定：HD区狮岭镇平步大道以北，芙蓉大道以西的临时指挥部工程，工程内容及规模为板房工程约574平方米、室外硬地化工程约1800平方米、室外绿化工程约1852平方米，工程承包范围包括板房工程、室外硬地化工程、室外绿化工程等工程，工程量清单和图纸包括的全部内容及为完成该内容所必须进行的额外工作，具体工程内容详见招标图纸及工程量清单。工程计划总工期30日历天，合同价格803,670.22元，详见合同价格清单分项表。除根据合同约定的在工程实施过程中需进行增减的款项外，合同价格不作调整。另外，《施工合同》第三部分专用条款，第16.1.1条约定：本合同价款采用固定综合单价合同方式，合同价款即为中标人的工程量清单报价。中标人对自身所提供的工程量清单报价中列出的综合单价和措施项目费在工程结算时不得变更。工程量据实结算。合同价款最终以某区财政投资评审中心审核后的结算为最终结算价。

2013年11月21日，某政府基建办签章同意临时指挥部工程于2013年11月22日开工。某建筑工程公司主张，其于2013年12月20日已完成板房及道路硬化并交付使用。某政府基建办抗辩，原告某建筑公司拖延至2014年完工。

某建筑工程公司申请办理工程竣工验收手续，监理单位广东省城规建设监理有限公司（以下简称城规监理公司）签章同意。城规监理公司及设计单位广州市HD区建筑设计院签章同意单位工程质量竣工验收。某建筑工程公司主张，虽没有某政府基建办签章，但工程已经通过竣工验收。某政府基建办抗辩，未经竣工验收。双方当事人确认临时指挥部工程已被拆除。

某建筑工程公司于2013年12月26日申请拨付工程款565,984.6元，城规监理公司签章同意支付。某区财政局于2014年1月28日向某建筑工程公司支付工程款565,984.6元。

某建筑工程公司自2020年4月10日起多次通过EMS快递方式向某政府基建办邮寄《工程结算书》，催促某政府基建办加快办理工程结算及付款事宜，但某政府基建办并未回应，也未推动结算再付款工作，由此成讼。

原告某建筑公司的诉讼请求为：请求依法判令被告某政府基建办向原告支付工程款本金人民币261,204.52元及逾期付款利息（逾期付款利息以工程款本金为基数，其中自2014年1月1日起至2019年8月19日止按中国人民银行同期贷款利率的标准计算，自2019年8月20日起至实际付清全部工程款之日止按全国银行间同业拆借中心授权发布的同期LPR利率为标准计算）。

案件庭审中，一审法院向广州市HD区财政局发函调查，广州市HD区财政局于2020年11月10日复函，"'HD区秀全中学新校区施工临时建设指挥部工程'尚未委托我局开展结算评审，我局并不知晓相关情况"。

三、争议焦点

1. 关于工程价款的认定问题。
2. 关于付款条件是否已成就的问题。

四、各方的意见

(一) 原告某建筑工程公司的意见

1. 涉案项目完工后通过验收并交付使用,符合支付工程款的全部条件

(1) 该案庭审过程中,被告对涉案工程已交付使用的事实并无争议,属于对案件事实的承认,故可认定原告主张工程交付的事实。

(2) 原告所提交的证据12《工程竣工验收申请表》《建筑工程竣工验收报告》均可反映涉案工程项目已经通过竣工验收。

(3) 涉案项目交付多年,被告从未就工程质量、工期等提出任何异议,表明双方除工程结算外并无其他争议事项。

综合上述证据及确认的事实,涉案项目为临时设施工程,并非建筑主体部分,其完工交付后即符合支付工程价款的条件,被告应当承担付款义务。

2. 被告以涉案项目未通过财政投资评审程序拒不履行结算付款的主张不能成立

(1)《施工合同》第22.1款所引用的"广州市建委《转发市财政局关于加强我市财政性资金投资项目工程预结算审核工作的通知》(穗建城〔2000〕153号)"文件不应作为该案的结算依据。

根据全国人大法工委《关于对地方性法规中以审计结果作为政府投资建设项目竣工结算依据有关规定提出的审查建议的复函》(法工备函〔2017〕22号),"地方性法规中直接以审计结果作为竣工结算依据和应当在招标文件中载明或者在合同中约定以审计结果作为竣工结算依据的规定,限制了民事权利,超越了地方立法权限,应当予以纠正"。全国人大法工委的《复函》明确了地方性法规不得规定或要求在合同中约定以审计结果作为竣工结算的依据。

涉案项目的《施工合同》第22.1款的约定为:"工程师收到承包人递交的竣工结算报告及符合发包人要求的结算资料后进行核实,提出审核意见后交发包人,发包人按市建委《转发市财政局关于加强我市财政性资金投资项目工程预结算审核工作的通知》(穗建城〔2000〕153号)要求进行

结算送审，承包人应配合发包人的结算工作"，但鉴于该条款中《转发市财政局关于加强我市财政性资金投资项目工程预结算审核工作的通知》（穗建城〔2000〕153号）一文因违反了全国人大法工委的《复函》精神，故不应当在该案中作为适用的依据，排除其在本案中的适用。

（2）涉案项目并未明确约定以财政投资评审为结算支付的条件。

《施工合同》第16.4款"工程款支付程序"的约定为："承包人将工程款支付申请及完成工程量上报监理，监理审核通过后报发包人审核，发包人审定后，向财政局申请拨付。"根据该款约定，工程款的支付并未明确与财政投资评审挂钩，只需发包人审定后即可向财政局申请拨付。从《施工合同》履行过程的支付程序来看，工程款支付也是由被告审定后制作相关表格，交由原告盖章后办理支付手续（见原告证据4《基建办工程款核拨申请表》）。

《施工合同》第22.1款明确："工程师收到承包人递交的竣工结算报告及符合发包人要求的结算资料后进行核实，提出审核意见后交发包人，发包人按市建委《转发市财政局关于加强我市财政性资金投资项目工程预结算审核工作的通知》（穗建城〔2000〕153号）要求进行结算送审，承包人应配合发包人的结算工作。"该条款中并没有明确以财政投资评审结果作为结算依据，且进一步明确了结算报审的义务应由被告完成，现原告已提交了全部的工程竣工结算资料，余下的义务属监理单位与被告之间的行为，除非有证据可以证明原告未履行配合义务，否则应当认定被告怠于履行合同义务的事实。

根据《施工合同》协议书第五条"合同价格和付款货币"中的约定"除根据合同约定的在工程实施过程中需进行增减的款项外，合同价格不作调整"，可明确涉案项目系实施固定总价承包的项目，其完工后的合同价款非因合同约定事由不作调整，并不具备审查调整的空间。

因此，《全国民事审判工作会议纪要》（法办〔2011〕442号）第四条第一项规定："依法有效的建设工程施工合同，双方当事人均应依约履行。除合同另有约定，当事人请求以审计机关作出的审计报告、财政评审机构作出的评审结论作为工程价款结算依据的，一般不予支持。"涉案项目并未明确约定以财政投资评审结论作为工程结算支付的依据，应尊重合同双方的约定，按固定价款进行结算及支付，以此支持原告方合理的工程款支付主张。

（3）即使需履行财政投资评审程序，但其监督的对象是被告，并不影响依《施工合同》约定办理工程款的结算支付。

根据财政部、建设部《财政投资评审管理规定》（财建〔2009〕648号）第二条第一款的规定，财政投资评审是财政部门通过对财政性资金投资项目预（概）算和竣工决（结）算进行评价与审查，对财政性资金投资项目资金、财政专项资金使用情况进行专项核查及追踪问效的制度。因此，财政评审是财政性资金投资项目中，财政部门对项目资金使用情况进行行政监督、行使财政职能的行政行为。

根据《最高人民法院关于建设工程承包合同案件中双方当事人已确认的工程决算价款与审计部门审计的工程决算价款与审计部门审计的工程决算价款不一致时如何适用法律问题的电话答复意见》（〔2001〕民一他字第2号）认为："审计是国家对建设单位的一种行政监督，不影响建设单位与承建单位的合同效力。建设工程承包合同案件应以当事人的约定作为法院判决的依据。只有在合同明确约定以审计结论作为结算依据或者合同约定不明确、合同约定无效的情况下，才能将审计结论作为判决的依据。"

广州市中级人民法院在其生效的（2014）穗中法民五终字第387号终审《民事判决书》第16页认为，"（财政投资）评审程序之一是由项目主管部门通知项目建设单位或代建单位配合评审工作，故评审对象是建设单位使用财政专项资金的情况，财政评审并不直接针对施工单位"，该生效裁判的观点进一步确认了财政投资评审的对象并非施工单位，不因该程序而强行限制施工单位应有的权利。

故，财政投资评审的对象是被告（建议单位），提交财政投资评审（启动评审程序）也是被告，该程序的启动并不影响被告（发包人）应首先与原告（施工单位）履行工程结算的义务，被告在工程完工后怠于履行结算确认义务的，应当承担相应的违约责任。

3. 即使需履行财政投资评审程序，因被告怠于启动财政投资评审程序，

应由其承担相应的法律后果并支持原告的主张

（1）原告已按合同约定提交竣工结算资料的事实明确。

原告的证据12、证据14、证据15、证据16显示，被告曾通知原告于2020年10月16日取回部分竣工结算资料。从原告所取回的部分资料来看，原告所申报的工程竣工结算资料完整，且均已通过监理单位的审查并盖章，符合《施工合同》专用条款第16.4款"工程款支付程序"的约定。

需特别说明的是：根据《施工合同》专用条款第二十条"竣工验收"第20.1款的约定，原告（承包人）在竣工验收所提交的竣工资料中包含了竣工结算资料在内的全部资料（含竣工图及竣工结算要求的所有资料的电子版）。现证据16反映工程竣工图已提交给监理单位并由监理单位审查盖章确认，则可反映原告已履行提交资料的事实。

退一步讲，如原告提交的资料不完整，监理单位在审查过程中必然提出审查意见并要求原告作出补充，但被告并未举证该情形；且被告作为发包人已实际接收了本项目的竣工资料，审查时也必然向监理单位反馈意见，但多年来并无任何证据表明被告、监理单位曾就竣工资料提出意见，故可认定原告所申报的资料是完整的。

（2）被告怠于履行审查及报送财政投资评审的义务。

如前所述，从原告取回的材料来看，全部材料均已加盖了监理单位的印章，表明监理单位审查并出具了意见。根据《施工合同》约定的程序，原告申报工程竣工结算资料后，由监理单位审查并移交发包人，从所取回的资料来看，监理单位已完成审查程序，被告作为发包人，应根据《施工合同》第16.4款"工程款支付程序"的约定履行审核义务。

原告举证的证据10《函》、证据11《工程结算书》及邮寄信息，均反映原告督促被告履行结算付款义务，也可印证原告已提交工程竣工结算资料的事实。需进一步指出的是，根据证据17中所查询的工程结算书邮寄信息可知，原告通过向被告补充邮寄涉案项目的结算书的时间为2020年4月10日，被告于2020年4月13日签收邮件，但其后又于2020年4月29日联系投递人员办理退件。从邮件的送达过程来看，被告应是收到邮件后，出于拒绝办理工程结算的目的而将邮件作退件处理，可见被告收件后明知为本项目的工程结算资料，但拒不接收作出处理，明显是故意不履行合同义务的严重违约行为。

（3）被告怠于履行送审义务，应承担相应的法律后果。

如前所述，原告于工程完工后已提交了全部的工程竣工结算资料，被告存在怠于履行审查义务的事实，就其责任后果分析如下。

《广东省高级人民法院关于审理建设工程施工合同纠纷案件若干问题的意见》（粤高法发〔2006〕37号）规定："（一）当事人约定工程款实行固定价，而实际施工的工程量比约定的工程范围有所增减的，可在确认固定价的基础上，参照合同约定对增减部分进行结算，再根据结算结果相应增减总价款。不应撇开合同约定，对整个工程造价进行重新结算。"

故，涉案项目《施工合同》约定为固定总价合同模式，在工程量不发生增减的情况下，应按固定总价办理支付，并无可审计调整的空间，故可按固定合同价款办理结算支付，即使提交财政投资评审部门，也只能针对增加工程量部分进行审查，并不影响原告申请支付工程结算款的主张。

《广东省高级人民法院关于审理建设工程施工合同纠纷案件若干问题的意见》（粤高法发〔2006〕37号）规定："（二）当事人已对政府投资项目进行结算的，应确认其效力。财政部门或审计部门对工程款的审核，是监控财政拨款与使用的行政措施，对民事合同当事人不具有法律约束力。发包人以财政部门或审计部门未完成竣工决算审核、审计为由拒绝支付工程款或要求以财政部门、审计部门的审核、审计结果作为工程款结算依据的，不予支持。但双方当事人明确约定以财政部门、审计部门的审核、审计结果作为工程款结算依据或双方当事人恶意串通损害国家利益的除外。"故，在被告怠于提交财政投资评审的事实背景下，不应再继续要求以尚未存在的财政投资评审结论作为结算的依据。

依据《广东省高级人民法院关于审理建设工程合同纠纷案件疑难问题的解答》（粤高法〔2017〕151号）第十一条"当事人约定以审核、审计结果作为工程款结算的条件无法成就时如何处理"的规定：当事人约定以财政、审计等部门的审核、审计结果作为工程款结算依据的，按照约定处理。如果财政、审计等部门明确表示无法进行审核、审计或者无正当理由长期未出具审核、审计结论，经当事人申请，且符合具备进行司法鉴定条件的，人民法院可以通过司法鉴定方式确定工程价款。故，涉案项目也可通过造价鉴定解决双方结算价款方面的争议。当然，如前所述，涉案项目为固定总价包干，《最高人民法院关于审理建设工程施工合同纠纷案件适用法律问题的解释（一）》第二十二条规定："当事人约定按照固定价结算工程价款，一方当事人请求对建设工程造价进行鉴定的，不予支持。"并不适宜进行造价鉴定，故仍应将固定总价作为结算的依据。

结合前述分析，由于涉案项目《施工合同》约定为固定总价合同模式，因此应按固定总价办理支付。鉴于涉案项目至今并未提交财政投资评审，且责任属于被告一方，故无论该案是否应履行财政投资评审程序，均不能影响原告根据固定合同总价提出的支付申请，被告以未通过财政投资评审为由拒不履行《施工合同》的支付约定，实属违约行为，应当承担违约责任。

（4）该案应适用国务院《保障中小企业款项支付条例》的规定，支持原告的诉讼请求。

为保障中小企业的合法权益，国务院《保障中小企业款项支付条例》第二条中明确规定：机关、事业单位和大型企业采购货物、工程、服务支付中小企业款项，应当遵守本条例。第八条明确：机关、事业单位从中小企业采购货物、工程、服务，应当自货物、工程、服务交付之日起30日内支付款项；合同另有约定的，付款期限最长不得超过60日。第十一条更明确地指出：机关、事业单位和国有大型企业不得强制要求以审计机关的审计结果作为结算依据，但合同另有约定或者法律、行政法规另有规定的除外。《保障中小企业款项支付条例》进一步明确了支付期限应不多于60日，但涉案项目完工交付至今逾6年，原告一再申请办理结算支付未果，被告应当承担其全部责任，故适用最新法律规范的规定，应支持、保护原告的合法权益，支持原告支付工程款及利息的合理请求。

需明确的是，在《保障中小企业款项支付条例》明确逾期付款责任为每天万分之五规定的背景下，原告仅按同期贷款利率提出主张，远低于《保障中小企业款项支付条例》所规定的违约金标准，也可反映原告属理性维权。

综上所述，原告作为中小建筑业企业，在合同的订立过程中处于被动地位，无法与被告对格式合同条款进行平等协商，只能被动接受合同格式条款，其本身已不符合公平原则，应在案件处理过程中予以救济和调整。该案被告一再主张应以财政投资评审结论作为结算依据，但工程交付多年从未履行自身应承担的审核义务，更未履行提交财政投资评审程序的义务，应当承担全部的过错责任。鉴于财政投资评审与民事合同之间的关系属法律的热点争议问题，法律规范在完善过程中一再强调保护合同相对方的合法权益，排除财政投资评审程序妨碍民事合同的履行，恳请贵院查清事实、正确适用法律规范，审查并支持原告合理的工程款支付主张，对案件公平公正地作出处理，以维护原告的合法权益，维护社会的公平正义和正常的交易秩序。

（二）被告某政府基建办的意见

1. 《工程施工合同》第三部分第16.4条约定："工程款支付程序：承包人将工程款支付申请及完成工程量上报监理，监理审核通过后报发包人审核，发包人审定后，向财政局申请拨付。"对原告提交的工程款支付申请及相关资料，被告已支付相关款项，不存在拖欠问题。原告在该案中要求支付的工程款，被告并未收到对应工程款支付申请及相关资料，不存在违约拖欠工程款问题。

2. 原告没有按照《工程施工合同》的约定程序，向被告申请竣工结算，相反，被告主动联系，催促原告尽快办理工程竣工验收、财政投资评审以及结算支付工程款等，但原告不知何故拖延未予办理，导致工程项目迟迟未能办理竣工验收及财政投资评审等，给被告各项工作的正常开展带来极大困难。

3. 被告自始至终，均同意按《工程施工合同》的约定支付款项。只要原告能配合办理和完善竣工验收、财政投资评审等手续，按约定提交付款申请及相关资料，符合约定的付款条件，被告同意按约定支付工程款。

4. 在遵守及履行《工程施工合同》的前提下，被告同意在法院的主持下进行调解，也愿意与原告沟通和解，尽快完善并妥善解决工程项目的竣工验收、财政投资评审以及结算付款等相关手续。

五、裁判结果

（一）一审的裁判结果

2021 年 7 月 19 日，广州市 HD 区人民法院作出一审民事判决书，在确认涉案项目为固定总价承包模式的基础上，认定被告某政府基建办怠于履行送审义务，应视为结算支付条件已经成就，故判决：（1）被告某政府基建办于本判决发生法律效力之日起 10 日内向原告某建筑工程公司支付工程款 237,685.62 元；（2）被告某政府基建办于本判决发生法律效力之日起 10 日内向原告某建筑工程公司支付工程款利息（以 76,951.6 元为基数，自 2014 年 4 月 1 日起计至付清款项之日止；以 120,550.5 元为基数，自 2014 年 7 月 1 日起计至付清款项之日止；以 40,183.5 元为基数，自 2015 年 4 月 1 日起计至付清款项之日止；利息标准为：2014 年 4 月 1 日至 2019 年 8 月 19 日以中国人民银行同期同类贷款利率为标准，自 2019 年 8 月 20 日起至付清款项之日止以同期全国银行间同业拆借中心公布的贷款市场报价利率为标准）。判项内容基本支持了原告某建筑工程公司的诉讼主张。

（二）二审的裁判结果

被告某政府基建办不服该一审判决并向广州中院提起上诉，广州市中级人民法院认为，某政府基建办作为建设工程发包方负有支付工程款的基本义务，在某建筑工程公司已交付建设工程的情况下，应积极主动促成作为工程结算款依据的财政投资审核结论的形成，依法诚信履行其负有的支付工程款的基本义务，而本案中某政府基建办未提供证据证明其所要求某建筑工程公司补交的资料会影响正确结算的合理性，也没有充分证据证明某建筑工程公司已经提交的工程结算资料不能满足财政投资审核的正常运行，其行为属于不正当阻止工程款支付条件成就，依法应视为双方约定的支付条件已成就，某政府基建办既未有新的事实与理由，也未提交新的证据足以推翻原审认定的事实，对于某政府基建办的上诉主张，法院不予支持。广州市中级人民法院于 2021 年 9 月 28 日作出二审判决，终审判决以驳回上诉、维持原判结案。

六、案件评析

该案为典型的建设工程价款的结算纠纷，建设单位（业主）与施工单位关于工程价款的结算方式及结算价款各执一词，双方的分歧较大。因案涉工程为财政投资项目，建设单位主张工程结算价款应以财政投资评审结果作为依据，并主张系因施工单位长期怠于提交符合要求的工程结算资料导致无法申请财政投资评审，已达到其拖延支付工程价款的目的。

于该案而言，虽施工单位在合同订立阶段处于弱势地位，但在诉讼过程中，原告律师有力地指出《施工合同》第 22.1 款所引用的"广州市建委《转发市财政局关于加强我市财政性资金投资项目工程预结算审核工作的通知》（穗建城〔2000〕153 号）"一文因违反全国人大法工委的《复函》精神，不应当在该案中作为适用的依据，即涉案项目并未直接约定以财政投资评审作为结算的依据。原告律师利用丰富的办案经验，指导原告收集了大量已向建设单位报送结算资料的证据，并取得监理单位的审查意见，通过书面证据向法庭呈现涉案工程长期未取得财政投资评审的责任在于业主，其行为属于不正当阻止工程款支付条件成就，依法应视为双方约定的支付条件成就，为法院判案提供了充分的证据支撑。

该案中，一方面是《施工合同》约定"除根据合同约定的在工程实施过程中需进行增减的款项外，合同价格不作调整"，即可理解为按固定合同总价为基础的可调价格模式实施承包，工程结算价款应是明确且不需调整的，但建设单位以需通过财政投资评审为由拒不认可工程结算结果，其主张能否成立？另一方面是业主在诉讼过程中始终未能取得财政投资对案涉工程项目的评审文件，且无法充分举证未取得财政评审结果的责任在于原告，在此情况下，应当认定被告阻止结算支付条件的成就，并据此认定结算支付条件已成就，合理地保护了原告的合法权益。

结合上述观点，原告代理律师收集有力的证据并结合相关法律规定向法院提出了明确的代理意见，最终得到了该案一审、二审判决的全部支持，最大限度地维护了原告当事人的合法权益，结束了近 10 年的结算争议，处理结果获得委托人的高度好评，取得了较好的社会成果。①

【点评】

在国有资金投资项目中，发包单位通常为了规避相应责任，而在施工合同中基本上都约定以财政投资评审作为工程价款结算依据的条款，以便转嫁财政评审的风险。依据国务院《保障中小企业款项支付条例》及部分地方法院的指导意见精神，对于此类条款，一般遵循有约定从约定，无约定从法定的原则。在无合同约定的情况下，财政评审不能作为结算工程价款的依据，已基本成为法院共识。在有合同条款约定的情况下，此类条款的效力一般需综合是否已提交结算申请、结算是否已经提交财政评审、结算时间的长短、结算沟通情况等因素进行综合考虑。如长时间未取得财政评审结论，可以提起诉讼寻求法律救济。在财政评审结论已经出具的情况下，如要推翻评审结论，需继续举证评审结论中的明显错误或不合理之处，诉讼难度貌似更大。故在涉及财政评审的项目中，施工方选择合理的诉讼维权时机非常重要，该案例值得律师同行学习，具有一定的参考价值。

点评人：广东广语堂律师事务所律师　王云辉

---

① 广州越秀区人民法院民事判决书，(2020) 粤 0104 民初 15735 号；广州市中级人民法院民事判决书，(2021) 粤 01 民终 22748 号。

逾期支付工程质保金是否适用工程款迟延支付违约责任的约定

北京天达共和（广州）律师事务所　陈滨宏　朱春容

一、当事人的基本情况及案由

原告（上诉人）：广州某装修公司
被告一（被上诉人）：广州某置业公司
被告二（被上诉人）：广州某房地产公司
案由：装饰装修合同纠纷

二、案情介绍

原告广州某装修公司于2014年1月10日与被告一广州某置业公司订立《增城誉山国际三区二期66栋室内装修工程（大货）施工合同》（以下简称《施工合同》），承包增城誉山国际三区二期66栋室内装修工程（以下简称案涉工程）的施工任务，合同约定工程造价暂定为人民币4,779,613元，承包方式为固定单价包干。

2014年12月15日，原告与被告一广州某置业公司签订《单位工程竣工验收证明书》，确认案涉工程项目于2014年12月15日竣工验收合格。

2017年4月12日，被告一通过与原告签订《工程结算书》，确认涉案工程的结算造价为人民币4,914,190.68元。截至起诉之日，被告一仅向原告支付部分工程款人民币245,732.47元，尚欠原告5%质保金245,732.47元未予支付。

案涉工程的质量保修期已于2016年11月15日届满。

2021年5月24日，原告广州某装修公司向广州市增城区人民法院针对被告广州某置业公司、广州某房地产公司提起装饰装修合同纠纷诉讼，要求：（1）判令被告一立即向原告支付质保金人民币245,732.47元及违约金暂计为人民币74,014.62元（违约金以245,732.47元为本金，自2016年12月1日起，按日万分之二的标准计付至全部清偿之日止，暂计至2021年1月15日为起诉金额）。（2）请求依法判令被告二对前述第1项诉讼请求承担连带责任。

三、争议焦点

1. 逾期支付质保金是否适用工程款迟延支付违约责任的约定。
2. 被告能否以原告未开发票为由拒付工程款。
3. 原告的诉讼请求是否超过诉讼时效。

四、各方的意见

（一）原告某装修公司的意见

因本案双方涉及待支付的工程结算款金额并无争议，但鉴于一审判决以《施工合同》并未明确约定质保金逾期支付的违约金，对原告主张的逾期支付质保金的违约金的诉讼请求不予支持。故针对此向广州市中级人民法院提起上诉，二审法院围绕"逾期支付工程质保金是否适用工程款迟延支付违约责任的约定"进行审查。就此争议问题，原告代理律师的代理及辩论意见如下。

1. 质保金本质上就是工程款，逾期支付质保金即为逾期支付工程款，应按《施工合同》的约定承担违约责任

根据国家住建部《建设工程质量保修金管理办法》第二条第一款"本办法所称建设工程质量保证金（以下简称保证金）是指发包人与承包人在建设工程承包合同中约定，从应付的工程款中预留，用以保证承包人在缺陷责任期内对建设工程出现的缺陷进行维修的资金"的规定，质保金源自工程款，其本质就是工程款。

涉案项目《施工合同》第八条第七款也明确约定"余款（5%工程价

款）作为工程质量保修金"，故本案诉请的工程质量保修金属于被上诉人广州某置业公司应付给上诉人广州某装修公司工程价款的组成部分，本质就是被上诉人应付未付的工程结算价款。

原审判决既已查明《施工合同》约定了逾期支付工程款的违约责任，却又以双方未在《施工合同》中就逾期支付质保金约定违约责任为由驳回上诉人的诉求，实属将质保金视作与工程款不同性质款项的严重谬误。

2. 被告逾期向原告支付工程质保金为明确的违约事实，上诉人按照《施工合同》的约定要求支付违约金事实清楚、依据明确

案涉工程项目于 2014 年 12 月 15 日竣工验收合格，并交付给被上诉人接收使用，各方并无工程质量上的争议，根据《施工合同》第八条第七款"余款（5% 工程价款）作为工程质量保修金，保修金利率为零。自保修期开始满二年后的 15 天内，甲方（被告）在扣除应由乙方承担的保修费用后支付余下的工程尾款给乙方（原告）"的约定，被告应于 2016 年 12 月 31 日前向上诉人返还工程质保金。

被告逾期支付的，根据《施工合同》第十五条第三款"甲方（被告）未按本合同的约定支付工程款，从逾期的第十五天起，每逾期一天，应向乙方（原告）支付当期未付工程款的万分之二的违约金"的约定，应向原告承担按日万分之二的标准支付违约金的责任。

原审判决完全无视该项约定，并在查明被告存在违约行为的情况下仍驳回原告关于承担违约责任的诉讼请求，该做法无异于变相鼓励被告的违约行为，且严重损害了原告的合法权益。

3. 退而言之，即使《施工合同》对逾期支付质保金未明确约定违约责任标准，被告依然应当承担违约责任

（1）根据《最高人民法院关于审理建设工程施工合同纠纷案件适用法律问题的解释（一）》第二十六条、第二十七条的规定，被上诉人作为工程发包人，在发生逾期支付工程款违约的情形下，应当向承包人支付违约金，此为司法解释明确规定的法律责任，不因《施工合同》是否约定违约责任标准而免除，故法院应支持上诉人关于支付违约金的全部诉讼请求。

（2）国家住房城乡建设部、财政部对《建设工程质量保证金管理办法》

（建质〔2016〕295号）第十一条规定："发包人在接到承包人返还保证金申请后，应于14天内会同承包人按照合同约定的内容进行核实。如无异议，发包人应当按照约定将保证金返还给承包人。对返还期限没有约定或者约定不明确的，发包人应当在核实后14天内将保证金返还承包人，逾期未返还的，依法承担违约责任……"本案中被上诉人逾期返还质保金的事实清楚、违约行为明确，理应承担违约责任。

（二）被告一广州某置业公司、某房地产公司的意见

1. 被告一广州某置业公司的意见

（1）原告认为被告一应在2016年12月1日前支付质保金，但原告于2021年1月提起本案诉讼已经超过3年的诉讼时效，原告亦无证据证明在此期间曾向被告主张过权利；（2）根据双方合同第八条第八款的约定，原告在未向被告提供有效发票前，被告有权拒绝支付质保金，被告不构成违约，无须承担逾期付款的违约金；（3）两被告均为上市公司合景泰富集团的下属公司，受监管机构监管，财务独立，每年均出具审计报告，不存在财务混同的情形。请求驳回原告的诉讼请求。

2. 被告二广州某房地产公司的意见

（1）被告二广州某房地产公司不是本案的适格被告，并非合同的相对方；（2）两被告均为上市公司合景泰富集团的下属公司，受监管机构监管，财务独立，每年均出具审计报告，不存在财务混同的情形；（3）两被告之间的经营业务不同；（4）两被告之间的人员均不同。请求驳回原告的诉讼请求。

五、裁判结果

（一）一审的裁判结果

（1）被告广州某置业公司在本判决发生法律效力之日起10日内，支付质保金245,709.53元给原告；（2）被告广州某房地产公司对上述第（1）项债务承担连带责任；（3）驳回原告的其他诉讼请求。

（二）二审的裁判结果

广州中级人民法院经审理认为：在涉案工程保修期满且符合合同约定支付质保金时间长达几年的情况下，广州某装修公司请求按照合同约定支付质保金的逾期付款违约金，应予支持。因质保金也属于工程款一部分，故被告广州某置业公司逾期支付质保金，并判决如下：（1）维持广州市增城区人民法院（2021）粤0118民初5694号民事判决第二项；（2）撤销广州市增城区人民法院（2021）粤0118民初5694号民事判决第三项；（3）变更广州市增城区人民法院（2021）粤0118民初5694号民事判决第一项：在本判决发生法律效力之日起10日内，被上诉人广州某置业公司支付质保金245,709.53元及逾期支付违约金68,061.54元给上诉人；（4）驳回上诉人广州某装修公司的其他诉讼请求。

六、案例评析

本案的争议焦点"逾期支付工程质保金是否适用工程款迟延支付违约责任的约定"在一审、二审法院处理中出现较大分歧，一审法院认为逾期支付工程质保金不应适用工程款迟延支付违约责任的约定，实质上是把质保金与工程款完全割裂，不利于原告的诉讼主张。

二审中，原告代理律师通过引用《建设工程质量保修金管理办法》的相关规定向二审法院解释、论证工程质量保修金（俗称质保金）在性质上即为工程款，涉案项目《施工合同》中，针对逾期支付工程款按日万分之二支付违约金的约定，即为被上诉人逾期支付质保金违约责任的明确依据。退一步讲，即使《施工合同》对逾期支付质保金未明确约定违约责任标准，依据《最高人民法院关于审理建设工程施工合同纠纷案件适用法律问题的解释（一）》第二十六条、第二十七条，《建设工程质量保证金管理办法》（建质〔2016〕295号）第十一条的规定，被上诉人逾期返还质保金的事实清楚、违约行为明确，也理应承担违约责任。

上诉人代理律师的上述观点得到广州市中级人民法院的支持，并在二审中改判支持原告要求广州某置业公司按日万分之二的标准支付逾期支付质保金的违约金，因本案为系列案件的首案，本案的胜诉结果为正在审理的类案提供了有利的生效裁判支撑，也最大限度地维护了原告当事人的合法权益，处理结果得到了委托人的高度好评。

本案的诉讼标的虽小，但意义远不在于案件本身的胜诉结果，代理律师在进行相关案例检索时发现，对"逾期支付工程质保金是否适用工程款迟延支付违约责任的约定"这一问题在目前司法实践中存在较大分歧，部分观点认为质保金虽系从工程款中预留，但质保金是以约定的缺陷责任期的工程是否有缺陷以及缺陷大小确定是否返还或者返还的比例，即质保金对工程质量负有担保的功能，保证金的发放也以工程质量是否有缺陷为条件，而工程款并无担保功能，两种款项的性质并不相同；另有部分观点与本案的代理观点一致，导致在司法裁判时出现了类案不同判的情况。本案的意义在于通过两级法院确立了"逾期支付工程质保金应适用工程款迟延支付违约责任的约定"的裁判观点，本案的处理过程及裁判结果对律师同行在处理类似案件时具有一定的指导意义。①

【点评】

从工程造价的形成来看，质保金显然属于建安工程费的组成部分，属于合同工程价款的一部分。本案没有涉及质保期具体的维修保养扣款争议，仅就应否返还质保金及违约金问题存在争议。在合同文本中未就质保金返还约定具体超期利息的情况下，对质保金的利息标准，法官难免存在自由心证，行使自由裁量权。本案从质保金的性质入手，主张应适用关于迟延支付工程款的利息约定，巧妙地对法官自由裁量权进行指引，有代表性，具有很大的参考价值。

点评人：广东广语堂律师事务所律师　王云辉

---

① 广州市增城区人民法院民事判决书，(2021) 粤 0118 民初 5694 号；广州市中级人民法院民事判决书，(2021) 粤 01 民终 26081 号。

财政投资评审程序中发包人的责任边界

北京天达共和（广州）律师事务所 陈滨宏

一、当事人的基本情况及案由

原告（被上诉人）：广东某建筑公司
被告：广州某企业管理公司
案由：建设工程施工合同纠纷

二、案情介绍

2012年11月8日，原告广东某建筑公司与被告广州某企业管理公司签订《广东省建设工程施工合同》（以下简称《施工合同》），约定由原告承包本工程，承包范围包括本工程的基础工程、框架结构、室内外装修、给排水安装及厂区附属工程的建设等，具体内容详见施工图纸、工程量清单及招标文件。合同总价为30,266,664.54元，且根据《施工合同》"专用条款"第82.2款第1点的约定，合同价款"根据发包人提供的施工图纸和招标文件进行合同总价包干"，在此基础上结合《施工合同》"专用条款"第68.2款约定的因素调整合同价款。

本工程于2012年12月8日开工，其间由于增加工程、图纸变更等诸多原因发生工期顺延，至2014年1月22日经竣工验收合格交付使用。工程竣工后，原告按约申报工程竣工结算，至2017年4月19日，被告及其主管单位广州市CH区LK镇人民政府一致审核确认本工程的竣工结算价款为人民币38,007,216.76元。

2017年10月13日，经LK镇政府申请，CH区住房和建设局组织对案涉工程的工程量变更进行专家论证。2018 年 4 月 5 日，LK 镇政府就 LK 镇扶贫厂房建设工程的专家论证结论向 CH 区政府进行了请示。

2020 年 11 月 13 日，LK 镇政府向 CH 区财政投资评审中心发出《关于申请 LK 镇扶贫厂房建设工程财政结算评审预收的函》，申请对案涉工程进行财政结算审核，并预交了工程相关结算手续及资料。案件审理过程中，CH 区财政投资评审中心发出《资料送审情况告知书》，指出送审资料存在以下问题：（1）结算评审预收函，送审清单；（2）打桩记录监理公章；（3）欠专家论证意见的函（从良府函〔2017〕350 号）；（4）结算送审金额（38,007,216.76 元）、前期费用（9,225,326.33 元），超过立项金额（37,000,000 元）10,232,543.09 元；（5）CH 市 2012 年第一批镇级农村扶贫资金 4000 万元，工程结算、工程前期费用共 4,723.25 万元，超过资金来源。之后，区财政投资评审中心并未作出评审结论，被告也未向原告继续支付工程款。

原告认为，根据被告确认的工程结算结果，扣除被告在合同履行期间已支付的工程进度款人民币 27,239,998.09 元，被告尚欠工程 10,767,218.67 元至今未付，拖欠工程款时间逾 6 年，造成原告严重的经济负担和损失后果。因协商无果而向法院提起诉讼，要求被告立即向原告支付工程款人民币 10,767,218.67 元及逾期付款违约金（其中，工程结算尾款人民币 8,866,857.83 元，违约金自 2014 年 1 月 23 日起计至清偿完毕之日为止；工程质保金人民币 1,900,360.84 元，违约金自 2015 年 2 月 6 日起计至清偿完毕之日为止；违约金标准在 2019 年 8 月 19 日前按中国人民银行发布的同期银行贷款利率计算，2019 年 8 月 20 日起按全国银行间同业拆借中心受权发布的同期 LPR 利率的标准计算）。

三、争议焦点

1. 该案应否以财政投资评审结果作为案涉工程结算价款的依据。
2. 原告的诉讼请求是否已超过诉讼时效。

四、各方的意见

(一) 原告某建筑公司的意见

1. 根据双方签订确认《工程结算书》的具体行为，应认定双方完成对涉案项目的工程结算，所形成的结算成果合法有效。

涉案项目通过招标选定原告作为承包人并签订《施工合同》，故涉案项目的结算应以《施工合同》为依据，并结合工程结算有关的法律规范规定开展结算工作。

《施工合同》"通用条款"第82条"竣工结算"第82.1款约定："合同双方当事人应按照国家标准《建设工程工程量清单计价规范》（GB50500－2008）规定在专用条款中明确办理竣工结算的程序和时限。专用条款没有约定的，竣工结算按照第82.2款至第82.5款规定办理。"在涉案项目通过竣工验收后，发、承包人双方应当开展结算工作，由于专用条款未作特别约定，故被告应于收到竣工结算文件28日内完成结算审核工作。

涉案项目的《工程结算书》显示双方均已在《工程结算书》上加盖公章确认，且另加盖了广州市CH区LK镇人民政府、广州市CH区农村扶贫开发工作领导小组办公室两个单位的印章，表明该《工程结算书》除了通过被告的审查外，也同时通过了被告上级主管单位的审查。

事实上，该《工程结算书》虽载明"编制时间：2017年4月19日"，但该时间实为通过审查确认的时间，为原告按各方审查的结算结果，重新编制《工程结算书》由各方签署确认。可见，涉案项目距离竣工时间逾三年才完成项目结算，原告对完成工程结算付出了足够的耐心。

结合被告举证的《工程业务联系单》《工程签证单》，反映了涉案项目近773万元的工程变更及工程签证的手续完整，也已经通过被告及其上级单位的审查并纳入工程结算，各方对应当支付该部分价款并无争议。需特别指出的是，根据《施工合同》"专用条款""通用条款"第2.2款中关于施工合同组成文件解释顺序的约定，工程签证、工程变更应视为双方对《施工合同》的补充协议文件，其应为最高解释顺位的文件，不受《施工合同》专用条款、通用条款规定的约束，可直接作为办理结算的依据。

国家建设部《建筑工程施工发包与承包计价管理办法》（建设部令第16号）第十八条规定："工程完工后，应当按照下列规定进行竣工结算：（一）承包方应当在工程完工后的约定期限内提交竣工结算文件。……发承包双方在合同中对本条第（一）项、第（二）项的期限没有明确约定的，应当按照国家有关规定执行；国家没有规定的，可认为其约定期限均为28日。"第十九条规定："工程竣工结算文件经发承包双方签字确认的，应当作为工程决算的依据，未经对方同意，另一方不得就已生效的竣工结算文件委托工程造价咨询企业重复审核。发包方应当按照竣工结算文件及时支付竣工结算款。"由此可见，被告签署确认的《工程结算书》应作为工程决算的依据，且被告应根据签署确认的《工程结算书》及时支付竣工结算价款。

财政局、建设部下发的《建设工程价款结算暂行办法》（财建〔2004〕369号）第十一条规定："工程价款结算应按合同约定办理，合同未作约定或约定不明的，发、承包双方应依照下列规定与文件协商处理：（一）国家有关法律、法规和规章制度；（二）国务院建设行政主管部门、省、自治区、直辖市或有关部门发布的工程造价计价标准、计价办法等有关规定；（三）建设项目的合同、补充协议、变更签证和现场签证，以及经发、承包人认可的其他有效文件；（四）其他可依据的材料。"被告在《工程结算书》中所确认的工程变更、工程签证均为双方办理工程结算的有效依据，故《工程结算书》所确认的结算价款真实、合理。

被告提供的《招标文件》第一章"投标须知""一、投标须知前附表"第13.1款"报价以及单价和总价计算方式"指出："工程量清单计价，按《建设工程工程量清单计价规范》（GB50500-2008）执行。纳入年度审计计划的政府投资项目，审计机关出具的审计结果应当作为该政府投资项目价款结算的依据（适用纳入年度审计计划的项目）。"《施工合同》通用条款第62.1条约定，"工程的计量规则和计价方法，以国家标准《建设工程工程量清单计价规范》为准……"，故《建设工程工程量清单计价规范》（GB50500-2008）应作为施工合同的重要组成部分，并应作为双方办理结算的依据。根据《建设工程工程量清单计价规范》第4.1.3条规定："招标文件中的工程量清单标明的工程量是投标人投标报价的共同基础，竣工结算的工程量按发、承包双方在合同中约定应予计量且实际完成的工程量确定。"第4.5.3条规定："工程计量时，若发现工程量清单中出现漏项、工程量计算偏差，以及工程变更引起工程量的增减，应按承包人在履行合同义务过程中实际完成的工程量计算。"故，本案应适用国家强制性标准《建设工程工程量清单计价规范》的有关规定，根据原告实际完成的工程量计量并支付结算价款，现本案双方所确认的结算文件均符合《建设工程工程量清单计价规范》及施工合同的约定，应给予支持。

根据《最高人民法院关于审理建设工程施工合同纠纷案件适用法律问题的解释》第十八条"利息从应付工程价款之日计付。当事人对付款时间没有约定或者约定不明的，下列时间视为应付款时间：（一）建设工程已实际交付的，为交付之日"的规定，鉴于案涉项目早已于2014年1月22日通过竣工验收并交付使用，故应以该时间点的次日起计算逾期付款利息，直至被告付清全部工程款之日止，以此弥补原告所遭受的重大经济损失。

综上，该案双方签署并确认《工程结算书》的行为，系严格依据《施工合同》的约定，结合合同履行过程中形成的工程变更、工程签证所认定的工程量进行计量、计价并形成确认结算结果的法律行为，其在双方签署后已发生法律效力，被告应履行发包人的职责，向原告支付工程款，并自工程交付之日起承担逾期付款的违约责任。

2. 财政投资评审程序不应影响原告在该案中请求支付工程结算款的合理主张。

（1）财政投资评审程序为行政程序，不能干预民事合同的履行

《最高人民法院关于人民法院在审理建设工程施工合同纠纷案件中如何认定财政评审中心出具的审核结论问题的答复》[（2018）民一他字第4号]中明确指出："财政部门对财政投资的评定审核是国家对建设单位基本建设资金的监督管理，不影响建设单位与承建单位的合同效力及履行。"

《广东省高级人民法院关于审理建设工程施工合同纠纷案件若干问题的意见》（粤高法发〔2006〕37号）规定："（二）当事人已对政府投资项目进行结算的，应确认其效力。财政部门或审计部门对工程款的审核，是监

控财政拨款与使用的行政措施，对民事合同当事人不具有法律约束力。发包人以财政部门或审计部门未完成竣工决算审核、审计为由拒绝支付工程款或要求以财政部门、审计部门的审核、审计结果作为工程款结算依据的，不予支持。但双方当事人明确约定以财政部门、审计部门的审核、审计结果作为工程款结算依据或双方当事人恶意串通损害国家利益的除外。

《国务院办公厅关于促进建筑业持续健康发展的意见》（国办发〔2017〕19号）"五、优化建筑市场环境"中"（十）规范工程价款结算。审计机关应依法加强对以政府投资为主的公共工程建设项目的审计监督，建设单位不得将未完成审计作为延期工程结算、拖欠工程款的理由。"

国家建设部、财政部《财政投资评审管理暂行规定》（财建〔2009〕648号）的规定如下：

第二条："财政投资评审是财政职能的重要组成部分，财政部门通过对财政性资金投资项目预（概）算和竣工决（结）算进行评价与审查，对财政性资金投资项目资金使用情况，以及其他财政专项资金使用情况进行专项核查及追踪问效，是财政资金规范、安全、有效运行的基本保证。"

第六条："财政投资评审的程序：……（二）项目主管部门通知项目建设（或代建，下同）单位配合评审工作；（三）财政投资评审机构按委托评审文件及有关规定实施评审，形成初步评审意见，在与项目建设单位进行充分沟通的基础上形成评审意见；（四）项目建设单位对评审意见签署书面反馈意见；（五）财政投资评审机构向委托评审任务的财政部门报送评审报告；（六）财政部门审核批复（批转）财政投资评审机构报送的评审报告，并会同有关部门对评审意见作出处理决定；（七）项目主管部门督促项目建设单位按照财政部门的批复（批转）文件及处理决定执行和整改。"

注：该文明确规定财政投资评审的对象为项目建设单位（含代建单位），且明确评审程序中并无须施工单位发表意见。

根据住房和城乡建设部办公厅《关于加强新冠肺炎疫情防控有序推动企业开复工工作的通知》（建办市〔2020〕5号）第七条规定"规范工程价款结算，政府和国有投资工程不得以审计机关的审计结论作为工程结算依据，建设单位不得以未完成决算审计为由，拒绝或拖延办理工程结算和工程款支付",涉案项目确认工程结算多年,至今建筑业企业深受新冠疫情的影响举日维艰,如不及时解决该案所涉工程款的支付问题,将严重影响企业的正常经营,也影响到农民工工资的支付,造成影响社会稳定的严重不良后果。

综上,财政投资评审程序属行政程序,不应干预民事合同的履行,司法裁判中针对财政投资评审结论在建设工程施工合同结算中的适用已存在大量的判例,均审慎地关注到财政投资评审干预民事合同履行时可能造成合同主体民事权利失衡的情形,国家行政部门也关注到财政投资评审过程中可能拖延工程款支付而损害农民工工资权益等后果,故对财政投资评审程序在建设工程施工合同履行中的作用一定程度上予以限制和约束,以审慎的态度对待和处理。

(2)涉案项目的《施工合同》条款中,并未明确约定以财政投资评审结论作为双方结算支付的依据,故应排除财政投资评审结论在结算中的适用

被告在一审中主张涉案项目应以财政投资评审结论作为结算依据,其当庭陈述合同依据为专用条款第82.2款,但合同专用条款与合同通用条款存在对应关系,应当结合《施工合同》通用条款的约定予以理解。根据合同通用条款第82.2款"递交结算文件及其限制"中所约定的内容:"承包人应在提交工程竣工验收报告前编制完成竣工结算文件,并在提交竣工验收申请报告的同时向造价工程师递交竣工结算文件。承包人未在本款规定的时间内递交竣工结算文件,经发包人催促后仍未递交或没有明确答复的,造价工程师可根据自己掌握的资料编制竣工结算文件,在报经发包人批准后,作为办理竣工结算和支付结算款的依据,承包人应予以认可。"显然,合同第82.2款系承包人递交竣工结算文件的期限约定,并非针对发包人审查竣工结算文件作出约定,故合同专用条款第82.2款中第四项、第六项、第七项的约定,不能理解为涉案项目已在施工合同中明确约定将财政投资评审结论作为结算依据,不能因此推定涉案项目应通过财政投资评审程序后方可确认工程结算价款。

考察合同专用条款第82.2款中第四项、第六项、第七项的约定内容,均无明确指出要求将财政投资评审结论作为涉案项目结算依据的直接表述,

被告有意对合同条款的约定作出曲解，其主张不能成立。由于建设工程施工合同为发包人、承包人之间的民事合同，如无合同明确授权，行政机关不应干预合同的履行。显然，该相关条款不应曲解为涉案项目已在施工合同中明确约定需通过财政投资评审来确定工程结算，也不应当坚持以财政投资评审结论作为涉案项目工程结算的依据，并排除已签署的《工程结算书》在该案中的适用。

因被告为 LK 镇人民政府设立的，故其将结算文件呈请镇政府审查属合理行为，但 LK 镇政府审查后已在《工程结算书》上盖章确认，已履行了相应的审查职责，且更进一步认可以工程结算价款，支持了原告的结算主张。

从《施工合同》的具体约定来看，明确了合同内（招标工程量清单）部分采取总价包干的方式，根本没有审查的必要。另外，工程变更、工程签证、清单漏项等因素引起合同价款的调整，则已在合同条款第 68.2 款明确约定可以直接增补合同价款，故被告作为发包人所确认的工程结算完全符合施工合同约定，其工程量计算和计价均已明确，即使依合同专用条款第 82.2 款中第七项约定另行组织针对工程量、计价的评审，其本身也不会发生影响结算价款的变化。

（3）被告就其主张未能举证，应承担不利后果

被告于一审庭审结束后提交了一份《鉴定申请书》，拟针对工程签证部分提出司法鉴定请求。由此可见，被告对《工程结算书》中的工程变更、清单漏项等计量计价并无异议。

因工程签证资料完整并已通过被告的审查确认，根据《最高人民法院关于审理建设工程施工合同纠纷案件适用法律问题的解释（一）》第二十条规定"当事人对工程量有争议的，按照施工过程中形成的签证等书面文件确认"，故有关鉴定申请未予批准符合司法解释的规定，一审判决将双方确认的《工程结算书》作为判令被告履行支付义务的依据，既符合法律规定，也体现了公平合理的精神。

3. 即使涉案项目需履行财政投资评审程序，被告、财政投资评审机构均怠于履行合同义务及行政职能，属有意阻却付款条件成就的情形，应当依法认定付款条件已经成就，并根据诚实信用原则判决其向原告支付工程

结算款。

（1）工程结算款应以被告的自有资金支付

本项目的资金来源为 25 个村庄的筹资，政府部门仅提供 30% 的扶贫资金支持，且已通过支付首笔工程预付款的方式支付，故后续资金应以村庄筹集的资金予以支付，无须通过财政程序支付。鉴于涉案项目完工后已移交被告出租给第三方使用，从财产保全结果可知，被告每月拥有近 700 万元的租金收入，完全有能力直接向原告履行支付义务，故被告的未完成财政投资评审程序无法支付结算工程款的理由不能成立。

（2）被告存在阻却结算支付的情形，应承担相应的法律责任，并据此确认支付条件已经成就

工程价款关系到农民工工资等相关弱势群体的权益保障，故《保障农民工工资支付条例》《保障中小企业款项支付条例》等一再强调发包人应当及时结算付款。

该案中，被告早已于 2014 年 1 月接收工程并使用，其间持续收到承租人支付的租金，可见被告已通过原告交付的工程实现收益，故理应及时结算并向原告付清全部工程结算价款。但被告拖延至 2017 年 4 月才签署工程结算文件，实际拖延支付工程款的时间达到 3 年以上。此后，被告又以需补充论证手续等为理由拖延支付结算款，至今尚欠逾 1/4 的结算款未向原告支付，已构成严重的违约行为。

鉴于工程结算中，行政机关、事业单位、国有企业利用结算程序拖延付款具有普遍性，故法律法规和生效判决均对此给予高度关注，一再强调适用诚实信用原则、公平原则予以处理，以排除发包人利用财政投资评审、审计程序等阻却履行支付责任。在广州市中级人民法院的（2014）穗中法民五终字第 387 号、（2019）粤 01 民终 5627 号、（2019）粤 01 民终 22748 号等生效判决中，其裁判观点明确"积极配合财政投资评审机构开展工作，首先应当是建设单位行政上的义务，而非由施工单负有直接义务。建设单位从未将任何工程结算资料送交财政评审。其是送审与否的决策方，可见其怠于履行作为建设单位应尽的行政上的义务，也漠视利益攸关方的合法权益。根据《合同法》第五条规定的公平原则、第六条规定的诚实信用原

则,以及第四十五条第二款关于'当事人为自己的利益不正当地阻止条件成就的,视为条件已成就'的规定,应当视为付款条件已经成就",请求法院在本案中适用该同类判决的裁判观点,支持原告的诉讼请求,维持一审判决的相关判项。

(3) 涉案项目的工程结算过程也已通过 CH 区财政局、住建局的审查并得到确认

根据被告一审举证的《关于审核 LK 镇扶贫厂房建设工程专家论证意见的复函》,可知 CH 区财政局已深入参与涉案项目的工程结算审查工作并下达了书面的复函意见,同意专家论证意见并支持工程结算成果。该复函直接体现了财政部门对涉案项目结算的认可态度,故即使涉案项目需听取财政部门的意见,该复函也足以形成支持。

需进一步指出的是,被告在一审举证的证据 5《广州市 CH 区住房和建设局关于 CH 区良品镇扶贫厂房建设工程专家论证的复函》,表明 LK 镇人民政府进一步就涉案项目的工程结算组织专家论证并听取上级住建部门的意见,且最终均取得支持。在此情形下,如依然以财政投资评审为由否认《工程结算书》的成果,将形成对原告严重不公平的后果,将导致涉案项目工程款久拖不决,并将导致法院丧失对争议问题的最后裁判权,形成"以评代判"的不良局面。

(二) 被告某企业管理公司的意见

第一,双方签订的《广东省建设工程施工合同》第 81.1 条及第 82.2 条中明确约定资金支付单位为 CH 区财政局,对于变更工程,承包人按合同约定的计价方式编制变更工程预(结)算书,由发包人转送 CH 区财政投资评审中心进行评审。现经 CH 区财政投资评审中心评审得出涉案工程的定审金额为 30,657,711.2 元,被告应付工程尾款为 3,417,713.11 元(含质量保证金)。

第二,无论在工程合同内进度款的支付还是合同外工程变更部分的呈报审批过程中,被告均已积极履行合同义务,并无违约行为,无须承担支付违约金的违约责任。

第三，双方因对合同结算价无法达成一致意见，导致质量保证金也无法确定从而迟迟未退给原告，被告自身不存在违约行为，不应支付逾期退回质量保证金的违约金。

第四，针对原告请求对涉案工程折价或拍卖后的财产享有优先受偿权，如果原告第一项诉讼请求中认为被告违约，结合原告提交的质证意见认为双方已经在 2017 年 4 月 19 日签署确认结算价款，则应当以该日作为被告应当计付工程价款的日期。在此前提下依据《最高人民法院关于审理建设工程施工合同纠纷案件适用法律问题的解释（一）》第四十一条的规定，原告提出优先受偿权的时限为被告支付价款后不超过 18 个月，则以此计算原告的优先受偿权已经过期。庭后，被告提出因原告已于 2017 年 4 月提交了结算书，至今已经 4 年多，原告并无证据证明其主张在 4 年期间存在中断事由，故原告对工程结算款所主张的权利未在法定诉讼时效期间行使，应当予以驳回。

五、裁判结果

（一）一审的裁判结果

2022 年 3 月 30 日，广州市 CH 区人民法院作出一审《民事判决书》，判决如下：（1）被告广州某企业管理公司自本判决发生法律效力之日起 10 日内向原告广东某建筑公司支付工程款 8,866,857.83 元及利息（以 8,866,857.83 元为基数，自 2018 年 10 月 6 日起按中国人民银行同期同类贷款利率计算至 2019 年 8 月 19 日，自 2019 年 8 月 20 日起按全国银行间同业拆借中心授权发布的一年期贷款市场报价利率计算至清偿之日止）；（2）被告广州某企业管理公司自本判决发生法律效力之日起 10 日内向原告广东某建筑公司支付工程款质保金 1,900,360.84 元；（3）驳回原告广东某建筑公司的其他诉讼请求。

（二）二审的裁判结果

原、被告均不服一审判决并向广州市中级人民法院提起上诉，广州市中级人民法院于 2022 年 8 月 15 日作出二审判决，法院认为：经本院释明，广州某企业管理公司有能力有义务就其主张工程量不实部分进行举证，但其仅能提交招投标文件和新誉时代工程咨询有限公司提供的资料，不足以反驳《工程结算书》的结论。综合以上分析，本院认为，广州某企业管理公司以财评条款为由拒付剩余工程款，理据并不充分，一审法院以《工程结算书》确定的金额38,007,216.76元为本案工程的结算价，理据充分，应予以维持。二审改判如下：（1）被告广州某企业管理公司自本判决发生法律效力之日起10日内向原告广东某建筑公司支付工程款10,767,218.67元及利息（自2018年10月6日起按中国人民银行同期同类贷款利率计算至2019年8月19日，自2019年8月20日起按全国银行间同业拆借中心授权发布的一年期贷款市场报价利率计算至清偿之日止）；（2）驳回原告广东某建筑公司的其他诉讼请求。

二审判决改判支持了某建筑公司关于支付利息的请求，驳回了某企业管理公司的上诉请求，维持了一审判决支付工程款及利息的结论。

六、案例评析

该案为典型的建设工程价款的结算纠纷，建设单位（业主）与施工单位关于工程价款的结算方式及结算价款各执一词，双方分歧较大。因案涉工程为财政投资项目，建设单位主张工程结算价款应以财政投资评审结果作为依据，并调取了大量其向财政局报审的函件，企图证明其已向财政报送评审材料，并将财政退审的责任推卸给施工单位，已达到其拖延支付工程价款的目的。

于该案而言，虽施工单位在合同订立阶段处于弱势地位，但在诉讼过程中，原告律师有力地指出《施工合同》并未直接约定以财政投资评审作为结算的依据，此外，原告律师对建设单位提交的大量财政报审函件中所反映的问题进行了一一回应，逐个击破，并将长期未取得财政投资评审的责任归责于业主，与施工单位无关。

该案面临的两个重大分歧是，一方面是施工单位已经取得经施工、建设单位及上级单位盖章确认的结算文件，结算价款是相对明确的，但建设单位以需通过财政投资评审为由拒不认可结算结果，其主张能否成立？另一方面是业主在诉讼过程中始终未能取得财政投资对案涉工程项目的评审文件，且无法充分举证未取得财政评审结果的责任在于原告，在此情况下，如何保护原告的合法权益？面对以上分歧焦点，代理律师收集有力的证据并结合相关法律规定向法院提出明确的代理意见，最终得到了该案一审、二审、再审法院判决的支持，最大限度地维护了原告当事人的合法权益，结束了多年的结算争议纠纷，处理结果得到了委托人的高度好评。

当前司法实践下，在施工合同明确约定以财政投资评审结论作为结算依据，裁判结果更加倾向于支持当事人的约定，即以财政投资评审结论作为双方的结算依据，这使得施工单位在主张工程价款时面临诸多困境：一是财政投资评审的结果与各方的结算结果相差较大，施工单位欠缺明确的救济手段，启动造价鉴定程序的难度大；二是财政评审的规则中并未设定施工单位有权参与财政评审程序，导致施工单位无法掌握财政评审进度，以及了解财政评审过程中出现的问题，由此给业主故意拖延提供了便利等，造成工程结算久拖不决。该案的处理过程及裁判结果对于当前解决财政投资评审与合同双方约定不一致时如何确定工程结算价款具有一定的指导意义。①

【点评】

1994 年财政部在收回原委托中国人民建设银行代行基本建设资金监督职能后提出了财政管理新概念，形成了财政投资评审机制，并于 1999 年 5 月由财政部成立的财政审核职能部门。政府投资项目工程中，是否必须以财政评审意见为准，目前有以下几种裁判方法：（1）以条件未成就，判决驳回施工单位的付款诉讼请求；（2）以施工单位的送审造价为准；（3）允许建设单位委托其他造价咨询机构做出结论；（4）启动司法鉴定，以司法鉴定结论为准；（5）认定"财政或审计审定为准"条款对实际施工人、分包人不具有约束力。

---

① 广州市从化区人民法院民事判决书，（2021）粤 0117 民初 9789 号；广州市中级人民法院民事判决书，（2022）粤 01 民终 11438 号。

该案例中,施工方代理律师体现了高度专业化,既从合同约定、结算文件本身的合理性进行了论证,又对不可归责于施工单位的财评报审拖延行为进行分析,并结合现行法律法规及政策性文件进行综合论证,最终说服法院以结算文件为准,取得了满意的代理效果,该案例值得学习参考。

点评人:广东广语堂律师事务所律师　王云辉

工程保险损失的认定及索赔若干建议

北京市竞天公诚（广州）律师事务所　胡　键　邓杰朗

一、当事人的基本情况及案由

申请人：S公司

被申请人：P保险公司

案由：水利工程保险合同纠纷

二、案情介绍

该案所涉的D新城项目是地方政府及中央企业共同投资合作的大型城市综合运营项目，该项目中所包含的河口治理及综合开发（水利工程）项目的工程一切险保险人为P保险公司，工程总承包商为中央企业下属项目总经理部。S公司与总承包商签订了《施工合同》，为该项目中A片区水利工程的施工方。

2011年12月29日，项目业主作为投保人，与P保险公司签订了《工程保险协议》，同日，P保险公司签发《建设工程一切险保单》（以下简称《保险单》）。根据《保险单》的约定，保险期限为自2011年12月30日零时起至2013年11月17日24时止；被保险人包括：业主、承包商、其他关系方，包括但不限于工程分包商、设计单位、监理单位、供应商及其他直接参与工程建设的相关单位。S公司作为该项目的分包商之一，属于《保险单》下的被保险人，享有保险利益。

在工程施工过程中，超强台风"T"在工程所在地登陆，引发严重的风暴潮、大范围强降雨，给项目现场造成了严重损失。根据《保险单》的约定，台风造成的工程财产损失属于保险项目，在赔偿责任范围内，且损失发生在保险单的保险期限内，损失地点亦在保单规定的工程地址。据此，业主向 P 保险公司提交了《保险出险/索赔通知书》，正式向 P 保险公司报案索赔。其中，S 公司对 A 片区申报的保险损失索赔金额为大约 1 亿元。

此后，P 保险公司单方委托 W 保险公估有限公司（以下简称 W 公估公司）对 A 片区的损失现场进行勘察，S 公司向其提供了第一批保险索赔资料，包括施工合同及工程量清单、设计图纸及部分灾后测量数据等。后续，S 公司按照 W 公估公司的要求进一步提交了补充的索赔资料。

在损失发生后的第三年，W 公估公司出具《第三次公估报告》，对 A 片区的初步估损金额为人民币 2500 万元，与 S 公司的保险索赔金额相差巨大。在此之后，S 公司与 P 保险公司及 W 公估公司多次会谈，协商保险赔偿金的数额。

在损失发生的第四年及第八年，W 公估公司又分别出具了《第四次公估报告》及《最终报告》，逐次调低了定损意见，最终的定损金额为 1200 万元。在此期间，W 公估公司分别委托 J 公估公司、Y 建筑研究总院公司分别出具了两份《专家评估报告》，另委托 F 大学出具了《卫星遥感报告》，作为其《最终报告》之附件，用于支撑其《最终报告》中的结论。

S 公司认为 W 公估公司《最终报告》中的内容及其所引用的所谓两份《专家评估报告》及《卫星遥感报告》的意见均明显有悖于事实，不符合公估规范与准则，对 W 公估公司的公估结论不予认可。为此，S 公司另行委托 H 公估公司重新进行损失核定，但由于 H 公估公司接受委托时，台风损失已过去 8 年，工程项目现场早已修复完毕且竣工交付，在客观上已不存在任何能够对损失情况进行重新勘察、测量及鉴定的条件。因此，H 公估公司在仅依赖索赔文件资料、未实际进行现场勘察测量的前提下，出具了《终期公估报告》，认定 A 片区的保险损失金额为 8300 万元。此外，S 公司还委托 B 市测绘设计研究院总工程师专家出具《专家意见》，论述 J 公估公司、Y 建筑研究总院公司的《专家评估报告》及 F 大学的《卫星遥感报告》的不合理性。

在双方争议巨大、无法协商一致的情况下，S 公司遂向北京仲裁委员会对 B 保险公司提起该案仲裁，请求支付保险赔偿金额。

S 公司的仲裁请求为：（1）裁定 B 保险公司向 S 公司支付保险金人民币 88,895,770.37 元；（2）裁定 B 保险公司向 S 公司支付尚未赔偿的保险金滞纳金，从某年某月某日起至 B 保险公司支付全部保险金止，暂计至提起仲裁时的保险金滞纳金为人民币 104,096,947.11 元；（3）裁定 B 保险公司向 S 公司赔偿因 B 保险公司未及时赔付保险金而使 S 公司处理该案相关事宜额外承担、支出的损失和费用；（4）B 保险公司承担该案的仲裁费。

三、争议焦点

在该案中，B 保险公司对 S 公司的主体、诉讼时效均没有任何异议，亦完全认可其应当承担保险赔偿责任。双方的唯一争议焦点在于应赔偿的工程保险损失的具体金额。具体可细分为：

1. 损失是否真实存在。
2. 灾后测量数据是否为原始数据。
3. 是否存在虚构伪造测量数据的情形。
4. W 公估公司的公估报告是否具有参考效力。
5. 在剔除异常数据的情况下，能否计算出损失的金额，按何种专业方式进行计算。

四、各方的意见

（一）申请人的意见

1. 工程保险损失客观真实地存在。

（1）S 公司当时直接参与灾后测量的项目部人员向仲裁庭提交了书面证人证言，并在庭审中出庭陈述，详细还原描述了灾后的完整测量过程，以及测量后的数据交接安排，可以证明损失是真实存在的。

（2）尽管 W 公估公司的《第四次公估报告》和《最终报告》否认了某些项目的损失的存在，但其在《第三次公估报告》，以及再之前的《首次报告》《第二次报告》中，均明确陈述其公估人员第一时间就参加了灾后现场的损失测量，并亲自确认同一项目的灾后损失是客观存在的。

（3）F 大学的《卫星遥感报告》通过卫星遥感测量手段判断 A 片区的吹填区项目不存在吹填砂流失损失，但总工程师专家认为，在现有的技术条件下，卫星遥感的分辨率及精确度远不能够用于对土方体积进行测量判断，尤其是对水面以下的土方体积进行测量判断，因此《卫星遥感报告》在技术上而言亦完全错误。

2. 如前所述，S 公司当时直接参与灾后测量的项目部人员向仲裁庭提交了书面证人证言，并在庭审中出庭陈述，详细描述了灾后与 W 公估公司的公估人员联合进行的完整测量过程，包括测量的时间、地点、参与人员、测量项目、测量方法、所使用的仪器，以及测量结束后与 W 公估公司的公估人员之间的测量数据交接过程。由此可以证明，S 公司据以计算损失金额的灾后测量数据是原始的数据。

3. 测量数据不存在任何虚构、伪造或篡改的情形。

（1）在事实上，如上所述，S 公司直接参与灾后测量的项目部人员出庭作证，通过对灾后测量以及数据交接过程的事实还原，足以说明测量数据不存在造假的可能性。

（2）在技术上，尽管 B 保险公司及 W 公估公司所依赖的 J 公估公司、Y 建筑研究总院公司的《专家评估报告》指出了测量数据存在的异常情况，但 S 公司的工程人员均能够对该类异常情形提出合理的解释，说明异常的情况绝非因篡改数据而导致的。同时，总工程师专家亦能从测量领域的专业视角出发，对《专家评估报告》存在的技术性缺陷提出挑战。

（3）在资质上，委托人通过公开渠道完整查询了每一份报告、每一家单位以及每一名署名人员的资质情况，最终可以查实 J 公估公司、Y 建筑研究总院公司以及在其《专家评估报告》中署名的每一名人员，均不具备测绘单位资质或测绘师资质，没有资格对测量数据提出专家意见。

（4）在计算方法上，B 保险公司所指出的存在特殊情况的数据，实际上仅占总数据量的 1% 以下，因此完全可以将存在问题的数据剔除，用剩余的数据重新进行计算，可以得知计算结果基本没有实质性的改变。

（5）在法律上，基于举证责任以及对欺诈行为的证明标准的法律原则，B 保险公司的现有证据亦完全无法达到"排除合理怀疑"的证明标准，无法证实 S 公司存在测量数据造假的欺诈行为，应承担举证责任的不利后果。

4. W 公估公司的所有公估意见均不应被采纳。

（1）W 公估公司的公估行为存在诸多缺陷、不合理及不合规之处，包括但不限于违反公估规范，出具多份报告，出具报告的时限过久，不同版本的报告之间相互矛盾，具有极为明显的对 B 保险公司的倾向性，其公信力度已荡然无存。

（2）从 W 公估公司的公估报告的内容本身而言，其定损的依据、方式及结论亦全部存在技术上的严重错误。

（3）与 H 公估公司重新出具的公估报告相比较，定损金额依然差异巨大，进一步反映了 W 公估公司的不可靠性。

5. 由于该案所涉水利工程自身的复杂性、专业性及特殊性，在计算其损失量（即计算土方量）时，所涉及的均为不规则的地形及平面，在客观上无法直接计算出损失量。另外，由于台风刚过，部分受损的工程项目不具备进入的条件，测量人员亦无法对该处进行实际测量，因此亦存在测量数据残缺的问题。为此，S 公司的工程人员运用专业的水工工程知识，按照仲裁庭的要求剔除或修正了存在特殊情况的数据，并进而从多个角度对损失量进行计算，得到的损失量基本相同，能够相互印证。S 公司工程人员所使用的方法如下。

（1）运用内插法补全无法测量区域的高程数据，将数据量补足至能够进行计算的最低标准；

（2）运用平移法补全无法测量区域的高程数据，将数据量补足至能够进行计算的最低标准；

（3）使用水运工程的专业软件 HYPACK 中的高级航道法进行计算，获得损失的工程量；

（4）使用工程通用的土方量计算软件 CASS 中的 DTM 法进行计算，获得损失的工程量；

（5）通过梳理统计与发包方之间的工程签证资料，以台风后完成的总工程量减去台风前所剩余的总工程量进行推算，所得的差额即视为因台风而导致增加的工程量，也即损失量；

（6）直接梳理统计自有施工班组和分包方的施工量记录、补充协议、工程量变更清单等资料，通过计算台风后所增加的工程量，从而推算出因台风而导致的损失。

（二）被申请人的意见

1. 部分报损的工程项目损失实际上不存在。B 保险公司依据 F 大学的《卫星遥感报告》，并辅以其他工程签证单的记载，以此主张吹填区的土方量在台风前后没有变化，因此吹填砂在台风中并未流失至外海；内河涌在台风发生前根本未完成疏浚施工，因此亦不存在回淤的可能性。据此，B 保险公司主张 S 公司申报的这两项损失是不存在的。

2. W 公估公司当庭否认其曾经收到过 S 公司提交的台风后的损失现场的原始测量数据，更否认其曾与 S 公司的项目人员联合进行过现场查勘。

3. B 保险公司援引 J 公估公司、Y 建筑研究总院公司分别出具的两份《专家评估报告》，该两份报告通过对 S 公司提交的原始测量数据进行各种形式的分析、比较、排序、混算，得出某种特定的计算结果或者数据比较结果。例如，在 1000 组海堤测量数据中发现其中 15 组数据的平面坐标相同、高程均相差 15 厘米，或以 2000 组内河涌测量数据反推出测量船运行轨迹，发现其中部分轨迹存在重叠、平移的情况，以及其他各种类的问题。通过各方面的数据特殊情况，试图证明 S 公司提交的所有测量数据都是虚构、伪造或篡改的数据，因此无法用于损失计算。在此基础上，B 保险公司进而主张，由于 S 公司未提供任何能用于计算损失量的测量数据，因此损失量无法核定，B 保险公司不承担赔付责任。

4. B 保险公司自始至终均认为 W 公估公司是《工程保险协议》明确约定的保险公估公司之一，B 保险公司单方面指派 W 公估公司，符合合同约定，W 公估公司出具的《最终报告》对 S 公司具有约束力；同时，B 保险公司亦认为 W 公估公司所出具的《最终报告》的内容全部正确。据此，B 保险公司认为应将 W 公估公司的《最终报告》作为该案唯一的定损理赔依据。

5. B 保险公司不认同、不接受在剔除部分数据的情况下对损失量重新进行计算的必要性及合理性，但鉴于仲裁庭明确提议双方进行复算，且 S 公司亦进行了复算，因此 B 保险公司在持保留意见的前提下，同样委托 W 公估公司按照仲裁庭要求重新进行了计算，所使用的方法为 CASS 软件 DTM 法，所得计算结果与 S 公司的计算结果存在一定的差距。

五、裁决结果

仲裁庭的裁决如下：（1）该案的工程保险损失金额确定为 5400 万元，保险人对此金额需承担赔偿责任；（2）B 保险公司应按照中国人民银行同期贷款基准利率以及贷款市场报价利率（LPR）的标准分段计算并向 S 公司支付保险赔款滞纳金，滞纳金的起算日期酌定为 2017 年 1 月 2 日；（3）该案仲裁费由 S 公司及 B 保险公司各承担一半。

六、裁决理由

（一）损失是否真实存在

仲裁庭认定，W 公估公司的公估人员实际前往了灾后现场进行损失的测量工作，获得了测量数据，且各份公估报告中亦明确载明了损失的客观情况，因此 B 保险公司提出的关于不存在实际损失的抗辩意见均不能成立。

（二）灾后测量数据是否原始数据，以及是否存在虚构伪造测量数据的情形

仲裁庭认为，W 公估公司作为对保险事故进行评估、勘验、鉴定、估损理算的专业公司，应当在事故发生后、于损失发生现场尽可能地获取关于损失的原始数据，了解损失的客观情况，如 W 公估公司未在测量完成后第一时间收到数据，或者其收到的数据并非原始数据，应当立即提出异议，否则应当认为 S 公司已提供了原始数据。因此，对于 B 保险公司关于灾后测量数据并非原始数据的主张，仲裁庭不予采纳。另外，仲裁庭认为 S 公司对数据异常情况所做的解释说明具有合理性，同时 B 保险公司所提供证据亦不足以证明 S 公司存在造假行为，因此对 B 保险公司所述的虚构伪造

测量数据的观点，仲裁庭不予采纳。

(三) 应如何确定具体的保险损失金额

为了确定各项目的保险损失金额，仲裁庭综合考虑了各方面的因素，包括 S 公司的索赔情况、W 公估公司的公估意见、H 公估公司的公估意见、S 公司的证人证言、双方各自援引的专家的意见，以及部分数据异常是由测量误差导致的，可能与客观情况不符；部分数据异常是为了计算的目的，而人为进行修改、编辑、补充所导致的，可能无法反映损失的客观情况；部分区域的确不具备测量的客观条件，测量数据的缺失在客观上是无法避免的；人为修改、编辑、补充数据的行为具有一定的合理性，具体的操作方式得出的结果可能与实际情况不相符；所涉的工程计算问题具有一定的复杂性及专业性，且缺乏统一性及标准性，使用不同的计算软件得到的计算结果可能会不一致。

在考量了以上所有方面的影响因素后，仲裁庭认为其实在难以对双方所主张的损失量的计算方法及结果的合理性进行判断，亦不具备直接计算出损失量的条件。因此，对 W 公估公司及 H 公估公司的公估意见一致的项目，仲裁庭认为不存在争议，直接采纳 W 公估公司的定损意见；对部分具有争议的项目，仲裁庭认为 S 公司提供的证据不足以证明其索赔主张，因此亦直接采纳 W 公估公司的定损意见；对其余的具有争议的项目，仲裁庭在综合考量了所有因素后，对损失量进行了酌定。

(四) B 保险公司是否应支付保险滞纳金以及滞纳金的计算方式

仲裁庭认为，该案的保险赔偿款未能及时支付，在部分程度上是由于 B 保险公司的理赔主张不正确、S 公司的索赔主张亦不完全准确而造成的，在部分程度上亦是由于该案定损过程的复杂性、专业性所导致的，但 B 保险公司不存在故意拖延支付保险金的行为。据此，仲裁庭认为 B 保险公司应支付保险滞纳金，但未采纳 S 公司主张的计算标准，而是酌定了一项相对更低的计算标准。

七、案例评析

在保险合同纠纷中，保险公司为了最大限度地免除或减轻其保险赔偿责任，通常会穷尽各种办法与理由寻求机会，尤其是对建工一切险等保险价值巨大的险种更是如此。在本案中，保险公司即从各个角度提出了一系列的抗辩理由，包括辩称主体不适格、损失不存在、数据虚假、损失计算错误等。此外，尽管保险公估公司在名义上属于独立的第三方评估主体，但基于保险公司对保险公估公司的聘任合作关系的暧昧性，在大多数纠纷中，保险公估公司最终出具的公估意见，均不可避免地明显偏向于保险公司，有失公允客观。在本案的庭审过程中，由于保险公估公司的出庭陈述表现过于积极、倾向性极为明显，仲裁庭也提醒其注意其身份地位为独立第三方，并非保险公司之仲裁代理人。针对上述困境，在建工保险合同纠纷案件中，被保险人在进行保险索赔时，亦需要更加积极主动作为，全方位对抗保险公司及保险公估公司。

本案中，保险公估公司在事故发生的 8 年后才出具公估报告，历时之久实在是匪夷所思。此时，即使双方争议巨大，但再对保险工程项目在保险事故发生当时及之后的损失状况进行测量、复核及鉴定，已不具备任何客观可能性。有鉴于此，在损失无法直接进行考证的情况下，被保险人积极运作，从多角度、多方面、多思路切入，一方面对保险公估公司出具的公估报告提出质疑、降低其可信度，另一方面亦委托专业机构重新进行以文件为基础的核算，从而最终成功地达成仲裁庭的自由心证，间接性地证明了损失的客观存在以及金额。

以本案为鉴，被保险人在面对类似纠纷情况时，可以考虑采取的思路与行动如下。

1. 另行委托公估公司重新出具公估报告，通过与原公估公司的公估意见进行对比，降低其可信度。

2. 提请亲历项目现场的一线人员出具证人证言，并出庭作证陈述，加深仲裁庭印象以及己方主张的可信度。

3. 由专业的工程人员及技术专家出具计算报告，以通俗易懂的方式向仲裁庭阐明工程量计算的依据、过程及结论，令仲裁庭认可并接受损失量计算的客观性、合理性及专业性。

4. 通过提供事故现场的影像记录资料，直观地向仲裁庭呈现损失的真实性及客观性。

此外，除了对实质内容提出挑战外，如被保险人同时积极寻找保险公估公司之公估报告及所援引的各项专家意见在形式上和资质上的缺陷，同样可能取得十分良好的效果。例如，在本案中，保险公估报告中所援引的由F大学出具的所谓《卫星遥感报告》，被保险人逐一核查并指出该报告未有原件、未注明出具人、未签名、格式异常、不具有测绘行业资质等问题，最终成功地促使仲裁庭对该证据的三性不予认可，并进而亦否定了公估报告中以此为依据得到的相关结论。

本案纠纷产生的根本原因实质上在于损失核定久拖不决，并且对损失情况的证据保全缺失。虽然被保险人通过仲裁最终成功挽回了半数以上的巨额损失，但由于部分事实内容的确不甚清楚，且亦无从考证，因此亦有半数的损失未能获得保险理赔。整体而言，我们认为本案可以作为建工保险索赔案件的参考。[①]

【点评】

本案例带给我们不少启示，为了减少后期非必要纠纷以及经济利益的损失，建工一切险的保险人应保证工程量记录文件的完整性、准确性及全面性，一旦发生保险事故，就能据此主张事故前已完工的工程量。例如，被保险人应当在保险公估人的旁证之下，第一时间查勘、测量并固定现场损失的情况及数据，先后形成查勘记录、询问笔录、影像记录等，必要时，被保险人还可以将现场查勘损失时所用的测量仪器通过公证保全的形式进行封存保管，直至纠纷结案为止。总而言之，在此类保险人彻底否认责任，且客观上亦无法对损失情况进行重新勘察、测量及鉴定的案件中，若被保险人积极开拓思路，提出足够充分、翔实的证据用于对抗质疑保险人一方，

---

① 北京仲裁委员会裁决书，（2020）京仲案字第2336号。

据理力争，那么最后即使仲裁庭在客观上无法完全查清事实、精确核定损失，亦完全可以在满足充分的高度盖然性标准的情况下，行使自由裁量权，支持被保险人的大部分索赔请求。此案例无论是从办案思路，还是从举证策略方面都对律师的日后办理类似案件有很大的启发。

点评人：广东启源律师事务所律师　陈育虹

实际施工人经仲裁程序未追回工程款后可起诉发包人在未付工程款的范围内承担责任

广东红棉律师事务所　胡焱平

一、当事人的基本情况及案由

原告：李某涛

被告：A 房地产开发有限公司（以下简称 A 公司）

第三人一：B 公路桥梁（集团）有限公司（以下简称 B 公司）

第三人二：C 市政工程有限公司（以下简称 C 公司）

案由：建设工程施工合同纠纷

二、案情介绍

A 公司与 B 公司签订《D 口岸服务区 A03 地块开发项目——地下连续墙＆基坑支护设计/施工总承包合同》，约定 B 公司作为涉诉工程的承包方。

2014 年，B 公司与 C 公司签订《建设工程专业分包合同》，合同约定，由 C 公司负责 D 口岸服务区 A03 地块开发项目——连续墙施工设计总承包工程——连续墙及导墙工程——专业分包。

2015 年 7 月 11 日，李某涛与 C 公司签订《D 连续墙施工分包协议》（以下简称分包协议），协议第一条约定，分包工程名称：D 口岸服务区 A03 地块开发项目——连续墙施工（含导墙施工）；分包工程地点：珠海市横琴新区；第七条约定，本工程合同总价约为人民币（大写）壹仟叁佰肆拾贰万柒仟柒佰伍拾圆整，小写 13,427,750.00 元。双方约定，在履行合同过程中发生争议的，双方协商解决或解决不成时，依法向工程所在地仲裁委申请仲裁。

涉诉工程竣工结算后，C公司未依约向李某涛支付剩余工程款。2017年12月29日，根据分包协议，李某涛向珠海仲裁委员会申请仲裁，要求第三人C公司支付剩余工程款及利息。2018年4月4日，双方达成调解协议，C公司支付剩余工程款并按照年息24%支付逾期付款违约金。后C公司未能履行调解协议的内容，向李某涛支付工程款。李某涛遂依据珠海仲裁委员会的调解书，向上海市第一中级人民法院申请强制执行。因C公司无可供执行的财产，执行无果。

2019年，李某涛向珠海市横琴新区人民法院提起诉讼，以发包人A公司为被告，以承包人B公司、转包人C公司为第三人，诉请：（1）判令A公司立即向李某涛支付工程款1,307,880.80元，自2015年8月12日起至实际清偿之日止按照年利率24%向李某涛支付逾期付款违约金；（2）本案的诉讼费用由A公司承担。

三、争议焦点

A公司是否应当向李某涛支付工程款1,307,880.80元及逾期付款违约金。

四、各方的意见

（一）原告的意见

1. 第三人C公司欠付原告工程款的金额已确定

原告为实际施工人，被告为发包人，第三人一B公司为总包人，第三人二C公司为违法分包人。2015年7月11日，原告与第三人二C公司签订《分包协议》，《分包协议》约定C公司将珠海市横琴新区的D口岸服务区A03地块开发项目——连续墙施工（含导墙施工）分包给原告施工。《分包协议》对分包内容、双方的权利义务、工期、质量、安全生产、文明施工、合同价款与支付、违约责任、争议解决方式等进行了约定。其中，《分包协议》第七条第二款约定，合同的总造价为13,427,750元；第三款约定，结算按实际完成的工程量计算；第五款约定，完工后7日内，由第三人二C

公司负责人签认分包人完成的工程量，并完成结算工作；第六款第四项约定基坑开挖完成后一次性支付至结算工程款的100%。原告与第三人C公司签订协议后，原告严格按协议履行施工义务。双方于2015年8月11日对原告完成的工程量进行核定，核定原告实际完成的工程量为14,730,099.34元，第三人C公司仅向原告支付工程款13,422,218.48元，尚欠原告1,307,880.86元工程款未付。

因第三人二C公司尚欠原告1,307,880.86元未付，原告依据《分包协议》的约定申请仲裁要求支付工程款。《分包协议》第九条第一款约定，第三人二C公司未按约定的时间付款，按每天应付金额的1%向原告支付违约金，原告在申请仲裁时自愿调整违约金按年利率24%计算。在仲裁过程中，双方达成调解协议，C公司确认欠工程款1,307,880.86元未支付，承诺付款并按照年利率24%支付违约金。

因C公司未按约定付款，原告申请强制执行未果，上海市第一中级人民法院已出具执行裁定书，终结本次执行。

2. A公司欠付B公司工程款超过1,307,880.86元且已经超过支付期限

根据A公司及B公司提交的证据，双方已完成最后结算，合同约定的保修金6,458,000元未支付。工程质保期从2017年7月28日起算，质保期2年，已于2019年7月28日到期。该保修金即为A公司应支付给B公司的工程款。

3. A公司应向原告支付工程款1,307,880.86元及逾期付款违约金

鉴于A公司为发包人，根据《最高人民法院关于审理建设工程施工合同纠纷案件适用法律问题的解释（二）》第二十四条的规定，依法应在欠付工程款范围内承担补充清偿责任，应向原告支付工程款1,307,880.86元及逾期付款违约金。

（二）被告的意见

1. A公司已经按照合同结算所有款项给承包人。A公司于2018年1月与工程承包人B公司签订《D口岸服务区A03地块开发项目地下连续墙&坑基支护设计/施工总承包最终结算书》，双方已经确认结算金额为人民币

131,873,790.41 元，发包人已按合同结算所有应付款项。承包人确认不向发包人进行任何工期和费用索赔。

2. B 公司与 C 公司已经就《分包合同》包括涉诉工程在内的建设工程完成了结算支付，保修金不属于工程款，A 公司不存在欠付工程款的情况。B 公司提交的《分包结算确认单》及相关支付凭证，证明 B 公司与 C 公司已就《分包合同》包括案涉工程在内的建设工程完成结算支付。在案涉工程由 A 公司发包给 B 公司后再分包给 C 公司再由李某涛实际施工的情况下，李某涛无权向 A 公司主张权利，A 公司也不应就案涉工程对李某涛承担责任。

3. 李某涛提交的证据无法证明其与 C 公司之间的工程款总额及 C 公司存在拖欠的未支付工程款情况。李某涛提交的证据材料，即调解协议书仅是双方在仲裁阶段达成的调解协议，无法对涉诉工程及工程具体的结算情况提供证明。李某涛提交的补充证据，即执行裁定书也无法证明该案的待证事实。李某涛要求 A 公司向李某涛支付工程款和违约金，但提交的证据均针对的是 B 公司。

（三）第三人—B 公司的意见

1. 同意 A 公司的意见。《最高人民法院关于审理建设工程施工合同纠纷案件适用法律问题的解释（二）》第二十四条规定，实际施工人以发包人为被告主张权利的，人民法院应当追加转包人或者违法分包人为该案第三人，在查明发包人欠付转包人或者违法分包人建设工程价款的数额后，判决发包人在欠付建设工程价款范围内对实际施工人承担责任。A 公司已经按照合同约定向 B 公司支付除质保金之外的其他全部工程款。且 B 公司与 C 公司结算后应付价款为 12,372,225 元，B 公司已经支付工程款 12,373,641.02 元，B 公司已经向 C 公司支付完毕全部分包工程款。

2. B 公司向法院提交了《总承包合同》、《分包合同》、分包结算确认单、《李某涛涉案分包合同 B 公司支付情况说明》及相关支付凭证都是真实合法的。由于（2018）沪 01 执 785 号是协助执行案，涉及 B 公司与 C 公司的全部债权债务，因此 B 公司以此前提提供给上海市第一中级人民法院的统计表是涉及 C 公司欠付情况汇总表。本案涉及的 D 口岸服务区 A03 地块开发项目连续墙及导墙工程，是其中的一部分，因此根据汇总 B 公司的分包工程结算单及全部支付凭证计算，B 公司不欠 C 公司工程款。

3. 李某涛提供的给上海市第一中级人民法院《涉及 C 公司欠付款汇总表》中的 1,849,985.37 元是 D 口岸服务区 A03 地块开发项目 B 公司与 C 公司总的债权债务，D 口岸服务区 A03 地块的开发项目，B 公司与 C 公司存在三个分包合同，三个分包合同是独立的，李某涛主张以 1,849,985.37 元作为本案涉案分包工程的欠付款违背合同相对性原则，应不予采纳。

综上，B 公司不欠 C 公司工程款，应驳回原告的诉讼请求。

（四）第三人二 C 公司未答辩

五、裁判结果

一审法院判决驳回李某涛的全部诉讼请求。

李某涛向珠海市中级人民法院提起上诉。二审法院的判决为：（1）撤销广东省珠海横琴新区人民法院（2019）粤 0491 民初 649 号民事判决；（2）A 公司于本判决生效之日起 10 日内向李某涛支付工程款 1,307,880.80 元；（3）驳回李某涛的其他诉讼请求；（4）驳回李某涛的其他上诉请求。

六、裁判理由

（一）一审的裁判理由

《最高人民法院关于审理建设工程施工合同纠纷案件适用法律问题的解释（二）》第二十四条规定，实际施工人以发包人为被告主张权利的，人民法院应当追加转包人或者违法分包人为该案第三人，在查明发包人欠付转包人或者违法分包人建设工程价款的数额后，判决发包人在欠付建设工程价款范围内对实际施工人承担责任。第三人一 B 公司提交的《分包结算确认单》及相关支付凭证，表明第三人一 B 公司与第三人二 C 公司已就《分包合同》包括案涉工程在内的建设工程完成结算支付。在案涉工程由被告 A 公司发包给第三人一 B 公司后再分包给第三人二 C 公司再由原告实际施工的情况下，即便被告 A 公司与第三人—B 公司之间存在包括案涉工程在内的工程质保金尚未退还的情形，原告李某涛亦无权向被告 A 公司主张权利，被告 A 公司也不应就案涉工程对原告承担责任。

(二) 二审的裁判理由

本案应当适用《最高人民法院关于审理建设工程施工合同纠纷案件适用法律问题的解释（二）》第二十四条规定对其诉请进行审处。《最高人民法院关于审理建设工程施工合同纠纷案件适用法律问题的解释（二）》第二十四条规定："实际施工人以发包人为被告主张权利的，人民法院应当追加转包人或者违法分包人为该案第三人，在查明发包人欠付转包人或者违法分包人建设工程价款的数额后，判决发包人在欠付建设工程价款范围内对实际施工人承担责任。"审查发包人是否应当承担责任主要查实发包人是否欠付转包人工程款以及实际施工人是否对合同相对方享有债权两个问题，至于转包人与分包人之间是否欠付款项则无须予以审查，因此一审法院以 B 公司与 C 公司之间已经完成结算支付为由驳回李某涛的诉讼请求，属于适用法律错误，二审法院予以纠正。李某涛上诉主张 B 公司与 C 公司签订《分包结算确认单》虚假，B 公司并未向 C 公司支付完毕案涉工程款，鉴于李某涛主张被告为 A 公司，且主张适用《最高人民法院关于审理建设工程施工合同纠纷案件适用法律问题的解释（二）》第二十四条审查 A 公司是否承担支付工程款责任，法院认为无须针对 B 公司与 C 公司之间结算及付款予以审查，故法院对李某涛的该上诉理由不予采信。

李某涛与 C 公司之间针对案涉工程债权通过生效仲裁调解书确定，且 C 公司未提交证据证明其已经支付欠付工程款，因此李某涛有权以实际施工人身份向发包人 A 公司主张欠付工程款。A 公司是否承担付款责任的关键在于 A 公司是否欠付转包人 B 公司工程款。根据查明的事实，A 公司已经向 B 公司支付除质保金之外的全部工程款，而质保金在保修期限届满且工程质量合格时则应当转化为工程价款，纳入欠付工程款范畴。案涉工程质保期从 2017 年 7 月 28 日开始起算，质保期为两年，因此质保期于 2019 年 7 月 28 日到期，如若工程合格，A 公司应当予以退还。A 公司提交《备忘录》《工程质量问题反馈意见表》等证据,旨在证明因涉案工程存在质量问题双方协商延长质保金结算时间,对此法院认为,首先,案涉工程质保期在 2019 年 7 月 28 日已经届满,此后直至 2020 年 4 月 30 日期间,A 公司与 B 公司并未针对质保金进行过任何磋商,明显怠于履行退还案涉工程质保金之义务。其次,《工程质量问题反馈意见表》并未记载具体时间,因此无法证实表中提及质量问题的具体发现时间。表中并未写明案涉工程总包方、发包人、实际施工人的意见,无法证实是否送达给 B 公司,且表中记载的质量问题并无其他证据予以佐证,因此无法证实涉案工程是否存在上述质量问题。最后,A 公司与 B 公司达成《备忘录》距离保质期届满已近 9 个月有余,在并未提交证据证实工程是否存在质量问题的情况下,双方达成意见延长质保金的退还时间,明显恶意阻却李某涛向 A 公司主张工程款条件成就。《合同法》第四十五条第二款规定:"当事人为自己的利益不正当地阻止条件成就的,视为条件已成就;不正当地促成条件成就的,视为条件不成就。"据此法院认为《备忘录》不能证实质保金退还条件不成就。鉴于该案的质保期限已经届满,A 公司并无合理理由拒付质保金,质保金应当列入欠付工程款范畴,A 公司应当在欠付工程款的范围内对实际施工人李某涛承担支付工程责任,李某涛上诉请求 A 公司支付工程款,理据充分,法院予以采纳。关于李某涛主张逾期付款违约金,法院认为,A 公司与李某涛之间并无合同关系,因此李某涛并无主张违约金依据,故对李某涛主张的逾期付款违约金,法院不予支持。

七、案例评析

建设工程的分包人和实际施工人往往在事实上处于不对等的地位,分包协议约定的争议解决方式等往往由发包人决定。如果双方约定以仲裁方式解决争议,实际施工人则不能在仲裁程序中依据《最高人民法院关于审理建设工程施工合同纠纷案件适用法律问题的解释(二)》第二十四条的规定将发包人列为被申请人,在分包人无财产可供执行的情况下,可能无法执行到工程款。

该案与其他类型案件的区别在于,其他纠纷经仲裁及执行程序后,往往无法再另行提起诉讼程序。由于实际施工人与发包人之间并无合同关系，更没有约定以仲裁方式解决争议，仲裁仅解决实际施工人与违法分包人的争议，并没有涉及发包人应承担的补充清偿责任问题。

因此，在依据双方的约定向仲裁委申请仲裁并通过执行程序执行无果的情况下，实际施工人可以依据《最高人民法院关于审理建设工程施工合同纠纷案件适用法律问题的解释（二）》第二十四条的规定起诉发包人。由于向承包人支付工程款是发包人的义务，应承担支付工程款的举证责任。若发包人无法证明其已向承包人付清工程款，则发包人将在欠付工程款范围内承担清偿责任，可以最大限度地维护实际施工人的合法权益。[①]

【点评】

该案一、二审法院均以《最高人民法院关于审理建设工程施工合同纠纷案件适用法律问题的解释（二）》第二十四条的规定作为判决的依据，却作出了截然相反的判决。一审法院认为，即使发包人欠付转包人工程款，分包人欠付实际施工人工程款，若转包人与分包人之间已经完成结算支付，那么实际施工人无权向发包人主张权利。二审法院则认为，审查发包人是否承担责任主要查实发包人是否欠付转包人工程款以及实际施工人是否对合同相对方享有债权两个问题，至于转包人与分包人之间是否欠付款项则无须予以审查。结合根据《最高人民法院关于审理建设工程施工合同纠纷案件适用法律问题的解释（二）》第二十四条"实际施工人以发包人为被告主张权利的，人民法院应当追加转包人或者违法分包人为该案第三人，在查明发包人欠付转包人或者违法分包人建设工程价款的数额后，判决发包人在欠付建设工程价款范围内对实际施工人承担责任"的规定，一审法院以B公司与C公司之间已经完成结算支付为由驳回李某涛的诉讼请求，属于适用法律错误，二审判决是正确的。

点评人：广东启源律师事务所律师　陈育虹

[①] 珠海市中级人民法院民事判决书，（2020）粤04民终1300号。

固定单价合同下材料价格上涨的承包方风险

广东富临国泰律师事务所　雷　鸣

一、当事人的基本情况及案由

上诉人：H公司
被上诉人（一审被告）：S学院
案由：建设工程施工合同纠纷

二、案情介绍

2015年11月11日，S学院与H公司签订《建筑工程桩基础施工合同》（以下简称《桩基础合同》），约定：S学院将位于广州市白云区钟落潭校区第一期桩基础工程发包给H公司施工承建；工程内容以S学院提供的施工蓝图为准，按图施工；承包范围为包工、包料、包质量、包进度、包安全、包检测、包税金、包资料；桩基种类为AB型、Φ500×125；工程承包暂定总造价为3,594,375元，以实际完成的工作量进行结算；开工时间暂定为2015年12月10日至2016年1月25日，有效工期45天，实际开工日期以S学院签发的开工令所明确的日期为准；如由于天气影响原因或其他不可抗力因素发生影响施工的，工期可顺延；成桩单价每米225元，成桩进尺以双方现场代表共同签证和参照检测报告桩长综合考虑结算依据，结算价＝实际完成数量×合同综合单价＋地质原因造成的断桩费用；桩与承台连接钢筋笼制安、浇灌C30砼1.5米总价包干270,000元；如需柴油发电，增加6元/米；工程所有材料及设备均由H公司自行承担等。

H公司、S学院双方确认涉案工程实际从2016年3月起开始施工。对此，H公司认为其于2015年11月已经进场等待S学院通知施工，但S学院的开工令迟迟未发，其直到2016年3月才能开始锤击桩施工，2016年5月才能开始压机桩施工，这是S学院及天气原因共同导致的工期延误。S学院认为合同签订后因大暴雨导致土质疏松，下雨后管桩和运送材料的车辆也进不了场地，不具备开工条件，故其于2016年2月24日下达开工令从3月1日起施工，H公司在3月6日才进场，由于H公司原因导致工程多次中断。

S学院已按照《桩基础合同》的约定向H公司支付了涉案工程的大部分工程款。2017年2月21日，H公司向S学院发出工作联系单，主要内容为：H公司于2016年4月27日已发函关于管桩材料涨价事宜，现补充证明材料、文件，请S学院按照广东省人民政府令第205号调整合同价款。2017年8月21日，H公司向S学院发出律师函，要求S学院补偿相应的材料采购损失248,427.5元。S学院于8月29日复函表示：合同约定开工时间以其签发的开工令为准，且约定工程以包工包料等形式实行大包干，材料涨价属于可预见的正常市场风险，开工令签发前的材料变动风险应由H公司自行承担，H公司主张材料差价缺乏依据。遂成此讼。

H公司向一审法院起诉请求：（1）S学院支付H公司管桩材料涨价的部分货款248,427.5元；（2）S学院支付H公司延期付款的利息损失，即以248,427.5元为基数，按金融机构人民币贷款基准年利率4.75%计算，从2017年2月23日起计算至实际清偿之日；（3）现暂计算到起诉之日，利息暂定为$248,427.5 \times 4.75\% \div 365 \times (159+28) = 6045.6$元；（4）由S学院支付H公司维权的律师费；以上金额合计264,473.1元。（5）S学院承担本案一审的全部诉讼费。

一审诉讼中，H公司提供了2015年10月10日《桩基础工程报价表》，拟证实：H公司根据S学院要求的工期和当时管材的实际价格给S学院报价，经S学院认可双方才确定《桩基础合同》中的成桩综合单价为225元/米，即该价格依据的管桩材料报价为报价表中的130元/米，但由于市场价格有变动，所以A公司根据工期要求测算出有效期并在报价表中注释"价格报送的有效期为30天"。《桩基础工程报价表》记载：Φ500×125AB管桩单价为130元/米；如需柴油发电，增加6元/米；如中途由于S学院原因造成停工超过5天，则从第6天起补偿机械闲置费3000元/天/台桩机；价格报送有效期为30天等。经一审庭审质证，S学院认为《桩基础合同》约定的管桩单价是固定的，无论管桩市场单价多少都应该与合同约定一致，且合同约定材料设备由H公司承担，H公司应该将材料价格变动考虑在内，其并没有认可《桩基础工程报价表》中的任何价格，合同中也没有体现单价为130元/米。

以上事实，有《桩基础合同》、《桩基础工程报价表》、购销合同、施工记录表、检测报告、照片、工作联系单、通知、产品出仓单、签订单、发票、快递单、律师函、现场监理记录、收据、银行电子回单、回复函、进场通知及当事人陈述等证据证实。

二审中，S学院提交了如下证据：（1）《开工令》，拟证明S学院于2016年2月28日向H公司签发开工令，要求H公司于2016年3月1日开始施工，H公司现场代表刘某签收了开工令，不存在H公司所称未收到开工令的情况。（2）《工作联系函》，拟证明是H公司于2016年3月6日才进场施工，是由于其自身原因导致工期拖延，并非S学院的原因。（3）《管桩材料2015年至2016年市场价格波动情况》，拟证明H公司在签订合同前已明确知悉案涉工程所使用的管桩材料的一般市场价格及价格存在波动的情况，材料涨价属于大概率事件，属于H公司可预见的正常市场风险。

H公司发表质证意见如下：（1）对证据1的真实性、合法性、关联性不予确认，该证据不属于新证据，开工令签发事件与实际开工时间只有一天的间隔，与事实严重不符。合同约定的开工时间是2015年12月10日，开工日期超过合同约定三个月，S学院存在违约行为。该开工令并无签收单位盖章，是否本人签名也不能确认。（2）对证据2的真实性、合法性、关联性不予确认，该函不属于新证据，且无H公司任何签字盖章。该函第一句话和开工令的时间不一致，联系函的内容与本案无关。（3）对证据3的真实性无异议，对合法性和关联性有异议。该证据是网上下载的管桩材料价格变动的情况，该证据显示2016年4~7月管桩材料市场价格是上涨的。双方约定工期为45天，该期间内材料价格的增减是不可预测的，S学院认为H公司应当预见材料涨价，故而让其承担涨价风险是无事实和法律依据的。

三、争议焦点

1. 《桩基础合同》中对承、发包双方承担风险的内容、范围和费用约定是否明确。

2. S学院对延迟开工是否负有责任。

3. 因材料价格上涨造成工程价款的风险应由谁承担。

四、各方的意见

(一) 上诉人H公司的意见

1. 案涉《施工合同》对于双方承担风险的内容、范围和费用并无明确约定，合同既无"固定单价"的名称，也无"建筑材料市场价格变动的风险由承包人承担"的约定。一审法院认为承包人应当预见到商业风险，且约定结算价的依据和考虑因素不包括原材料的市场价格变动因素，故案涉合同为固定价合同，该认定没有事实和法律依据。

2. 案涉工程延期开工的主要原因在于S学院没能及时办妥建设项目施工许可证，造成H公司部分管桩材料采购的损失。一审法院认定延迟开工完全是天气原因是错误的。

3. 无论是依据《广东省建设工程造价管理规定》（广东省人民政府令第205号）第二十五条，还是依据《民法通则》第一百一十一条的规定，H公司均有权要求S学院赔偿采购管桩材料因涨价所造成的经济损失。管桩材料的原始价格为130元/米及后期的涨价情况，均系客观事实，且S学院在庭审前及答辩状中并未明确否认，故其应当赔偿损失。

(二) 被上诉人S学院的意见

1. 双方签订的《桩基础合同》对材料价款风险、费用约定明确，一审法院认定正确。

2. 根据合同第五条第一款、第二款的明确约定，合同价格为固定单价，不可调整，合同单价不因材料单价的变动而变动。

3. H公司并未提供充分证据证明工程延期开工的主要责任在S学院。

4. 双方在合同中已明确约定开工时间以开工令为准，S 学院于 2016 年 2 月 24 日向 H 公司签发开工令，不存在任何违约行为。

5. 结算价格应以合同约定的综合单价为准，材料价格变动属于正常的商业风险，H 公司的损失应自负，无权要求 S 学院赔偿。

五、裁判结果

（一）一审的裁判

广州市白云区人民法院一审作出如下判决：驳回 H 公司的诉讼请求。本案一审受理费，由 H 公司负担。

（二）二审的裁判

广州市中级人民法院二审作出如下判决：一审判决认定事实清楚，适用法律正确，应予维持。依照《民事诉讼法》第一百七十条第一款第一项之规定，驳回上诉，维持原判。

（三）再审裁定

H 公司提出再审申请，广东省高级人民法院对再审申请作出如下裁定：驳回 H 公司的再审申请。

六、裁判理由

（一）一审裁判的理由

广州市白云区人民法院一审认为：H 公司、S 学院签订《桩基础合同》，由 H 公司承建 S 学院位于钟落潭校区的第一期桩基础工程，上述合同系双方的真实意思表示，合法有效，双方均应恪守履行。综合 H 公司的起诉、S 学院的答辩及双方提供的证据，一审法院归纳本案的争议焦点如下。

1.《桩基础合同》对于承、发包双方承担风险的内容、范围和费用约定是否明确。

根据双方签订的《桩基础合同》第一条工程概况，第五条承包方式、工程价款与支付，第六条材料及设备供应等有关约定，涉案桩基础工程的承包方式为大包干，由H公司包工、包料；工程所有材料及设备由H公司自行承担；成桩单价（含税）为225元/米，结算价=实际完成数量×合同综合单价+地质原因造成的断桩费用；实际开工日期以H公司签发的开工令所明确的日期为准；如果由于天气影响原因或其他不可抗力因素发生影响施工的，工期可顺延。从上述合同条款可见，H公司、S学院双方对涉案工程的承包方式、开工日期、成桩价格、结算价等内容约定清晰明确，H公司在签订《桩基础合同》时已知晓合同只是暂定工程期间，实际开工日期并未最终确定，涉案工程的原材料、人工等市场价格在合同履行期间存在上下波动的可能性，该价格变动属于正常的商业风险，H公司在订立合同时应当预见到该风险。在此情况下，双方仍达成一致协议同意由H公司以包工、包料的形式承包，并且具体确定了成桩综合单价为225元/米及结算价以该综合单价作为结算依据，同时双方约定结算依据还需考虑参照检测报告桩长、实际完成数量及地质原因造成的断桩费用等因素，但上述结算价的依据和考虑因素并不包括原材料的市场价格变动因素。由此可见，《桩基础合同》对于承、发包双方承担风险的内容、范围和费用约定明确具体，因此，无论施工期间原材料的市场价格上升还是下降，均应由H公司、S学院各自承担相应的价格变动风险，涉案工程应当按照《桩基础合同》确定的具体成桩综合单价225元/米予以结算。

H公司主张《桩基础合同》的成桩综合单价是根据S学院的工期要求及双方认可的《桩基础工程报价表》测算确定的，对此一审法院认为，《桩基础合同》约定的施工期间只系暂定，但约定的成桩综合单价是具体确定的，并没有约定成桩综合单价需根据工期的变化作出相应的调整。同时，《桩基础工程报价表》没有S学院的签章确认，也没有证据显示成桩综合单价的确定依据，H公司没有充分证据证实成桩综合单价是根据《桩基础工程报价表》确定的且该确定价格尚未考虑市场价格波动的因素，故一审法院对H公司的上述主张不予采纳。

2.S学院对延迟开工是否负有责任。

根据H公司、S学院双方的陈述可以认定，涉案工程的实际开工时间在

2016年3月初，且双方均确认延期开工的原因存在天气因素，一审法院对此予以认定。H公司未能提供充分证据证实延迟开工的主要责任在于S学院，而且实际开工日期延迟的时间亦在天气原因导致的正常合理范围之内，故H公司主张S学院对延迟施工负有责任证据不足，一审法院不予采纳。

综合以上分析，《桩基础合同》中已经明确约定了H公司、S学院双方承担风险的内容、范围和费用，且延迟开工的责任并不在于S学院，因此，H公司主张S学院承担管桩原材料涨价的货款、利息及律师费等损失理据不足，一审法院对H公司的诉讼请求予以驳回。

（二）二审裁判的理由

广州市中级人民法院二审判决认为，H公司上诉认为案涉合同并无明确约定风险承担的方式，故S学院应当赔偿H公司因管桩材料涨价所造成的损失。对此二审法院认为，案涉合同未约定风险承担的方式，据此无法得出风险应由S学院承担的结论。案涉《桩基础合同》约定的承包方式为大包干，由H公司包工、包料，且约定了成桩单价和结算方式，因此案涉工程材料的购买方式、时机和选择供货商均应由H公司自行决定，由此带来的工程材料涨价的风险应归H公司承担，而相应材料跌价的收益也应归H公司享有，故H公司要求S学院赔偿损失的主张不能成立，一审法院处理并无不妥，二审法院予以确认。

H公司上诉认为是由于S学院的自身问题导致工期延误。对此二审法院认为，工期延误的前提是双方约定了确定的开工日期，但从案涉《桩基础合同》第二条第一款约定"实际开工日期以甲方签发的开工令所明确的日期为准"的内容可知，双方并未约定具体的开工日期，因此不存在延误工期的前提条件，H公司主张S学院未能及时办理案涉工程相关手续导致开工时间延误，欠缺事实依据，一审的处理并无不当，二审法院予以确认。

（三）再审申请的裁决理由

广东省高级人民法院对再审申请认为，本案系建设工程施工合同纠纷，对于H公司申请再审的理由，分析如下。

1. 双方签订的《桩基础合同》第一条、第五条、第六条对涉案工程的承包方式、开工日期、成桩价格、结算价等内容约定清晰明确，故一、二审法院认定应由双方各自承担施工期间原材料的价格变动风险，涉案工程应当按照合同约定的具体成桩综合单价 225 元/米予以结算，并无不当。

2. 双方签订的《桩基础合同》第二条第一款约定："实际开工日期以甲方签发的开工令所明确的日期为准。"由此可见，双方并未约定具体的开工日期，因此不存在延误工期的前提条件。故一、二审法院对 H 公司主张 S 学院未能办理涉案工程相关手续导致开工时间延误的主张不予支持，并无不当。

3. 二审法院经查明，对一审法院查明的事实予以确认。S 学院在二审提交的证据，二审法院并未作为认定本案事实的根据。

4. 双方签订的《桩基础合同》未约定风险承担的方式，故一、二审法院认定应由双方各自承担施工期间原材料的价格变动风险，并无不当。

综上所述，H 公司主张的再审理由均不成立。

七、案例评析

本案是建筑材料涨价导致建设工程成本增加，引发的价格风险分摊纠纷。当建筑材料价格大幅波动，工程合同案件争议大幅增加。有的导致工程进度缓慢、停滞，有的甚至影响工程质量和安全，主要原因就在于合同中对价格风险分配不明确、不合理，需要通过司法判决作出调整和指导。本案是较为典型的案例，研究本案对承包方如何防范价格风险具有较为重要的意义。

（一）法规整理与理解

本案《桩基础合同》约定：单价包干，包工、包料、包质量、包进度、包安全、包检测、包税金、包资料。结算价 = 实际完成数量 × 合同综合单价 + 地质原因造成的断桩费用。可见，本案合同约定的计价方式为：固定综合单价，工程量清单计价。

根据案发时间，本案应适用《建设工程工程量清单计价规范》（GB50500 - 2013）（以下简称《计价规范》）。《计价规范》"3.2 计价风险"

规定："应在招标文件或合同中明确价中的风险内容及其范围（幅度），不得采用无限风险。"第 3.2.3 款规定："如果合同中没有约定的，则 1. 材料、工程设备单价变化超过 5% 以上由发包人承担。2. 施工机械台班单价变化超过 10% 以上由发包人承担。"该规范"9.7 物价变化"中第 9.7.3 款规定了相同的价格调整要求。《计价规范》第 9.8 节规定："因非承包人原因导致工期延误的，计划进度日期后续工程的价格，应采用计划进度日期与实际进度日期两者的较高者。"

《广东省建设工程造价管理规定》第二十四条规定："招标文件、施工合同中应当明确发承包双方承担风险的内容、范围和费用。发包人不得以无限风险、所有风险等规避自身风险。承包人采购材料、设备的，合同没有约定且合同履行期间工程造价主管机构发布的材料、设备或者施工机械台班价格涨落超过 5% 时，发包人应当按照风险共担的原则承担超过 5% 部分的风险费用，并调整合同价款。"

上述《计价规范》和地方法规等规定，可理解为：采用工程量清单计价，发包人不得以无限风险、所有风险等规避自身风险。如合同没有约定具体调整幅度，仅约定包干价或约定所有涨价风险都由承包人承担的，承包人有权依据计价规范要求对超过部分进行调整。由于非承包人原因导致工期延误的，无论发包人是否有过错，价格风险均由发包人承担。

（二）案件风险总结与分析

虽然有基于上述法规、技术规范作了明确规定，但在司法实践中，因发包方处于强势地位，工程承包合同常常规定了较多对发包人有利的免责条款或不当加重承包人责任的条款。法院在审理建设工程合同纠纷时，大概率会以当事人意思自治作为审判原则，不轻易认定免责条款无效，不轻易做对合同中的不公平条款进行调整。为此，承包方经常处于相对不利的地位。

笔者认为本案有以下对承包方不利的因素。

1. 合同约定的价格风险分配机制对承包方不利。本案合同约定综合单价包干，所有价格风险均由承包方承担，将材料价格上涨的所有风险全部转嫁给承包方。该约定明显对承包方不利，违反了《计价规范》第二十四条规定，发包人不得以无限风险、所有风险等规避自身风险。当主要材料价格的涨幅过大时，继续履行合同对承包方显失公平。

2. 现行计价规范对承包方不利。根据《计价规范》和地方法规等现行规定，价格波动幅度过大的可以依规定进行价格调差，但价格波动幅度以内的风险仍然由承包方先承担，只有超过幅度以外的才由发包方承包。《计价规范》第3.2.3款规定，如果合同中没有约定的，当材料、工程设备单价变化超过5%以上，施工机械台班单价变化超过10%以上，才能启动价格调整。上述规定的潜台词是，如果合同中有约定的，按合同约定。即允许承、发包双方可以突破5%或10%的价格波动幅度的限制，还可以对价格风险承担方式另行约定，《计价规范》未对启动价格调整的涨跌最高幅度作出限制，实际所能达到的权利平衡作用有限。

3. 价格认定机制对承包方不利。合同中约定按照政府公布的信息价格调差，但在建筑材料价格大幅上涨的情况下，公布的信息价格往往远低于市场价格的真实涨幅，导致结果对承包方不利。本案承包方虽然举证证实2016年4~7月管桩材料市场价格是上涨的，但难以举证证实本案实际采购价格超过工程造价主管机构发布价格的5%。由此导致承包方不能引用《广东省建设工程造价管理规定》第二十四条的规定进行抗辩。

4. 工期延误责任认定标准对承包方不利。合同工期约定对承包方不利，合同约定："开工时间暂定为2015年12月10日至2016年1月25日，有效工期45天，实际开工日期以S学院签发的开工令所明确的日期为准。"合同约定了两项内容，一是约定开工暂定时间段，二是约定以实际开工所明确的日期为准。认定标准，应当是同时满足两项约定，还是仅以出具开工令的日期，认定合同开工时间？法院一、二审审理虽然认定2016年3月才实际锤击桩施工，但认为"实际开工日期以甲方签发的开工令所明确的日期为准"，双方未约定具体的开工日期，因此不存在延误工期的前提条件。工期不存在延误或工期延误不能归责于发包方。显然，法院审理以后者作为认定标准，该认定标准对承包方不利。

当前建筑市场发包方处于绝对优势地位，发包方常常不合理地免除或者减轻其责任、加重对方责任、限制承包方主要权利。发、承包方难以通过自行协商达成相对公平合理的合同条款。当建筑材料价格大幅涨价时，在价格风险条款不公平的情况下，承包方只能通过偷工减料、消极施工等方式减少损失。由此必然导致工程进度缓慢、停滞，有的甚至影响工程质量和安全。为维护建筑市场秩序，确保工程质量、安全和进度，合理分担价格风险，妥善处置建设工程价格风险争议，有必要引入公权力适度调整权利平衡，以维持建设市场的公平合理。住建部门对发包方的霸王条款应当作出适当限制，司法裁判对案件中显失公平的合同条款应当进行必要的调整。

（三）防范与化解承包方类似风险的建议

价格风险防控是工程建设各方主体的重要工作，贯穿工程建设全过程。通过本案分析，笔者建议承包方采取适当措施防范与化解类似价格波动风险。

1. 提前进行风险评估。投标前承包人应进行风险分析，加大市场调研，掌握价格走向。提前测算投标的各项方案数据，预留可能出现价格波动的报价空间。合同签订时应据理力争，设立合理的风险分配机制。

2. 工程量控制。根据工程进度款的支付情况控制工程量，设立工程垫资警界线。临近警界线时与发包方进行协商谈判，超过警界线时可采取停止施工等必要措施。充分利用计价规范和地方性政策文件，据理力争，以补充协议、会议纪要或签证等方式变更或调整合同中的不合理条款。

3. 风险分级管控。承包人应根据评估结果，按建设项目可能出现的亏损总额，设立风险分级预警，分组管控机制。根据不同的预警级别，采取不同强度的应对措施，防止"干得越多，亏损越多"。[①]

【点评】

在确认施工合同合法有效的前提下，法院从有约必守的角度，按施工合同的约定对争议问题作出裁判显然是正确的。但是，建筑市场主体之间

---

① 广州市中级人民法院民事判决书，（2018）粤01民终7620号。

地位失衡，发包人往往利用优势地位事先制订不利于承包人的合同条款，导致发生争议时承包人处于不利的地位。本案中承包人虽然败诉，但本案例有助于承包人提高合同的风险管理水平，通过在律师等专业人士的指导和支持下，加强合同谈判等手段，在签订施工合同前有效规避合同风险，避免在诉讼中处于被动不利的地位。案例评析中，代理律师从承包人的角度，详尽地总结了加强合同调价风险管理的具体措施，对法律职业者和承包人均有较强的指导意义。

点评人：广东圣和胜律师事务所　陈滨宏

未到期工程质量保证金是否属于
发包人欠付的工程款范围

广东南国德赛律师事务所　黎荣贵

一、当事人的基本情况及案由

上诉人（原审原告）：A 公司
被上诉人一（原审被告）：B 公司
被上诉人二（原审被告）：C 公司
案由：建设工程施工合同纠纷

二、案情介绍

2013 年 1 月 22 日，C 公司（发包人）与 B 公司（承包人）签订《施工合同》，约定将某项目土建工程合同段施工工程发包给 B 公司；工程签约合同价 141,588,952 元；质量保证金限额为 5% 合同价格；工程缺陷责任期为 2 年；保修期自实际交工日期起计算 5 年；发包人与承包人签订结算协议后，可退还承包人 50% 的质量保证金，剩余 50% 的质量保证金，待承包人提供竣工决算资料并配合审计完成后退还给承包人。2017 年 1 月，C 公司与 B 公司又签订《补充协议》对原《施工合同》中的质量保证金等合同条款进行修订。该补充协议约定：在交工验收合格后，发包人返还承包人 30% 的质量保证金，承包人同时提交等额的银行保函给发包人，在承包人履行了质量缺陷期责任和保修义务，经竣工验收质量合格后一个月内，将银行保函返还承包人；签订结算协议后，发包人再返还承包人 20% 的质量保证金，承包人同时提交等额的银行保函给发包人；在承包人履行了质量缺陷期责任和保修义务，经竣工验收质量合格后一个月内，将银行保函返还承包人；质量保证金剩余50%的现金部分转为工程尾款，在承包人履行了质量缺陷期责任和保修义务，完成竣工结算审计并通过竣工验收后一个月内，根据竣工决算审计结果一次性结清工程尾款。

2013年5月20日，B公司属下项目经理部与A公司签订了《001号施工合同》，由B公司将其承包的合同段土建工程范围内，包含桥梁涵洞工程、路基路面工程、绿化及环境保护设施工程、机电工程等发包给A公司施工。合同约定保修期限及保修金预留比例依主合同的有关条款规定。工程于2016年12月完成交工验收。

2018年6月，C公司与B公司签订《结算书》确认某高速公路第九合同段的已完工工程结算金额为133,132,614元，最终结算金额以审计部门的审计结果为准。C公司按约在涉案项目工程款中预留了6,665,679元作为质量保证金。其后，由B公司提供等额的银行保函后，C公司将其中的1,910,000元（约占上述预留质保金额的30%）的质量保证金支付给B公司。

2019年12月24日，C公司出具情况说明要求B公司重新提供质量保证金3,330,000元的银行保函。但B公司一直未给C公司提供银行保函，C公司亦未支付剩余质保金给B公司。

2020年1月2日，A公司委托某律师事务所向B公司发出《律师函》，催促B公司尽快办理相关手续并向A公司退还质量保证金。

2020年2月26日，工程决算审计机构出具的《审计报告》载明，B公司负责施工工程的合同价为141,588,952元，经审计调整后的工程结算价为132,945,008.58元。涉案工程至今尚未经交通主管部门完成竣工验收。

原审原告A公司为维护其合法权益，遂向法院起诉，请求：（1）判令被告B公司、C公司即时返还质量保证金3,330,000元及利息（利息从2020年1月12日起，按中国人民银行同期同类贷款利率计算至付清款项之日止，暂计至2020年2月25日利息为人民币18,106.88元）给原告；（2）该案受理费由两被告承担。

一审法院判决：驳回原告A公司的诉讼请求。

A 公司不服一审判决,遂提起上诉。

三、争议焦点

1. 上诉人 A 公司主张退还的工程质量保证金是否达到了合同约定的退还条件。

2. 因尚未达到合同约定退还条件未退还的约 50% 的工程质量保证金是否属于 C 公司欠付 B 公司的工程款和到期债务。

3. C 公司是否需在尚未退还的约 50% 的工程质量保证金范围向 A 公司承担支付责任。

四、各方的意见

（一）上诉人 A 公司的意见

案涉工程剩余未退质保金已达退还条件,只要 B 公司按照约定办理质量保证金的退还手续,就可以将上述质量保证金退还;根据 A 公司与 B 公司签订的《施工合同》的约定,B 公司应在收到业主退还保修金后的一个月内暂按业主退还比例计算予以退还。由于 B 公司拒绝办理质量保证金的退还手续,导致该笔款项一直未能退还给 A 公司。一审法院查明的事实不清,实体处理不当,为维护自身合法权益,依法提出上诉。

（二）被上诉人一 B 公司的意见

B 公司请求驳回 A 公司的上诉请求,其主张返还质保金的条件尚未成就。

（三）被上诉人二 C 公司的意见

1. 该案与阶段性退还工程质量保证金有关,上诉人在一审中只是对第二期质保金退还提出诉讼请求,未对全部质保金包括第三期即最后一期 50% 的质保金退还提出诉讼请求。上诉人提出的 330 万元诉讼请求金额与第二期、第三期质保金总金额也对不上,上诉人显然未就第三期质保金的退还问题提出诉讼请求,根据《最高人民法院关于适用〈中华人民共和国民事诉讼法〉的解释》的规定，上诉人不得在二审中增加诉讼请求。

2. C 公司已向 B 公司实际支付工程进度款（包括工程质量保证金）和应在工程款中扣除的款项（包括质量缺陷修复费用、工程遗留问题处理费用、代付款和应由承包人承担的其他相关费用等）合计为人民币 129,641,929.05 元，经审计确定的结算价为 132,945,008.58 元，未支付的工程款（全部为质保金）为 3,303,079.53 元，相当于预留的全部质量保证金 6,665,679 元的 49.55%。根据 C 公司与 B 公司签订的《补充协议》的约定，50% 的质量保证金需在通过工程竣工验收后才能支付，故目前不存在应退未退的质量保证金。

3. 根据《施工合同》的约定及有关质保金的法律法规的规定，质保金设立的目的，就是为应由承包人承担的质量缺陷修复费用、工程遗留问题处理费用和应由承包人承担的其他相关费用提供保障，如果质保金不足以抵扣前述费用的，承包人还应负责补足。所以预留的质保金金额与最终清退的质保金金额是不一样的。具体到 B 公司承包的工程，虽然预留的质保金有 6,665,679 元，但由于发生了质量缺陷修复费用、工程遗留问题处理费用、C 公司代 B 公司向第三方付款和应由承包人承担的其他相关费用，这些费用需在预留的质量保证金中扣除，扣除后，实际可供退还的质保金没那么多。实际情况是，在扣除 B 公司应承担的缺陷维护、遗留问题处理、代付款等费用后，第二期 20% 的质保金实际上无款可退，目前剩下的为最后一期 50% 的质保金，但该期质保金未达到《补充协议》约定的退还条件。

4. 根据 A 公司与 B 公司签订的《施工合同》的约定，B 公司在收到业主退还的质保金后 30 日内向上诉人退还，目前无证据显示 B 公司收到了业主退还的相应质保金，故上诉人诉请退还 330 万元质保金的条件尚未成就，其诉请退还 330 万元质保金无合同依据。

5. C 公司在 2019 年 12 月出具的 330 万元银行保函情况说明只是要求 B 公司提供 330 万元的银行保函，该情况说明不含有向 B 公司退还质保金及具体金额内容，A 公司断章取义地认为要求 B 公司开具 330 万元保函等同于可退还 330 万元质保金是不对的。

6. 目前案涉工程未通过竣工验收，剩余 50% 的工程质量保证金需在通过工程竣工验收后才能支付,目前工程尚未通过竣工验收,故剩余的质保金尚未达到清退条件。

7. C 公司预留的 6,665,679 元质保金未超过 5% 的合同价格,预留比例符合合同约定及签订合同时施行的有关预留工程质量保证金的规定。

因此,C 公司未拖欠 B 公司的工程款,也未拖欠 B 公司的工程质量保证金,C 公司不存在拖欠 B 公司到期债务问题,C 公司无须在欠付工程款的范围内向 A 公司承担支付责任。

五、裁判结果

2020 年 11 月 12 日,该案二审法院作出判决:驳回上诉,维持原判。

六、裁判理由

二审法院认为,A 公司与 B 公司签订的《001 号施工合同》中详细约定了保修期限、保修金保留比例及返还条件。上述合同约定,保修期满后,预留 A 公司的保修金在扣除返修费用和合同约定的违约金后的剩余部分,B 公司在收到业主退还保修金后的一个月内暂按业主退还比例计算予以退还,最终清算待业主清算完毕后一并进行,保修金不足以补偿缺陷修复费用时,不足部分由 A 公司补足。该案中,B 公司已将第一阶段质保金 1,910,000 元退还给 A 公司,但第二、第三阶段因 B 公司未提供等额银行保函给 C 公司,而且涉案工程至今尚未完成竣工验收并结算,A 公司在二审提交的证据不足以证实 B 公司已实际收到 C 公司支付的剩余质保金,故合同约定的质保金退还条件尚未成就,A 公司主张退还质保金 2,637,661.56 元及利息的诉讼请求,理由不能成立,二审法院不予支持。一审法院判决认定事实清楚,适用法律及实体处理正确,二审法院予以维持。

七、案例评析

《民法典》施行前,《最高人民法院关于审理建设工程施工合同纠纷案件适用法律问题的解释》第二十六条、《最高人民法院关于审理建设工程施工合同纠纷案件适用法律问题的解释(二)》第二十四条均规定发包人需在欠付建设工程价款的范围内对实际施工人承担责任；《民法典》施行后，于2021年1月1日起施行的《最高人民法院关于审理建设工程施工合同纠纷案件适用法律问题的解释（一）》第四十三条亦规定，发包人需在欠付建设工程价款的范围内对实际施工人承担责任。但对于何为"欠付"，则没有作出具体的规定，实践中对"欠付"存在不同的理解。

该案的疑难之处在于，在C公司作为发包人已按约足额支付已到期工程款（包括进度款及部分已达到支付条件的工程质量保证金）的情况下，因尚未达到合同约定退还条件尚未退还的约50%的工程质量保证金是否属于C公司欠付B公司的工程款和到期债务，C公司是否需按《最高人民法院关于审理建设工程施工合同纠纷案件适用法律问题的解释》第二十六条、《最高人民法院关于审理建设工程施工合同纠纷案件适用法律问题的解释（二）》第二十四条的规定在尚未退还的约50%的工程质量保证金范围向A公司承担支付责任？C公司认为，"欠付"指的是债务履行期限已届满、应付未付的工程款，不应包括尚未达到合同约定的支付条件和未到期的工程款。根据该案的二审判决结果，法院认同"欠付"指的是债务履行期限已届满、应付未付的工程款。

2021年1月1日施行的《最高人民法院关于审理建设工程施工合同纠纷案件适用法律问题的解释（一）》第四十三条第二款作出的规定与上述两个司法解释的相关规定基本相同，故《民法典》施行后，法院对该案的裁判结果对后续同类案件仍有借鉴意义。①

【点评】

《最高人民法院关于审理建设工程施工合同纠纷案件适用法律问题的解释（一）》突破合同相对性原则，规定发包人应在欠付工程款的范围内向实际施工人承担支付责任。但司法实践中，法院对于欠付工程款的范围的理解迥异，裁判观点不一。该案对"欠付工程款"的范围作限缩理解，将"欠付工程款"限定为债务履行期限已届满、应付未付的工程款，有利于平

---

① 云浮市中级人民法院民事判决书，（2020）粤53民终846号。

衡建设工程施工合同各方主体的权益。当然，该案也属于施工合同中"背对背"支付条款如何适用的典型案例，因《001号施工合同》中明确约定"B公司在收到业主（即C公司）退还保修金后的一个月内暂按业主退还比例计算予以退还"，故对于A公司的诉讼主张，法院重点审查C公司是否已实际支付工程保修金，并根据实际支付结果作出裁判结果。A公司仅以《最高人民法院关于审理建设工程施工合同纠纷案件适用法律问题的解释（一）》第四十三条第二款的规定，以实际施工人的身份提起诉讼，但对《001号施工合同》中已明确约定的"背对背"支付条款未予重视，也是导致其承担不利后果的一个原因。

点评人：广东圣和胜律师事务所律师　陈滨宏

建设工程施工合同纠纷中事实合同关系的认定

广东南磁律师事务所 徐敏仪

一、当事人的基本情况及案由

原告：A 建设工程有限公司（以下简称 A 公司）
被告一：B 机械施工有限公司（以下简称 B 公司）
被告二：C 环境服务有限公司（以下简称 C 公司）
案由：建设工程施工合同纠纷

二、案情介绍

C 公司为广州东部固体资源再生中心（萝岗福山循环经济产业园）污水处理厂项目一期工程（以下简称案涉工程）的建设单位，其将案涉工程发包给 B 公司实施 EPC 工程总承包。

就案涉工程的土建工程分包事宜，A 公司于 2018 年 2 月 26 日通过邮件向 B 公司、C 公司递交投标报价文件，经 B 公司、C 公司审核并与原告商定后，最终确定以 86,077,165.05 元的暂定价将案涉工程的土建工程发包由 A 公司实施分包。

2018 年 3 月起，A 公司组织进场施工并参与 B 公司、C 公司历次组织的工程协调会议，按 B 公司、C 公司的指令并在共同管理下完成案涉工程土建部分的全部施工内容。工程施工过程中，B 公司负责审核确认 A 公司的施工进度、工程量并向 A 公司支付工程进度款；有关工程签证、变更由 B 公司、C 公司共同审核确认。至工程完工后，A 公司应 B 公司、C 公司的要求，向 C 公司办理移交工程竣工结算及工程竣工文件的手续，C 公司签收了该相关文件。

由 A 公司负责的土建工程于 2019 年 4 月 15 日通过 B 公司、C 公司的验收，由各方签署《分部（子分部）工程质量验收记录》予以确认，后涉案项目于 2019 年 10 月 20 日整体通过竣工验收，各方签署《竣工报告》予以确认，工程使用至今无质量争议。

工程完工后，A 公司向 B 公司、C 公司报送工程结算，C 公司经审核于 2020 年 4 月 1 日签署确认 A 公司的《竣工结算书》，确认 A 公司分包案涉项目土建工程部分的完工价款为人民币 116,322,472.11 元，扣除 B 公司已支付的工程价款人民币 84,180,302.67 元，B 公司、C 公司尚欠工程款人民币 32,142,169.44 元未付，A 公司多番联系 B 公司、C 公司催讨工程款，至今没有任何结果，导致 A 公司无法收回工程款，承受巨大的经济压力，并因自行垫付材料款、劳务工人工资等款项而产生相应的经济损失。故提起该案诉讼。

A 公司的诉讼请求为：（1）判令 C 公司、B 公司连带向 A 公司支付结算工程款人民币 32,142,169.44 元，并支付逾期付款利息［利息自 2019 年 10 月 20 日起计至全部清偿之日为止，按全国银行间同业拆借中心授权公布的同期贷款市场报价利率（LPR）标准计算］；（2）诉讼费、财产保全费由两被告承担。

三、争议焦点

1. 关于建立建设工程施工合同关系的主体问题。
2. 关于 A 公司与 C 公司之间建设工程施工合同关系的效力问题。
3. 关于逾期付款利息的问题。
4. 关于连带责任的问题，即 B 公司与 C 公司是否应当承担连带责任。

四、各方的意见

（一）原告 A 公司的意见

两被告作为涉案工程项目的建设单位及 EPC 总承包方，共同将涉案工程的土建部分分包给 A 公司承包，均为 A 公司的合同相对方。现工程项目竣工验收合格，A 公司作为涉案工程项目的实际施工人，依法享有获得支付工程款的权利。现 A 公司分包的工程早已完工通过验收并交付使用，两被告理应及时向 A 公司支付工程款，并就逾期付款的行为支付违约金以弥补 A 公司的损失。

（二）被告一 B 公司的意见

1. B 公司虽然是涉案工程的总包，但其从未与 A 公司签订任何施工合同文件，根据合同相对性，A 公司起诉 B 公司没有事实及法律依据。B 公司作为总包，根据 C 公司的指示依法与各分包单位签订相应的合同并支付相应款项，但 B 公司唯独没有与 A 公司签订任何合同文件，A 公司与其从未进行任何形式上的接触或沟通联系，双方没建立任何合同关系的意思表示。根据 EPC 总承包合同的特点，如果 A 公司与 B 公司建立了合同关系，面对如此巨大标的金额的土建分包工程，双方不可能不签订任何书面合同，因此只能说明 A 公司与 B 公司不存在合同关系。

2. A 公司提交的证据不足以证明 A 公司与 B 公司存在合同关系，A 公司在起诉状中称其向 B 公司提交投标报价的文件不属实，B 公司从未接受过 A 公司的投标报价，也不清楚 A 公司投标报价一事，接收投标文件邮件的收件人并非 B 公司的公司邮箱，也非 B 公司工作人员的邮箱，B 公司并不清楚 A 公司实施了涉案工程的土建工程。实际上从 B 公司为整个工程支付的款项看，B 公司工程款的支付对象即工程款的收款人中从未有 A 公司，A 公司与 B 公司不存在直接的收付款关系。A 公司称 B 公司负责审核其施工进度也与事实不符，从 A 公司提交的证据看，均为 C 公司的相关人员对 A 公司行使审批确认的权力，从 A 公司提交的相关请款看，A 公司直接向 C 公司直接请款，从 A 公司提交的结算移交资料看，A 公司是直接向 C 公司申请竣工结算，整个过程中 A 公司从未与 B 公司沟通联系。从 C 公司提交的竣工图及结算审核报告，实际上可以看出 C 公司也确认其直接与 A 公司存在合同关系。因此，B 公司认为其与 A 公司不存在任何合同关系，根据相关法律规定请驳回 A 公司的诉求。

（三）被告二 C 公司的意见

1. A 公司的证据表明该案工程是由 B 公司作为总包，作为具体的分项专项分包单位也并无 A 公司，由此可见 A 公司与涉案工程没有实际施工关系；且在四规平台查询也没有查到 A 公司有相应的施工资质可承接涉案工程。因此，A 公司主张其实际施工了涉案项目并结算没有事实依据。

2. 即使 A 公司曾就涉案工程向 B 公司、C 公司报价，但双方并无任何合同能够表明存在合同关系。

3. A 公司提交的证据前后存在巨大的反差与错误，其报价单的单价与竣工结算报告中的结算单价存在巨大偏差。综上，双方并不存在事实的施工关系，且即使需要结算，A 公司也应与涉案工程的总包 B 公司结算。

五、裁判结果

（一）一审结果

广州市黄埔区人民法院作出如下判决：（1）被告 C 公司于本判决发生法律效力之日起 7 日内一次性向原告 A 公司支付工程款 32,142,169.44 元及利息（利息以 32,142,169.44 元为本金，按照全国银行间同业拆借中心公布的同期贷款市场报价利率标准计算，自 2019 年 10 月 20 日起计至全部清偿之日止）；（2）驳回原告 A 公司的其他诉讼请求。

（二）二审结果

广州市中级人民法院判决驳回上诉，维持原判。

六、裁判理由

（一）一审法院的裁判理由

1. 关于建立建设工程施工合同关系的主体问题。C 公司在答辩时虽坚称 A 公司与涉案工程没有实际施工关系，A 公司实际施工涉案项目结算没有事实依据，但 A 公司提交的证据充分显示其向 C 公司发送了涉案工程土建部分的投标文件，实际参与了涉案工程土建部分的施工，竣工后向 C 公司移送了有关的工程竣工资料，并与其办妥了竣工结算手续。由此可见，A 公司与 C 公司虽未签订书面合同，但确已建立事实上的建设工程施工合同关系，C 公司的答辩意见与案件事实明显不符，有违诚信。对于李某某、谢某、林某某、陈某某等人的身份，结合投标文件《综合单价确认单》中加盖的 C 公司印章、C 公司法定代表人韩某出具的《告知函》《工程进度款支付申请表》《办理付款委托书》的行文特点及 C 公司的诚信度，法院认为上述人员实际代表 C 公司的可能性更大。《污水处理厂一期工程项目协调会议纪要》虽显示陈某某为 B 公司的代表，但该会议纪要为 C 公司的员工张某某整理，亦未经 B 公司盖章确认，不能据此判断陈某某的身份；《现场签证单》上项目负责人陈某某的签名处虽加盖了 B 公司涉案工程资料专用章，但考虑到李某某、谢某、林某某与 C 公司的关联关系明显，《现场签证单》先经由建设单位 C 公司人员审核再由施工单位 B 公司审核的操作有违常理。再结合《告知函》的委托事项包含了委托 B 公司"对外签订本工程施工合同、支付本工程工程款及签署本工程有关协议、函件"的内容，故法院采信 B 公司关于项目章保管在项目部，陈某某在盖章时 B 公司并不知情的说法。因此，A 公司虽主张 B 公司承担连带责任，但其提交的证据不足以充分证明 B 公司与其亦建立了事实上的建设工程施工合同关系。

2. 关于 A 公司与 C 公司之间建设工程施工合同关系的效力。A 公司庭审时明确称其不具备涉案工程的施工资质，根据《最高人民法院关于审理建设工程施工合同纠纷案件适用法律问题的解释（一）》第一条第一款第（一）项的规定，双方建立的建设工程施工合同关系无效。关于拖欠的工程款。《民法典》第七百九十三条第一款规定："建设工程施工合同无效，但是建设工程经验收合格的，可以参照合同关于工程价款的约定折价补偿承包人。"在该案中，包含土建工程在内的涉案工程整体已经竣工验收，A 公司、C 公司虽未签订书面合同，但曾于竣工验收后的 2020 年 4 月 1 日办理竣工结算手续，明确涉案工程土建工程合计结算价为 116,322,472.11 元。C 公司虽对该数额有异议，但其提交的证据不足以充分反驳，故法院采信 A 公司关于工程结算价的主张。A 公司主张已经支付的工程价款为

84,180,302.67 元，B 公司亦予以确认，C 公司庭审时表示其不清楚该数额也无须庭后核实，应视为其放弃相关抗辩的权利，故法院对此予以确认。经核算，C 公司还需向 A 公司支付工程款 32,142,169.44 元。

3. 关于逾期付款的利息。《最高人民法院关于审理建设工程施工合同纠纷案件适用法律问题的解释（一）》第二十六条规定："当事人对欠付工程价款利息计付标准有约定的，按照约定处理。没有约定的，按照同期同类贷款利率或者同期贷款市场报价利率计息。"第二十七条第一款规定："利息从应付工程价款之日开始计付。当事人对付款时间没有约定或者约定不明的，下列时间视为应付款时间：（一）建设工程已实际交付的，为交付之日。"A 公司与 C 公司未签订书面合同，未对工程价款利息计付标准进行约定。考虑到涉案工程整体已于 2019 年 10 月 20 日竣工，根据常理，A 公司承建的土建部分移交时间应早于该竣工时间，故 A 公司主张以 32,142,169.44 元为本金，按照全国银行间同业拆借中心公布的同期贷款市场报价利率标准计算利息，自 2019 年 10 月 20 日起计至全部清偿之日止，于法有据，法院依法予以支持。

4. 关于连带责任问题。由于法院已经认定 A 公司与 B 公司之间不存在建设工程施工合同关系，A 公司要求 B 公司承担连带责任缺乏事实和法律依据，法院依法不予支持。

（二）二审法院的裁判理由

该案二审的争议焦点是 C 公司是否与 A 公司之间就涉案工程土建部分建立了建设工程施工合同关系。

虽然涉案工程建设方 C 公司上诉主张 A 公司是总承包单位 B 公司违法分包的实际施工人，C 公司作为涉案工程建设方与 A 公司没有直接的法律关系，但就涉案工程的土建部分，C 公司在原审中确认收到过 A 公司向其发送的相关投标文件，而且 A 公司提交的多张《综合单价确认单》及《竣工报告》上均有 C 公司的盖章或代表人员签名，充分证明 C 公司与 A 公司就涉案工程的土建部分有合同订立、履行的事实，C 公司仅凭通过总承包单位 B 公司支付涉案工程款的技术操作，不能否定 C 公司与 A 公司就涉案工程的土建部分直接建立了建设工程施工合同关系的事实，原审法院对此认定正确，二审法院予以认同。C公司没有新的事实理由和证据推翻原审认定事实，对其相关的上诉主张法院不予支持。

至于C公司应向A公司应付的工程款认定，该案涉案工程已经整体竣工验收，原审法院依法以A公司及C公司加盖印章的《竣工结算书》为基础支持A公司诉请的工程款，合法合理，二审法院予以认可，不再赘述。另外，虽然《竣工结算书》中C公司加盖的印章注明仅限文件、资料往来，但法院查明C公司将该印章用于《综合单价确认单》、工程量现场签证等多份涉案工程关键的施工文件中，实际用途与该印章注明的信息不符，对其相关异议法院亦不予采纳。

综上所述，C公司的上诉请求不能成立，应予驳回。一审判决认定事实清楚，适用法律正确，应予维持。

七、案例评析

1. 书面合同并非认定合同关系的唯一标准，在司法实践中存在许多未签订书面合同，但依据其他合同履行过程中的证据材料相互佐证，确认成立事实合同关系的案例。该案中A公司与C公司虽然未签订书面的施工合同，但A公司提交的证据充分显示其向C公司发送了涉案工程土建部分的投标文件，实际参与了涉案工程土建部分的施工，竣工后向C公司移送了有关的工程竣工资料，并与其办妥了竣工结算手续，足以证实A公司与C公司建立了事实上的建设工程施工合同关系。

2. 公章分为很多种，有些注明合同章、有些注明资料专用章，印章的实际用途并非以其命名来认定，而应当综合在实际应用过程中的用途进行判断。该案中虽然《竣工结算书》中C公司加盖的印章注明仅限文件、资料往来，但经法院查明C公司将该印章用于《综合单价确认单》、工程量现场签证等多份涉案工程关键的施工文件中，表明该印章的实际用途与该印章注明的信息不符。因此法院认可由该印章确认的《竣工结算书》。

当然，在实践过程中，倡导重要事项以书面形式进行确定，在合同履行过程中尽可能规范操作，避免在将来可能出现的诉讼中处于劣势地位。①

【点评】

实践中，建设工程施工领域存在大量未签订书面合同的情形，本案作为未签订书面施工合同的典型案例，可为该类案件提供参考。《民法典》第四百六十九条第一款规定，当事人订立合同，可以采用书面形式、口头形式或者其他形式。即使双方之间未签订书面合同，但符合订立合同要件的，也应认定为已成立事实合同关系。具体到本案，虽然实际施工人未与业主签订书面的施工合同，但事实上，实际施工人已基于双方的合意，实际参与了工程的施工建设，并能提供合同履行的证据证明与业主建立了事实上的建设工程施工合同关系，法院基于此支持了实际施工人的主张。建设工程合同通常涉及标的较大，为避免权利义务的不确定性，对于双方重要的权利义务的约定，建议还是以书面形式确定较为稳妥，或者在实际履行过程中注重对证据的收集和保存，以免竹篮打水一场空。

点评人：广东金桥百信律师事务所律师　邓　攀

---

① 广州市黄埔区人民法院民事判决书，（2021）粤0112民初13425号；广州市中级人民法院民事判决书，（2022）粤01民终10182号。

建设工程合同纠纷存在挂靠行为时的
合同效力及责任分配

广东法制盛邦律师事务所　　张茂东

一、当事人的基本情况及案由

原告：梁某

被告一：黄某

被告二：A 建设公司

被告三：B 投资公司

案由：建设工程分包合同纠纷

二、案情介绍

2014 年 12 月 18 日，B 投资公司作为业主方将位于肇庆市某区某宾馆工程发包给 A 建设公司施工，双方签订了一份《广东省建设工程标准施工合同》，合同总价 17,591,200 元。在该合同中的工程承包范围包括土石方挖运工程、地下室基坑支护工程。同日，B 投资公司与 A 建设公司还签订了一份《肇庆市某宾馆工程施工承包合同补充协议》，约定 B 投资公司将位于广东省肇庆市某宾馆的"基坑支护及土方开挖专项工程"交由 A 建设公司负责完成，专项工程总固定价为人民币 140 万元。

2014 年 12 月 18 日，A 建设公司作为总承包人将案涉项目工程分包给黄某，A 建设公司与黄某签订了一份《建设工程项目管理目标责任书》，约定 A 建设公司将其与业主方 B 投资公司在 2014 年 12 月 18 日签订的《肇庆市某宾馆工程施工承包合同补充协议》及其以后的相关补充协议项下工程项目中的"基坑支护及土方开挖专项工程"分包给黄某，由黄某在《建设工程项目管理目标责任书》中乙方负责人一栏签字。

2016年5月23日，黄某将承接的工程转包给梁某，梁某（乙方）与黄某（甲方）签订了一份《肇庆市某宾馆基坑支护工程承包协议》，约定将甲方挂靠A建设公司承包的肇庆市某宾馆基坑工程委托给乙方负责，该项目按2014年同业主方签订的总价140万元承包合同，由甲方负责按进度扣除相应的税收、管理费、业务费后即转乙方使用，项目施工执行2016年1月新方案，甲方本项目提成11万元，双方确认乙方为工程施工负责人，并执行与业主签订的补充合同，增加合同外的所有款项归乙方支配，本工程以前所签的相关协议不再有效，甲方负责与业主方、挂靠方联系，保证工程款准时、足额支付给乙方。

在施工过程中，由于场地原因需要进行工程设计变更，A建设公司（甲方）与黄某、梁某（乙方）于2016年6月22日签订了一份《肇庆市某宾馆基坑支护项目施工补充协议》，主要约定：2014年B投资公司与A建设公司签订基坑支护工程承包合同是本工程的基础合同，不作变更，双方按合同执行，但付款方式按补充协议执行，但该工程原设计采用搅拌桩加喷锚支护，局部为钢板桩加内支撑，由于设计变更，将全部改为搅拌桩止水、钢板桩加内支撑方案，即2016年1月的新方案。合同中还确定梁某为本协议的执行人和责任人，也是现场施工负责人，并约定工程超期租金、钢板桩支撑梁等因变更设计方案可能发生的款项将直接支付给梁某。同时，如果因变更造成费用增加大于总造价5%（7万元），则需按实际进行增减，小于5%则按本协议执行，已进行的工作量须按报价结算。

2016年12月12日，B投资公司对黄某就某宾馆基坑支护施工项目于2016年12月5日向监理提出的催款通知中要求钢板桩租金等三项款项共158,746.4元的请款事宜作出回复，并出具《工程联系单》，内容中写到"致肇庆市建设工程有限公司（基坑支护部分）：B投资公司对该项单项工程预算造价162万元现已支付140万元，支付进度款超过80%"。

2018年2月3日和2月4日，监理公司广东某工程管理有限公司在核实工程现状后分别出具《某宾馆基坑支护工程量》《某宾馆基坑施工情况》，载明了该工程的现状以及已完成的工程量情况。

工程完工后，某宾馆工程于 2018 年 9 月 27 日竣工验收合格，并于同年 10 月 9 日办理了竣工验收备案。总承包方 A 建设公司与业主方 B 投资公司对肇庆市某宾馆工程进行了结算，经结算，工程造价为 17,678,352.58 元。原告作为实际施工人对该工程结算情况并不知情，并且因为一直未拿到全部的工程款项，原告于 2020 年 3 月 11 日以涉案工程一直未予结算等为由向法院提起了诉讼。

原告的诉讼请求为：（1）被告一黄某向原告支付工程款 502,548 元，逾期付款利息 60,773 元（利息以 502,548 元为基数，从 2017 年 8 月 1 日按中国人民银行同期同类贷款基准利率计至 2019 年 8 月 20 日，从 2019 年 8 月 21 日起按全国银行间同业拆借中心公布的贷款市场报价利率暂计至 2020 年 2 月 29 日），本项应计至实际清偿日止；（2）被告二 A 建设公司对工程款的本金及利息承担连带清偿责任；（3）被告三 B 投资公司对工程款的本金及利息在欠付工程款的范围内承担连带清偿责任；（4）三被告承担本案的全部诉讼费用。

诉讼中，原告变更诉讼请求为：（1）被告一黄某、被告三 B 投资公司向原告支付工程款 781,548 元及利息［逾期付款利息 94,827.83 元（利息以 781,548 元为基数，从 2017 年 8 月 1 日按中国人民银行同期同类贷款基准利率计至 2019 年 8 月 20 日，从 2019 年 8 月 21 日起按贷款市场报价利率暂计至 2020 年 2 月 29 日，本项应计至实际清偿日止）］；（2）被告二 A 建设公司对工程款的本金及利息承担连带清偿责任；（3）三被告承担本案的全部诉讼费用。

在《工程造价鉴定报告》作出后，原告又变更其诉讼请求 1 为：被告一黄某、被告三 B 投资公司向原告支付工程款 968,661.12 元及利息［逾期付款利息以 968,661.12 元为基数，从 2017 年 8 月 1 日按中国人民银行同期同类贷款基准利率计至 2019 年 8 月 20 日，从 2019 年 8 月 21 日起按贷款市场报价利率暂计至 2020 年 2 月 29 日，本项应计至实际清偿日止］。

三、争议焦点

1. 涉案合同《肇庆市某宾馆基坑支护工程承包协议》的合同效力问题。

2. 合同的相对人黄某、工程的总承包方 A 建设公司、建筑的业主方 B 投资公司之间的责任该如何分配。

3. 涉案工程价款和实际工程量该如何确定。

4. 涉案工程已支付的价款如何确定。

上述焦点中，第 2 个和第 3 个焦点的争议最大。

四、各方的意见

（一）原告的意见

1. 被告三 B 投资公司对被告一黄某挂靠在被告二 A 建设公司而签订该份《肇庆市某宾馆工程施工承包合同补充协议》的事实是明知的，即被告三 B 投资公司自始至终均知涉案基坑工程是由被告一黄某以被告二 A 建设公司名义承包的。

2. 2016 年，涉案工程由于场地原因导致原有设计方案无法进行施工，鉴于该情况，业主方 B 投资公司在知道实际施工人梁某具有在最低成本内完成基坑支护工程的相关技术和明知被告一黄某是挂靠且实际将工程转给原告梁某施工的情况下，B 投资公司就新施工方案于 2016 年 6 月 22 日与被告黄某、原告签订了《肇庆市某宾馆基坑支护项目施工补充协议》，即被告三 B 投资公司与原告存在直接的合同关系，其应当与其他被告共同向原告承担支付工程款的责任。

3. 被告二 A 建设公司是涉案工程的总承包人，违法借用资质给被告黄某，应当对被告一黄某拖欠的工程款承担连带责任。

4. 被告三 B 投资公司在明知原告为实际施工人，且其确认到 2016 年 12 月预算金额就达到 162 万元的情况下，私自与被告二 A 建设公司结算涉案工程造价 1,260,965 元，存在与被告二 A 建设工程恶意串通损害原告利益的极大嫌疑，该结算是无效的。

5. 经原告的核算，原告实际上收到的工程款共计 98.3 万元，因原告结算的专项工程施工的工程款为 1,764,548 元，所以被告一黄某、被告三 B 投资公司尚欠原告工程款 781,548 元，被告二 A 建设公司应当对以上欠付工程款承担连带责任。

（二）被告一黄某的意见

1. 原告存在偷工减料情况，且没有按照设计图纸进行施工，因为原告在以上施工过程，存在严重过错导致工期延长，工程质量不符合设计图纸要求需要返工，所产生的费用及延误工期费用损失由原告负责。

2. 黄某只是将涉案工程项目介绍给原告施工，从中收取 11 万元的介绍费，并由原告直接与业主 B 投资公司签订《肇庆市某宾馆基坑支护项目施工补充协议》，涉案工程施工属原告与被告三 B 投资公司直接发生的合同关系。

3. 黄某已退出该工程的施工且黄某已将收取的工程款应支付给原告的部分全部付给原告，还有部分工程款应由被告二 A 建设公司与被告三 B 投资公司直接付给原告。

（三）被告二 A 建设公司的意见

1. A 建设公司与原告梁某之间并未签订任何合同，原告不应向 A 建设公司主张任何合同权利。

2. 黄某借用 A 建设公司的资质，以 A 建设公司名义承接 B 投资公司涉案工程的施工作业项目，为明确 A 建设公司与黄某之间的挂靠关系，双方签订了《建设工程项目管理目标责任书》，约定 A 建设公司仅收取管理费和扣取相关税金，黄某自主经营、自负盈亏、自担风险、自筹资金、自承责任。黄某自行以其名义将涉案工程转包给原告，原告只与向其转包的黄某之间存在合同关系，与 A 建设公司之间不存在合同关系。

3. A 建设公司不存在拖欠工程款的情况。A 建设公司收到 B 投资公司的工程款后，扣除挂靠人黄某应纳的税金、管理费后，均支付给挂靠人黄某，不存在拖欠、截留工程款的情况。

4. 黄某作为涉案工程的挂靠人以自己名义对外与原告签订转包合同，据此，A 建设公司作为被挂靠人无须承担付款责任。

（四）被告三 B 投资公司的意见

1. 涉案工程总造价在 B 投资公司与 A 建设公司签订的《广东省建设工

程标准施工合同》已明确约定，该工程总固定价为140万元。而在其后签订的《肇庆市某宾馆基坑支护项目施工补充协议》与《肇庆市某宾馆工程施工承包合同补充协议》均约定总固定价为140万元。

2. 涉案肇庆市某宾馆建设工程于2018年9月27日经竣工验收合格后，发包方B投资公司与总承包方A建设公司于2018年9月28日办理了所有工程价款的结算，其中，涉案工程的总价款为1,260,965元并且工程价款按1,260,965元计算，原告主张工程款为1,764,548元没有依据。

3. B投资公司已与工程的总承包方A建设公司办理了总工程款结算，并支付完毕全部工程款。在涉案工程竣工验收合格后，B投资公司与工程的总承包方A建设公司办理总工程价款的结算为17,678,352.58元，B投资公司实际已支付了17,678,353.16元至A建设公司的银行账户，B投资公司已支付完毕了全部工程款，据此原告梁某作为实际施工人以发包人B投资公司为被告主张权利的，发包人B投资公司仅需在欠付建设工程价款范围内对实际施工人承担责任，因此B投资公司无须再向原告支付任何工程款。

4. B投资公司向原告多支付了200,000元款项，原告应当予以返还。在案涉工程的施工过程中，B投资公司曾于2016年5月23日通过案外人刘某的银行账户直接向原告支付了200,000元案涉工程的工程款，并有原告出具的《收据》确认，对于该多支付的款项，原告应当向B投资公司返还。

5. 原告无权以实际施工人的身份向B投资公司主张支付工程款。实际施工人向发包人主张工程款，是基于总承包人对实际施工人负有支付工程款义务，而发包人又拖欠了总承包人的工程款的情况。在本案中，案涉工程是黄某以自己的名义转包给原告的，总承包人并不对原告负有付款义务，因此原告无权向被挂靠人A建设公司主张支付工程款，更无权向发包人B投资公司主张支付工程款。

五、裁判结果

1. 被告三B投资公司在该判决发生法律效力之日起7日内向原告梁某支付工程款人民币489,661.12元及逾期付款利息[逾期付款利息以所欠工程款489,661.12元为基数，2018年9月27日起按照年利率4.35%的标准计至 2019 年 8 月 19 日，2019 年 8 月 20 日起至工程款付清之日止按同期一年期贷款市场报价利率（LPR）标准计付］；

2. 驳回原告梁某的其他诉讼请求。

肇庆市端州区法院认为，该案属于建设工程分包合同纠纷。案涉工程价款经法院查明为 1,951,661.12 元，扣减已付的工程款 1,462,000 元后，尚欠的工程款为 489,661.12 元，被告三 B 投资公司理应支付给原告。而 B 投资公司至今尚未支付所欠的工程款，已造成原告损失，理应对此承担民事责任。上述款项逾期支付的利息应以所欠工程款 489,661.12 元为基数自 2018 年 9 月 27 日起按照中国人民银行同期同类贷款基准利率即年利率 4.35% 计至 2019 年 8 月 19 日，2019 年 8 月 20 日起至工程款付清之日止按同期一年期贷款市场报价利率（LPR）标准计付。

六、裁判理由

（一）原告梁某与被告一黄某签订的《肇庆市某宾馆基坑支护工程承包协议》的合同效力问题

虽然 2014 年 12 月 18 日的《肇庆市某宾馆工程施工承包合同补充协议》为 B 投资公司与 A 建设公司签订的，但根据该案查明的事实，该合同实际是黄某挂靠 A 建设公司进行施工。后 B 投资公司与黄某就涉案工程又于 2016 年 6 月 22 日签订了《肇庆市某宾馆基坑支护项目施工补充协议》，且在诉讼中梁某、黄某、B 投资公司均确认 2016 年 6 月 22 日签订的《肇庆市某宾馆基坑支护项目施工补充协议》中的乙方包括梁某、黄某。因此，应认定 B 投资公司与梁某、黄某就案涉工程建立了直接的合同关系，梁某、黄某为案涉工程的实际承包人。由于梁某、黄某并不具备建设工程施工资质，根据《合同法》第五十二条和《最高人民法院关于审理建设工程施工合同纠纷案件适用法律问题的解释》第一条的规定，上述合同属无效合同。

（二）合同的相对人黄某、工程的总承包方 A 建设公司、建筑的业主方 B 投资公司之间的责任该如何分配

梁某、黄某为涉案工程的实际承包人。但根据梁某与黄某于 2016 年 5

月 23 日签订的《肇庆市某宾馆基坑支护工程承包协议》的约定，黄某已退出涉案工程的施工，该工程已由梁某全部负责。因此，虽然涉案的合同无效，但由于涉案工程已经竣工验收合格，根据《最高人民法院关于审理建设工程施工合同纠纷案件适用法律问题的解释》第二条"建设工程施工合同无效，但建设工程经竣工验收合格，承包人请求参照合同约定支付工程价款的，应予支持"的规定，梁某有权请求 B 投资公司参照合同约定支付相应的工程价款。

此外，梁某、黄某为涉案工程的实际承包人，黄某根据其与梁某于 2016 年 5 月 23 日签订的《肇庆市某宾馆基坑支护工程承包协议》的约定退出了合伙，双方之间就涉案工程存在的是合伙关系，由于该案为建设工程分包合同纠纷，故梁某、黄某之间的纠纷不应在本案中解决，而应另循法律途径解决。

（三）涉案工程价款及实际工程量该如何确定

由于双方对合同的包干价及实际工程量的认定有异议，故就工程造价和实际完成的工程量按两种情况进行鉴定，而原告提交的监理公司出具的《某宾馆基坑支护工程量》《某宾馆基坑施工情况》与被告三 B 投资公司提交的监理公司于 2020 年 5 月 2 日的情况说明存在明显矛盾，故《工程造价鉴定报告》列明了两种情况下的不同工程造价和工程量的鉴定情形。

法院根据本案具体查明的事实，结合《工程造价鉴定报告》综合考虑后确定采用《工程造价鉴定报告》的第二种情形。原因如下：虽然依照 B 投资公司与 A 建设公司签订的《广东省建设工程标准施工合同》的约定，案涉工程为固定价人民币 140 万元，但根据 B 投资公司出具的《工程联系单》、B 投资公司与黄某于 2016 年 6 月 22 日签订的《肇庆市某宾馆基坑支护项目施工补充协议》等证据，可见由于工程方案变更，双方结算并非按固定价，而是依据实际工程量进行结算。

另外，由于没有证据证明涉案工程存在未完工程且监理公司于 2020 年 5 月 2 日的情况说明并不符合案件查明的事实，因此法院采纳监理公司于 2018 年 2 月 4 日出具的《某宾馆基坑施工情况》以及 2018 年 2 月 3 日经核实后出具的《某宾馆基坑支护工程量》的意见。故本案应根据《工程造价鉴定报告》第二种情况据实确定工程造价。梁某主张工程造价按照《工程造价鉴定报告》的第二种情形的2.1款的1,471,210.39元、2.3款的101,600元和2.4款的378,850.73元予以确定合理有据。据此涉案工程造价应确定为1,951,661.12元。

（四）涉案工程已支付的价款如何确定

由于涉案工程是黄某以其名义挂靠A建设公司进行施工，故B投资公司支付给A建设公司的涉案工程款均应视为履行了支付义务。由于B投资公司与A建设公司在该案中均确认收支涉案工程款的金额合共为1,262,000元，加上原告向B投资公司借支的20万元，即B投资公司已付涉案工程款为1,462,000元。

七、案例评析

实际施工人因自身不具备资质借用他人资质承包工程，甚至转包分包的情形普遍存在，实际施工人一旦撤场，往往存在难以举证工程量和工程价款的情况。根据《最高人民法院关于审理建设工程施工合同纠纷案件适用法律问题的解释》第四十三条的规定，发包人也只有在其存在欠付工程款的情形时，在欠付款的范围内对实际施工人承担责任。在相关案件的法律实务中普遍存在执行难问题，实际施工人的工程款或损失的债权往往难以实现，能否突破合同的相对性，追索工程的总承包方和业主的责任亦显得尤为重要。

本案中，原告梁某找到律师咨询时的证据只有几份合同和施工方案，且基坑工程是隐蔽工程，难以仅从施工方案中评估、鉴定出工程量，原告当时没有足以证明工程量的证据。通过分析，律师建议原告从了解工程进度、工程量情况的监理单位突破，最后从监理处取得了相关工程量数据的确认，这是本案获胜的第一步，也是关键一步。

另外，本案突破了发包人仅在未付给总承包方的款项的范围内承担责任的情形。根据《最高人民法院关于审理建设工程施工合同纠纷案件适用法律问题的解释》第二十六条第二款，梁某作为实际施工人若要就工程款追索业主方、发包人的责任，发包人往往也只会在未付给总承包方的款项的范围内承担责任。本案精彩的地方在于，原告起诉时提交了B投资公司（甲方）与黄某（乙方）于2016年6月22日签订的《肇庆市某宾馆基坑支护项目施工补充协议》，协议中仅确定原告梁某为执行人和负责人，B投资公司在诉讼中又提交了2016年6月22日签订的《肇庆市某宾馆基坑支护项目施工补充协议》，该份协议与原告起诉时提交的协议内容一致，但乙方落款是黄某和原告梁某，直接证明了B投资公司与原告梁某存在直接的合同关系，从而能直接就工程款追究B投资公司的责任。获得B投资公司的证据后，原告迅速变更了诉讼请求和事实理由，要求B投资公司承担直接的工程款支付责任。

再者，本案进行了工程价款的评估鉴定，在原告的据理力争下，法院采纳了监理所确认工程量的造价。鉴定人因为不确定因素，列举了固定总价和非固定总价这两种价格的情况供法院参考和认定（两个价格情况均没有采用监理确认的工程量），鉴定意见的初稿出来后，原告强烈要求鉴定人把监理确认的工程量作为其中一种情况进行评估，至于是否采纳由法官裁量。最后，鉴定人认同原告的观点，法院最后也基本采纳了原告的意见，认定涉案工程造价应确定为1,951,661.12元，该造价高于原告起诉时主张的造价1,764,548元。

虽然B投资公司还提起了上诉，但最终经调解，法院于2022年4月27日仍基本以一审的判决中的条件让双方达成了和解并出具民事调解书，B投资公司也履行了其相应的付款义务。[①]

【点评】

本案主要涉及三个方面的问题，一是建设施工合同的效力问题；二是实际施工人与发包人之间的关系；三是工程造价的认定。

---

① 广东省肇庆市端州区人民法院民事判决书，（2020）粤1202民初963号；肇庆市中级人民法院民事判决书，（2022）粤12民终1074号。

对于第一个问题，实际施工人缺乏资质已然是不可回避的事实，但法院认为，虽然涉案的合同无效，但由于涉案工程已经竣工验收合格，可参照《最高人民法院关于审理建设工程施工合同纠纷案件适用法律问题的解释（一）》第二条予以适用。本案原告代理律师并未满足于此，而是结合第二个问题，直接越过承包人，促进法院认定实际施工人与发包人建立了事实合同关系，从而突破了发包人仅在未付给总承包方的款项的范围内承担责任的情形。关于工程造价问题，即使申请了工程鉴定，但如果鉴定的结果不尽如人意，也可以运用发散性思维，要求鉴定人把监理确认的工程量作为其中一种情况进行评估，以便鉴定机构更准确地对工程造价进行鉴定，尤其是隐蔽工程。

因此，对于实际施工人而言，为避免产生纠纷并规避工程款无法追回的风险，在施工过程中，应分时分段积极与发包方达成结算协议，或及时通过监理单位对工程量或工程造价进行核定，形成对工程实际支出和已完工的工程量的客观证据，从而顺利地解决后续产生的纠纷。

点评人：广东金桥百信律师事务所律师　邓　攀

挂靠人以自己的名义签订建设工程分包、转包合同的效力及责任的认定

广东法制盛邦律师事务所　张茂东

一、当事人的基本情况及案由

原告一：李某

原告二：A 建筑劳务公司

被告一：B 建设公司

被告二：C 装饰公司

被告三：陈某

被告四：D 投资公司

案由：建设工程施工合同纠纷

二、案情介绍

2013 年 6 月 1 日，被告三陈某以其控股的 C 装饰公司的名义与原告一李某签订了《河源市基建工程项目承包合同》，由李某对涉案工程进行施工，该合同由陈某在甲方代表处签名，由被告二 C 装饰公司在该合同上盖章确认，由李某在乙方代表处签名。合同签订后，原告一李某按照指示组织工人到案涉工地进行施工。

2013 年 12 月 15 日，被告三陈某借用被告一 B 建设公司的名义与被告四 D 投资公司签订了《某度假城别墅工程施工合同》，被告四 D 投资公司为项目发包方，被告一 B 建设公司作为工程总承包方。

2013 年 12 月 9 日，被告四 D 投资公司与被告一 B 建设公司就案涉工程

项目达成了以房抵偿工程款协议，约定被告四 D 投资公司结合工程进度分 7 次交付房产给被告一 B 建设公司以支付工程款。

2016 年 5 月 14 日，原告一李某名下的 A 建筑劳务公司与被告二 C 装饰公司，就工程实际施工人原告一李某与被告二 C 装饰公司于 2013 年 6 月 1 日签订的《河源市基建工程项目承包合同》签订《补充协议》，对承包价款及结算方式等重新进行约定，被告三陈某在甲方代表处签名，被告二 C 装饰公司加盖了公章，原告李某在乙方代表处签名，原告 A 建筑劳务公司在该补充协议上盖章确认。《补充协议》还要求原告李某在约定期间内对涉案工程进行复工，但随后又因被告二 C 装饰公司无法提供建筑材料，导致原告再次停工。

2017 年 7 月 12 日，被告四 D 投资公司（发包人）与被告一 B 建设公司（总承包人）、被告三陈某（挂靠方）就案涉工程项目签订《终止施工协议书》，其中约定：三方确认承包人 B 建设公司与发包人 D 投资公司签订的合同实际上是陈某挂靠在 B 建设公司名下，借 B 公司的资质以 B 建设公司名义所签，陈某系原合同（即《某度假城别墅工程施工合同》）的实际履行人。原 B 建设公司与 D 投资公司签订的项目施工合同产生的一切责任和后果均由被告陈某承担，被告一 B 建设公司无须承担任何责任；自该协议签订之日起，就原合同达成的合作关系即时解除，终止项目下的一切合作关系，被告四 D 投资公司与被告一 B 建设公司签订的原合同在该协议签订之日起终止执行，B 建设公司终止施工，且被告一 B 建设公司解除有关原合同对被告三陈某的全部委托。在签订该协议之日起，原合同所涉工程视为已办理合同结算，结算总金额为 24,001,355 元，被告四 D 投资公司已支付 24,001,355 元工程款；该协议签订后，同时解除《某度假城别墅工程施工合同》和"某度假城别墅以房抵债协议书"且视为三方均履行了合同的权利义务。被告四 D 投资公司、被告一 B 建设公司、被告三陈某分别在合同甲乙丙方处签名、盖章。

经法院查明，被告三陈某及其控股的被告二 C 装饰公司均不具有相关建筑资质。陈某与 C 装饰公司与两原告仅就原告已完工的建筑部分对工程价款及工程量进行结算，但原告在停工后未收到剩余的工程款及相关损失费用，故诉至法院。

原告一李某与原告二 A 建筑劳务公司的诉讼请求如下。

1. 判令被告 B 建设公司、陈某、C 装饰公司向原告支付拖欠的案涉工程款 2,559,923.51 元；

2. 判令被告 B 建设公司、陈某、C 装饰公司向原告支付拖欠的案涉工程项目增加的工程量、加深基础的工程量及代工、误工、杂项工时费共 395,726 元；

3. 判令被告 B 建设公司、陈某、C 装饰公司向原告支付停工各项损失小计 2,744,893.5 元；

4. 判令 D 投资公司对上述 B 建设公司、C 装饰公司、陈某应支付给原告的款项承担连带支付责任；

5. 判令各被告承担本案的全部诉讼费用、鉴定费用。

三、争议焦点

1. 被告三陈某以被告二 C 装饰公司的名义与原告一李某签订合同，双方的法律关系如何定性。

2. 李某主张的工程款及损失能否得到支持。

3. 工程建设单位 D 投资公司是否应对李某的工程款及损失负责。

上述焦点中，第 1 个和第 2 个焦点的争议最大。

四、各方的意见

（一）原告的意见

1. 发包方将案涉工程分包给不具备施工资质的 C 装饰公司及陈某，且在原告未获得结算的情况下强行清场，对导致原告未收到剩余的工程劳务款及损失，存在违约和明显过错。

2. 合同履行过程中，原告由于 C 装饰公司和陈某未按时供给建筑材料的原因停工，产生窝工损失及系列费用，C 装饰公司和陈某应承担违约责任，向原告赔偿相关损失。

3. D 投资公司于 2017 年 7 月 13 日至 2018 年 2 月 18 日占用了原告的脚手架的 102.45 吨钢管等器材，应就占用期间支付相应的租金费用。

4. 施工协议解除后，B 建设公司、C 装饰公司、陈某怠于与原告结算及与发包方签署解除施工协议后的通知义务，导致原告存在钢管及配件的损失，具有直接过错。

5. B 建设公司作为总承包人，D 投资公司作为工程建设单位，对被告陈某存在挂靠的事实是明知的，应对原告的工程劳务款及损失承担连带支付责任。

(二) 被告一 B 建设公司的意见

1. 涉案工程是被告三陈某与被告四 D 投资公司进行洽谈的，陈某借用 B 建设公司的资质挂靠 B 建设公司，对此情况，D 投资公司系知情的。

2. 陈某和 C 装饰公司作为挂靠人是以自己的名义将涉案工程部分分包给两原告，而不是以被挂靠人 B 建设公司的名义分包。根据《广东省高级人民法院关于审理建设工程合同纠纷案件疑难问题的解答》第二十二条 "挂靠人以被挂靠人的名义承接工程后，又将工程进行分包或转包，实际施工人主张挂靠人和被挂靠人承担欠付工程款连带责任的，应区分情形处理：挂靠人以被挂靠人名义对外签订分包或转包合同的，挂靠人和被挂靠人承担连带付款责任；挂靠人以自己名义对外签订分包或转包合同的，挂靠人承担付款责任"，因此两原告所主张的工程款及损失应向挂靠人 C 装饰公司及陈某主张。

3. 涉案工程已经由发包人 D 投资公司与 B 建设公司结算完毕，不存在拖欠未付的工程款项，《广东省高级人民法院关于审理建设工程合同纠纷案件疑难问题的解答》第二十三条规定："因发包人欠付工程款，挂靠人主张被挂靠人和发包人承担欠付工程款的连带责任的，不予支持，但挂靠人和被挂靠人之间的合同明确约定被挂靠人承担支付工程款义务的除外。挂靠人主张被挂靠人支付已收取但尚未转付工程款的，应予支持。"在本案中所有款项都由 D 投资公司以"以房抵工程款"的形式全部支付给了陈某，被告一 B 建设公司并未收取任何费用，也未从中产生过任何收益，并非本案的受益人，并且发包人 D 投资公司也未欠付工程款，因此原告无权向 B 建设公司主张工程款项。

4. 根据《最高人民法院关于审理建设工程施工合同纠纷案件适用法律问题的解释》第二条的规定，因合同无效，承包人要求工程款的前提，应该建立在工程经竣工验收合格的基础上，在本案中，原告首先未经结算，其次工程并未完工并验收合格，因此原告作为施工人主张支付工程款并无依据。再者，所主张的工程款和实际损失的单据均系其单方制作，原告并未就涉案工程进行实际结算，无法证明实际的工程量，亦无法证明其实际遭受的损失。

（三）被告四 D 投资公司的意见

1. D 投资公司将案涉工程发包给具有建筑资质的 B 建设公司是合法发包。

2. D 投资公司与 B 公司直接办理了结算手续，D 投资公司已将工程款项支付完毕，不存在拖欠工程款的情形。

3. 原告与 D 投资公司并无原告所陈述的钢管租赁关系。

4. D 投资公司在与 B 建设公司签订合同时对陈某挂靠 B 建设公司名下的行为并不知情，在最后结算及支付工程款时，付款方式是经被告 B 建设公司确认的，且已经按 B 建设公司的指示支付完毕。

（四）被告三陈某、被告二 C 装饰公司未作答辩

五、裁判结果

广东省河源市源城区人民法院作出如下判决：驳回原告李某、A 建筑劳务公司的全部诉讼请求。

广东省河源市源城区人民法院认为：该案属于建设工程施工合同纠纷。被告陈某以 C 装饰公司的名义与原告李某签订了《河源市基建工程项目承包合同》。在李某对工程施工的过程中，由于 C 装饰公司的原因停工，而后 C 装饰公司就该承包合同又与 A 建筑劳务公司签订了《补充协议》要求李某在约定期限内复工，其后又由于 C 装饰公司的原因再次停工，李某和 A 建筑劳务公司已实际与 C 装饰公司和陈某形成了事实上的建设工程施工合同关系，但陈某、C 装饰公司并不具备相应的建筑施工资质。根据《最高

人民法院关于审理建设工程施工合同纠纷案件适用法律问题的解释》第一条第一项，"建设工程施工合同具有下列情形之一的，应当根据合同法第五十二条第（五）项的规定，认定为无效：（一）承包人未取得建筑施工企业资质或者超越资质登记的"之规定，原告李某与 C 装饰公司签订的《河源市基建工程项目承包合同》应认定为无效合同。

六、裁判理由

（一）被告三陈某以被告二 C 装饰公司的名义与原告李某签订合同，双方的法律关系如何定性

两原告与被告 C 装饰公司、陈某已形成事实上的建设工程施工合同关系，但因陈某和 C 装饰公司都不具备建筑工程的相关资质，根据《最高人民法院关于审理建设工程施工合同纠纷案件适用法律问题的解释》应属于无效合同。

（二）李某主张的工程款及损失能否得到支持

根据《合同法》第五十八条"合同无效或被撤销后，因该合同取得的财产，应当予以返还"的规定，被告陈某和 C 装饰公司应对原告一李某和 A 建筑劳务公司已完成部分的工程量、工程款进行结算以及对购买、租赁配件的支出予以返还。但原告提交的清单证据均系由其单方制作，未经被告三陈某、被告二 C 装饰公司确认。又因各方当事人未能就结算问题达成一致意见，又无法对原告的工程量及损失进行鉴定，原告亦未提供客观的证据予以佐证，故该项请求，法院不予支持。

（三）工程建设单位 D 投资公司是否应对李某的工程款及损失负责

由于现有证据无法证明，工程建设单位 D 投资公司于 2013 年 12 月 9 日在与被告 B 建设公司签订《某度假城别墅施工合同》时知道被告陈某挂靠于被告 B 建设公司，对被告 D 投资公司是否为善意相对人及对涉案工程的发包是否存在过错无法认定，且原告未提交其他证据予以佐证，原告应承担举证不能的不利后果。

七、案例评析

建筑资质是建筑施工企业从事建筑施工的法定资格，在实际生活中，实际施工人借用他人资质承包工程，甚至转包分包的情形普遍存在。挂靠关系，由于存在出借建筑工程资质的行为，因此挂靠所签订的建设工程施工合同当然无效，然而，实际的责任承担问题确须根据实际情况具体问题具体分析。

本案中，陈某及C装饰公司作为B建设公司的挂靠人与原告—李某签订的《河源市基建工程项目承包合同》由于不具备建筑工程资质属于无效合同，但由于其并非以被挂靠人的名义与原告签订合同，依据合同的相对性，权利义务应当由其本人承受，不应当溯及基础的挂靠关系。因此，在原告与挂靠人陈某、C装饰公司发生争议时应由挂靠人作为民事主体独立对外承担责任，而B建设公司作为被挂靠人则不应对原告承担工程款的支付及损失赔偿责任。另外，D投资公司与B建设公司之间对案涉工程进行了结算，D公司作为发包方并不存在欠付的工程款的情形，也无证据证明D公司自始知道陈某与B建设工程存在挂靠关系，因此D公司也无须就本案中原告主张的工程款项主张承担责任。

另外，在合同无效时，根据当时施行的《最高人民法院关于审理建设工程施工合同纠纷案件适用法律问题的解释》第二条，主张工程款项的前提，应当是建设工程经竣工验收合格后，在本案中由于工程并未办理完工手续，属于烂尾工程，因此在未经竣工验收合格的情况下，原告又未与陈某、C装饰公司就完工量及开支办理工程结算协议手续，缺乏客观能证明原告建设的已完工部分的建筑的质量合格，因此并无客观证据可以证明原告施工的建筑达到了质量合格的标准。同时，原告亦缺乏客观的证据可提供给鉴定机构证明案涉工程中已完工部分的工程量，以及实际完工部分的质量达到了可验收的标准，各种因素最终导致原告的诉讼请求被驳回，这是本案中被告胜诉、原告的诉讼请求被驳回的关键所在。[1]

---

[1] 广东省河源市源城区人民法院民事判决书，（2018）粤1602民初2246号。

【点评】

实践中，实际施工人借用他人资质承包工程，甚至转包、分包的情形普遍存在。建设施工合同也因借用他人资质、转包或违法分包而无效，但基于《民法典》第七百九十三条第一款的规定，建设工程施工合同无效，但是建设工程经验收合格的，可以参照合同关于工程价款的约定折价补偿承包人。即使合同无效，实际施工人依然可以主张工程款，但前提是工程竣工验收合格，以及有完整的证据链证明其实际参与了工程的施工，有发包人或承包人、监理单位核实的工程施工量和工程造价，否则容易遇到与本案原告同样的困境。本案中原告提交的清单证据均系由其单方制作，未经被告陈某、C装饰公司确认，又无法对完成的工程量及损失进行鉴定，亦未提供客观的证据予以佐证，导致请求未得到法院的支持。因此，施工过程中对证据的收集与固定十分重要，其在很大程度上决定了实际施工人的主张能否得到法院的支持，应予以重视。

点评人：广东金桥百信律师事务所律师　邓　攀

工程已交付使用未结算之证据收集

广东四端律师事务所 郑 莉

一、当事人的基本情况及案由

原告：A 公司

被告：B 公司

案由：建设工程施工合同纠纷

二、案情介绍

2007 年 11 月 21 日，原告 A 公司（承包人）与被告 B 公司的前身 DW 自来水厂（发包人）签订了《DW 新水厂（一级泵房）施工合同书》（以下简称《DW 新水厂施工合同》），工程内容为：新水厂一级泵房的施工总承包；承包范围为：包工、包料、包工期、包质量、包文明安全；工期总日历天数为 270 天，合同价款为 8,769,655.04 元。

2009 年 6 月 30 日，A 公司、B 公司确认涉案工程竣工验收和交付。

2013 年 12 月 10 日，B 公司委托第三方 C 公司对 DW 新水厂（一级泵房）施工工程进行审核结算。C 公司出具了《DW 新水厂（一级泵房）施工工程结算审核咨询报告（初稿）》（以下简称《结算报告初稿》）。《结算报告初稿》共对 6 个项目进行了工程量和价格核减："1. 泵房现浇混凝土钢筋，送审工程量 332.707 吨，审定工程量 306.135 吨，核减 111,741.11 元；2. 围堰工程挖土方，送审工程量 30,700.32 立方米，审定工程量 27,005 立方米，核减 107,513.44 元；3. 围堰工程挖淤泥、流砂，送审工程量 4200.95 立方米，审定工程量 0 立方米，核减 140,647.81 元；4. 围堰工程纤维袋装中砂围堰，送审工程量2321.4立方米，审定工程量674.5立方米，核减201,612.84元；5. 取水泵房给排水工程钢管铺设，送审工程量224.6米，审定工程量185立方米，核减70,788.71元；6. 取水泵房给排水工程低压齿轮、液压传动、阀门，送审单价127,107.6元/个，审定单价109,107.6元/个，核减36,000元。"

2014年5月13日，A公司、B公司就C公司出具的《结算报告初稿》召开工程计量审核会，临时围堰缺少施工图纸，且施工现场的签证内容不齐全，造成围堰计量存在争议，经双方协商，就《结算报告初稿》中争议工程量第2、3、4项工程量进行了最终确认并以此工程量作为工程结算依据，形成了《会议纪要》(2014.5.13)。

2016年5月19日，A公司将验收资料快递给B公司的经办人。

2017年4月19日，A公司、B公司就关于DW新水厂施工工程结算事宜召开会议，与会人员就C公司出具的《结算报告初稿》的"主要增减说明"中的6项结算问题的解决方法进行研讨，形成《会议纪要》(2017.4.19)。

2017年5月17日，A公司与B公司就DW新水厂施工工程结算部分争议工程量现场复核事宜召开会议，与会人员按照《会议纪要》(2017.4.19)的意见执行，现场对泵房现浇混凝土钢筋（H级钢筋）、取水泵房给排水工程钢管铺设（D72O*9）、水泵房给排水工程低压齿轮、液压传动、阀门以及围堰工程量进行复核确认，并以现场实测工程量作为结算工程量，并形成会议纪要，双方共同确认于2017年5月27日之前形成初步结算文件。

2017年8月29日，C公司出具了《DW新水厂（一级泵房）施工工程结算审核咨询报告》（以下简称《结算报告终稿》），审定结算金额为10,781,434.55元；主要增减说明："1. 泵房现浇混凝土钢筋，送审工程量332.707t，审定工程量306.135t，核减111,741.11元；2. 取水泵房给排水工程低压齿轮、液压传动、阀门，送审单价127,107.6元/个，审定单价109,107.6元/个，核减36,000元。"A公司、B公司在上述《结算报告终稿》的《工程结算确认书》上签章。

B公司已向A公司支付工程款10,213,852.6元，其中9,674,780.9元在 2009 年 4 月 4 日之前已经支付，539,071.7 元在 2018 年 1 月 29 日支付，仍有剩余工程款 567,581.82 元，B 公司一直拖延未予支付。

2019 年 1 月 9 日，A 公司再次向 B 公司邮寄律师函，催促 B 公司支付涉案工程尾款，由于 B 公司在通知时间内仍不予履行付款义务，故 A 公司提起该案诉讼。

A 公司的诉讼请求：（1）判令 B 公司支付工程欠款 567,581.82 元；（2）判令 B 公司按照支付工程欠款利息 143,244.58 元（暂计至 2019 年 11 月 22 日），至实际清偿之日为止；（3）诉讼费用由 B 公司承担。

此后，变更诉讼请求（2）为判令 B 公司支付工程欠款利息 622,104.11 元（暂计至 2020 年 3 月 26 日）至实际清偿之日为止。

三、争议焦点

1. B 公司作为被告其主体资格是否适格？
2. C 公司出具的《结算报告终稿》的效力如何认定？
3. B 公司应向 A 公司支付工程款的数额是多少？
4. 工程款利息请求是否超过诉讼时效？
5. 逾期支付工程款的利息从何时开始计算？

上述争议焦点中，第 2 个和第 5 个焦点的争议较大。

四、各方的意见

（一）原告的意见

1. B 公司作为被告其主体资格适格。B 公司的前身是 DW 自来水厂，由于经济快速发展，供水能力无法满足要求，2007 年 11 月，DW 自来水厂进行了改制，以增资扩股方式成立了中外合资有限公司——B 公司。公司注册资本 1.16 亿元，DW 自来水厂于 2008 年 3 月就申请注销。

根据《公司法》第一百七十二条"公司合并可以采取吸收合并或者新设合并。一个公司吸收其他公司为吸收合并，被吸收的公司解散。两个以上公司合并设立一个新的公司为新设合并，合并各方解散"及第一百七十四条"公司合并时，合并各方的债权、债务，应当由合并后存续的公司或者新设的公司承继"之规定，B公司应当继承DW自来水厂的相关债务，即B公司主体资格适格。

2. C公司出具的《结算报告终稿》，是经A公司、B公司、C公司三方盖章确认的，是该案工程总价款的最终依据，合法有效。

（1）C公司的结算报告，系根据A公司提交给B公司的竣工结算资料，由B公司审核确认后委托C公司，再由C公司凭借专业的工程造价知识评估得出的。

（2）竣工结算资料，均系B公司收到A公司提供的资料，由B公司审核确认后，再委托提交给C公司，由C公司根据已审核确认的资料作出结算报告，在此过程中，B公司并未向A公司提出异议。A公司、B公司及C公司均在该份结算报告上盖章予以确认，以上事实及三方的行为符合一般建设工程竣工结算的整个流程，由此发生相应的法律效力，三方均应受该结算报告的约束，履行应有的权利和义务。特别是B公司的委托、盖章确认及后续付部分工程款的一系列行为均应视为B公司认同结算报告的法律效力。

（3）C公司出具的《结算报告终稿》是在其出具的初稿的基础上，根据A公司和B公司的多次会议，对涉及的多个问题进行协商确认形成的会议纪要做出的，在终稿确定后B公司也从未对结算审核报告终稿提出过异议。

结算审核报告出具后，B公司不仅没有对该竣工结算报告提出异议，还按照审定结算的金额在2018年1月29日向A公司支付了部分工程款539,071.73元。根据《建筑工程施工发包与承包计价管理办法（2013）》第十九条的规定，工程竣工结算文件经发承包双方签字确认的，应当作为工程决算的依据；广东省高级人民法院印发《广东省高级人民法院关于审理建设工程合同纠纷案件疑难问题的解答》第二十四条第三款规定，发包人和总承包人已对工程款进行结算的，按照工程结算款扣减已支付工程款确定发包人欠付工程款的数额。因此，按照法律的规定，工程款的结算依据是结算审核报告等文件，而B公司却以其公司内部付款审批手续繁杂为由，不予结算剩余的工程款，该行为完全违反了法律规定。

3. B 公司应向 A 公司支付工程款的数额，涉案工程的最终结算金额已经 A 公司、B 公司、C 公司三方审核确认，形成了《结算报告终稿》。且 C 公司系由 B 公司委托，其做出的评估报告 B 公司确认后即代表了 B 公司的观点和意见。因此，B 公司应向 A 公司支付工程款的数额应按照《结算报告终稿》的金额减去已支付的工程款，即支持 A 公司的第一项诉讼请求，B 公司向 A 公司支付 567,581.82 元。

4. 工程款利息请求未超过诉讼时效。根据 A 公司与 DW 自来水厂在《施工合同书》"33.3 发包人收到竣工结算报告及结算资料后 28 天内无正当理由不支付工程竣工结算价款，从第 29 天起按承包人同期向银行贷款利率支付拖欠工程价款的利息，并承担违约责任"的约定，C 公司于 2017 年 8 月 29 日出具了《结算报告终稿》，确定了案涉工程审定结算金额，因此应当自确认结算终稿开始计算，A 公司于 2020 年 1 月提起诉讼，未超过诉讼时效。

5. 逾期支付工程款的利息从何时开始计算，根据《施工合同书》的约定，竣工日期为 2008 年，合同工期为 270 天，推测到 2008 年 8 月竣工。根据 B 公司投资水厂一期工程的介绍，涉案工程系在 2009 年 4 月投产使用。虽然 A 公司无法提供证据证明已现实交付给 B 公司使用，但可以通过拟制交付确定 A 公司已交付涉案工程给 B 公司使用的日期，B 公司投产使用的日期，即交付日期为 2009 年 4 月。根据《最高人民法院关于审理建设工程施工合同纠纷案件适用法律问题的解释》第十八条的规定，对于欠付建设工程款的利息起算点，在建设工程已实际交付的，以交付之日起计算利息。故 A 公司认为 B 公司欠付工程款的利息从 2009 年 4 月起算符合事实与法律规定，有利于保护 A 公司的合法权益并彰显了公平原则。

（二）被告的意见

1. B 公司已严格按照合同约定及实际工程量支付全部工程款，A 公司起诉主张的工程欠款及利息没有事实和法律依据，请求法院判决驳回 A 公司的诉讼请求。B 公司针对《结算报告终稿》中无依据、单价不合理以及资料不齐全的内容提出以下异议。

（1）材料调差无合同依据，需核减 62.5 万元。根据 DW 新水厂施工合同书专用条款第 12.1 条"本合同价款采用固定单价合同方式确定；（1）采用固定价格合同，合同价款中包括的风险范围：除不可抗力外的一切风险"的约定，本合同为固定单价合同，材料价格上涨的风险由承包人（即 A 公司）承担。

（2）围堰部分定额套用不合理，缺少证明材料，取土资源费无依据，需核减 33.48 万元。案涉工程为固定单价结算。合同内有清单工程，按中标固定单价，工程量按实计算。合同内无清单工程，合同中已有适用单价的，应按合同已有价格结算：合同中有类似项目单价的，按照类似价格；合同中没有适用或类似单价的，按照相关定额进行计价，合同无清单工程造价要乘以系数 94.2%，即下浮 5.8% 进行结算（根据中标下浮率），税金按 3.48%。

（3）规费项缺少缴费的相关证明，需核减 2.55 万元。其中：①缺少建筑意外伤害保险费；②缺少工程定额测定费、防洪堤围费证明。

2. B 公司认为 A 公司提供的关于双方的《会议纪要》（2017.4.19）非客观事实，仅是反映 A 公司与 B 公司之间针对案涉工程有争议部分的工程量进行的磋商谈判，但最终双方并未达成一致意见，B 公司从未对审定金额进行确认。

3. 根据施工合同第 33 条规定，承包人应向发包人提供完整的结算资料，如承包人未能向发包人提交完整的结算资料造成工程竣工结算不能正常进行或者工程竣工结算价款不能及时支付，发包人要求交付工程的，承包人应当交付。因此，B 公司在支付全部工程价款前，A 公司应履行向 B 公司提交完整结算资料的义务。但 A 公司至今还有一些工程结算资料未提交给 B 公司，导致 B 公司始终无法完成内部付款审批及上级公司的审计要求，因此无法完成结算手续。请求法院判令承包人按照发包人提交的结算资料清单，补充提交完整的结算资料。B 公司在工程结算过程中一直积极与 A 公司沟通，并多次召开协调会议，主动解决结算过程中存在的问题，但 A 公司一直拒不配合提供工程结算所需资料，导致一些费用标准及变更无法得到有效确认，A 公司工程结算项也始终无法通过公司内部审核及上级公司的审计、国资委的审计，致使该工程至今未办理结算手续。A 公司拒不按合同约定履行结算资料的提供义务是本工程始终无法结算的根本原因，A 公司存在违反合同义务的恶意行为，需要承担一定的违约责任。

4. A 公司主张利息从案涉工程交付使用时起计算，缺乏事实依据，其也未提供已于 2009 年 4 月现实交付的证据，应承担举证不能的责任。A 公司主张的利息诉求已超过诉讼时效，丧失胜诉权。

五、裁判结果

广东省四会市人民法院作出如下判决：（1）B 公司应于本判决发生法律效力之日起 10 日内向 A 公司支付工程款 567,581.82 元及利息 54,466.6 元（利息暂计至 2019 年 8 月 19 日；2019 年 8 月 20 日至还清工程价款之日止的利息，以 567,581.82 元为基数，按全国银行间同业拆借中心公布的贷款市场报价利率支付）。（2）如果未按本判决指定的期间履行给付金钱义务，应当依照《民事诉讼法》第二百五十三条之规定，加倍支付迟延履行期间的债务利息。判决后 A 公司与 B 公司均未上诉，一审判决生效。

六、裁判理由

（一）B 公司的被告主体资格是否适格

2007 年 11 月 21 日，A 公司与 DW 自来水厂签订了《DW 新水厂施工合同书》。B 公司自认其前身系 DW 自来水厂，改制后成立了 B 公司，B 公司表示愿意承接 DW 自来水厂在案涉《DW 新水厂施工合同书》中的义务。故 B 公司为本案适格的被告主体。

（二）C 公司出具的结算审核咨询报告终稿的效力如何认定

1. B 公司委托 C 公司对 DW 新水厂工程进行审核结算。C 公司于 2013 年 12 月 10 日出具了《结算报告初稿》。2017 年 4 月 19 日，A 公司与 B 公司就初稿的"主要增减说明"中的 6 项结算问题的解决方法进行研讨，形成《会议纪要》。2017 年 5 月 17 日，A 公司与 B 公司就 DW 新水厂施工工程结算部分争议工程量现场复核事宜召开会议，与会人员按照《会议纪要》

(2017.4.19)的意见执行,现场对泵房现浇混凝土钢筋(级钢筋)泵房给排水工程钢管铺设、水泵房给排水工程低压齿轮、液压传动、阀门以及围堰工程量进行复核确认,并以现场实测工程量作为结算工程量,形成会议纪要。C 公司出具的《结算报告终稿》对初稿第四大点的主要增减说明中的第 1~6 项的项目工程量进行了审定确认。

2. A 公司、B 公司均认为应根据初稿、双方的两次会议纪要(2017.4.19、2017.5.17)形成结算审核咨询报告的终稿。

终稿针对初稿第四大点的主要增减说明中的第 1~6 项审定的工程量,A 公司、B 公司双方的两次会议纪要(2017.4.19、2017.5.17)达成一致意见,即终稿对初稿主要增减说明中的六个项目的审定意见得到双方的共同确认。B 公司在庭审中也确认有异议的项目都基本包含在初稿第四大点的主要增减说明中的第 1~6 项。因此,C 公司出具的《结算报告终稿》的内容已得到 B 公司的确认,故 B 公司庭审辩称是"被迫"在结算确认书上盖章的意见,不予采信,《结算报告终稿》合法有效。

(三)B 公司应向 A 公司支付工程款的数额是多少

根据该《结算报告终稿》审定的结算金额,案涉工程审定结算金额为 10,781,434.55 元,B 公司已向 A 公司支付 10,213,852.7 元,尚欠 567,581.85 元未支付,故 A 公司主张 B 公司支付工程欠款为 567,581.82 元,未超出欠付工程款的范围,按 A 公司主张的计付。

(四)工程款利息请求是否过诉讼时效

双方在《DW 新水厂施工合同书》中约定,发包人收到竣工结算报告及结算资料后 28 天内无正当理由不支付工程竣工结算价款,从第 29 天起按承包人同期向银行贷款利率支付拖欠工程价款的利息,并承担违约责任。《民法总则》(2017 年 10 月 1 日实施)第一百八十八条规定:"向人民法院请求保护民事权利的诉讼时效期间为三年。……诉讼时效期间自权利人知道或者应当知道权利受到损害以及义务人之日起计算。……"C 公司于 2017 年 8 月 29 日出具了《结算报告终稿》,确定了案涉工程审定结算金额,

B公司辩称在该结算确认书上盖章的时间不早于2017年9月5日，按B公司辩称的该时间，从2017年9月5日起算，根据合同约定，B公司若在2017年10月4日未向A公司支付工程款的，应按银行贷款利率支付拖欠工程价款的利息。A公司主张利息的诉讼时效于2017年10月5日起算。A公司提起该案诉讼后，法院于2020年1月16日立案受理，A公司起诉时尚未超过诉。

（五）逾期支付工程款的利息从何时开始计算

《最高人民法院关于审理建设工程施工合同纠纷案件适用法律问题的解释》第十七条规定："当事人对欠付工程价款利息计付标准有约定的，按照约定处理；没有约定的，按照中国人民银行发布的同期同类贷款利率计息。"第十八条规定："利息从应付工程价款之日计付。当事人对付款时间没有约定或者约定不明的，下列时间视为应付款时间：（一）建设工程已实际交付的，为交付之日；（二）建设工程没有交付的，为提交竣工结算文件之日；（三）建设工程未交付，工程价款也未结算的，为当事人起诉之日。"根据合同约定，B公司应该在结算确认书上盖章确认后的第29天（即2017年10月5日）按银行贷款利率向A公司支付欠付工程价款的利息。

七、案例评析

本案工程款拖欠长达十余年，最终通过法律途径追回所有款项。笔者认为，本案胜诉的关键点是如何收集、固定证据并使用的问题。在B公司已使用多年诉争工程但双方又未进行结算的情况下如何合理结算。通过多次谈判、协商及会议等形式不断地固定、收集大量证据，并提供给C公司，使C公司最终确定结算价，为胜诉奠定了基础。

《最高人民法院关于审理建设工程施工合同纠纷案件适用法律问题的解释（一）》第二十条规定："当事人对工程量有争议的，按照施工过程中形成的签证等书面文件确认。承包人能够证明发包人同意其施工，但未能提供签证文件证明工程量发生的，可以按照当事人提供的其他证据确认实际发生的工程量。"对工程量争议较大的是无签证文件证明的工程量，可以通过现场据实勘察补签证，组织各方会议讨论，形成会议纪要，通过委托第三方进行评估等方式予以确认。本案委托第三方进行评估，并就争议问题举行会议进行讨论确定，各方均在结算确认书上盖章，形成了最终的《结算报告终稿》。

本案中，B公司辩称结算确认书上的印章为"被迫"加盖，企图否认其法律效力。从常识可知，加盖公司公章是民事活动成立和生效的重要标准，在无相反证据的情况下否认加盖印章文件的效力是不可取的，也是徒劳的。

综上，就建设工程纠纷而言，各方往往是因为施工过程中所保留的证据有所欠缺，导致相互扯皮，建议广大建设工程施工合同的当事人在施工过程的各个环节注意保留证据，在产生纠纷时才能够合法保障自己的权益。①

【点评】

工程承包合同结算中，由于现场管理等原因，变更或增加的工程量常常缺乏相应的单证支付导致出现争议。《最高人民法院关于审理建设工程施工合同纠纷案件适用法律问题的解释（一）》第二十条指出，当事人对工程量有争议的，按照书面文件确认。本案中，各方当事人对存在争议的工程量问题进行逐项沟通确认，形成会议纪要，达成一致意见，形成最终结算报告。法院认定该报告合法有效，双方应按该报告进行结算并支付工程款。

民事诉讼适用"谁主张，谁举证"的原则，如无法举证则需承担举证不能的不利后果。本案中，承包人并无完善的单证文件等证明工程量，但事后通过补充协商、会议纪要等方式，形成了有效的结算报告，完善了证据，为案件胜诉打下坚实基础。本案在工程已交付使用未结算之证据收集方面具有借鉴和参考意义。

点评人：广东洛亚律师事务所律师　黄建球

---

① 广东省四会市人民法院民事判决书，（2020）粤1284民初869号。

获取关键证据成功主张设计费及可期待利益损失

广东广信君达律师事务所　黎国贵　李甜甜

一、当事人的基本情况及案由

原告一：广州某建筑设计有限公司

原告二：广州某建筑设计事务所

被告一：H 地产公司

被告二：J 投资公司

案由：建筑工程设计合同纠纷

二、案情介绍

2018 年 5 月 18 日，原告一广州某建筑设计有限公司中标成为某商业住宅项目的设计单位，并于 2018 年 11 月 2 日与被告一 H 地产公司签订了《建设工程设计合同》。其后被告二 J 投资公司注资该项目，涉案项目名称亦从"××国际项目"变更为"××城"。两开发商要求设计单位将原有的设计合同拆分为三份补充协议，并大大缩减了首期付款比例，将大部分设计费后移至《补充协议（二）、（三）》。此时已经开展了大量实际工作，考虑到后续合作的友好推进，设计单位无奈之下只得配合完成了三份补充协议的签订，同意将设计费支付比例后移。

在设计单位完成了《补充协议（一）》的设计工作后，两开发商在 2020 年 9 月 14 日以设计成果存在质量问题为由要求解除合同，联合向设计单位出具《关于解除〈"××"项目建设工程设计合同〉的函件》。但此时一期设计文件全部已通过政府审批，12 栋建筑物均已封顶，且一期和后期设计成果存在高度可复制性，这意味着两开发商以远低于市场价的成本获取了项目整体几乎全部的设计成果。设计单位委托广东广信君达律师事务所黎国贵律师、李甜甜律师代理该案。

代理律师在接受委托后，做了两项非常重要的工作：（1）通过现场走访、佯装购房者添加销售人员微信、关注开发商及涉案项目微信公众号等多种方式挖掘证据，终于在开发商的公众号中挖掘出一份对本案极为关键的有力证据：开发商在向设计单位出具解除合同函之前的一周内官宣了与某下属设计公司的合作关系，并为此举办了隆重的签约仪式。代理律师收集到这份证据时十分兴奋，虽然这份证据不能直接得出开发商恶意解除设计合同的结论，但是给该案的代理工作提供了全新的方向和思路。此后，代理律师的工作放在对该新设计公司相关资料的收集，代理律师同步向原告反馈了这一关键信息，原告也提供了许多证明开发商与该设计公司存在利益来往并且将项目后期交由其完成设计的证据材料。（2）代理律师委托第三方专业评估机构，对设计单位履行完毕全部设计合同的可得利润进行鉴定，并将该鉴定报告作为证据向法院提交。

收集到前述关键证据材料之后，代理律师马上向法院起诉并申请财产保全，法院足额冻结了开发商的财产，加上完备的证据链条，两开发商在第一次开庭结束后主动要求调解，并承诺除欠付的全部设计费和违约金外，还额外支付120万元补偿款和对设计成果予以认可的书面文件，对于设计单位来说，这样的调解结果远远超出了委托时的期望值。

三、争议焦点

1. 两开发商是否构成违约解除合同。

2. 如果两开发商构成违约解除合同，因此给设计单位造成的可期待利益损失应如何认定。

四、各方的意见

（一）原告的意见

设计单位按约完成了总图规划方案设计、一期单体方案设计、一期单体施工图设计、一期景观深化方案设计、一期景观施工图设计以及一期建筑及景观的施工配合工作,并交付了上述全部设计文件,相关设计均通过了政府部门的审查,××城一期 12 栋建筑物(住宅)也已经全部封顶。按照合同约定,前述设计工作的付款条件已经成就,两开发商应向设计单位支付设计费本金共计 8,220,859.83 元。但两开发商多次逾期支付设计费,并在 2020 年 9 月 14 日联合向设计单位出具《关于解除〈"××"项目建设工程设计合同〉的函件》,以一期设计工作不合格为由要求解除设计合同并且不承担违约责任。设计单位获悉,两开发商目前已委托广州××建筑设计有限公司负责涉案工程的后期设计工作,××公司正是 J 投资公司的另外一家全资子公司于 2020 年 4 月 30 日投资的设计公司。显然,两开发商在设计单位完成一期核心方案之后即强行解除合同是有预谋的恶意违约行为。根据前述可知,设计单位之所以同意与两开发商签署让利的补充协议,是基于两开发商承诺将按照《设计合同》执行,将后续涉案项目的设计工作继续交由设计单位负责。现如今两开发商压低设计单位的前期价格,获取了项目的核心设计成果,且在设计成果存在高度可复制性(后续存在大面积可沿用一期住宅单体方案设计成果的住宅)的情况下,要求解除《设计合同》,另行委托其所投资的设计单位进行设计,属于严重违背诚实信用原则的行为,给设计单位造成了巨大损失。因此设计单位多次发函要求两开发商承担违约责任,支付剩余设计费本金及违约金,并对设计单位可期待利益损失进行赔偿,但两开发商对上述要求不予理睬。

关于该案逾期付款违约金的计算,应当根据《设计合同》第 15.1.2 条约定:发包人未按约定的金额和期限向设计人支付设计费的,每逾期一天应向设计人支付应付设计费的 2‰。本案逾期付款的违约金自三份补充协议约定的每阶段付款条件成就之日起分别计算,按照应付设计费本金的 2‰/天的标准,计算至两开发商实际付清之日止,暂计至 2021 年 1 月 7 日为 1,668,765.93 元。

关于该案可期待利益,《民法典》第五百八十四条规定:"当事人一方不履行合同义务或者履行合同义务不符合约定,造成对方损失的,损失赔偿额应当相当于因违约所造成的损失,包括合同履行后可以获得的利益;

但是，不得超过违约一方订立合同时预见到或者应当预见到的因违约可能造成的损失。"在两开发商违约解除合同的情况下，设计单位有权要求两开发商赔偿可期待利益损失。在多次要求两开发商承担违约责任未果后，2020年11月9日，设计单位向两开发商发函，要求两开发商与设计单位共同委托一家鉴定机构对可期待利益损失进行鉴定，但两开发商明确表示拒绝。其后，设计单位委托"××工程咨询有限公司"针对可期待利益损失进行鉴定，并于2020年12月7日向两开发商发函告知鉴定机构名称及资质。根据××工程咨询有限公司出具的《设计可期待利益费用鉴定咨询报告》作出的结论，因两开发商违约解除合同，设计单位丧失了针对一期面积为249,979平方米（合同约定面积为283,000平方米－已做面积33,021平方米）的景观设计方案及施工图、后期（非一期）单体方案设计及施工图设计、后期（非一期）景观设计及施工图设计的可期待利益，两开发商依法应向设计单位赔偿的可得利益损失为4,313,185元。

鉴于J投资公司系实际履行合同的主体之一，两开发商之间就该项目又系合伙关系，故两开发商应向设计单位承担连带责任。

（二）被告的意见

H地产公司与二原告于2018年11月2日签订《"××国际"项目建设工程设计合同》，约定由二原告共同承揽××国际项目的整体设计方案以及设计全过程服务、回迁地块建筑立面优化，园林景观方案及施工图的全程设计。三方于2019年8月8日签订《"××国际"项目建设工程设计合同补充协议（一）》。补充协议（一）在第十六条中对设计限额指标进行了明确约定，但在后续合同履行过程中，二原告提交的施工图纸存在多处违约。2020年9月8日，鉴于二原告已完成大部分一期工程的设计工作任务，H地产公司对二原告的阶段性工作成果进行了综合考评，综合考评为不合格。H地产公司于2020年9月14日，依照补充协议（一）第十八条的约定向二原告发出《关于终止设计合同的事宜联络函》，明确告知了其设计成果的综合评定结果及其设计成果的违约之处，要求依约定解除合同。二原告于2020年9月24日发出的回函中对其设计成果中不符合补充协议（一）约定限额指标的事实一一列示，事实上已经自证了违约的事实。更恶劣的是，二原告违约在先，反而在回复函中多次毫无依据地对H地产公司进行恶意揣测，包括污蔑H地产公司"恶意侵占创意劳动成果""准备交楼后加建封阳台偷面积""施工质量差"等。

五、调解结果

在广东省茂名市茂南区人民法院的主持下，当事人自愿达成如下协议：（1）二原告和二被告双方同意自收到调解书之日起二个工作日内向法院申请解除各自采取的财产保全措施。（2）二原告和二被告双方同意自收到调解书之日起10天内，由H地产公司向二原告支付120万元（包括H地产公司的逾期违约金、利息及解除××国际项目后续委托的赔偿款项等）以及欠付的景观设计费103,428.64元，若逾期，则以欠付的上述费用为基数向二原告支付2‰/日的违约金。（3）H地产公司自收到调解书之日起15天内向二原告出具对设计成果予以认可的声明函件，以降低由于本次诉讼对二原告声誉的负面影响。（4）二原告和二被告双方同意自收到调解书之日起，二原告即按照《"××国际"项目建设工程设计合同补充协议（一）》《"××国际"项目建设工程设计合同补充协议（二）》之约定，继续履行完毕××国际项目一期土建各专业（建筑、结构、设备）的施工配合以及竣工验收备案阶段的设计服务，以及一期景观专业的施工配合和竣工验收阶段的设计服务，具体履行内容为：①H地产公司须在一期建筑所有结构主体封顶后20个工作日内向二原告支付一期施工配合阶段设计费1,284,452.14元，每逾期一天应向二原告支付欠付设计费2‰的违约金；②H地产公司在一期建筑竣工备案完成后10个工作日内向二原告支付一期竣工验收阶段设计费856,301元（暂定，最终以结算金额为准，但若最终未能达成结算金额，则以856,301元为准），每逾期一天应向二原告支付欠付设计费2‰的违约金；③H地产公司须在一期景观当期施工完成，配合现场服务并在通过某地产有限公司验收后14个工作日内向二原告支付景观施工配合阶段设计费49,531.5元，每逾期一天应向二原告支付欠付设计费2‰的违约金；④H地产公司须在一期景观当期竣工验收完毕，结算完成后10个工作日内向二原告支付景观竣工验收阶段设计费 16,510.5 元（暂定，最终以结算金额为准，但若最终未能达成结算金额，则以 16,510.5 元为准），每逾期一天应向二原告支付欠付设计费 2‰的违约金。（5）二原告在收到 H 地产公司支付的景观设计费 103,428.64 元和 120 万元补偿费用后，同意放弃要求 J 投资公司承担第四条约定款项的连带责任。（6）第二条和第四条约定的款项支付至《"××国际"项目建设工程设计合同》约定的银行收款账户。（7）二原告和二被告确认《"××国际"项目建设工程设计合同补充协议（三）》已经解除，在《"××国际"项目建设工程设计合同补充协议（二）》中除一期的景观外，二原告和二被告不再主张或承担任何权利和义务。（8）在二原告和二被告履行完毕本调解协议约定的义务后，二原告和二被告就××国际项目设计服务所达成的所有合同即告终止，双方的债权债务结清，任意一方不得再就××国际项目的设计服务发生争执或提起诉讼。（9）二原告同意放弃除调解协议外的其他诉讼请求，H 地产公司同意放弃除调解协议外的其他反诉请求。（10）案件受理费 63,389 元（二原告已预交），减半收取计 31,694.5 元，保全费 5000 元，合计 36,694.5 元，由二原告负担，反诉案件受理费 57,799 元、保全费 5000 元，合计 62,799 元（H 地产公司已预交），由 H 地产公司负担。

六、案例评析

不同于一般的建设工程施工合同纠纷，在建设工程设计合同纠纷中，目前尚无支持可期待利益的生效判决。本案设计单位代理律师在并无可供参考类案判决的情况下，成功收集到业主与其名下设计单位合作的关键证据，从而迫使业主欲以设计图纸不合格为由，解除与原设计单位合同并低成本套取图纸的目的无法实现。本案项目系商业住宅，户型和设计均存在高度可复制性，换言之，设计单位只要完成了一期设计成果，后续楼栋的设计工作均可建立在该成果基础之上，这也意味着设计单位的利润往往集中在后期设计阶段。但本案原设计单位在完成一期设计成果后，便收到开发商要求提前解除合同的函件。开发商此举无异于以极低成本获取了设计单位的智力成果。在律师介入之前，设计单位的诉求仅包括开发商欠付的已完成工作对应设计费本金和逾期付款违约金,在律师全面分析材料后,制定了包括设计费本金、逾期付款违约金以及可期待利益损失三大块索赔金额的代理方案,并在正式立案前做了大量完备的证据收集、损失鉴定工作。开发商在第一次开庭结束后即积极主动联系调解,最终设计单位得到了非常可观的损失赔偿,案件代理工作取得圆满成功。①

【点评】

《民法典》第五百八十四条规定:"当事人一方不履行合同义务或者履行合同义务不符合约定,造成对方损失的,损失赔偿额应当相当于因违约所造成的损失,包括合同履行后可以获得的利益;但是,不得超过违约一方订立合同时预见到或者应当预见到的因违约可能造成的损失。"该规则设计既有利于发挥债务不履行损失赔偿的补偿和惩罚功能,也有利于维持双方当事人之间的利益平衡,鼓励诚信交易,维护公平的市场经济交易秩序。但是,可得利益属于当事人通过合同的履行方可获得的财产增值利益,而在违约行为发生时或者合同解除时并未被守约方实际享有,因此具有预期性和不确定性。同时,由于设计合同的履约成本多为无形投入且难以评估,导致可得利益损失的赔偿额如何计算,成为司法实践中的难点。本案中代理律师通过充分的诉前工作,对违约方形成了相当大的诉讼压力,由此促成令当事人满意的调解的结果,有效地减少了诉讼成本,其办案思路与方法对于办理类似案件足可借鉴。

点评人:广东洛亚律师事务所律师 黄建球

---

① 广东省茂名市茂南区人民法院民事判决书,(2021)粤0902民初584号。

一审鉴定报告被推翻，二审缘何反败为胜

广东广信君达律师事务所　黎国贵

一、当事人的基本情况及案由

上诉人（一审被告）：周某

上诉人（一审被告）：广东某建设有限公司

被上诉人（一审原告）：湖南某建设集团股份有限公司

一审被告一：广东某建筑劳务有限公司

一审被告二：广州某建材贸易有限公司

一审被告三：马某某

案由：建设工程施工合同纠纷

二、案情介绍

2017年5月18日，案涉工程项目的建设单位（以下简称业主）将案涉项目发包给湖南某建设集团股份有限公司（以下简称总包单位）。2017年6月22日，总包单位将案涉项目转包给了广东某建设有限公司（以下简称实际施工人）负责施工，约定业主按合同约定支付工程款给总包单位，总包单位扣除2%的管理费及相关费用后，将工程款支付给实际施工人。之后，周某向总包单位出具了《承诺书》《个人担保保证书》，承诺就案涉工程向总包单位无条件承担责任。

2017年12月26日，案涉工程项目发生一起高处坠落事故，造成一人死亡，案涉项目当日停工整改。当地的政府部门开展事故调查，于2018年1月16日作出了事故调查报告，认定施工单位（即总包单位）对此次事故

负有主要责任。后多个政府部门分别对总包单位进行了通报和处罚,总包单位被处以通报批评、扣减诚信评分、录入诚信档案、暂停其在本市参加工程投标业务、暂扣其安全生产许可证 30 日和罚款。

2018 年 2 月 5 日,总包单位向实际施工人通知解除《内部承包协议书》,要求实际责任人周某到项目现场与总包单位办理结算,但实际施工人未安排人员与总包单位办理结算。

2018 年 2 月 11 日,总包单位委托公证处对案涉工地施工及剩余建筑材料现状进行了证据保全并出具了《公证书》。之后,总包单位委托造价咨询公司针对案涉工程的已完成实体工程量、合同清单内临时设施、围墙等工程造价(截止日期:2018 年 3 月 16 日)以及现场堆放剩余建筑材料、办公用品清单等进行造价咨询。2018 年 4 月 20 日,造价咨询公司出具《工程造价咨询报告》(第一册造价咨询报告土建工程安装工程其他),造价咨询成果为案涉新建项目含税总造价 5,204,125.99 元;《工程造价咨询报告》(第二册造价咨询报告材料部分、其他),造价咨询成果为案涉新建项目的现场材料、办公用品不含税总造价为 283,631.35 元。2019 年 1 月 11 日,造价咨询公司出具《工程造价咨询报告》,造价咨询成果为案涉新建项目的仓库库存材料工具、用具材料造价为 36,038.24 元。

案涉工程的建设项目自 2017 年 12 月 26 日停工至 2018 年 3 月 22 日,共停工 86 天,并于 2018 年 3 月 23 日复工,由总包单位自行施工完毕并竣工验收。2018 年 3 月 28 日,总包单位向业主申请支付第三次工程进度款,并提供附件,即已完工程量清单,总包单位、监理公司以及业主三方分别于 2018 年 4 月 2 日、3 日在进度款汇总表上签字确认,该汇总表记载:截至本次实际总完成量,总包单位报审金额为 11,186,196.15 元,监理公司审批金额为 7,539,416.29 元,业主的审批金额为 8,175,763.82 元。

后总包单位向一审法院提起诉讼,主张其向实际施工人多支付了 5,899,021.32 元工程款,要求实际施工人、周某向其返还工程款并承担相关的损失赔偿责任,案涉标的金额合计为 14,106,091.9 元。

在本案的诉讼过程中,实际施工人向一审法院提出申请对已完工程的总造价和遗留材料、办公用品的价值进行鉴定,之后,其又以经济困难无法支付鉴定费为由向一审法院撤回了鉴定申请。

一审法院判决：（1）实际施工人向总包单位退还工程款5,899,021.32元；（2）实际施工人支付总包单位垫付的税款131,070.54元；（3）承担因安全事故给总包单位造成的停牌损失、停工损失、诚信扣分损失的60%即8,076,000元；（4）周某对上述债务承担连带清偿责任。

实际施工人不服一审判决，提出上诉，上诉请求如下：（1）撤销一审判决第一项、第二项、第三项、第四项，改判驳回总包公司的全部诉讼请求，或依法发回重审；（2）总包公司承担该案全部诉讼费用和鉴定费用。

三、争议焦点

1. 总包单位诉前单方委托造价咨询公司作出的造价鉴定报告能否采信？如不能采信应如何确定实际施工人的已完工工程造价。

2. 在工程转包的情况下，因施工现场发生安全事故给总包单位造成的损失应如何认定？损失赔偿责任应如何划分。

四、双方的意见

（一）上诉人的意见

1. 造价鉴定报告存在错误，不能据此确定实际施工人的已完工工程造价。

根据2011年7月26日《广东省高级人民法院关于审理建设工程施工合同纠纷案件若干问题的指导意见》第五条，案涉工程造价应采用比例鉴定法，但造价咨询公司未采用比例鉴定法，鉴定方法错误；造价鉴定报告存在漏项、单价偏低等问题，内容错误。因此，鉴定报告不应予以采信。

2. 一审法院对因安全事故造成的停工歇业损失金额认定错误，且对于该损失，总包单位应承担全部或主要责任。

（1）施工现场的安全由总包单位负责，该法律责任是法定责任，不可通过合同约定免责，总包单位中标案涉工程后转包，且未履行监管职责，应承担全部过错责任；行政主管机关出具的《事故调查报告》也认定总包单位负主要责任。

（2）在合同无效的情况下，合同中名为"罚款"实为"违约金"性质的条款当属无效，故不能以违约条款判决实际施工人承担违约责任；总包单位的利润来源为收取管理费而非施工工程产值，故其举证 2015～2017 年三年度的中标项目产值并不能反映其损失情况，且其利润来源多样，不仅限于承包工程所带来的利润，故其提交的审计报告不能证明其主张的损失金额。

（二）被上诉人的意见

1. 一审鉴定报告正确，造价咨询公司是具有合法资质的专业鉴定机构，其出具的鉴定报告和材料客观真实，实际施工人在一审中对鉴定结论提出了异议，但是没有对具体事项进行反驳，所以鉴定报告是正确的。实际施工人认为应当按照比例鉴定，该观点不妥，按照比例鉴定本身是模糊鉴定，鉴定机构按照已完工工程事项进行鉴定，结论更加精准。鉴定报告结论不存在漏项，实际施工人没有完成业主的合同内容，不能与业主方工程合同概算的内容进行比对。实际施工人在一审中对鉴定报告提出异议并申请鉴定，但是在一审又放弃鉴定，按照《最高人民法院关于审理建设工程施工合同纠纷案件适用法律问题的解释（二）》第十四条第一款的规定，实际施工人在法院的多次释明后应当自行承担放弃鉴定的法律后果。

2. 停工损失的计算依据问题，一审判决认定总包公司停工歇业经济损失的计算依据体现了总包公司和实际施工人的一致意见（涉案合同有明确约定），且总包公司亦举证证明了该计算依据得出的金额和总包公司的实际损失相当，一审判决参照适用该协议条款进行责任认定，不违反法律和司法解释的相关规定。

五、裁判结果

二审法院作出如下判决：（1）维持一审判决第二项；（2）撤销一审判决第一项、第三项、第四项、第五项；（3）实际施工人退还总包公司工程款 3,452,781.56 元；（4）实际施工人赔偿总包公司停牌损失、停工损失、诚信扣分损失合计 3,384,000 元；（5）周某对实际施工人上述第一、三、四项债务向总包公司承担连带清偿责任；（6）驳回总包公司的其他诉讼请求。

六、裁判理由

（一）关于实际施工人的已完成工程量

首先，虽然总包单位委托造价咨询公司对实际施工人的已完成工作量进行造价鉴定，但是该鉴定系其单方委托；其次，涉案工程于2017年12月26日停工至2018年3月22日，总包单位于2018年3月28日向业主申请支付第三次工程进度款时实际总完成工程量报审金额为11,186,196.15元，监理单位审批金额为7,539,416.29元，业主审批金额为8,175,763.82元，总包单位申报时仅复工5天，但其申报金额高出鉴定结论一倍，业主的审批金额也比鉴定结论高出2,971,637.83元，业主作为支付进度款的主体，其对于实际完成工程量的审批金额相对较为客观，从常理上总包单位5天内不可能完成近300万元的工程量；最后，停工时涉案工程已完工数百万元的工程量，因此工程造价鉴定报告中对临时工程中工程用水、临时道路、电力照明、看守以及安全措施、检测费用等项目均未计任何造价，不符合客观事实。综上，工程造价鉴定报告的结论与客观事实不符，不应采信，但实际施工人由于自身原因放弃申请造价鉴定的权利，应自行承担举证不能的法律后果，故以业主于2018年4月3日审批的已完成工程量金额作为实际施工人停工时的已完工工程量造价。

（二）关于总包单位停工歇业的损失及各方责任

总包单位与实际施工人签订的转包协议违反法律的强制性规定，属无效协议，则其中的违约条款亦属无效，总包单位主张适用协议约定要求实际施工人赔偿因行政主管部门处罚所造成的损失，缺乏法律依据，不应予以支持；但是，行政主管部门对总包单位的行政处罚确实对其生产经营造成一定的影响，故根据总包单位提供的相关证据对其主张的损失认定如下。

1. 总包单位并未提供证据证明其因暂扣企业安全生产许可证实际受到的影响，其所提供的2017年度审计报告载明的利润金额也不足以证明其实际损失，故总包单位主张其因该行政处罚决定书造成损失300万元，证据不足,不予支持。

2. 对于总包单位受到的扣减诚信评分 30 分以及自事故发生之日起 6 个月内暂停在本市参加工程投标业务的处罚,总包单位提交了其 2015 年、2016 年、2017 年在本市中标工程项目的数量和工程合同价款金额,鉴于该项处罚时间较长,确实会影响总包公司在本市范围内投标、中标工程项目,但参考总包单位在涉案工程收管理费 2% 的约定,总包单位主张其因此处罚造成损失达 900 万元,证据不充分,不予采纳,故参其 2015 年、2016 年、2017 年在本市中标工程项目的数量和工程合同价款金额,酌情认定其因此处罚产生的损失为 760 万元(70,000 万元 × 2% ÷ 2 + 30 × 2)。

3. 对于停工损失,涉案工程停工 86 天,必然造成资金周转、工机具、人工等方面的损失,因此总包单位主张停工损失符合客观事实,合同约定每天 1 万元合理,法院参照该合同约定认定其停工损失为 86 万元。

(三)关于总包单位和实际施工人对损失承担责任的比例

法院认为,总包单位中标涉案工程后,将工程以肢解分包的方式转包给实际施工人,违反了法律的强制性规定,总包单位按合同约定扣取 2% 的管理费,却未履行管理责任,如事故调查报告所认定,总包单位应对该安全事故的发生承担主要责任,实际施工人作为实际施工单位应承担次要责任。事故发生后,总包单位作为涉案工程的承包方,也未积极采取措施整改并妥善处理,对项目停工其亦存在一定的责任,故法院酌定上述损失 846 万元(760 万元 + 86 万元),由总包单位承担 60%,实际施工人承担 40%,即 338.4 万元(846 万元 × 40%)。

七、案例评析

建设工程合同纠纷案件事实复杂,专业性强,其所涉造价、质量、工期争议的认定往往具有专门性的特点,大量案件需要进行鉴定。在此类案件中,当事人不申请鉴定,或虽申请鉴定但未支付鉴定费用,则法院往往会根据举证责任规则判决负有举证责任的当事人承担不利后果。该规则并不是一成不变的,当负有举证责任的当事人证明其主张达到高度盖然性标准时，对方当事人如果提出主张不成立，应当承担反驳证明责任，此时即发生了举证责任的转移。在本案的一审中，实际施工人申请鉴定后又撤回，未能尽到证明其已完工工程造价的责任，故其因此承担了不利后果，法院采信了总包单位单方委托作出的鉴定报告。但二审中，由于实际施工人证明鉴定报告存在错误，不应采信，又证明了经业主审批确认的进度款金额，从而使得其主张的应付工程款金额达到了高度盖然性标准，二审法院因此改判对鉴定报告不予采信，并酌情将经业主审批确认的进度款金额作为认定实际施工人已完工工程造价的依据。

如前所述，举证不能时，当事人将承担其诉讼主张得不到支持的诉讼风险，但并不一定是其诉讼请求必遭驳回的败诉后果。在本案中，总包单位起诉要求实际施工人赔偿因发生安全事故而给总包单位带来的损失合计13,115,183.6元，一审法院认定损失金额为1346万元，并依据《合同法》第五十八条关于"合同无效或者被撤销后，有过错的一方应当赔偿对方因此所受到的损失，双方都有过错的，应当各自承担相应的责任"的规定判决实际施工人承担60%的责任即赔偿8,076,000元。二审中，实际施工人提出了转包合同无效故其约定的违约金条款亦无效的观点，以论证损失金额不能按照合同违约金条款进行计算，又进一步提出总包单位提供的证据不足以证明其所主张的损失金额，故其关于损失赔偿的诉讼请求应予驳回的观点。二审法院也认定违约金条款无效，以及总包单位提供的证据不足以证明其所主张的损失金额，但法院并未因此直接驳回总包单位的该项诉讼请求，而是认为总包单位的损失是客观存在的，酌定损失金额为846万元，并判决实际施工人承担40%。

从本案中，可以总结出以下规则和方法：（1）对于工程造价鉴定报告，可从鉴定程序（是否释明）、鉴定方法、鉴定内容方面进行质证与反驳，从而否定其证明力；（2）在双方未结算，鉴定报告又不能作为定案依据的情况下，可以酌情将建设单位审批确认的进度款作为认定工程造价的依据；（3）即便是在工程转包的情况下，总包单位对施工现场仍负有主要的管理义务，该义务不能通过合同约定而免除。①

【点评】

诉讼律师想要在法庭内外为当事人争取最大的利益，就必须熟练掌握和运用各种专业技能，而证据的运用就是其中最重要的必修基础技能之首。

在工程法律实践中，造价鉴定无疑是认定价款的重要证据。但在实务中，时常出现当事人不申请鉴定或申请后又撤回，导致法院只能依据举证责任规则直接作出裁判，或一方当事人申请鉴定后，另一方当事人未能就具体事项提出反驳证据和理由，人民法院直接将鉴定报告作为定案证据。

在本案中，就出现了实际施工人在一审申请鉴定后又撤回，导致法院采信了对方当事人单方委托鉴定公司作出的鉴定报告的情形。但在二审期间，代理律师就如何对鉴定意见提出反驳作出了优秀的示范。

另外，在建设工程行业，转包、违法分包现象屡见不鲜，有许多总包单位将工程转包后就当"甩手掌柜"，对现场的监管义务也一并转给实际施工人。这种情形虽然违法，但客观存在。因此，在我国的司法实践中，为了保证建设工程的施工质量与安全，在社会中起到正面引导作用，即便存在工程转包，法院还是偏向于认定总包单位是项目施工及安全管理的第一责任人，在过往的判例中也是倾向于鼓励总包单位对施工现场进行监管。例如，如果总包单位履行了监管职责则法院较大可能会认可其享有的收取管理费的权利；反之，则较大可能不支持其收取管理费。本案的二审代理律师也正是把握住了这一方向，从而扭转了法院对总包单位与实际施工人对损失承担的责任划分。

点评人：广东洛亚律师事务所律师　黄建球

---

① 珠海市中级人民法院民事判决书，(2022) 粤04民终3101号。

破解一审败局，助设计公司成功追回设计费用

广东广信君达律师事务所　黎国贵　李甜甜

一、当事人的基本情况及案由

上诉人（原审原告、反诉被告）：广州H室内设计有限公司（以下简称上诉人）

被上诉人（原审被告、反诉原告）：广州Y娱乐有限公司（以下简称被上诉人）

案由：设计合同纠纷

二、案情介绍

2021年6月7日，上诉人与被上诉人签订《委托设计合同》（合同编号：HLWX-ZH20210607，以下简称合同），约定被上诉人将位于广州市越秀区中山三路33号中华广场9楼的广州××广场KTV室内装饰设计项目交给上诉人负责。

合同针对设计范围作出如下约定：（1）初步设计阶段：上诉人根据被上诉人提供的建筑设计图纸和要求提出室内方案设计概念，制作室内设计范围：平面布置图及设计概念、示意图；（2）扩初设计阶段：上诉人根据被上诉人提供的平面布置图作为设计范围，每个区域的平面图、天花图、地面图案、效果图，主要材料为展示板，效果图提供数量20张；（3）深化设计阶段：上诉人根据被上诉人确认的平面布置及扩初图深化设计范围，每个主要区域的平面图、天花图、地面图、内装立面、剖面及节点图、强电干线图、包房回路图、给排水图、暖通图、灯具定位图等配色及材料样

板/选样图片，以达到室内装饰工程的施工要求，上诉人经被上诉人确认后进行图纸交底工作；（4）家具软装：上诉人根据设计方案的效果要求选定相应家具、视频、软装摆件等，注明其规格、型号，并将选样图片、供应商资料提交被上诉人，经被上诉人确认后，由被上诉人进行采购，上诉人专业人员指导被上诉人完成现场的整体布置。

合同针对付款约定如下：（1）设计费用：50万元（其中包括10万元奖励费用）；（2）首期款：双方完成合同签订后的7个工作日内支付合同总价的30%，即12万元；（3）扩初阶段进度款：完成扩初设计且经被上诉人验收合格并出具（图纸验收确认书）后，被上诉人在7个工作日内支付合同总价的30%，即12万元；（4）深化阶段进度款：完成深化图纸设计，被上诉人验收合格并出具《图纸验收确认书》后，被上诉人在7个工作日内支付上诉人合同总价的30%，即12万元。如果设计效果和所有图纸在被上诉人要求的时间内完成并获得被上诉人通过，此阶段一并支付10万元奖励费用；（5）结算款项目完成施工并经在上诉人签订《工程竣工验收确认书》后，被上诉人在10个工作日内支付上诉人合同总价的10%作为结算款，即4万元。

在上诉人履行了全部的初步设计、扩初设计、家具软装以及绝大部分深化设计义务的情况下，被上诉人仅支付了12万元的首期费用，故上诉人于2021年7月多次催促被上诉人支付设计费。被上诉人却在2021年7月21日向上诉人邮寄了《解除〈委托合同〉的函》，以设计成果不符合要求、工期逾期、存在抄袭为由提前解除了合同。

2021年8月23日，上诉人向法院起诉，要求被上诉人支付剩余设计费38万元并支付违约金8万元，理由是上诉人已经交付了绝大部分设计成果，被上诉人提前解除合同的行为已经构成根本违约。一审中被上诉人提起反诉，要求上诉人退还已收取的12万元设计费并支付8万元违约金。一审支持了被上诉人的全部反诉请求并驳回了上诉人的全部诉讼请求，判决上诉人退还已收取的全部12万元设计费并支付8万元违约金。

上诉人在一审全面败诉的情况下，二审找到广信君达建设工程法律专业部黎国贵律师团队（以下简称本律师团队），本律师团队拿到一审判决书后全面细致地分析了一审的判决思路，在结合当事人反馈的相关事实的基础上，针对二审制定了全新的证据提交思路。最终取得了二审改判被上诉人向上诉人支付 10 万元设计费和 8 万元违约金的结果，为当事人减损 20 万元，并争取了 18 万元的利润。

三、争议焦点

被上诉人是否有权解除《委托设计合同》。

四、各方的意见

（一）被上诉人的意见

1. 上诉人未履行义务，被上诉人为了避免自身的损失扩大，重新委托第三方进行设计，造成了重大损失。

2. 上诉人的设计成果并未形成有效交付。

3. 上诉人的设计成果一直在修改，设计进程严重逾期。

4. 各阶段的交付成果是相互联系并影响的，在平面图逾期交付且设计图一直无法验收的情况下，上诉人后续交付的设计成果构成无效交付，对被上诉人并不具有使用价值。

（二）上诉人的二审思路

上诉人在一审中全面败诉，在二审中想要破局实属不易。上诉人在一审举证中存在如下缺陷：（1）被上诉人未按照合同约定出具对相应设计阶段认可的文件，上诉人没能完成合同约定付款条件成就的举证责任；（2）上诉人一审未举证证明逾期提交设计成果系因被上诉人导致。法院依据前述两点举证缺陷，判定被上诉人有权提前解除合同约定且不构成违约。因此，二审必须弥补一审前述的举证缺陷，重点举证被上诉人已经对初步、扩初设计阶段成果予以确认，并且系被上诉人未按照合同约定提供修改意见导致上诉人提交设计成果逾期的两个重要思路。想要达到前述目的，本律师团队回归到合同以及双方的履行状况挖掘证据，按照如下思路重塑二审上诉。

1. 设计合同系双务合同，应对双方的履约情况进行审查，一审判决错误的地方在于忽视了设计合同的双务性，仅审查上诉人一方的履约情况，对委托人被上诉人的违约行为以及该违约行为对合同履行造成的消极影响则未予审查，从而忽视了被上诉人不按约及时提供准确的基础资料、在期限内未给出明确的设计要求、未及时反馈修改意见、未按时支付设计费、提前要求进入下一阶段工作等违约行为对合同履行造成的消极影响，明显有失公平，导致事实查明存在严重缺陷。

（1）没有按时提供项目原始建筑图（迟延20天）；

（2）没有出具书面的设计意向参考图和设计功能上的细节文字要求（迟延17天）；

（3）没有按时出具已购买物品的相关图片和尺寸（迟延13天）；

（4）被上诉人迟延提供修改意见，合同履行期限应予顺延；

（5）被上诉人故意阻止支付条件成就，应视为支付条件已经成就。根据《民法典》第一百五十九条的规定，"附条件的民事法律行为，当事人为自己的利益不正当地阻止条件成就的，视为条件已经成就"，被上诉人故意不开具书面确认函阻止支付条件成就的行为，应视为支付条件已成就。

2. 涉案合同的履行进度不存在问题。被上诉人解除合同的理由有二，其一是认为设计方向不符合要求，其二是认为不能在7月25日前完成全部设计成果。前述两个理由均不成立，理由如下。

（1）上诉人的设计成果并非不符合被上诉人的设计要求，相反，上诉人的设计成果完全迎合了被上诉人的设计喜好，这一点从涉案项目翻新后的实际效果便可以得出结论。

（2）上诉人已按照被上诉人的要求，在扩初设计阶段就同时开展了扩初和深化设计阶段的工作，合同中原有的履行阶段和期限已经变更，不能再依据原合同的履行期限判断上诉人是否存在违约。

为此，本律师团队针对合同约定的双方权利义务和双方实际履行进行了全面详细梳理如下，见表1。

表1　合同约定的双方权利义务及履行情况

阶段	合同约定的双方权利义务及履行情况
初步设计阶段	上诉人根据被上诉人提供的建筑设计图纸和要求提出室内方案设计概念，制作室内设计范围：平面布置图及设计概念、示意图
扩初设计阶段	上诉人将被上诉人提供的平面布置图作为设计范围，每个区域的平面图、天花图、地面图案、效果图，主要材料为展示板，效果图提供数量20张
深化设计阶段	上诉人根据被上诉人确认的平面布置及扩初图深化设计范围，制作每个主要区域的平面图、天花图、地面图、内装立面、剖面及节点图、强电干线图、包房回路图、给排水图、暖通图、灯具定位图等配色及材料样板/选样图片，以达到室内装饰工程的施工要求，上诉人经被上诉人确认后进行图纸交底工作
家具软装	上诉人根据设计方案的效果要求选定相应家具、视频、软装摆件等，注明其规格、型号，并将选样图片、供应商资料提交被上诉人，经被上诉人确认后，由被上诉人进行采购，上诉人的专业人员指导被上诉人完成现场的整体布置

第五条第1.1款针对被上诉人的义务明确约定，见表2。

表2　第五条第1.1款

被上诉人应于本合同签署后约定期限内向上诉人提供有关资料、文件 如果被上诉人超过约定期限3日内提供资料，上诉人交付设计成果的时间相应顺延 如果超过约定期限3日以上，上诉人有权重新确定提交设计成果的时间		
被上诉人需要提供的资料	1. 图纸部分	（1）被上诉人项目的原始建筑图，现场机电设备暖通消防等布置图
		（2）被上诉人对设计意向的参考图
		（3）被上诉人需要放置在项目中的已购买物品的相关图片及尺寸
	2. 文件部分	被上诉人在设计功能上的细节文字要求
	3. 被上诉人应当提供的其他资料	

从上述两个条款可知，每一个设计阶段都需要将被上诉人提供的相应的基础材料作为上诉人设计的依据，若被上诉人不能按照约定及时向上诉人提供相应的基础材料，则该阶段的设计工期应当顺延；并且，如果迟延交付3日以上，上诉人有权重新确定提交设计成果的时间，被上诉人此时不

能再将合同中原有的设计期限作为上诉人交付成果的期限。

第三条针对设计进度约定如下，见表3。

表3　第三条

	合同约定
设计进度	（1）双方签订合同且上诉人收到第一期设计费之日起3个工作日内，上诉人提交概念设计阶段成果，被上诉人应在3个工作日内回复修改意见，如果被上诉人有修订意见的，上诉人应按被上诉人的意见进行修改，修改完成并提交给被上诉人后被上诉人出具确认书
	（2）上诉人收到初步设计阶段书面确认书之日起15个工作日内提交20张效果图及扩初阶段设计成果，被上诉人在3个工作日内回复修改意见，如果被上诉人有修订意见的，上诉人应按被上诉人的意见进行修改，修改完成并提交给被上诉人后被上诉人出具确认书
	（3）上诉人需在收到确认书之日起32个工作日内提交深化设计阶段成果，被上诉人在3个工作日内回复修改意见，如果被上诉人有修改意见的，上诉人应按被上诉人的意见进行修改，修改完成并提交给被上诉人后被上诉人出具确认书。此阶段可以分批提交，第一批提交时间为第10个工作日，整体提交时间最晚不超过32个工作日
设计确认	各设计阶段的工作完成后，经被上诉人验收合格，被上诉人书面（或微信确认）通知上诉人进入下一个设计阶段

从该条款可知，合同并不允许被上诉人无休止、零碎、持续地提出修改意见，对于被上诉人提出修改意见的时间，合同很明确地限定为上诉人提供相应成果后的3个工作日内。因此，若被上诉人在收到成果之后的3个工作日内还在持续、零碎、不成系统地提出修改意见，设计周期依约应当相应顺延。

第四条针对设计费用以及支付方式约定如下，见表4。

表4　第四条

	合同约定
设计费用	50万元（其中包括10万元奖励费用）
首期款	双方完成合同签订后的7个工作日内支付合同总价的30%，即12万元
扩初阶段进度款	完成扩初设计且经被上诉人验收合格并出具图纸验收确认书后，被上诉人在7个工作日内支付合同总价的30%，即12万元

续表

	合同约定
深化阶段进度款	完成深化图纸设计，被上诉人验收合格并出具图纸验收确认书后，被上诉人在 7 个工作日内支付上诉人合同总价的 30%，即 12 万元。如果设计效果和所有图纸在被上诉人要求的时间内完成并获得被上诉人通过，此阶段一并支付 10 万元奖励费用
结算款	项目完成施工并在被上诉人签订《工程竣工验收确认书》后，被上诉人在 10 个工作日内支付上诉人合同总价的 10% 作为结算款，即 4 万元

从该条约定可知，在满足了被上诉人时间要求和效果要求的情况下，上诉人应得设计费为 50 万元，该 50 万元的具体体现为：完成初步设计阶段，可得 12 万元设计费，完成扩初阶段，可得 12 万元设计费，完成深化阶段，可得 12 万元设计费以及 10 万元奖励金，完成施工后可得结算设计费 4 万元。

第六条针对违约责任约定如下，见表 5。

表 5　第六条

	合同约定
合同无故解除	违约解除合同，除了赔偿对方损失外，应承担合同总金额 20% 的违约金
合同解除后的费用	在合同履行期间，非由于上诉人原因终止或解除合同，上诉人已经开始设计工作，被上诉人应根据上诉人的实际工作量进行协商并支付该阶段的设计费用

综上，第一，合同中对被上诉人应提供的前置协助义务以及修改意见的提出时限有明确约定，且因被上诉人未能履行前述义务导致的工期延长，责任无须由上诉人承担；第二，合同中对涉案设计项目的验收标准没有约定，在此种情况下，设计成果是否合格，应当从设计成果是否违反了强制性标准、设计单位所提要求两个方面进行综合考虑，而非全部以被上诉人的主观意愿为准；第三，非由于上诉人原因解除合同的，上诉人有权得到已完成设计成果对应的设计费，并要求违约方承担 8 万元违约金。

经本律师团队梳理，双方履行情况如下，见表 6。

表6　双方履行情况

初步设计阶段（合同签订时间为2021年6月7日）			
被上诉人		上诉人	
合同约定	实际履行	合同约定	实际履行
1. 项目的原始建筑图，现场机电设备暖通消防等布置图 2. 对设计意向的参考图 3. 需要放置的已购买物品的相关图片及尺寸 4. 签订合同之日起7个工作日内付12万元首期款 5. 在收到成果后3个工作日内提出修改意见	［已履行］： 2021年6月2日 1. 提供CRAZYPARTY.K视频 2. 提供现状和翻新平面图 2021年6月7日 3. 支付首期款12万元 ［未履行］： 1. 未提供现场机电设备暖通消防等布置图 2. 未提供被上诉人需要放置在项目中的已购买物品的相关图片及尺寸 3. 未遵守合同关于3个工作日内回复修改意见的约定，一直在零散、陆续地提出修改意见	收到首期款之后的3个工作日内提交概念设计阶段成果：平面布置图及设计概念、示意图	［全部按约履行］： 1. 在2021年6月10日交付了设计概念和示意图（以PPT形式微信发送给对方） 2. 在2021年6月10日交付了平面布置图
扩初设计阶段的履约情况评价	被上诉人	根据合同约定的3个工作日修改意见提出时限，在2021年6月10日上诉人交付设计成果后，被上诉人应在6月15日前提供完毕修改意见，但直到6月28日，被上诉人还在陆续提出修改意见，已逾期12天，明显违约，应追究违约责任并顺延工期	
	上诉人	全力配合被上诉人不断提出零散的修改意见，并如期交付设计成果，不存在行为违约	

续表

扩初设计阶段				
被上诉人			上诉人	
合同约定	实际履行		合同约定	实际履行
1. 确认平面布置图，以便上诉人在此基础上开展扩初设计工作 2. 及时验收上诉人前一阶段的设计成果 3. 在收到成果后3个工作日内提出修改意见 4. 支付扩初设计费12万元	[未履行]： 1. 未对上诉人初步设计成果出具书面或者进行微信确认，却又让上诉人推进下一阶段工作（原审法院审理查明已认定被上诉人认可了上诉人初步设计阶段的工作成果） 2. 未遵守合同关于3个工作日内回复修改意见的约定，一直在零散、陆续、不定时地提出修改意见，并且多次产生设计想法的变更并要求上诉人落实 3. 未支付扩初设计费，且还要求上诉人提前进行深化阶段设计工作		1. 在收到被上诉人确认书之日起15个工作日内提供每个主要区域的平面图、天花图、地面图、效果图 2. 效果图提供数量20张	[全部按约履行]： 1. 2021年6月25日提交第一批次效果图，包括9款房型、大堂、A区通道效果图，共计11张 2. 2021年6月30日提供完整效果图，包括19张房型图，10张公区图，共计29张 3. 在对方已经违约逾期提出修改意见且未付款的情况下，又于2021年7月10日提交了新的效果图，包括23张房型、20张办公区，共计43张
扩初设计阶段的履约情况评价	被上诉人	1. 在过程中，完全不遵守3个工作日内提出修改意见的约定，不断提出新的、零碎的想法和要求，明显构成违约，由此造成的工期延长应由被上诉人自行承担 2. 对上诉人提交的初步设计成果故意不出具书面或者进行微信确认，却又让上诉人开展下一阶段的设计工作，明显是通过不确认的手段规避付款义务，在只支付了12万元的情况下却强迫上诉人将设计进度不断推进入下一阶段，明显构成违约		
	上诉人	1. 在被上诉人逾期提出修改意见且对初步设计阶段不予确认的情况下，上诉人按照被上诉人的要求提前跨阶段展开工作，全力配合被上诉人不断提出的零散的变更意见，并超额交付设计成果，不存在违约 2. 上诉人的扩初阶段的设计成果未违反强制性规范，且符合上诉人提出的所有口头、书面要求，有权获得该阶段的12万元的设计费		

续表

深化设计阶段			
被上诉人		上诉人	
合同约定	实际履行	合同约定	实际履行
1. 及时验收扩初设计阶段成果，以便上诉人在此基础上开展深化设计工作 2. 在收到成果后3个工作日内提出修改意见 3. 支付深化阶段设计费12万元	1. 未遵守合同关于3个工作日内回复修改意见的约定，一直在零散、陆续、不定时地提出修改意见，并且多次产生设计想法的变更并要求上诉人落实 2. 在上诉人交付了深化阶段设计成果的情况下，不出具书面或者进行微信确认 3. 未支付深化阶段的设计费及奖励费	1. 交付每个主要区域的平面图、天花图、地面图、内装立面、剖面及节点图、强电干线图、包房回路图、给排水图、暖通图、灯具定位图等配色及材料样板/选样图片 2. 经被上诉人确认后进行图纸交底工作	提供了齐全的平面图、强电干线图、暖通图、强排风口定位图、给排水图、消防报建图、给排水图（其中消防报建图、砌墙图、给排水图均已在上一个阶段中提前交付给了被上诉人）
深化设计阶段的履约情况评价	被上诉人	在合同约定期限未届满的情况下，并非上诉人原因提前解除合同，明显属于违约，应当追究违约责任	
	上诉人	1. 在被上诉人逾期提出修改意见且对扩初设计阶段不予确认的情况下，上诉人按照被上诉人的要求提前跨阶段展开工作，全力配合被上诉人提出的零散的变更意见，并如约交付设计成果，不存在违约 2. 上诉人的深化阶段的设计成果未违反强制性规范，且符合被上诉人提出的所有口头、书面要求，有权获得该阶段的12万元的设计费 3. 被上诉人已经利用上诉人提交此阶段图纸申请消防报建，获得了该图纸的使用价值，上诉人有权要求被上诉人对此支付设计费	

五、裁判结果

二审法院判决如下：

1. 确认上诉人和被上诉人于2021年6月7日签订的《委托设计合同》

于 2021 年 7 月 22 日解除；

2. 被上诉人应于本判决生效之日起 10 日内向上诉人支付设计费 10 万元；

3. 被上诉人应于本判决生效之日起 10 日内向上诉人支付违约金 8 万元；

4. 驳回上诉人的其他诉讼请求；

5. 驳回被上诉人的其他反诉请求。

六、裁判理由

（一）针对哪一方违约的问题

双方对于哪一方构成违约各执一词，对此法院采纳上诉人的意见。理由如下：

1. 案涉合同第三条约定了被上诉人对概念设计阶段成果和扩初阶段设计成果提出修改意见的时间均为 3 个工作日，被上诉人一审表示上诉人于 2021 年 6 月 10 日交付概念设计方案，但是双方的聊天记录显示，被上诉人于 2021 年 6 月 24 日仍在向上诉人的法定代表人表示"平面图刚改好，要不要先看看效果图"，而平面图属于合同约定的初步设计阶段的内容，直至 2021 年 6 月 24 日被上诉人仍在对概念设计阶段的工作成果提出修改意见，已经超出合同约定的 3 个工作日。

2. 案涉合同第三条明确约定，因被上诉人提出修改意见而影响原工作进程的，造成的追加成本或者延误的工作量由被上诉人自行承担，因此上诉人的设计工期应做相应顺延，顺延后上诉人提交设计成果的时间并未超出合同约定的期限。

3. 根据案涉合同第六条的约定，只有逾期超过 30 天以上时，被上诉人才有权终止合同。在上诉人交付设计成果未逾期的情况下，被上诉人发函提前解除合同的行为构成违约。

（二）针对设计费支付的问题

1. 被上诉人做出进入第二阶段设计的指令，应当视为对第一阶段设计成果的确认，故上诉人有权获得30%的首期款12万元。

2. 针对第二阶段的工作，上诉人交付的全部成果虽未得到被上诉人的验收，但是上诉人也实际完成了一定的工作量，故被上诉人的解除合同行为构成违约，法院酌定上诉人可以获得第二期进度款10万元。

七、案例评析

该案所涉金额虽小，但是对于设计单位来说，二审判决的意义十分重大：一方面，相较于一审的全面败诉，二审为当事人挽回了较高的经济损失；另一方面，也维护了设计单位的商业信誉，抑制了委托人以主观喜好否认客观设计成果从而"白嫖"图纸的不正之风。

该案二审之所以逆转，有赖于律师针对案件的全面复盘，选择了正确的二审上诉策略。律师团队将双方履行过程中委托人存在的违约行为进行了细致的梳理，弥补了一审的缺陷，清晰地向二审法官展示了委托人不同的违约行为对合同履行、工期造成的消极影响，并通过表格整理成可视化形式，帮助法官一目了然地计算委托人未按约确认设计成果造成工期迟延的具体天数；另一方面，律师团队将当事人在工程过程中提交的历次成果整理成册，提交了二审法官，精美、翔实、多次完善的效果图图册能够证明一审判决未支持剩余设计费，还要求将已收取的首期款退还的错误之处。

设计合同是双务合同，在委托人以设计成果不符合主观要求、设计成果存在缺陷、工期逾期等理由要求解除合同时，代理人一定要重点审查委托人是否存在逾期反馈意见、逾期提交基础资料、多次提出设计变更等违约行为，并重点向法院呈现前述违约行为对工期以及合同正常履行状况造成的消极影响。①

【点评】

首先，《民法典》第一百五十九条规定："附条件的民事法律行为，当事人为自己的利益不正当地阻止条件成就的，视为条件已经成就；……"

---

① 广州市中级人民法院民事判决书，（2022）粤01民终7879号。

该规定对于守约方而言，确实是主张付款条件已经成就的有利法条。但是，该规定需要守约方充分举证证明对方不正当阻止条件成就，但现实中违约方往往是通过漠视请款申请、推迟认可等不作为的方式体现，此类行为大部分只能推定意思表示，难以有客观载体直接体现。因此，在利用法条的同时，不可放松对其他有利证据的收集工作。

其次，针对合同没有约定验收标准，守约方如何证明付款条件已经成就的问题。本案代理律师通过大量扎实的工作，诸如将设计成果全部打印作为证据提交，直接向法官展示可视化的设计成果，委托第三方机构对设计成果合格出具证明文件，实地勘察从而收集到违约方实际使用了设计成果，以上扎实的工作是二审推翻一审全面败诉判决的基础，其办案思路与方法对于办理类似案件足可借鉴。

点评人：广东洛亚律师事务所律师　黄建球

建设工程施工合同发生实质性变更情形下结算依据的认定

北京天达共和（广州）律师事务所　陈滨宏　王育民

一、当事人的基本情况及案由

原告：Z 公司

被告：Y 公司

案由：建设工程合同纠纷

二、案情介绍

案涉工程经过 Y 公司依法公开招标程序确定了 Z 公司为中标单位，中标价格为人民币 2500 万元。招标文件确认了施工合同文本并明确了案涉工程固定总价承包模式。

2010 年 3 月 16 日原告 Z 公司与被告 Y 公司签订《施工合同》，约定由 Z 公司承包 Y 公司某护岸工程。但双方签订的《施工合同》中，实质性修改了关于工程结算及价款变更的合同条款。

2012 年 9 月 30 日，Z 公司、Y 公司、监理单位 C 公司和 D 电力设计研究院办理了工程验收手续。

Z 公司于 2013 年 1 月 25 日上报《关于案涉工程结算申请的函》，向 Y 公司及和监理单位申报工程结算，所申报的结算总价为人民币 37,929,537.28 元。因 Z 公司上报的结算价与中标价差距巨大，双方就结算金额产生争议。

三、争议焦点

在招标文件中的合同实质性内容条款与中标后双方签订的合同不一致的情况下，如何确定工程价款的结算依据。

四、各方的意见

（一）Z 公司的意见

1. 本案工程是 Z 公司通过合法的招投标程序中标并根据招投标文件的相关规定与 Y 公司签订了本案施工合同。本案施工合同是 Y 公司和 Z 公司在本案工程的招投标文件中规定的瑕疵和不完善的内容约定的基础上进一步对本案工程的实际情况以及当时工程施工期间可预见的相关情况共同商议所做出的约定细则等，该施工合同约定均为 Y 公司和 Z 公司的真实意思表示，并非双方或 Z 公司单方对本案工程的招投标文件所规定的实质性规定做擅自修改，该施工合同应作为本案工程的工程总造价的依据。

2. 本案工程自签订合同施工到工程验收合格交付使用至今已近 10 年，本案因工程款结算而引发纠纷，Y 公司认为双方签订的施工合同因违反了招投标文件的实质性条款而主张本案工程款的结算应以招投标文件下的工程造价为结算依据，从而否认了依据双方一直按本案施工合同的约定履行而产生的工程总造价，违背了公平合理、诚实信用的原则。

（二）Y 公司的意见

1. 案涉工程签署的施工合同严重偏向于 Z 公司

合同修改了招标文件中合同条款的实质性内容，大大增加了 Z 公司可以获得支付的合同价款，且突破了合同确定的固定总价合同模式，形成严重偏向于 Z 公司的结果。

本案施工合同对招投标文件中关于工程价款的实质条款特别是材料价差问题作出了多处变更调整，背离了招投标文件的实质内容，具体条款如下，见表 1。

表 1　招标文件与合同比对

招标文件	《施工合同》
第一部分　协议书	
5.4　合同价款在发生下列情况之一时可作调整： （1）发包方书面委托增加本合同工程范围以外的工程； （2）发包方书面通知减少本合同工程范围以内的工程； （3）经发包方书面批准的设计变更并且变更费用超过人民币 30 万元时引起的调整	5.4　合同价款在发生下列情况之一时可作调整： （1）发包方书面委托增加本合同工程范围以外的工程； （2）发包方书面通知减少本合同工程范围以内的工程； （3）经发包方书面批准的设计变更并且变更费用超过人民币 5 万元时引起的调整； （4）每一批工程材料采购由承包方牵头，发包方监督，选择 3 家以上合格供应商进行材料单位招标，采取最低价中标的原则，确定材料供应商，在中标价的基础上下浮 15% 作为最终材料单价。其中钢筋、水泥的材料价差调整按合同第 39.8 条款执行
第二部分　合同条件	
39.8 合同用材除钢筋、硅酸盐水泥（32.5、42.5）外所有材料价差不予调整； 该条款中调整触发指数"C"值为 8%	39.8 合同用钢筋、硅酸盐水泥（32.5、42.5）价差调整； 该条款中调整触发指数"C"值为 3%

上述合同条款经修订后，形成严重偏向于 Z 公司的结果，大大增加了 Z 公司可以获得支付的合同价款，且突破了涉案项目招标文件中所确定的固定总价合同模式，产生了"一边倒"的事实，导致国有资产流失的严重后果：

（1）招标文件明确除钢筋、硅酸盐水泥（32.5、42.5）外均不予调整材料价差，但《施工合同》不仅同意扩大调整材料价差的范围，还将确定调差价格的定价权利授予 Z 公司（承包方），严重损害 Y 公司（发包方）的合法权益。

（2）《施工合同》大大放宽变更及调价的系数，对其他投标人形成严重不公平的后果，违反了《招标投标法》确立的"公开、公平、公正"的法律原则要求。

2. 本案应适用最新司法解释的明确规定作为确定结算价款的依据

2019年2月1日起施行的《最高人民法院关于审理建设工程施工合同纠纷案件适用法律问题的解释（二）》第一条第一款规定："招标人和中标人另行签订的建设工程施工合同约定的工程范围、建设工期、工程质量、工程价款等实质性内容，与中标合同不一致，一方当事人请求按照中标合同确定权利义务的，人民法院应予支持。"第十条规定："当事人签订的建设工程施工合同与招标文件、投标文件、中标通知书载明的工程范围、建设工期、工程质量、工程价款不一致，一方当事人请求将招标文件、投标文件、中标通知书作为结算工程价款的依据的，人民法院应予支持。"

按照前述司法解释明确的规定，修改后的《施工合同》不应当作为涉案工程项目的结算依据，而是应当以招标文件所附的合同条款为工程结算依据。

3. 对于实质性修改招标文件所附中标合同中涉及工程价款的具体内容，应认定为无效

Z公司在签订《施工合同》时，实质性修改了招标文件所附中标合同中涉及工程价款的合同条款，其行为违反了《招标投标法》第四十六条第一款、《招标投标法实施条例》第五十七条第一款以及《广东省实施〈中华人民共和国招标投标法〉办法》第四十二条的强制性规定，根据《合同法》第五十二条的规定，修改后的条款应认定为无效的合同条款，不应作为涉案工程结算的依据。

4. Z公司与其他投标人的材料费报价差异巨大，属恶意不平衡报价

在Z公司提交的《投标文件》中，其土工格栅材料费的报价仅为人民币0.18元，仅为其他5位投标人报价的1/55，与其他5位投标人的报价存在巨大差异。如与投标同期信息价比较，价格差异幅度更是达到6289%，Z公司的行为属恶意不平衡报价以谋取中标。

5. 案涉工程材料不应进行任何调整，Z公司应对其报价负责并承担法律后果

我国《招标投标法》第三十三条规定："投标人不得以低于成本的报价竞标，也不得以他人名义投标或者以其他方式弄虚作假，骗取中标。"另根

据《招标文件》第一章"投标须知"第（三）项"投标文件的编制"第16.6款第（3）项"投标人在提交投标文件的同时，应当报送《投标报价说明书》，说明其投标报价的合理性，即比投标报价上限降低工程造价（成本）所采取的技术或管理措施，并提供相应的证据材料。""投标人的降价与让利必须建立在依靠科技进步和改善经营管理的基础上，且必须符合国家关于建设工程造价管理的有关规定。"

本项目投标过程中，Z公司在投标文件中依前述要求分别提交的《价格标》及《投标报价说明书》，以及《投标报价说明书》第4项"清单报价编制原则"规定："1.本工程我方结合我公司现有生产力及生产水平对定额中生产效率相应提高，对部分费率进行相应的优惠，我方根据市场环境及我单位的具体情况和经验测算本标段的成本价格，采用成本价加合理利润加法定税金的报价原则，在预算价格的基础上给予一定的优惠，最终报价为2500万元。""3.本工程量清单的单价和合价均应包括工程所涉及的施工机械、劳务、设备、材料及材料检验、运输、管理、利润、堤围防护费、合同条款规定的保险、政策性文件规定及招标文件中要求投标人承担的风险、责任及施工措施等费用。""本次降价与让利必须建立在依靠科技进步和改善经营管理的基础上，且必须符合国家关于建设工程造价管理的有关规定。"

结合Z公司的投标承诺以及案涉工程总价包干的结算模式，Z公司应根据其报价承担风险，除钢筋、水泥外，其材料报价应当不予进行任何调整，这是Z公司在投标前应当确认的风险事件，Z公司应在该负担该法律后果的基础上进行投标，如修改和调整，均形成对其他投标人不公平的后果，也属违法行为。

五、裁判结果

（一）一审结果

2018年2月，广州海事法院作出一审民事判决，判决Y公司向Z公司支付工程价款约1089万元及逾期付款利息。

（二）二审结果

Y公司向广东省高级人民法院提出上诉，2019年8月，广东省高级人民法院作出民事裁定，以一审对工程价款的基本事实认定不清为由，将该案发回重审。

（三）重一审结果

2020年12月，广州海事法院于作出重一审民事判决，判决Y公司仅需支付工程尾款约204万元及逾期付款利息。

（四）重二审结果

Z公司不服该判决，向广东省高级人民法院提出上诉，2021年12月21日，广东省高级人民法院作出终审判决，判决驳回Z公司上诉，维持原判。

六、裁判理由

广东省高级人民法院重二审判决认为，根据查明的事实，本案工程为招投标的工程项目，且经过了招投标程序，应依照《招标投标法》和《最高人民法院关于审理建设工程施工合同纠纷案件适用法律问题的解释（二）》的规定，对结算依据进行确定。《招标投标法》第四十六条第一款规定，招标人和中标人应当自中标通知书发出之日起三十日内，按照招标文件和中标人的投标文件订立书面合同；招标人和中标人不得再行订立背离合同实质性内容的其他协议。《最高人民法院关于审理建设工程施工合同纠纷案件适用法律问题的解释（二）》第十条规定，当事人签订的建设工程施工合同与招标文件、投标文件、中标通知书载明的工程范围、建设工期、工程质量、工程价款不一致，一方当事人请求将招标文件、投标文件、中标通知书作为结算工程价款的依据的，人民法院应予支持。根据上述规定，如果施工合同中有关工程范围、工程价款等实质条款与招投标文件一致，可将施工合同作为工程价款结算依据，如果两者不一致，则应以招投标文件作为工程价款的结算依据。从本案查明的事实看，本案施工合同对招投标文件中关于工程价款的实质条款特别是材料价差问题作出了多处变更调整，背离了招投标文件的实质内容，故施工合同中关于工程价款调整的约定违反了《招标投标法》第四十六条的规定，不具有约束当事人的法律效力，不能作为本案工程价款的结算依据。Y公司主张根据招投标文件结算本案工程价款，具有事实和法律依据，应予以支持。因此，本案工程应根据招投标文件结算工程价款。

七、案例评析

本案胜利的关键在于如何论证招标文件中的合同条款是否存在实质性修改。为了查明本案事实，保护当事人Y公司的合法权益，Y公司代理人陈滨宏律师、王育民律师进行了大量条款与数据对比，找出双方签订的施工合同与《招标文件》中施工合同的差异，并通过分析发现：（1）Z公司投标文件中的土工格栅材料费的报价仅为人民币0.18元，与其他投标人的材料报价差异巨大，如与投标同期信息价比较，价格差异幅度更是达到6289%，属恶意不平衡报价；（2）《施工合同》中的调价条款实质性地修改了《招标文件》中的合同的结算模式与调价项目，导致工程结算金额达到3600万元；（3）Z公司提交的结算文件对材料和人工价差的上调幅度几乎都超过100%，而该等项目除钢筋水泥外，本就不应进行任何调整，况且招标与工程施工时间间隔很短，材料价格全面大幅提升有违常理。

令人振奋的是，在本案二审的审理过程中，《最高人民法院关于审理建设工程施工合同纠纷案件适用法律问题的解释（二）》经最高人民法院审判委员会通过并在审理期间施行，Y公司代理律师立即向二审法院提交补充意见并指出：《最高人民法院关于审理建设工程施工合同纠纷案件适用法律问题的解释（二）》第一条明确规定，招标人和中标人另行签订的建设工程施工合同约定的工程范围、建设工期、工程质量、工程价款等实质性内容，与中标合同不一致，一方当事人请求按照中标合同确定权利义务的，人民法院应予支持。本案Y公司主张根据招投标文件结算工程价款，具有事实和法律依据，应予以支持。

本案Y公司代理律师的诉讼思路和主张得到了《最高人民法院关于审

理建设工程施工合同纠纷案件适用法律问题的解释（二）》支持和印证，并经广州海事法院和广东省高级人民法院两级法院的判决采纳，这是对本所律师业务水平的肯定和支持，也避免了上千万元国有资产的流失。①

【点评】

招标投标是促进基础建设领域公平竞争的机制，但实践中，相关主体为规避这些规定，建筑市场上存在围标串标、明招暗定、"黑白合同"等违法违规行为，扰乱了建筑市场秩序，也会影响建设工程质量。

因案件争议发生在《最高人民法院关于审理建设工程施工合同纠纷案件适用法律问题的解释（二）》颁布实施之前，当时施行的法律规定、司法实践判例对建设工程施工合同实质性变更的认定和处理存在一定程度的偏差，难以形成统一的处理规则。

本案 Y 公司的诉讼代理人陈滨宏律师、王育民律师具有发现和分析合同条款差异的敏锐和能力，并据此论证了该等差异对合同结算模式和结算金额造成的实质性影响，应认定为修改实质性内容的情形，并根据《招标投标法》第四十六条的规定，将按照中标合同确定的双方合同权利义务作为双方办理工程结算的依据。

该案二审期间施行的《最高人民法院关于审理建设工程施工合同纠纷案件适用法律问题的解释（二）》是对建设工程招标投标市场秩序的进一步维护，亦契合了 Y 公司代理律师的诉讼思路与主张。本案对于厘清建设工程施工合同实质性变更的具体情形，以及对于实质性变更合同条款下如何认定结算依据具有一定的参考价值。

点评人：广东洛亚律师事务所律师　黄建球

---

① 广州海事法院民事判决书，（2017）粤72民初371号；广东省高级人民法院民事判决书，（2018）粤民终722号；广州海事法院民事判决书，（2019）粤72民初2340号；广东省高级人民法院民事判决书，（2021）粤民终690号。

工程未竣工验收但已取得交工验收证书，发包人理应返还工程质量保证金

广东金桥百信律师事务所　邓　攀　邓　骞

一、当事人的基本情况及案由

原告：T公司

被告：H公司

案由：建设工程施工合同纠纷

二、案情介绍

2013年12月4日，原告T公司中标湛江海湾大桥连接线二期工程疏港大道以东路段市政交通功能配套项目（以下简称本项目），并与被告H公司于2013年12月11日签订《湛江海湾大桥连接线二期工程疏港大道以东路段市政交通功能配套项目工程—建设工程施工合同》（以下简称《施工合同》），约定原告T公司承建被告H公司发包的湛江海湾大桥连接线二期工程疏港大道以东路段市政交通功能配套项目，合同工期为20个日历天，拟从2013年12月10日开始施工，至2013年12月29日完工，合同总价为15,822,842.47元。《施工合同》第三部分专用条款第84.3条约定：发包人在工程竣工验收两年后，将剩余保修金无息全额返还承包人。根据《施工合同》第28页"工程质量保证书"2.2条，工程质量保修期分别为：（1）绿化工程为1年；（2）路灯工程为5年；（3）绿道工程为5年；（4）道路标志及防护栏工程为5年。

《施工合同》签订后，原告T公司依约组织人力、物力投入施工。2013

年12月24日，涉案工程交付使用。2015年12月24日，涉案工程通过建设单位组织的建设、设计、监理、施工等参建方共同参与的公路交工验收。2017年11月10日，原告T公司与被告H公司双方签订《湛江海湾大桥连接线二期工程疏港大道以东路段市政交通功能配套项目工程施工承包结算合同》（以下简称《结算合同》）确定最终结算总价为18,116,444.58元，扣留5%的质保金即905,822.23元，并再次明确该项费用按原合同第三部分专用条款第84.3条规定执行，即工程质量保证金的返还时间：发包人在工程竣工验收两年后，将剩余保修金无息全额返还承包人。原告T公司自2015年12月底开始催收质量保证金，被告H公司于2018年2月1日返还了绿化工程的保证金244,744.07元，尚余661,078.16元迟迟未还。经多次催收无果后，原告T公司于2021年起诉被告H公司。

原告的诉讼请求：（1）判令被告向原告返还质量保证金人民币661,078.16元；（2）判令被告向原告支付逾期还款利息（以661,078.16元为基数，按中国人民银行发布的同期同类贷款基准利率自2015年12月24日起计至2019年8月19日的利息89,178.53元，自2019年8月20日至实际清偿之日止的利息按全国银行间同业拆借中心发布的贷款市场报价利率计算）；（3）该案诉讼费由被告承担。

三、争议焦点

T公司主张返还案涉工程的质量保证金有无依据。

四、各方的意见

（一）原告的意见

1. 根据《建设工程质量保证金管理办法》《公路工程标准施工招标文件（2018年版）》，工程质量保证金（以下简称质保金）的设立目的和用途，在于约束承包人在缺陷责任期内履行缺陷修复义务。质保金是否返还，主要看缺陷责任期是否终止以及承包人缺陷责任期内的义务是否履行完毕。缺陷责任期的起算主要从工程通过竣工验收之日计。如涉及的是公路工程，缺陷责任期自通过交工验收之日或实际交工之日起计，最长不超过2年。缺陷责任期满，承包人（原告）在缺陷责任期内的义务履行完毕，发包人（被告）就应返还质量保证金。

2. 本案不适用《公路工程竣（交）工验收办法》，被告主张按照《公路工程竣（交）工验收办法》第十六条的规定进行涉案工程的"竣工验收"缺乏事实和法律依据，必将加重承包人（原告方）责任，排除、限制承包人的主要权利，致承包人的合同权利义务严重失衡，非承包人签订涉案合同时的真实意思表示，对承包人显失公平，应当根据公平原则予以调整。

涉案《施工合同》采用建设工程合同示范文本，具体为《广东省建设工程标准施工合同（2009年版)》，该建设工程标准施工合同系广东省建设厅为指导建设工程施工合同当事人的签约行为而制定，主要适用于房屋建筑工程、土木工程、线路管道和设备安装工程、装修工程等建设工程的施工承发包活动，并不适用于公路工程（公路工程主要由交通部门制定施工合同示范文本，例如《公路工程施工合同范本》（交公路发〔2009〕221号）。涉案工程为市政交通功能配套项目（本质上属于市政工程），而非修建公路工程，这也是涉案施工合同采用的是《广东省建设工程标准施工合同》版本，而非《公路工程施工合同》版本的主要原因。因此，涉案工程作为一项市政工程，系通常意义上理解的建设工程，而非特殊意义的公路工程。涉案工程的"交工验收"即指合同专用条款第84.3条中的"竣工验收"。

涉案项目作为公开招投标项目，涉案合同亦作为招标文件的组成部分，系被告直接采用的建设工程合同示范文本，该施工合同条款事先并未经过承、发包双方的充分协商达成一致，更没有采取合理的方式提请原告注意免除或者限制其责任的条款以及按照原告的要求对该条款予以说明，甚至连其中的第二部分通用条款的具体条文都没有，仅用"详见广东省建设工程标准施工合同2009年版"一句话予以概括和代替。根据《合同法》第三十九条第一款"采用格式条款订立合同的，提供格式条款的一方应当遵循公平原则确定当事人之间权利和义务，并采取合理的方式提请对方注意免除或者限制其责任的条款，按照对方的要求，对该条款予以说明"以及第四十条"格式条款具有本法第五十二条和第五十三条规定情形的，或者提供格式条款一方免除其责任、加重对方责任、排除对方主要权利的,该条款无效"的规定,若该案适用《公路工程竣(交)工验收办法》第十六条的规定进行涉案工程的"竣工验收"并严格区别于"交工验收",结合专用条款第84.3条的约定则必然加重承包人(原告方)的责任,排除、限制承包人的主要权利,致承包人的合同权利义务严重失衡,对承包人显失公平。因涉案整条公路工程的竣工验收是不确定的(甚至永远都无法完成竣工验收),这也相当于该案的工程质保金永远无法返还,这绝非承包人签订涉案合同时的真实意思表示,故此,也应当由法院根据公平原则予以调整。即对涉案施工合同专用条款第84.3条作出不利于被告方的解释。《合同法》第四十一条规定:"对格式条款的理解发生争议的,应当按照通常理解予以解释。对格式条款有两种以上解释的,应当作出不利于提供格式条款一方的解释。……"第一百二十五条第一款规定:"当事人对合同条款的理解有争议的,应当按照合同所使用的词句、合同的有关条款、合同的目的、交易习惯以及诚实信用原则,确定该条款的真实意思。"故该案对质保金的退还条件应作出不利于被告方的解释,即发包人在工程交工验收两年后,将剩余保修金无息全额返还承包人。

3. 涉案工程迟迟未能竣工验收的原因和责任完全在被告一方,原告不应承担质保金返还条件不能成就的不利后果。《最高人民法院关于审理建设工程施工合同纠纷案件适用法律问题的解释(二)》(法释〔2018〕20号)第八条规定:"有下列情形之一,承包人请求发包人返还工程质量保证金的,人民法院应予支持:……(三)因发包人原因建设工程未按约定期限进行竣工验收的,自承包人提交工程竣工验收报告九十日后起当事人约定的工程质量保证金返还期限届满;当事人未约定工程质量保证金返还期限的,自承包人提交工程竣工验收报告九十日后起满二年。发包人返还工程质量保证金后,不影响承包人根据合同约定或者法律规定履行工程保修义务。"本案中,被告称涉案整体公路工程至今未竣工验收主要是因为受路基工程的施工单位的影响。就被告而言,整条公路工程分为众多标段,均是独立招投标,竣工验收却是按照公路工程的办法,将所有标段所有工程的竣工决算提交至交通主管部门进行综合验收,涉及的主管部门和参建单位众多，受多种因素制约。本案中的涉案工程是市政交通配套工程，非公路主体工程，而且还是很小一部分的配套工程。工程交工验收后（尤其是2年的缺陷责任期，甚至5年的质量保修期都早已过去多年），承包人的全部合同义务和责任已基本履行完毕，至于整体公路工程无法竣工验收，完全是发包人和案外人的原因，与原告无关。涉案公路主体工程何时完成竣工验收，或者是否最终能够竣工验收都与原告毫无关系。因此，本案工程质量保证金的返还条件未成就的原因和责任全在被告，原告不应承担相应的不利后果。

4. 被告应支付自涉案工程交付使用2年后起至今的逾期返还质保金的利息。《最高人民法院关于审理建设工程施工合同纠纷案件适用法律问题的解释》第十七条规定："当事人对欠付工程价款利息计付标准有约定的，按照约定处理；没有约定的，按照中国人民银行发布的同期同类贷款利率计息。"第十八条规定："利息从应付工程价款之日计付。当事人对付款时间没有约定或者约定不明的，下列时间视为应付款时间：（一）建设工程已实际交付的，为交付之日；（二）建设工程没有交付的，为提交竣工结算文件之日；（三）建设工程未交付，工程价款也未结算的，为当事人起诉之日。"涉案工程于2013年12月24日交付使用，从该交付使用之日起计2年缺陷责任期，被告应于2015年12月24日起返还原告质保金，同时计算被告逾期返还质保金的利息。若法院认定涉案"交工验收"即为"竣工验收"，而涉案工程于2015年12月24日通过交工验收，2年缺陷责任期满，被告应于2017年12月24日起返还原告质保金，同时计算被告逾期返还质保金的利息。即便按照涉案施工合同附件二《工程质量保修书》第二条：质量保修期从合同工程实际竣工之日（2013年12月24日）算起，绿化工程为1年，路灯、绿道、道路标志及防护栏工程为5年，则至2018年12月24日全部工程的质量保修期均已届满，被告也应向原告返还质保金并支付逾期返还利息。

5. 案涉工程于2013年12月24日交付使用、2015年12月24日通过交工验收、2017年11月10日双方签订《结算合同》确定的最终结算总价为18,116,444.58元（扣留5%的质保金即905,822.23元），2018年12月24

日全部工程的质量保修期均已届满。无论以哪个时间节点为准开始起算返还质保金的诉讼时效,本案诉请均未超过诉讼时效。原告自 2015 年 12 月底以来即多次向被告催收,被告亦于 2018 年 2 月 1 日返还了绿化工程的质保金 244,744.07 元,尚余 661,078.16 元迟迟未还。2020 年 11 月 30 日,原告又向被告发出《关于支付 5%工程质量保证金的申请》,并由被告工作人员黄某兰于 2020 年 12 月 7 日签字确认"已收文",但被告仍毫无退还质保金的意向,原告遂于 2021 年 9 月 13 日向被告发出《关于质保期满后强烈申请支付最后一笔工程质量保证金的函》,2021 年 9 月 28 日向湛江市交通投资集团有限公司、湛江市人民政府国有资产监督管理委员会、湛江市信访局等上级部门发出《恳请上级主管部门单位协调解决建设单位给予返还最后一笔质保金的函》。据此,根据我国诉讼时效及中断、中止的相关法律规定,该案诉请并未超过诉讼时效。

(二) 被告的意见

1. 根据原、被告双方签订的《施工合同》通用条款第 84.3 条的约定,在专用条款约定的缺陷责任期(包括第 59.2 条延长的期限)终止后的 14 日内,发包人应将剩余的质保金返还给承包人。但专用条款第 84.3 条约定,发包人在工程竣工验收两年后,将剩余质保金无息全额返还给承包人。根据《施工合同》的协议书第六条和通用条款第 2.2 条的约定,在合同文件出现矛盾时,专用条款优于通用条款。由此可见,双方当事人已经通过专用条款第 84.3 条对通用条款第 84.3 条关于质保金的返还条件作了变更,即双方明知通用条款第 84.3 条的质保金返还条件是以"缺陷责任期终止"的情况下,愿意改变该条件,通过专用条款第 84.3 条的约定,将返还质保金的时间条件改为"工程竣工验收两年后"。因此,质保金的返还条件不以缺陷责任期或保修期届满为条件,而是以工程竣工验收满 2 年为条件。

2. 根据《公路工程竣(交)工验收办法》(中华人民共和国交通部令 2004 年第 3 号)第四条的规定,公路工程验收分交工验收和竣工验收两个阶段,交工验收主要评价施工的工程质量,竣工验收除了评价工程质量外,还对所有参建单位和建设项目进行综合评价;第十六条具体列明了公路工程进行竣工验收应具备的 7 项条件。原告同意以竣工验收作为返还质保金的条件意味着接受了不仅以施工工程质量评价为返还质保金条件。

3. 涉案工程仅通过了交工验收，尚未竣工验收，原告提交的交工验收申请以及工程获得交工验收证书的事实表明，原告明确知道并认可涉案工程按照公路工程进行分阶段验收，存在交工验收和竣工验收两个阶段。在交工验收之后，原、被告双方于 2017 年 11 月 10 日签订的《结算合同》第三条第 1 点关于质保金的支付重申了质保金按《施工合同》专用条款第 84.3 款的约定执行，即"发包人在工程竣工验收两年后，将剩余质保金无息全额返还给承包人"。由此可见，原告在交工验收将近 2 年之后，在明知工程竣工验收时间存在很大不确定性的情况下，仍然同意剩余质保金在竣工验收 2 年后才返还。至于被告在 2018 年 2 月 1 日返还绿化工程的质保金的事实，并不意味着被告同意提前返还其他部分工程的质保金。

4. 即使法院认定返还工程质保金的条件已经满足，也不应判令被告支付利息。本案被告之所以尚未退还质保金，是因为被告注重信守合同，严格履行双方关于返还质保金的条件约定，原告不应因遵守合同而承担不利的后果。此外，合同中也明确约定了质保金的返还是无息的，因此除非生效法律文书确定被告应立即返还质保金而被告逾期不履行，才可能承担迟延履行期间的债务利息。

5. 原告请求从 2015 年 12 月 24 日返还质保金，至原告提起本案诉讼时，已超过三年的诉讼时效，请求法院驳回原告 T 公司的诉讼请求。

五、裁判结果

1. 被告 H 公司应于本判决发生法律效力之日起 10 日内，向原告 T 公司返还质保金 661,078.16 元及利息（自 2017 年 12 月 25 日起至 2018 年 1 月 31 日止的利息以 905,822.23 元为基数，按中国人民银行同期同类人民币贷款基准利率计付；自 2018 年 2 月 1 日起至 2019 年 8 月 19 日止的利息以 661,078.16 元为基数，按中国人民银行同期同类人民币贷款基准利率计付；自 2019 年 8 月 20 日起至清偿之日止的利息以 661,078.16 元为基数，按中国人民银行授权全国银行间同业拆借中心公布的一年期贷款市场报价利率计付)。

2. 驳回原告的其他诉讼请求。

该案受理费 11,302.57 元,由被告 H 公司负担,被告 H 公司应于本判决发生法律效力之日起 7 日内向原告迳付 11,302.57 元。

一审判决后双方没有上诉,一审判决已经生效。

六、裁判理由

本案中,原告与被告签订的《施工合同》及《结算合同》,系双方的真实意思表示,内容未违反法律、法规禁止性规定,合法有效,应受法律保护。上述两份合同均约定发包人在工程竣工验收两年后,将剩余质保金无息全额返还承包人,且根据《施工合同》第二部分通用条款关于文件优先解释的顺序,在出现矛盾时,专用条款内容优先于通用条款,故被告应在工程竣工验收两年后返还剩余质保金给原告。关于被告辩解涉案工程应按公路工程进行竣(交)工验收的问题。法院认为,涉案项目属绿化、绿道、照明、交通安全工程,应属市政配套工程,故涉案工程的竣工验收时间即为交工验收时间。且根据公平原则,涉案工程已于 2013 年 12 月 30 日完工并交付使用至今,原告亦已对湛江海湾大桥连接线二期工程市政配套工程检测意见提出的问题进行修复整改,被告该辩解意见势必会加重原告的责任,导致双方的权利义务失衡,故法院不予采信被告的辩解意见,认定涉案工程的交工验收时间为 2015 年 12 月 24 日,被告应在交工验收两年后即 2017 年 12 月 24 日向原告返还质保金。

七、案例评析

《建设工程质量保证金管理办法》第二条规定:"本办法所称建设工程质量保证金(以下简称保证金)是指发包人与承包人在建设工程承包合同中约定,从应付的工程款中预留,用以保证承包人在缺陷责任期内对建设工程出现的缺陷进行维修的资金。……缺陷责任期一般为 1 年,最长不超过 2 年,由发、承包双方在合同中约定。"实践中,质量保证金、质量保修金或质保金、保修金时有混用,也有作区分的,无论何种称谓,当事人更多关注的是何时应当返还以及返还条件是否成就。通常来说，工程质保金的返还应当遵循当事人意思自治原则，由发包人与承包人在施工合同中作出明确约定。然而本案涉及公路工程与市政配套工程的区分，被告也坚持涉案工程仅完成交工验收而未竣工验收，若严格按照合同专用条款"发包人在工程竣工验收两年后，将剩余质保金无息全额返还给承包人"的约定，则明显对原告不利。故本案既要区分公路工程与建设工程，又要界定交工验收与竣工验收，同时还要厘清缺陷责任期与质量保修期等诸多概念，并从合同格式条款、权利义务的失衡以及公平原则等方面综合考虑，才能不机械地适用法律及合同约定，进而作出准确的事实认定。该案的生效判决没有局限于机械地适用法律，而是探求法律条文之后的司法价值取向。律师在代理该案过程中尽职尽责，把握纠纷的核心要义和争议焦点，体现了较高的专业水准，代理意见也得到了法院的采信，最终取得胜诉的判决。该案胜诉判决具有示范引领作用，对同类案件具有借鉴和指导意义。[1]

【点评】

本案的核心问题在于在施工合同中约定了工程竣工验收 2 年后返还质保金，但工程实际已经完工且交付使用尚未竣工验收的情况下，如何认定的问题。此类案件在实践中时有发生，施工单位常常因为金额不多的质保金艰难维权。本案例体现了审判机关在《建设工程质量保证金管理办法》与《公路工程竣（交）工验收办法》中如何择一适用的问题。本案的生效判决没有局限于机械地适用法律，而是探求法律条文之后的司法价值取向，更符合社会主义核心价值观。

点评人：广东广信君达律师事务所律师　史　萍

---

[1] 广东省湛江市霞山区人民法院民事判决书，(2022) 粤 0803 民初 21 号。

建材价格猛涨以情势变更为由主张调价致施工合同解除，承包人误期违约及损失赔偿责任之认定

广东金桥百信律师事务所　邓　攀

一、当事人的基本情况及案由

上诉人（原审原告、反诉被告）：J监狱

被上诉人一（原审被告、反诉原告）：H建设公司

被上诉人二（原审被告）：J银行某分行

案由：建设工程施工合同纠纷

二、案情介绍

2018年1月，H建设公司中标了广东省J监狱"十二五"基础设施建设项目（一期）建设工程（以下简称本工程），并与J监狱于2018年3月2日签订《广东省建设工程施工合同》（合同编号：2018-10）（以下简称《施工合同》），合同包括协议书、通用条款、专用条款和附件4个部分。第一部分协议书约定：工程内容为广东省J监狱"十二五"基础设施建设项目（一期）包括一栋干警备勤用房、一栋罪犯劳动改造用房和罪犯劳动改造用房的临时围护工程；工期总日历天数是300个日历天，拟从2018年3月31日开始施工，至2019年1月25日竣工完成；合同价款24,990,148.42元。第三部分专用条款约定：施工许可证等证件由承包人办理，不及时办理施工许可证，每拖延一天罚款5000元，项目负责人除特殊情况外，每更换一次罚款10万元，承包人的项目负责人、项目技术负责人和安全员，必

须全职在现场办公（每月不少于22天），不得兼职或者擅自离岗，未经监理单位或发包人批准擅自离岗的，视为违约，从第二次违约起每违约一次，发包人有权从应付承包人的工程款中扣除5000元，累计超过5次，发包人有权解除合同，除经发包人书面同意外，项目负责人及项目技术负责人缺席发包人或监理组织的工程会议的，每缺席一人次扣除1000元，发包人做好记录，在中间计量支付时扣除。为了正确履行本合同，发包人应在招标文件中或在签订合同前明确履约担保的有关要求，承包人应按照合同约定的时间向发包人提供履约担保。履约担保采用银行保函的形式，提供履约担保所发生的费用由承包人承担。承包人应在签订本合同后的15~30日内，向监理工程师提交一式两份施工组织设计和合同工程进度计划。监理工程师在建设工程取得施工许可证后的7日内签发开工令。承包人没有按时竣工，每延迟一个日历天应赔5000元，误期赔偿费的最高的限额是合同价格的5%（总工期延期扣罚超过合同总价的5%时，发包人有权终止合同并扣罚履约保证金，并要求承包人赔偿一切损失）。合同还约定合同价款不因物价的涨落而调整。

本工程中标后，H建设公司根据J监狱的要求，完成了前期施工的准备工作（主要为现场围蔽工程，造价约为人民币800,969.8元）。因J监狱称2018年3月2日签订的《施工合同》有误需重新更正，便将全部合同的原件收回，实际至2018年6月中旬才完善合同相关的盖章手续（倒签了合同时间为2018年3月2日），6月20日工程所在地建设行政主管部门经审查同意备案，本工程也一直没有发出开工令或开工报告，未办理建设工程施工许可证。2018年上半年开始，建筑材料、机械台班和人工费大幅度上涨（上涨幅度：地材已超出50%；砂石已超过150%；人工费更是高出100%），各地建设行政主管部门纷纷下发通知或指导意见，倡导发、承包双方积极协商，合理分摊物价涨落风险。为此，H建设公司于2018年7月20日向J监狱发出《关于材料及人工费调整函》，希望双方能够友好协商合理调整合同价款，J监狱答复不予调整合同价款。在材料上涨的趋势没有任何放缓的形势下，且J监狱明确拒绝调整合同价款，继续履行合同将造成H建设公司巨大的经济损失，H建设公司无力承受如此巨大的工程风险，故在约谈会上提出解除合同，并按照 J 监狱会上的要求于 2018 年 8 月 17 日发出《关于商请解除施工合同的函》，并附上了《解除施工合同协议书》范本，要求解除双方的《建设工程施工合同》。2018 年 8 月 22 日，J 监狱作出《关于商请解除施工合同的复函》，回复不同意解除合同；8 月 28 日，H 建设公司出具《关于对揭监函（2018）22 号复函的回函》，称因客观情势发生重大变更，合同继续履行必将给 H 建设公司带来巨大的经济损失，通知 J 监狱解除合同并附上解除合同协议书。同年 9 月 20 日，J 监狱作出《关于对 H 建设公司回函的复函》，同意解除合同，要求 H 建设公司承担相关违约责任。2019 年 1 月 14 日，J 监狱起诉至法院，H 建设公司则提起反诉。

J 监狱的诉讼请求：（1）判令 H 建设公司向 J 监狱支付延误办理施工许可证的罚款 89.5 万元；（2）判令 H 建设公司向 J 监狱支付误期赔偿费 1,249,507.42 元；（3）判令 H 建设公司向 J 监狱支付离岗违约金 3.5 万元；（4）判令 H 建设公司向 J 监狱支付更换项目负责人罚款 10 万元；（5）判令 H 建设公司赔偿 J 监狱因拆除现场围蔽工程而产生的损失 38,000 元（本项金额为造价工程师估价金额，具体金额待实际发生后予以明确）；（6）判令 H 建设公司赔偿 J 监狱因再次招标而产生损失的咨询费 50,721.55 元和招标代理费 125,664 元，合计 176,385.55 元（本项金额系参考第一次招投标费用，具体金额待实际发生后予以明确）；（7）判令 H 建设公司赔偿 J 监狱因再次招标导致工程造价增加而产生的损失 552,000.77 元（本项金额为造价工程师估价金额，具体金额待实际发生后予以明确）；（8）判令被告 J 银行某分行在最高担保金额 2,499,014.85 元内对 H 建设公司上述所负债务承担一般保证责任；（9）判令 J 银行某分行向 J 监狱支付履约保函担保金 2,499,014.85 元；（10）判令两被告共同承担本案的所有诉讼费用。

诉讼过程中，涉案工程经第三次（第二次流标）招标后，J 监狱变更诉讼请求中的第 6 项和第 7 项为：（6）判令 H 建设公司赔偿 J 监狱因再次招标而产生损失的咨询费 28,600 元和招标代理费 84,308.21 元，合计 112,908.21 元；（7）判令 H 建设公司赔偿 J 监狱因再次招标导致工程造价增加而产生的损失 3,459,026.2 元。

H 建设公司的反诉请求：（1）确认 H 建设公司与 J 监狱签订的《广东

省建设工程施工合同》（合同编号：2018-10）因情势变更而于 2018 年 8 月 16 日解除；（2）判令 J 监狱向 H 建设公司支付前期围蔽工程的工程款及安全生产、文明施工措施费共 800,969.8 元及该款自 2018 年 8 月 17 日合同解除之次日起计至实际付清之日止按照中国人民银行同期同类贷款利率的 1.5 倍计算的利息；（3）判令 J 监狱向 H 建设公司退还施工监管安全押金 10 万元及该款自 2018 年 8 月 17 日合同解除之次日起计至实际付清之日止按中国人民银行同期同类贷款利率的 1.5 倍计算的利息；（4）判令 J 监狱向 H 建设公司退还工地水电押金 2500 元及该款自 2018 年 8 月 17 日合同解除之次日起计至实际付清之日止按中国人民银行同期同类贷款利率的 1.5 倍计算的利息；（5）本案本诉和反诉的诉讼费用全部由 J 监狱承担。

三、争议焦点

（一）本诉的争议焦点

J 监狱诉请 H 建设公司支付延误办理施工许可证罚款、误期赔偿费、项目管理人员离岗违约金、更换项目负责人的罚款、赔偿其因拆除现场围蔽工程而产生的损失及其因再次招标而产生损失的咨询费、招标代理费、工程造价增加损失等有无依据；J 监狱要求 J 银行某分行承担一般担保责任能否成立。

（二）反诉的争议焦点

（1）H 建设公司主张涉案《施工合同》因情势变更而解除及具体解除时间能否得到支持；（2）H 建设公司主张支付前期围蔽工程的工程款和安全生产、文明施工措施费及利息能否成立；（3）H 建设公司主张退还其施工监管安全押金和水电押金及利息有无依据。

四、各方的意见

（一）J 监狱的意见

1. 关于合同解除。H 建设公司多次违反合同约定，后又单方解除合同，显属违约方。合同明确约定合同价款不因物价的涨落而调整，H 建设公司称因客观情势发生重大变更，合同继续履行必将带来重大经济损失，通知 J 监狱解除合同，这是没有事实和法律依据的，且 H 建设公司的证据不能证明发生了情势变更。2018 年 9 月 20 日，J 监狱作出《关于对 H 建设公司回函的复函》，9 月 25 日送达 H 建设公司。J 监狱为了减少损失并尽快完成上级要求的监狱改造任务，被迫接受 H 建设公司解除合同的事实，该案并不存在合意解除合同的前提，而是违约方单方解除合同。本案合同的解除根本不存在协商一致，H 建设公司依法应对其违约解除合同的行为承担违约责任及赔偿责任。H 建设公司违约解除合同，因其违约造成 J 监狱蒙受巨大损失，不仅被迫重新招标，并因此变故致使 J 监狱承受了上级单位调整计划而生生地少了一栋楼的建设，给 J 监狱的改造计划和业务用房带来了不可估量的损失，无疑违反了法律的相关规定，背离诚实信用，更违背公平原则。

2. 关于误期费赔偿。根据合同的约定，承包人应在签订本合同后的 15～30 日内，向监理工程师提交一式两份施工组织设计和合同工程进度计划。监理工程师在建设工程取得施工许可证后的 7 日内签发开工令。承包人没有按时竣工，每延迟一个日历天应赔 5000 元，误期赔偿费的最高限额是合同价格的 5%（总工期延期扣罚超过合同总价的 5% 时，发包人有权终止合同并扣罚履约保证金，并要求承包人赔偿一切损失）。在合同履行过程中，H 建设公司一直违反合同约定，施工组织设计和工程进度计划经 6 次修改才于 2018 年 7 月 5 日获监理工程师确认批准，至今没有提交施工许可证、开工申请书。J 监狱先后于 2018 年 4 月 4 日、4 月 24 日、5 月 9 日、5 月 21 日、7 月 24 日召开 5 次会议，多次催促 H 建设公司按约定履行合同。2018 年 4 月 23 日，J 监狱向 H 建设公司送达《关于敦促履行施工合同的函》，指出 H 建设公司未在合同约定开工日（2018 年 3 月 31 日）前提交开工申请报告等问题，要求 H 建设公司履行合同约定。H 建设公司的法定代表人在 2018 年 4 月 24 日《会议记录表》中承诺项目经理、项目技术负责人、资料员 5 月 1 日到位，组织机构全体人员 5 月 10 日到场；在 2018 年 5 月 9 日的《会议记录表》中承诺施工组织方案 5 月 14 日通过审批。2018 年 7 月 27 日，监理单位向 H 建设公司送达《工作联系单》，指出工程合同工期 300 日历天，拟从 2018 年 3 月 31 日开始施工至 2019 年 1 月 25 日竣工完成；催告 H 建设公司完成上述手续，尽快提交开工申请书，可见 H 建设公司延误工期的事实存在，应承担误期赔偿费。

3. 关于延误办理施工许可证。《施工合同》第三部分专用条款第 19.3 条约定：施工许可证等证件由承包人办理，不及时办理施工许可证，每拖延一天罚款 5000 元。这是有合同的明确约定，法院应"有约定从约定"，以体现对双方约定即意思自治的保护。至于办证主管部门要求提供什么材料，J 监狱才配合提供，而 H 建设公司未列出需要 J 监狱提供的文件材料清单，延误办证的原因和责任在 H 建设公司一方。H 建设公司在 2018 年 5 月 9 日的《会议记录表》中承诺施工许可证 15 日内报齐所有资料；在 2018 年 7 月 24 日的《会议记录表》中承诺 7 月 27 日完成施工许可证的申报工作，但其至今没有完成，故因承担延误办证的违约责任。

4. 关于项目负责人更换和人员离岗违约金。H 建设公司擅自更换项目经理和项目管理人员未按规定到位常驻、擅离职守的行为实际发生，根据合同约定，除特殊情况外，每更换一次罚款 10 万元，承包人的项目负责人、项目技术负责人和安全员，必须全职在现场办公（每月不少于 22 天），不得兼职或者擅自离岗，未经监理单位或发包人批准擅自离岗的，视为违约，从第二次违约起每违约一次，发包人有权从应付承包人工程款中扣除 5000 元，累计超过 5 次，发包人有权解除合同，除经发包人书面同意外，项目负责人及项目技术负责人缺席发包人或监理组织的工程会议的，每缺席一人次扣除 1000 元，发包人做好记录，在中间计量支付时扣除。

5. 关于赔偿 J 监狱因拆除现场围蔽工程而产生的损失 38,000 元。2018 年 9 月 20 日，J 监狱向 H 建设公司发送《复函》，明确要求施工单位在收到 9 月 20 日复函之日起的 30 日内自行拆除现场围蔽工程，逾期将视为施工单位放弃的废物，J 监狱雇请第三方拆除所需的费用由 H 建设公司承担。2018 年 10 月 11 日，双方召开第七次会议，H 建设公司的法定代表人马某雄参加会议，会议内容包括：现场围蔽还未拆除以及 J 监狱另行聘请第三方的拆除费用需由 H 建设公司承担。

6. 关于赔偿 J 监狱因再次招标而产生的咨询费和招标代理费以及工程

造价增加而产生的损失 3,459,026.2 元。2019 年 7 月 23 日，涉案工程二次招标成功，J 监狱与案外人签订协议书，工程总价款为 15,055,645.38 元。咨询公司提供的第一次招标控制价为 27,189,803.52 元，H 建设公司中标价为 24,990,148.42 元，下浮率为 8.09%。涉案工程第二次招标的中标价为 15,055,645.38 元，按照下浮率计算，J 监狱增加的工程造价为 3,459,026.2 元，该增加的工程造价以及所产生的咨询费和招标代理费等均应由 H 建设公司承担。

7. 关于 J 银行某分行的担保责任。经 J 监狱的多次催促，H 建设公司提供了 J 银行某分行于 2018 年 5 月 15 日出具的《履约保函》，最高担保金额为 2,499,014.85 元；有效期自 2018 年 5 月 15 日至 2019 年 5 月 14 日；H 建设公司在履行主合同过程中不承担主合同约定的相关责任和义务时，J 银行某分行保证在收到 J 监狱的书面索赔通知后 30 个工作日内在保函的最高担保金额内向受益人承担一般保证责任。因双方签订的合同及《履约保函》依法成立，合法有效，各方应依约全面履行合同义务。H 建设公司一再违约，并单方违法解除合同，鉴于合同无法继续履行，J 银行某分行应依法承担一般担保责任。

（二）H 建设公司的意见

1. 办理建设工程施工许可证系作为建设单位（发包人）的法定义务，J 监狱以其优势地位通过《施工合同》将该法定义务转嫁给施工单位 H 建设公司承担，并约定延误办理的高额罚款，显失公平，与法律法规的立法宗旨和精神背道而驰（即《建筑法》第七条和《建筑工程施工许可管理办法》第二条），必然导致施工单位 H 建设公司的权利和义务不对等乃至完全失衡，应基于公平原则予以调整；况且延误办理施工许可证的原因和责任主要在于发包人，J 监狱将本属于其自己应当办理的事项约定由 H 建设公司办理本就极其不公平、不合理且不合法，其应无条件地向 H 建设公司提供办证所需的全部文件资料，但 J 监狱至今也未提供，就连作为申请施工许可证的前提条件且属于 J 监狱的合同义务的合同备案，都极力推卸敷衍，更别说提供其他诸如国有土地使用权证、建设工程规划许可证、发改部门的项目批准或核准备案文件、资金保函或证明、建设单位无拖欠工程款情形的承诺书、建设勘察设计施工监理五方责任主体签署的《法定代表人授权书》和《工程质量终身责任书》、环境保护影响评价手续、防雷装置设计审核意见书、地震主管部门审查意见、建设工程消防设计审核意见书、防空地下室防护设计审核文件或房空地下室易地建设缴费凭证、建筑工程申请工资保证金管理审查表、监理合同等文件资料,其至本案合同解除前都未能提供,可见延误办理施工许可证的主要原因和责任在于J监狱。此外,《施工合同》中没有明确约定施工许可证应当办理的具体起算和截止时间,仅是约定了延误办理每天罚款5000元而已,故J监狱该项诉请不能成立。

2. 关于误期赔偿费,因J监狱至今未发出开工通知或开工报告,工程尚未正式开工,也不具备法定的开工条件。根据《施工合同》第三十四条的规定,监理工程师在建设工程取得施工许可证后的7日内签发开工令。如前所述,办理施工许可证是发包人的法定义务,本案延误办理施工许可证的原因和责任主要在于J监狱,故案涉工程至今未能具备法律法规规定的开工条件,因开工日期未确定且案涉工程也一直没有实际开工,工期尚未正式起算,故J监狱主张工期延误赔偿缺乏事实和法律依据。退一万步说,J监狱诉请该笔误期赔偿费1,249,507.42元也过高,远远高于其实际损失(事实上,J监狱并没有产生任何实际损失),依法应当予以调整。

3. 关于项目管理人员离岗违约金35,000元和更换项目负责人罚款10万元。如前所述,发包人和监理工程师至今没有发出开工令,案涉工程尚未正式开工。在此情况下,承包人(H建设公司)的项目机构管理人员都还没有接到正式进驻工地现场的通知,J监狱自行从2018年4月8日开始签到,并据此作出H建设公司的项目管理人员离岗的认定,显然没有事实和法律依据,甚至连合同依据也没有,且其未能提供双方一致确认的考勤签到表,故该主张明显缺乏证据证明。同理,在工程还未开工,项目经理和项目管理人员还未正式进驻工地现场之前,项目经理姚某斌由于个人原因辞职,H建设公司及时更换了具备同等资格的张某为项目负责人,该更换申请也得到了发包人和监理工程师的同意,并办好了相应的全部手续,未对案涉工程项目造成任何不良影响和经济损失,J监狱据此单方处以10万元的罚款于法无据。J监狱没有罚款权，若属于违约金，也明显过高，应当予以调整。

4. 关于赔偿J监狱因拆除现场围蔽工程而产生的损失38,000元。该诉请无事实根据和法律依据，且缺乏证据证明。就该现场围蔽工程，系H建设公司根据J监狱的具体要求和指令而完成的施工前期的准备工作，为此H建设公司投入了人工、机械设备和材料，金额为人民币800,969.8元。现合同解除，该围蔽工程归属于发包人，H建设公司投入的人、材、物资等已经物化为建筑工程，且系工程再次招标后具体施工的必要安全生产和文明施工措施，对J监狱而言也具有实际使用价值，故依法应由J监狱进行结算并支付给H建设公司，H建设公司的该项反诉请求应当得到支持，至少应按临时围蔽工程量清单中的485,032.52元计算。而J监狱未提供任何证据证明现场围蔽工程必须要拆除，也未提交已经拆除围蔽工程的相关证据，更没有证据证明其因拆除围蔽工程所产生的实际经济损失。因此，其在未组织权威专家对拆除现场围蔽工程的必要性进行充分论证的前提下，仅称按造价工程师估价金额主张H建设公司赔偿损失38,000元于法无据，不能成立。

5. 关于赔偿J监狱因再次招标而产生的咨询费和招标代理费。该诉请无事实和法律依据，也缺乏证据证明。J监狱并未提交任何证据证明第一次招标所产生的费用项目和具体金额，不能证明其所主张的该案待证事实。且第一次招标费用在本项目中标前即已发生，不管H建设公司是否参加投标和中标，也不管项目是否招标成功或失败导致流标，客观上均已经实际发生，与本案纠纷无关。近期J监狱以同样的招标价格和条件招标，几乎没有施工单位参与投标，证明H建设公司主张的材料价格暴涨导致施工人无法承受属实。再次招标（流标）所发生的费用和产生的损失应由J监狱自行承担，与本案不具有法律上的关联性和因果关系，其主张由H建设公司承担再次招标的损失于法无据，应当予以驳回。

6. 关于赔偿J监狱因再次招标导致工程造价增加而产生的损失3,459,026.2元。如前所述，J监狱之后相继进行二次、三次招标工作（2019年2月22日第二次招标失败，流标），其却未提供第二次招标的任何相关文件材料和证据。根据揭阳市公共资源交易中心的招标公告，犯罪劳动改造用房重新招标的招标控制价为 13,983,216.91 元,而 H 建设公司原罪犯劳动改造用房的投标报价为 14,092,421.00 元(也即中标价),两者相比较招标控制价反而减少,其以第三次招标工程总价款 15,055,645.38 元为由主张 H 建设公司赔偿其工程造价增加而产生的损失 3,459,026.2 元缺乏事实和法律依据,也缺乏证据证明。需要强调的是,基于建设单位系监狱性质的特殊性,施工单位人员每日(甚至每次)进场施工需经过重重安检和烦琐程序,且每天真正实际能用于施工的时间只有几个小时,严格按招标文件或合同约定的工期要顺利完成工程施工几乎是不可能的,这些对于严重影响工程施工和工期进度的至关重要因素,J 监狱却未在招标时予以公告和作出详细的解释说明。任何施工单位均能理解和体谅监狱的安全管理需要和要求,也愿意协助配合,但若对该等严重影响施工和工期顺延的因素一概不予考虑,则对任何投标单位或承包人来说都是极不公平的,无论经过几次重新招标,或即便是重新招标成功,也必将导致项目无法如期顺利实现。

7. 关于情势变更导致合同解除。如前所述,因建筑材料、机械台班和人工费均出现投标时所无法合理预见的大幅度上涨的特殊情况,物价涨落的程度远远超出合理范围(上涨幅度:地材已超出 50%;砂石超 150%;人工费也高出 100%),且当时这波急速猛涨的趋势尚没有任何停滞或放缓的迹象,客观情势发生了重大变更。为此,多个建设行政主管部门诸如广东省住房与城乡建设厅以及深圳市住房和建设局、珠海市住房与城乡规划建设局均紧急出台了相关文件〔即广东省住房和城乡建设厅《关于加强建筑工程材料价格风险管控的指导意见》(粤建市函〔2018〕2058 号)以及珠海市住房和城乡规划建设局《关于加强我市建设工程材料价格风险管控的实施意见》(珠规建建〔2018〕95 号)、深圳市住房和建设局《关于加强我市建设工程材料价格风险管控的通知》(深建市场〔2019〕1 号)〕予以管控。三部门无一例外地均明确提到建筑材料异常上涨超出了发、承包双方按以往经验所能预见和避免的范围和承担的风险,严重影响了施工合同的正常履行,并要求各部门积极引导市场主体正确研判建材价格走势,承、发包双方应当合理协商,共同应对建材价格的异常波动带来的风险,协商调整和合理确定工程造价。

据此，H建设公司于2018年7月20日向J监狱发出《关于材料及人工费调整函》，并由法定代表人亲自带队多次前往J监狱处协商调价事宜，要求按照上述主管部门的通知意见和参照《建设工程工程量清单计价规范》（GB50500—2013）第3.4.3条和第9.8.1条以及第9.8.2条的规定，对合同价款予以合理调整。然而J监狱一概不同意调价，甚至连合同约定可调的人工费也不调整。发生上述客观情势的重大变更，是任何施工单位按以往经验都无法预见和避免的，显然不属于正常的市场变化和商业风险，合同继续履行必将给H建设公司带来重大的经济损失（经工程造价师初步核算至少亏损500万元以上），甚至破产，H建设公司无力克服和承担如此严重的亏损，在合同价款（甚至包括合同可调的人工费）一概不予调整的情况下，继续履行合同对H建设公司极不公平，故H建设公司的法定代表人于2018年8月16日在双方的协调会上正式提出解除合同，J监狱称需通过提交商请函的形式，H建设公司于8月17日提交《关于商请解除施工合同的函》，8月22日J监狱作出《关于商请解除施工合同的复函》，8月28日和9月20日，双方经分别发送《复函》的形式最终确定解除案涉《施工合同》，故案涉《施工合同》于2018年9月25日解除。合同解除不可归责于H建设公司单方面的原因，不属于H建设公司单方违约的情形，客观上是经过双方多次磋商后最终一致同意解除的，这是事实。即便如J监狱所称其系被迫同意解除的，同理H建设公司也是情非得已、非自身主观意愿想要解约。就此层面而言，H建设公司也是被逼无奈，也系被迫解除（被当时的客观情势所迫），故H建设公司商请J监狱解除合同事出有因，具有正当理由且合情合理合法。退一万步讲，案涉合同也未明确约定合同解除的违约责任条款。因此在双方仅就解除合同达成一致，对合同解除的后果没有达成一致意见，也没有对是否发生违约赔偿责任等问题作出明确约定或达成一致的情况下，J监狱诉请H建设公司承担诸如工期、施工许可证延误等其他方面的违约和赔偿责任的主张欠缺合同依据，也没有事实和法律依据。

（三）J银行的意见

1. J银行承担的是一般保证责任，而非连带责任保证，按照履约保函的约定，在 J 监狱与 H 建设公司双方的合同责任尚未得到法律确认和 H 建设公司承担相关法律责任之前，J 监狱要求 J 银行现阶段承担责任的诉请无事实及法律依据。

2. 保函有效期截至 2019 年 5 月 14 日，故 J 监狱就再次招标产生的相关损失发生在保函有效期之后，与该案无直接关联且不应向 J 银行主张权利。

3. 涉案的施工合同已经协商解除，合同解除的法律后果应当是恢复原状，按照双方的过错程度承担相应的责任，故 J 监狱要求被告承担违约金的诉请无事实及法律依据。

4. J 监狱提交的所有证据均是针对违约行为的，既然合同已经协商解除，不应仅考虑违约责任，还应当考虑 J 监狱的实际损失，以实际损失作为承担责任的依据，但目前 J 监狱并未就其实际损失进行举证，且未支付 H 建设公司工程款，故 J 监狱的诉请无事实及法律依据。

五、裁判结果

1. 驳回 J 监狱的全部诉讼请求。

2. 确认 H 建设公司与 J 监狱 2018 年 3 月 2 日签订的《施工合同》（合同编号：2018-10）于 2018 年 9 月 25 日解除。

3. 驳回 H 建设公司的全部反诉请求。

一审案件本诉受理费 70,520 元（J 监狱已预交），由 J 监狱负担。反诉受理费 6666 元（H 建设公司已预交），由 H 建设公司负担。

二审案件受理费 71,695 元，由 J 监狱负担 70,520 元，H 建设公司负担 1175 元。J 监狱已预交二审受理费 71,695 元，可于本判决生效之日起 7 日内申请退还 1175 元；H 建设公司应于本判决生效之日起 7 日内向本院交纳受理费 1175 元。

六、裁判理由

根据 2018 年 8 月 28 日广东省住房和城乡建设厅《关于加强建筑工程材料价格风险管控的指导意见》（粤建市函〔2018〕2058 号）所载内容，2018 年广东省建筑材料价格波动异常，砂石、水泥、砂浆、混凝土等价格出现了不同程度的上涨，超出了发、承包双方按以往经验所能预见与避免的范围和承担的风险，已造成合同双方利益的严重失衡。可见，H 建设公司关于涉案施工合同成立后确实发生了情势变更的事实、继续履行该合同对 H 建设公司明显不公平的主张具有事实依据，且 J 监狱与 H 建设公司无须经人民法院裁判已就解除合同达成一致意见，故 J 监狱主张涉案施工合同的解除是 H 建设公司的单方违约行为，理由不成立，法院不予采纳。

关于 H 建设公司是否应当承担解除施工合同所致 J 监狱损失的赔偿责任的问题。J 监狱与 H 建设公司仅就解除合同达成一致，对合同解除的后果没有达成一致意见，根据公平原则，在 H 建设公司因施工合同解除消除了不利后果的同时，不能使 J 监狱遭受不合理的损害，故对于因施工合同解除给 J 监狱造成的损失，应考虑损失的分担。因施工合同解除给 J 监狱造成的损失难以确定，法院根据本案的实际情况，综合考虑如下因素，酌定 H 建设公司因合同解除应赔偿 J 监狱 102,500 元，具体分析如下。

1. 虽然 H 建设公司存在施工合同备案后不及时办理施工许可证的情形，但没有证据证明该情形已对 J 监狱造成损失及所造成损失的数额，故施工合同约定的拖延办理施工许可证的罚款应予调整；

2. 涉案《施工合同》约定工期误期（实际延误天数）按照实际施工天数减去计划施工天数计算，因涉案工程尚未开工，不存在实际施工天数，无法计算施工合同约定的工期误期天数，故 J 监狱要求 H 建设公司支付误期赔偿费 1,249,507.42 元的理由不成立；

3. J 监狱没有提供证据证明工程尚未开工期间 H 建设公司项目负责人、项目技术负责人和安全员不在工程现场及 H 建设公司更换项目负责人给 J 监狱造成了损失，故 J 监狱要求 H 建设公司支付离岗违约金 35,000 元、更换项目负责人罚款 10 万元的请求缺乏证据证明，也不合理；

4. J 监狱没有提供证据证明其确已支付拆除现场围蔽工程费用 38,000 元，其要求 H 建设公司支付拆除现场围蔽工程费用 38,000 元的理由不成立；

5. 涉案施工合同解除后 J 监狱再次招标产生的咨询费和招标代理费不是该合同解除造成的损失，J 监狱要求 H 建设公司赔偿该部分费用的理由不成立，但该合同解除确实造成 J 监狱为订立合同已支付费用（包括招标代理费、咨询费）的损失，该部分损失应考虑由 H 建设公司予以分担；

6. J 监狱主张其因再次招标导致工程造价增加而产生的损失为 3,459,026.2 元，虽然其计算损失的方法及结果法院不予采纳，但情势变更事实即建筑材料价格异常上涨确实是造成 J 监狱再次招标成功时工程造价增加的原因之一，相应损失应考虑由 H 建设公司予以分担；

7. 一审判决因依据不足对 H 建设公司请求 J 监狱支付围蔽工程的工程款及安全生产、文明施工措施费共 800,969.8 元予以驳回，H 建设公司没有提起上诉，已实际承担了施工合同解除造成的部分损失（围蔽工程施工的相关费用）。综上，J 监狱一审诉讼请求超出 102,500 元的部分，法院不予支持。

诉讼中 J 监狱主张双方互负金钱债务可相互抵销，符合法律规定，法院予以采纳。本案中 H 建设公司因合同解除应赔偿 J 监狱的 102,500 元与 J 监狱因合同解除应返还 H 建设公司的施工监管安全押金、工地水电押金 102,500 元相互抵销，双方互负债务消灭，故 H 建设公司无须支付 J 监狱赔偿款、J 银行无须对 H 建设公司的债务承担保证责任、J 监狱无须返还 H 建设公司的施工监管安全押金及工地水电押金，法院对 J 监狱的全部诉讼请求、H 建设公司的全部反诉请求予以驳回。

七、案例评析

本案中，H 建设公司作为施工单位，在工程项目中标及施工合同签订后，因建筑主材料猛涨情势变更，申请调价被拒绝，如果按原合同条件继续履行和施工必将造成无法挽回的巨大经济损失，司法实务中对情势变更原则的适用往往又极其苛刻。施工单位的代理律师，在审查施工合同中关于承包人解除合同未约定明确的违约金条款，且施工单位又坚决要求解除施工合同以防止损失扩大的条件下，建议承包人积极与发包人协商，请求解除合同，并同时收集和固定能够证明发包人亦有违约甚至是违约在先的证据。因《施工合同》是甲方事先拟好的格式合同，甲方有着绝对的条款制定权，特别是在确定违约责任方面，承包人明显处于弱势地位。倘若完全按照《施工合同》的约定追究施工单位的违约责任，那么势必会造成施工单位权利义务的完全失衡、极度不对等，这对施工单位而言，是极不公平的。施工单位如果遇到本案类似情况的，切不可轻易违约，应当穷尽方法要求发包人合理分担材料上涨的风险、调整合同价款。如仍无法改变己方不利地位的，应当挖掘发包人违约在先的情形，或对发包人所主张的各项违约责任诉求深入剖析，找出其中的原因和责任。

本案的施工合同关于承包人解除合同未约定明确的违约金条款，但对工期延误、办理施工许可证、人员离岗等有明确的违约条款，对于施工单位而言过于严苛，明显不利。邓攀律师在代理该案过程中尽职尽责，把握住纠纷的核心要义和争议焦点，通过反诉向J监狱施压，请求法院判令J监狱支付临时围蔽工程的工程款和退还各种押金，以公平原则主张合同实际已协商一致解除，该代理意见得到了法院的采信，体现了较高的专业水准。本案也能起到一定的示范引领作用，对同类案件具有借鉴和指导意义。①

【点评】

受国内外疫情及国际市场原材料价格上涨等多重因素影响，近年来，钢材、水泥、砂石、砼等建筑材料价格出现大幅波动，对建工合同的正常履行造成了障碍。本文通过案例体现了《民法典》第五百三十三条的适用，即对于材料价格的上涨情形，人民法院或者仲裁机构应当结合案件的实际情况，突破合同的约定，根据公平原则变更或者解除合同。代理律师将该案由被动变主动，体现了较高的专业素养。

点评人：广东广信君达律师事务所律师　史　萍

---

① 揭阳市中级人民法院民事判决书，(2022) 粤52民终437号。

建设工程施工合同无效情况下
管理费约定之效力认定

北京市炜衡（广州）律师事务所　董泽云

一、当事人的基本情况及案由

申请人：Z路桥公司

被申请人：C建筑公司

案由：建设工程施工合同纠纷

二、案情介绍

2014年1月25日，申请人Z路桥公司与案外人A工程公司签订《分包合同》，约定Z路桥公司将涉案工程分包给A工程公司，工程范围为主桥Z88#-Z102#（4联）、Y88#-Y99#（3联）全部工程G、F匝道桥全部工程（包括G、F匝道土方工程）、安全及预埋管线工程等相应工程，工程暂估价为1.5亿元。

2014年7月31日，A工程公司与C建筑公司签订《服务分包合同》，由A工程公司将涉案工程全部（某高速公路1标段工程）分包给C建筑公司。其中第1.6条约定，Z路桥公司与A工程公司签订的《分包合同》简称为主合同。第7.1条约定，C建筑公司应履行主合同和本合同下的所有义务。第21.3.1条约定，200章路基、300章路面、400章涵洞、400章桥梁地下部分在A工程公司收到总承包商支付的工程进度款后，C建筑公司的进度款按总承包商审核后的工程量乘以分包合同单价并以总承包方付款金额扣除A工程公司应收取的16%的管理费后按照65%进行支付。第21.3.2

条约定，400章桥梁上部结构、600章安全设施及预埋管线及A00章照明工程在A工程公司收到总承包商支付的工程进度款后，C建筑公司的进度款按总承包商审核后的工程量乘以分包合同单价并以总承包方付款金额扣除A工程公司应收取的16%的管理费后按70%进行支付。第31.1条约定，C建筑公司应负责缴纳完成本合同范围的工作所应缴纳的所有税项和类似的费用。

2015年9月17日，A工程公司与C建筑公司、Z路桥公司签订《工程建设承包服务分包合同终止协议》（以下简称《终止协议》），约定终止《服务分包合同》，A工程公司在《服务分包合同》中的所有权利及义务将平移至总承包方即Z路桥公司。该协议签订后，《服务分包合同》即行终止，A工程公司与C建筑公司双方再无关于该工程的相互间的权利及义务，任何一方提出的该工程对于对方的权益诉求都被视为无效诉求。

同日，三方再签订《协议书》。第一条约定，就C建筑公司分包范围内的所有整体工程由Z路桥公司与A工程公司共同一次性最后补偿C建筑公司600万元，C建筑公司必须按照Z路桥公司与A工程公司的要求在2015年11月20日在保证工程进度、质量、安全、文明施工要求的前提下无条件完成本承包范围内的施工任务。第二条约定，A工程公司和C建筑公司同意解除原《服务分包合同》后，Z路桥公司和C建筑公司重新签订施工合同，以原合同及备忘录为依据另行签订补充协议，直至本合同工程完成交付使用为止，中间发生任何事宜仍以原《服务分包合同》为根本，双方再进行协商解决。第三条约定，对A工程公司或C建筑公司原承包工程范围内自始至终所发生的任何增量、变更、委托等按原合同约定给予确认，但是最终以监理和业主的确认签字及计量款审批批复数额为准。

2016年6月1日，Z路桥公司、C建筑公司和A工程公司三方对C建筑公司截至2015年完成的合同内工程量进行了结算，并签署了结算表。

Z路桥公司与C建筑公司因涉案工程合同外增加的变更工程款结算无法达成一致而产生纠纷，经申请仲裁（以下简称仲裁1案），最终经广州仲裁委员会裁决，确认涉案工程总造价为84,228,197.38元。仲裁1案裁决生效后，C建筑公司向法院申请执行该裁决书，执行法院冻结了Z路桥公司的账户。

在仲裁1案的审理过程中，C建筑公司发现2.2米灌注桩设计变更项目的结算单价低于Z路桥公司与业主的结算价格，故于2018年10月25日再次提起仲裁（以下简称仲裁2案），要求申请人按照业主的结算单价差额向其支付2.2米灌注桩项目未结算部分的工程款并退还质量保证金。广州仲裁委员会最终裁决Z路桥公司向C建筑公司支付2.2米灌注桩变更工程未结算价款585,162.95元及质量保证金1,926,504.32元。仲裁2案裁决生效后，C建筑公司向法院申请执行该裁决书，Z路桥公司账户被执行法院划扣2,573,972.27元，履行完毕仲裁2案裁决书项下的全部款项。

事实上，在仲裁1案和仲裁2案发生前，Z路桥公司和A工程公司在涉案工程施工期间通过支付工程款、人工费、材料机械费等方式向C建筑公司支付的款项已基本覆盖了双方的结算金额。在此情况下，C建筑公司仍向法院申请执行仲裁1案和仲裁2案裁决，致使Z路桥公司被法院划扣款项后其实际支付的工程款已远超双方的结算款，故特向广州仲裁委员会申请该案仲裁。

Z路桥公司的仲裁申请：（1）裁决C建筑公司向Z路桥公司返还涉案高速公路工程项目超付的工程款702,868元及利息（自提起该案仲裁之日起按照LPR标准计至付清款项之日止）；（2）裁决仲裁费由C建筑公司承担。

三、争议焦点

1. Z路桥公司应向C建筑公司支付的工程款数额是多少，即其主张从总造价中扣除16%的管理费是否应予支持。

2. C建筑公司在施工过程中以Z路桥公司的名义对外发生的债务，Z路桥公司清偿的该债务是否可以作为向C建筑公司支付的工程款。

上述争议焦点中，第1个焦点争议最大。

四、各方的意见

（一）申请人的意见

1. 结算款应在扣除16%的管理费后再支付。

（1）法律依据。根据《建筑安装工程费用项目组成》（建标〔2013〕

44号）第一条可知，建筑安装工程费用由人工费、材料费、施工机具使用费、企业管理费、利润、规费和税金组成，企业管理费应包含在工程总价款中。《最高人民法院关于审理建设工程施工合同纠纷案件适用法律问题的解释（一）》第二十四条第一款规定："当事人就同一建设工程订立的数份建设工程施工合同均无效，但建设工程质量合格，一方当事人请求参照实际履行的合同关于工程价款的约定折价补偿承包人的，人民法院应予支持。"

施工合同对工程造价的约定是一个完整的计价体系，是合同双方当事人在协商工程款的过程中，结合付款条件、付款时间、付款方式等的约定对工程计价标准进行综合考虑和权衡的结果。双方当事人在签订合同时，关于工程计价、计量、工程款支付比例、支付时间、结算程序、相关税费的承担、质保金的扣留等约定内容，均是当事人的真实意思表示，是双方签约时对施工合同中最核心的内容在慎重考虑后作出的决定，不应因合同违反国家行政管理相关规定无效而只选择性适用计价和计量条款，否定其他支付条款。只有全面参照合同中有关工程款支付的所有约定，才能实现折价补偿的公平原则。①

（2）合同依据。C建筑公司与A工程公司签订的《服务分包合同》第21.3条约定，进度款应扣除收取的16%的管理费后再支付。三方签订的《协议书》第一条约定，"原合同下浮16%管理费"。由此可知，管理费在工程款计算的合同约定范畴，属于工程结算条款。虽然合同无效，但该条款是合同的结算条款，并不因合同无效而不遵守。

（3）事实依据。Z路桥公司实际履行了管理职责。Z路桥公司在签订中标合同后，向业主单位提交了履约保函、预付款保函，此后，Z路桥公司进场施工，因此Z路桥公司承担了施工中的全部风险。合同签订后，Z路桥公司进行了选址规划建设、进场道路的规划建设、地方关系的协调。施工期间，图纸会审、施工组织设计、施工方案的编制、组织专家论证、实体计

---

① （2019）鲁01民终8638号山东省济南市中级人民法院王某海与章丘市劝业建筑安装工程公司等建设工程合同纠纷二审民事判决书。

量、变更、甲供材申报领取均由 Z 路桥公司负责完成；此外，Z 路桥公司还负责与业主、监理、设计，以及地方等各个方面的协调沟通，这些事实在双方提交的证据中都有显示。C 建筑公司在工程未完成整体施工退场后及工程完工后，交付验收各种手续、竣工结算、竣工资料整理移交、工程缺陷维修等各项工作均由 Z 路桥公司完成。由此可见，C 建筑公司除了劳务施工外，其他方面均不负责，没有 Z 路桥公司的前期和中途的大量管理工作，C 建筑公司没有进行承接该工程的机会，该工程不可能顺利进行和完成。

综上，《服务分包合同》虽然无效，但管理费作为双方履行合同所发生的必需开支，属于工程价款的组成部分，Z 路桥公司实际也按照合同约定开展了大量的管理工作，C 建筑公司中途退场后的后续处理工作均由 Z 路桥公司完成，故 16% 管理费从 Z 路桥公司应支付的工程价款中扣除是合理合法的。

2. C 建筑公司作为实际施工人，以 Z 路桥公司的名义向第三方购买或租赁材料产生的债务，在 Z 路桥公司对外承担了债务后，C 建筑公司作为最终支付义务人，应向 Z 路桥公司承担偿还责任，Z 路桥公司已承担的该部分债务款项应计入已付工程款中。

C 建筑公司没有建筑施工企业资质，系借用 Z 路桥公司的资质参与工程建设。根据《全国法院民商事审判工作会议纪要》（法〔2019〕254 号）第三十二条第二款之规定，"在确定合同不成立、无效或者被撤销后财产返还或者折价补偿范围时，要根据诚实信用原则的要求，在当事人之间合理分配，不能使不诚信的当事人因合同不成立、无效或者被撤销而获益。……"虽然《服务分包合同》无效，双方均有过错，但因 C 建筑公司在工程承建中因购买或租赁材料而产生的费用未支付被第三方追偿，法院判决 Z 路桥公司承担还款责任。C 建筑公司履行案涉工程施工合同的施工过程就是把劳动、建筑材料物化到建筑产品中的过程，工程竣工验收质量合格，按照约定结算的工程款，依法应由实际施工人享有。C 建筑公司在施工过程中产生的人工、材料等费用，依法亦应由 C 建筑公司自行承担。因此，C 建筑公司拖欠第三方费用引发的诉讼案的相关责任在由 Z 路桥公司承担后，C 建筑公司系为最终的支付义务人，Z 路桥公司已承担的相关费用应计入已付工程款中。

（二）C建筑公司的意见

1. 合同无效，关于管理费的约定同样无效。

根据《合同法》第五十六条及第五十八条的规定，无效的合同自始没有法律约束力，合同无效或者被撤销后，因该合同取得的财产，应当予以返还。另，《最高人民法院关于审理建设工程施工合同纠纷案件适用法律问题的解释》第二条规定："建设工程施工合同无效，但建设工程经竣工验收合格，承包人请求参照合同约定支付工程价款的，应予支持。"因此，针对本案可以进行工程价款的结算，但无效的《服务分包合同》所约定的管理费条款自始没有法律约束力，Z路桥公司无权主张。

根据《最高人民法院关于审理建设工程施工合同纠纷案件适用法律问题的解释》第四条，承包人非法转包、违法分包建设工程或者没有资质的实际施工人借用有资质的建筑施工企业名义与他人签订建设工程施工合同的行为无效。人民法院可以根据《民法通则》第一百三十四条规定，收缴当事人已经取得的非法所得。根据上述规定，当事人若因收取管理费形成非法所得，人民法院应当收缴。在涉诉工程中，申请人没有证据可以证明对该项工程进行了实际管理或尽到了应尽的管理义务。因此，申请人Z路桥公司主张16%的管理费不符合法律规定。

2. Z路桥公司承担的这些债务与C建筑公司无关，该部分不能视为已付的工程款。相关诉讼案的生效判决书已经确认，合同的相对方是Z路桥公司和第三方，而非C建筑公司，因此，Z路桥公司应承担付款责任。

五、裁判结果

广州仲裁委员会作出如下裁决：（1）被申请人C建筑公司向申请人Z路桥公司返还超付工程款2,228,662.69元；（2）被申请人C建筑公司向申请人Z路桥公司支付利息（以工程款2,228,662.69元为基数，自2020年4月1日起按照全国银行间同业拆借中心公布的贷款市场报价利率的标准，计算至被申请人实际付清之日止）。

六、裁判理由

（一）关于工程款中应否扣除管理费的问题

首先，根据《服务分包合同》第 21.3 条的约定，被申请人 C 建筑公司应当向申请人 Z 路桥公司支付总造价的 16% 作为管理费，虽然该合同被广州仲裁委员会作出的裁决认定无效，但涉案工程经竣工验收合格，工程价款仍应参照合同约定支付，管理费属于建设工程价款的组成部分，故应参照约定处理；其次，申请人 Z 路桥公司作为被申请人 C 建筑公司的代表，与业主方、监理单位等机构进行协调沟通，实际也参与了被申请人 C 建筑公司施工过程的管理，根据诚信原则，C 建筑公司也应支付管理费。因此，申请人 Z 路桥公司有权在总造价中扣除 16% 的管理费。广州仲裁委员会作出的（2016）穗仲案字第 9191 号裁决书认定涉案工程总造价为 84,228,197.38 元，扣除管理费后剩余 70,751,685.8 元 [84,228,197.38 元 ×（1 - 16%）]。因此，申请人最终应向被申请人支付工程款 70,751,685.8 元。

（二）关于 Z 路桥公司代 C 建筑公司清偿债务的金额能否作为已支付的工程款问题

被申请人 C 建筑公司系挂靠申请人处进行施工，在施工过程中 C 建筑公司多次以项目部的名义对外采购材料、签订合同，合同落款处加盖了项目部的印章，但也有被申请人员工郑某喜的签名，合同正文中也约定项目部的委托代理人为被申请人员工郑某祥、郑某利，故该份合同实际应系被申请人 C 建筑公司以项目部的名义与第三方签订的。即便法院在判决书中认定了该份合同的主体为申请人 Z 路桥公司与第三方并进而判决申请人 Z 路桥公司向许某国支付租金和逾期付款利息，但也不影响申请人 Z 路桥公司基于其与被申请人 C 建筑公司之间的挂靠关系向 C 建筑公司追偿，因此，申请人要求被申请人承担相应的租金、逾期付款利息损失并无不妥，仲裁庭予以确认，法院司法扣款的款项应计入已付款。

七、案例评析

建设工程合同是承包人进行工程建设，发包人支付价款的合同。一般来讲，建设工程合同就是双方结算工程款的重要依据。实践中，建设单位将一个工程发包给总包单位后，总包单位再转包给分包方，再层层转包下去，这种情况屡见不鲜，因此经常出现合同无效、合同相对方为了工程款问题打官司的情况。在施工合同无效的情况下，该如何结算呢？《最高人民法院关于审理建设工程施工合同纠纷案件适用法律问题的解释（一）》第二十四条规定："当事人就同一建设工程订立的数份建设工程施工合同均无效，但建设工程质量合格，一方当事人请求参照实际履行的合同关于工程价款的约定折价补偿承包人的，人民法院应予支持。"本案中，关于扣除管理费的约定是否属于关于工程价款的约定？

首先，合同中明确约定应扣除管理费再支付工程款，可见"管理费"属于双方约定的工程价款的组成部分。其次，Z路桥公司并非纯粹通过转包牟利，Z路桥公司实际参与了整个施工的组织管理协调，包括缴纳履约保证金、工程的前期规划、图纸会审、代买垫付各种材料款以及C建筑公司退场后的后续竣工验收、工程缺陷维修等工作，这些工作都是需要人力、物力成本的。如果在参照工程款约定进行工程折价计算时，将"管理费"的约定排除在外，那么C建筑公司会因为合同无效而获利，这对Z路桥公司极其不公平。因此，仲裁庭也是本着公平原则支持申请人关于扣除管理费的仲裁请求。

当然，如果在建设工程施工合同中，转包方未实施任何管理行为，只是将资质借给承包方，整个工程的全部事宜都是交由承包方处理，这种情形下，关于扣除管理费的约定恐较难被支持。[①]

【点评】

实践中实际施工人挂靠资质较高或者声誉较好的企业投标然后实际施

---

① 广州仲裁委员会裁决书，（2020）穗仲案字第5355号。

工，向被挂靠单位缴纳管理费的情形较为普遍。此时一般分为两种情形，一是被挂靠单位派驻人员参与管理，该情形下被挂靠单位的诉求通常能够得到支持；二是被挂靠单位基本不参与管理，此种情形下，如果挂靠费比例不高，被挂靠人的诉求也有可能得到支持，因为毕竟其为实际施工人取得施工机会提供了帮助，体现了一定的价值，只是在比例过高时可能会被酌情下调。本案例的裁判结果建立在双方签订的合同基础之上，并对事实进行了相应的调查，体现了公平、公正的裁判原则。

点评人：广东广信君达律师事务所律师　史　萍

未经验收，已完工工程质保期起算点的认定

北京大成（广州）律师事务所　黄　威

一、当事人的基本情况及案由

上诉人（一审被告）：钟某、徐某

被上诉人（一审原告）：余某、金某珀、金某琼

案由：建设工程合同纠纷

二、案情介绍

2014年初，余某在阳江市某商住地上自建商住房屋，便与金某珀、金某琼等其他业主联合将10幢商住房屋的建设发包给钟某、徐某，承包方式为包工不包料。其中，余某、金某珀、金某琼三幢房屋建设期间的日常事务、开支由金某珀、金某琼的父亲金某庆负责。

2015年12月30日，工程完工并移交，但由于涉案房屋内墙抹灰出现质量问题，双方并未进行验收，也没有办理移交手续，金某庆因此一直未与钟某、徐某结算工程款。

2018年3月，钟某、徐某就余某拖欠劳务工程款事宜向阳东区人民法院提起诉讼〔案号：（2018）粤1704民初559号，以下简称关联案件一审〕。关联案件一审法院认定钟某、徐某与余某存在事实上的建设工程施工合同关系，余某应支付尚欠工程欠款本息，故判令余某支付尚欠的工程款及利息。

随后，余某以双方不存在建设工程施工合同关系、建设工程存在质量问题、工程款金额有误为由，向阳江市中级人民法院提起上诉〔案号：

（2019）粤 17 民终 536 号，以下简称关联案件二审］。关联案件二审法院认为，因钟某、徐某不具备相关的建设施工资质，该建设施工合同因违反法律的强制性规定而无效。但根据《最高人民法院关于审理建设施工合同纠纷案件适用法律问题的解释》第二条的规定，涉案房屋工程已竣工，并取得不动产权证，涉案工程的主体已验收合格，余某主张的工程质量问题不足以对抗因钟某、徐某支付工程款的诉请，故判令驳回余某的上诉请求。

2020 年，余某、金某珀、金某琼重新就上述涉案房屋的内墙抹灰质量问题向阳东区人民法院提起诉讼［案号：（2022）粤 1704 民初 226 号，以下简称该案一审］，要求钟某、徐某作为承包方支付涉案房屋的返修费用并赔偿租金损失。

该案一审期间，余某、金某珀、金某琼先后向法院申请对涉案房屋的内墙装修质量以及修复价格进行鉴定。经审理，该案一审法院采纳了鉴定机构作出的涉案房屋存在多处空鼓的鉴定建议，判令钟某、徐某赔偿余某、金某珀、金某琼房屋内墙装修的修复费用，并驳回余某、金某珀、金某琼要求赔偿租金损失的诉讼请求。

代理律师认为该案一审判决认定事实不清、适用法律错误，损害了钟某、徐某的合法权益，故代理钟某、徐某向阳江市中级人民法院提起上诉，请求依法撤销该案一审判决，改判驳回余某、金某珀、金某琼的全部诉讼请求。

三、争议焦点

钟某、徐某是否需要赔偿房屋内墙装修修复费。

四、各方的意见

（一）上诉人的意见

关联案件一审中认定"2015 年 12 月 30 日，工程竣工并移交，但由于案涉房屋及金某珀、金某琼的房屋内墙抹灰质量问题，双方没有进行验收，也没有办理移交手续，但房屋已实际由业主管理"。由此可见，涉案房屋于 2015 年 12 月 30 日竣工后已实际移交给余某、金某珀、金某琼，自该日起涉案房屋由余某、金某珀、金某琼占有、使用。

《最高人民法院关于适用〈中华人民共和国民法典〉时间效力的若干规定》第一条第三款规定："民法典施行前的法律事实持续至民法典施行后，该法律事实引起的民事纠纷案件，适用民法典的规定，但是法律、司法解释另有规定的除外。"《最高人民法院关于审理建设工程施工合同纠纷案件适用法律问题的解释（一）》第九条规定："当事人对建设工程实际竣工日期有争议的，人民法院应当分别按照以下情形予以认定：……（三）建设工程未经竣工验收，发包人擅自使用的，以转移占有建设工程之日为竣工日期。"涉案房屋实际竣工日期应为2015年12月30日。该案一审法院以涉案房屋不动产权证记载的2016年7月28日为竣工日期、并以2016年7月28日作为涉案房屋质保期的起始日、修复价格的评估基准日，明显属于认定事实不清、适用法律错误。

另外，根据上述司法解释的规定，涉案房屋的竣工验收日期为2015年12月30日，保修期间应为2015年12月30日至2017年12月29日。钟某、徐某作为涉案房屋的承包人应当在质量保修期内对涉案房屋的质量承担保修责任，但涉案房屋已移交给余某、金某珀、金某琼，如余某、金某珀、金某琼认为涉案房屋存在质量问题需要维修的，理应在质量保修期内要求钟某、徐某履行质量保修义务，但实际上余某、金某珀、金某琼从未在质量保修期内向钟某、徐某主张过涉案房屋存在质量问题需要维修。在涉案房屋质量保修期已过的情形下，钟某、徐某无须承担质量保修义务，余某、金某珀、金某琼无权再要求钟某、徐某承担质量保修责任。

同时，根据《最高人民法院关于审理建设工程施工合同纠纷案件适用法律问题的解释（一）》第十四条规定"建设工程未经竣工验收，发包人擅自使用后，又以使用部分质量不符合约定为由主张权利的，人民法院不予支持"，涉案房屋在未经过竣工验收的情况下，余某、金某珀、金某琼接收案涉房屋，并实际管理案涉房屋，构成擅自使用，其又主张质量问题的，法院应不予支持。

余某、金某珀、金某琼使用未经验收的工程，即视为余某、金某珀、金某琼对案涉房屋的工程质量是认可的。两上诉人在保修期间内承担质量保修义务是以余某、金某珀、金某琼不提前擅自使用涉案房屋为前提的，一旦余某、金某珀、金某琼提前使用了涉案房屋，两上诉人的质量保修义务即行消失，涉案房屋的质量保修义务由两余某、金某珀、金某琼自行承担。该案一审法院同意余某、金某珀、金某琼的鉴定申请，又判令两上诉人承担质量保修责任，明显是缺乏法律依据的。

（二）被上诉人的意见

一审判决根据房屋产权证书记载的完工时间确定的质保期间，符合客观事实，符合《房屋建筑工程质量保修办法》（建设部令第80号）第七条、第八条的规定。同时，根据《房屋建筑工程质量保修办法》第七条规定的保修期限，装修工程的保质期为两年，涉案房屋权证记载的竣工时间为2016年7月28日，至2018年7月28日为两年质保期。钟某、徐某于2018年1月15日就建设工程施工纠纷提起诉讼，余某、金某珀、金某琼亦在钟某、徐某提起的诉讼案件中主张建设工程质量存在问题，无论从哪个角度讲，均未超出质保期限。钟某、徐某主张保修期已过的说法不成立。

此外，至该案一审判决时止，一审法院两次与鉴定机构到达涉案房屋现场进行勘察、检测，房屋仍然处于未使用状态，仍然是竣工时的状态，未进行任何施工，余某、金某珀、金某琼只是接手进行管理。钟某、徐某主张余某、金某珀、金某琼擅自使用涉案房屋没有事实依据。《最高人民法院关于审理建设工程施工合同纠纷案件适用法律问题的解释》第十一条规定"因承包人的过错造成质量不符合约定，承包人拒绝修理、返工或者改建，发包人请求减少或者减少支付工程款的，应予支持"的规定，鉴定结论证明钟某、徐某存在过错，钟某、徐某应当承担责任。根据原《合同法》第二百六十二条、第二百八十一条的规定，钟某、徐某亦应当承担质量瑕疵的责任。钟某、徐某引用法律错误。该案建设工程施工合同行为发生在《民法典》施行前的2015年，根据《最高人民法院关于适用〈中华人民共和国民法典〉时间效力的若干规定》第一条"民法典施行前的法律事实引起的民事纠纷案件，适用当时的法律、司法解释"，本案的法律事实发生在《民法典》施行前，并且已经完全履行完毕，钟某、徐某于2018年3月23

日已经就涉案事实提起了民事诉讼。因此，钟某、徐某引用《民法典》和《最高人民法院关于审理建设工程施工合同纠纷案件适用法律问题的解释（一）》的相关规定作为提出上诉的理由，不符合《最高人民法院关于适用〈中华人民共和国民法典〉时间效力的若干规定》的规定，钟某、徐某引用、理解法律错误。

五、裁判结果

1. 撤销广东省阳江市阳东区人民法院（2020）粤1704民初226号民事判决；
2. 驳回余某、金某珀、金某琼的诉讼请求。

六、裁判理由

二审法院认为："已发生法律效力的一审法院（2018）粤1704民初559号民事判决认定涉案房屋在2014年8月由钟某、徐某承包施工建设，2015年12月30日，工程竣工并移交房屋给余某、金某珀、金某琼，由于三幢房屋存在内墙装修抹灰质量问题，双方没有进行验收，也没有办理移交手续，但房屋已实际由余某、金某珀、金某琼管理，该事实本院予以确认。余某、金某珀、金某琼已对房屋进行了实际管理，余某、金某珀、金某琼认为涉案房屋存在内墙装修抹灰质量问题，应向钟某、徐某主张权利，但余某、金某珀、金某琼未能提供证据证明要求钟某、徐某对涉案房屋进行修复的事实，余某、金某珀、金某琼应承担举证不能的法律后果，应认定涉案房屋于2015年12月30日为工程竣工验收合格之日，根据《房屋建筑工程质量保修办法》第七条规定'在正常使用条件下，房屋建筑工程的最低保修期限为：（一）地基基础工程和主体结构工程，为设计文件规定的该工程的合理使用年限；（二）屋面防水工程、有防水要求的卫生间、房间和外墙面的防渗漏，为5年；（三）供热与供冷系统，为2个采暖期、供冷期；（四）电气管线、给排水管道、设备安装为2年；（五）装修工程为2年'；第八条规定'房屋建筑工程保修期从工程竣工验收合格之日起计算'。涉案房屋是墙面抹灰开裂，属于装修工程，其保修期为2年，涉案房屋工程的保修期已过，余某、金某珀、金某琼请求钟某、徐某赔偿房屋内墙装修修复费，本院不予支持。一审法院认定涉案房屋工程竣工验收合格为 2016 年 7 月 28 日，认定事实错误，本院予以纠正。"

七、案例评析

该案的上诉重点并非涉案房屋质量的过错责任分配问题，而是钟某、徐某是否需对涉案房屋质量问题承担保修义务。

代理律师围绕钟某、徐某无须再承担质量保修的义务进而无须赔偿涉案房屋装修修复费这一逻辑，在二审中采取了两种代理思路：第一，根据《最高人民法院关于审理建设工程施工合同纠纷案件适用法律问题的解释（一）》第九条，① 主张本案一审法院认定涉案房屋实际竣工日期不清。如从事实上的竣工验收合格之日起算，涉案房屋质量保修期已过，钟某、徐某无须再承担质量保修的义务。第二，根据《最高人民法院关于审理建设工程施工合同纠纷案件适用法律问题的解释（一）》第十四条，② 主张余某、金某珀、金某琼未经验收擅自使用涉案房屋，视为余某、金某珀、金某琼认可涉案房屋质量合格，余某、金某珀、金某琼对其擅自使用工程承担质量风险责任，无权再主张质量不合格的保修责任，钟某、徐某亦无须再承担质量保修的义务。就本案二审的裁判理由来看，法院主要是采纳了代理律师的第一种代理思路，从涉案房屋质量保修期已届满的角度认定钟某、徐某无须再承担质量保修的义务进而无须再承担赔偿责任。

从该案一审鉴定结果可见，钟某、徐某交付的房屋确实存在内墙装修抹灰的质量问题。从房屋质量保修期的相关规定出发，《房屋建筑工程质量

---

① 《最高人民法院关于审理建设工程施工合同纠纷案件适用法律问题的解释（一）》第九条规定："当事人对建设工程实际竣工日期有争议的，人民法院应当分别按照以下情形予以认定：（一）建设工程经竣工验收合格的，以竣工验收合格之日为竣工日期；（二）承包人已经提交竣工验收报告，发包人拖延验收的，以承包人提交验收报告之日为竣工日期；（三）建设工程未经竣工验收，发包人擅自使用的，以转移占有建设工程之日为竣工日期。"

② 《最高人民法院关于审理建设工程施工合同纠纷案件适用法律问题的解释（一）》（法释〔2020〕25 号）第十四条规定："建设工程未经竣工验收，发包人擅自使用后，又以使用部分质量不符合约定为由主张权利的，人民法院不予支持；但是承包人应当在建设工程的合理使用寿命内对地基基础工程和主体结构质量承担民事责任。"

保修办法》第七条第五款规定了工程最低保修期限为两年。因此在本案中，认定涉案房屋内墙工程是否已过质量保修期的关键是明确质量保修期的起算点。

根据《房屋建筑工程质量保修办法》第三条的规定，保修期的起算之日为工程竣工验收合格之日。在对涉案房屋竣工验收合格之日的判断上，该案一审法院认为，涉案房屋工程竣工时间应当以不动产权证上登记的时间为准，即以 2016 年 7 月 28 日为起算点起算两年的保修期。该案二审法院则从以下两个角度认定涉案房屋竣工验收合格之日：第一，涉案房屋实际竣工、转移占有的日期；第二，涉案房屋实际转移交付之后，余某、金某珀、金某琼是否要求过钟某、徐某对房屋内墙质量进行修复。综合前述两点，该案二审法院综合认定涉案房屋实际转移占有之日为竣工验收合格之日，即以 2015 年 12 月 30 日为起算点起算两年的保修期，推翻了一审法院的判决，支持了钟某、徐某无须赔偿房屋内墙装修修复费的上诉请求。

综上所述，该案一审法院和二审法院之所以对钟某、徐某是否需要赔偿房屋内墙装修修复费这一争议焦点的态度不同，关键就在于其对质量保修期起算点的认定不同，即在对涉案房屋竣工验收合格之日的认定上出现了偏差。

在认定建设工程"竣工验收合格之日"这一问题上，根据《建设工程质量管理条例》第十六条①可知，工程竣工验收是建设单位组织设计、监理、施工单位及相关单位，对该项目是否符合规划设计要求以及建筑施工和设备安装质量进行全面检验以判断工程是否合格的过程，其中行政主管部门并不参与建设工程质量验收评定。从性质上说，不动产登记备案建设工程的竣工日期具有行政法律行为的性质，而建设工程竣工验收指合同当事人之间的民事法律行为，不能将二者等同。本案一审法院将不动产权证

---

① 《建设工程质量管理条例》第十六条："建设单位收到建设工程竣工报告后，应当组织设计、施工、工程监理等有关单位进行竣工验收。建设工程竣工验收应当具备下列条件：（一）完成建设工程设计和合同约定的各项内容；（二）有完整的技术档案和施工管理资料；（三）有工程使用的主要建筑材料、建筑构配件和设备的进场试验报告；（四）有勘察、设计、施工、工程监理等单位分别签署的质量合格文件；（五）有施工单位签署的工程保修书。建设工程经验收合格的，方可交付使用。"

上记载的竣工日期认定为实际竣工日期，并将该实际竣工日期作为质量保修期的起算点无法律依据。

需要明确的是，在本案中，虽然涉案房屋未经验收，但是余某、金某珀、金某琼对涉案房屋接收和使用的行为就代表了对钟某、徐某履约行为的接受和认可，也代表了钟某、徐某合同义务的完成，在权利外观上就等同于工程竣工验收合格，涉案房屋已实际竣工。

在建设工程领域，对完工工程进行竣工验收既是发包人的权利，也是发包人的义务。在竣工验收过程中发现工程存在问题即验收不合格时，发包人有权要求承包人在合理期限内对工程质量问题进行整改。承包人对全部问题整改完成后，发包人可再次验收，待验收合格后完成交付。如发包人在验收不合格时未及时主张整改的权利，而是未经验收合格就实际占有使用工程，并在发生纠纷且质量保修期已过的情形下主张房屋质量问题，明显是违背法律公平正义原则的，故将工程实际转移占有之日认定为竣工验收合格日期更有利于保护承包人的合法权益。

【点评】

本文通过案例体现了《最高人民法院关于审理建设工程施工合同纠纷案件适用法律问题的解释（一）》第九条关于当事人对建设工程实际竣工日期有争议的，人民法院应当如何认定的问题：在双方未能对建设工程进行验收且未完成移交手续的情况下，若发包人擅自使用该工程，应以工程转移占有之日作为竣工日期，并以此为基准计算保修期。在法律更迭之际，律师应积极关注立法动态，为当事人合法权益据理力争，最大程度地保障当事人利益。

点评人：广东广信君达律师事务所律师　史　萍

装饰装修合同纠纷应否适用专属管辖

广东广信君达律师事务所 史 萍

一、当事人的基本情况及案由

原告：G 建设公司
被告：S 装饰公司
案由：装饰装修合同纠纷

二、案情介绍

2016年4月23日，G建设公司与S装饰公司签订敦煌某国际酒店装修工程玻璃幕墙、石材幕墙专业分包合同，约定G建设公司承接酒店的部分幕墙工程，承包总造价为5,587,221.45元。合同签订后，G建设公司进场施工，后工程顺利竣工且验收合格。2016年9月2日，双方就涉案工程进行结算并签订了专业分包商最终结算单，确认工程质量合格并经验收通过，最终实际结算金额为530万元，S装饰公司累计付款350万元，预留保留金26.5万元，S装饰公司应当付款153.5万元。根据合同约定，S装饰公司应在双方认可结算价格后15日内即2016年9月17日前付清上述款项。由于S装饰公司未按约定支付剩余工程款，2017年8月3日、2017年8月24日，G建设公司委托律师向S装饰公司发出律师函，S装饰公司均已签收，但是未回复亦未付款。

2018年10月29日，G建设公司向该工程所在地法院敦煌市人民法院提起诉讼。立案后，S装饰公司以合同约定纠纷由深圳市福田区人民法院管辖为由，提起管辖权异议。

三、争议焦点

该案的争议焦点在于，该案系由装饰装修合同引发的纠纷，该纠纷是否属于专属管辖，即该案是由该工程所在地法院敦煌市人民法院管辖，还是合同中约定的深圳市福田区人民法院管辖。

四、各方的意见

（一）原告的意见

G建设公司代理方的意见如下，《民事诉讼法》（2017年修正）第三十四条规定："下列案件，由本条规定的人民法院专属管辖：（一）因不动产纠纷提起的诉讼，由不动产所在地人民法院管辖；（二）因港口作业中发生纠纷提起的诉讼，由港口所在地人民法院管辖；（三）因继承遗产纠纷提起的诉讼，由被继承人死亡时住所地或者主要遗产所在地人民法院管辖。"

《最高人民法院关于适用〈中华人民共和国民事诉讼法〉的解释》对不动产纠纷专属管辖的规定作出了司法解释，其中第二十八条规定："民事诉讼法第三十三条第一项规定的不动产纠纷是指因不动产的权利确认、分割、相邻关系等引起的物权纠纷。农村土地承包经营合同纠纷、房屋租赁合同纠纷、建设工程施工合同纠纷、政策性房屋买卖合同纠纷，按照不动产纠纷确定管辖。不动产已登记的，以不动产登记簿记载的所在地为不动产所在地；不动产未登记的，以不动产实际所在地为不动产所在地。"

在该司法解释中，规定了建设工程施工合同纠纷适用专属管辖，而建设工程施工合同纠纷是建设工程合同纠纷项下的其中一个第四级案由，对于建设工程合同纠纷项下的其他案由，最高人民法院民一庭曾在《人民法院报》发表文章，对民事诉讼法司法解释中有关管辖的规定作出解读，该文认为，按照不动产纠纷由不动产所在地法院专属管辖的建设工程施工合同纠纷，应不仅限于《民事案件案由规定》中的建设工程合同纠纷项下的第四级案由"建设工程施工合同纠纷"，应当包括该项下的建设工程施工相关的案件：建设工程施工合同纠纷、建设工程价款优先受偿权纠纷、建设工程分包合同纠纷、建设工程监理合同纠纷、装饰装修合同纠纷、铁路修建合同纠纷、农村建房施工合同纠纷。此外，从相关判例中不难发现，最高人民法院对建设工程合同纠纷的管辖问题的裁判规则遵循前述的观点，如（2017）最高法民再11号，裁定装饰装修合同纠纷应参照不动产纠纷确定管辖，即由不动产所在地人民法院管辖。

综上，该案为建设工程施工合同纠纷，应适用专属管辖的法律规定，双方当事人之间不得协议变更专属管辖法院，该案应由案涉工程所在地法院即敦煌市人民法院管辖。

（二）被告的意见

G建设公司向该工程所在地法院敦煌市人民法院提起诉讼后，S装饰公司以合同约定纠纷由深圳市福田区人民法院管辖为由，提起管辖权异议。其主要意见如下。

根据《民事案件案由规定》以及《最高人民法院关于印发修改后的〈民事案件案由规定〉的通知（2011）》（法〔2011〕42号，现已被修改）第一百条之规定："建设工程合同纠纷：（1）建设工程勘察合同纠纷；（2）建设工程设计合同纠纷；（3）建设工程施工合同纠纷；（4）建设工程价款优先受偿权纠纷；（5）建设工程分包合同纠纷；（6）建设工程监理合同纠纷；（7）装饰装修合同纠纷；（8）铁路修建合同纠纷；（9）农村建房施工合同纠纷。"

由上述规定可知，装饰装修合同纠纷属于建设工程合同纠纷的子案由，而建设工程施工合同纠纷也属于建设工程合同纠纷的子案由，两个案由属于并列关系。《民事诉讼法》规定，因不动产纠纷提起的诉讼，由不动产所在地人民法院管辖。根据《最高人民法院关于适用〈中华人民共和国民事诉讼法〉的解释》第二十八条规定，建设工程施工合同纠纷属于不动产纠纷，适用专属管辖。但法律并未对装饰装修合同纠纷是否适用专属管辖进行明确规定。

《民事诉讼法》第三十四条规定："合同或者其他财产权益纠纷的当事人可以书面协议选择被告住所地、合同履行地、合同签订地、原告住所地、标的物所在地等与争议有实际联系的地点的人民法院管辖，但不得违反本法对级别管辖和专属管辖的规定。"

综上，法律仅规定了建设施工合同纠纷属于不动产纠纷，并未规定装饰装修合同属于不动产专属管辖，因此，该案不应按不动产专属管辖确定管辖权，应按当事人的合同约定由深圳市福田区人民法院管辖。

五、裁判结果

1. 撤销敦煌市人民法院（2018）甘0982民初2634号之二民事裁定；
2. G建设公司诉S装饰公司合同纠纷一案由敦煌市人民法院审理。

六、裁判理由

甘肃高院认为，从G建设公司提起诉讼的具体请求及事实理由看，该案系因履行双方签订的《敦煌某酒店装修工程玻璃幕墙、石材幕墙专业分包合同》而引发的争议，诉讼标的是当事人争议的装饰装修合同法律关系，属于建设工程合同的范畴，是与建设工程施工相关的案件，根据《最高人民法院关于适用〈中华人民共和国民事诉讼法〉的解释》第二十八条第二款的规定，该案应当按照不动产纠纷确定管辖，由不动产所在地人民法院专属管辖。《民事诉讼法》第三十四条规定："合同或者其他财产权益纠纷的当事人可以书面协议选择被告住所地、合同履行地、合同签订地、原告住所地、标的物所在地等与争议有实际联系的地点的人民法院管辖，但不得违反本法对级别管辖和专属管辖的规定"，双方当事人虽然在合同中约定了管辖法院，但违反了《民事诉讼法》第三十三条第一项不动产纠纷专属管辖的规定，结合该案诉讼标的金额，该案应由工程所在地的敦煌市人民法院管辖，敦煌市人民法院将该案移送至深圳市福田区人民法院管辖不当，应予纠正。

七、案例评析

该案中，法院在专属管辖与协议管辖的适用标准上存在分歧。专属管辖是基于社会公共利益的目的规定的，是法律规定的某类案件只能由特定法院管辖，其他法院无管辖权，当事人不得以协议方式变更管辖。协议管辖，又称合意管辖或者约定管辖，是指双方当事人在纠纷发生之前，以合意方式约定解决双方之间纠纷的管辖法院。合同或者其他财产权益纠纷的当事人可以书面协议选择被告住所地、合同履行地、合同签订地、原告住所地、标的物所在地等与争议有实际联系的地点的人民法院管辖，但不得违反本法对级别管辖和专属管辖的规定。因此，专属管辖是相对于协议管辖而言的，它是依据管辖是否由法律强制规定，不允许当事人协商变更为标准而作的一种分类。

该案系由装饰装修合同引发的纠纷，确定装饰装修合同纠纷是否按照不动产专属管辖，关键要看装饰装修合同是否属于建设工程施工合同纠纷范畴。

根据《民事案件案由规定》第100条以及《最高人民法院关于印发修改后的〈民事案件案由规定〉的通知》（法〔2011〕42号，现已被修改但本条未变化）之规定："建设工程合同纠纷：（1）建设工程勘察合同纠纷；（2）建设工程设计合同纠纷；（3）建设工程施工合同纠纷；（4）建设工程价款优先受偿权纠纷；（5）建设工程分包合同纠纷；（6）建设工程监理合同纠纷；（7）装饰装修合同纠纷；（8）铁路修建合同纠纷；（9）农村建房施工合同纠纷。"

由上述规定可知，装饰装修合同纠纷属于建设工程合同纠纷的子案由，而建设工程施工合同纠纷也属于建设工程合同纠纷的子案由，两个案由属于并列关系，法律只规定了建设工程施工合同纠纷属于不动产纠纷，对装饰装修合同纠纷并未明确规定。目前实务中，大部分法院自最高人民法院作出（2017）最高法民再11号裁定后，基本依照最高法该裁定中的裁判理念，采纳装饰装修合同适用专属管辖的观点并据此作出裁定。比如，北京市高级人民法院《关于民事诉讼管辖若干问题的规定（试行）》第九条、重庆市高级人民法院《关于民事诉讼管辖若干问题的解答》（渝高法〔2017〕256号）第十七条、江苏省高级人民法院《关于审理建设工程施工合同纠纷案件若干问题的解答》第一条均就上述问题进行了明确的规定，内容均与最高法的观点一致。在此类地区提起装饰装修合同纠纷诉讼，极大概率将适用专属管辖，法院主动移送管辖的概率较大且提起管辖异议的成功率较高。

在未明确规定装饰装修合同适用专属管辖的地区，当事人可在签订装饰装修类的合同时尝试约定由上述地区法院管辖。但应当注意，当事人若约定案涉装饰装修合同由上述地区法院管辖，则该合同若在实际履行过程中产生纠纷且启动司法程序后，因合同中装饰装修工程所在地区法院并未明确装饰装修合同应适用专属管辖，因此案件将按照双方当事人在合同中约定的协议管辖条款，由协议管辖地的法院受理。但因协议管辖地的法院认为装饰装修工程案件应适用专属管辖，故案件在合同约定地法院申请立案时或立案完成后，案涉装饰装修合同中的管辖条款很可能被协议约定的管辖法院认定无效，应由装饰装修工程所在地的法院专属管辖，即案件将被移送回装饰装修工程所在地法院受理。

鉴于我国并非判例法国家，最高法及其他大部分法院的倾向性观点并非明确的法律规定。为避免诉讼风险，在签订装饰装修合同之前时，应重点审查合同中关于争议解决的条款，若拟约定管辖地与工程所在地不一致的，可以事先检索拟约定管辖地的相关规定、解释。如有关于装饰装修合同管辖的规定，则另行约定的其他法院管辖会因违背专属管辖而无效。

实践中经常出现的情况是，双方签订的装饰装修合同中还包括买卖合同性质的条款、装潢设计等条款。因此，在此种情况下，另行约定的管辖不必然会被裁定为专属管辖。为避免约定的法院管辖条款无效，还可约定仲裁条款。但需要特别注意的是，仲裁条款的约定要指向明确，否则会导致仲裁管辖条款无效。从诉讼策略的角度来讲，提出管辖异议所能创造的时间价值对于当事人来说是十分重要的。但是，这并不意味着就可以滥用提出管辖异议的权利，仍然要掌握分寸。

综上，虽然没有明确的法律或司法解释规定将装饰装修合同归入专属管辖的范畴，但大部分法院自最高法作出（2017）最高法民再11号裁定后基本采纳装饰装修合同适用专属管辖的观点并据此作出有关管辖问题的民事裁定。

【点评】

涉及建设工程相关的辅助工程、配套工程的合同，建议不要约定非项目所在地的法院管辖。因现行法律并没有明确规定此类案件适用何种管辖方式，由此可能造成不同级别的法院有不同的做法，如有的归为普通管辖，也有的归为专属管辖，这不仅影响立案的速度，也给对方通过提出管辖权异议等创造了机会，这可能最终导致原告失去最佳诉讼时机，从而影响诉讼目的的实现。因此专业的合同需要专业人士的审核与把关，否则可能给自己带来意想不到的麻烦或后果。

点评人：广东连越律师事务所律师　林永青

建设工程施工分包合同无效时的利益平衡

广东正大方略律师事务所　黄早松　张浩然

一、当事人的基本情况及案由

原告：A公司
被告一：B公司
被告二：C公司
被告三：D公司
案由：建设工程施工合同纠纷

二、案情介绍

2010年C公司（以下简称发包人）与B公司（以下简称总承包人）签订《某广场工程施工总承包合同》，约定施工总承包工程包括土建、幕墙、户内装修等，工程合同价款暂定为485,392,850元。此外，发包人与总承包人另签订了《某广场机电安装工程合同补充协议》，约定工程采用定额计价方式，安装工程执行《广东省安装工程综合定额（2010年）》和《广东省安装工程计价办法（2010年）》，收费标准按广州市建设工程造价管理站颁发的有关文件执行；以一类地区计费。

2011年10月21日，A公司（以下简称分包人）与总承包人签订《建筑工程施工总包配合管理协议》，约定将某广场智能化工程分包给分包人，总承包人根据合同约定收取相应的配合管理费。2012年2月16日，双方签订《电气、空调安装工程施工合同》，约定分包人承包涉案广场负4层至正6层电气安装、空调系统安装工程，分包人采取包工包料承包方式承包涉案工程，按月完成工程量计取工程进度款，合同约定总承包人应于次月 10 日支付工程进度款；总承包人在支付每期进度款时，按进度款的款额扣除 18% 的工程施工管理配合费用、税率等费用后，余额作为工程进度款即时支付；电气、空调工程全部完成，并经总承包人及相关职能部门验收合格后，分包人提交全套竣工验收资料并合格归档后，总承包人在收到建设单位工程款后 10 日内付清全部工程款余额，本工程没有工程预付款。2012 年 8 月 13 日，总承包人向分包人发出《合同追加确认书》，要求增加广场 7~55 层的机电施工，并执行原施工合同的约定，不再订立合同。

分包人 2012 年 1 月进场施工，分包人与总承包人都不清楚涉案工程移交竣工时间。2014 年 9 月 4 日，B 公司与 C 公司分别作为总承包单位、建设单位在《负 4 至 6 层电气工程设备移交清单》及《7 至 55 层电气工程设备移交清单》上签字盖章。

2017 年 7 月 26 日，分包人向总承包人位于涉案工程的地址邮寄发出《催款函》，载明分包人已于 2014 年 11 月完成全部的电气、空调安装施工工作并移交全部工程竣工验收资料、竣工图纸并归档。至此，分包人已按合同约定，完成合同的全部工作内容。同年，涉案广场正式开业，电气、空调等设备也同期投入运行使用。工程总进度款累计 39,685,380.38 元，在扣除 18% 的管理配合等费用后，总承包人应按每期已完成工程造价的 0.6048 确认并支付分包人工程进度款合计 24,002,987.90 元，截至发函之日总承包人已支付工程进度款 21,631,900 元，未付 2,371,087.91 元，扣除已支付的进度款及 18% 的项目管理配合费，总承包人还欠分包人进度款与项目结算款共计 10,910,111.91 元。

2018 年 4 月 2 日，分包人委托北京大成（珠海）律师事务所向总承包人住所地发出《律师函》，其中载明事项与 2017 年催款函基本一致，不同在于分包人主张总承包人应付的工程进度款金额在扣除 18% 的工程施工管理费及 6.396% 的税金后，合计为 30,003,734.98 元，总承包人尚欠 8,371,834.98 元未付。相比 2017 年的《催款函》，分包人在律师函中主张总承包人支付涉案工程全部的工程款而不是以 60.48% 计算应付款项。

后分包人向法院提起诉讼，主张总承包人向其支付拖欠工程款

8,371,834.98元及利息,总承包人、发包人及总承包人的唯一股东D公司对该诉讼请求承担连带清偿责任。

该案诉讼过程中,发包人出具的《关于提请债权人会议审议破产财产管理方案的报告》载明,广州市中级人民法院于2019年1月15日裁定受理发包人破产清算一案,目前发包人处于破产清算的状态。另总承包人已于2019年3月4日向发包人的管理人申报债权74,440,002.72元。分包人向法院申请对其完成的涉案广场负4~6层电气安装、空调系统安装工程以及7~55层机电施工工程的造价进行鉴定。之后,又以工程造价鉴定费用较高,鉴定耗费时间过长为由向法院撤回了鉴定申请。诉讼期间,分包人向法院陈述,其认为与总承包人签订的《电气、空调安装工程施工合同》及《合同追加确认书》为无效合同并变更原诉讼请求为:总承包人支付拖欠的工程进度款2,271,087.90元及利息和返还13%的工程管理配合费3,805,351.75元;总承包人、发包人及D公司对工程进度款承担连带清偿责任。

法院判决:(1)确认分包人与总承包人签订的《电气、空调安装工程施工合同》及《合同追加确认书》无效;(2)确认分包人对发包人享有工程价款2,269,818.05元的债权;(3)总承包人应向分包人连带支付的欠付工程价款;(4)驳回A公司的其他诉讼请求。

三、争议焦点

1. 分包人已完工的工程造价是多少。
2. 总承包人已向分包人支付的工程价款有多少。
3. 《电气、空调安装工程施工合同》和《合同追加确认书》是否为无效合同?若是,在合同无效的情况下,总承包人应向分包人支付多少工程进度款。承包人抽取的工程总价款18%的工程施工管理配合费是否应当返还给分包人。

四、双方的意见

(一)原告的意见

1. 关于工程款

分包人已完成的工程造价应按照总承包人及发包人核对确认的

39,685,380.38 元为准，总承包人已向分包人支付工程款 21,731,900 元。

分包人提交的《第七期工程进度款申请支付证书》及附件《已核对进度款明细表》记载强电系统 6~11 月即第一至六期的工程进度款为 2,960,491.05 元。供水系统 4~7 月的工程进度款为 668,536.53 元，强电系统 4~7 月的工程进度款为 2,960,491.05 元，合计为 3,629,027.58 元。其中，强电系统是由分包人完成的，但注明的 4~7 月应为记录时的笔误，实际应为 6~11 月。另分包人提交的《涉案广场电气、空调系统安装工程造价及收款情况汇总表》载明业主审核进度合计 39,685,380.38 元，分包人已收款 21,731,900 元，未收款 8,371,834.98 元。

2. 关于案涉合同的效力

分包人认为《电气、空调安装工程施工合同》和《合同追加确认书》为无效合同，在合同无效的情况下，总承包人应按照工程实际造价支付剩余的工程款。

总承包人未经发包人同意，将工程分包给分包人，已超越分包人的资质等级，故涉案工程施工合同为无效合同。鉴于涉案施工合同无效，故总承包人收取 18% 的工程施工管理配合费无事实和法律依据，但考虑到总承包人毕竟提供了一定的配合管理服务，因此，向分包企业收取 5% 以内的管理配合费较为合理，18% 的比例明显过高，应将已收取的 13% 工程施工管理配合费予以返还。此外，在合同无效的情况下，合同中约定的付款方式及付款条件自然无效，故不能遵照合同的原付款条件进行付款，应按照分包人实际施工的工程造价确认总承包人应向分包人支付的工程款。

（二）被告的意见（B 公司）

1. 关于工程结算

涉案工程未经竣工验收结算，根据合同约定，最终工程量以建设单位审核量为准，由于工程量目前暂无法确定，故分包人诉请的工程造价金额不准确。总承包人已实际向分包人支付的工程款为 24,178,967.77 元。另外，总承包人只认可前六期工程是分包人完成的，总承包人在与发包人的对账中，发现电气机电工程并非由分包人及总承包人单独完成，还有其他施工单位完成，实际上第七期工程就不是分包人完成的。因此，工程价款金额应剔除第七期的工程款，相应的工程款应为前六期进度款的总和，即36,724,889.3元。

2. 关于案涉合同的效力

总承包人认为《电气、空调安装工程施工合同》和《合同追加确认书》为无效合同，但根据《最高人民法院关于审理建设工程施工合同纠纷案件适用法律问题的解释》第二条规定，建设工程施工合同无效，但建设工程经竣工验收合格，承包人请求参照合同约定支付工程价款的，应予支持。因此，应参照合同约定向分包人支付工程价款。扣除18%的工程施工管理配合费及税率等费用是《电气、空调安装工程施工合同》明文规定的总承包人应该扣除的费用，因而不必就此向分包人予以返还。

五、裁判结果

法院作出如下判决：（1）确认分包人与总承包人于2012年2月16日签订的《电气、空调安装工程施工合同》及2012年8月13日签订的《合同追加确认书》无效；（2）确认分包人对发包人享有2,269,818.05元工程价款的债权；（3）总承包人应向分包人连带支付上述第二项工程价款2,269,818.05元。

一审判决后各方均服判未上诉。

六、裁判理由

（一）关于《电气、空调安装工程施工合同》及《合同追加确认书》的效力问题

法院认为，总承包人将涉案广场4~6层电气安装、空调系统安装工程及7~55层机电施工工程发包给分包人施工，相关工程价款超出分包人的资质等级所对应的承包工程造价范围。根据《最高人民法院关于审理建设工程施工合同纠纷案件适用法律问题的解释》第一条第一款的规定承包人未取得建筑施工企业资质或者超越资质等级的，建设工程施工合同无效。因此，上述协议依法应认定为无效合同。鉴于分包人现已完成涉案工程的施

工并移交给总承包人，虽然未经竣工验收合格，但该工程已实际投入使用。因此，分包人有权根据《最高人民法院关于审理建设工程施工合同纠纷案件适用法律问题的解释》第二条的规定，向总承包人主张支付工程价款。

(二) 关于涉案第七期工程的施工问题

分包人提供了第一至六期《班组工程款支付申请表》及对应的《已核对进度款明细表》《第七期工程进度款申请支付证书》及《已核对进度款明细表》予以证明，上述证据与该案其他证据及分包人的陈述能够互相印证，形成较为完整的证据链，法院予以采信。虽然总承包人主张第七期强电系统工程不是由分包人完成的，但并未提供相应证据证明，对此不予以采信。对于第七期工程款问题，虽然涉案合同为无效合同，其中约定的工程进度款付款条件等条款对合同双方不产生约束力，但根据分包人提供的《已核对进度款明细表》记载，强电系统 6～11 月工程进度款为 2,960,491.05 元，总承包人和发包人已盖章确认同意支付；结合分包人与总承包人、发包人对此前第一至六期工程完成量及相应造价款的申报、审核及付款的惯例，对分包人主张第七期工程款的请求予以支持。总承包人应参照此前的惯例，参照合同约定按所完成工程量造价的 0.6048 支付工程价款。经计算，涉案工程已完成工程的造价款由总承包人和发包人核对确认为 39,685,380.38 元，总承包人与发包人应支付的工程价款即为 24,001,718.05 元。

(三) 关于已付工程款金额问题

总承包人作为付款义务方，依法对其所支付款项的金额负有举证责任。根据其提供的现有证据不足以证明其主张的已付款金额 24,178,967.77 元，通过计算，总承包人所支付金额为 20,061,900 元，小于分包人自认的付款金额 21,731,900 元。因此，根据《最高人民法院关于适用〈中华人民共和国民事诉讼法〉的解释》第九十二条第一款的规定，采信分包人自认的数额为总承包人已付工程款金额。

（四）关于分包人要求总承包人返还工程进度款13%的工程施工管理配合费的请求

因合同被认定无效，其中约定的工程施工管理配合费18%的条款对双方不产生约束力。根据《合同法》第五十八条规定，合同无效，因该合同取得的财产，应当予以返还，不能返还或者没有必要返还的，应当折价补偿。有过错的一方应当赔偿对方因此所受到的损失，双方都有过错的，应当各自承担相应的责任。因该案分包人明确不申请就其所完成工程量进行造价鉴定，即总承包人就分包人完成的工程量所应支付的工程款金额，目前未能确定；而总承包人依据双方的合同约定在发包人支付的进度款中扣除的工程施工管理配合费，在性质上不属于上述规定的由总承包人因该合同取得的财产，故分包人要求总承包人返还上述工程施工管理配合费并给付利息的请求缺乏事实依据，不予支持。

七、案例分析

原告分包人在判断《电气、空调安装工程施工合同》及《合同追加确认书》无效的情况下，经总承包人抗辩，分包人向法院申请对其完成的工程量进行工程造价鉴定后又撤回鉴定申请，并表示在该案中仅主张工程进度款，诉讼请求由判令总承包人支付全部的工程价款800多万元及相应利息变更为总承包人向分包人支付拖欠的工程进度款200多万元及利息，并增加返还13%的工程施工管理配合费的诉讼请求。

该案中，如果合同有效，根据合同约定的"背靠背"条款，原告不可能获得工程结算款，也不可能获得相应的利息，法院判决考虑了分包人在合同无效的情况下却获得超出合同有效时的利益，这对于另一方当事人来说显然不公平，故最终没有支持原告关于利息以及返还管理费的诉讼请求。

针对上述情形，判决生效后实施的《民法典》第七百九十三条规定，在建设工程施工合同无效的情况下参照合同关于工程价款的约定折价补偿承包人，这个折价的比例由审判人员在实务中酌情考虑，但这并不是说《民法典》不保护承包人的利益。相反，在建设工程施工合同无效时，以工程价款按约定折价计算补偿的方式，可以在保证建设工程质量的前提下，确保双方当事人均不能从无效合同中获得超出合同有效时的利益。在2021年1月1日起实施的《最高人民法院关于审理建设工程施工合同纠纷案件适用法律问题的解释（一）》中对当事人的损失问题作出了详细规定，即"建筑工程施工合同无效，一方当事人请求对方赔偿损失的，应当就对方过错、损失大小、过错与损失之间的因果关系承担举证责任……人民法院可以结合双方过错程度、过错与损失之间的因果关系等因素作出裁判"。损失赔偿与工程结算分开进行，不仅更有利于双方当事人之间的利益平衡，也能更有利于法院在面对金额巨大的建筑工程合同纠纷时对工程价款进行计算。"折价"的理念十分符合司法裁判中注重利益平衡的中心审判思维。尽管在建筑行业依旧兴盛的今天，现实难以短期改变，但法院维护利益平衡的理念是追求法律效果与社会效果统一的必然要求，因此《民法典》中对无效工程施工合同工程价款作出"折价"补偿这一规定是十分必要的。①

【点评】

为保障工程质量、高效施工，《建筑法》规定经发包人同意总承包人可将工程专业分包给具备相应的资质条件的分包人，但是在现实中存在大量的无质资或资质不达标的分包人，在这类分包合同中一般会约定"背靠背条款"和"管理费"，这类分包合同因违反法律强制性规定而被认定无效。因分包合同无效，分包合同约定的"背靠背条款"和"管理费"对当事人没有约束力，分包人将获得比合同有效时更大的利益，故个案中需要进行利益平衡。通过总包方代理人的代理，该案虽然支持了分包人的工程进度款主张，但是驳回了分包人的利息主张；举证证明总承包人在实际施工过程中进行了管理，驳回了分包人要求返还管理费的主张，实现了分包合同无效时的利益平衡。

点评人：广东连越律师事务所律师　林永青

---

① 广州市越秀区人民法院民事判决书，(2019) 粤0104民初33919号。

建设工程优先受偿权期间的起算

广东正大方略律师事务所 黄早松 张浩然

一、当事人的基本情况及案由

申请人：A 公司

被申请人：B 公司

案由：建设工程施工合同纠纷

二、案情介绍

2010 年下旬，A 公司（以下简称工程公司）与 B 公司（以下简称发包单位）签订《施工总承包合同》，合同约定工程公司承建位于广州市某广场（以下简称 B 广场）21~51 层的施工总承包工程，包括土建、幕墙、户内装修工程等，工程公司包工、包料、包质量、包工期、包安全，工期 748 天。合同专用条款第二十五条、第二十六条约定工程量确认及工程款（进度款）支付："25.1 承包人须于每月 5 日前，将上月完成的工程形象进度……发包人在收到工程师提交的工程报告 3 个日历天内审核确定后支付。""26.1 双方约定的工程款支付的方式和时间：（1）自开工之日起，发包人每月按工程形象进度拨付一次。在承包人按专用条款上报工程量报告……发包人向承包人支付经审定的该月已完成形象进度对应的工程量的 75% 进度款。（2）工程完工验收合格交付使用之日起 10 个日历天内，发包人付至合同总价的 90%。（3）发包人须提交完整的竣工图、竣工资料……和工程结算资料一式三份……，结算款经发包人审核确认后付至总工程量的 97%。（4）终审结算价的 3% 作为工程质量保修金，发包人……一年后 7

个日历天内无息返还支付。"第37.1条约定争议的解决方式为提交广州仲裁委员会仲裁。

上述合同签订后，工程公司委托某分公司与发包单位签订《装饰工程施工合同》，明确B广场装修工程的7~26层套房、走廊及电梯厅的天、地、墙装修工程、门连门五金件、柜、水电工程、灯具、洁具等由工程公司施工，约定开工时间为2012年10月15日，竣工时间为2013年1月20日。约定由工程公司按合同暂定总价100%垫资，发包单位向工程公司支付垫资的占用费（15%）。工程公司按月申报进度款，进度款累计达到合同暂定总价且完成装修及水电验收合格后，发包单位在30个工作日内支付上述垫资款的90%及该部分垫资款相应的资金占用费。在工程竣工验收合格并完成结算之日起30个工作日内，发包单位一次性支付至合同结算总造价的97.5%，剩余2.5%作为保修金（2%装修保修金，0.5%防水保修金），装修保修期2年，防水保修期5年。

合同签订后，申请人设立"B广场工程项目经理部"统筹安排施工，根据发包单位的工程量变更要求及合同的约定施工。2015年9月初，工程公司提交最后一期装修工程的《工程项目总价表》，该表上发包单位的审核时间为2015年9月6日，发包单位在施工期间陆续支付部分工程进度款。2016年11月21日，工程公司向发包单位发出《关于催要工程款函》，载明工程公司已按合同承建涉案工程土建改造与机电安装工程，并在两年前竣工交付业主使用。按照双方合同确认的工程款为220,905,637.5元，其中土建改造工程款为148,390,450.7元，机电、空调补充协议的工程款为72,515,186.79元。土建按合同75%支付，共计110,842,838.03元；机电、空调按照合同80%支付，共计58,012,149.42元。但6年多来工程公司共计收到发包单位土建、机电、空调工程款168,854,987.45元。按照合同条款的规定，工程竣工交付使用时，发包单位应当向工程公司支付工程款的90%为29,960,086.27元（220,905,637.5×90%－168,854,987.43）。工程公司承建的7~26层精装修工程，经双方签字确认该工程款为31,606,796.4元，现发包单位仅支付部分工程款，尚欠工程款13,939,618.02元。2018年12月4日，工程公司再次向发包单位发出《关于催要工程款函》，该函件与上述 2016 年的函件基本一致，发包单位均在两份函件中盖章确认。

2020 年 7 月 29 日，发包单位破产管理人出具的《关于提请债权人会议审议破产财产管理方案的报告》载明，广州市中级人民法院于 2019 年 1 月 15 日裁定受理发包单位破产清算一案，破产管理人提交《某公司破产管理方案》供债权人会议审议表决。明确对发包单位名下的实物资产，包括房产、停车场等，采取已租赁的停车场继续出租，对空置的公寓和商铺，积极引进承租人，最大限度地利用上述不动产，以上房产根据破产清算的进度进行变价处理。

工程公司在知悉发包单位被广州市中级人民法院裁定破产清算后，鉴于发包单位的经营情况发生重大变化，将原仲裁请求——裁决发包单位支付土建改造、机电及空调安装、1~6 层室内装修工程至 90% 的工程进度款 29,960,086.2 元及利息 1,757,589.99 元，支付装修工程款 13,939,618.04 元及利息 1,880,876.09 元变更为：（1）裁决发包单位支付全部的土建改造、机电及空调安装、1~6 层室内装修工程款 53,761,995 元及利息，装修工程款 13,939,618.04 元及利息 1,880,876.09 元；（2）裁决工程公司对由工程公司施工，归发包单位所有的部分未转让的房产享有优先受偿权，就拍卖、变卖上述物业所得价款优先受偿。

该案裁决过程中，双方各自在第一次庭审后向仲裁庭提交一份《对账确认书》。后仲裁庭裁决：（1）发包单位向工程公司支付工程款 54,232,986.91 元及利息；（2）发包单位向申请人补偿财产保全费 5000 元；（3）对工程公司的其他仲裁请求不予支持。

三、争议焦点

1. 发包单位应付的工程款为多少。已付金额和未付金额各自多少。发包单位应付工程款的支付时间。

2. 工程公司是否对涉案工程价款享有优先受偿权。如果有，其优先受偿权行使期限的起算点是什么时候。

四、双方的意见

（一）申请人的意见

1. 关于工程款

工程公司的工程款项总额为 220,905,637.5 元，发包单位应自工程公司提交最后一期《工程项目总价表》起支付工程款。

根据工程公司提交的各工程进度款支付申请表、工程进度预算书、进度款计量支付申请书及 2016 年 11 月 21 日向发包单位发出的《关于催要工程款函》所载明的金额，发包单位应支付的工程款按双方的合同确认为 220,905,637.5 元，发包单位已付工程款为 17,667,178.38 元，在工程公司按照合同条款要求竣工完成并交付发包单位使用涉案工程时，发包单位应全额支付工程款 31,606,796.4 元。因此，发包单位尚欠工程款为 13,939,618.02 元。由于涉案土建工程、机电空调安装工程、室内装修工程在施工上有不可逆转的顺序，装修工程系最后完工。因此，应以工程公司提交的最后一期《工程项目总价表》作为工程款支付时间的起点。在该表上发包单位的审核时间为 2015 年 9 月 6 日，该日也就是发包单位应付工程款的支付时间。

2. 关于建设工程优先受偿权

工程公司对涉案工程价款享有优先受偿权，从工程公司向仲裁庭提交的《对账确认书》落款时间（2020 年 11 月 2 日）起算行使期限。

根据《最高人民法院关于审理建设工程施工合同纠纷案件适用法律问题的解释（二）》第二十二条的规定，承包人行使建设工程价款优先受偿权的期限为 6 个月，自发包人应当给付工程款之日起算，工程公司认为应当给付建设工程款之日包含两个含义，即工程款确定及已届满清偿期限，现根据该案情况，应当给付工程款之日应为双方确定工程款之日即 2020 年 11 月 2 日（《对账确认书》的落款时间）。

（二）被申请人的意见

1. 关于工程款

工程公司关于工程款的计算无事实依据。《承包合同》专用条款第26.1条第二款约定，工程完工经验收合格交付使用之日起10个日历天内，发包人付至合同总价款90%。《施工合同》第四条第二款约定，工程公司在2013年1月20日前完成装修及水电工程且经验收合格后，发包单位在30个工作日内支付上述垫资款的90%及该部分垫资款相应的资金费用。根据上述建设工程施工合同的约定，发包单位应分别在涉案总工程验收合格交付使用起10个日历天内付至总价款的90%，在室内装修工程验收合格后30个工作日内支付垫资款的90%，但工程公司并未提供相关证据证明涉案工程验收合格时间，其关于工程款的计算无事实依据。

2. 关于建设工程优先受偿权

工程公司主张的建设工程优先受偿权超出法定期限。《承包合同》约定工期为748日，没有对开工日期作明确约定，但发包单位提供的进度款支付表显示，工程公司于2011年4月25日向发包单位提交总第一期的《工程进度款支付申请表》，要求发包单位审核并支付第一期工程施工总承包合同的进度款，即涉案工程开工日期应早于2011年4月25日，往后推算748日，完工时间应早于2013年5月12日。另《施工合同》第三条第一款约定，开工日期为2012年10月15日，竣工时间为2013年1月20日。因此，案涉工程合同约定的竣工日期距离工程公司主张建设工程优先受偿权已超过6个月。根据《最高人民法院关于建设工程价款优先受偿权问题的批复》第四条规定，建设工程承包人行使优先权的期限为6个月，自建设工程竣工之日或者建设工程合同约定的竣工之日起算。现涉案工程约定竣工之日离工程公司主张建设工程优先受偿权已超过6个月的法定期限，其优先受偿权消灭。

五、裁决结果

仲裁庭作出如下裁决：（1）B公司向A公司支付工程款54,232,986.91

元及利息；（2）B 公司向 A 公司补偿财产保全费 5000 元；（3）驳回 A 公司的其他仲裁请求。

六、裁决理由

（一）关于工程公司要求发包单位支付工程款及利息的仲裁请求

双方各自在第一次庭审后向仲裁庭提交了一份《对账确认书》。在第二次庭审中，双方当事人共同确认了涉案工程土建部分应付工程款为 77,420,752.86 元，装修工程部分应付工程款为 33,482,815.62 元，合计为 253,197,311.31 元，其中已支付的工程款为 198,964,324.4 元，余下工程款 54,232,986.91 元未付。仲裁庭对双方当事人第二次庭审中共同确认的工程款项数额予以尊重。

（二）关于发包单位应付工程公司工程款的支付时间

根据上述合同约定可知，工程款的支付时间前提系工程验收合格，但在该案中涉案工程目前处于较为特殊的状态，已完成初始登记，房屋权属人系发包单位。虽然发包单位抗辩称涉案工程未经过整体验收，故支付全部工程款的条件不成就。但目前该工程已交付发包单位使用，且破产管理人接受发包单位破产财产后也实际将涉案工程的部分物业对外出租。既然发包单位已实际占用使用该工程，就应当向工程公司支付相应的对价。因此，仲裁庭认定发包单位应全额向工程公司支付工程款。

（三）关于工程公司要求对涉案工程价款享有优先受偿权的仲裁请求

工程公司主张，根据《最高人民法院关于审理建设工程施工合同纠纷案件适用问题的解释（二）》第二十二条的规定，承包人行使建设工程价款优先受偿权的期限为 6 个月，自"发包人应当给付工程款之日起算"，工程公司认为应当给付建设工程款之日包含两个意义，即工程款确定且已届满清偿期限。现根据该案情况，应给付工程款之日应为双方确定工程款之日即第一次庭审后提交的《对账确认书》的落款时间，但仲裁庭认为，该《对账确认书》是该案第一次庭审后双方在调解过程中形成的，且双方都提交了《对账确认书》。该对账单不同于司法解释中"发包人应当给付工程款之日",仅是双方对欠付数额基本达成一致的意见,而对支付时间并未达成一致意见。不能认为在庭审过程基于调解确定了支付数额即形成了支付义务,两者为不同概念。另外,仲裁庭认为:关于建设工程款优先权的起算点,无论是在《最高人民法院关于审理建设工程施工合同纠纷案件适用问题的解释(二)》还是在《最高人民法院关于审理建设工程施工合同纠纷案件适用问题的解释(一)》中均规定应从"发包人应当给付工程款之日"起算;根据上述规定并结合该案情况,工程公司在 2016 年 11 月 21 日向发包单位发出《关于催要工程款函》,在该函中提到涉案工程于两年前竣工并交付业主使用。因此,从工程公司向发包单位发出上述函件时,其也认为发包单位应向其支付工程款,但其并未提出行使涉案工程价款优先受偿权,现从 2016 年 11 月 21 日为起算点往后推算,无论是 6 个月还是 18 个月,均超过了法定行使涉案工程价款优先受偿权的期限,故对工程公司的该项请求不予支持。

七、案例评析

该案中,尽管发包单位以涉案工程未竣工验收,付款条件不成就为借口,迟迟不办理竣工结算,拒付剩下的工程款,但因为该涉案工程已实际投入使用,可以认为发包单位以行为方式确认涉案工程竣工,其有义务支付剩余的工程款。承包人工程公司可以以发包单位拒付工程款为由主张行使建设工程款优先受偿权。为避免超过优先权的行使期限,工程公司希望以《对账确认书》(2020 年 11 月 2 日)重新认定发包单位的付款时间,以此确认优先受偿权的起算点。但审理期间正值《最高人民法院关于审理建设工程施工合同纠纷案件适用问题的解释(一)》生效,并且对该起算点作了明确的规定,故仲裁庭最终没有采纳该观点。

最后,建议承包人注重权利的行使期限,在发包人应当给付工程款之日起 18 个月内,以书面通知的形式向发包人主张建设工程优先权,将该权利转化为受诉讼时效保护之下，以保障工程款的顺利实现。①

【点评】

建设工程优先受偿权属于法定优先，设立的初衷是保护被物化的建筑企业的劳动成果，保护广大建筑工人的合法权益。建设工程优先受偿权是保障施工企业能够顺利拿到工程款的核心权利，但是权利需要在法定的期限内行使，否则将罹于期间而失权。该案申请人的代理人搜索了最高人民法院的多起案例，反映了司法中尽量延后建设工程优先受偿权的起算时间，以保障建筑企业顺利收回工程款。为了统一裁判规则，2021年1月1日实施的《最高人民法院关于审理建设工程施工合同纠纷案件适用法律问题的解释（一）》第四十一条规定，承包人应当在合理期限内行使建设工程价款优先受偿权，但最长不得超过18个月，自发包人应当给付建设工程价款之日起算。

点评人：广东连越律师事务所律师　林永青

---

① 广州仲裁委员会裁决书，（2019）穗仲案字第1010号。

总公司是否需对他人冒用名义设立的分公司的建设工程债务担责

广东华誉品智律师事务所　幸桂诗　黄仲光

一、当事人的基本情况及案由

原告：广州某建筑公司

被告：深圳某电缆实业发展公司

案由：买卖合同纠纷

二、案情介绍

2013年4月29日，深圳某电缆实业发展公司与广州某建筑公司清远分公司签订了两份《产品销售合同书》，约定由广州某建筑公司清远分公司向深圳某电缆实业发展公司购买电线电缆等货物，合同价款共计人民币5,539,291元；交货地点为清远分公司承建的清远中央首座项目工地，交货日期2013年8月31日前。付款方式为先付5%的定金，货到付款20%，余款开70天有效期票；如未按时支付货款，需按欠款数额每天0.1%支付违约金。合同签订后，深圳某电缆实业发展公司按约定将涉案的货物交付给清远分公司，根据深圳某电缆实业发展公司提供的送货清单，最后一次送货时间为2013年11月1日。广州某建筑公司清远分公司通过支票的方式支付了部分货款。2014年3月29日，深圳某电缆实业发展公司与清远分公司又签订了一份《补充协议书》，在该协议中，清远分公司确认双方2013年4月签订产品销售合同书两份，合计人民币5,539,291元，2014年2月1日至2014年3月31日总欠款为3,508,544元。补充协议签订后，清远分公司仍未支付欠付的款项，故深圳某电缆实业发展公司诉至深圳市宝安区人民法院，请求判令：（1）广州某建筑公司与清远分公司立即支付货款人民币3,508,545元和迟延付款的违约金人民币36,840元（按照每日7‰从2015年1月1日起暂计至起诉之日，并要求继续计算至货款付清之日止）；（2）广州某建筑公司与清远分公司承担本案的诉讼费。其后，深圳市宝安区法院作出（2015）深宝法民二初字第×××号民事判决，支持了深圳某电缆实业发展公司的诉讼请求。

因深圳市宝安区法院未能正常向广州某建筑公司送达相关诉讼材料，故该法院在广州某建筑公司缺席的情况下审理了该案。因广州某建筑公司与清远分公司未上诉，故（2015）深宝法民二初字第×××号民事判决生效。

2016年8月，广州某建筑公司向深圳市中院提起再审，请求撤销（2015）深宝法民二初字第×××号民事判决，改判广州某建筑公司无须向深圳某电缆实业发展公司承担任何责任。2016年10月28日，深圳中院作出（2016）粤03民申×××民事裁定，裁定由深圳中院提审。

2008年7月广州某建筑公司与清远分公司负责人莫某及梁某签订承包经营合同，同意莫某、梁某以广州某建筑公司的名义开展清远地区的业务，莫某、梁某应当向广州某建筑公司每年缴纳承包管理费12万元。为了便于莫某、梁某开展清远地区业务，广州某建筑公司与梁某签订协议，广州某建筑公司同意在清远市当地设立银行账户交给梁某使用，梁某应当合法使用账户，因账户而产生的一切责任由梁某承担，与广州某建筑公司无关。其后，广州某建筑公司开设了账户A交给梁某、莫某使用，银行账户A相应的印章一并移交给莫某、梁某。其后，梁某退出了经营，清远地区的业务由莫某承包，账户A一直由莫某持有、控制及使用。

2009年3月，莫某为了便于开展业务，在没有征得广州某建筑公司同意的情况下私自设立广州某建筑公司清远分公司。因办理工商登记需要广州某建筑公司公章和法人签章，故莫某私自刻制了广州某建筑公司的公章并冒认法人的签章。对办理工商登记需要的资料——设立登记申请书、负责人登记表、委托代理人证明、股东会决议、公司章程、营业执照、任命书、租赁合同及房地产权证，需要加盖广州某建筑公司公章的，均使用其伪造的印章。在按照工商登记的要求办理相关手续后，莫某成功骗取了清远市的工商登记备案，并领取了广州某建筑公司清远分公司的营业执照。2015年1月，经广州某建筑公司举报，莫某向清远市工商局书面交代了整个伪造印章骗取工商登记的情况。清远市工商局查明骗取工商登记的事实后，遂对清远分公司作出吊销的行政处理。

为了证明莫某私刻印章设立清远分公司的事实，广州某建筑公司委托鉴定公司对莫某办理清远分公司工商登记所使用的印章进行鉴定。经鉴定公司鉴定，莫某办理清远分公司工商登记使用的资料所使用的印章均为伪造，其办理工商登记的资料均为虚假资料。在再审过程中，就莫某伪造印章的行为，广州某建筑公司向公安机关报案。莫某以伪造印章罪被法院判决有期徒刑6个月。

在再审庭审中，深圳某电缆实业发展公司向法庭提供：（1）中国人民银行支付系统专用凭证，其内容显示广州某建筑公司账户A向清远分公司转款5.8万元；（2）中国银行对账单，其内容显示2009年1月广州某建筑公司通过账户A向莫某及莫某财务黄某支付劳务费。

经深圳某电缆实业发展公司申请，法院调取了广州某建筑公司账户A的银行流水明细。该流水明细显示，广州某建筑公司与清远分公司存在多笔资金往来。

三、争议焦点

1. 清远分公司是否应当向深圳某电缆实业发展公司偿还货款3,508,544元。

2. 广州某建筑公司是否对清远分公司的上述债务承担连带赔偿责任。

四、各方的意见

（一）广州某建筑公司的意见

1. 该案自立案起至广州某建筑公司向深圳市中级人民法院提交再审申请书之日，均未收到深圳市宝安区人民法院送达的任何诉讼材料，包括民事起诉状、证据材料、民事判决书等，也没有参与过该案的任何庭审程序。申请人作为正常经营存续的企业，应当不存在送达不能的情况。深圳市宝安区人民法院在送达不能的情况下径行审判并判决申请人承担责任，明显有违公平公正。

2. 清远分公司不是广州某建筑公司合法授权成立的分公司。该案的清远分公司是由莫某、黄某等人私刻广州某建筑公司印章骗取清远市工商行政管理局清城分局工商登记而成立，不是广州某建筑公司真实设立或授权他人登记设立的分公司。清远分公司不是合法有效的民事主体，故广州某建筑公司不应当为无效的民事主体的行为承担法律责任。

3. 莫某骗取工商登记的行为属于冒认他人名义的行为，其冒认广州某建筑公司清远分公司与他人发生的民事法律行为应当由莫某承当，而不应当由清远分公司承担责任。

（二）清远分公司的意见

清远分公司一审及再审未到庭应诉，未作答辩。

（三）深圳某电缆实业发展公司的意见

1. 深圳市宝安区人民法院（一审法院）（2015）深宝法民二初字第×××号判决程序合法，送达程序合法。

一审法院首先通过邮寄送达，在广州某建筑公司地址变更而导致无法送达的情况下，再次通过公告方式送达，送达程序符合法定程序。

2. 清远分公司与广州某建筑公司之间的关系是总公司与分公司的关系，广州某建筑公司应当为清远分公司的债务承担清偿责任。

清远分公司经清远市工商局清城分局合法登记备案成立，经工商部门登记成立的工商主体对市场交易的主体应当具有公信力，故清远分公司的民事行为应当为合法有效的行为，其与深圳某电缆实业发展公司签订的买卖合同应当合法有效，清远分公司应当向深圳某电缆实业发展公司承担支付货款的责任。

3. 广州某建筑公司知道清远分公司存续的事实，并默许其对外经营。

（1）广州某建筑公司与莫某于2009年3月8日签订承包经营清远分公司合同，莫某向广州某建筑公司缴纳承包管理费，足以证实广州某建筑公司与莫某存在承包经营公司关系，广州某建筑公司同意莫某以其名义设立清远分公司并对外承接相关业务。

（2）广州某建筑公司与清远分公司在清远分公司成立之后，存在款项往来的事实。

从广州某建筑公司的银行账户A的流水情况可知，广州某建筑公司与清远分公司存在多笔款项的往来。其中，账户A的流水显示，广州某建筑公司向莫某、黄某支付劳务费，向清远分公司转款5.8万元。上述的往来明细足以证实广州某建筑公司知情并默许清远分公司的经营，故广州某建筑公司应当为清远分公司欠付深圳某电缆实业发展公司的货款承担清偿责任。

五、裁判结果

（一）一审（2015）深宝法民二初字第×××号民事判决结果

1. 广州某建筑公司清远分公司于判决生效之日起5日内支付深圳某电缆实业发展公司货款3,508,544元及逾期付款违约金（违约金按中国人民银行同期同类贷款利率的1.5倍计算，自2015年1月1日起计至广州某建筑公司清远分公司实际支付之日止）；

2. 广州某建筑公司对广州某建筑公司清远分公司需承担的上述给付义务承担补充清偿责任；

3. 驳回深圳某电缆实业发展公司的其他诉讼请求。

（二）再审（2016）粤03民再×××号民事判决结果

维持深圳市宝安区人民法院（2015）深宝法民二初字第×××号民事判决。

六、裁判理由

1. 深圳某电缆实业发展公司、清远分公司签订的《产品销售合同书》合法有效，清远分公司应当向深圳某电缆实业发展公司承担支付货款以及相应违约金的责任。

深圳某电缆实业发展公司、清远分公司双方签订的《产品销售合同书》是双方的真实意思表示，不违反法律、法规的规定，该合同依法成立并生效，各方均应按合同的约定履行。清远分公司在收取深圳某电缆实业发展公司的货物后，应及时支付货款，2014年3月29日，清远分公司确认尚欠深圳某电缆实业发展公司货款3,508,544元，此后，深圳某电缆实业发展公司称此后清远分公司未再支付货款，故法院对深圳某电缆实业发展公司要求支付货款的请求一审法院及再审法院均予以支持。清远分公司未按双方的约定及时支付货款，已构成违约，应支付相应的违约金，深圳某电缆实业发展公司请求自2015年1月1日起支付相应的违约金，一审法院予以支持，但双方约定每日0.1%的违约金过高，深圳某电缆实业发展公司主动调整为每日7‰也超过相关的法律规定，故一审法院调整为按中国人民银行同期同类贷款利率的1.5倍计算。再审法院对一审违约金的调整予以支持。

2. 广州某建筑公司是否对清远分公司的上述债务承担连带赔偿责任。

依据《公司法》（1993年版本）第十四条"公司可以设立分公司""分公司不具有法人资格，其民事责任由公司承担"的规定，再审申请人广州某建筑公司作为总公司，依法应当对该公司的清远分公司的民事责任承担连带责任。据此，原审法院判令广州某建筑公司对清远分公司的货款3,508,544元及逾期付款违约金，承担补充清偿责任正确，再审法院予以支持。

3. 关于广州某建筑公司再审主张其对清远分公司由他人假冒设立，对清远分公司的经营根本不知情且与其所有行为无关的问题。

对此，再审法院认为，其一，深圳某电缆实业发展公司再审提交的证据2009年3月8日《承包经营清远公司合同》和《收款收据》（加盖广州某建筑公司公章复印件），与广州某建筑公司提交的莫某情况交代证据中的签订协议和缴纳承包管理费内容，互相印证，形成证据链，足以证实广州某建筑公司同意并授权莫某开展清远地区业务、设立清远分公司并负责营运，且莫某向广州某建筑公司缴纳年度承包费12万元。其二，清远分公司成立之后（2012年至2013年），清远分公司和广州某建筑公司之间存在多笔业务款项往来，足以证实广州某建筑公司对清远分公司的存在和经营的事实知晓和默认。其三，深圳某电缆实业发展公司提交的中国银行对账单证实，清远分公司设立以前，广州某建筑公司曾多次向莫某和黄某支付劳务费，说明广州某建筑公司与清远分公司主要的负责人具有长期业务经营合作关系。上述证据内容互为印证，足以证实广州某建筑公司对清远分公司的设立经营事实是知晓且存在经济往来。故广州某建筑公司再审称对清远分公司的设立经营不知情且与其行为无关，缺乏事实和法律依据，法院不予支持。

4. 关于广州某建筑公司主张其案涉开设给梁某及莫某使用的账户A系他人代开并交由清远分公司管理的问题。

账户使用协议签订人梁某的陈述反映，账户A是经广州某建筑公司负责人授权由梁某于清远地区开设，后又由梁某将账户交由清远分公司莫某管理，且莫某也向广州某建筑公司反映过成立清远分公司之事宜，以上可以证实广州某建筑公司对清远分公司设立和经营知情和默许；即使退一步而言，梁某擅自将账户转交清远分公司管理，系广州某建筑公司指派委托工作人员失当和公司管理不善造成，也不能免除其应当对外承担的民事行为法律责任。据此广州某建筑公司的该项理由不能否定其对清远分公司的债务承担清偿责任，再审法院不予支持。

七、案例评析

《公司法》第十四条规定，"公司可以设立分公司""分公司不具有法人资格，其民事责任由公司承担"。虚假设立的分公司，总公司并不必然不需要承担民事责任。

在本案中，清远分公司私刻总公司印章，其后使用私刻的总公司印章加盖了办理工商登记的资料，从而取得了工商登记部门的工商登记，使分公司具有了民事主体资格从事民事活动。本案中的总公司，为了方便莫某及梁某开展业务，自行将总公司的银行账户交由梁某使用，梁某随后将账户交由莫某使用，但梁某没有监管好莫某对账户的使用，而总公司也没有监管好梁某对账户的使用，从而导致莫某使用总公司的账户与其清远分公司的账户发生多笔款项往来，故法院认为总公司内部管理不善不能免除其对外应当承担的责任。①

【点评】

建筑公司在公司经营初期为了拓展业务，大多采用同意他人承包经营的方式扩大业务范围。这种承包经营的方式多为粗犷型，范围广，难以监管，从而导致承包人以总公司的名义实施多项民事行为，而总公司往往都是在发生纠纷以后才知道承包人实施的法律行为。为了方便承包人承接业务后开展业务，总公司一般同意开设一个总公司的银行账户给承包人使用。这种粗犷型的管理以及开设账户的行为具有很高的法律风险。

按照相关司法解释的规定，冒认他人实施的法律行为应当由冒认人承担相应的法律责任。若该案不存在总公司将账户交由他人使用而对账户却监管不善的问题，对于虚假设立的分公司，总公司在没有认可和默许的情况下，总公司理应无须为分公司的债务承担清偿责任。因此，无论建筑公司还是其他性质的企业，对将银行账户交由他人使用的行为，应当慎之又慎，不但应签订使用协议，而且对账户及账户使用人做好监督及管理工作。

点评人：广东胜伦律师事务所律师　肖挺俊

---

① 深圳市中级人民法院民事判决书，(2016) 粤03民再167号。

"交钥匙"总承包工程合同下，因法律变动导致设计变更所增加的工程价款由谁承担？

广东金桥百信律师事务所　白　峻　邓玟洁

一、当事人的基本情况及案由

申请人：广州市某建筑工程有限公司（以下简称 B 公司）

被申请人：广东某电器股份有限公司（以下简称 A 公司）

案由：建设工程施工合同纠纷

二、案情介绍

2017 年 11 月 28 日，A 公司发布《招标文件》，相关内容如下：（1）涉案工程系包含消防工程等工程在内的"交钥匙"总承包工程，承包人负责勘查、设计、施工、结算、保修等全部工作；（2）勘查、设计费用固定总价包干、施工费用综合单价包干，设计、施工范围详见 A 公司的《设计任务书》；（3）工程设计按国家现行的有关规范标准执行。

2017 年 12 月 28 日，B 公司参与涉案工程投标。

2018 年 4 月 25 日，A 公司与 B 公司签订《总承包合同》，相关约定如下：（1）按照国家现行的标准、规范和规程进行工程设计；（2）B 公司对自身的设计缺陷自费修正、调整和完善，该部分导致增加的合同价款由 B 公司承担；（3）基准日期为递交投标文件截止日期（即 2017 年 12 月 28 日）之前 30 日的日期。因执行基准日期之后新颁布的法律、标准、规范引起的变更，属于设计变更。在基准日期之后，因法律变化导致 B 公司的费用增加的，A 公司应合理地增加合同价款。

2017年11月20日,《建筑防烟排烟系统技术标准(2018年版)》(以下简称消防新规)颁布,尚未正式实施。2018年8月1日,消防新规正式实施,要求涉案工程需设置防排烟系统。自2017年11月20日至2018年8月1日,B公司按照《建筑防烟排烟系统技术标准(2017年版)》(以下简称消防旧规)设计涉案工程的防烟排烟系统。因消防新规实施,涉案工程施工图需补充部分防排烟系统工程,B公司由此增加了施工费用。

除此之外,B公司在接收涉案工程场地后,发现场地存在大量地块松动的情况,需要通过"强夯"的技术手段加固地基,由此B公司产生了一笔高额的"强夯"措施施工费用。

之后,B公司申请仲裁要求A公司承担因消防新规所产生的设计变更工程施工费用,以及采用"强夯"措施所增加的工程款项。

三、争议焦点

1. 因消防新规所产生的设计变更工程施工费用,由谁承担。
2. 因采取"强夯"措施导致增加工程施工费用,由谁承担。

四、各方的意见

(一)申请人B公司的意见

1. 关于因消防新规所增加的施工费用。A公司《设计任务书》中未要求涉案工程设置防排烟系统,B公司根据A公司的《设计任务书》进行工程设计,符合《总承包合同》签订时双方的真实意思表示。在《设计任务书》之外进行的工程设计,均属于设计变更,由此产生的工程费用,应当由A公司承担。消防新规实施之前,B公司设计的施工图符合当时国家法律规定,B公司不存在任何设计过错。正是由于A公司延误办理工程规划证,才导致政府部门未能在消防新规实施前审查通过原设计图纸,因A公司过错导致涉案工程不得不适用消防新规,由此产生的工程费用应由过错方(A公司)承担。

2. 关于因采取"强夯"手段导致增加的工程施工费用。《总承包合同》约定"A公司应负责提供施工场地,保证B公司能够按时进入现场开始准备工作"。但是，A 公司提供的场地不符合施工要求，故 B 公司采取"强夯"措施对地基进行夯实，A 公司理应承担"强夯"措施导致增加的工程施工费用。

（二）被申请人 A 公司的意见

1. 关于因消防新规所增加的施工费用。

（1）根据《总承包合同》的相关约定，涉案工程设计应适用 2017 年 11 月 28 日前颁布的国家强制性规范及标准，因消防新规于 2017 年 11 月 20 日颁布，故 B 公司应适用但未适用该标准导致增加的施工费用由 B 公司自行承担，A 公司应不予支付。

《总承包合同》约定："按照国家现行的标准、规范和规程进行工程设计。……B 公司对自身的设计缺陷自费修正、调整和完善，该部分导致增加的合同价款由 B 公司承担。基准日期为递交投标文件截止日期之前 30 日的日期。因执行基准日期之后新颁布的法律、标准、规范引起的变更，属于设计变更。在基准日期之后，因法律变化导致 B 公司的费用增加的，A 公司应合理增加合同价格。"

根据上述约定，该案递交涉案工程投标文件截止日期为 2017 年 12 月 28 日，故《总承包合同》约定的"基准日期"为 2017 年 11 月 28 日。《总承包合同》中关于"在基准日期之后，因法律变化导致 B 公司的费用增加的，A 公司应合理增加合同价格"的内容，应当理解为：在 2017 年 11 月 28 日后，如国家颁布了新的法律法规，由此导致 B 公司施工费用增加的，A 公司才需要增加相应工程款。但是，消防新规于 2017 年 11 月 20 日颁布，该法规颁布时间在"基准日期"之前，故 B 公司应适用消防新规进行工程设计，由此增加的工程款也应当由 B 公司自行承担，如图 1 所示。

```
《防排烟消防新规》颁布日期          投标文件递交截止日期
        2017-11-20                   2017-12-28
```

此期间内，应适用国家最新颁布的规范、标准，因未适用新规导致后续设计或工程变更增加的费用已包含在合同总价款中，不另行支付

2017-11-28 基准日期

此期间内，因国家颁布新强制性规范、标准导致承包人的费用增加的，发包人应合理增加合同价款

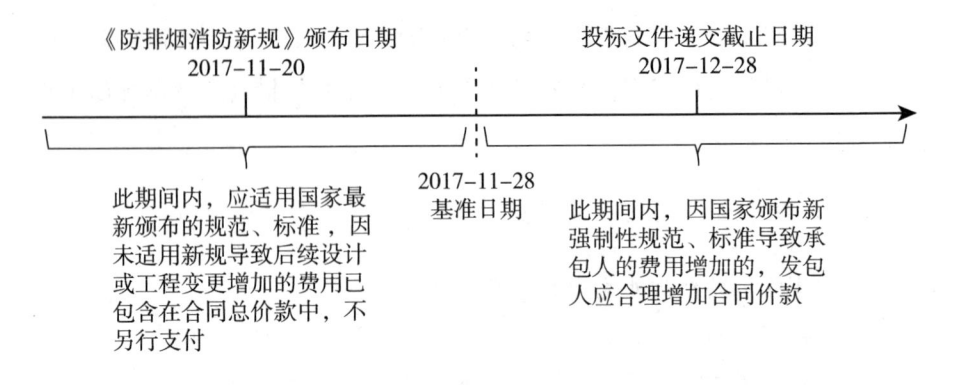

图1

鉴于B公司应适用而未适用消防新规进行工程设计，B公司应当自行承担为弥补设计缺漏所产生的设计与施工费用。B公司为了弥补消防设计缺漏所产生的设计、施工费用已包含在合同总价款中，不应当由A公司额外支付。

（2）在消防新规于2018年8月1日正式实施前，B公司"打擦边球"适用《总承包合同》签订时实施的消防旧规从而达到节省成本的效果，其能否成功申请消防设计备案，属于B公司自行掌握的事宜，B公司由于自身原因无法适用消防旧规的后果由其自身承担。

根据《消防法》第十一条第二款"建设单位申请领取施工许可证或者申请批准开工报告时应当提供满足施工需要的消防设计图纸及技术资料"的规定，如要取得《建设工程规划许可证》，则必须提供消防设计图纸和技术资料。根据《总承包合同》关于"B公司承包设计、施工、代A公司进行工程报批、报审等工作"的约定，B公司有义务提供涉案工程的消防设计图纸和技术资料。

退一步说，即便B公司为了节省成本而试图在2018年8月1日前适用消防旧规，其未能适用消防旧规报批的原因在于B公司迟迟不能出具消防设计图纸及技术资料，导致涉案工程在2018年8月1日后才取得《建设工程规划许可证》，B公司由于自身原因未能"打擦边球"适用消防旧规从而达到节省成本的效果，与A公司无关。

综上，该案中，B公司无故拖延全部涉案工程（共20栋建筑物）的消

防设计备案时间，B公司存在重大过错，应当自行承担其未能"打擦边球"适用消防旧规所产生的设计、施工成本和费用。况且，无论涉案工程何时取得《建设工程规划许可证》都不影响B公司应当按照《总承包合同》的约定适用消防新规。B公司应当适用消防新规却未适用，B公司应适用而未适用消防新规进行工程设计，B公司应当自行承担为弥补设计缺漏所产生的设计与施工费用。

2. 关于因采取"强夯"手段导致增加工程施工费用。

（1）根据《总承包合同》和《投标文件》的相关约定，B公司、广东勘察院、轻纺设计院组成的联合体负责涉案工程的勘察、设计、施工直至竣工验收合格全部工作，而"强夯"措施属于施工的一部分，由此产生的相关费用已包含在合同总价款中，A公司无须另行支付。

《总承包合同》合同协议书第一条约定："B公司、广东勘察院、轻纺设计院组成的联合体负责涉案工程的勘察、设计、施工直至竣工验收合格全部工作，具体包括但不限于：勘察、红线内场地平整及地上附着物清理、创造施工条件及环境以及根据设计规范及质量要求需要进行的其他工作等。"

除上述合同约定外，《投标文件》第五部分"项目施工组织实施方案"第4.2.1条约定："本工程在施工前先做好各种物质资源和技术条件的调查。"第7.2.2条约定："根据本工程特点，施工推进的预见性，周边场地的限制对工程进度推进有不小的影响，做好每个阶段的施工平面布置措施，提高各种制约条件和预见性，采取针对性措施以保证工程顺利进行。"

根据上述《总承包合同》和《投标文件》的约定，B公司组成的联合体具备专业勘察资质，有义务对涉案工程进行全面勘察，B公司有义务采取针对性措施确保场地符合施工条件，且保证涉案工程竣工验收合格。广东勘察院分别于2017年10月28日、2018年5月31日出具了《岩土工程初步勘察报告》（以下简称《初勘报告》）和《岩土工程详细勘察报告》（以下简称《详勘报告》），两份报告在第七部分"工程地质评价"中均载明："场地分布松散状人工填土层，该层未完成自身固结且厚度不均匀，易产生不均匀沉降，当地面推载量较大时亦会压缩变形，对桩基亦会产生负摩擦力，因此必须予以重视。为减小填土的压缩变形，可对填土进行夯实或换填处理。"另外，两份报告在第八部分"基础类型及参数选择"和第十部分"结论及建议"中提及"由于场区填土较厚，厂房区域的地坪应进行地基处理，可采用强夯法、钢花 3 或袖阀管注浆法加固人工填土"。

从上述勘察报告可知，B 公司在投标时对涉案工程场地及地质情况已经有明确清晰的认识，并明确知道在施工过程中需采取"强夯"等针对性措施以保证涉案工程的顺利完工。B 公司根据涉案工程场地的实际施工情况采取"强夯"措施加固地基、创造施工条件及环境，是履行 B 公司施工义务的行为，相关费用已包含在涉案工程施工费用中，A 公司无须另行支付。

(2)"强夯"不属于《总承包合同》约定的应由 A 公司调整合同价款的"设计变更"事项，强夯措施费用已在合同总价款中考虑，超额部分费用不予调整。

《总承包合同》专用条款第 13.7 条约定："设计变更及工程签证只限于以下情况提出：a、使用单位要求；b、因不可抗力；c、由使用单位、发包人共同确认的其他情况。……上述原因引起的设计变更按合同约定完善变更程序后可按照第 13.5 条规定计算并调整合同价款……承包人对已经审定的施工图进行设计缺漏的完善或增补，以及为了完善相关工程施工组织文件内容而进行的调整，该部分导致增加的合同价款由承包人承担。"

根据上述约定，变更涉案工程设计仅存在于"使用单位要求""不可抗力""由使用单位、发包人共同确认的其他情况"的三种情形中。除上述情形外的其他情况均不属于设计变更，相关费用由 B 公司自行承担。

首先，"强夯"不属于"不可抗力"情况下的设计变更事项。该案中，"强夯"系涉案工程施工过程中实施的一种"技术措施"，旨在于加固地基，不属于《总承包合同》中约定的"不可抗力"设计变更事宜。如前文所述，包括 B 公司在内的联合体已经对涉案场地内的地质情况进行了勘察，明确知悉"由于场区填土较厚，厂房区域的地坪应进行地基处理，可采用强夯法、钢花 3 或袖阀管注浆法加固人工填土"的情况，对场地及周围环境给施工造成的影响具有一定的预判力，且对所需采取的"强夯"措施及相关费用具有预见性。因此，B 公司采取"强夯"所产生的费用不属于"设计变更"，该费用已包含在合同总价款中，A 公司无须支付其他任何费用。

其次，"强夯"不属于"使用单位要求"或"由使用单位、发包人共同确认的其他情况"下的设计变更事项。涉案工程的设计变更需征得 A 公司的书面同意且必须符合《总承包合同》约定的工程变更程序。但该案中，"强夯"无相应签证，也未经 A 公司盖章批准，B 公司采取"强夯"措施进行施工不属于"使用单位要求"或"由使用单位、发包人共同确认的其他情况"中的任何一种情况，不属于设计变更范畴，B 公司关于因采取"强夯"导致增加的工程价款由 A 公司另行支付的主张，缺乏事实和法律依据。

五、裁决结果

仲裁庭裁定如下：由于消防新规施行引起的设计变更而增加的工程款项，以及因采取"强夯"措施导致增加的工程施工费用，由 A 公司和 B 公司各自承担一半。

六、裁决理由

（一）关于因消防新规所增加的费用

1. 《总承包合同》约定施工费用综合单价包干，故涉案工程施工费用需按实结算。关于涉案工程设计变更是否属于因执行消防新规引起的变更。《总承包合同》约定 B 公司应按照 A 公司的《设计任务书》进行设计、施工等工作。A 公司的《设计任务书》显示涉案工程不设置机械排烟系统，B 公司按照《设计任务书》出具的施工图已明确设计依据的国家标准为消防旧规，A 公司予以盖章确认。在消防新规实施后，两公司均认可消防新规将导致涉案工程增加防排烟系统，由此需要变更原设计方案。因此，消防新规所产生的设计变更属于执行基准日期后的法律导致 B 公司费用增加的，A 公司应合理增加合同价款。

2. 虽然消防新规在《总承包合同》签订之后才正式实施，但是住建部公布消防新规的时间在《总承包合同》签订之前。B 公司作为经验丰富的合格承包单位，理应注意到该消防新规的发布，并在签订《总承包合同》时能够合理预见消防新规的颁布给案涉项目带来的影响。《总承包合同》约定在合同实施过程中国家颁布了新的标准或规范时，B 公司有义务向 A 公司提交有关新标准、新规范的建议书，现有证据无法证实 B 公司已经就消防新规的发布会引起的变更提请 A 公司注意。并且，办理建设工程规划许可证是一个需要双方相互协助与配合的过程，而非由 A 公司独立完成，B 公司提供的证据无法证明案涉项目部分工程的建设工程规划许可证延误完全是由 A 公司造成的，也不足以证实按照消防旧规设计的施工图一定可以通过消防备案。因此，因消防新规修改设计的责任不应全部由 A 公司承担。

综上，仲裁庭酌定 B 公司和 A 公司各自承担一半因消防新规所增加的施工费用。

（二）关于因采取"强夯"手段导致增加的工程施工费用

1. 按照《总承包合同》的约定，A 公司应负责提供施工场地，保证 B 公司能够按时进入现场开始准备工作。因此，不能视为 A 公司已经按约提供了施工场地，由此造成 B 公司施工成本的增加属于合同外的价款，A 公司应合理地增加合同价款。

2. 仲裁庭考虑到，勘察单位分别于 2017 年 10 月 28 日和 2018 年 5 月 31 日出具《初勘报告》和《详勘报告》，两份勘察报告均有建议对填土较厚厂房区域的地域采用强夯法进行地基处理。B 公司虽主张其并不知晓两份勘察报告的内容，但按照《总承包合同》的约定，B 公司与勘察单位共同组成了案涉项目的承包联合体，其作为联合体的主导单位以及专业的工程承包单位，在进场施工前理应对施工现场和施工条件进行查勘，并对案涉项目所在地的地质情况有充分了解，且 B 公司报送强夯专项施工方案的时间是 2018 年 2 月 5 日，早于《总承包合同》签订的时间，其应对超常规实施强夯方案的施工成本有所预估。由于 B 公司未能充分查勘、了解施工条件和环境，未能充分估计、合理预见施工条件和环境的变化会造成相应施工成本的增加，也应承担为此而增加的费用。

综上，仲裁庭酌情认定强夯变更导致费用增加的风险由双方共同承担，即因"强夯"变更事宜增加的合同外工程款由 A 公司和 B 公司各自承担一半。

七、案例评析

1. 该案中，关于因法律变动导致设计变更所增加的工程价款由谁承担问题，存在相矛盾的两种观点。

一方面，《总承包合同》约定："因执行基准日期之后新颁布的法律、标准、规范引起的变更，属于设计变更，在基准日期之后，因法律变化导致 B 公司的费用增加的，A 公司应合理增加合同价款。"该案中，合同约定的基准日期为 2017 年 11 月 28 日。然而，消防新规颁布的时间为 2017 年 11 月 20 日，在基准日期之前颁布，不符合《总承包合同》关于 A 公司应当合理增加费用的约定。关于"新颁布的法律、标准、规范"的内容，应当理解为"正式施行的新法律、标准、规范"。

另一方面，《总承包合同》约定："按照国家现行的标准、规范和规程进行工程设计。"关于"国家现行的标准、规范和规程"的内容，应当解释为"国家正在施行的标准、规范和规程"。并且，《总承包合同》约定了涉案工程施工费用为综合单价包干，设计、施工范围以 A 公司《设计任务书》载明的内容为准。A 公司《设计任务书》未要求建设防排烟系统，B 公司根据 A 公司《设计任务书》出具原施工图后，A 公司签章确认。在消防新规实施后，B 公司根据消防新规对原施工图进行设计变更，增加防排烟系统工程。该增加工程属于《总承包合同》外的新增工程，应由 A 公司承担。

综上，仲裁庭在综合考虑《总承包合同》中的相关合同条款、A 公司已盖章确定 B 公司原施工图的事实、B 公司对适用消防新规具有一定的预见性、两公司对原施工图未能获得政府批准的过错程度，最终按照公平原则，裁决两公司各自承担一半因消防新规所增加的施工费用。

2. 该案中，关于因采取"强夯"手段导致增加工程施工费用，存在相矛盾的两种观点。

一方面，根据《总承包合同》的约定，由 A 公司负责提供符合施工条件的场地，如果场地不符合施工条件，需采取"强夯"手段对地块进行地基加固的，由此产生的施工费用，理应由 A 公司承担。

另一方面，鉴于涉案《总承包合同》属于"交钥匙"总承包工程合同，

B公司负责涉案工程场地的勘验和设计，理应清楚地知道工程场地的情况，所报价的总包干合同款项中应包含"强夯"措施费用。

综上，该案中，仲裁庭裁决A、B两公司"各打五十大板"，基于公平原则，酌情认定强夯变更导致费用增加的风险由双方共同承担，即因"强夯"变更事宜增加的合同外工程款由A公司和B公司各自承担一半。[①]

【点评】

在该案事实情况不利于A公司的情况下，A公司代理律师通过对《总承包合同》的相关约定加以解释说明，同时向仲裁庭强调B公司作为专业承包方，理应对法律法规颁布、施行情况十分清楚，B公司适用消防旧规存在重大过错，B公司理应承担因消防新规所增加的费用，并阐明涉案《总承包合同》属于"交钥匙"总承包工程合同，B公司负责涉案工程场地的勘验和设计，理应清楚地知道工程场地的情况，所报价的总包干合同款项理应包含"强夯"措施费用等。

A公司通过合法又符合情理的答辩技巧，最大限度地维护了自己的合法权益。仲裁庭最终裁定由消防新规施行引起的设计变更而增加工程款项，以及因采取"强夯"措施导致增加工程施工费用，由A公司和B公司各自承担一半，故仲裁庭驳回了B公司主张仲裁请求金额的一半，A公司因此减少工程款损失约2120万元。该案对发包方应诉答辩类似案例具有指导意义。

点评人：广东南磁律师事务所律师　徐敏仪

---

① 广州仲裁委员会裁决书，（2020）穗仲案字第3519号。

工程长期未结算情形下工程款利息的起算

广东金桥百信律师事务所　白　峻　杨　倩

一、当事人的基本情况及案由

上诉人一（原审原告）：广州某工程公司

上诉人二（原审被告）：G银行

案由：建设工程监理合同纠纷

二、案情介绍

2004年10月28日，广州某工程公司作为承包方与发包方G银行签订《某某大厦智能化工程施工合同》（以下简称《施工合同》），约定由广州某工程公司承包大厦智能化工程，合同价款为6,881,861.95元，工程结算总额＝本合同协议书合同价款±工程量增加（或减少）引起的工程调整价款。

《施工合同》的附件一为G银行与广州某工程公司签订的《分项报价汇总表》，载明：投标总价为6,881,861.95元等内容。《分项报价汇总表》的上方显示"请监理公司按此报价审核进度款及工程量。林某2005.11.22"的手写内容。广州某工程公司称《分项报价汇总表》于《施工合同》签订当天签订，林某在广州某工程公司对《施工合同》约定的工程项目施工完毕之后在《分项报价汇总表》中书写了上述批注，从上述批注可以看出林某代表G银行。G银行则称其不清楚林某的身份，林某不是G银行的工作人员，G银行也没有授权林某代表G银行管理案涉工程。

案涉工程于2007年9月25日完工、验收并交付使用。广州某工程公司于2015年3月16日出具《关于申请支付某某大厦智能化工程及利率及信息公告牌安装工程尾款的函》，载明："某某大厦智能化施工工程……已于2006年3月竣工投入使用，至今已经九年有余，全部系统已竣工，到目前为止，贵社尚未支付我司剩余工程款……现我公司向贵司申请工程尾款，请尽快支付为盼。"2018年3月5日，受广州某工程公司委托的广东某事务所通过EMS全球邮政特快专递方式向G银行出具"关于：要求贵行配合办理结算并支付剩余工程款等事宜"的《律师函》。

广州某工程公司主张向G银行提交了竣工结算报告及结算资料，但是G银行多次以人员变动为由拒不结算。后广州某工程公司于2018年起诉G银行要求支付未结算工程款尾款2,717,724.76元以及相应的利息，利息自2007年10月23日起计至付清之日止。

三、争议焦点

1. 广州某工程公司关于要求支付工程款的诉讼请求是否超过诉讼时效。

2. 广州某工程公司主张逾期支付工程款的利息从2007年10月23日开始起算是否应该得到支持。

四、各方的意见

（一）争议焦点一：广州某工程公司关于要求支付工程款的诉讼请求是否超过诉讼时效

1. G银行认为案涉工程早已在2007年结算完毕，广州某工程公司自提交结算申请后至今9年之余也从未请求支付工程款，因此广州某工程公司在2018年才起诉主张工程款早已超过法律规定的诉讼时效期间，法院应驳回其诉讼请求。

2. 广州某工程公司认为涉案工程一直未完成结算，因此诉讼时效并未开始起算，且广州某工程公司多次催促G银行配合结算及支付工程款尾款，且在2018年3月5日、3月14日分两次向G银行发函主张过权利，因此诉讼时效并未开始起算。

（二）争议焦点二：广州某工程公司主张利息从 2007 年 10 月 23 日开始起算是否应该得到支持

1. G 银行认为案涉工程至今尚未进行结算，根据合同约定，广州某工程公司应向 G 银行递交工程竣工验收报告及完整的工程竣工结算资料，G 银行收到后在 120 日内予以审核再送权威部门审定完毕，审定后 14 日内支付竣工结算价款。但因广州某工程公司自始未递交前述文件，G 银行无法报送权威部门审核，案涉工程结算价款的付款条件尚未成就，待核算确定最终应付的工程款总额时，G 银行履行的付款义务才能成就。因此，G 银行没有拖欠工程款，不存在违约行为，无须因此承担违约责任及逾期支付工程款的利息。《最高人民法院关于审理建设工程施工合同纠纷案件适用法律问题的解释》第十八条在当事人对付款时间没有约定或者约定不明的情况下才适用，但案涉合同第三部分通用条款第 33.1 条和第 33.2 条明确约定了，双方完成结算后才需支付工程款。

2. 广州某工程公司认为一审判决已经认定案涉工程最迟于 2007 年 9 月 25 日完工、验收并交付使用。根据《最高人民法院关于审理建设工程施工合同纠纷案件适用法律问题的解释》第十八条及案涉《施工合同》第二部分专用条款第 35.1 条第三款关于逾期付款违约责任承担的约定，G 银行支付案涉工程余款的时间为 2008 年 2 月 9 日，逾期应按每日 0.05% 的比例承担支付违约金的责任。G 银行否认广州某工程公司已提交工程结算报告，也否认林某是其负责基建的员工，其故意制造借口拒付工程余款，故导致该案工程款拖欠至今的过错并非广州某工程公司。广州某工程公司为了在该行业生存，一直不敢提起诉讼，最后迫于无奈才于 2018 年 6 月 26 日提起诉讼，即使其存在一定的过错，那么违约金的起算日期也应为 2008 年 2 月 9 日。一审法院以广州某工程公司存在过错为由，认定从起诉之日 2018 年 6 月 26 日起算违约金，明显加重了广州某工程公司的责任，显失公平。另外，一审计算违约金过低，且作出"违约金总额以不超过本金为限"的裁判于法无据。根据《合同法》第一百一十三条及《最高人民法院关于适用〈中华人民共和国合同法〉若干问题的解释（二）》第二十九条的规定，违约金计算后的总额并未规定以本金为限，而应以实际损失的 30% 为限。该案中，广州某工程公司的实际损失并非工程余款，而是工程余款对应的利息。根据《最高人民法院关于审理建设工程施工合同纠纷案件适用法律问题的解释》第十八条的规定，利息从应付工程价款之日计付，广州某工程公司的利息损失约为 7,810,158.11 元。即使按照上述司法解释第十七条的规定，广州某工程公司的利息损失也有 2,960,891 元。G 银行作为金融机构，案涉合同亦为其提供的格式合同，双方当事人约定每日 0.05% 计算违约金，符合金融行业计算滞纳金的标准要求，且其也能够预见因违约造成的损失，故一审法院判决的违约金标准过低，不足以弥补广州某工程公司遭受的实际损失。

五、裁判结果

一审判决：

1. G 银行于该判决发生法律效力之日起 10 日内，向广州某工程公司支付工程款余款 2,596,721.12 元；

2. G 银行于该判决发生法律效力之日起 10 日内，向广州某工程公司支付逾期支付上述工程款余款的违约金（以工程款余款 2,596,721.12 元为本金，按每日 0.05% 的标准，自 2018 年 6 月 26 日计至实际付清之日止，违约金总额以不超过本金为限）；

3. 驳回广州某工程公司的其他诉讼请求。如果未按该判决指定的期间履行给付金钱义务，应当依照《民事诉讼法》第二百五十三条之规定，加倍支付迟延履行期间的债务利息。该案受理费 28,540 元，由广州某工程公司负担 970 元，G 银行负担 27,570 元。鉴定费 83,931.2 元，由 G 银行负担。

二审法院维持了一审判决。

六、裁判理由

1. 法院判决广州某工程公司的诉讼请求并未超过诉讼时效，法院认为虽然广州某工程公司称其最早于 2006 年 9 月起便多次以当面交付的方式向

G 银行提交竣工结算报告和结算资料，且 G 银行先后接收资料的工作人员分别有多位，但是，G 银行一直否认其收到广州某工程公司所主张的上述竣工结算报告和结算资料，而广州某工程公司对此亦未能提供相关证据予以证明，应承担相应举证不能的法律后果。故法院认为双方未对案涉工程的结算金额达成一致合意。因案涉工程在该案诉讼前并未最终结算，案涉工程的工程总造价尚未确定，因此，诉讼时效未开始起算，广州某工程公司的诉讼请求并未超过诉讼时效。

2. 关于利息起算时间点，法院认为，根据《最高人民法院关于审理建设工程施工合同纠纷案件适用法律问题的解释》第十八条规定："利息从应付工程价款之日计付。当事人对付款时间没有约定或者约定不明的，下列时间视为应付款时间：（一）建设工程已实际交付的，为交付之日；（二）建设工程没有交付的，为提交竣工结算文件之日；（三）建设工程未交付，工程价款也未结算的，为当事人起诉之日。"广州某工程公司主张从 2008 年 2 月 9 日开始计算违约金的依据是上述司法解释中有关交付之日的规定以及合同中关于审核结算时间的约定，但是适用上述司法解释规定的前提是双方对付款时间没有约定或者约定不明，而双方在案涉《合同》中对付款时间有明确的约定，故不适用上述司法解释中该条款的规定。案涉《合同》明确约定："发包人在收到承包人提交的工程竣工结算和齐全的计算资料后，发包人应在 120 天内予以审核后再送权威部门审定，审定后 14 天内支付竣工结算价款（总款的 95%）。"广州某工程公司未能举证证明其完工后向 G 银行提交了工程竣工结算和齐全的计算资料。因此，广州某工程公司主张从 2008 年 2 月 9 日开始计算违约金欠缺法律和合同依据，法院对此不予采纳。虽然案涉工程价款的最终金额系在该案一审诉讼中经鉴定确定，但是双方对案涉工程完工后长期未结算的结果均负有过错，不宜将不利后果全部归咎于广州某工程公司，故一审法院根据公平原则酌情将违约金的起算日期调整为广州某工程公司提起诉讼之日即 2018 年 6 月 26 日，并无明显不当，二审法院对此予以认同。

3. 广州某工程公司上诉认为一审判决计算的违约金过低，且所作出的"违约金总额以不超过本金为限"的裁判于法无据。对此二审法院认为，广州某工程公司因逾期支付工程款所遭受的损失是工程款余款的利息，鉴于工程款余款利息系从起诉之日即2018年6月26日开始计算，即使按照每天0.05%的标准计算，截至二审判决作出之日也远未达到本金的金额，故法院对广州某工程公司的上述意见不予采纳。

七、案例评析

关于欠付利息的起算时间，《最高人民法院关于审理建设工程施工合同纠纷案件适用法律问题的解释（一）》第二十七条规定："利息从应付工程价款之日开始计付。当事人对付款时间没有约定或者约定不明的，下列时间视为应付款时间：（一）建设工程已实际交付的，为交付之日；（二）建设工程没有交付的，为提交竣工结算文件之日；（三）建设工程未交付，工程价款也未结算的，为当事人起诉之日。"

涉案工程施工及竣工时间已经年代久远，关于涉案工程是否进行了结算、广州某工程公司是否已经向G银行提交结算资料等事实，由于双方人员均发生较大的变动，导致双方对于此前发生的事实以及历史文件争议较大，法院查明事实也存在较大的难度。因此，即使《最高人民法院关于审理建设工程施工合同纠纷案件适用法律问题的解释（一）》第二十七条对逾期支付工程款的利息的起算时间进行了明确的规定，但由于每个案件的事实千变万化，具体案件中如何适用和解释仍然是一个难题。

涉案工程早已在2007年完成竣工验收，但至今十几年仍未完成结算。根据合同约定的违约金标准"发包人逾期支付的，须按每日0.05%的比例向承包人支付拖欠工程款项的违约金"，在工程款本金仅为200多万元的情况下，若按照广州某工程公司的主张逾期付款违约金将高达500多万元，远远超过工程款本金。因此该案中以哪个时间点作为逾期付款利息的起算点将至关重要，对此双方对是否完成结算、工程款最终结算金额是否确定也各执一词，存在较大的争议。

在本案中，G银行充分利用《民事诉讼法》规定的举证规则，并结合相关法律法规关于利息起算时间的规定，在广州某工程公司无法针对未完成竣工验收的责任方进行充分举证的情况下，坚持主张涉案工程至今未完成结算，因此 G 银行并不存在欠付工程款的问题，这一观点最终获得法院的支持，一审及二审判决仅支持从广州某工程公司起诉之日起开始起算利息，从而为 G 银行节省了不必要的高昂利息支出。①

【点评】

支付工程价款是发包人的义务，发包人不按照合同约定的时间和数额支付工程价款的行为属违约行为，应承担违约责任。对于欠付工程款的，《最高人民法院关于审理建设工程施工合同纠纷案件适用法律问题的解释（一）》第二十六条规定了利息的计付标准："当事人对欠付工程价款利息计付标准有约定的，按照约定处理；没有约定的，按照同期同类贷款利率或者同期贷款市场报价利率计息。"

实际上，建设工程是一种特殊商品，建设工程的交付也是一种商业交易行为，一方交付商品，相应地对方就应当支付相应的对价。如果逾期支付或者未足额支付，就将产生利息。利息的计付标准如果有约定的，应当从约定，这是当事人的真实意思表示。没有约定的，按照上述司法解释的规定，应当按照同期同类贷款利率或者同期贷款市场报价利率计息，因为利率法定也是《中央银行法》和《商业银行法》规定的基本原则。按照上述规定，利息实际上属于法定孳息，发包人欠付承包商工程款时向债权人支付利息，这也是民法中关于债的一般原则。

上述案件对于施工单位来说，具有一定的借鉴作用。施工单位在工程竣工后，应当严格按照合同约定的日期及时报送竣工验收的申请，通过直接送达、快递送达、挂号信送达等方式向发包人及时提交竣工验收报告及完整的竣工验收资料，并做好签收记录，保存好签收记录和快递、挂号信凭证等有效的送达凭证。发包人拖延验收时，可发书面函件催促建设单位尽快验收，并说明其拖延验收的法律后果，从而避免由于己方原因导致对工程长期未完成结算存在过错，甚至导致诉讼时效超过的严重后果。

点评人：广东南磁律师事务所律师　徐敏仪

---

① 广州市中级人民法院民事判决书，(2021) 粤 01 民终 4056 号。

建设工程捐资方是否属于建设工程的发包人？

广东金桥百信律师事务所　白　峻　康悦晴　武　妍

一、当事人的基本情况及案由

申请人：某集团有限公司

被申请人：韶关某房地产有限公司

案由：建设工程施工合同纠纷

二、案情介绍

2013年，广东某中学（以下简称A中学）就某教学楼工程进行公开招标。招标文件中约定的承包范围为红线范围内按图纸及技术规范要求的总承包工程，工程暂定总价为55,846,900元。经过招投标程序后，A中学将某教学楼建设工程发包给某集团有限公司（以下简称B公司）进行施工。同期，韶关某房地产有限公司（以下简称C公司）与B公司签订《捐赠资金支付协议书》，约定：C公司全额捐资建设涉案工程，工程暂定造价55,846,900元，竣工后按竣工图纸、C公司发出之工程指令办理结算。

招标完成后，B公司按招投标文件中约定的施工范围进行施工。2016年，为办理《建筑工程施工许可证》，B公司与A中学签订了《施工合同》，约定：合同总价暂定55,846,900元，据实结算，由A中学委托C公司支付工程款；承包范围为红线范围内按图纸及技术规范要求的总承包工程（不包括四部分基础工程、溶洞工程）。其中，为了配合将约定的工程款压低至原招标的暂定合同总价5584万元，《施工合同》约定的承包范围剔除了四部分基础工程和溶洞工程。此外，双方另行签订了备忘录，约定该合同仅用于备案。

2017年，B公司完成了包含四部分基础工程和溶洞工程在内的整体工程，通过竣工验收后交付A公司使用。2018年，B公司与C公司就涉案工程完成了结算，结算范围为包括四部分基础工程和溶洞工程在内的整体工程，并签订《工程结算书》，确定涉案工程的结算总价为80,972,748.68元。

其后，由于C公司一直未向B公司支付工程款，B公司依据《捐赠资金支付协议书》中约定的仲裁条款向C公司提起仲裁。在该案中，B公司的仲裁请求为：（1）裁决C公司向B公司支付工程款80,972,748.68元及利息（利息以工程款80,972,748.68元为本金，按中国人民银行同期同类贷款利率，自2017年4月18日起计算至实际付清之日止）；（2）裁决C公司向B公司支付财产保全费5000元、财产保全担保费44,537.75元、律师费300,000元；（3）裁决由被申请人承担该案仲裁费用。

三、争议焦点

1. C公司是否属于涉案建设工程的工程款支付主体。
2. 若C公司属于工程款支付主体，则支付工程款的范围是什么。

四、各方的意见

（一）争议焦点一：C公司是否属于涉案建设工程的工程款支付主体

1. C公司认为：首先，涉案工程的发包人是A中学，涉案工程款的支付主体是A公司，B公司应向A中学主张工程款；其次，C公司仅与A中学构成捐赠关系，根据《慈善法》的规定，捐赠人签订书面捐赠协议后经济状况显著恶化，严重影响其生产经营的，可以不再履行捐赠义务。因C公司目前经营困难，无力履行捐赠义务，故其请求仲裁委免除其捐赠义务。

2. 代理律师的意见：A中学和C公司同为涉案工程的发包人，共同承担工程款支付义务；此外，C公司的捐资实为商业地产运作行为，并非法律意义上的无偿公益捐赠，即便是捐赠，C公司的付款义务也不得免除。具体理由如下：

（1）自涉案工程招投标开始至合同履行的过程中，A中学、B公司和C公司《捐赠资金支付协议书》《结算书》等多份文件中均确定了C公司具有对涉案工程进行结算的权限，承担支付工程款的义务，并且已经实际与B公司完成了结算。因此，C公司也是该案的发包方，其捐资行为构成其对涉案工程款债务的加入，应当承担涉案工程结算款80,972,748.68元的付款义务。

（2）C公司隶属于香港某知名地产集团（以下简称D集团），D集团在内地投资了多个工程项目，并且获取了政府地价红利等高额利润。因此，D集团对涉案工程进行"全额捐资"的背后，实际上是其以获得利益为目的的商业地产运作，并非法律意义上的无偿公益捐赠行为，并不能以任何原因免除C公司支付工程款的重要义务。

（3）退一万步说，即便认定C公司的行为属于公益捐赠，但由于捐赠法律关系的双方当事人是赠与人与受赠人，即便认定C公司的公益捐赠行为成立，也只在C公司与A中学之间有效，与B公司无关，C公司撤回捐赠或免除捐赠义务不能对B公司作出。C公司在该案中所承担的支付工程款的义务，是由于其主动加入了涉案工程的施工合同履行中，主动向B公司承诺承担工程结算和工程款支付的义务，这与公益捐赠行为并无关系。

（4）根据《合同法》第一百八十六条的规定，为了保护公共利益和受赠人的信赖利益，公益性质的赠与，决定了赠与人不得撤销赠与。该案中，如果将C公司"全额捐资"的行为认定为公益捐赠，则赠与人C公司承担的是一种具有道德性质的义务，不得撤销。

（5）全国人大常委会法制工作委员会编写的《中华人民共和国合同法释义》中指出："赠与人不再履行赠与义务，应当符合的法定条件为：一是经济状况显著恶化，是发生在赠与合同成立之后，而不是成立之前；二是经济状况显著恶化，致使严重影响企业的生产经济，或者使个人的家庭生活发生困难，不能维持自己的正常生计，不能履行扶养义务等。……对于那些本无经济能力捐赠，甚至濒临破产的企业，纯粹为了商业目的宣传自身形象，认捐后又称企业经济状况不好不能履行赠与义务的，不能简单地适用'可以不再履行赠与义务'的规定。"根据C公司2013~2019年度的财务报表，其于 2013 年对 B 公司作出"全额捐资"的承诺时其经济状况已属不佳，而截至 2019 年工程竣工验收时，其净亏损不仅没有进一步显著恶化，反而有所改善；而且其实际控制人 D 集团具备雄厚的资金实力，且经营状况一片向好，完全具备履行继续付款的能力。因此，C 公司不符合法律规定的"作出赠与承诺或签订捐赠协议后经济显著恶化"的情形，故付款义务不得免除。

（二）争议焦点二：若 C 公司属于工程款支付主体，则支付工程款的范围是什么

1. C 公司认为：C 公司支付工程款的范围应以《施工合同》中约定的施工范围为限，即不包括四部分基础工程和溶洞工程。

2. 代理律师的意见：C 公司支付工程款的范围是包括四部分基础工程和溶洞工程在内的红线内整体工程。首先，四部分基础工程及溶洞工程是涉案工程中的基础和前提，若不对四部分基础工程和溶洞工程进行施工，则作为上盖物的主体工程在物理上无法施工；其次，《施工合同》仅用于备案，并非双方实际履行的合同，B 公司实际承包施工的范围包括四部分基础工程和溶洞工程；再次，C 公司签订的《结算书》中已对四部分基础工程及溶洞工程进行了结算；最后，C 公司在《捐赠资金支付协议书》中承诺对涉案工程"全额捐资"，并未设定任何金额上限。因此，C 公司承诺的捐资范围包括四部分基础工程及溶洞工程，B 公司也实际对该部分工程完成了施工，且 C 公司与 B 公司也已就该部分工程完成了结算，故 C 公司应支付包括该部分工程款在内的总结算工程款 80,972,748.68 元。

五、裁决结果

1. C 公司向 B 公司支付工程款 80,972,748.68 元及利息（利息以工程款 80,972,748.68 元为本金，按全国银行间同业拆借中心公布的贷款市场报价利率，自 2019 年 12 月 27 日至实际付清之日计算）；

2. C 公司向 B 公司补偿财产保全费 4000 元、财产保全担保费 35,630 元、律师费 24 万元及仲裁费 502,558 元。

六、裁决理由

1. 《捐赠资金支付协议书》是该案仲裁委依法解决当事人纠纷的合同依据，因此该案的仲裁范围仅限于 B 公司与 C 公司之间的工程款支付及结算纠纷，不处理 A 中学与 C 公司之间的捐赠关系。《捐赠资金支付协议书》《结算书》及其他往来文件，能够印证 C 公司对 B 公司作出的全额付款承诺，C 公司应当向 B 公司支付欠付的工程款。

2. 就 C 公司应支付的工程款范围而言，C 公司和 B 公司签订的《捐赠资金支付协议书》中约定的施工范围并未排除四部分基础工程及溶洞工程，且《结算书》中也包括该部分工程。同时，C 公司并非《施工合同》的当事人，不受其直接约束，《施工合同》也不能作为该案中认定 C 公司应付工程款的合同依据。因此，C 公司应承担包括四部分基础工程及溶洞工程在内的全部工程款。

七、案例评析

1. 该案的焦点问题之一在于如何定义 C 公司在该案中的地位，如果认定涉案工程的发包人仅有 A 中学，而 C 公司仅作为独立的第三方捐资方，那么 C 公司就有较大概率通过撤销捐赠或请求免除捐赠途径免于承担责任。代理律师牢牢抓住 C 公司承诺直接向 B 公司支付工程款及其实际参与结算等关键点，将 C 公司定位为涉案工程的联合发包人，将捐资行为定义为"债的加入"而非"债务转移"，既确定了 C 公司的付款责任，同时又不免除 A 中学作为发包人的付款责任，在执行 C 公司财产存在障碍的情况下，为 B 公司日后另案起诉 A 中学留有余地。

2. 该案的另一焦点问题在于应以《施工合同》还是《捐赠资金支付协议书》中约定的施工范围作为工程款结算与支付的依据，也即 C 公司应支付的工程款是否包括四部分基础工程及溶洞工程的工程款。在本案中，两份协议中约定的施工范围存在差异，代理律师以合同相对性为切入点，主张该案的裁判依据应以 B 公司和 C 公司签订的《捐赠资金支付协议书》为合同依据，而 A 中学与 B 公司签订的《施工合同》并不在该案处理范围内，该观点最终得到了仲裁委的支持。①

【点评】

1. 现代民事诉讼（包括仲裁，下同）以两造对立为基础，是双方当事人观点的对抗，诉讼观点的形成除了证据的支撑外，还少不了对当事人地位和法律关系的定义和塑造。在本案中，各种证据中均载明C公司为建设工程捐资方，但其所享有的权限和所承担的责任与普遍意义上认为的捐资方又有所不同，最为明显的是C公司直接参与到案涉工程的结算过程之中。在这种情况下，是退一步将C公司定义为"建设工程捐资方"，还是进一步将C公司定义为"建设工程发包人"，直接影响C公司与案涉工程法律关系的亲疏远近，必将决定该案的裁判结果。该案代理律师着重将C公司定义为案涉工程的联合发包人，坐实其工程款付款义务，成功获得了仲裁庭的支持，就如何塑造诉讼观点提供了优秀示范。

2. 法院或仲裁机构对案件事实和法律关系的认定并未简单以证据中呈现的表面内容为依据，而是以实际权利义务关系、各方真实意思表示为基础进行认定。正如在本案中，仲裁庭并未简单按照《捐赠资金支付协议书》中的字面内容认定C公司仅为可以随意撤回捐赠的捐资方，而是将C公司在案涉工程中的管理、结算等行为考虑在内，最终确认C公司应当对案涉工程款承担全部的付款义务。因此，当事人在合同签订、履行过程中，应注意所约定的权利义务是否与其法律定位相吻合，所从事的工作是否存在超越权责的情况，避免因权责不清导致后续纠纷的产生。

点评人：广东南磁律师事务所律师　徐敏仪

---

① 广州仲裁委员会裁决书，（2020）穗仲案字第1888号。

招标与否以及采取何种方式招标，对光伏发电项目 EPC 总承包合同的法律效力是否产生影响？

广东金桥百信律师事务所　白　峻　陈送炜

一、当事人的基本情况及案由

上诉人（一审被告）：A 公司

被上诉人（一审原告）：B 公司

案由：建设施工合同纠纷

二、案情介绍

2017 年 6 月 15 日，发包人 A 公司与承包人 B 公司签订《光伏发电项目 EPC 总承包合同》，约定由 B 公司负责对光伏发电项目从设备、材料采购、工程施工以及设备调试直至竣工验收等建设全过程进行总承包，A 公司负责项目申报、核准等前期工作，办理施工所需的各种证件、批件和临时用地的申报批准等手续；该项目合同金额为 1.09 亿元，B 公司向 A 公司支付履约保证金 329 万元。

合同签订后，B 公司依约支付了履约保证金。随后，B 公司委托勘查公司对案涉工程土地进行勘查并支付了勘察费用。而且，B 公司还与材料供应商签订设备、材料采购合同，完成了施工的前期准备工作。但是，A 公司并未完成报建手续，也未取得国有土地使用许可证、建设用地规划许可证、建设工程规划许可证和施工许可证（以下合称四证），且经多次催告仍未支付合同约定的工程进度款和设备预付款。

B 公司认为，A 公司严重违约，故向法院提起诉讼，要求 A 公司返还履约保证金、支付勘察费用和前期施工费用，并支付前述费用的利息。

三、争议焦点

1. 案涉光伏发电 EPC 总承包项目是否属于必须招标的建设工程项目，如必须招标，应采用何种招标方式。

2. 案涉光伏 EPC 总承包项目是否必须办理"四证"。

3.《光伏发电 EPC 总承包合同》是否有效，如合同无效，B 公司主张的费用应否得到支持。

四、各方的意见

（一）案涉光伏发电 EPC 总承包项目是否属于必须招标的建设工程项目，如必须招标，应采用何种招标方式

1. A 公司认为：案涉光伏发电 EPC 总承包项目属于必须招标的建设工程项目，《招标投标法》中规定的邀请招标和公开招标两种方式均可采用。

2. B 公司认为：根据《招标投标法》第三条规定，"在中华人民共和国境内进行下列工程建设项目包括项目的勘察、设计、施工、监理以及与工程建设有关的重要设备、材料等的采购，必须进行招标：（一）大型基础设施、公用事业等关系公共利益、公众安全的项目"；《工程建设项目招标范围和规模标准规定》第二条规定，"关系社会公共利益、公众安全的基础设施项目的范围包括：（一）煤炭、石油、天然气、电力、新能源等能源项目"；第三条规定，"关系社会公共利益、公众安全的公用事业项目的范围包括：（一）供水、供电、供气、供热等市政工程项目"；第七条规定，"本规定第二条至第六条规定范围内的各类工程建设项目，包括项目的勘察、设计、施工、监理以及与工程建设有关的重要设备、材料等的采购，达到下列标准之一的，必须进行招标：（一）施工单项合同估算价在 200 万元人民币以上的；（二）重要设备、材料等货物的采购，单项合同估算价在 100 万元人民币以上的；（三）勘察、设计、监理等服务的采购，单项合同估算价在 500 万元人民币以上的；（四）单项合同估算价低于第（一）、（二）、

(三) 项规定的标准，项目总投资额在 3000 万元人民币以上的。"该案中，案涉光伏发电 EPC 总承包项目涉及大型基础设施、公用事业，且总造价高达 1.09 亿元，依照上述规定，属于必须招投标的建设工程项目。

此外，《招标投标法》第十条和第十一条规定，招标包括公开招标和邀请招标，针对国务院发展计划部门确定的国家重点项目和省、自治区、直辖市人民政府确定的地方重点项目不适宜公开招标的，经国务院发展计划部门或者省、自治区、直辖市人民政府批准，才可以进行邀请招标。该案中，案涉光伏发电 EPC 总承包项目作为当地的重点项目，当地政府部门并未批准可采用邀请招标的方式，故仍应采用公开招标的方式进行招标。

(二) 案涉光伏 EPC 总承包项目是否必须办理"四证"

1. A 公司认为：案涉光伏发电 EPC 总承包项目属于当地政府的扶持项目，根据当地特殊政策无须办理"四证"。

2. B 公司认为：根据《土地管理法》《城乡规划法》《建筑法》等规定，案涉光伏发电 EPC 总承包项目应当依法办理"四证"，A 公司声称依据当地政策无须办理"四证"，没有任何法律依据。

(三)《光伏发电 EPC 总承包合同》是否有效，如合同无效，B 公司主张的费用应否得到支持

1. A 公司认为：签订《光伏发电 EPC 总承包合同》的 A 公司和 B 公司均为合法成立的企业法人，该合同是双方的真实意思表示，故合法有效，对双方均有约束力，合同应当继续履行，无须返还或支付 B 公司主张的费用。

2. B 公司认为：案涉光伏发电 EPC 总承包项目依法必须公开招标，但 A 公司并未履行公开招标程序，根据《最高人民法院关于审理建设工程施工合同纠纷案件适用法律问题的解释》第一条"建设工程施工合同具有下列情形之一的，应当根据合同法第五十二条第（五）项的规定，认定无效：……（三）建设工程必须进行招标而未招标或者中标无效的"的规定，《光伏发电 EPC 总承包合同》无效。而且，案涉光伏发电 EPC 总承包项目依法

应当办理"四证",但 A 公司尚未取得上述证照,根据《最高人民法院关于审理建设工程施工合同纠纷案件适用法律问题的解释(二)》第二条的规定,《光伏发电 EPC 总承包合同》无效。

此外,《合同法》第五十八条规定:"合同无效或者被撤销后,因该合同取得的财产,应当予以返还;不能返还或者没有必要返还的,应当折价补偿。有过错的一方应当赔偿对方因此所受到的损失,双方都有过错的,应当各自承担相应的责任。"故 A 公司应返还履约保证金、支付勘察费用和前期施工费用,并支付由此产生的利息。

五、裁判结果

一审法院认定《光伏发电 EPC 总承包合同》无效,判决 A 公司向 B 公司返还履约保证金和支付利息,并向 B 公司支付勘察费用,驳回 B 公司的其他诉讼请求。

A 公司不服一审判决,提起上诉。二审法院驳回上诉,维持原判。

六、裁判理由

一审法院认为:案涉项目为 15.9MWp 光伏发电项目工程的设计、建筑工程、安装工程等全过程的总承包项目,属于合同法所规定的承包人进行工程建设,该案系建设工程施工合同纠纷。该案双方当事人约定的光伏发电 EPC 总承包项目,承包范围包括涉及该项目所需的设计、采购及施工,属于关系社会公共利益、公众安全的基础设施项目和公用事业项目,且作为承包合同总价高达 1.09 亿元,根据《招标投标法》第三条、《工程建设项目招标范围和规模标准规定》第二条、第三条和第七条的规定,属于依法必须招标的工程项目。本案一审阶段并无证据证明双方履行了法定招投标程序,根据《最高人民法院关于审理建设工程施工合同纠纷案件适用法律问题的解释》第一条第(三)项的规定,《光伏发电 EPC 总承包合同》无效。

在《光伏发电 EPC 总承包合同》无效的情况下,根据《合同法》第五十八条的规定,A 公司作为主要过错责任方应向 B 公司返还履约保证金并支付利息；勘察费用属于工程的合理支出，也应由 A 公司承担，因 B 公司对合同无效存在一定过错，故对 B 公司主张的勘察费用所产生的利息不予支持；因 B 公司提供的证据不足以证明前期施工费用，故法院不予支持。

二审法院认为：根据《招标投标法》第三条、《工程建设项目招标范围和规模标准规定》第二条、第三条和第七条的规定，案涉光伏发电 EPC 总承包项目属于依法必须招标的工程项目，但是未有证据证明该项目属于必须公开招标的范围，鉴于 A 公司于二审阶段举证证明其已进行了邀请招标，法院予以采信，认定 A 公司已履行法定招标程序。但因 A 公司至今仍未取得"四证"，依照《最高人民法院关于审理建设工程施工合同纠纷案件适用法律问题的解释（二）》第二条第一款的规定，《光伏发电 EPC 总承包合同》仍为无效。

七、案例评析

相较于传统的建设工程项目而言，该案所涉及的光伏发电 EPC 总承包项目属于关系公共利益、公众安全的新能源建设项目，那么此类型的工程项目是否一律必须进行招标呢？根据《招标投标法》的规定，必须招标的建设项目除了应符合第三条规定的建设项目类型外，还需要达到一定的规模标准，具体而言可根据国家发展和改革委员会于 2018 年 6 月 1 日发布的《必须招标的工程规定》进行确定（《工程建设项目招标范围和规模标准规定》现已废止）。由此可见，只有达到一定规模标准的光伏发电 EPC 总承包项目才属于必须招标的建设项目，如未依法履行招标程序，根据《最高人民法院关于审理建设工程施工合同纠纷案件适用法律问题的解释》第一条第（三）项的规定，光伏发电项目 EPC 总承包合同无效。至于其他未达到法定规模标准的光伏发电 EPC 总承包项目，则不属于必须招标的范围，合同效力也不因招标与否而受到影响。

此外，关于招标方式是否影响光伏发电项目 EPC 总承包合同效力的问题，结合《招标投标法》第十一条的规定，如果光伏发电 EPC 总承包项目属于国务院发展计划部门确定的国家重点项目和省、自治区、直辖市人民政府确定的地方重点项目不适宜公开招标的，在未得到国务院发展计划部门或者省、自治区、直辖市人民政府批准的情况下，则必须通过公开招标的方式进行招标，未经过公开招标的，则 EPC 总承包合同无效。如光伏发电 EPC 总承包项目不属于上述情形的，则合同效力也不因招标方式的不同而受到影响。①

【点评】

工程建设往往牵涉人民的生命、财产安全，甚至涉及社会公共利益，为此，国家立法专门针对建设工程领域作出了特殊的强制性规定。以该案为例，该案属于建设工程施工合同纠纷，争议焦点之一是建设工程施工合同的效力问题。《最高人民法院关于审理建设工程施工合同纠纷案件适用法律问题的解释（一）》第一条规定："建设工程施工合同具有下列情形之一的，应当依据民法典第一百五十三条第一款的规定，认定无效：（一）承包人未取得建筑业企业资质或者超越资质等级的；（二）没有资质的实际施工人借用有资质的建筑施工企业名义的；（三）建设工程必须进行招标而未招标或者中标无效的。承包人因转包、违法分包建设工程与他人签订的建设工程施工合同，应当依据民法典第一百五十三条第一款及第七百九十一条第二款、第三款的规定，认定无效。"第三条第一款规定："当事人以发包人未取得建设工程规划许可证等规划审批手续为由，请求确认建设工程施工合同无效的，人民法院应予支持，但发包人在起诉前取得建设工程规划许可证等规划审批手续的除外。"可见，国家立法针对建设工程领域的合同效力问题作出了许多特殊规定，因此建设单位与施工单位在签订建设工程施工合同时，应当严格遵守建设工程领域的相关法律规定，避免因违反法律、行政法规的强制性规定，导致建设工程施工合同无效。

点评人：广东南磁律师事务所律师　徐敏仪

---

① 新疆生产建设兵团第（农）九师中级人民法院民事判决书，(2019) 兵 09 民终 49 号。

针对同一工程进行多次结算情况下
工程款结算金额的认定

广东金桥百信律师事务所　白　峻　武　妍

一、当事人的基本情况及案由

上诉人一（原审被告）：F公司
上诉人二（原审原告）：Z公司
案由：建设工程施工合同纠纷

二、案情介绍

2011年10月24日，Z公司和F公司签订关于《广州市某总部大楼项目土方开挖、降水及基坑支护工程合同》（以下简称《基坑工程合同》），Z公司和F公司针对基坑部分于2014年办理结算，结算金额为1.21亿元。

2012年11月12日，Z公司与F公司签订《广州市某总部大楼项目总承包工程合同》（以下简称《总承包合同》），合同约定由Z公司继续承包"广州市某总部大楼项目——总承包工程"，承包范围包括地上及地下室的土建主结构工程、钢结构工程、机电工程、电梯工程、幕墙工程等，工程款总额暂定为18.5亿元，工程款支付方式为银行保理。

2014年，Z公司与F公司签订《补充协议三》，约定将涉案工程中"室内精装修及二次机电工程"的部分，暂定总额由8.501亿元修改为14亿元。因此涉案工程的最终暂定总额为23.999亿元（18.5亿元－8.501亿元＋14亿元）。

2017年4月28日，Z公司与F公司签订《补充协议四》，约定将涉案工程中主体毛坯的竣工时间延长至2018年8月31日，精装修竣工时间另行协商，工程款按照当月完成产值的1.3倍以现金方式支付。

《总承包合同》签订后，Z公司按照《总承包合同》的约定进场施工，每月向F公司申报进度款。但F公司自2014年底开始拖欠支付进度款，导致Z公司无力继续垫资施工。涉案工程自2015年初开始一直处于被迫停工状态。其中，2015年4月2日，Z公司经理部向F公司支付发出《关于及时支付工程款的催告函》，2015年4月7日，Z公司经理部向F公司发出《关于及时支付工程款的催告函（第二次）》，后也多次发出催款函。

2018年4月27日，项目监理机构在工期延误申请表上批注"工期延误情况属实，请业主审核确定"，Z公司盖章确认的该申请表显示，合同约定竣工日期为2014年12月31日。受业主未支付工程款的影响，项目于2015年11月9日进入全面停工状态。

2018年5月，双方签订了《广州总部大楼项目土方开挖、降水及基坑支护工程结算书》，该结算书显示，合同金额95,500,000元，合同结算总价217,600,204.11元。

2019年9月9日，双方签订了《广州总部大楼项目总承包工程已完工程结算书》，该结算书显示，双方同意本工程承包商合同范围的已完工作按此结算书上所列结算金额，即666,458,224.56元。

2020年1月6日，Z公司向广州市中级人民法院提起诉讼，案号为（2020）粤01民初49号，要求F公司支付欠付的款项人民币673,396,874.15元及利息，并要求确认Z公司对总部大楼项目工程享有优先受偿权。

三、争议焦点

1. Z公司与F公司分别于2014年和2018年针对基坑部分出具过两份结算书，应当以哪一份结算书结果作为基坑部分的结算金额。

2. 涉案工程于2015年11月停工至今，Z公司是否存在损失，以及损失金额如何确定。

四、各方的意见

（一）争议焦点一：Z公司与F公司分别于2014年和2018年针对基坑部分出具过两份结算书，应当以哪一份结算书结果作为基坑部分的结算金额

1. F公司的意见

（1）2018年5月结算书与2014年11月结算书的区别在于，2018年5月结算书增加了金额高达人民币"96,159,700"元的"工期延长补偿"，但双方之间的多份文件反复强调，就基坑工程双方同意对工期延长不进行索赔。

（2）无论工期延长的责任在哪方，即便存在F公司需要支付Z公司延期赔偿金的问题，也不可能成立"96,159,700"元的天价赔偿金。

（3）2018年5月的结算书盖章之后，F公司向Z公司发邮件，明确说明了2018年5月结算书是配合Z公司将结算金额放大，该结算书不作为实际支付及追讨之用。Z公司收到该邮件之后，回复了邮件，在回复的邮件中，Z公司并没有对F公司的邮件提出任何异议，这也证明F公司邮件所述属实。2018年5月结算书签订之后，直到提起本案诉讼之前，Z公司都没有向F公司主张过2018年5月结算书所增加的上述"工期延长补偿""96,159,700"元，Z公司的实际行为进一步证明，F公司是不需要向Z公司支付前述款项的。

2. Z公司的意见

（1）因F公司长期拖欠进度款，导致涉案工程的基坑部分和主体部分的工期均被严重延长，Z公司支出的工程费用大幅增加，因此F公司与Z公司于2018年5月签订《结算书》，确认"工期延长补偿费用"96,159,700元为对工期延长期间Z公司应获得工程费用的补偿。

（2）在双方多份文件反复确认针对基坑部分工期延长不再索赔的情况下，F公司仍与Z公司在2018年5月签订《结算书》确认工期延长补偿费用为96,159,700元，更加印证了该96,159,700元并非F公司所主张的误期赔偿金，而是工程延长期间所产生的工程费用。

(3) 工期延长补偿费用 96,159,700 元具有合理性，F 公司主张 96,159,700 元为"天价赔偿金"完全是由于代理人对工程实际情况不了解而仅根据表面数字进行的单方臆测。

(4) F 公司主张 96,159,700 元为配合 Z 公司投标进行放大的唯一证据是其单方发送过一封邮件，且 Z 公司根本从未收到也未回复该邮件，F 公司作为香港高银集团旗下的专业房地产公司，不可能在书面同意支付 96,159,700 元后仅通过单方发送一份邮件否定书面盖章文件的效力，因此在 F 公司未提供任何新证据证明其主张的情况下，一审判决第二项关于应付工程款金额的认定不存在任何错误，应当予以维持。

(二) 争议焦点二：涉案工程于 2015 年 11 月停工至今，Z 公司是否存在损失，以及损失金额如何确定

1. G 银行认为：Z 公司在起诉状中声称 2014 年 6 月 30 日至 2015 年 11 月 9 日因 F 公司设计变更、迟延支付工程款而发生工期延长，但根据 Z 公司提交的证据，Z 公司由于自身施工能力问题，未能按照总包合同约定在相应的时间节点完成相应工程，存在数百天的工期延误才是工期延长的原因。因此，其不仅不能向 F 公司主张工期延误费用，相反还应当赔偿 F 公司的误期损失。

根据《合同法》第一百一十九条及最高人民法院公报案例的裁判规则，由于发包人原因致使建设工程停工，当事人对停工时间未约定或未达成协议的，承包人不应盲目等待而放任停工状态的持续以及停工损失的扩大。Z 公司并未提供在相应期间内的"索赔通知"和"按月递交的详细索赔报告"，以及"最终索赔报告"，也未能提供相关费用支出的合同、收到的费用发票等证据，因此，该等赔偿请求缺乏事实依据，应予驳回。

另外，Z 公司未就其可得利润进行举证。Z 公司在停工后已经减少损失、减少人员和机械投入，其相关工程人员、设备可以转移至其他项目中获取利润，因此 Z 公司没有利润损失，因此向 F 公司主张预期利润损失没有依据。

2. Z 公司认为本案由于 F 公司原因导致涉案工程工期延长甚至停工，

根据《合同法》第一百一十三条的规定及《总承包合同》专用条款第46条的约定，F公司应当向Z公司赔偿合同工期延长产生的费用、停工期间产生的费用以及Z公司遭受的预期利润损失。

五、裁判结果

（一）一审判决

1.《广州市总部大楼项目总承包工程合同》于2020年1月9日解除；

2. F公司自本判决发生法律效力之日起10日内，支付工程款456,194,630.85元及利息（利息以310,888,972.62元为基数，自2019年9月9日起至实际清偿之日止，按照同期全国银行间同业拆借中心公布的贷款市场报价利率计；利息以145,305,658.23元为基数，自2020年1月6日起至实际清偿之日止，按照同期全国银行间同业拆借中心公布的贷款市场报价利率计）给Z公司；

3. F公司自本判决发生法律效力之日起10日内，支付各项损失24,065,529.96元给Z公司；

4. Z公司在F公司欠付其工程款456,194,630.85元的范围内，就案涉工程折价、拍卖所得款项享有建设工程价款优先受偿权。

（二）二审法院维持一审判决

六、裁判理由

（一）争议焦点一：Z公司与F公司分别于2014年和2018年针对基坑部分出具过两份结算书，应当以哪一份结算书结果作为基坑部分的结算金额

法院认为，Z公司与F公司就广州总部大楼项目土方开挖、降水及基坑支护工程先后于2014年11月和2018年5月进行了两次结算，F公司主张2018年5月的结算是按Z公司要求进行放大供其招标项目使用，Z公司不予认可。F公司提供的邮件内容未经Z公司确认，不足以证明其上述主张。

Z公司主张2018年5月结算增加的96,159,700元款项是F公司对因其导致Z公司工期延长所作补偿，并对双方协商补偿的过程作出了合理解释。故两次结算均应视为双方协商一致的结果，一审法院据此认定时间在后的2018年5月结算为双方最终结算，并以此计入Z公司已完工工程造价，事实依据充分。

（二）争议焦点二：涉案工程于2015年11月停工至今，Z公司是否存在损失，以及损失金额如何确定

法院认为，案涉《工程造价鉴定报告》评估结果显示，合同延长期间（2015.1.1—2015.11.9）工程费用为6,036,727.35元。Z公司与F公司签订的补充协议将工程主体毛坯竣工时间延长至2018年8月31日，上述延长期的工程费用均产生于双方认可的正常工程内，《工程造价鉴定报告》评估的该费用为保障正常施工需要而产生，理应由F公司负担。案涉《工程造价鉴定报告》评估结果显示，停工期间（2011.10—2019.12.31）产生的损失为6,057,605.23元。F公司未向Z公司支付工程款导致案涉工程停工，停工后Z公司产生的损失与F公司的违约行为存在因果关系，F公司应承担相应的损害赔偿责任。Z公司2015年11月9日停工后，应当采取适当措施防止损失的扩大，但一直到2019年12月31日，停工期间的损失还一直存在，Z公司对此应承担一定的责任。法院酌定该部分损失由Z公司与F公司各承担一半，即F公司向Z公司支付3,028,802.61元；案涉《工程造价鉴定报告》评估结果显示，Z公司主张停工期间（2011.10—2019.12.31）还存在其他损失费用，例如管理人员工资、办公费、材料仓储费等共计87,291,680.51元，Z公司提供的停工期间产生的管理人员费用资料、办公费用资料中并无监理或业主确认盖章签字确认，是否与现场管理人员数量一致无法审核，Z公司提供的有关幕墙工程因F公司工期延误产生的补偿费用的资料非有效凭证，故法院对于上述费用不予支持，由Z公司自行承担举证不能的法律后果。其中，评估结论中因F公司违约导致Z公司遭受的逾期利润损失63,002,176.4元，根据《合同法》第一百一十三条之规定，Z公司可以向F公司主张，但Z公司能否得到合同履行后可以获得的利益，与管理水平、市场价格波动等因素有关，因此，根据公平原则，法院酌定F

公司向 Z 公司支付逾期利润损失 15,000,000 元，超出部分法院不予支持。综上，F 公司应向 Z 公司支付损失 24,065,529.96 元。

七、案例评析

建设工程具有的几大特色为：资金投入大、各方主体参与人数众多、施工周期较长等。在此背景下，建设工程施工合同纠纷在民事诉讼中也具有其特点。各方当事人在施工过程中，由于可能发生很多意想不到的情况，因此可能会在合同履行过程中，针对施工情况签订多份书面文件。本案工程包括基坑部分和主体部分两大部分，且涉及案件标的金额巨大，施工时间至今已经长达近 10 年，这些因素都导致本案变得更加复杂。F 公司和 Z 公司就广州总部大楼项目基坑工程先后于 2014 年 11 月和 2018 年 5 月进行了两次结算，结算金额的组成不同，但现有证据均未针对为何进行两次结算、二者的金额差异作出明确说明。由于工程施工时间久远，双方公司的人员均存在变动的情况，因此双方针对两次结算的原因也是各执一词。在此情况下，代理人结合两次结算书作出的时间、工程整体的施工背景情况、2018 年 5 月结算增加的 96,159,700 元的具体组成和计算方式，向二审法院进行了全面且合理的诠释，最终被法院采纳，法院在综合案件的所有情况后，认定 Z 公司的主张更符合施工情况以及双方两次出具《结算书》的意图，尊重当事人在后一份结算中呈现的真实意思表示。

另外，司法实践中对是否支持预期利润损失以及如何确定建设工程的预期利润享有较大的自由裁量权，《建设工程造价鉴定规范》（GB/T 51262－2017）第 5.8.5 条规定："因发包人原因，发包人删减了合同中的某项工作或工程项目，承包人提出应由发包人给予合理的费用及预期利润，委托人认定该事实成立的，鉴定人进行鉴定时，其费用可按相关企业管理费的一定比例计算，预期利润可按相关工程项目报价中的利润的一定比例或工程所在地统计部门发布的建筑企业统计年报的利润率计算。"司法实践中，法院大多采取以下三种方式之一进行认定：（1）承包人在报价时或开工前向发包人报送的《综合单价分析表》或者合同条款中所载明的利润率；（2）约定采用定额计价时，定额中所确定的利润率；（3）建筑行业的一般利润率。例如（2017）苏 0411 民初 580 号一案中，法院按照前三年的建筑行业平均利润率计算预期利润损失。本案中，法院结合鉴定机构的鉴定金额，最终对预期利润损失金额进行了酌定支持。①

【点评】

所谓建设工程价款结算，是指对建设工程施工合同中的价款进行约定和依据合同约定进行工程预付款、工程进度款、工程竣工造价结算的活动。根据《最高人民法院关于审理建设工程施工合同纠纷案件适用法律问题的解释（一）》第二十九条"当事人在诉讼前已经对建设工程价款结算达成协议，诉讼中一方当事人申请对工程造价进行鉴定的，人民法院不予准许"的规定，工程价款结算条款直接关系到发包人要支出多少工程款的问题，因此发包人在签订建设工程合同时，应当重视工程价款结算条款的约定。例如，在拟定或协商该类条款时，尽可能先咨询工程造价专业、法律专业等相关人员对此类条款的意见，并在合同中尽可能地对工程价款如何结算进行明确约定，以便减少争议和纠纷。

另外，建设工程施工合同在履行过程中，导致停工的因素可能有很多，比如安全生产因素、发包人设计变更、发包人违约、承包人违约、不可抗力等。如果由于发包人的原因致使工程建设无法按照约定的进度进行，承包人可以停建或者缓建并要求发包人承担停工、窝工损失。但承包方需要做好充分的证据梳理和保存工作，以便日后计算停工补偿。例如，停工之后，承包方应在规定的时限内向发包方提出办理停工补偿协议，如果协议不成（或得不到发包方的有关答复），则在规定的期限内自动做好人员、机械的撤离工作，并做好记录，以书面形式通知发包方，以减少自身的损失。另外停工期间，承、发双方都应实事求是地做好停工期间的有关数据的记录，最好能收录有关的图文资料，有必要的还可进行公证，以有利于日后的停工补偿计算工作。

点评人：广东南磁律师事务所律师　徐敏仪

---

① 广东省高级人民法院民事判决书，（2021）粤民终 2916 号。

使用承包人技术资料专用章签订的买卖合同是否构成表见代理

泰和泰（广州）律师事务所　王　瀚

一、当事人的基本情况及案由

原告（上诉人）：H公司

被告（被上诉人）：J公司

第三人：林某

案由：买卖合同纠纷

二、案情介绍

J公司是科学城北区南安置区建设工程第一标段的总承包方，承接该项目后J公司即将工程转包给第三人林某。在2011年12月16日（工程施工期间）H公司与案外人陈某签订《钢材购销合同》，落款盖章为J公司施工技术资料收发专用章，章上注明有"本印章签订经济合同、确认经济文件均无效"的内容。

上述合同签订后，H公司在2011年12月至2012年8月分多批次向陈某供应钢材，H公司提供的送货单记载的收货单位及经手人为陈某，送货人及经手人为案外人夏某。

2014年12月16日，林某与陈某在H公司提供的钢材款结算单上签字，确认截至2014年12月31日，H公司签收本金余额为18,405,352元，应收违约余款为9,265,205.08元，共计应收余款为27,670,557.08元。2015年10月5日，林某与陈某在钢材货款结算表及收款明细上签字，确认应收货款为42,889,768.94元，已付货款23,472,836.8元，尚欠19,416,932.14元。2016年6月17日，林某与陈某在收款明细表上签名按手印，确认应收款为19,416,928元。2016年10月8日，林某向H公司出具确认书并签名按手印，确认截至当日尚欠H公司钢材款19,416,928元以及违约金5,825,075元，总计25,242,003元。

2017年10月9日，H公司向黄埔区人民法院提起诉讼，请求：(1) J公司向H公司支付货款共计19,416,932.14元；(2) J公司向H公司支付逾期还款利息7,538,332元（按照中国人民银行同期贷款利率计算，从2013年12月19日暂计至起诉之日，实际利息计算至J公司完全支付完毕货款为止）；(3) 林某对H公司上述1、2项诉请承担连带责任；(4) 诉讼费由J公司承担。

三、争议焦点

1. 《钢材购销合同》是否为H公司与J公司的真实意思表示，J公司是否为买卖合同的相对方。

2. 案外人陈某签订《钢材购销合同》的行为是否构成表见代理。

3. H公司与J公司是否以实际发生的行为建立了事实合同关系。

四、各方的意见

（一）原告H公司的意见

H公司认为，首先，《钢材购销合同》上J公司所加盖的"方形印章"为其印章，H公司将采购合同所涉钢材供与J公司处且案涉工程实际使用了H公司所供应的钢材，钢材供应买卖合同成立。案涉《钢材购销合同》对H公司及J公司均有约束力，J公司应按照《钢材购销合同》的约定履行付款义务。

其次，J公司为案涉工程的总承包，该工程不存在任何分包情况，J公司提供的第三人交付给其关于该工程的《承诺书》充分证明，J公司与第三人林某之间存在存分包关系，第三人林某为J公司的代表，代表J公司对整个工程组织施工、对外签署购销、施工协议。根据第三人林某确认的内容，案涉购销钢材款项应由 J 公司直接支付给 H 公司，足以证明第三人为 J 公司的施工代表人。

最后，合同签订后，H 公司于 2011 年 12 月至 2012 年 8 月，分多批次将 1 万多吨钢材运至 J 公司建设工程项目工地，该钢材已全部使用于建设工程项目。J 公司曾向 H 公司支付部分货款，H 公司将案涉钢材供应于该工程，J 公司也向 H 公司支付了部分货款，应视为实际钢材供销合同成立。

（二）被告 J 公司的意见

J 公司与 H 公司之间不存在买卖合同关系。首先，就涉案合同表象而言，此合同为 H 公司与他人签订，与 J 公司无关。H 公司一审提交的《钢材购销合同》中显示的合同需方（甲方）并非 J 公司，而是 G 公司。此外，合同甲方法定代表人的签名为陈某，陈某并非 J 公司的工作人员，其既无 J 公司授权或亦无追认，落款处虽然盖有 J 公司涉案工程项目的"施工技术资料收发专用章"，但该印章明确注明"本印章签订经济合同、确认经济文件均无效"，用于签订涉案《钢材购销合同》显然不符合该印章的特定用途。其次，J 公司与 H 公司之间亦并不存在事实合同关系。事实合同的建立需要从双方从事的民事行为中能够推定双方有订立合同的意愿，而在该案中，J 公司从未向 H 公司给付货款，也未作为合同相对方接受其供货。H 公司未能提供相关证据证明 J 公司与其之间存在事实上的合同履行行为。综上所述，J 公司与 H 公司之间不存在买卖合同关系，J 公司没有向其支付货款的合同义务。

行为人陈某、林某的行为不构成对 J 公司的表见代理。当事人主张构成表见代理，应当承担举证责任，不仅应当举证证明代理行为存在有权代理的客观表象形式要素，而且应当证明其善意且无过失地相信行为人具有代理权。从该案事实情况来看，陈某、林某均未取得 J 公司授权，不存在行为人具有代理权的表象。H 公司在此情形下，向其供货并接受其个人支付货款，具有明显过失，其主观难称善意；并且 H 公司提供的《确认书》《结算单》《结算表》等证据显示，陈某、林某系以其个人名义而非 J 公司名义从事相关行为。故行为人陈某、林某的行为不构成对 J 公司的表见代理。

综上所述，J 公司与 H 公司之间不存在买卖合同关系，陈某、林某的行为并不构成对 J 公司的表见代理，J 公司没有向 H 公司支付货款的合同义务。H 公司对 J 公司提出的诉讼请求没有法律依据，不能得到支持。

（三）第三人林某缺席

林某没有到庭参加诉讼，亦未陈述答辩意见。

五、裁判结果

一审判决驳回 H 公司的全部诉讼请求，二审维持原判。

六、裁判理由

（一）一审法院的观点

第一，关于 J 公司是否为买卖合同相对方的问题。

涉案《钢材购销合同》的抬头甲方并非被告，而是"Z 公司"，而且上面落款虽然有被告施工技术专用章，但是印章上已经明确注明了"本印章签订经济合同、确认经济文件均无效"，《钢材购销合同》属于经济合同，结合原被告双方的认知程度以及涉案标的的巨大金额，双方都应该对签订该合同持审慎态度，因此不能以该资料收发章为依据认定被告签订了该合同。《钢材购销合同》的落款人为陈某，该人既不是被告的法定代表人，也没有被告的授权，陈某签订该合同对于被告而言是无权代理，案外人陈某的签字不能认定是被告签订合同的真实意思表示。

第二，关于案外人陈某签订《钢材购销合同》的行为是否构成表见代理。

根据《合同法》第四十九条的规定：行为人没有代理权、超越代理权或者代理权终止后以被代理人名义订立合同，相对人有理由相信行为人有代理权的，该代理行为有效。原告提出合同是在被告施工单位项目部签订的，因此认定合同签订时陈某有代理权，但合同签订人陈某并无被告的介绍信、授权书或者其他可以证明有权代理的客观表象形式要素，仅仅因为在被告施工单位项目部签订合同即认定陈某有被告的代理权，于法无据。

在该案中，原告签订《钢材购销合同》后没有履行应有的注意义务，未对合同中甲方的抬头、落款签订人权限以及印章性质进行合理审查，具有明显过失。因此，法院认定案外人陈某签订《钢材购销合同》的行为不构成表见代理。

第三，关于 H 公司与 J 公司是否通过实际发生的行为建立了事实合同关系。

原告诉称向被告提供了施工项目所需钢材，并提交了送货单、对账单、结算表、确认书等证据佐证，原告提供的上述资料可以就买卖合同关系的事实成立予以证明，但根据《合同法》第三十六条的规定，法律、行政法规规定或者当事人约定采用书面形式订立合同，当事人未采用书面形式但一方已经履行主要义务，对方接受的，该合同成立。根据原告提供的上述资料，货物接收人为无权代理人陈某，结算单、结算表以及欠款确认书的落款人为第三人林某，因此不能认定原告履行义务的相对人为被告。原告诉称被告一直知晓并持续接收原告提供的钢材，是认可了双方的买卖合同关系，但原告并未举证证明被告明知接收原告钢材并有意接受原告的履行行为，亦无证据证实被告就原告的钢材交付行为支付了对价。因此，法院认定原、被告双方并未成立事实合同关系。

综上，一审法院判决驳回原告的全部诉讼请求。

（二）二审法院的观点

第一，涉案《钢材购销合同》中虽加盖了 J 公司的长方形印章，但该枚印章印文中已明确载有"本印章签订经济合同、确认经济文件均无效"。在签约代表持有的印章本身已明确载明不具有签署合同效力的情况下，H 公司应当对印章效力以及签约代表是否具有相关权限产生合理怀疑。在此情况下，并无证据证实陈某签署合同时曾出示其具有代理权限的材料，H 公司存在明显过失。

第二，H 公司上诉认为林某作为 J 公司代表进行涉案交易。对此，林某在结算单、收款明细和确认书上直接作为"确认人""欠款人"签字，没有体现代表 J 公司签署相关材料。结合 H 公司一审中关于"J 公司将第一标段给了林某做"等陈述,可见 H 公司对于林某并非 J 公司代表、案涉工程存在转包、分包等情况应具有合理认知。H 公司该项上诉理由理据不足,法院不予采信。

第三,H 公司在二审中提交的《主体结构施工方案》等施工材料复印件中载有陈某为项目材设部人员的内容,陈某出具《情况说明》陈述其在涉案工程项目工作。但如前所述,鉴于涉案项目另存在实际施工人的情况,且 J 公司已提供单位人员社保名册、分包合同等反驳证据,故现有证据不足以证实陈某是作为 J 公司工作人员、代表 J 公司进行涉案交易的。另,即使《主体结构施工方案》复印件属实,也无证据证实 H 公司是基于陈某向其出示该份文件从而产生合理信赖。综上,一审法院认定陈某签名及加盖印章不构成表见代理,二审法院予以确认。

第四,H 公司上诉认为其供应的钢材已实际用于涉案工程,并申请二审法院调取相关证据材料。对此,二审法院认为,买卖合同关系以合同相对性为原则,即使涉案工程中实际使用了 H 公司供应的钢材,亦不必然导致 J 公司成为买卖合同关系的相对方。涉案工程是否实际使用了 H 公司供应的钢材,不影响该案的处理,对于 H 公司的调查取证申请,法院不予接纳。

二审法院判决驳回上诉,维持原判。

七、案例评析

建设工程项目中,多重转包、分包的现象颇为普遍,部分转包人、分包人未经承包方的同意或授权,擅自对外以总承包的名义签订采购合同,若供应商未能从转、分包人处收回货款,则会基于转、分包人在现场的"管理人"外观及总承包方在工程项目中的地位,主张总承包方是案涉合同的实际相对人,要求总承包方支付转、分包人的应付未付货款。

对总承包而言,自身或通过合法分包、或通过转包将案涉部分或全部工程交由下游施工并足额支付工程款,若不能妥善处理此类纠纷,将导致总承包方被卷入大量的同类型案件中、出现向下游超付的严重后果,更有甚者,转、分包方利用生效判决认定的"有权代理"身份,串通供应商提起虚假诉讼,使总承包面临无法预估的经济风险。因此,在此类案件中,律师在代理总承包一方时，要注意避免上述风险情况的产生。

本案中，原告从合同形式、签订人代理权外观、实际供货相对方几个方面进行论述，主张J公司是案涉合同的真实相对方。对此，被告代理律师除了从项目印章的法律效力瑕疵、案外人陈某无代理权的角度对J公司并非案涉合同的相对方这一事实进行展示外，还通过建设工程领域的交易逻辑，向审理法官展示工程项目转包法律关系下各方的权利义务范围，明确在J公司已经将案涉工程转包给林某的情况下，负有采购义务的责任人是林某，而非J公司。因此，即便案涉供货实际用于J公司所承包的工程，亦不代表J公司与原告之间通过实际履行构成了事实合同关系，J公司并非案涉合同的真实相对方。

《合同法》第四十九条和现行《民法典》第一百七十二条均规定了表见代理制度，关于表见代理制度在司法实践中的具体运用成为时有争议的问题之一。在司法实践中如何具体认定是否构成表见代理，法官具有较大的自由裁量权，为此，《最高人民法院关于当前形势下审理民商事合同纠纷案件若干问题的指导意见》中明确了判断表见代理的基本要求与标准，最高人民法院民二庭负责人就《关于当前形势下审理民商事合同纠纷案件若干问题的指导意见》答记者问时指出，鉴于表见代理属于市场交易法则中极其例外的情形，为了维护正常的市场交易秩序，《关于当前形势下审理民商事合同纠纷案件若干问题的指导意见》对于表见代理制度适用的主要精神是严格认定其构成要件。人民法院要注意两个问题。

第一，关于"有理由相信"的理解。根据《合同法》第四十九条的规定，构成表见代理行为不仅要求代理人的无权代理行为在客观上形成具有代理权的表象，而且要求相对人在主观上有理由相信行为人有代理权。《关于当前形势下审理民商事合同纠纷案件若干问题的指导意见》认为"有理由相信"是指合同相对人善意且无过失地相信行为人有代理权，即相对人在不知道行为人无代理权方面不存在疏忽或懈怠，并为此承担举证责任。

第二，关于表见代理的综合认定。《关于当前形势下审理民商事合同纠纷案件若干问题的指导意见》根据多年的审判经验提出，人民法院在判断合同相对人主观上是否属于善意且无过失时，应当结合合同缔结与履行过程中的各种因素综合判断合同相对人是否尽到合理注意义务。此外，还要考虑合同的出具时间、以谁的名义签字、是否盖有相关印章及印章真伪、标的物的交付方式与地点、购买的材料、租赁的器材、所借款项的用途、建筑单位是否知道项目经理的行为、是否参与合同履行等各种因素，作出综合分析判断。①

【点评】

转包、挂靠等在当前建设工程市场中普遍存在，实际施工人往往以总承包方的名义对外从事购买材料、租赁设备等商业活动。一旦发生争议，供应商常以实际施工人在施工现场对接，具有项目管理人员权利外观为由，主张构成对总承包的表见代理，进而要求总承包方承担责任。由于法律对表见代理的构成要件缺乏明确细致的规定，其认定问题遂成为民商事审判实务中的难点。

本案即属于司法实践中此类较为典型的情形，颇具学习借鉴价值。面对行为人使用企业技术资料专用章的不利局面，代理律师全面把握表见代理认定的主客观要件及判断时点等问题。从印章载明的用途限制出发，揭示行为人在客观上不具有代理权的表象，同时相对人就此相信行为人具有代理权存在主观过失。此外，就相对人提出的权利外观证据，指出其系纠纷发生后为诉讼之需而收集获取，不足以证明相对人交易行为发生之时的主观善意。以上足见代理律师的法律理论扎实，实务经验丰富。

点评人：广东启源律师事务所律师　胡斯恒

---

① 广州市中级人民法院民事判决书，（2018）粤01民终20290号；广东省高级人民法院民事判决书，（2019）粤民申13034号。

多重转包情况下实际施工人
向发包人主张权利应受到限制

泰和泰（广州）律师事务所　王　瀚

一、当事人的基本情况及案由

原审原告（被上诉人）：刘某

原审被告一（被上诉人）：H 公司

原审被告二（上诉人）：G 公司

原审被告三（被上诉人）：周某

原审被告四（上诉人）：J 单位

第三人：吕某

案由：建设工程施工合同纠纷

二、案情介绍

2013 年 9 月 25 日，J 单位（发包人）与 G 公司（承包人）签订《广东省建设工程标准施工合同》，约定将惠州监狱增容（蕉岭监狱迁建二期改造）项目（以下简称惠州监狱项目）发包给 G 公司。

2013 年 10 月 8 日，G 公司与周某签订《协议书》，约定：G 公司将承包的惠州监狱项目转包给周某组织施工，工程最终结算造价以 G 公司、J 单位（含政府财政部门）审核为准，周某以该最终结算造价按约定的下浮比例与 G 公司进行结算。

2013 年 10 月 22 日，周某（甲方）以 H 公司名义与刘某（乙方）签订《土建工程劳务分包合同》，合同约定：甲方以固定总价的方式将惠州监狱项目部分劳务分包给乙方，范围包括一区：伙房一栋；二区：厂房三栋、监舍五栋。

2014年3月6日，周某雇用的吕某以惠州监狱项目部（甲方）的名义与刘某（乙方）签订《土建劳务承包合同补充协议》，主要就工期要求、材料供应及人工补差等内容对《土建工程劳务分包合同》进行了补充约定。

在项目施工过程中，G公司与周某发生纠纷。2015年初，G公司终止与周某的施工合同，并自行承接案涉工程的后续施工。刘某也因此随着周某退场，未按照《土建工程劳务分包合同》及补充协议完成全部施工。

另案关联案件情况：2015年5月，G公司作为原告向法院起诉周某，诉请确认G公司与周某签订的《协议书》无效、请求周某返还超付工程款及利息、赔偿工期延误损失。法院于2018年4月16日作出一审民事判决，判决确认G公司与周某签订的《协议书》无效、周某返还G公司超付工程款1400余万元及利息。周某不服一审判决，提起上诉，在该案审理过程中，另案生效裁决尚未作出。

本案中，因周某未能向刘某按时足额支付款项，刘某向法院提起该案诉讼，诉讼请求为：（1）被告H公司、G公司、周某共同向原告支付工程款人民币500余万元及支付利息；（2）被告J单位在欠付工程款的范围内对原告承担清偿责任。

三、一审法院审理情况

（一）一审法院裁判观点

一审法院认为，刘某是惠州监狱项目部分工程的实际施工人，因其不具备建筑工程施工的相关资质，故其与H公司签订的《土建工程劳务分包合同》为无效合同，但在总工程项目已竣工验收的情况下，刘某请求参照合同约定支付工程价款应予支持。被告H公司作为《土建工程劳务分包合同》的当事人，应向原告承担给付工程款的责任。

被告G公司将惠州监狱项目转包给被告周某施工，被告周某也曾向原告刘某等实际施工班组承诺过负责支付工程款，综合相关情况，一审法院采信原告的陈述，即认可周某以H公司的名义与刘某签订《土建工程劳务分包合同》，周某应当对原告承担给付工程款的责任。

G公司与原告之间无合同关系，仅是案涉项目的总承包，并非发包人，原告诉请G公司承担工程款给付责任没有法律依据。被告J单位作为发包人虽未与G公司进行结算，但J单位仍有剩余工程款未付给原告这一事实清楚，根据《最高人民法院关于审理建设工程施工合同纠纷案件适用法律问题的解释》第二十六条的规定，实际施工人以发包人为被告主张权利的，发包人只在欠付工程价款的范围内对实际施工人承担责任。故原告诉请被告J单位在欠付工程款的范围内承担工程款连带支付责任，应予支持。

（二）一审法院判决情况

一审法院判决如下：（1）被告H公司、被告周某应在本判决生效之日起7日内支付原告刘某工程款1,668,637.12元；（2）被告J单位在欠付被告G公司工程款的范围内对第一项判决确认的款项向原告刘某承担连带支付责任；（3）驳回原告刘某的其他诉讼请求。

（三）上诉情况

G公司认为，一审判决虽未判令G公司直接承担责任，但G公司已向周某超付工程款，一审判决判令发包人将欠付工程款支付与刘某，则G公司无法自发包人处取得该部分工程款，唯有向周某另行追偿损失，势必导致G公司的权益进一步受损。J单位则认为，自身对原告不欠付工程款，一审判决存在事实认定错误、法律认定错误等情形。G公司与J单位均不服一审判决，提起上诉。

四、争议焦点

建设工程施工存在多个转包环节，在G公司已向下手足额乃至超付工程款的情况下，居于转包环节末端的实际施工人是否仍可依据《最高人民法院关于审理建设工程施工合同纠纷案件适用法律问题的解释》第二十六条的规定，请求发包人在欠付工程款的范围内承担责任。

五、各方的意见

（一）上诉人 J 单位的意见

（1）一审法院认定周某或 H 公司已经支付给刘某的款项仅来自刘某的单方陈述，证据不足。实际施工人完全有可能恶意串通损害上诉人的合法权益。（2）J 单位与刘某之间无任何合同关系，根据合同相对性原则，J 单位对刘某不存在未付工程款。J 单位已依据《广东省建设施工合同标准施工合同》的约定支付了工程款。根本不存在拖欠工程款的问题。该工程存在质量问题以及延误工期的问题，G 公司应当退还上诉人 J 单位所超付的款项。（3）2015 年第八次全国法院民事商事审判工作会议强调，要根据《最高人民法院关于审理建设工程施工合同纠纷案件适用法律问题的解释》第二十六条第一款规定严守合同相对性原则，不能随意扩大该条第二款规定的适用范围，只有在欠付劳务分包工程款导致无法支付劳务分包关系中的农民工工资时，才可以要求发包人在欠付工程价款范围内对实际施工人承担责任，不能随意扩大发包人的责任范围。本案中，刘某未举证证明欠付劳务分包工程款导致无法支付劳务分包关系中的农民工工资，据此不能适用该司法解释。

（二）上诉人 G 公司的意见

在另案中，G 公司诉周某建设工程施工合同纠纷一案法院已作出一审判决，该判决确认 G 公司与周某签订的《协议书》无效，判令周某返还 G 公司超付工程款 1400 余万元及利息。该判决虽未生效，另案仍在审理过程中，但在 G 公司超付工程款的事实已基本确认的基础上，J 单位如有欠付工程款，此债权应该属于 G 公司的专有债权，要求 J 单位在欠付工程款的范围内承担连带责任，将致使 G 公司无法收取应收的工程价款，损害 G 公司合法有效的合同权益，与司法解释第二十六条的创设原意相悖，显失公平。原审法院机械地适用《最高人民法院关于审理建设工程施工合同纠纷案件适用法律问题的解释》第二十六条规定，损害了 G 公司的权益。

(三）原告（被上诉人）刘某的意见

因为 J 单位没有向 G 公司付清工程款，所以一审法院依据相关司法解释判令 J 单位在欠付工程款的范围内承担连带清偿责任，是有事实依据和法律依据的，上诉人的上诉均应予以驳回。

（四）其他各方的观点

本案审理过程中，其他当事人经法院传唤，未到庭发表意见也未提交书面意见。

六、裁判结果

惠州市中级人民法院经审查认为，G 公司及 J 单位的上诉主张部分成立，原审适用法律及实体处理欠妥，二审法院予以纠正，最终判决：(1) 撤销惠州市惠城区人民法院（2016）粤 1302 民初 416 号民事判决第三项；(2) 变更惠州市惠城区人民法院（2016）粤 1302 民初 416 号民事判决第二项为"被告 J 单位在欠付被告 G 公司工程款范围内以被告 G 公司应当向周某支付的工程款为限对第一项判决确认的款项向原告刘某承担连带支付责任"。

七、裁判理由

二审法院认为，刘某请求 J 单位承担法律责任的法律依据是《最高人民法院关于审理建设工程施工合同纠纷案件适用法律问题的解释》第二十六条"实际施工人以发包人为被告主张权利的，人民法院可以追加转包人或者违法分包人为本案当事人。发包人只在欠付工程价款范围内对实际施工人承担责任"。

依据上述司法解释，发包人对实际施工人承担法律责任是以其对转包人或者分包人存在欠付工程价款为前提的。该司法解释尽管有限度地突破了合同相对性，但是在各个环节中的合同相对人之间的抗辩权也是存在的。如果某一环节中的合同相对方已经足额向其下一手支付了工程款，则最后的实际施工人向上的追索权只能及于该已经足额领取了工程款的这个环节的转包人，并非在存在于多个转包环节的建设工程施工和纠纷中，只要最后的实际施工人未足额获得工程款，不管中间各个环节的支付情况如何，发包人都要在应付未付的工程款范围内向最后的实际施工人承担法律责任。刘某请求 J 单位承担法律责任的事实依据应当是 J 单位对 G 公司有应付未付款、G 公司对周某有应付未付款、周某对刘某有应付未付款。

在该案诉讼中，已经查明的事实只有周某对刘某有 1,668,637.12 元的应付未付款。G 公司对周某是否有应付未付款，是在（2018）粤 13 民终 5424 号案件中应当审查的问题，目前该案正在二审中尚未审结。根据该案一审审理的结果，不仅是 G 公司不拖欠周某任何工程款，反而是周某应当向 G 公司返还其多收取的工程款 14,339,649.24 元及利息等。在（2018）粤 13 民终 5424 号案件尚未终审审结的情况下，还无法确认周某与 G 公司之间的权利义务关系。该案裁判的最终执行，应当等待（2018）粤 13 民终 5424 号案件的审理结果。

（2018）粤 13 民终 5424 号案件二审审理终结后，如果该案的审理结果是 G 公司确有未向周某支付的工程款，则应当以该工程款为限额，由 J 单位向刘某在其未向 G 公司应当支付的工程款范围内承担连带责任。如果该案的审理结果为 G 公司不仅不欠周某任何款项反而多向其支付了款项，则 J 单位无须承担该案的任何法律责任。

综上，二审法院将原判项"被告 J 单位在欠付被告 G 公司工程款范围内对第一项判决确认的款项向原告刘某承担连带支付责任"变更为"被告 J 单位在欠付被告 G 公司工程款范围内以被告 G 公司应当向周某支付的工程款为限对第一项判决确认的款项向原告刘某承担连带支付责任"。

八、案例评析

本案的疑难之处在于，案涉建设工程施工存在多个转包环节，G 公司已向下手足额乃至超付工程款的情况下，居于转包环节末端的实际施工人是否仍可依据《最高人民法院关于审理建设工程施工合同纠纷案件适用法律问题的解释》第二十六条的规定，请求发包人在欠付工程款范围内承担责任？《最高人民法院关于审理建设工程施工合同纠纷案件适用法律问题的解释》并未涵摄该案类似情形，代理律师在二审中着重从实际施工人制度的创设原意与司法价值取向出发，指出司法审判不应机械适用条文，而应探求条文之后的司法价值取向。

2004年出台的《最高人民法院关于审理建设工程施工合同纠纷案件适用法律问题的解释》中第二十六条的创设原意在于防止某些承包人将工程转包收取一定的管理费用后，对工程结算怠于主张权利，导致与发包人没有合同关系的实际施工人无法及时取得工程款，从而影响到农民工工资的发放。[①] 然而，建筑市场的实际情况相当复杂，挂靠、多重转包层出不穷，解释条文又颇为粗疏，比如关于实际施工人如何认定，其权利受到何种限制，多重转包等情形并未虑及，故而该解释颁布以来引发了相当多的争议，也导致在审判实践的适用中，出现了许多滥用乱象。

本案中，G公司虽有转包过错，然而在关联案件中已基本查明其向周某超额支付了工程款项，其行为符合诚实信用的民事法律原则和价值取向，在此情形下，如果判令发包人将欠付工程款支付与刘某，G公司则无法自发包人处取得该部分工程款，唯有向周某追偿损失，而这势必导致G公司的权益进一步受损。如此机械地适用条文，片面保护实际施工人，而伤害诚实守信的行为主体，无疑背离了相关司法解释的创设原意和司法价值取向。

该案二审判决采纳了被告G公司代理律师的意见，认为：在建设工程施工存在多个转包环节的情形下，如其中某一环节已足额向其下手支付工程款，则居于末端的实际施工人向上的追索权只能及于已足额收取工程款的转包人。不能无条件地认为，不管中间环节的支付情况，都要求发包人在欠付工程款范围内对末端的实际施工人承担法律责任。

本案的判决结构既保护了实际施工人应得的工程款，也严格遵守了合同相对性的原则及相关司法解释的立法本意，全面衡平各方主体的合法利益，实现对各方当事人公平、公正的判决。

需要指出的是，该案生效裁判作出于《民法典》发布之前，在《民法

[①] 主要观点源自《最高人民法院负责人就建设工程施工合同司法解释答记者问》。

典》发布后，最高人民法院出台了《关于审理建设工程施工合同纠纷案件适用法律问题的解释（一）》，将2004年《最高人民法院关于审理建设工程施工合同纠纷案件适用法律问题的解释》第二十六条第一款与《最高人民法院关于审理建设工程施工合同纠纷案件适用法律问题的解释（二）》第二十四条的内容进行了技术性整合，形成了目前的第四十三条，该条规定："实际施工人以转包人、违法分包人为被告起诉的，人民法院应当依法受理。实际施工人以发包人为被告主张权利的，人民法院应当追加转包人或者违法分包人为本案第三人，在查明发包人欠付转包人或者违法分包人建设工程价款的数额后，判决发包人在欠付建设工程价款范围内对实际施工人承担责任。"

最高人民法院民事审判第一庭在2021年第20次专业法官会议纪要中指出，《最高人民法院关于审理建设工程施工合同纠纷案件适用法律问题的解释（一）》第四十三条解释涉及三方当事人的两个法律关系：一是发包人与承包人之间的建设工程施工合同关系；二是承包人与实际施工人之间的转包或者违法分包关系。原则上，当事人应当依据各自的法律关系，请求各自的债务人承担责任。本条解释为了保护农民工等建筑工人的利益，突破合同相对性原则，允许实际施工人请求发包人在付工程款范围内承担责任。对该条解释的适用应当从严把握。该条解释只规范转包和违法分包两种关系，未规定借用资质的实际施工人以及多层转包和违法分包关系中的实际施工人有权请求发包人在欠付工程款范围内承担责任。因此，可以依据《最高人民法院关于审理建设工程施工合同纠纷案件适用法律问题的解释（一）》第四十三条的规定突破合同相对性原则请求发包人在欠付工程款范围内承担责任的实际施工人不包括借用资质及多层转包和违法分包关系中的实际施工人。

会议纪要中将"多层转包和违法分包关系中的实际施工人"排除在《最高人民法院关于审理建设工程施工合同纠纷案件适用法律问题的解释（一）》第四十三条的适用范围之外，是多年来对"实际施工人制度"的重大限缩适用意见。本案所涉及的情形如按会议纪要精神处理，原告作为多层转包关系中的实际施工人无权请求发包人在欠付工程款范围内承担责任，支付链条中的矛盾也将不复存在。①

【点评】

自《最高人民法院关于审理建设工程施工合同纠纷案件适用法律问题的解释》第二十六条建立"实际施工人制度"以来，司法实践中的尺度不一，争议颇多，莫衷一是。其中，建设工程领域多层转包情形下，对于实际施工人如何认定以及其权利如何行使系司法实践中较为复杂的问题之一。在多层转包且中间链条已付足工程款之情形下，该案原审法院判决发包人在欠付工程款范围内对实际施工人承担付款责任即属此类。

在本案中，被告G公司代理律师跳出文义解释的束缚，从司法解释的制订本意、司法价值的正确取向、各方利益衡平的角度等方面出发，有效突破了对司法解释的机械理解和适用，取得了很好的诉讼结果，也凸显了其深厚的理论素养。当前，最高人民法院民事审判第一庭的法官会议纪要已经对此类适用问题进行了明确，由此也印证了该律师的观点。

点评人：广东启源律师事务所律师　胡斯恒

---

① 惠州市中级人民法院民事判决书，(2019) 粤13民终3488号。

工程被多次转包承包人为工程垫付的费用应向谁主张？

广州金鹏律师事务所 周林飞

一、当事人的基本情况及案由

上诉人（原审被告）：许某周

被上诉人（原审原告）：X工程建设有限公司

原审被告：许某桢

原审第三人：赵某

案由：建设工程施工合同纠纷

二、案情介绍

2017年12月，原告X工程建设有限公司作为承包人中标某公路改造项目。2018年3月，某公路管理站与X工程建设有限公司签订《公路改造工程施工合同》。2018年4月，原告X工程建设有限公司与开平市某建筑工程部、第三人赵某签订《公路改造工程建设项目投资合作协议书》，约定X工程建设有限公司负责案涉工程管理，开平市某建筑工程部（现已注销）负责资金投入并承担工程项目的经营风险，X工程建设有限公司不承担经营风险。许某周作为开平市某建筑工程部的授权代表人在合同上签字确认。2018年10月，许某周向X工程建设有限公司出具授权书，委托杨某负责案涉工程现场管理、办理结算等，由此产生的法律责任由许某周承担。之后，许某周又将案涉工程分包给案外人开平市某建筑工程部、杨某。

2020年1月，因实际施工方采购混凝土对外欠款（该采购合同以案涉项目承包人 X 工程建设有限公司名义成立的项目部与供货商签订），供货商起诉 X 工程建设有限公司支付货款约 480 万元。2020 年 4 月，经法院调解，X 工程建设有限公司向供货商支付货款 440 万元。X 工程建设有限公司认为货款 440 万元按照 X 工程建设有限公司与开平市某建筑工程部、许某周合同的约定，应由开平市某建筑工程部、许某周承担，遂起诉开平市某建筑工程部个体经营者许某桢、许某周。

案件审理过程中，被告许某周申请追加杨某为该案被告，并以正在进行的许某周与开平市某建筑工程部、杨某工程分包合同纠纷案与该案有关联性为由，申请中止该案审理。被告许某周答辩称，2018 年 10 月，许某周将部分已完工程及剩余工程转包给杨某，案涉工程的实际施工人是杨某，X 工程建设有限公司向供货商支付货款所供货的混凝土是杨某施工使用，与被告无关，相应费用应由杨某承担。

三、争议焦点

开平市某建筑工程部、许某周应否支付 440 万元和利息给 X 工程建设有限公司。

四、各方的意见

（一）许某周的意见

1. 一审判决在不予确认许某周所提交证据的关联性的情况下，又以许某周提交的证据为依据确认许某周已将案涉工程分包给案外人开平市某建筑工程部、杨某，属于认定事实错误，且前后矛盾。另外，一审判决对案涉工程由谁实际施工没有作出明确认定，却以"故原告在其代实际施工人垫付货款及违约金的情况下有权请求被告开平市某建筑工程部、许某周返还其投入的建筑成本"为由，判令许某周承担实际施工人应承担的责任，对许某周不公。

2. 一审判决"不予支持许某周请求追加深圳市某建筑劳务有限公司、杨某为该案被告及申请中止该案审理"存在程序错误，依法应予撤销。该案是因 X 工程建设有限公司代实际施工人垫付货款及违约金而引发的诉讼，而许某周并非案涉工程的实际施工人。案涉工程实际施工人是谁对该案有着至关重要的影响。一审判决在明知深圳市某建筑劳务有限公司、杨某为实际施工人，且许某周已经先行起诉的情况下，仍执意先作出该案判决，既严重损害了许某周的合法权益，也必将造成司法资源的极大浪费。

3. X工程建设有限公司诉求许某周返还工程材料款440万元，一审判决却判令许某周支付工程款440万元，一审判决认定的基本事实完全错误，且属于自行变更当事人的诉讼请求，一审判决存在明显错误。依照"不告不理"的原则，人民法院只能依照当事人提出的案件事实、理由和诉讼请求进行审理和判决，不能随意予以变更。本案中，X工程建设有限公司的诉求为"两被告向原告返还截至2020年8月17日代付的440万元工程材料款及逾期返还的利息"，且其在民事起诉状中的"事实与理由"部分也明确陈述"案涉工程被告采购混凝土欠款应由被告承担"。本案是因X工程建设有限公司代实际施工人支付工程材料款而引发的诉讼，X工程建设有限公司所诉求的也是要求许某周返还工程材料款，而并非案涉工程的工程款。工程材料款与工程款的性质差别巨大。一审判决认定事实完全错误。

4. 一审判决对本案可能存在恶意串通行为没有依法进行审查，可能导致恶意当事人因此获得巨额的非法利益。本案一审已查明"原告收取案涉工程发包人支付的工程款15,065,031元，原告扣款105,555.84元后，实付14,009,472.16元给被告方授权的项目负责人杨某"的事实，而许某周出具的授权书明确"但项目资金往来仍经由本人（许某周）账户办理"，可见X工程建设有限公司是明知杨某为案涉工程的实际施工人，否则其不可能在许某周已明确指定资金往来账户的情况下，仍自行将1400多万元的巨额工程款支付给杨某。本案所谓工程材料款440万元X工程建设有限公司是从涉案工程专用户中支出的，X工程建设有限公司已在应付给杨某的工程款中进行相应的扣减，其再次向许某周主张存在明显恶意。另外，在许某周申请追加杨某为被告时，X工程建设有限公司也拒不同意。本案纠纷是该三方为达到侵占许某周在涉案工程中的权益而提起的，属于恶意诉讼。据此，许某周在一审的审理过程中反映，本案极有可能存在恶意串通行为，而一审判决对许某周反映的事实没有进行任何审查，明显违背了前述法律规定，可能导致恶意当事人因此获得巨额非法利益。

（二）X 工程建设有限公司的意见

1. 根据合同相对性原则，一审法院裁定不同意追加深圳市某公司、杨某为该案被告，不予确认许某周和深圳市某公司、杨某之间合同的关联性；不同意以另案关联性为由中止该案审理，适用程序和法律正确。X 工程建设有限公司与许某周、开平市某建筑工程部建立了合同关系，一审判决确认"之后，被告许某周又将案涉工程分包给案外人深圳市某公司、杨某"。该事实认定与许某周庭审陈述的事实相符，许某周将案涉工程分包给他人属于另一合同法律关系，且许某周和深圳市某公司、杨某之间的合同纠纷已在另案中处理，根据合同相对性原则，一审法院不予确认相应证据的关联性，不同意以另案关联性为由中止本案审理，裁定不同意追加深圳市某公司、杨某为本案被告，认定事实清楚、适用程序和法律正确，一审判决依法应当予以维持。

2. 一审判决许某周、开平市某建筑工程部向 X 工程建设有限公司支付工程款 440 万元及逾期利息，认定事实清楚，适用法律正确，依法应当予以维持，许某周的上诉请求依法应予驳回。具体理由如下：（1）一审法院第一项判决中"工程款 440 万元"与 X 工程建设有限公司诉讼请求中的"工程材料款 440 万元"不一致，但并不影响 X 工程建设有限公司的实体权利；另 440 万元的混凝土材料已经转化为建设工程的一部分，工程材料款与工程款名称皆合适，并无实质问题；即使认为有瑕疵，也可以在二审判决中纠正。（2）许某周上诉称"本案所谓工程材料款 440 万元 X 工程建设有限公司是从涉案工程专用户中支出的，X 工程建设有限公司已在应付给杨某的工程款中进行相应的扣减"与事实不符。二审 X 工程建设有限公司提交的《开户许可证》可证明付款账号是 X 工程建设有限公司的基本存款账户，并非项目专用户。从一审中的证据 5 可知，许某周授权的杨某确认，截至 2020 年 1 月 20 日，X 工程建设有限公司收到案涉工程发包人支付的工程款 15,065,031 元，X 工程建设有限公司按协议扣款 1,055,558.84 元后，已全额实付 14,009,472.16 元。X 工程建设有限公司扣款金额远低于 440 万元，

440万元不可能从中扣除，一审认定的事实清楚。

五、裁判结果

二审法院判决：（1）许某桢、许某周于本判决生效之日起10日内返还工程材料款440万元及支付逾期付款利息（其中以300万元为基数，从2020年4月16日起至实际付清之日止；以100万元为基数，从2020年8月18日起至实际返还之日止；以40万元为基数，从2020年10月29日起至实际返还之日止按全国银行间同业拆借中心公布的贷款市场报价利率计算）给X工程建设有限公司；（2）驳回X工程建设有限公司的其他诉讼请求。

六、裁判理由

一审法院认为，某公路管理站是案涉项目的发包方，X工程建设有限公司是总承包方且具备相应的建设工程资质，而开平市某建筑工程部、许某周没有建设工程方面的资质，原、被告签订的《公路改造工程建设项目投资合作协议书》违反了法律的强制性规定，依据《合同法》第二百七十二条第三款及《最高人民法院关于审理建设工程施工合同纠纷案件适用法律问题的解释》第一条的规定，属于无效合同。合同无效，合同双方本应相互返还因本合同而获取的财物，但是建设工程施工合同性质的特殊性，决定了在合同无效后不可能实现相互返还，只能折价补偿，只能折价返还合同相对方对建筑物的直接投入即建筑成本。故原告X工程建设有限公司在其代实际施工人垫付货款的情况下有权请求许某周返还其投入的建筑成本。关于许某周与杨某之间的建设工程施工合同纠纷，许某周已向法院提起另案诉讼，其可以向实际施工人追偿。因该案原告X工程建设有限公司与杨某之间并无合同关系，原告X工程建设有限公司不同意追加杨某为本案被告，故许某周请求追加杨某为本案被告及申请中止该案，认为本案应以另案审结的结果为依据，理据不足，一审法院不予支持。

二审法院认为，首先，《合同法》第二百七十二条第三款规定："禁止承包人将工程分包给不具备相应资质条件的单位。禁止分包单位将其承包的工程再分包。建设工程主体结构的方式必须由承包人自行完成。"《最高人民法院关于审理建设工程施工合同纠纷案件适用法律问题的解释》第一条规定:"建设工程施工合同具有下列情形之一的,应当根据合同法第五十二条第(五)项的规定,认定无效:(一)承包人未取得建筑施工企业资质或者超越资质等级的;……"根据已查明的事实,X工程建设有限公司从公路管理站承包了案涉公路改造工程施工合同项目,公路管理站是发包方,X工程建设有限公司是总承包方,X工程建设有限公司具有相应的建设工程作业资质,开平市某建筑工程部没有建筑工程方面的资质,开平市某建筑工程部、第三人赵某与X工程建设有限公司签订的《公路改造工程建设项目投资合作协议书》违反了法律的强制性规定,属无效合同。由于开平市某建筑工程部、赵某与X工程建设有限公司确认赵某是案涉工程的介绍人,没有任何出资也未参与工程建设。许某周于2018年10月向X工程建设有限公司出具授权书,委托杨某负责案涉工程现场管理、办理结算等,由此产生的法律责任由许某周承担。因此,开平市某建筑工程部、许某周是涉案《公路改造工程建设项目投资合作协议书》的合同主体之一。其次,建设工程施工合同具有特殊性,合同履行的过程,就是将劳动和建筑材料物化在建筑产品的过程。由于建设工程的特殊性,已施工工程难以拆分或拆分后将极大减损价值、不再具有价值的特点决定了建设工程在实际施工后难以根据合同法关于合同无效的规定进行相互返还。

对于建筑成本承担的问题,开平市某建筑工程部、许某周与X工程建设有限公司在《公路改造工程建设项目投资合作协议书》中约定X工程建设有限公司负责案涉工程的管理及实施,开平市某建筑工程部、许某周负责资金投入并承担案涉工程项目的经营风险,根据协议书的约定和合同相对性原则,X工程建设有限公司在其代垫付货款及违约金的情况下,有权请求开平市某建筑工程部、许某周返还其投入的440万元工程材料款及逾期利息。X工程建设有限公司要求开平市某建筑工程部、许某周返还工程款440万元及逾期付款利息,理据充分。至于利息问题,X工程建设有限公司请求利息按贷款市场报价利率LPR的4倍计算,明显过高,一审法院按全国银行间同业拆借中心公布的贷款市场报价利率计算利息合理,二审法院予以确认。开平市某建筑工程部对一审法院判决其承担责任并无异议,由于开平市某建筑工程部于2021年5月6日注销，故开平市某建筑工程部的责任应由其经营者许某桢承担。

最后，X工程建设有限公司与深圳市某公司、杨某之间不存在合同关系，X工程建设有限公司不同意追加深圳市某公司、杨某为该案被告，一审法院对许某周要求追加深圳市某公司、杨某为该案被告及申请中止该案审理的请求不予支持，处理正确，并无不当。

七、案例评析

本案为承包人与次承包人之间的建设工程施工合同纠纷，涉及工程被多次转包时，承包人为工程垫付的费用应如何主张的问题，体现了案件存在转包情况时，承包人（转包人）是否应严格遵守合同相对性原则及是否可以突破合同相对性原则问题。本案的审理过程及判决结果代表性地反映了目前最高人民法院对此类问题的司法裁判倾向，与最高人民法院民一庭于2022年1月7日针对《最高人民法院关于审理建设工程施工合同纠纷案件适用的解释（一）》第四十三条发表的"突破合同相对性原则请求发包人在欠付工程款范围内承担责任的实际施工人不包括借用资质及多层转包和违法分包关系中的实际施工人"这一观点相呼应，具有一定的借鉴意义。

参考本案的审理过程及裁判结果，另参考最高人民法院民一庭于2022年1月7日在其微信公众号发表《最高法院民一庭：〈建工解释（一）〉第四十三条规定的实际施工人不包含借用资质及多层转包和违法分包关系中的实际施工人》的文章，该文章称最高法院民一庭法官会议讨论认为：可以依据《建工解释（一）》第四十三条规定突破合同相对性原则请求发包人在欠付工程款的范围内承担责任的实际施工人不包括借用资质及多层转包和多层违法分包关系中的实际施工人。最高人民法院民一庭认为，本条解释涉及三方当事人两个法律关系：一是发包人与承包人之间的建设工程施工合同关系；二是承包人与实际施工人之间的转包或者违法分包关系。原则上，当事人应当依据各自的法律关系，请求各自的债务人承担责任。本条解释为了保护农民工等建筑工人的利益，才突破合同相对性原则，允许实际施工人请求发包人在欠付工程款范围内承担责任，对该条解释的适用应当从严把握。

最高人民法院民一庭在2022年1月7日文章中的观点虽然不具有司法解释的效力，但司法裁判的倾向性非常明显，合同相对性正在回归本位，法院会越来越多地适用该原则进行裁判。正如本文案例中一审和二审法院认定的那样，根据协议约定和合同相对性原则，承包人在为工程垫付货款后，有权向有合同关系的次承包人主张返还，次承包人无权以其另行转包的实际施工人使用货物为由进行抗辩。

从长远看，司法机关对建筑业各方主体应坚持平等保护原则。随着建筑业改革的进一步深化，建筑市场进一步规范，司法也在渐渐回归法律、法理本意，不宜因强调对包工头及农民工的特别保护，而损害有资质的建筑施工企业、发包人、债权银行、其他债权人的合法权益。①

【点评】

当前的建筑领域中，层层转包、多层分包、挂靠人对外转包或违法分包等现象十分普遍，法学界更多的是讨论这种情况下对实际施工人的救济途径。事实上，在层层转包或多层分包等情况下，总承包人为实际施工人垫付费用后如何追偿的问题，也同样值得关注。本案中，代理律师顺应合同相对性本位回归趋势，立足于合同相对性原则进行详细分析与充分论证，最终在不追加实际施工人为共同被告的情况下，成功引导法院判令由次承包人先行支付总承包人为实际施工人垫付的费用，再由次承包人另行向实际施工人追偿。这对总承包人维权具有重要的借鉴意义，有助于总承包人在垫付费用后清晰锁定追偿主体，避免在诉讼中追加多名被告使案情复杂化进而导致诉讼进度拖延。

点评人：广东金桥百信律师事务所律师　白　峻

---

① 江门市中级人民法院民事判决书，（2021）粤07民终5734号。

建设工程施工合同无效，工期延误损失的赔偿责任该如何认定？

广州金鹏律师事务所　周林飞

一、当事人的基本情况及案由

上诉人一（原审原告）：J建材有限公司

上诉人二（原审被告）：H工程建设有限公司

原审被告：Z公司

案由：码头建造合同纠纷

二、案情介绍

案涉项目是码头建设工程，码头业主单位及工程发包人J建材有限公司是民营企业。2016年8月，J建材有限公司向包括H工程建设有限公司在内的多家施工企业发出招标邀请函，其采用"背对背"的方式与多家施工企业进行单独磋商。2016年9月底至国庆节期间，J建材有限公司与H工程建设有限公司签订了02号码头工程施工合同，H工程建设有限公司在拿到J建材有限公司盖章的02号合同后，开始办理施工作业许可证、履约保函等手续。2016年11月15日，Z公司向J建材有限公司出具履约保函，记载就J建材有限公司与H工程建设有限公司签订的02号合同，Z公司接受保函申请人H工程建设有限公司的请求，就H工程建设有限公司履行主合同约定的义务向J建材有限公司提供相应保证。

2016年11月25日，J建材有限公司和H工程建设有限公司签订01号码头施工合同，其中"合同协议书"约定：签约合同价为50,943,687元，

H工程建设有限公司应按照监理人的指示开工,工期为365日历天。后在施工过程中,H工程建设有限公司由于各种客观因素影响及自身组织力度不够、施工进度缓慢造成一定的工期延误,J建材有限公司也因未依约支付工程进度款、后期拒绝支付进度款造成工程停滞,最终合同无法履行。

2018年1月10日,H工程建设有限公司向J建材有限公司发出停工告知函,称由于J建材有限公司拒绝支付工程进度款的违约行为,造成H工程建设有限公司无力继续垫资施工,从2018年1月10日起案涉码头工程将依法停工。2018年1月16~22日,H工程建设有限公司的部分施工机械、设备及作业班组退场。1月23日之后,施工现场全面停工。后双方结算工程款时,因无法协商达成一致,遂产生本诉讼。

三、争议焦点

1. 01号合同及02号合同的效力。

2. H工程建设有限公司是否应向J建材有限公司赔偿未完工工程增加的工程款损失及其具体金额。

四、各方的意见

(一)J建材有限公司的意见

1. 一审法院认定事实错误,确定的法律责任有误。H工程建设有限公司没有按照合同要求完成规定的工程量,未达到支付工程进度款的条件,应当认定H工程建设有限公司违约,并承担法律责任,并非J建材有限公司不按期支付工程进度款。首先,双方实际履行的02号施工合同专用条款第5.1.2.1条约定,开工15天前进驻施工场地的冲孔桩机为12台。第11.4.4条约定为了保证施工周期,要求12台以上桩机同时施工。第11.2.1条约定120天完成桩基础。第1期施工监理月报就显示H工程建设有限公司未能完全按照审批方案组织施工,钢平台搭设只完成33%。第2期施工监理月报显示H工程建设有限公司缺乏有效的进度安排,基本处于无进度控制状态,码头灌注桩施工滞后16天。第3期监理月报显示由于H工程建设有限公司组织力度不足,施工进度推进缓慢,码头灌注桩施工滞后41天。

第 4 期同样由于 H 工程建设有限公司组织力度不足，施工推进缓慢，码头灌注桩施工滞后 71 天。第 5 期同样原因滞后 101 天，第 6 期没有任何进度，基本处于停工状态。第 7 期只有 6 台桩机正常施工。第 8 期因为 H 工程建设有限公司灌注桩作业班组人员少，只有 6 台桩机正常施工，灌注桩施工滞后 161 天。第 9 期滞后 191 天。第 10 期同样原因滞后 251 天。第 11 期全面停工。

其次，支付工程进度款的前提是工程进度计划按期完成，从以上情况可以看出，H 工程建设有限公司未按施工组织计划进行施工，工期拖延严重，其不但没有赶工反而擅自停工，J 建材有限公司有权行使先履行抗辩权。根据 02 号合同专用条款第 19.1.2 条，如果承包人未能执行施工合同的约定，一切直接、间接损失由承包人承担。H 工程建设有限公司如依诚实信用原则施工，工程进度按期完成，工程按期交付，J 建材有限公司就未完成工程增加工程款的损失完全可以避免。

2. J 建材有限公司请求确认 01 号合同失效，是基于对该合同有效的认识，现一审法院认为 01 号合同及 02 号合同均无效，则 J 建材有限公司请求对 01 号合同确认无效应予支持。

（二）H 工程建设有限公司的意见

一审法院在认定两份施工合同无效、H 工程建设有限公司及 J 建材有限公司双方明确不再履行合同、双方对未能按期完工造成的损失责任相当后，认定未能按期完工造成未完工工程增加了工程款的损失为 18,647,419.20 元，支持由 H 工程建设有限公司承担 50% 的赔偿责任，即 H 工程建设有限公司向 J 建材有限公司赔偿未完工工程增加的工程款损失 9,323,709.06 元。一审法院对施工合同无效的损失赔偿法律性质、责任分配等事实认定错误、法律适用错误，一审判决结果导致：J 建材有限公司几乎不用支付工程款，便能够享有 H 工程建设有限公司施工的质量合格、鉴定造价 940 多万元的已完工程项目成果，双方利益严重失衡，一审判决依法应予改判。

1. 一审法院在认定两份施工合同无效后，支持 H 工程建设有限公司应承担未能按期完工造成的损失，混淆了缔约过失责任与违约责任的性质，超出了合同无效的损失范围。

《民法总则》第一百五十七条、《合同法》第五十八条、《最高人民法院关于审理建设工程施工合同纠纷案件适用法律问题的解释（二）》第三条关于合同无效损失赔偿的法理基础都是缔约过失责任，三个条款的损失赔偿范围应限于因合同无效导致的实际损失。

合同无效损失赔偿，属于缔约过失责任；未能按期完工造成的损失明显与合同效力无关，属于工期延误的违约责任。一审法院错误地理解《最高人民法院关于审理建设工程施工合同纠纷案件适用法律问题的解释（二）》第三条的字面意思，判决H工程建设有限公司应承担未能按期完工造成的损失，超出因合同无效导致的实际损失的范围，法律适用错误。

2. 一审法院认定未能按期完工造成的损失是通过造价鉴定确定的未完工工程增加的工程款损失18,647,419.20元，事实认定和法律适用错误。

如上所述，未能按期完工造成的损失赔偿，属于工期延误的违约责任。案涉施工合同的第11.3~11.5条分别约定：由于发包人原因工期延误，承包人有权要求延长工期、增加费用并支付合理利润；异常恶劣的气候条件下延误工期，承包人有权要求延长工期；承包人原因延误工期，承包人应承担加快进度增加的费用、支付逾期竣工违约金：2000元/天，逾期交工违约金限额为10%签约合同价。

根据一审查明的事实，H工程建设有限公司完成的工程造价超过940万元，J建材有限公司支付的工程预付款和进度款项合计不到260万元，严重违反合同第16.3.1条按月支付进度款的约定。由此可知，J建材有限公司应该对工期延误及停工不再履行合同负有主要责任。一审法院认定H工程建设有限公司及J建材有限公司对未能按期完工都有责任且责任相当。即，在施工合同有效的前提下，对于未能按期完工造成的损失，同时存在H工程建设有限公司有权要求J建材有限公司延长工期、赔偿增加费用并支付合理利润；J建材有限公司有权要求H工程建设有限公司承担逾期违约金的情形。从公平合理的角度，在施工合同双方对工期延误皆有过错且责任相当的情况下，应互不追究违约责任。

延误工期造成发包人的损失应该是已经发生的实际损失，通过造价鉴定确定将来可能发生的未完工工程增加工程款，不能作为延误工期造成发包人的损失，在过往的司法裁判中闻所未闻，也不符合《最高人民法院关于适用〈中华人民共和国合同法〉若干问题的解释（二）》第二十八条规定的"实际损失为限"、增加违约金与赔偿损失不得同时主张的原则。

3. 一审法院按未完工工程增加工程款 18,647,419.20 元的 50%，判决由 H 工程建设有限公司向 J 建材有限公司赔偿未完工工程增加的工程款损失 9,323,709.06 元，事实认定和法律适用错误，应予改判。

首先，该判决超出了因合同无效导致的实际损失的缔约过失责任范围。

其次，未完工工程增加工程款 18,647,419.20 元不是 J 建材有限公司的实际损失，不能作为工期延误的违约责任基础。

再次，判决 H 工程建设有限公司向 J 建材有限公司赔偿 9,323,709.06 元远超合同约定的承包人逾期交工违约金限额 10% 的签约合同价，而上调违约金的基础不是原告的实际损失。

最后，按未完工工程增加工程款由 H 工程建设有限公司承担 50% 的赔偿责任，貌似符合 H 工程建设有限公司及 J 建材有限公司对未能按期完工双方都有责任且责任相当的判断，其实并没有考虑工期延误给 H 工程建设有限公司造成的损失，造成了双方利益和责任的严重失衡。

综上所述，案涉合同无效的全部或主要责任在于发包人 J 建材有限公司，按一审判决认定的 H 工程建设有限公司及 J 建材有限公司对工期延误并不再履行合同都有责任且责任相当，H 工程建设有限公司垫资完成的前期工程质量合格。一审法院的两案判决导致 H 工程建设有限公司无法拿回垫资的工程款，J 建材有限公司却几乎零成本获得了已完工程项目，双方利益严重失衡，一审判决依法应予改判。

五、裁判结果

二审法院维持一审民事判决中的第一项：H 工程建设有限公司向 J 建材有限公司支付拖欠的水电费 142,490.24 元；第三项：H 工程建设有限公司向 J 建材有限公司移交已完工工程全部施工档案资料；第五项：驳回 J 建材有限公司对 Z 公司的诉讼请求。

撤销一审民事判决中第二项：H工程建设有限公司向J建材有限公司赔偿未完工工程增加的工程款损失9,323,709.60元。

驳回J建材有限公司对H工程建设有限公司的其他诉讼请求。

六、裁判理由

一审判决认为，案涉工程未经公开招投标程序签订02号合同，又先定后招、明招暗定签订01号合同，违反了《招标投标法》，故认定J建材有限公司和H工程建设有限公司签订的01号施工合同和02号施工合同均为无效合同，J建材有限公司作为上述程序的决策人、启动人和主导人，应承担合同无效的主要责任。同时，从02号合同的履行过程来看，J建材有限公司未按期支付工程进度款，H工程建设有限公司则存在未按约定投入人员和大型机械设备的行为。J建材有限公司和H工程建设有限公司对该案工程未能按期完工造成的损失责任相当。故一审认定J建材有限公司和H工程建设有限公司对未完工工程增加的工程款损失各承担50%的赔偿责任。

J建材有限公司和H工程建设有限公司确认双方实际履行的是02号合同，也确认自2018年7月6日不再履行该案任何一份施工合同。以2018年7月6日为基准日，鉴定公司根据02号合同认定H工程建设有限公司已完成的工程造价9,409,700.92元，未完成的工程造价51,517,718.38元，而02号施工合同价4228万元。因此，一审法院认定J建材有限公司主张未完工工程增加的工程款损失为18,647,419.20元，J建材有限公司和H工程建设有限公司各承担50%的未完工工程增加的工程款损失，即9,323,709.60元。

二审法院认为，一审法院认定01号合同、02号合同无效，H工程建设有限公司和J建材有限公司均存在过错；J建材有限公司和H工程建设有限公司对该案工程未能按期完工造成的损失责任相当，双方对未完工工程增加的工程款损失各承担50%的赔偿责任，并无不当。但J建材有限公司诉请的未完工工程增加的工程款损失18,647,419.20元为评估鉴定该案工程造价后扣减02号合同价计算得出。上述损失并非J建材有限公司实际支出的费用，亦非实际发生的损失。因此，J建材有限公司诉请H工程建设有限公司赔偿未完工工程增加的工程款损失 18,647,419.20 元，没有事实和法律依据，J 建材有限公司的该诉讼请求应予驳回。一审判决认定 H 工程建设有限公司向 J 建材有限公司赔偿未完工工程增加的工程款损失 9,323,709.60 元有误，二审法院予以纠正。H 工程建设有限公司上诉主张其不应向 J 建材有限公司赔偿未完工工程增加的工程款损失，法院予以支持。

七、案例评析

在建设工程实务中，基于建设工程合同的特殊性，引起建设工程施工合同无效的事由很多，大多数是违反了国家对建筑行业和建筑市场关于招投标、资质等行政管理的强制性规定。合同无效后损失赔偿应如何认定一直是司法实践中具有争议的焦点。该案例所涉被认定无效的码头建造合同案涉金额高，双方当事人的争议及分歧大，合同约定的工程已经开工，但实际上还未完工且存在工期延误的情形。在此情况下，合同被确认无效，这部分工期延误的损失赔偿如何认定一审和二审法院给出了不同的裁判结果，审判结果工程款赔付相差近 900 万元。由此思考，在此类案件中，法院如何认定工期延误损失且参照何种标准认定值得研讨，以维护裁判的统一性和严肃性。

本案一审法院裁判的依据是《最高人民法院关于审理建设工程施工合同纠纷案件适用法律问题的解释（一）》第六条规定，建设工程施工合同无效，一方当事人请求对方赔偿损失的，应当就对方过错、损失大小、过错与损失之间的因果关系承担举证责任。损失大小无法确定，一方当事人请求参照合同约定的质量标准、建设工期、工程价款支付时间等内容确定损失大小的，人民法院可以结合双方过错程度、过错与损失之间的因果关系等因素作出裁判。

代理律师在二审上诉状及代理词中指出，根据一审已查明的事实，H 工程建设有限公司质量合格的已完工程造价按 01 号施工合同鉴定为 1443 多万元，按 02 号施工合同鉴定为 940 多万元，而 J 建材有限公司向 H 工程建设有限公司支付工程预付款和第一期进度款合计不足 260 万元，一审判决结果导致 H 工程建设有限公司要向 J 建材有限公司支付 930 多万元的未完工程增加工程款，该损失并未实际发生且远超合同约定的进度逾期违约金112万元，导致H工程建设有限公司无法拿回垫资的工程款，J建材有限公司却几乎零成本获得了已完工程项目。J建材有限公司几乎不用支付工程款，便能够享有H工程建设有限公司施工的质量合格、鉴定造价940多万元的已完工程项目成果。一审判决导致双方的利益严重失衡。

代理律师在二审中同时提交了最高人民法院民事审判第一庭编写的《最高人民法院新建设工程施工合同司法解释（一）理解与适用》一书供法庭参考：施工合同无效时损失赔偿的举证责任主体应为提出主张索赔的一方；合同无效后的赔偿责任属于缔约过失责任，损失应限于实际损失；承包人逾期竣工给发包人造成的损失，应当基于公平原则和诚实信用原则，对发包人主张的工期延误损失进行补偿，补偿的范围仅包括实际发生的损失，对于尚未确定或发生的损失，发包人可以在损失确定或发生后再另行主张。

代理律师的代理意见最终被二审法院采纳，二审法院对一审关于合同无效后工期延误损失赔偿的判决进行了改判。[①]

【点评】

鉴于建设工程领域的特殊性，司法实践中经常发生合同无效的情形，而合同无效情形下的过错责任如何分配以及损失如何承担，一直以来是原、被告双方在诉讼过程中争议的焦点。在该案一审结果对己方不利的情况下，代理律师以"合同无效的赔偿责任属于缔约过失责任，赔偿损失限于实际损失"的理念精髓作为基础，结合案件事实、法律规定以及公平正义的原则，进行了详尽的说理，最终代理意见被二审法院采纳，维护了当事人的合法权益，该案事实梳理得清晰明了，理据充分，具有很高的参考价值。

点评人：广东金桥百信律师事务所律师　白　峻

---

① 广东省高级人民法院民事判决书，（2020）粤民终2591号。

工程未获得合同约定的行业最高质量奖，拒付保证金是否应得到支持

广州金鹏律师事务所　周林飞

一、当事人的基本情况及案由

上诉人（原审被告）：Z 公司

被上诉人（原审原告）：J 公司

案由：建设工程施工合同纠纷

二、案情介绍

2009 年 4 月，发包人 Y 公司（案外人）与承包人 J 公司签订某施工项目《承包合同》，合同约定工程质量标准及目标为一次验收合格，确保获全国建筑工程装饰奖（建筑幕墙类），并配合总承包单位获得中国建筑工程鲁班奖。合同就鲁班奖保证金进行了约定：验收合格并结算完成后，累计支付至审核后的工程结算款的 94%；余下的 1% 作为竣工验收备案押金，竣工验收完成后支付；2% 作为鲁班奖保证金，在获得鲁班奖证书后支付；3% 作为质量保证金。

后 Y 公司与 J 公司及 Z 公司签订《补充协议》，约定 Y 公司在涉案合同中的权利义务从 2011 年 5 月 1 日起由 Z 公司全部承担等。2012 年 7 月 30 日，涉案工程竣工验收合格。双方进行结算时，因案涉工程后未获得全国建筑工程装饰奖（建筑幕墙类），未获得中国建筑工程鲁班奖。关于未获奖原因，J 公司称是总包方承包的施工内容未及时通知进行整改，毛坯面积超过 25%，后未向颁奖机构递交新的资料导致。Z 公司称是因为项目没有获

得广州市优秀建筑奖，不能推送申报鲁班奖，至于没有获得广州市优秀建筑奖的原因，Z公司也不清楚。

双方于2020年7月30日进行竣工验收签订的《会议纪要》确认结算金额为233,005,997元，Z公司未付款项为5,262,535.99元（含鲁班奖保证金4,660,119.94元）。由于Z公司不予支付审定结算总价2%的价款，J公司不服，遂诉至法院。

三、争议焦点

Z公司是否有权拒付案涉工程款4,660,119.94元（鲁班奖保证金）为该案争议焦点。

四、各方的意见

（一）Z公司的意见

1. 一审法院未对案涉工程没有达到合同约定的质量标准、J公司构成违约的事实进行查明和认定。(1)《承包合同》第一部分协议书第四条和第三部分专用条款第36.1条明确J公司负有申报全国建筑工程装饰奖（建筑幕墙类）并确保工程获得该奖，以及配合总承包单位获得中国建筑工程鲁班奖的义务。现案涉工程实际未获得全国建设工程装饰奖（建筑幕墙类）及中国建筑工程鲁班奖，即案涉工程质量未达到合同约定的质量标准，且J公司亦未履行确保案涉工程获得合同约定奖项的义务，J公司构成违约，应依约承担违约责任。(2)案涉工程竣工验收时间为2012年7月30日，根据中国建筑装饰协会文件《关于开展"2013~2014"年度第二批全国建筑工程装饰奖评选工作的通知》（中装协〔2014〕3号）附件2《全国建筑工程装饰奖评选办法》第十三条规定："符合'装饰奖'申报范围和条件的工程，经建筑装饰工程项目的施工、设计单位同意向工程所在地的省、自治区、直辖市建筑装饰协会领取申报表（或从网上下载），并向其申报。"全国建筑工程装饰奖（建筑幕墙类）的申报主体是施工单位即J公司，因J公司未进行申报导致案涉工程未获奖，责任在于J公司。(3)案涉工程未达到合同约定的质量目标，J公司应承担结算总价2%的违约金，这具有明确的合同依据。合同第三部分专用条款第 77.5 条规定："因本合同范围内的工程达不到合同约定的质量目标（中国建筑工程鲁班奖）的，承包人向发包人交纳审定结算总价 2% 的违约金。"该条款约定的质量违约责任系按照前述合同约定的质量目标，包括：①质量一次验收合格；②确保获全国建筑工程装饰奖（建筑幕墙类）；③配合总包单位获得中国建筑工程鲁班奖。即应达成三个质量目标，而案涉工程实际仅达成验收合格，未达成在后的两个更高要求的质量目标，J 公司应依约承担违约责任，Z 公司有权不予支付 2% 的鲁班奖保证金。

2. 一审法院错误参考与该案基础法律关系、合同核心条款内容等事实情况不一致的（2019）粤 0106 民初 27367 号案民事判决（以下简称特灵空调案）中的认定内容，并在法院认为部分直接引用本案认定，导致一审判决适用法律错误。（1）本案案由为建设工程施工合同纠纷，特灵空调案的案由为买卖合同纠纷，两案的基础法律关系、案由完全不同，不能作为类案参考。案涉合同专用条款第 65.3 条约定 2% 鲁班奖保证金作为合同约定的付款条件，协议书第四条、专用条款第 36.1 条亦明确约定工程质量标准和质量目标为质量一次验收合格、确保获全国建筑工程装饰奖（建筑幕墙类）、配合总承包单位获得鲁班奖，且专用条款第 77.5（3）条违约条款中有明确如工程达不到合同约定的质量目标应支付审定结算总价 2% 作为违约金；而特灵空调案合同约定的 2% 鲁班奖保证金仅为合同约定的付款条件，未对应产品的质量标准，且在违约条款中约定了相应的质量违约责任，两案的合同核心条款内容明显不同，不能作为类案参考。（2）Z 公司提交与该案基础法律关系相同的判例供二审法院参考，案例一为（2019）粤高法民一终字第 143 号，案例二为（2019）粤 01 民终 2471 号。该两案与本案事实情况基本一致，即合同约定的质量标准为获得工程评选奖项，法院均认为合同约定有更高的质量标准，施工单位未达到要求的，构成违约，应依约承担违约责任。

3. 案涉合同约定质量标准确保获得相应工程领域奖项的合同目的，不仅在于明确更高的工程质量标准，更体现了 J 公司作为发包人，希望所发包工程获得工程领域的荣誉奖项，追求荣誉的合同目的。J 公司的实际履行情况违背合同约定，应当依约承担违约责任。一审判决严重违背当事人的合同意思自治。此外，合同质量标准约定对应相应评选奖项的评价体系，较之质量验收合格，具有更高的质量标准，Z公司必定要对案涉工程给予更多的施工投入及成本，而合同第一部分协议书第二条第（二）款承包方式约定"包设计……保质量、包安全生产、包文明施工、包联合调试、包验收、包保修等"。Z公司支付的工程费用中包含更高质量标准的费用，而反观J公司未达成合同约定的质量标准，未就更高质量标准进行投入，反而无须承担违约责任，一审判决违背公平及等价有偿原则。综上所述，Z公司恳请二审法院查明案件事实，改判驳回J公司的全部诉讼请求。

（二）J公司的意见

J公司一审的诉讼请求是Z公司向其支付2%的鲁班奖保证金，并非质量保证金。案涉合同135页第65.3条第1项第1点，明确约定结算款的2%为鲁班奖保证金，3%为质量保证金，这是两个概念。鲁班奖的申报主体为总包方。未能取得鲁班奖的责任在于总包方而并非J公司。一审法院支持J公司的诉讼请求是公平合理的。2020年7月30日的会议纪要记载的结算金额为233,005,997元，Z公司未付款项为5,262,535.99元（含鲁班奖保证金4,660,119.94元），Z公司除尚未支付鲁班奖保证金外，仍有一小部分的质量保证金602,336.05元未支付。上述记载足以说明，Z公司对案涉工程的质量是认可的，且案涉工程已于2012年7月30日验收合格。此外，全国建筑工程装饰奖（建筑幕墙类）应由J公司与Z公司双方一起申报，且Z公司曾向J公司口头表达过因涉案工程是政府工程存在预算超支情况，故对涉案工程不申请奖项。

五、裁判结果

二审撤销一审判决，改判驳回原告J公司的全部诉讼请求。

六、裁判理由

1. J公司主张的Z公司应当立即给付的工程款4,660,119.94元是鲁班奖保证金，根据案涉合同有关进度款的约定，此款在案涉工程获得鲁班奖证书后支付，现因案涉工程并未获得鲁班奖，故 J 公司主张 Z 公司支付该款，缺乏依据。

2. 案涉合同第一部分协议书第四条质量标准及第三部分专用条款第三十六条质量目标第 36.1 款均约定："工程质量标准：质量一次验收合格，确保获全国建筑工程装饰奖（建筑幕墙类）……配合总承包单位获得中国建筑工程鲁班奖。"而案涉合同第三部分专用条款第七十七条第 77.5 款工程质量方面的违约责任第（3）项约定："因本合同范围内的工程达不到合同约定的质量目标（中国建筑工程鲁班奖）的，承包人向发包人交纳审定结算总价 2% 的违约金。"据此，根据案涉合同的上述约定，案涉工程的质量标准及质量目标是①质量一次验收合格；②确保获得全国建筑工程装饰奖（建筑幕墙类）；③配合总包单位获得中国建筑工程鲁班奖。《中国建设工程鲁班奖（国家优质工程）评选办法》（2013 年修订）第十一条规定："申报工程应具备以下条件：（一）符合法定建设程序、国家工程建设强制性标准和有关省地、节能、环保的规定，工程设计先进合理，并已获得本地区或本行业最高质量奖……"J 公司作为主要参建单位，其获得"本行业最高质量奖"全国建筑工程装饰奖（建筑幕墙类），属于配合总承包单位申报中国建筑工程鲁班奖的行为，而 J 公司未按合同约定履行确保案涉工程获得全国建筑工程装饰奖（建筑幕墙类）及配合总承包单位申报并获得中国建筑工程鲁班奖的义务，不符合双方约定的质量标准和质量目标，故 J 公司构成违约，依约应向 Z 公司承担交纳审定结算总价 2% 违约金的违约责任。现 Z 公司以 J 公司存在上述违约行为等为由，拒付案涉工程结算总金额 233,005,997 元的 2% 工程款 4,660,119.94 元，因结算总金额 233,005,997 元小于审定结算总价 247,096,055.8 元，故并未违反合同约定和法律规定。

3. J 公司主张其无法单独申报全国建筑工程装饰奖（建筑幕墙类）及 Z 公司口头告知其无须申报评奖，但其未能提供任何证据予以证明，故二审法院不予采信。

4. Z 公司与 J 公司自愿签订案涉合同。根据合同约定，Z 公司应当依约支付工程款，而 J 公司提供的工程则应符合约定的质量标准、质量目标，否则应承担相应的违约责任。合同的上述约定,并未明显违背"公平合理、等价有偿"原则,故双方当事人应当遵照履行。

综上,J公司要求Z公司立即向其支付工程款(鲁班奖保证金)4,660,119.94元、延迟支付利息及赔偿经济损失的全部诉讼请求,缺乏事实和法律依据,故二审法院不予支持,依法予以驳回。一审判决支持J公司的全部诉讼请求的处理不当,二审法院予以改判。

七、案例评析

本案纠纷为建设工程施工合同纠纷,发包人与承包人之间约定的工程质量标准及目标为一次验收合格,确保获全国建筑工程装饰奖(建筑幕墙类),并配合总承包单位获得中国建筑工程鲁班奖。因案涉工程竣工验收合格后未获得全国建筑工程装饰奖(建筑幕墙类),未获得中国建筑工程鲁班奖,Z公司不予支付审定结算总价2%的价款,J公司不服,遂诉至法院。一审判决未获鲁班奖的责任不在J公司,遂支持了J公司要求支付结算总价2%的价款诉请,Z公司败诉。

代理律师于二审介入案件,查看一审过程中双方提交的证据材料,发现一审判决系参考了J公司提交的另案判决而作出。经仔细研究后,代理律师发现该另案判决与本案的情况虽然类似,都是未获鲁班奖暂扣保证金,但在基础法律关系、合同约定条款等方面存在不同,故在二审中另提供基础法律关系相同、合同约定条款基本相同的更具参考性的类案判决供二审法院参考,并得以最终推翻一审判决,二审成功改判驳回J公司的全部诉讼请求。

该案的难点在于在一审已经败诉的情况下,如何在二审环节说服法官进行改判,代理律师除提供类案判决供二审法院参考外,还发表了如下代理意见。

1. 一审判决错误参考与该案基础法律关系、合同核心条款内容等事实情况不一致的判例。首先,本案案由为建设工程施工合同纠纷,另案案由为买卖合同纠纷;其次,合同核心条款中本案系明确约定工程质量标准和质量目标对应确保获全国建筑工程装饰奖(建筑幕墙类)、配合总承包单位获得鲁班奖，并约定了未达到质量目标应支付违约金，而另案判例仅是将获得鲁班奖约定为合同的付款条件，未对应质量标准，也未约定质量违约责任。上诉人另提供与该案事实情况基本相同的判例，即合同约定质量标准为获得工程评选奖项，法院均认为合同约定有更高的质量标准，施工单位未达到要求的，构成违约，应依约承担违约责任。

2. 案涉工程没有达到合同约定的质量标准，合同质量标准条款明确约定确保获全国建筑工程装饰奖（建筑幕墙类），并配合总承包单位获得中国建筑工程鲁班奖，表明合同当事人对工程质量有高于国家标准的要求。而参评相应奖项也与承包人的履约成本相关，一方面获奖对施工的质量要求更加严格，远远高于合格的施工质量标准，施工单位要作出大量施工投入；另一方面参评过程也需要投入相应的人力及物力，才能组织好参评资料和配合参评人员现场评查工作，承包人未做以上成本投入，导致工程未获得相应奖项，构成违约。

3. 合同质量标准条款明确了承包人负有申报奖项并确保工程获得奖项的义务，承包人作为一个审慎的合同履约方，应当按合同约定组织评审材料，向相应奖项评优机构申报，但承包人未提供证据证明其曾在规定期限内向相关评审单位主动申报奖项，其怠于履行合同义务，构成违约。

4. 案涉工程未达到合同约定的质量目标，承包人应承担结算总价的2%的违约金，具有明确的合同依据。[①]

【点评】

在案件代理过程中，针对疑难复杂的案件，代理律师除了详细分析经办的案件之外，通常还会查阅分析其他法院作出的相关案例，尤其是针对高位阶法院作出的指导案例、公报案例等，如何在海量案例中查找所需的案例以及如何提取与经办案件有关的内容，是考验律师专业能力的重要指标之一，本案代理律师在深入理解本案的基础法律关系以及合同条款的情况下，详细分析了对方提供的案例缺乏参考性，并向二审法院提供了更为

---

① 广州市中级人民法院民事判决书，（2021）粤01民终21647号。

契合的案例，为二审法院理解己方观点提供了有力支持，促使二审法院进行改判，充分展现了律师在案件代理过程中发挥的作用以及严谨的专业态度，值得律师同行学习借鉴。

点评人：广东金桥百信律师事务所律师　白　峻

如何认定合同无效时承包人的建设工程价款优先受偿权

北京市盈科（广州）律师事务所　李一鸣

一、当事人的基本情况及案由

上诉人（原审被告）：X公司

被上诉人（原审原告）：H公司

案由：建设工程合同纠纷

二、案情介绍

2020年4月15日，被告作为甲方，原告作为乙方，双方签订《工程建设合同》，工程名称为"充电站项目"。原告派驻余某为工地代表，被告供应充电桩，原告自行解决安装过程中的施工机械设备。合同第五条双方责任范围第7点为"原告进场主要材料需提供《产品出厂质量检测报告》《合格证》"；第八条工程质量与竣工验收第3点"工程质保期为供电部门通电验收合格后1年……"；第十一条合同价款、第十二条结算与支付"采用包干总价的固定价格方式，含税总价为1,730,000元""合同签订后7个工作日内，原告提供预付款的全额3%增值税专用发票，被告支付原告本合同总价款的30%即519,000元作为预付款……工程主要设备进场安装后（变压器、高压柜、低压柜）在7个工作日内，……被告支付原告本合同总价款的30%即519,000元作为进度款；工程通电后，整体工程竣工并由被告验收合格为准7个工作日内，……被告支付原告合同总价的35%即605,500元作为验收款……工程质保期满一年后，在15个工作日内，……被告无息支付合同总价的5%即86,500元作为验收款。"原、被告均向法院提交相同的《充电站工程明细清单》，该清单载明的工程费用总计为1,730,000元。

2020年7月31日，供电局就案涉工程出具《客户受电工程竣工检验意见书》，载明案涉工程竣工验收合格。当日，被告在原告出具的《工程验收单》上加盖公章，确认案涉工程综合验收意见为合格。案涉工程交付后，被告便将充电站投入使用，并接入"小桔充电平台"进行运营。

原、被告均确认：（1）被告已向原告支付的工程款金额为25万元；（2）原告不具备案涉工程的施工资质，竣工验收均以案外人Q公司的名义办理。

三、争议焦点

（一）一审的争议焦点

1. 该案的合同效力问题。
2. 该案工程款如何确定。
3. 原告对充电站折价或者拍卖的价款是否享有优先受偿权。
4. 原告的其他诉讼请求应否支持。

（二）二审的争议焦点

1. 原判决对合同无效后责任的认定是否适当。
2. 对涉案工程款是否应予支付。

四、双方的意见

（一）原告H公司的一审意见

原告诉讼请求：（1）判令被告支付原告工程预付款、进度款及验收款合计1,393,500元；（2）判令被告向原告返还保修金86,500元；（3）请求确认原告在1,480,000元的范围内对充电站折价或者拍卖的价款享有优先受偿权；（4）判令案件受理费由被告承担。

事实与理由：原告与被告于2020年4月15日对"充电站项目"签订了

《工程建设合同》，合同约定由原告承包该项目安装高低压柜、充电桩等工程。同时，双方约定该合同价款采用包干总价固定价格方式，该项目含税总价为1,730,000元，合同签订之日后7个工作日内被告支付原告合同总价款的30%即519,000元为预付款；在工程主要设备进场安装后7个工作日内被告支付原告合同总价款的30%即519,000元为进度款；在整体工程竣工并由被告验收7个工作日内被告支付合同总价的35%即605,500元作为验收款，剩余合同总价的5%即86,500元为保修款，在工程质保期满一年后被告无息支付。在该项目验收后7个工作日内被告须先向原告支付共计1,643,500元。该项目于2020年8月2日通过验收并投入使用，原告至今只收到被告250,000元工程款，剩余1,393,500元款项经原告多次催讨被告仍迟迟不予偿还。该案工程已于2020年7月31日前完工，于2020年7月31日经供电局验收合格，于2020年8月3日经被告验收合格后通电，并交付给被告使用。根据双方签订的《工程建设合同》第十二部分结算与支付第二条付款方式的约定，原、被告双方约定的预付款、进度款、验收款的付款条件已于2020年8月12日前（自2020年8月3日起后7个工作日为8月12日）达成。根据合同第八部分工程质量与竣工验收第三条的约定，工程质保期为供电部门通电验收合格后1年，该案工程质保期的到期日为2021年7月31日，被告应在2021年8月20日前支付保修款86,500元。现保修款临近支付期限，为节约司法资源，原告请求在该案中予以判决。

（二）被告X公司的意见

被告答辩称：（1）原告不具有充电设施项目的施工资质，涉案施工合同依法应认定无效；（2）涉案工程虽经过双方验收，但原告至今未按照合同约定交付竣工验收资料，涉案工程并未达到合同约定及法定竣工验收标准；（3）由于涉案施工合同无效，即便涉案建设工程经验收合格，应当参照合同关于工程价款的约定折价补偿原告，而不应直接按照合同约定价款支付；（4）原告未按照约定提供工程款发票，该案工程款并未达到支付条件，被告有权不予支付工程款；（5）关于质保金的诉讼请求，根据《工程建设合同》第八条第三点，工程质保期为供电部门通电验收合格后1年，以及第十二条第二点付款方式的第四项保修款，工程质保期满1年后，在15个工作日内，乙方开具保修款，即全额3%增值税专用发票后，甲方无须支付合同总价的5%作为保修款。由此可知，被告支付质保金的前提条件为工程质保期满1年后在15个工作日内，且由原告开具保修款的金额3%的增值税发票。本案中，首先，工程质保期并未届满；其次，原告并未向被告提供符合合同要求的发票，所以该案质保金归还的条件并未成就，被告无须向原告支付质保金；（6）关于优先受偿权，涉案工程建设合同因原告不具有施工资质，导致合同无效，原告无权就折价补偿的价款主张优先受偿权，法律规定优先受偿权的范围为因合同无效后折价补偿的金额，即扣除单工程利润、管理费、税金等之后的款项金额。由于涉案工程验收后，被告才发现验收资料上加盖的施工单位为案外人Q公司。本案余某同时担任案外人的工程师，故被告无法确认涉案工程的实际施工单位是原告还是案外人Q公司。

五、裁判结果

（一）一审法院的判决结果

1. 被告X公司应当在本判决生效之日起5日内向原告H公司支付工程款1,393,500元；

2. 确认原告H公司在1,393,500元范围内，对充电站项目原告承包工程范围内的工程折价或者拍卖价享有优先受偿权；

3. 驳回原告的其他诉讼请求。

（二）二审法院的判决结果

上诉人X公司的上诉请求不成立，原审判决认定事实清楚，适用法律正确，处理并无不妥，二审法院依法予以维持。驳回上诉，维持原判。该案二审案件受理费人民币17,342元，由上诉人X公司负担。

六、裁判理由

（一）一审法院的裁判理由

该案中，原告不具备承包案涉工程的有关资质，违反了相关法律规定，原告与被告之间的《工程建设合同》无效。虽然涉案合同无效，但在案涉工程竣工验收合格且被告已经实际投入使用的情况下，原告有权主张被告参照合同的约定支付相应的工程款。至于被告抗辩称原告未向其交付工程款发票因此其有权不支付工程款，法院认为，支付工程款为被告的主合同义务，在原告已完成其主合同义务的情况下，被告以原告未履行合同附随义务即提供工程款发票为由拒付工程款，没有事实和法律依据，法院不予支持。《工程建设合同》约定的包干总价为173万元，被告仅向原告支付了25万元，扣减尚未到期的保修款86,500元，故原告要求被告支付工程款1,393,500元的诉求，有事实和法律依据，法院予以支持。

关于原告主张对充电站折价或者拍卖的价款享有优先受偿权的请求。法院认为，原告已依照合同约定按期完工，且工程亦经竣工验收合格并投入使用，被告逾期支付相应价款，故原告有权依照《合同法》第二百八十六条的规定，就该工程折价或者拍卖的价款优先受偿。法院对优先受偿权的请求仅支持在原告承包的工程范围内，即"1台SCB＊＊-2000kVA变压器供货及安装、高低压柜安装、充电桩安装、高低压电缆供应及敷设、室外低压电缆沟砌筑、防撞柱及倒车档杆、场站照明、场站监控、场站消防、场站接地、充电桩计费系统（硬件）、电力部门协调等"（详见《充电站工程明细清单》），对超出的部分不予支持。

关于原告主张的被告返还保修金86,500元，无事实和法律依据，法院不予支持。

（二）二审法院的裁判理由

法院认为，涉案《工程建设合同》因H公司不具备相应施工资质而无效，一审法院对此认定无误，二审法院予以确认。虽然双方当事人之间的施工合同关系无效，但X公司已签署《工程验收单》确认涉案工程综合验收合格，供电局出具的《客户受电工程竣工检验意见书》亦载明涉案工程竣工验收合格，现涉案工程已由 X 公司投入使用，故一审法院依法参照双方合同约定判令上诉人 X 公司承担折价补偿 H 公司的责任，实体处理并无不当。因涉案《工程建设合同》明确约定按照固定总价进行结算，故上诉人 X 公司以双方未达成结算协议、被上诉人 H 公司无权因无效合同获利为由拒绝支付相应工程价款的主张，均无充分依据，法院对此不予支持。

七、案例评析

本案双方当事人争议的主要焦点之一为合同无效情形下工程价款如何确定的问题。涉案《工程建设合同》因 H 公司不具备相应施工资质而无效，依据《最高人民法院关于审理建设工程施工合同纠纷案件适用法律的解释》第二条的规定，建设工程合同无效，但建设工程经竣工验收合格，承包人可以请求发包人参照有效合同的约定支付工程价款。此条规定的经验收合格既包括工程竣工后验收合格，也包括正在建设中的工程经阶段性验收合格以及经过修复后验收合格。

折价补偿应以工程造价成本为基础。司法实践中对工程造价成本的认识有三种观点：一是按照当年适用的工程定额标准由鉴定机构计算；二是按照建设行业主管部门发布的市场价格信息计算；三是按照合同约定的工程款中的直接费与间接费，不包括利润和税金。笔者认为折价补偿可以以合同约定价款为前提，扣除利润等费用后补偿工程造价成本，而非补偿合同约定的总价款。参照合同结算是折价补偿的一种方式，但"参照"有"参考""对照"之意，参照合同结算并非严格按照合同结算。如确定折价补偿方式为参照合同结算，则应以工程造价成本为基础，结合实际情况对合同约定价款予以调整，并最终确定工程价款。

本案双方当事人争议的主要焦点之二为认定案涉建设工程合同无效后承包人是否享有建设工程价款优先受偿权的问题。《民法典》第八百零七条规定了发包人未按照约定支付价款的，承包人可以催告发包人在合理期限内支付价款。发包人逾期不支付的，除根据建设工程的性质不宜折价、拍卖外，承包人可以与发包人协议将该工程折价，也可以请求人民法院将该工程依法拍卖。建设工程的价款就该工程折价或者拍卖的价款优先受偿。设置该条款主要系考虑到承包人及相关劳动者的人力、物力及财力等投入均已物化于所建工程中，属于维护承包人权益实现的保障措施。

最高人民法院《关于建设工程优先受偿权问题的批复》第四条规定了建设工程价款优先受偿权的行使期限及起算点：建设工程承包人行使优先权的期限为六个月，自建设工程竣工之日或者建设工程合同约定的竣工之日起计算。关于优先受偿权行使标的的范围及顺序的相关问题，实践中的观点不一。对承包人工程款请求权之行使，应立足规定但不囿于规定，从实际出发，秉持立法本意，做出公平正义的裁判。

该案经最高人民法院再审，针对前述争议的说理及裁判结果都彰显了公平公正，对建设工程领域诉讼案件具有重要指导作用，对维护建设工程施工合同各方当事人的合法权益，促进公平正义，维护建筑施工行业的正常秩序具有重要意义。①

【点评】

《民法典》第八百零七条规定了承包人的建设工程价款优先受偿权。但就合同无效时承包人是否享有建设工程价款优先受偿权，现有法律法规尚无明确规定。一种观点认为，优先受偿权性质上类似于担保物权，其效力取决于主合同，建设工程施工合同无效，优先受偿权亦无效，承包人无权行使。另一种观点认为，建设工程合同无效不影响优先受偿权的行使，应结合工程是否经竣工验收合格进行判断，合同无效，但工程竣工验收合格，承包人可以行使优先受偿权，工程未竣工或验收不合格，承包人无权行使该权利。还有一种观点认为，建设工程价款优先受偿权的行使不受合同效力及工程是否竣工影响，即使合同无效，工程未竣工，只要已完工，工程经阶段验收合格，承包人享有工程价款的请求权，即一并享有优先受偿权。优先受偿权具有"附随性"，其源于工程款债权，亦伴随工程款债权存在，从目的解释及体系解释角度，合同无效时优先受偿权行使具有正当性，合

---

① 深圳市中级人民法院民事判决书，（2022）粤03民终15928号。

同无效不应成为导致优先受偿权丧失的原因。

建设工程价款优先受偿权系法律基于建设工程的特殊性赋予承包人的法定优先权，具有保护劳动者权益、维护社会稳定、鼓励创造财富的政策目的。

点评人：广东金桥百信律师事务所律师　白　峻

历经十一年且穷尽所有法律程序的
工程结算改判案

广东正平天成律师事务所　赵亚荣　廖莘

一、当事人的基本情况及案由

再审申请人（仲裁被申请人、一审被告、反诉原告、二审上诉人及被上诉人）：广东电力发展股份有限公司沙角A电厂（以下简称"沙角A电厂"）

再审被申请人（仲裁申请人、一审原告、反诉被告、二审被上诉人及上诉人）：从化市第三建筑集团有限公司（以下简称"三建公司"）

再审被申请人（一审原告、反诉被告、二审被上诉人、上诉人）：苏煜林（以下简称"苏某"）

案由：建设工程施工合同纠纷

二、案情介绍

2004年7月，沙角A电厂通过招投标委托三建公司对沙角A电厂附近进行边坡平整施工，并签署了《……场地平整及边坡施工合同》（以下简称"合同"）。承包合同为固定总价包干，价款为1198万元。合同工期60天，但三建公司实际施工工期为111天（延误了51天）。

2006年7月，在沙角A电厂根据合同约定支付完所有合同款（包括退还质保金）后，三建公司向广州市仲裁委员会申请仲裁：请求沙角A电厂支付施工中出现普坚石的增加工程款7,091,048元。主张依据：沙角A电厂项目曾盖章并签字确认在施工中存在13.5万立方米普坚石的《工作联系单》，而合同约定施工地质是次花岗岩石（即软石）。（注：普坚石的挖掘施工单价为 64 元/立方米，而次花岗岩石施工单价仅 15 元/立方米，两者单价相差四五倍。）

沙角 A 电厂的答辩意见：合同是固定总价包干，且项目招标合同签署前进行过地质勘探，勘探报告明确施工地质是次花岗岩石，非普坚石。同时，提出仲裁反请求，要求对方支付工期延误违约金 239.6 万元。

2007 年 6 月，广州仲裁委员会作出裁决：由沙角 A 电厂支付增加的工程款 4,038,698 元，三建公司支付工期延误违约金 30 万元。

之后，三建公司依据仲裁裁决书向东莞市中级人民法院申请强制执行，沙角 A 电厂则提出执行异议并申请撤裁。为此，东莞市中级人民法院另行委托湛江地质工程勘察院对竣工后的边坡进行现场勘察，《地质勘察报告》的结果为"并无普坚石，是软石（即次花岗岩石）"。据此，东莞市中级人民法院作出民事裁定书，裁定：不予执行、撤销仲裁裁决。

2008 年 7 月，三建公司向东莞市第二人民法院提起诉讼，2008 年 10 月，东莞市第二人民法院作出一审判决：驳回三建公司的所有诉求，并判决向沙角 A 电厂支付工期延误违约金 2,396,000 元。

三建公司不服一审判决提出上诉。二审中，东莞市中级人民法院认为遗漏了必要共同当事人，即实际施工人苏某，并于 2009 年 12 月作出《民事裁定书》，裁定：案件发回重审。

2010 年 9 月，东莞市第二人民法院所作出重审一审的第 2 号《民事判决书》，判决内容为：一是判决《施工合同》无效；二是判决沙角 A 电厂向苏某支付工程款 5,563,498 元及逾期付款利息（金额来源：法院认可 13.5 万立方米的普坚石存在，则由三建公司主张金额，扣除了 13.5 万立方米的次花岗岩石的施工费）；三是驳回沙角 A 电厂的反诉请求（理由：存在普坚石的增加工程量，工期相应延长并未逾期）。

沙角 A 电厂不服该重审一审判决，提出上诉。2012 年 4 月，东莞市中级人民法院作出终审判决：维持原判。

2012 年 5 月，苏某根据东莞市中级人民法院的判决对沙角 A 电厂申请强制执行。

至此，该案在历经 6 年的仲裁、执行及撤裁后，又经历了一审、二审及发回重审一审、二审程序，沙角 A 电厂基于曾对施工中存在普坚石有盖章确认的《工程联系单》而最终败诉，被执行局执行了全部判决款 5,563,498 元及逾期利息，同时还因沙角 A 电厂因未全面提供执行财产信息，又被执行局罚款 30 万元。

2012 年 6 月，沙角 A 电厂在财产被执行后欲申请再审主张权利，遂找到广东正平天成律师事务所赵亚荣律师咨询再审事宜。

赵亚荣律师对案件全面了解后，运用了逆向思维、逻辑推理对案件提出寻求制作新证据推进再审的可行思路。

建议再审时对前 6 个法律程序中未曾提交的证据，补充提交：

一是三建公司施工现场，共有 7 台机械同时施工的照片；

二是三建公司投入施工的有关机械型号方面的相关函件书证；

三是向定额站或相关权威部门获取同类型号机械的施工台班定额，作为新证据。

之后，赵亚荣律师接受沙角 A 电厂的委托后，与廖莘律师共同代理该案，向省高院提起了再审申请，并开启了再审听证、提审并发回重审又一审、二审之诉讼法律程序。

三、争议焦点

沙角 A 电厂曾在《工作联系单》中盖章确认施工中存在 13.5 万立方米的普坚石，那么到底案涉施工项目是否存在普坚石则是该案的焦点问题。因为普坚石的存在，将导致原施工合同中次花岗岩石头的单价从 15 元/立方米的基础增加 4 倍，直接涉及是否存在增加工程款的问题。

四、各方的意见

（一）仲裁、仲裁执行及撤销仲裁诉讼、一审、二审及发回重审一审、二审程序中的各方意见

1. 三建公司的意见

（1）普坚石的存在有沙角 A 电厂的书面盖章自认。

施工过程中，沙角 A 电厂曾应三建公司要求，对施工现场出现普坚石

进行过现场测绘，且在《工程联系单》中确定普坚石的测绘方量并予以盖章确认。

（2）施工前的地质勘察，无法排除施工中地质存在变化的情形。

签订合同前，虽然沙角A电厂曾委托地质专业机构作出的《地质勘察报告》表明施工土石方存在的是次花岗岩石，但是并不排除施工前现场地质勘察不准、施工时地质发生变化的情形，发现存在普坚石是正常的，否则沙角A电厂也不会进行测量并盖章确认《工程联系单》。

（3）竣工后的地质鉴定，无法证明施工中已挖中的石头不是普坚石。

在撤销仲裁裁决诉讼中，东莞市中级人民法院委托专业机构对施工竣工后的边坡地质重新进行勘察后，虽然勘察报告表明现场不存在"普坚石"，但不代表施工过程中是不存在的，有可能已被挖走。

2. 沙角A电厂的意见

（1）实际施工中，根本不存在增加工程款的情形。

因三建公司在合同履行过程中，从未提出过存在增加工程款的任何说法，更未就有关增加工程事宜与沙角A电厂协商过。

合同依据：第二十八条约定"合同履行中……发生其他实质性变更，由双方协商解决"。

（2）合同属固定总价包干合同，合同对总价变更有严格要求。

合同依据：第二十九条约定："所有经发包方同意的工程变更，引起施工直接费用增减在合同总价5%以内的，合同总价不变，增减超过5%的，经双方确认视为变更。"

（3）三建公司故意在施工所挖石头无法鉴定时主张，具有恶意。

理由：三建公司作为施工单位，深知普坚石与软石的单价相差了四五倍，很清楚普坚石的存在势必造成合同总价的重大变更，涉及增加工程款的问题。

但是，三建公司在取得有关存在普坚石的《工程联系单》时，从未向沙角A电厂表明普坚石单价与原合同中次花岗石单价有何不同，更未提出有关增加工程款的问题。直到沙角A电厂支付完所有合同款（包括质保金退还）后，才提出还有增加的工程款未付。然而，此事已过两三年，施工时所挖掘石头早已填海丢弃，难以寻找并难以区分确认，无法再对施工中挖出的石头进行鉴定，三建公司的行为具有恶意，仅单凭一纸《工程联系单》主张，难以令人信服。

（二）再审听证、提审及发回重审及一审、二审程序中的各方意见

1. 三建公司的意见：如上述，大致相同。
2. 沙角 A 电厂的意见

（1）原审生效判决认定《施工合同》无效所适用的法律错误且程序违法。

理由：苏某与三建公司签订的是内部承包合同，苏某并非实际施工人，原判决将苏某追加为必要诉讼人是错误的。

（2）从三建公司所投入的 7 台机械的施工台班，反向推理推算出普坚石不可能存在。

首先，合同约定了施工时不得爆破，那么三建公司仅能以岩石破碎机进行挖掘施工。有照片为证，其现场施工的破碎机共有 7 台。

假设施工过程中存在 13.5 万立方米的"普坚石"，从《广东省建筑工程综合定额》的定额规定及新证据可见：挖 100 立方米普坚石需用功率为 105kW 履带单头岩石破碎机（即三建公司施工投入的同型号机械）8.73 个台班，则一台功率为 105kW 履带单头岩石破碎机一天只能破碎普坚石 11.45 立方米。

那么，一台岩石破碎机完成 13.5 万立方米普坚石的天数为：135,000 立方米÷11.45 立方米/天＝11,790 天，7 台破碎机一起施工完成 13.5 万立方米普坚石的天数为：11,790÷7＝1684 天（4.6 年），然而三建公司的实际施工工期才 111 天（3 个多月，比合同工期还逾期 51 天）。

综上，施工现场如果存在普坚石，则三建公司施工按照台班计算需要 4.6 年才能完工，然而其实际施工工期仅用了 3 个多月。由此可以推断根本不存在普坚石，否则三建公司不可能在 111 天内完工，而且合同工期也不可能仅约定为 60 天。

关键新证据：指导沙角 A 电厂向有资质的第三方对台班定额进行询证，

将询证回函作为新证据。

（3）申请几位地质专家，进行出庭论证。

专家意见：地壳的地质是越近地心越坚硬，不可能存在上面有普坚石而挖走以后下面再鉴定就没有的情形。如果地质下层鉴定没有发现普坚石，那么上面的地质层就绝对不可能存在普坚石。

（4）阐述说明三建公司对该《工程联系单》的取得存在欺诈行为，而沙角A电厂对该《工程联系单》的作出系存在重大误解。

沙角A电厂的案涉项目负责人系一个大学锅炉专业毕业刚入职一年的员工，不熟悉地质及石头分类，故其自以为"普坚石"只是普通坚硬的石头，没有"次花岗岩"坚硬。加上认为履行的是固定总价包干合同，超出合同总价的5%才涉及增加工程款事宜且还需另行协商签署补充协议，况且三建公司在挖开山体浮土层看到有石头时并未告知该石头是普坚石后将会涉及增加工程款事宜。故而，沙角A电厂负责人想当然地认为：对石头是普坚石的方量测量以及在《工程联系函》中的盖章确认，仅是对合同内土石方施工的测量及认可，并不会影响合同总价的变动。因此，沙角A电厂是基于重大误解才签署的该《工程联系函》。

另外，三建公司作为常年进行土石方施工的施工单位，明知普坚石与次花岗岩石的单价存在巨大差别，却故意在施工过程中不明示普坚石单价，故意隐瞒普坚石的存在将会增加巨额工程款情形，令沙角A电厂在重大误解情形下测量并签署确认了《工程联系单》。故而，三建公司在取得该《工程联系单》时存在欺诈行为。

基于上述因素，请求法院对《工程联系函》的效力不予认可。

五、裁判结果

2012年11月，广东省高级人民法院对双方进行了庭审听证。2013年2月，广东省高级人民法院裁定提审。

2013年12月，广东省高级人民法院提审开庭。2014年4月，广东省高级人民法院作出民事裁定书，裁定：撤销原一审及二审判决，发回重审。

2014年6月，东莞市第二人民法院重审一审开庭。2015年4月，作出民二重字第 4 号民事判决书，判决：一是三建公司及苏某向沙角 A 电厂支付逾期竣工损失 180 万元，二是驳回了对方的全部诉求（即工程款 7,091,048 元及利息的主张）。

三建公司及苏某均不服重审一审判决，提起上诉。东莞市中级人民法院于 2017 年 12 月 29 日作出（2015）东中法民二终字第 534 号民事判决书，判决：驳回上诉，维持原判。

六、裁判理由

（一）在案涉工程施工过程中是否有普坚石开挖的事实

综合案涉证据，法院对案涉工程中是否存在普坚石开挖的事实分析如下：第一，湛江地质工程勘察院属于专业地质勘察机构，东莞市公证处出具的（2007）东证虎内字第 1055 号《保全证据公证书》对 2007 年 7 月的钻探及取样过程进行了公证，且两份岩土分类鉴定报告对鉴定依据及使用的科学技术手段均有明确的记载，故湛江地质工程勘察院出具的两份岩土分类鉴定报告符合《最高人民法院关于民事诉讼证据的若干规定》第二十九条规定的鉴定书应当具有的内容，具有相应的证明力。第二，虽然三建公司、苏某提交的编号 8、编号 13 的《工程联系函》的建设单位批复意见中载有普坚石工程量 13.5 万立方米的记载，但邹某建、刘某晔亦主张其对岩石类型没有辨别知识和能力，并且双方在《工程联系函》中仅是对所涉硬性岩层进行测量后计算的岩层的工程量，并未委托有关部门测试鉴定所涉硬性岩层是否为普坚石。另外，三建公司在编号 2 的《工程款支付申请表》中主张至 8 月 25 日完成土石方工程量 360,470 立方米（含炮机爆破 9 万立方米坚硬石），即其应当已完成工程量的 65.54%（360,470 立方米÷55 万立方米），但在 2004 年 9 月 13 日编号 20《工程联系函》主张增加设备加班加点仍只完成定额工效的 63% 左右，两者所载工程进度存在矛盾之处。第三，考虑到湛江地质工程勘察院出具的两份鉴定报告均显示案涉工程地下不存在普坚石，结合工程招标前由韶关地质工程勘察院作出的《岩土工程勘察报告》以及此后广东省电力设计研究院根据定额及入场设备情况作出的计算意见，前述证据已能初步形成证据链否定沙角 A 电厂两位工程师在《工程联系函》中签署关于普坚石的意见。第四，湛江地质工程勘察院出具的两份岩土分类鉴定报告认为场地强风化花岗岩为软岩（软石），所附《建设工程工程量清单计价规范》（GB50500-2003）记载普氏分类为Ⅴ类、Ⅵ类、Ⅸ类的开挖方法及工具均有涉及爆破，结合《单位工程施工组织设计或方案》第四章第五条第3点的记载，法院认为未能仅因施工人在施工过程中使用了破碎机而当然认定存在普坚石。另外，三建公司在编号2《工程款支付申请表》中主张2004年7月28日至8月25日完成土石方工程量288,800立方米（含炮机爆破9万立方米坚硬石），扣除因用地协商问题于7月23日至8月15日的停工日期，即8月16日至25日平均每天完成土石方工程量28,880立方米（含炮机爆破9000立方米坚硬石）；若所涉坚硬石属于普坚石，该工程量已远超出广东省电力设计研究院根据2010年广东省建设与装饰工程综合定额计算的7台液压岩石破碎炮机每天可以破碎岩石为124.5立方米的工程量。

综上，因沙角A电厂提交的湛江地质工程勘察院出具的两份岩土分类鉴定报告、韶关地质工程勘察院出具的《岩土工程勘察报告》以及广东省电力设计研究院出具的《关于土石方开挖工程量定额的咨询函的回复》已能初步证明沙角A电厂的主张，在三建公司、苏某未能提交有力证据反驳的情况下，一审判决认为不能认定施工过程中存在普坚石的开挖事实并无不当，二审法院对三建公司、苏某就此提出的上诉主张不予采纳。

（二）如何认定边坡部分增加工程的工程造价

第一，沙角A电厂向一审法院提交证据23变更费用增减计算表用以证明工程变更增加费用核实为424,676元，该金额大于沙角A电厂提交的证据10《护坡增减费用核对计算表》中所涉增加工程造价319,603元，应属于沙角A电厂对己方不利事实的确认，依照《最高人民法院关于适用〈中华人民共和国民事诉讼法〉的解释》第九十二条第一款、《最高人民法院关于民事诉讼证据的若干规定》第七十四条的规定，法院将沙角A电厂提交的证据23变更费用增减计算表作为沙角A电厂主张的工程变更增加费用。第二，三建公司、苏某提交护坡造价计算表主张边坡增加工程造价741,958

元,沙角 A 电厂向一审法院提交证据 23 变更费用增减计算表用以证明工程变更增加费用核实为 424,676 元,法院根据双方的主张及案涉证据作出认定,具体理由及认定金额详见附表二。第三,第 26 号《工程联系函》的联系事项为"护坡工程增减工程量的审批事宜",对护坡工程的工程量变更以此联络函为准较为恰当,在没有相反证据的情况下,一审判决根据该证据认定边坡增减工程量并无不当,但在沙角 A 电厂已提交了证据证明不存在普坚石开挖事实的情况下,法院认为相应工程量的造价应参照适用《工程量报价清单》所载锚索格梁挖基软石加填土单价计算为宜。第四,法院认定边坡部分增加工程价款为 542,456 元,因该部分工程造价少于按合同价 5% 计算的 599,000 元,参照《沙角 A 电厂 1 至 4 号机组烟气脱硫工程场地平整及边坡施工合同》第 22.3 条第(3)项的约定,不应调整为增加工程造价。一审判决对三建公司与苏某就此提出的诉讼请求予以驳回并无不当,法院予以维持。

(三)三建公司、苏某应否承担逾期竣工损失

一审判决对双方约定工期、开工日期、实际施工日期、合理顺延工期等认定正确,二审法院对此不再赘述。三建公司、苏某逾期 36 天的事实清楚,沙角 A 电厂退还保证金的行为并不足以证明三建公司、苏某不存在逾期竣工的问题,亦不足以证明沙角 A 电厂已明示放弃追究三建公司、苏某逾期竣工之责任。一审判决参照合同约定认定三建公司、苏某应当支付的逾期损失为 1,800,000 元计算正确,二审法院予以维持;对三建公司、苏某就此提出的上诉主张,法院亦不予采纳。

此外,仲裁费用是双方因合同约定了仲裁条款并申请仲裁时付出的必要开支,应由各方自行承担,三建公司、苏某诉请沙角 A 电厂支付该费用缺乏依据,法院对此应不予支持。

七、案例评析

对于该案,自三建公司于 2006 年 7 月申请仲裁,至 2017 年 12 月 29 日再审重审二审判决驳回三建公司的主张并判其承担 180 万元工期逾期违约

金,沙角A电厂历经了11年、穷尽了9个法律程序:仲裁败诉、撤裁成功、一审全部胜诉、二审发回重审,重审一审及二审又全部败诉,被执行了巨额财产(即历经6年6个法律程序仍败诉);最后不得不申请再审,又经历了再审听证、省高院提审(再审成功,发回重审),重审一审判决全胜,重审二审维持原判。

在这11年的仲裁及诉讼中,案情的波折如同坐过山车一样大起大落,当事人(沙角A电厂)为此尝尽了各种辛酸与艰辛。①

【点评】

对于施工过程中沙角A电厂因重大误解作出的不利关键证据——《工程联系单》,在无法对当年施工时所挖石头进行鉴定的情形下,如想还原事实真相,只能跳出原有的证据与思路,通过发散性的逆向思维寻求新证据,通过逻辑推理以施工机械的施工台班推算出普坚石存在的可行性,同时再申请地质专家对相关地质问题出庭作出专业的论证。这样才能推翻原有的对沙角A电厂最不利的《工程联系单》证据,推翻已生效的原错误判决。为企业挽回了国有资产重大损失,维护了司法的公平与正义。该案的裁判结果也充分体现了代理律师的专业精湛和发挥的良好效果。

点评人:北京市盈科(广州)律师事务所律师 李一鸣

---

① 东莞市中级人民法院民事判决书,(2015)东中法民二终字第534号。

3.21 亿元天价工期违约金索赔背后的真相

广东启源律师事务所　陈镇慧　陈育虹

一、当事人的基本情况及案由

上诉人一（原审原告、反诉被告）：A 房地产开发公司

上诉人二（原审被告、反诉原告）：B 工程局公司

被上诉人（原审被告、二审第三人）：C 总承包公司

案由：建设工程施工合同纠纷

二、案情介绍

2009 年 12 月 28 日，A 房地产开发公司与 B 工程局公司及第三人签订《某工程联合体承包合同》（以下简称《承包合同》），约定：B 工程局公司与第三人联合承建某建筑安装工程（即涉案工程），工程承包范围包括土建、粗装修、小市政配套以及人防工程，工期共 1562 天，自 2010 年 9 月 20 日起至 2014 年 12 月 30 日止；合同暂定总价款 32,110.41 万元，工程质量应当符合合同及《工程施工质量验收规范》。《承包合同》附录 A 的索引注明"总工期误期违约金为壹万元/天"，附录 C 对各节点逾期的违约金标准分别作出了约定，其中，"交楼节点误期违约金为壹万元/天""误期赔偿为拾万元/天""质量违约金为合同总价的 3%"等。

2012 年 12 月 20 日，A 房地产开发公司与 B 工程局公司及第三人签订《承包合同补充协议一》，约定：本工程的总工期为 1562 日历天，计划开工日期：2010 年 9 月 20 日，计划竣工日期：2014 年 12 月 30 日。双方对从涉案工程开工到本补充协议签订时止的逾期支付停工及停工补偿的责任互不

追究。

2013年5月9日，A房地产开发公司与B工程局公司及第三人签订《承包合同补充协议二》，约定：B工程局公司以保证本工程安全、质量为前提，增加必要的人力、物力及相应的必要措施予以赶工，满足A房地产开发公司的预售要求，约定了具体工期节点的完成时间，如B工程局公司完成所有赶工工期目标，A房地产开发公司承诺补偿5,608,440.08元的赶工费。《承包合同补充协议二》附件一注明：开工时间为2010年9月20日，合同全部内容完成时间为2015年2月10日。

2014年6月19日，A房地产开发公司与B工程局公司及第三人签订《承包合同补充协议四——裙楼复工》，约定：因施工组织调整后施工计划随之调整，附件一注明"付款控制节点"共12个，附件二《施工进度计划表》注明最后一项施工内容即"八区、七区的外架拆除完成"的时间节点为2015年3月30日。

2015年12月29日，因A房地产开发公司拖欠巨额工程进度款，导致B工程局公司无法继续施工，其依照合同的约定发函告知将暂时停止施工。2015年12月30日，在尚有收尾工程未完成的情况下，B工程局公司被A房地产开发公司强行赶出施工现场，A房地产开发公司擅自委托第三方进行施工。因此，双方之间的合同关系于2015年12月30日解除。涉案工程项目于2016年6月30日投入使用。

一审审理过程中，A房地产开发公司与B工程局公司自行对已完成施工的涉案项目工程量进行核对，除部分项目属于"待定""争议"之外，双方对其他项目的工程量进行了最终确认，并在此基础上形成《工程结算资料》（第四册）。B工程局公司据此申请法院以双方核对后的工程量为基础委托有资质的中介机构针对其已施工工程造价及停工补偿费用进行鉴定。

一审法院摇珠确定某造价咨询公司针对《工程结算资料》（第四册）中除第144~147页以及注明"待定""争议"项目之外的工程项目造价及2013年5月19日至2014年2月28日B工程局公司的停工损失进行鉴定。某造价咨询公司出具了《鉴定意见书（征求意见稿）》，各方主体提出各自的异议意见，某造价咨询公司出庭对各方提出的异议接受质询，随后出具了《鉴定意见书（终稿）》。依据该《鉴定意见书（终稿）》，无争议部分的鉴定金额为436,676,177.91元［（含停工补偿金额1,863,169.08元），其中B工程局公司分包金额为391,298,142.52元（含停工补偿金额1,676,852.17元）第三人的分包金额为45,378,035.39元（含停工补偿金额186,316.91元）］。

（一）A房地产开发公司的诉讼请求

（1）B工程局公司、第三人向反诉被告支付节点误期违约金32,110.41万元；（2）B工程局公司、第三人向反诉被告支付质量及安全文明违约金23.99万元、总工期误期违约金468万元、遗留工程的管理费48.8791万元、检修不合格工程所产生的费用1879.6696万元、赔偿A房地产开发公司因反诉原告闹事产生的维稳费用258.7174万元及停工损失1445.0491万元；（3）B工程局公司赔偿反诉被告因缴纳罚款产生的损失454.1225万元；（4）B工程局公司支付该案诉讼费、财产保全费。

（二）B工程局公司的反诉请求

（1）依法判令A房地产开发公司向B工程局公司支付工程款227,392,868.70元及利息（按中国人民银行规定的银行同期同类逾期贷款利率，自2016年7月1日起计息，计算至实际付清之日止）；（2）判令B工程局公司在欠付工程款总额及自2016年7月1日起的法定孳息范围内对涉案工程享有建设工程价款优先受偿权；（3）判令A房地产开发公司承担本案全部诉讼费用、律师费用。

三、争议焦点

（1）A房地产开发公司与B工程局公司、第三人签订的《承包合同》及补充协议是否已经解除；（2）B工程局公司与第三人是否应向A房地产开发公司承担支付节点误期违约金、总工期误期违约金的违约责任；（3）B工程局公司与第三人是否应向反诉被告支付质量与安全文明违约金、维修工程费用及管理费、遗留工程的管理费、维稳费用及赔偿停工损失、罚款损失；(4) A 房地产开发公司是否应支付 B 工程局公司工程款及利息；(5) B 工程局公司是否有权就涉案项目主张优先受偿权。

四、各方的意见

A 房地产开发公司主张的事实与理由

第一，2014 年 11 月 3 日及 2014 年 11 月 10 日，A 房地产开发公司与 B 工程局公司分别签订《土建施工总进度计划表》（以下简称《计划表》）及《总包、分包承诺施工进度责任状》（以下简称《责任状》），对涉案工程的整体施工期限及各节点期限作出进一步约定，裙楼工期计划最迟的节点时间不晚于 2015 年 3 月 30 日。B 工程局公司与第三人在施工期间多次出现工期延误的违约情形，违反了《计划表》及《责任状》约定的节点延误天数高达 831 天。根据《承包合同》第 26.1 条及附录 A《工程规范和技术说明》B 部的相应规定，竣工交楼节点按照 5 万元/天处罚。另根据《责任状》"如每项迟延 1 小时，将扣除 1 万元，24 小时后，每项每小时扣除 3 万元，48 小时后，每项每小时扣除 6 万元"。据此，B 工程局公司应向反诉被告支付节点误期违约金 114,779 万元。

第二，B 工程局公司与第三人的施工存在诸多质量及安全文明问题，监理单位先后向其作出 56 次处罚，产生罚金 23.99 万元，该罚金 B 工程局公司与第三人一直未予支付。

第三，2015 年 12 月 29 日，B 工程局公司擅自停工，致使主体工程施工及其他分包施工工作陷入瘫痪，总工期严重延误，至 2016 年 7 月 10 日涉案工程的总工期逾期天数已达 468 日。根据《承包合同》第二部分第 26.1 条、第 26.3 条及附录 A 第 6 项的约定，总工期误期违约金按日壹万元计算。据此，B 工程局公司应向 A 房地产开发公司支付总工期违约金 468 万元。

第四，B 工程局公司擅自停工后，A 房地产开发公司另行聘请第三方完成遗留工程的施工，根据《承包合同》的相关约定，B 工程局公司应当支付遗留工程相应造价的 20% 管理费即 768.8804 万元。

第五，A 房地产开发公司多次发函要求其对已完成部分质量不合格工程进行维修，B 工程局公司拒不履行义务，为了防止损失扩大，A 房地产开发公司只能委托第三方进行维修。根据《承包合同》的相关约定，B 工程局公司应当支付不合格工程的维修费用 691.363 万元以及产生的维修费用 138.2726 万元。

第六，2015 年 10 月起，B 工程局公司多次组织工人前往涉案工程施工现场围堵、阻挠 A 房地产开发公司的正常施工作业，导致施工现场产生安保维稳费用 263.402 万元及停工损失 1445.0491 万元。根据《承包合同》的相关约定，B 工程局公司应当承担该等安保维修费用，并赔偿相应的停工损失。

在答辩期限内，B 工程局公司提出反诉请求如下：（1）A 房地产开发公司支付工程款 227,392,868.70 元及利息（按中国人民银行规定的同期同类贷款利率加收 50% 计算，自 2016 年 7 月 1 日起计至实际付清之日止）；（2）B 工程局公司在欠付工程款的总额内对涉案工程享有建筑工程价款优先受偿权；（3）A 房地产开发公司承担本案全部诉讼费用、律师费用。

B 工程局公司的抗辩观点

（一）A 房地产开发公司请求 B 工程局公司向其支付节点误期违约金 32,110.41 万元所依据的前后两份《责任状》是其伪造的，其依据无效的不具有证明力的证据诉请节点误期违约金是不成立的。

1. A 房地产开发公司当庭提供的封面为《责任状》的落款时间及其骑缝日期为"2014 年 11 月 10 日"，与双方签署并实际履行的《计划表》为同一天。但 A 房地产开发公司提供的该《责任状》的第 2 页、第 3 页即《计划表》显示为 2014 年 11 月 9 日，作为同一份文件，其日期显示为 2014 年 11 月 10 日与 2014 年 11 月 9 日并存，证明 A 房地产开发公司涉嫌篡改了该份证据。

2. A 房地产开发公司当庭提供的所谓《责任状》原件，并不是本案庭前提交的《责任状》证据复印件的原件，即其之前提交的作为节点误期违约金的处罚依据的证据没有原件。B 工程局公司质证时对其证据的三性不予确认。且其先后的两份《责任状》存在显著的差别，其差别是，反诉被告在法庭出示的原件，在该三页文件的右下角注明了"广州嘉和商业城南区项目总包、分包承诺施工进度责任状"和"2014.11.10"字样。A 房地产开发公司当庭陈述，该落款是其工作人员在 2014 年 11 月 10 日注记的。既然如此，为什么其之前提供的《责任状》复印件没有上述注记呢？且 A 房地产开发公司至今不能出示该证据原件，显然 A 房地产开发公司不仅在说谎，而且是在掩盖其事后变造有注记内容的《责任状》的行为。

3. A 房地产开发公司庭前提交的《责任状》复印件系伪造。

（1）与双方实际履行的《计划表》同一天签署的另一份文件是《广州嘉和商业城南区项目施工计划（2014 年 11 月 9 日）》（即上述《计划表》）只有 2 页，没有任何责任状字样及封面，现在的《责任状》封面显然是 A 房地产开发公司在事后伪造添加上去的，名称还是叫《计划表》，且封面和内容日期都不同。

（2）郭某本人在庭上的陈述，证明郭某为配合 A 房地产开发公司向上级部门交差而在其打印好的《计划表》上第一页的备注栏中明确注记了"A 房地产开发公司应当马上支付拖欠的停工补偿费、赶工费、进度款后配合相关工作"等前提条件。但 A 房地产开发公司为了骗取 3.21 亿多元的巨额违约金，故意把有上述备注内容的第一页替换为现在的第二页，去掉了备注的内容，但因为郭某在《计划表》的第二页中明确备注了"同上页"，故现《计划表》的第一页即《责任状》的第二页明显是 A 房地产开发公司根据其诉讼请求的需要而伪造的。

4. A 房地产开发公司当庭提交的《责任状》所谓原件也是伪造的。

（1）2017 年年初，A 房地产开发公司起诉时提交了该《责任状》，复印件上是没有"骑缝"字体的，情急之下 A 房地产开发公司出示了有"骑缝"字体的《责任状》原件作为原《责任状》的原件核对，B 工程局公司当庭发现系伪造的证据。

（2）B 工程局公司认为"骑缝：广州嘉和商业城南区项目总包、分包承诺施工进度 2014.11.10"这是 A 房地产开发公司事后添加的文字，并非同期生成的，其目的是掩盖其添加原《计划表》的封面《责任状》和偷换原《计划表》第一页内容的伪造行为，要求法院扣压原件并申请对该文字的形成时间进行司法鉴定以揭穿其伪造证据的真面目。

5. 该《计划表》约定的巨额违约金也有违常识和日常生活经验，与既往合同约定条款不符，与郭某的权限不符。

（1）A房地产开发公司为了应付上级领导的管理要求，在双方签订真实的《计划表》的同时，让作为项目副经理的郭某一个人随便在其起草的只有一份原件且工程项目内容错漏百出的《计划表》上签字应付了事，现在双方发生合同纠纷时，A房地产开发公司为了达到侵吞反诉原告巨额国有资产的不法目的，居然把第二页的《计划表》内容进行篡改偷换并捏造《责任状》封面。

（2）双方连560万元的赶工费都要由双方的主管领导协商签署补充协议，而破天荒地以小时为单位递增计算1万元、3万元、6万元节点的逾期违约金、原告起诉时已高达11亿多元违约金的施工计划却由各自现场的管理人员签字了事，且同一天签署《计划表》时B工程局公司项目经理罗某其和各施工班组负责人都在现场，为何却让项目副经理郭某一个人偷偷签字收走呢？而且，项目副经理并非项目经理，并不能代表B工程局公司。B工程局公司连一份复印件都没有，更别说原件了。

（3）双方在《承包合同》第二十六条中约定的违约金，在合同附录C中有明确约定，每天的违约金为1万元，其他节点的违约金均为每天3000元。该违约金标准尚且是很高的标准，何况每小时违约金6万元，是合同明确约定的违约金的480倍。这种极为违反常识和日常生活经验的违约金标准，当然不可能是B工程局公司的真实意思。

6. 证人郭某2018年6月13日在庭上作证时清楚表明，他是应A房地产开发公司负责人的要求而配合其向上级部门交差，在B工程局公司及项目经理不知情的情况下以个人名义签署，他只是项目副经理，无权也不可能代表B工程局公司签署风险如此之高的《计划表》。B工程局公司从来不知道也从未授权他配合对方签署高达11亿元天文数字的《计划表》。

7. 《责任状》中的《计划表》双方从未执行过，事实上也无法执行。由于双方存在真实的施工进度计划，故B工程局公司从未履行过所谓的《计划表》，更谈不上执行过该《责任状》中的节点。该《责任状》的内容中，有10多项工程项目并不在B工程局公司的承包范围。

8. 不仅双方在施工期间从未就《责任状》的时间节点有过文件往来，A 房地产开发公司也从未就《责任状》节点工期提出过任何异议，更没有提出过任何关于节点逾期违约金的请求。

综上，无论是无原件无骑缝的《责任状》及《计划表》还是有原件有骑缝的《责任状》及《计划表》，都是 A 房地产开发公司在双方现场管理人员为应付 A 房地产开发公司的上级集团公司检查而制作的第二页《计划表》的基础上伪造的。其以伪造的证据诉请巨额违约金不仅不成立，而且其已涉嫌虚假诉讼犯罪，故其该项诉讼请求不应得到支持。

（二）A 房地产开发公司主张 B 工程局公司支付质量及安全文明违约金 23.99 万元依法不能成立。

本案中，A 房地产开发公司并没有提供相应的证据证明工程存在质量问题且 B 工程局公司拒不按其书面整改意见进行整改的违约行为。另外，双方对施工过程中确实存在的工程质量问题已在事实上进行了处理。B 工程局公司对甲方和监理曾经提出的质量问题认真对待并及时进行了处理，对此双方也共同确认质量处罚 5.5 万元，且已实际划扣，由此证明双方对质量处罚问题已作处理。

（三）A 房地产开发公司主张 B 工程局公司支付总工期误期的违约金 468 万元依法不能成立。

1. A 房地产开发公司主张的工程开工日期和竣工日期是错误的。

（1）A 房地产开发公司以 2015 年 3 月 30 日作为竣工日期，并以该日期作为总工期误期起算点计算至 2016 年 7 月 10 日止，认为总逾期天数 468 日是不成立的。因为很明显双方在《承包合同补充协议四——裙楼复工》中约定 2015 年 3 月 30 日是裙楼外架的拆除时间，并非工程竣工时间。A 房地产开发公司据此主张约定竣工日期为 2015 年 3 月 30 日与事实不符。

（2）暂且不论 A 房地产开发公司计算工期的逾期截止时间为 "2016 年 7 月 10 日" 是什么日子，但其已完全忘记了 B 工程局公司已在 2015 年 12 月 30 日被其暴力赶出工地，再也无法返回工地，即使不考虑建设主管部门的二次停工禁令，此后其施工行为也是违法的，其以 "2016 年 7 月 10 日" 计算 B 工程局公司的竣工时间与事实严重不符。

2. 涉案工期明显存在诸多法定应当顺延的情形，例如：其一，A 房地产开发公司在施工期间存在重大设计变更，其先后共有 9 版施工图纸，每次修改图纸均必然涉及停工、等待新的施工图纸的交接和图纸会审等环节，在其主张的竣工时间之后其还在 2015 年 3 月 4 日提供第八版和在 2015 年 6 月 30 日提供第九版的施工图纸。其二，其对工程主体进行多次拆、改、建，导致工程反复停工复工，严重延误了工期，否则双方没有必要签订赶工和复工的《承包合同补充协议二》和《承包合同补充协议四——裙楼复工》，其应向 B 工程局公司支付赶工费和停工补偿费就是最有力的证明。其三，不按时足额支付工程进度款导致 B 工程局公司不得不于 2015 年 12 月 29 日暂时停工待款。

综上，由于 A 房地产开发公司的原因导致双方约定的总工期 1562 天不断被顺延，在综合扣除可以顺延日期的情况下，B 工程局公司不存在总工期误期的行为。

（四）关于 A 房地产开发公司请求 B 工程局公司支付其聘请第三方完成遗留工程的管理费 48.8791 万元、委托第三方维修两被告不合格工程所产生的费用 1879.6696 万元及管理费 375.9339 万元的请求也是不成立的。

1. B 工程局公司是被暴力赶出工地，且多次返回现场要求收回工地继续施工，均被拒绝，因为工地已被发包给了其他施工单位施工，因此，B 工程局公司在主客观上根本都不可能存在"遗留工程"的说法。鉴于 A 房地产开发公司与第三方施工单位施工行为的违法性，其抢占本属于 B 工程局公司的工地所产生的任何费用均与 B 工程局公司无关。

2. A 房地产开发公司暴力抢占工地的行为应当认定其为擅自使用涉案工程，根据《最高人民法院关于审理建设工程施工合同纠纷案件适用法律问题的解释》第十三条的规定，建设工程未经竣工验收，发包人擅自使用后，又以使用部分质量不符合约定为由主张权利的，不予支持。因此，其主张的 1879 多万元巨额维修费用和 375 多万元所谓管理费是不成立的。

（五）A 房地产开发公司请求 B 工程局公司因闹事而产生的维稳费 263.402 万元依法不能成立。

B 工程局公司作为实力强大和知名的国有企业，向来管理规范，对维稳事件十分重视，断不可能因合同纠纷而"闹事"。反诉被告组织200多名黑衣人强行驱赶反诉原告的施工人员出工地，该行为本身是违法的，即便存在安保费用也是由于反诉被告自身原因导致的，应由反诉被告自行承担。

（六）A房地产开发公司主张B工程局公司赔偿因缴纳罚款产生的损失454.1225万元依法不能成立。

A房地产开发公司提供的证据显示，建设行政主管部门作出行政处罚是因为A房地产开发公司违反法律规定，在涉案工程未办理竣工验收手续的情况下擅自开业的行为。A房地产开发公司作为具有完全民事行为能力的人，其完全知道擅自交付未经竣工验收的建设工程的法律后果，该行为与B工程局公司毫无关系。

（七）B工程局公司反诉请求确认涉案合同及系列补充协议已于2015年12月30日解除具有事实和法律依据。

涉案合同及补充协议已因A房地产开发公司暴力抢占工地而被其单方解除，双方的权利义务终止。事实也证明，涉案合同及系列补充协议在客观上也已不具备继续履行的条件。因为B工程局公司在2015年12月30日被暴力赶出工地后曾数次返回现场要求继续进场施工均遭拒绝，此后再也没有进入工地。A房地产开发公司在2016年3月29日通知B工程局公司提交竣工结算文件，根据工程结算规范，只有工程完工后才具备工程结算的基础，故其事实行为表明涉案工程已完工，合同不再履行。

（八）B工程局公司反诉请求A房地产开发公司支付涉案项目工程款，应以总造价453,673,827.49元为基数，判决A房地产开发公司支付相应逾期贷款利率的利息（利息按照中国人民银行同期贷款利率上浮50%计算，起算时间从2015年12月30日起计）具有事实和法律依据。

根据工程造价结论，A房地产开发公司应向B工程局公司支付的工程款数额为459,282,267.57元（工程实体总造价453,673,827.49元＋赶工费5,608,440.08元），实际已付款金额为326,614,878.12元。因此，应付款金额为132,667,389.45元（工程实体总造价453,673,827.49元＋赶工费5,608,440.08元－已付款326,614,878.12元）。退一步而言，即使划分出第三人的分包工程款，并考虑到补充协议明确约定第三人对赶工费无分配权,该案应付给 B 工程局公司的应付工程款金额为 85,616,445.83 元（工程实体总造价 406,622,883.87 元 + 赶工费 5,608,440.08 元 - 已付款 326,614,878.12 元）。

（九）B 工程局公司主张 A 房地产开发公司在欠付工程价款范围内就工程折价或者拍卖的价款享有优先受偿权,具有事实和法律依据。

B 工程局公司承建的工程施工至 2015 年 12 月 30 日被 A 房地产开发公司暴力抢占后交由第三方施工,单位施工依法应视为 B 工程局公司完成的工程已竣工验收合格;且涉案整个工程项目也已于 2018 年 12 月通过竣工验收备案并交付使用。根据《合同法》第二百八十六条及《最高人民法院关于审理建设工程施工合同纠纷案件适用法律问题的解释（二）》第十七条、第二十条、第二十二条的规定,B 工程局公司依法有权在 A 房地产开发公司欠付的工程价款范围内对涉案工程主张优先受偿权。

五、裁判结果

经审理,一审法院判决如下:（1）确认 A 房地产开发公司与 B 工程局公司、第三人签订的《承包合同》及补充协议于 2015 年 12 月 30 日解除;（2）B 工程局公司、第三人于判决书生效之日起 30 日内向 A 房地产开发公司支付总工期误期违约金 275 万元;（3）A 房地产开发公司向 B 工程局公司支付工程款 70,688,130.89 元及相应利息;（4）驳回 A 房地产开发公司的其他诉讼请求;（5）驳回 B 工程局公司的其他反诉请求。

A 房地产开发公司与 B 工程局公司均不服一审法院的判决结果向上级法院提出上诉,二审法院经过审理后,驳回上诉,维持原判。

六、裁判理由

1. B 工程局公司与 A 房地产开发公司分别以撤场和接收场地的事实行为就解除双方之间的合同关系达成一致。因此双方之间的《承包合同》及补充协议依法已于 2015 年 12 月 30 日解除。

2. 关于 A 房地产开发公司主张 3.21 亿元节点误期违约金问题,《责任状》约定的违约金标准远高于双方在《承包合同》中约定的误期违约金标准，该违约责任较一般的逾期完工违约责任更为严苛，该约定明显加重了B工程局公司作为施工方的合同责任。而且，A房地产开发公司在该案中就同一违约行为同时主张承担支付节点误期违约金及总工期误期违约金，等同于要求双重处罚，有违公平合理原则，不予支持。

3. 鉴于B工程局公司确认其至2015年12月29日全面停工时仍有部分收尾工程尚未完工，故B工程局公司构成逾期完工，应按《承包合同》约定的每日壹万元的标准向A房地产开发公司支付2015年3月31日至2015年12月30日的总工期误期违约金合计275万元。

4. 因A房地产开发公司未能举证证明其主张，故驳回A房地产开发公司提出的B工程局公司与第三人支付质量与安全文明违约金、维修工程费用及管理费、遗留工程的管理费、维稳费用及赔偿停工损失、罚款损失的全部诉讼请求。

5. 某造价咨询公司接受法院委托，在各方提供资料的基础上，就B工程局公司已完工工程项目造价及停工补偿费用出具了鉴定结论，具有一定的客观性和科学性，可以作为确定B工程局公司已完工工程造价及停工损失的依据。因此，A房地产开发公司向B工程局公司支付工程款70,688,130.89元及相应利息。

6. 《最高人民法院关于建设工程价款优先受偿权问题的批复》第四条规定，"建设工程承包人行使优先权的期限为六个月，自建设工程竣工之日或者建设工程合同约定的竣工之日起计算。"本案中，B工程局公司认为在2016年6月30日涉案工程项目已投入使用，则至B工程局公司提出反诉时止，已超出前述司法解释规定的可行使优先受偿权的法定期限，B工程局公司提出优先受偿权的请求缺乏法律依据，予以驳回。

七、案例评析

无论是根据《民事诉讼法》还是《民法典》的规定，诉讼参与人在诉讼活动中都应当秉持诚实信用原则。该案中，A房地产开发公司为达不正当的胜诉目的，竟然在原件上擅自添加备注文字，作为证据向法院提交，其行为实属伪造证据材料，妨碍了人民法院对案件的审理，依法应当受到法律的制裁。面对 A 房地产开发公司强大的谎言和实力，作为弱势地位的施工单位并没有退缩和妥协，而是深入研究证据材料，层层剖析案件实情，从客观事实出发，以法律为准绳，识破 A 房地产开发公司依据伪造的《责任状》计算得出高达 3.21 亿元的天价节点误期违约金背后的真相，以确凿的理据说服法院不予采信，值得庆幸的是，一审、二审法院洞察秋毫，历时 5 年终于换来公平正义的判决结果。①

【点评】

本案所涉工程纠纷的争议焦点主要是施工合同解除与否、工期责任划分和工程造价鉴定问题，难点在于如何破解原告主张的 3.21 亿元天价节点误期违约金的谎言。该案中，代理人具有丰富的办案经验，深入剖析案件材料，从证据本身、交易习惯、建筑规范和社会常识等各个方面揭穿原告的谎言，从而达到说服法院不采信原告提交的伪造证据的目的。同时，在应诉的基础上提出工程结算款的反诉，尤其是反诉证据充分扎实，从作者的介绍和分析中已充分展现，值得同类案件借鉴。

点评人：广东胜伦事务所律师　肖挺俊

---

① 广州市中级人民法院民事判决书，(2017) 粤 01 民初 1 号；广东省高级人民法院民事判决书，(2020) 粤民终 2194 号。

建设工程合同无效的情况下，
约定的管理费能否参照执行

广东连越律师事务所　林永青　宋家艳

一、当事人的基本情况及案由

原告：中山市某某机电工程有限公司（以下简称 X 公司）
被告一：广州某某消防工程有限公司 Y 分公司（以下简称 Y 分公司）
被告二：广州某某消防工程有限公司（以下简称 Y 公司）
被告三：B 公司
案由：建设工程分包合同纠纷

二、案情介绍

2018 年，Y 分公司（消防工程总承包合同乙方、分包合同甲方）从 B 公司（B 公司三个项目公司）处承包 C 地、D 地、F 地三个消防工程后，发包给 X 公司（分包合同乙方），并分别签订《合作协议》。

《合作协议》约定："1. 项目名称：×××消防工程。2. 合作方式：甲方负责业务的承接、业主方高层关系的处理、协助乙方进行消防验收；乙方负责项目的具体施工，自行采购材料、自行组织工人施工，与业主方现场管理人员的沟通。3. 业主方每笔付款到甲方后，甲方扣除 26% 用于支付管理费、税金等，其余 74% 由乙方用于支付材料款、人工费等。4. 乙方每次开工程发票时，应提供开票金额 50% 的材料增值税专用发票（16%）给甲方财务。……乙方的权利及义务：1. 负责本项目施工过程中的一切材料、人工费、工程验收等相关费用，并提供结算金额 50% 的材料增值税专用发票。"

2020年，X公司完成部分消防工程施工后，分别向清远市FG法院、FG法院TT法庭（以下简称TT法院）和YD法院提起诉讼。原告X公司以《合作协议》无效，且Y公司和Y分公司在整个项目施工过程中从未履行合同约定的责任和义务，所有的工作内容均由原告完成为由，要求Y分公司、Y公司按其实际完成施工部分的工程造价支付工程款，B公司在欠付Y分公司工程价款范围内承担清偿责任。即分别诉请Y分公司、Y公司立即向原告X公司支付拖欠的工程款1,681,622.98元、工程款2,247,634.41元、工程款2,027,681.64元及逾期付款利息，B公司在欠付被告Y分公司、Y公司工程价款范围内对其上述债务承担清偿责任。

被告一Y分公司、被告二Y公司辩称应按照《合作协议》约定，扣除"26％管理费、税金"后支付工程款给原告。

FG法院、TT法院一审判决认为《合作协议》无效，酌定支持被告一Y分公司、被告二 Y公司扣除20％的管理费、税金后，支付工程款587,300.03元、1,467,013.77元及利息给原告X公司；B公司在欠付Y分公司工程款范围内对上述第一项判决确定的债务承担连带清偿责任。

YD法院一审判决认为《合作协议》合法有效，被告一Y分公司、被告二Y公司按约定扣除26％的管理费、税金后，支付工程款637,169.8元及逾期支付利息给原告。B公司在欠付Y公司工程款范围内对上述第一项判决确定工程款和利息对原告X公司承担责任。

原告X公司不服一审的三个判决，上诉至清远市中级人民法院（以下简称清远中院），被告一Y分公司、被告二Y公司也因不服FG法院、TT法院一审判决对管理费的调整以及YD法院对业主代付材料款后分包合同结算工程款扣款顺序的差异导致多支付给X公司工程款的一审判决不服，也均上诉至清远市中级人民法院。清远中院对三案审理后，统一判决《合作协议》无效，但认为建设工程经竣工验收合格，可参照合同约定支付工程价款，故对Y分公司按26％管理费的约定，属于结算条款，可参照执行，另对业主代付材料款后分包合同结算工程款扣款顺序进行了调整。同时B公司在欠付Y分公司工程款范围内对上述判决确定的债务承担连带清偿责任。

三、争议焦点

（1）X 公司与 Y 分公司签订的《合作协议》的效力；（2）《合作协议》约定的管理费 26% 应否调整、甲指材费用应否扣减管理费；（3）应付工程款的数额及是否承担利息；（4）业主 B 公司在案涉工程款范围内应承担多少数额的连带清偿责任。

四、各方的意见

（一）原告的意见

被告一 Y 分公司与原告签订《合作协议》，分别约定被告一 Y 分公司将佛冈和英德某三个楼盘的地下室消防安装工程整体转包给原告施工，原告负责项目的具体施工，自行采购材料、自行组织工人施工。被告一 Y 分公司与被告 B 公司在签订施工合同的基础上又签订补充协议，确定调整后合同暂定含税价款相应价款金额。后项目陆续又增加了工程签证。被告一 Y 分公司员工黄某在 2021 年 7 月 15 日通过微信方式向原告法定代表人程某发送《程某分包所有项目预结算分析》，该分析中的表格载明了三个项目预计最终结算金额及实际完成部分造价。项目已通过消防验收并交付给开发商使用，被告一 Y 分公司仅向原告支付了部分工程进度款，向材料供应商代支付部分材料款。现原告按被告一 Y 分公司确认的实际完成部分造价（不包括增加工程和工期索赔部分）。因三被告拖延支付工程进度款项、无法提供施工工作面而使原告严重窝工以及原材料价格暴涨等导致原告拖欠材料商货款和工人工资，已资不抵债，还欠付几百万元的高额借款。现原告迫不得已提起本诉，但保留向三被告主张其余增加工程价款和工期索赔签证的工程款的诉讼权利。因被告一 Y 分公司是案涉项目的转承包人，被告二 Y 公司是其总公司，两者应对欠付原告的工程款承担清偿责任。Y 公司和 Y 分公司在整个项目施工过程从未履行合同约定的责任和义务，所有的工作内容均由原告完成。被告三 B 公司是案涉项目的发包人，依法应在欠付工程款范围内对 Y 分公司上述债务承担清偿责任。

（二）被告一和被告二的意见

被告一 Y 分公司、被告二 Y 公司认为：原告的诉讼请求没有任何事实和法律依据，请求法院依法驳回。

1. 涉案工程仍有部分工程没有施工，建设方没有与被告一结算。原告提交的意见书表明住建局仅对该施工工程 16 号楼、4 号车库通过消防验收，并非如原告所称的全部通过验收。被告一、被告二提交的证据一可以证明原告承包的工程截至诉讼时仅有部分项目通过消防工程验收正在移交物业公司，其他工程都没有通过验收，更未结算。

2. 被告一已根据合作协议向原告支付相应的工程进度款，被告一、被告二提交的证据二可以证明从建设方收到工程款合共的部分金额被告一跟原告的合作协议明确约定，业主方每笔付款到甲方即被告一之后，被告一有权扣除 26% 的管理费，其余 74% 用于支付材料款、人工款。被告一收到前述工程款后按合作协议扣除 26% 的管理费、税金、代付材料款，已将剩余工程款支付给原告，被告一与原告现未有到期未付的款项。

3. 被告一已经向原告借支工程款 815,000 元，被告一有权在后续应付的工程款中抵扣。被告一、被告二提交的证据四可以证明，在 2020 年 5 月 16 日至 2021 年 7 月 12 日原告因涉案工程施工累计向被告一借支了 815,000 元。该借支款含原告和原告法定代表人程某向被告一的借款。该借支在借条中注明用于材料款或声明在工程进度款中作相应抵扣。

4. 被告一与原告签订的《合作协议》约定的 26% 管理费和税金具有合理性，是双方的真实意思表示。被告一与原告是在自愿平等协商达成一致的原则下签订《合作协议》，约定 26% 是双方基于自身条件和工程造价自愿达成一致的意见。根据建设工程司法解释双方签订的合作协议是合法有效的，被告一按照该条款支付工程进度款。虽然被告一与原告是转包关系，但是项目管理费和税金均是由被告一承担，扣除 26% 管理费和税金主要用于支付被告一在涉案工程中需要支付的必要款项，大概是 18.94%。从被告一、被告二提供的税表可以看出被告一的毛利率为 6%，在建筑行业该毛利率相对较低。原告现请求被告一、被告二支付从建设方和被告三的工程款百分百支付给原告，明显有悖于行业规矩、公平原则，有违商业诚信。

(三) 被告三的意见

被告三 B 公司认为：(1) 被告三没有与原告建立任何合同关系，根据合同相对性原则，原告应向被告一主张权利，原告与被告一之间的合同纠纷与被告三无关。根据合同相对性原则，合同的效力范围仅限于合同当事人之间，合同一方当事人只能向合同的另一方当事人主张权利，而不能向与其无合同关系的第三人主张权利。原告与被告一在合同履行过程中发生争议，原告应向被告一主张权利。(2) 假使法院判令被告三在欠付被告一工程款范围内承担连带清偿责任，被告三只需在合同约定结算到期比例的范围内承担连带清偿责任，被告三承担连带清偿责任之后有权从应付给被告一的工程款中等额扣除代付的工程款。被告三向被告一支付工程款时，全款扣除被告三已代付指定品牌材料款；各种对被告一的违约金、罚款及施工合同中约定应扣款项应在当期工程进度款或应付给被告一的其他款项中扣除，包括结算总价 5% 的保修金。截至目前，被告一只完成了该消防工程的部分工程的施工，并未完成全部工程的施工。被告三已经于被告一就施工的部分工程完成中途结算。

五、一审法院的裁判结果

(一) FG 法院的裁判结果

FG 法院认为，原告 X 公司与被告一 Y 分公司签订的《合作协议》虽名为合作，但从合同的内容及双方的权利义务关系来看，原告负责施工、承担风险、被告一 Y 分公司收取管理费，协调工程施工，配合验收等，《合作协议》名为合作实为工程分包合同，原告未取得消防工程安装资质，其与被告一 Y 分公司之间的分包行为因违反《最高人民法院关于审理建设工程施工合同纠纷案件适用法律问题的解释》第一条"建设工程施工合同具有下列情形之一的，应当根据合同法第五十二条第（五）项的规定，认定无效：（一）承包人未取得建筑施工企业资质或者超越资质等级的"规定，应认定为无效，原告与被告一 Y 分公司明知原告不具备消防工程安装资质仍签订《合作协议》，双方对合同无效均有过错，应各自承担相应的责任。

关于工程结算款应否扣除26%的管理费、税金的问题。原告X公司与被告一Y分公司签订的《合作协议》无效，原告认为合同无效，关于扣除26%的管理费、税金的约定也无效，不应在工程款中扣除；被告一Y分公司、被告二Y公司认为即使《合作协议》无效，但根据《最高人民法院关于审理建设工程施工合同纠纷案件适用法律问题的解释》的相关规定，应参照《合作协议》的约定扣除26%用于支付管理费、税金等，其余74%由被告一用于支付材料款、人工费等进行结算。《合作协议》无效，但原告所做的消防工程已经验收合格，X公司作为涉案工程的实际施工人，其劳动和建筑材料已经物化在涉案工程中，原告要求被告支付工程款于法有据。至于是否扣除26%的管理费、税金，关键是看被告一Y分公司在涉案工程中的管理支出。Y分公司在本案中工程的施工过程中确实交纳了税金、支出了管理成本，依照公平、诚信原则，结合X公司与Y分公司在本案中的管理支出、双方的真实意思表示以及过错责任等情况，法院酌定支持扣除20%的管理费、税金。

（二）TT法院的裁判结果

TT法院认为，本案为建设工程分包合同纠纷。X公司没有消防工程的施工资质，其与Y分公司签订《合作协议》对涉案的工程进行施工，根据《最高人民法院关于审理建设工程施工合同纠纷案件适用法律问题的解释》第一条"建设工程施工合同具有下列情形之一的，应当根据合同法第五十二条第（五）项的规定，认定无效：（一）承包人未取得建筑施工企业资质或者超越资质等级的；（二）没有资质的实际施工人借用有资质的建筑施工企业名义的；（三）建设工程必须进行招标而未招标或者中标无效的"规定，双方签订的《合作协议》应认定为无效合同，X公司、Y分公司、B公司之间的纠纷应当依照无效合同处理。虽然合同无效，但X公司完成的工程已经验收合格，X公司作为涉案工程的实际施工人，其劳动和建筑材料已经物化在涉案工程中，X公司有权要求被告支付工程款。

关于争议焦点一，X公司、Y分公司是否应据实结算工程款，是否应扣除26%的管理费的问题。X公司与Y分公司的违法行为，扰乱了建筑市场的正常经营秩序，阻碍了建筑行业的持续健康发展，容易引发施工质量和安全生产问题，并可能损害建筑行业内工人及建筑材料供应者的合法权益，双方对本案合同无效均有过错。此笔管理费、税金尽管是X公司与Y分公司的真实意思表示，但本案管理费的法律性质主要是转包诉争工程的渔利费用，属于违法所得，合同无效后，是否应扣除该管理费以及应扣除多少主要取决于Y分公司在涉案工程的管理支出。Y分公司在涉案工程的施工中确实缴纳了税金、支出了管理的成本，依照公平、诚信原则，结合X公司与Y分公司在本案中的管理支出、双方真实的意思表示以及过错责任等实际情况，法院酌定支持扣除20%的管理费与税金。

（三）YD法院的裁判结果

YD法院认为，本案是建设工程施工合同纠纷，被告一Y分公司与原告X公司签订的《合作协议》，被告三B公司与被告二Y公司签订的《××消防工程施工合同》及其补充协议均是合法有效的合同，原、被告双方应依约履行合同确定的权利和义务。被告三B公司是涉案工程的发包方，被告二Y公司为涉案工程的承包方，被告一Y分公司又将工程转包给原告X公司。原告作为施工方截至2021年8月31日共完成涉案工程的工程价款为3,523,247.36元，被告二Y公司应依约支付上述工程款。法院根据原、被告双方当事人在庭审中确认的工程量、材料款及借支款金额，结合被告一Y分公司与原告X公司签订的《合作协议》中"业主方每笔付款到甲方后，甲方扣除26%用于支付管理费、税金等，其余74%由乙方用于支付材料款、人工费等"的约定，核算涉案工程款。

六、二审法院的裁判结果

关于X公司与Y分公司签订的《合作协议》的效力问题。经审查，X公司从Y分公司处承接消防工程，负责施工、承担风险，并向Y分公司缴纳管理费等，可证实案涉《合作协议》名为合作实为工程分包合同，且X公司未取得消防工程安装资质，双方签订的《合作协议》违反《最高人民法院关于审理建设工程施工合同纠纷案件适用法律问题的解释》第一条的规定，因此认定案涉《合作协议》为无效合同。

关于《合作协议》约定的管理费26%应否调整的问题。按照《合作协议》的约定，X公司承接案涉工程，应向Y分公司支付管理费、税金等共计26%，该条款是双方当事人的真实意思表示，应对合同的双方具有约束力。虽然案涉《合作协议》为无效合同，但案涉消防工程经验收合格，根据《最高人民法院关于审理建设工程施工合同纠纷案件适用法律问题的解释》第二条的规定，建设工程施工合同无效，但建设工程经竣工验收合格，可参照合同约定支付工程价款，Y分公司按26%管理费的约定，属于结算条款，可参照执行。诉讼中，B公司认可Y分公司履行了管理职责，因此原审法院将管理费调整为20%没有依据，二审法院予以纠正。Y公司、Y分公司的该项上诉理由成立，二审法院予以支持。

关于甲指材费用应否扣减管理费的问题。按照《合作协议》的约定，业主方每笔付款到Y分公司后，扣除26%用于支付管理费、税金，其余74%由X公司用于支付材料款、人工费。双方确认Y分公司向X公司先垫付税费。三方均确认X公司完成的工程造价，其中包含甲指材料费。原审判决认定在总造价中扣减甲指三方材料费后再乘以管理费不当，二审法院予以纠正。Y分公司此项上诉理由成立，二审法院予以支持。关于Y分公司应否支付利息的问题。案涉工程在一审期间三方当事人达成结算，才明确Y分公司欠付工程款的具体数额，因此原审判决从起诉之日起算利息正确。

关于Y分公司支付的工程款应否参照Y公司与B公司约定的支付方式支付案涉工程款的问题。经审查，上述约定产生于Y公司与B公司之间，对X公司没有约束力，因此Y分公司、Y公司主张其已超付工程款的理由并不成立，二审法院亦不予支持。

Y分公司是Y公司的分支机构，Y公司应对Y分公司的上述款项承担责任，B公司是案涉工程的发包方，其明确未支付全部工程款给Y分公司，故应在Y分公司欠X公司上述债务的本息范围内承担连带清偿责任。

七、案例评析

建设工程领域存在大量转包、分包及挂靠现象，导致诉讼实务中，建设工程施工合同被认定为无效合同的概率非常大。虽然《最高人民法院关于审理建设工程施工合同纠纷案件适用法律问题的解释（一）》第二十四条第一款规定："当事人就同一建设工程订立的数份建设工程施工合同均无效，但建设工程质量合格，一方当事人请求参照实际履行的合同关于工程价款的约定折价补偿承包人的，人民法院应予支持。"但在建设工程合同无效的情况下，当事人关于管理费的约定是否能够参照执行，不同法院的裁判不一。我们在办理该案时，通过案例检索发现最高人民法院关于此类案件的裁判结果并无统一标准，主要有以下裁判观点，见表1。

表1　最高人民法院的裁判观点

一、管理费全部不予支持		
裁判理由	裁判案例	
合同无效，管理费条款没有约束力	四川华夏军安建设有限公司、李某斌建设工程施工合同纠纷再审审查与审判监督民事裁定书［（2020）最高法民申6123号］	
公司违法转包存在过错，且不能举证证明参与了相关管理，故不予支持	广州富利建筑安装工程有限公司、胡某根建设工程施工合同纠纷再审民事判决书［（2017）最高法民再395号］	
	青海盛源房地产开发有限公司、八冶建设集团有限公司建设工程施工合同纠纷二审民事判决书［（2020）最高法民终898号］	
二、管理费部分支持，酌情调减		
裁判理由	裁判案例	调整幅度
管理费约定条款无效，但由于转包人/违法分包人/被挂靠人承担了建设工程的组织、管理等工作，此类管理工作已经物化入建	中铁十六局集团有限公司、叶某钟等与中铁十六局集团有限公司、叶某钟等建设工程施工合同纠纷申请再审民事案［（2014）民提字第12号］	约定13%，调减为9%
	吴某堂、江某鹏建设工程施工合同纠纷二审民事案［（2020）最高法民终78号］	约定7%，调减为2%

续表

二、管理费部分支持，酌情调减		
裁判理由	裁判案例	调整幅度
设工程之中，故根据双方对建设工程合同无效的过错，酌情支持部分管理费	翁某华、刘某建设工程施工合同纠纷再审审查与审判监督民事案［（2019）最高法民申4187号］	约定17%，调减为10%
	王某贞、江某鹏建设工程施工合同纠纷二审民事案［（2020）最高法民终79号］	约定7%，调减为2%
	柯某林、江某鹏建设工程施工合同纠纷二审民事案［（2020）最高法民终81号］	
	姜某华、江某鹏建设工程施工合同纠纷二审民事案［（2020）最高法民终82号］	
	中建环球建设集团有限公司、古某建设工程施工合同纠纷再审审查与审判监督民事案［（2018）最高法民申6046号］	约定19.2%，调减为6%
	江苏省第一建筑安装集团股份有限公司、孙某建设工程施工合同纠纷二审民事案［（2019）最高法民终1779号］	约定8%，调减为4%

三、管理费全部支持		
裁判理由	裁判案例	支持比例
主要依据《最高人民法院关于审理建设工程施工合同纠纷案件适用法律问题的解释（一）》第二条以及《最高人民法院关于审理建设工程施工合同纠纷案件适用法律问题的解释（二）》第十一条第一款的规定，虽然建设工程合同无效，但建设工程验收合格的，对当事人请求参照合同约定支付工程价款，包括扣除合同约定的管理费的合同约定条款均予以支持	云南建工集团第十建筑有限公司与胡洪、保山市伟业房地产开发有限公司建设工程施工合同纠纷申请再审民事案［（2013）民申字第1608号］	5%
	赵某、上海新崇建设发展有限公司建设工程施工合同纠纷二审民事案［（2019）最高法民终556号］	25%
	李某锋、贵州南长城企业（集团）房地产开发有限公司建设工程施工合同纠纷二审民事案［（2019）最高法民终1510号］	20%
	何某华、邓某刚建设工程施工合同纠纷二审民事案［（2019）最高法民终1852号］	25%

从检索到的最高人民法院裁判案例中，我们发现法院会考量分包人/转包人/被挂靠人是否履行了管理职责，管理费约定是否过高、是否超过建筑行业的正常利润率，管理费约定是否双方自愿约定、是否已实际履行等因素。故在办理该案过程中，代理人对被告Y分公司实际履行的管理职责进行了具体阐述，细化分析了公司负担的管理费及税金成本，并通过具体数据说明公司利润率是否超过建筑行业的正常利润率，向法官论述约定26%管理费、税金的合理性以及应予以支持的理由。具体内容见表2。

表2　本案情形

序号	成本费用	成本费用明细	成本费用占比
1	固定税金3.55%	（1）增值税3%	3.55%
		（2）地方教育附加税0.02%	
		（3）教育费附加税0.03%	
		（4）城市维护建设税0.07%	
		（5）个人所得税0.4%	
		（6）印花税0.03%	
2	项目管理费3%	（1）承接业务、项目预算投标	3%
		（2）工程报建、报验收	
		（3）技术审图	
		（4）成本核算	
		（5）现场技术指导、工程监控管理	
		（6）进度款手续办理	
		（7）财务管理、账务处理	
3	总公司管理费	固定收取	3.2%

续表

序号	成本费用	成本费用明细	成本费用占比
4	企业所得税成本	以项目合同金额100万元为例计算： （1）不含税成本（A）= 1,000,000.00/1.0355 = 965,717.04(元) （2）工程利润（B）= 不含税成本（A）- 50万元 - 项目管理费（C）- 总公司管理费（D）= 965,717.04 - 500,000.00 - 30,000 - 32,000 = 403,717.04(元) 注：对方提供合同额50%的材料发票（我方已承担材料发票的税金），可用作公司成本费用。即100万元可以冲50万元的成本。 （3）企业所得税（E）= 工程利润（B）× 25% = 403,717.04 × 25% = 100,929.26(元) （4）企业所得税成本百分比（F）= 企业所得税（E）/100万元 = 100,929.26/1,000,000 = 10.09%	10.09%
	成本合计		19.84%
	利润	26% - 19.84% = 6.16%	

此外，原、被告关于管理费的约定是双方在基于自身利益衡量的情况下，自愿达成的真实意思表示，应尊重双方当事人的自由意志。作为法律人，肯定首先引用《民法典》第五条的自愿原则，但在论述该观点时，从经济学角度切入，引用了制度经济学理论，提出根据制度经济学的研究结果，私人领域双方通过协商，各自衡量自身利益和博弈后，自愿达成的合作条件和合作方式，是最有效率的，包括劳资谈判、商事合作和形形色色的各种场地租赁或商业租赁行为，国家都保持克制、不随意干预的态度。任何外部力量的随意介入、任意调整，最终都会导致价格扭曲和社会成本耗散。若裁判者不顾双方对管理费的自愿约定，对管理费随意进行调整干预，实际上是对市场交易行为的任意干涉，且裁判者作为法律审判部门，并无能力衡量双方的合作条件在何种情况下才是更加公平和符合社会效益的，于是干预就成为一种喜好由己的任性行为，有损审判职能的中立性。同时，也会变相鼓励"劣币驱逐良币"的行为，在合作条件下，技术优良、管理好的团体，因为不会亏损，就得不到调整，而技术差、经营管理低劣的团体，却可以以亏损为由，堂而皇之地请求调整双方原先约定的合作条

件，这也将导致一种逆向选择的道德风险，造成的后果是弊远大于利。

综上，在本案中，代理人以相关司法解释及地方法院审判指导意见为法律依据，以最高人民法院裁判案例作为实践指导，向法院提交了类案检索报告，同时将公司的管理工作及成本数据具象化，使法院认可被告在施工过程中的管理工作及成本支出，并结合制度经济学理论研究成果论述代理意见，给法院判决支持合同约定的26%管理费、税金提供了充分的事实和理论依据。

【点评】

本分析案例为常见的工程款结算支付引起的建设工程分包合同纠纷。在建设工程领域存在大量转包、分包及挂靠现象，导致诉讼实务中，建设工程施工合同被认定为无效合同的概率非常大。因此，关于分包合同中的管理费应否支持以及是否调整，也是建设工程纠纷领域一种常见的争议焦点。

本案例的创新之处在于，分包人的代理人在代理该案件过程中，除大量对现有案例进行检索，形成检索报告提交审理法院外；还将管理费的成本因素予以数量化，形成明晰的计算表格，以说明分包人的实际投入产出比及其所收取管理费比例的合理性。

同时，在《民法典》规定的自愿原则基础上，代理意见通过引用经济学家科斯、张五常等新制度经济学派代表人物的经济分析研究成果和观点，指出私人领域双方通过协商，各自衡量自身利益和博弈后，自愿达成的合作条件和合作方式，是最有效率的。若外部力量随意介入、任意调整，最终都会导致价格扭曲和社会成本耗散，从而导致"劣币驱逐良币"的后果。以此说服法官如果随意调整双方自愿达成的管理费，对社会效果弊大于利。

笔者期望，在建设工程领域因分包合同无效导致的管理费争议频发，各地各级法院在处理同类案件中，存在差异性、随意性较大的情况下，最高人民法院和相关部门能够及时研究出台类似民间借贷关于利息支持的区间标准的指导意见。当然，基础合同本身无效及由此引申出来的管理费的支持之间存在的矛盾悖论问题，也是需要我们在法学理论上予以面对和解决的一个难题。

点评人：广东启源律师事务所律师　张壮飞

录音证据在工程纠纷案件中的运用和法律分析

广东连越律师事务所　林永青　黄安雯

一、当事人的基本情况及案由

上诉人（原审原告）：广州某建筑机械设备租赁有限公司（以下简称 C 公司）

被上诉人一（原审被告）：广州市某建设实业有限公司（以下简称 Y 公司）

被上诉人二（原审被告）：阳某

案由：建筑设备租赁合同纠纷

二、案情介绍

2020 年 4 月 24 日，Y 公司（甲方、承租方）与 C 公司（乙方、出租方）、阳某（丙方、Y 公司代表及担保方）签订《盘扣支架租赁合同》（合同编号为 CYJZ–PKZL20200424），合同的主要内容为："一、甲方租用乙方高支模用（hrjx–M60）模架支撑系统，暂定数量为 50,000m^3，固定综合（不含税单价）为 44 元/m^3，保底租期为 90 天，总价为 2,200,000 元。44 元/m^3 的单价为保底期（90 天）之内的租金，超过 90 天，按 0.45 元/天·m^3 计算。本单价为综合单价，以上单价包含了合同约定的租赁工作内容及完成此工作所需的材料费。二、乙方负责提供 M60 盘扣式钢管支架材料。乙方负责 M60 盘扣钢管支架、安装及拆除。三、乙方物资首次进场时间暂定于 2020 年 4 月 25 日（每次以甲方微信、短信等方式提前三天通知的进场时间为准）。四、计费周期与保底租赁时间：自乙方架体搭设之日起开始计算架体使用时间，至具备拆除条件后甲方书面通知乙方拆除之日止停止计算架体使用时间（具备拆除条件为以甲方拆除模架及次梁后，不影响乙方进行拆除架体工作）。五、租赁周转材料的交付地点为广州市轨道交通十一号线与十八号线换乘节点工地。双方约定材料进退场交接均在甲方工地办理。六、甲方在开工后的每月 20 日至 25 日组织工程部、工经部、安质部等相关部门人员会同乙方对乙方实际完成的设计（或变更设计）内的合格工作量进行收方结算，结算工程量以甲方签字确认的乙方实际架体搭设量为准。本工程按工程进度实际按月收方结算，每月计算金额 80%，剩余 20% 在工程结算后一个月内付清。架体拆除完毕后双方以架体实际搭设体积及实际使用时间做最终结算，办理决算并签署本次决算协议后一个月（最迟不晚于 2020 年 8 月 31 日）内甲方支付乙方剩余结算款项。七、当甲方不能履行与乙方的合同或不再具备承担、支付、偿还能力时，丙方、授权人对乙方本合同项下义务承担连带担保责任，担保期限为主债务履行期限届满之日起两年。八、甲方委派的担任驻工地履行本合同的工地代表为阳某，乙方委派的担任驻工地履行本合同的工地代表为马某。九、甲方权利义务：负责按本合同约定办理结算、支付等。十、甲方不履行或不按约定付款，若未按时支付，每天按应缴金额的 3% 加收违约金。"

随后，C 公司的材料与施工人员进场。

2021 年 4 月 19 日，C 公司以建筑设备租赁合同纠纷为由向广州市南沙区人民法院提起诉讼。诉讼请求：（1）被告 Y 公司、阳某共同向原告 C 公司支付超期租金 1,472,890.6 元及丢失赔偿 242,216.74 元；（2）被告 Y 公司、阳某共同向原告 C 公司支付截至 2021 年 3 月 25 日的逾期付款损失 156,126.4 元，并以欠付租金为基数支付自 2021 年 3 月 26 日起至款项全部付清之日止的后续逾期付款损失；（3）被告 Y 公司、阳某共同向原告 C 公司支付为实现债权所支出的律师费 20 万元；（4）被告 Y 公司、阳某共同承担本案的受理费、保全费、担保费 1657 元。庭审中，原告 C 公司变更诉请 1 的丢失赔偿金额为 71,226.64 元，变更诉请 2 的逾期付款损失为违约金。

三、争议焦点

1. 该案合同中建筑设备的实际租赁期限是什么时候。

2. Y 公司是否拖欠 C 公司租金和赔偿款。

四、各方的意见

（一）C 公司的意见

原告 C 公司主张，被告 Y 公司因"广州市轨道交通十一号线与十八号换乘节点工地"项目工程的需要，于 2020 年 4 月 24 日与原告 C 公司签订《盘扣支架租赁合同》，双方对租赁物价格、租金结算、支付以及争议解决等进行了约定。原告依约履行了供货义务，被告却未按时履行付款义务，已构成严重违约。截至 2020 年 12 月 9 日，被告尚欠付原告超期租赁费 1,472,890.6 元及丢失赔偿费用 242,216.74 元。被告逾期支付租金的行为已构成严重违约，其迟延付款的行为给原告造成了极大的经济损失，应向原告支付截至 2021 年 3 月 25 日的逾期付款损失 156,126.4 元，并以欠付租金款为基数支付自 2021 年 3 月 26 日起至款项全部付清之日止的后续逾期付款损失。另，因被告未按合同履行付款义务，原告为实现债权支出的律师费 20 万元以及因诉讼产生的全部受理费、保全费、担保费应由被告承担。被告阳某为上述合同的担保方，应对上述债务承担连带责任。

（二）Y 公司与阳某的意见

被告 Y 公司、阳某共同答辩提出，请求法院驳回原告的全部诉讼请求。第一，关于原告诉请的超期租金，原告与被告的租赁合同实际已经履行完毕，双方的合同权利义务已经终止，被告不存在拖欠原告租金问题。第二，关于原告诉请的丢失赔偿，被告在与原告结算涉案租赁合同的租金时，也一并将赔偿款支付给原告，不存在还有未支付完的赔偿款问题。第三，关于原告诉请的违约金，基于被告不拖欠原告租金和赔偿款，原告诉请的违约金没有任何依据。第四，关于诉请的律师费、担保费用，合同并未明确约定，也没有相关法律规定该两项费用的承担依据。原告并没有提供实际支付律师费的支付记录，而且所依据的司法部收费办法并不存在，只有被告提交的作为证据的广东省律师收费办法，该收费办法的收费标准与原告在该案的律师费标准相差很大。被告认为原告所主张的 20 万元的律师费没有实际发生，也不符合相关收费办法。

五、裁判结果

驳回原告C公司的全部诉讼请求。

六、裁判理由

（一）关于租赁期

《盘扣支架租赁合同》约定的计费周期为"自乙方架体搭设之日起开始计算架体使用时间，至具备拆除条件后甲方以书面通知乙方拆除之日止停止计算架体使用时间（具备拆除条件为以甲方拆除模架及次梁后，不影响乙方进行拆除架体工作）"。《盘扣支架搭设确认单》显示，架体搭设之日应为2020年4月28日。2020年11月9日，阳某已通过微信向C公司负责人高某发送信息"明天一天所有三层模板全部拆完"，即阳某已通知C公司拆除之日。现C公司在庭审中表示"开始拆除的时间并不确认"，亦未举证证明2020年11月10日不具备拆除条件，应承担举证不能的法律后果。故法院认定涉案《盘扣支架租赁合同》实际的租赁期应为2020年4月28日至2020年11月10日，共计197天。

（二）关于结算

《盘扣支架搭设确认单》约定"本工程按工程进度实际按月收方结算""架体拆除完毕后双方以架体实际搭设体积及实际使用时间做最终结算，办理决算并签署本次决算协议后一个月（最迟不晚于2020年8月31日）内甲方支付乙方剩余结算款项"。Y公司主张双方于2021年1月已经结算并实际履行完毕，C公司负责人高某授权阳某在"结算文件"上代为签字，而C公司认为双方的结算并不是完整的结算，并未将90天外的超期租金纳入。法院认为，首先，2021年1月27日阳某要求C公司负责人高某在"结算文件"上签字，C公司负责人高某陈述"还有就是那个赔偿的钱，是不是我都给你确认完了都""收据、发票我都开给你了""对啊，你就把工人工资、把赔偿款、把我、把大家的尾款付给我，不就两清了嘛"。从这种种陈述来看，C公司负责人高某对Y公司主张的结算金额是确认的，并未曾表示过还有超期租金。其次，《盘扣支架搭设确认单》约定架体拆除完毕后做最终结算，C公司却认为双方的结算并不是完整的结算，并未将90天外的超期租金纳入，而本案中C公司未提交任何证据反映其曾经向Y公司主张过超期租金，与常理不符。再次，2020年12月15日、2021年1月27日，C公司提前向Y公司出具合计金额为777,814元的收款收据，这与"结算文件"上的尾款可以相互印证，也与Y公司2021年1月28日支付租金的金额777,814元相互印证。从C公司提前出具收款收据的行为来看，结算金额并非Y公司单方确定的。最后，C公司起诉时主张丢失赔偿金额为242,216.74元，在收到Y公司提交的证据后，才在庭审时确认已收到赔偿款170,990.1元，并变更丢失赔偿金额为71,226.64元，存在不诚信诉讼的行为，心存侥幸未如实披露合同的履行情况。综上，在办理结算时，Y公司主动发起结算行为，但C公司从未提出有超期租金。从C公司负责人高某"收据、发票我都开给你了""两清"等表述，均可看出其对"结算文件"并无异议，对"结算支付金额（支付总价100%）为1,278,804.10元"无异议，故法院认定Y公司提交的"结算文件"具备最终结算的性质，该"结算文件"是双方自愿协商的结果，体现了双方真实的意思表示，且不违反法律的禁止性规定，应为有效。

现C公司在最终结算后反悔，又提出超期租金、丢失赔偿、违约金、律师费等一系列诉讼请求，有违诚实信用原则，法院对其全部诉讼请求均不予支持。

该案一审判决作出后，C公司提出上诉，二审法院在审理过程中，C公司向法院提交民事撤诉状，表示自愿申请撤回对Y公司、阳某的起诉，并承担相应的法律后果。二审法院最终裁定：（1）撤销广东省广州市南沙区人民法院（2021）粤0115民初6371号民事判决；（2）准许上诉人C公司撤回起诉。

七、案例评析

该案系一起不常见的结算支付完毕后，一方反悔，以设备进场，还是设备进场搭设好作为工程设备租赁起租日的租赁合同计算依据分歧，同时以结算单据上的签名并非工程设备出租人方面签名确认为由，要求重新结算支付超期租金、丢失赔偿、违约金、律师费的典型案例。同时，本案二审还出现了诉讼实务中比较少见的程序处理情况，即上诉人在二审庭审后，申请撤回对一审的起诉，使案件恢复到没有起诉时的状态，对诉讼程序的理解和处理也具有一定的借鉴意义。

一审法院采信 C 公司与 Y 公司已结算完毕证据的关键在于阳某与 C 公司负责人高某关于结算事宜的电话录音，本案的结算文件虽无 C 公司的签字或盖章确认，但法院依据录音中 C 公司负责人高某"收据、发票我都开给你了""两清"等表述，认定 C 公司对结算文件并无异议，从而采纳了 Y 公司已付清结算款项的主张。录音证据在诉讼中的运用和可采纳性问题一直存在较大争议，笔者借助本案对录音证据在诉讼中的运用进行简要的法律分析。

要使录音资料能够作为有效证据出现在法庭审判中，其取得的方式方法必须符合相关的法律规定，录音证据本身需具有完整性且无瑕疵。

首先，录音的取得手段应当合法。录音必须经过合法途径取得，不可在涉及他人隐私的场所进行窃听、偷录，侵犯他人隐私权，由此取得的录音资料会因为手段违法而被排除。那么，"未经他人同意，录音是否可采信"？虽然《最高人民法院关于未经对方当事人同意私自录音取得的资料能否作为证据使用问题的批复》（法复〔1995〕2 号）提出"证据的取得首先要合法，只有经过合法途径取得的证据才能作为定案的根据。未经对方当事人同意私自录制其谈话，系不合法行为，以这种手段取得的录音资料，不能作为证据使用"，但最高人民法院在（2015）民提字第 212 号民事判决书中对该规定内容进行了解释："'未经对方当事人同意私自录制其谈话，系不合法行为'应当理解为系对涉及对方当事人的隐私场所进行的偷录并侵犯对方当事人或其他人合法权益的行为"。结合本案，阳某与 C 公司负责人高某的电话录音为双方正常沟通情况下的对话录音，取证方式并不违反法律的禁止性规定，也并未侵犯高某或者其他第三人的合法权益。

其次，录音内容必须反映对方的真实意思表示。结合本案，阳某始终仅提出要求高某在结算文件上签字确认，并无恶意诱导性话语，而高某自行陈述了赔偿款已确认、收据发票已开等内容，且无证据证明阳某存在欺诈、胁迫高某等情况，高某所述均为高某的真实意思表示，具有可采信性。

最后，录音资料的内容应当具备连贯性，不可进行任意剪辑，需按原始状态呈现，谈话内容需要清晰，且对待证案件事实有准确、完整的描述。结合本案，阳某与C公司负责人高某的录音内容具有完整性，且从内容可以明确看出C公司负责人高某对结算款的确认，以及对阳某代签字的合理解释，在C公司没有提供相反证据进行反驳的情况下，法院采信该录音证据具有正当性和合理性。

总而言之，回归证据效力的认定规则，录音证据的合法性是基础，客观性是前提，关联性是根本。录音证据的"三性"要求缺一不可，在进行录音证据的取证时需要注意录音本身作为证据的"三性"，同时务必保管好录音证据的原始载体及其完整性，以保证录音证据的可采纳性。①

【点评】

《民事诉讼法》第六十六条列举了8种证据类型，即当事人的陈述、书证、物证、视听资料、电子数据、证人证言、鉴定意见、勘验笔录。随着通讯和信息技术的不断发展，各类电子设备和通讯软件被越来越广泛地运用到社会生活的各个领域，人们在日常生活和工作中越来越依赖电子数据。语音通话和电子邮件、网络聊天记录、网页截图、电子签名、网络访问记录等电子数据在反映行为人的意思表示和行为内容方面也发挥着越发重要的作用。相应地，以电子数据形式呈现的证据在民事纠纷案件中也被频繁提及和使用，而与时俱进的电子数据证据规则对查明案件事实、公平高效地解决纠纷具有重要意义。建筑工程由于建设周期长，具备较高的综合性和技术性，相较于其他领域的法律事务纠纷，其涉及的证据类型往往更多、

---

① 广州市南沙区人民法院民事判决书，(2021) 粤0115民初6371号；广州市中级人民法院民事裁定书，(2021) 粤01民终22291号。

更综合。如何善于利用各种类型证据，维护委托人的合法权益，是考验一个建筑工程领域专业律师的基本功。

点评人：广东启源律师事务所律师　张壮飞

情势变更制度在建设工程纠纷中适用的窘境

广东启源律师事务所　陈镇慧　陈育虹

一、当事人的基本情况及案由

上诉人（原审原告、反诉被告）：重庆 A 有限公司

上诉人（原审被告、反诉原告）：广州 B 有限公司

案由：建设工程施工合同纠纷

二、案情介绍

2016 年 9 月 19 日，案涉工程项目开标，广州 B 有限公司被确定为中标人，重庆 A 有限公司随后向广州 B 有限公司发出中标通知书，双方签订《建设工程合同》，工程内容包括小南海项目施工图所包含的土石方、桩基础、主体结构、建筑屋面、建筑装饰、安装、节能等，具体以工程量清单、招标文件及合同约定的内容为准。合同价款为 176,888,866 元，特别约定竣工结算金额以发包方指定造价咨询审计单位审定的金额为准。合同工期 500 日历天。

2016 年 10 月，广州 B 有限公司开始进场施工。2016 年 12 月 20 日，案涉工程取得建筑工程施工许可证。根据广州 B 有限公司提供的材料和陈述，施工过程中因人、材、机市场价格上涨等问题，实际采购价与合同清单价相差巨大，广州 B 有限公司已垫付大量资金，亦产生了多项诉累。期间多次与重庆 A 有限公司协商均没达成补充协议，造成项目资金链断裂，无法将剩余收尾工作完成，遂于 2019 年 1 月底停工，双方没有办理界面移交退场手续。项目停工后，重庆 A 有限公司不顾广州 B 有限公司的异议，立即

介入工程施工部署，单独与广州 B 有限公司的各分包单位沟通后达成协议继续施工至项目竣工验收。2019 年 7 月 31 日项目 1.1 期（4#、5#、8#、9#、13#、14#楼）通过竣工验收，2019 年 12 月 10 日项目 1.2 期（1 - 3#、6 - 7#、10 - 12#、1 - 2#商业、幼儿园、地下车库）通过竣工验收。

在施工期间，重庆 A 有限公司与广州 B 有限公司有多次函件往来。其中，2019 年 3 月 18 日，广州 B 有限公司向重庆 A 有限公司发出《关于支付工程进度款的函》，载明：进场施工时全国范围内开始道路限载及政府不断出台的各种环保政策，使得运输费、人工费及材料费不断出现大幅上涨的情况，所以项目部在施工过程中的实际市场采购价格远高于招标时的清单价，导致整个项目的实际施工成本远远高于合同金额，项目出现了严重亏损。特申请继续进行工程款支付，并表示知晓并确认重庆 A 有限公司后续向广州 B 有限公司支付的所有款项系为确保项目加快施工进度、尽快交房而支付。在工程竣工验收后，双方将根据《建设工程合同》及变更进行结算，超过结算金额的部分由广州 B 有限公司进行退还等。

2021 年 6 月，中国建设银行股份有限公司重庆市分行接受重庆 A 有限公司的委托，出具了建渝咨（2021）第 135 号的《清能小南海花园一期总承包工程竣工结算审核报告》，载明：原合同价为 161,888,866.88 元，送审金额为 243,692,770.44 元，审核金额为 181,768,452.11 元，审减金额为 61,924,318.33 元，审减率为 25.41%。

2019 年 7 月 10 日，广州 B 有限公司向重庆 A 有限公司发出《申请函》，载明："因工程款项尚未到位，目前验收在即，为了保证各项验收的顺利进行和验收节点资料的完善和进度，我司资金紧张，特向广州 B 有限公司申请资金 200,000 元人民币，存入荆广晟公司，用于发放资料员工资，此款项在工程款到账后由荆广晟公司退回至广州 B 有限公司账户中。"

法院审理查明，截至重庆 A 有限公司起诉之日止，广州 B 有限公司已收的工程进度款为 204,706,571.06 元。

1. 重庆 A 有限公司在该案提出的诉讼请求

（1）广州 B 有限公司立即返还原告超额支付的工程款暂计 28,738,118.95 元，并支付资金占用损失（从 2019 年 12 月 6 日起至付清之日止，以 28,738,118.95 元为基数，按全国银行间同业拆借中心公布的贷款市场报价利率 4 倍计收）；（2）广州 B 有限公司立即偿还原告代为履行合同义务垫付的款项共计 9,865,801.8 元，并支付资金占用损失（从起诉之日起至付清之日止，以 9,865,801.8 元为基数，按全国银行间同业拆借中心公布的贷款市场报价利率 4 倍计收）；（3）广州 B 有限公司立即赔偿损失共计 3,503,162.33 元，并支付资金占用损失（从起诉之日起至付清之日止，以 3,503,162.33 元为基数，按全国银行间同业拆借中心公布的贷款市场报价利率 4 倍计收）；（4）广州 B 有限公司立即偿还原告垫付的施工用水电费 1,304,990.2 元，并支付资金占用损失（从起诉之日起至付清之日止，以 1,304,990.2 元为基数，按全国银行间同业拆借中心公布的贷款市场报价利率 4 倍计收）；（5）广州 B 有限公司立即支付审减违约金 623,340.11 元；（6）广州 B 有限公司立即支付原告管理费 931,775.27 元；（7）广州 B 有限公司立即支付罚款 162,500 元；（8）本案的案件受理费、公告费、鉴定费等由广州 B 有限公司承担。

2. 广州 B 有限公司提出的反诉请求

（1）判决确认广州 B 有限公司和重庆 A 有限公司签订的《重庆 A 有限公司小南海花园项目（一期）主体建设工程合同》已于 2019 年 2 月 19 日解除；（2）判决重庆 A 有限公司应当按照广州 B 有限公司在重庆 A 有限公司小南海花园项目（一期）主体建设工程项目中的实际施工成本据实进行结算；（3）判决重庆 A 有限公司立即向广州 B 有限公司支付工程款人民币 38,986,199.38 元及利息（工程款金额最终以法院委托的造价鉴定机构作出的鉴定金额减去已收款的金额为准；利息自 2019 年 2 月 20 日起至 2019 年 8 月 19 日按中国人民银行同期同类贷款利率标准 4 倍计算，自 2019 年 8 月 20 日起按全国银行间同业拆借中心公布的贷款市场报价利率 4 倍计算至实际付清之日止）；（4）判决重庆 A 有限公司立即向广州 B 有限公司支付总包配合费暂定人民币 100 万元及利息（总包配合费最终以重庆 A 有限公司与第三方实际结算金额的 1.5% 标准计算；利息自 2019 年 12 月 11 日起按全国银行间同业拆借中心公布的贷款市场报价利率 4 倍计算至实际付清之日止）；（5）判决广州 B 有限公司的工程价款就涉案工程折价或拍卖的价款优先受偿；（6）判决重庆 A 有限公司承担该案诉讼费用。

三、争议焦点

（1）广州 B 有限公司施工完成的工程造价如何认定；（2）重庆 A 有限公司已付款金额如何认定；（3）广州 B 有限公司应否偿还重庆 A 有限公司代履行合同义务所垫付的款项及支付管理费；（4）广州 B 有限公司应否赔偿重庆 A 有限公司损失；（5）广州 B 有限公司应否偿还重庆 A 有限公司垫付的水电费；（6）广州 B 有限公司应否支付审减违约金；（7）广州 B 有限公司应否支付罚款。

四、各方的意见

（一）重庆 A 有限公司主张的事实与理由

2016 年，重庆 A 有限公司作为发包人与广州 B 有限公司签订了《重庆 A 有限公司小南海花园项目（一期）主体建设工程合同》，广州 B 有限公司作为重庆 A 有限公司位于重庆市巴南区巴滨路 69 号重庆 A 有限公司小南海花园项目（一期）主体建设工程的承包方，工程内容为：小南海项目的土石方、桩基础、主体结构、建筑屋面、建筑装饰安装、节能等，合同金额为 176,888,866 元。合同约定工期为 500 天。截至起诉之日，重庆 A 有限公司共计直接向广州 B 有限公司付款 204,706,571.06 元；因广州 B 有限公司的账户被冻结，广州 B 有限公司要求重庆 A 有限公司向其主要分包方荆广昇公司支付款项 580 万元。重庆 A 有限公司共计向广州 B 有限公司已支付款项为 210,506,571.06 元，因广州 B 有限公司的账户被冻结，广州 B 有限公司要求重庆 A 有限公司向其主要分包方荆广晟公司支付款项 580 万元，重庆 A 有限公司共计向广州 B 有限公司支付款项为 210,506,571.06 元。

由于广州 B 有限公司挪用工程款项，未能向下游分包各单位及时付款，导致工期延误，重庆 A 有限公司迫于无奈，为维护社会稳定及购房者权利，向分包各单位直接予以付款，承担了本应由广州 B 有限公司承担的维修费用及其他费用，同时向购房者支付了逾期交房违约金。

另外，经重庆 A 有限公司核算，案涉工程价款为 181,768,452.11 元，重庆 A 有限公司已超出合同金额及审定金额向广州 B 有限公司进行了付款，根据《建设工程合同》的约定以及广州 B 有限公司关于"超过结算金额的部分，由广州 B 有限公司向重庆 A 有限公司进行退还"的承诺，重庆 A 有限公司超额支付的工程款广州 B 有限公司应予及时返还。因广州 B 有限公司未履行合同义务产生的费用及违约责任也应由广州 B 有限公司承担。为了维护自身的合法权益，依法起诉至法院，望判如所请。

在答辩期限内，广州 B 有限公司提出反诉请求如下：（1）判决确认广州 B 有限公司和重庆 A 有限公司签订的《重庆 A 有限公司小南海花园项目（一期）主体建设工程合同》已于 2019 年 2 月 19 日解除；（2）判决重庆 A 有限公司按照广州 B 有限公司在重庆 A 有限公司小南海花园项目（一期）主体建设工程项目中的实际施工成本据实进行结算；（3）判决重庆 A 有限公司立即向广州 B 有限公司支付工程款人民币 38,986,199.38 元及利息（工程款金额最终以法院委托的造价鉴定机构作出的鉴定金额减去已收款的金额为准；利息自 2019 年 2 月 20 日起至 2019 年 8 月 19 日按中国人民银行同期同类贷款利率标准 4 倍计算，自 2019 年 8 月 20 日起按全国银行间同业拆借中心公布的贷款市场报价利率 4 倍计算至实际付清之日止）；（4）判决重庆 A 有限公司立即向广州 B 有限公司支付总包配合费暂定人民币 100 万元及利息（总包配合费最终以重庆 A 有限公司与第三方实际结算金额的 1.5% 标准计算；利息自 2019 年 12 月 11 日起按全国银行间同业拆借中心公布的贷款市场报价利率 4 倍计算至实际付清之日止）；（5）判决广州 B 有限公司的工程价款就涉案工程折价或拍卖的价款优先受偿；（6）判决重庆 A 有限公司承担本案的诉讼费用。

（二）广州 B 有限公司的抗辩观点

1. 广州 B 有限公司不存在超额收取重庆 A 有限公司工程款 28,738,118.95 元的情形，重庆 A 有限公司以建行重庆分行出具的无效的结算审核报告为由要求广州 B 有限公司返还工程款 28,738,118.95 元没有事实和法律依据，是不成立的。

（1）因案涉工程施工过程中出现了双方当事人在案涉施工合同签订时

无法预见的建筑材料价格、人工劳务费用等异常飙升的情况，完全打乱了广州 B 有限公司的资金投入计划，重庆 A 有限公司向广州 B 有限公司支付的工程进度款根本无法满足施工所需，最终导致广州 B 有限公司被迫停工待款。

案涉合同签订后，适逢国家新修正的《水污染防治法》及《大气污染防治法》等"史上最严"环保法规陆续颁布施行，重庆市当地政府主管部门随后陆续出台相关环保政策，要求污染严重的钢材厂、水泥厂和矿石开采场等企业进行整改，使得建筑材料货源短缺、供不应求、价格不断飙升，直接导致广州 B 有限公司在施工期间的建筑安装材料和人工劳务费等成本成倍增加。由于重庆市当地的材料信息价严重滞后于市场价，广州 B 有限公司在案涉工程投标时的材料投标价就已经低于市场价，案涉合同签订后，建筑材料的市场价格又发生了翻天覆地的变化，完全超出双方当事人在合同签订时所能预见的价格上涨的速度，导致案涉项目的施工成本远高于案涉合同的中标金额，给广州 B 有限公司造成了极大的资金压力。例如，钢材的合同投标单价 2116.4 元/吨，当期信息价 2480 元/吨（2016 年第 6 期信息价），但广州 B 有限公司实际采购平均单价为 4314.46 元；砼的合同投标单价 260 元/立方米，当期信息价 305 元/立方米（2016 年第 6 期信息价），但广州 B 有限公司实际采购平均单价为 380 元/立方米；水泥的合同投标单价 240 元/吨，当期信息价 290 元/吨（2016 年第 6 期信息价），但广州 B 有限公司实际采购平均单价为 460 元/吨；特细砂的合同投标单价 55.8 元/吨，当期信息价 60 元/吨（2016 年第 6 期信息价），但广州 B 有限公司实际采购平均单价为 110.62 元/吨等。广州 B 有限公司认为，合同的基础条件已经发生双方在订立合同时无法预见、不属于商业风险的重大变化，属于我国法律规定的情势变更情形，如继续按原合同约定履行对广州 B 有限公司一方明显不公平，广州 B 有限公司依法请求涉案工程依法应据实调整价差。

重庆 A 有限公司委托瑞华会计师事务所（特殊普通合伙）湖北分所（以下简称瑞华会计所）先后出具的两份《关于清能·小南海花园项目一期施工成本的尽职调查报告》显示，案涉项目中标产值为 14,220 万元，截至

2019年2月28日，广州B有限公司的实际成本为21,659万元，实际成本超出中标产值7440万元；而截至2019年10月31日，广州B有限公司的实际成本为23,828万元，实际成本超出中标产值9609万元。瑞华会计所经过调查、统计和分析出具的该两份施工成本调查报告客观反映了广州B有限公司在案涉项目中投入的资金成本。施工过程中重庆A有限公司仅向广州B有限公司支付了工程进度款204,706,571.06元，从上述瑞华会计所出具的第一份施工成本调查报告可知，截至2019年2月28日，广州B有限公司的施工成本就已经高达21,659万元，重庆A有限公司支付的工程进度款已经无法满足施工进度所需。广州B有限公司在施工过程中多次请求重庆A有限公司就建筑材料价格、人工劳务费用等问题协商签订补充协议，但重庆A有限公司置之不理，也没有及时继续向广州B有限公司支付工程进度款，最终导致广州B有限公司被迫停工待款。广州B有限公司因案涉项目的施工已经超额投入了资金，现重庆A有限公司要求广州B有限公司返还多收取的工程款没有任何事实和法律依据。

（2）重庆A有限公司单方委托建行重庆分行出具的结算审核报告缺乏客观性和公正性，该结算报告依法对广州B有限公司不具有法律效力，其不能作为案涉项目的结算依据。广州B有限公司依法已向贵院申请司法造价鉴定以厘定案涉工程项目的结算金额。

首先，案涉项目并非政府投资项目，案涉施工合同第五条"合同价款"中约定"竣工结算金额以发包方指定造价咨询审计单位审定的金额为准"的条款，明显是重庆A有限公司作为发包方在招投标时利用其强势地位强加给广州B有限公司的霸王条款，该条款违反了公平和诚实信用原则，也与建设工程的计算规范和程序不符，依法应属无效条款，对广州B有限公司不具有法律约束力。

其次，重庆A有限公司单方委托建行重庆分行出具的结算审核报告完全是依赖重庆A有限公司单方的意志出具的，其必然会导致审核结果不具有客观性和公正性，故该份审核报告依法对广州B有限公司不具有法律效力。同时，根据前述瑞华会计所出具的第二份施工成本报告，截至2019年10月31日，广州B有限公司的施工成本为23,828万元，该审计结果与建行重庆分行的结算审核结果相差了将近6000万元，充分说明建行重庆分行出具的审核报告远低于广州B有限公司的施工成本价，该份不尊重客观事实、违反情势变更原则的结算审核报告严重损害了广州B有限公司的合法权益，故其依法不应当作为案涉项目的结算依据，重庆A有限公司无权依据该结算报告要求广州B有限公司返还相应的工程款。

最后，广州B有限公司向重庆A有限公司报送的《工程结算书》中的结算金额为243,692,770.44元，与建行重庆分行出具的结算审核金额也相去甚远，因建行重庆分行出具的结算审核报告依法对广州B有限公司无效，如重庆A有限公司不认可广州B有限公司报送的结算金额，应当由双方共同协商确定第三方中介机构对案涉项目进行造价鉴定，或由法院摇珠选定司法鉴定机构进行造价鉴定，以鉴定的结果作为案涉项目的结算依据。

（3）涉案合同履行过程中，广州B有限公司先后多次发函要求重庆A有限公司据实调整材料、人工价差等，虽然双方尚未对此达成书面的补充协议，但是事实上重庆A有限公司在广州B有限公司被迫停工后（2019年2月）持续向广州B有限公司支付工程进度款204,706,571.06元，充分表明双方通过事实行为变更了合同约定的计价方式等内容。

综上，因建行重庆分行出具的结算审核报告依法不具有法律效力，重庆A有限公司据此要求广州B有限公司返还差额部分的工程款28,738,118.95元没有事实和法律依据。

2. 重庆A有限公司要求广州B有限公司偿还垫付的款项9,865,801.8元没有事实和法律依据，是不成立的。该案中广州B有限公司无法继续完成剩余工程施工的根本原因在于重庆A有限公司没有依约继续向广州B有限公司支付工程进度款。重庆A有限公司勒令广州B有限公司无条件退还场地后，擅自与第三方分包单位就剩余工程签订施工合同，根据合同相对性原则，重庆A有限公司应当依约向分包单位支付工程款，广州B有限公司并未收取重庆A有限公司该部分工程的工程款，更不存在重庆A有限公司代广州B有限公司履行合同义务垫付工程款项之说，故重庆A有限公司无权要求非合同方的广州B有限公司承担支付工程款的合同义务。

（1）案涉合同在履行过程中，因建筑材料、人工劳务等价格的异常上涨，重庆 A 有限公司支付的工程进度款已无法满足该等费用的投入，广州 B 有限公司多次致函重庆 A 有限公司请求协商签订补充协议，但重庆 A 有限公司以没有就此情况与承包人签订补充协议的先例为由，迟迟不与广州 B 有限公司协商签署补充协议。重庆 A 有限公司没有继续及时向广州 B 有限公司支付足额的工程进度款，导致广州 B 有限公司最终因案涉工程资金链断裂而无法继续完成收尾工程。

广州 B 有限公司被迫停工待款后，重庆 A 有限公司没有与广州 B 有限公司协商继续履行合同事宜，反而要求广州 B 有限公司无条件退还施工场地，还擅自与第三方分包单位签订施工合同，由第三方分包单位对剩余收尾工程进行施工，重庆 A 有限公司的上述行为已经导致案涉施工合同被终止。广州 B 有限公司从未拒绝履行合同义务，导致广州 B 有限公司无法继续施工的原因在于重庆 A 有限公司没有及时支付工程进度款，故重庆 A 有限公司擅自将剩余工程发包给第三方分包单位所产生的费用应当由重庆 A 有限公司自行承担。

同时，从重庆 A 有限公司与第三方分包单位签订的系列分包合同可知，重庆 A 有限公司是按照市场价格与分包单位结算工程款的，工程款结算标准明显高于案涉施工合同约定的按照清单价格和市场信息价进行结算，这充分说明重庆 A 有限公司早已知悉其根本不可能再以案涉合同约定的清单价格和市场信息价找到合适的施工单位。在建材市场、人工等市场价已经发生翻天覆地变化的情况下，重庆 A 有限公司不据实与广州 B 有限公司协商签订补充协议，却按照市场价与第三方签订分包合同，重庆 A 有限公司的行为有违诚实信用原则，也明显对广州 B 有限公司不公平。

（2）广州 B 有限公司向重庆 A 有限公司报送的结算金额 243,692,770.44 元中并没有包括重庆 A 有限公司擅自分包给第三方分包单位所产生的工程款，因此完全不存在广州 B 有限公司需要返还该部分费用给重庆 A 有限公司一说。重庆 A 有限公司在强行清退广州 B 有限公司后，擅自对外分包的工程所产生的费用应当由重庆 A 有限公司与相应的分包单位自行结算支付，与广州 B 有限公司没有任何关系。重庆 A 有限公司无权在广州 B 有限公司没有收取该部分工程款的情况下，平白无故要广州 B 有限公司自掏腰包承担该工程款。

（3）重庆 A 有限公司与第三方分包单位签订的分包合同，合同相对方是重庆 A 有限公司和该分包单位，广州 B 有限公司并非相应合同的相对方，根据合同相对性原则，支付相应工程款的合同义务应由重庆 A 有限公司承担。重庆 A 有限公司在没有提前通知也没有经过广州 B 有限公司同意的情况下与第三方签订的合同，事后也没有得到广州 B 有限公司的追认，故重庆 A 有限公司无权要求非合同相对方的广州 B 有限公司承担支付工程款的义务。

综上，重庆 A 有限公司不依约向广州 B 有限公司支付工程进度款，导致广州 B 有限公司因案涉项目资金链断裂而被迫停工，重庆 A 有限公司在广州 B 有限公司停工后又擅自与第三方分包单位签订合同对剩余收尾工程进行施工，即案涉施工合同已被重庆 A 有限公司强行终止，而非重庆 A 有限公司不履行合同义务。因此，本案不存在重庆 A 有限公司代广州 B 有限公司履行合同义务的事实，重庆 A 有限公司因擅自分包而产生的工程款应当由重庆 A 有限公司自行承担。

3. 重庆 A 有限公司要求广州 B 有限公司赔偿其所谓的损失 3,475,750.33 元（因材料调差产生的费用）没有任何事实和法律依据，是不成立的。

（1）重庆 A 有限公司在起诉状中称："由于重庆 A 有限公司挪用工程款项，未能向下游分包各单位及时付款，导致工期延误。"这一说法完全是无中生有。广州 B 有限公司在进场施工时，由于重庆 A 有限公司另行发包给其他单位的桩基础工程正在施工，导致施工现场地面高低不平、泥泞不堪。施工现场没有专门供广州 B 有限公司施工的道路，现场也没有临时设施和临水临电，完全不具备开工条件。广州 B 有限公司考虑到案涉项目的工期较短，为了能顺利按时完成施工，广州 B 有限公司强烈要求重庆 A 有限公司打开消防通道大门和生活区的大门，便于现场形成循环道路供广州 B 有限公司多方位同时施工，重庆 A 有限公司却不予采纳广州 B 有限公司的建议。由于施工现场无法形成环形施工道路，仅有一条单向通道，严重影响了广州 B 有限公司的施工部署及场区内的施工布置。

（2）项目地下室开始施工之后，受到施工道路的限制，导致所有楼栋主体全部停工达 4 个月之久；因施工合同没有明确约定 4#、5#、8#、9#楼展示区的施工期限，重庆 A 有限公司在开工前也没有明确强调，待广州 B 有限公司开始施工后，重庆 A 有限公司为了优先满足展示区进度的要求，临时下达强制指令，要求广州 B 有限公司拆除已搭设和部署好的作业区及施工道路，优先完成展示区的施工，造成临时设施场地、材料堆场、临时加工区场地严重不足，打乱了广州 B 有限公司的施工部署；由于受到洋房结构的特殊性影响，无法安装垂直运输机械，而重庆 A 有限公司分包的电梯安装单位直至 2019 年 10 月才完成全部电梯的调试，导致大部分需要采用电梯配合作业的分项分部工程只能采用人工搬运的形式完成。

（3）重庆 A 有限公司没有提供适宜的施工环境和不按合同约定下达指令等情况，不仅极大地降低了广州 B 有限公司的施工效率，也大大增加了广州 B 有限公司的二次转运费、机械租赁费、人工劳务费等费用，造成了工期的延误。另外，施工过程中，由于受雨水天气的影响，雨水天气占据了过半的合同工期，这也严重影响了施工进度，造成工人窝工、机械降效，额外增加了广州 B 有限公司的施工成本。因此，造成案涉项目工期延误的责任并不在于广州 B 有限公司，重庆 A 有限公司无权要求广州 B 有限公司赔偿其与第三方单位调差产生的费用、监理延期费用、延期交房赔付等费用。

（4）同时，根据重庆 A 有限公司与第三方单位进行价格调差可知，重庆 A 有限公司清楚地知悉建筑材料价格已经发生翻天覆地的变化，其根本不可能按照案涉合同签订时的价格找到新的施工单位。重庆 A 有限公司在明知材料市场价格已经今非昔比的情况下，仍不肯按照公平合理原则与广州 B 有限公司协商签订补充协议，却还要求广州 B 有限公司承担该部分调差费用，重庆 A 有限公司此举有违公平合理、诚实信用原则。

4. 经重庆 A 有限公司核查，确认尚未结清的水电费金额为 961,519.15 元，重庆 A 有限公司超额主张的部分水电费与广州 B 有限公司无关，重庆 A 有限公司要求广州 B 有限公司偿还垫付的水电费 1,304,990.2 元是不成立的。

5. 重庆 A 有限公司单方委托建行重庆分行出具的结算审核报告对广州

B 有限公司没有法律效力，其不应作为案涉项目的结算依据，故重庆 A 有限公司也无权据此要求广州 B 有限公司支付审减违约金 623,340.11 元。

如前所述，重庆 A 有限公司单方委托建行重庆分行出具结算审核报告时，并没有通知广州 B 有限公司派员共同对数确认，且建行重庆分行也没有按照客观情况据实对材料、人工等价差进行调整，导致其出具的结算报告缺乏客观性和公正性，故该结算报告对广州 B 有限公司不发生法律效力，其不能作为案涉项目的结算依据。

同时，在工程结算中结算金额应由双方根据合同的约定和工程结算规范进行协商对数确认，双方对结算价款有不一致的意见，也属于正常现象，在没有对重庆 A 有限公司造成实际损失的情况下，重庆 A 有限公司无权因广州 B 有限公司报送的结算金额与其单方委托第三方出具的结算金额有差距的情况下，要求广州 B 有限公司支付巨额违约金。故案涉施工合同专用条款第 16.5.9 条是重庆 A 有限公司作为强势发包方强加给广州 B 有限公司的霸王条款，对广州 B 有限公司显失公平，其依法属于无效条款，对广州 B 有限公司不具有法律效力，重庆 A 有限公司无权据此要求广州 B 有限公司支付审减违约金。

6. 重庆 A 有限公司主张广州 B 有限公司支付甩项管理费 931,775.27 元没有事实和法律依据，是不成立的。

如前所述，因案涉工程施工过程中出现了双方当事人在案涉施工合同签订时无法预见的建筑材料价格、人工劳务费用等异常飙升的情况，重庆 A 有限公司向广州 B 有限公司支付的工程进度款根本无法满足施工所需，最终导致广州 B 有限公司被迫停工待款，重庆 A 有限公司勒令广州 B 有限公司无条件退还场地后，其擅自与第三方分包单位就剩余工程签订了多份施工合同。由此可见，导致广州 B 有限公司无法继续完成剩余工程施工的根本原因在重庆 A 有限公司一方。故广州 B 有限公司不存在甩项的情形，依法无须向重庆 A 有限公司支付相应的甩项管理费。

7. 监理公司不是法定的享有作出罚款决定的主体，其无权对广州 B 有限公司作出罚款的决定，且重庆 A 有限公司已从应付广州 B 有限公司的工程款中扣减了 7 万元，故重庆 A 有限公司无权再要求广州 B 有限公司支付罚款 162,500 元。

最后，针对重庆 A 有限公司第 1、2、3 和 4 项诉讼请求中主张广州 B 有限公司按照全国银行间同业拆借中心公布的贷款市场报价利率 4 倍支付资金占用损失不但没有任何合同依据，而且没有事实和法律依据，依法应予以驳回。

综上，重庆 A 有限公司单方委托建行重庆分行出具的结算报告不能作为案涉项目的结算依据，重庆 A 有限公司无权据此要求广州 B 有限公司返还工程款及重庆 A 有限公司与其他第三方单位产生的工程款费用等，恳请贵院查明事实，依法驳回重庆 A 有限公司对广州 B 有限公司的全部诉讼请求。

在一审法院庭审过程中，广州 B 有限公司提出工程造价鉴定申请书，一审法院经过合意后同意广州 B 有限公司的申请，委托重庆金源工程咨询有限公司对广州 B 有限公司施工完成的工程范围和内容及总包配合费进行造价鉴定。2022 年 5 月 16 日，咨询公司出具《工程造价鉴定意见书》，载明：（1）可确定的造价结算金额为 168,978,253.77 元；（2）由法院裁决部分的结算金额共 6 个项目，分别对应广州 B 有限公司的意见和重庆 A 有限公司的意见：1-9#楼筒瓦屋面，662,493.49 元、0 元；原清单部分商业楼干挂石材，1,689,223.37 元、1,019,489.30 元；总包配合费 684,497.59 元、0 元；人工、材料价差调整，49,537,902.68 元、25,841,667.27 元；增值税调整，-1,194,034.39 元、-916,218.46 元；钢筋、商品砼调差时间延后 6 个月而增加的金额 2,675,263.31 元、0 元。

五、裁判结果

经审理，一审法院的判决如下：

1. 广州 B 有限公司在本判决生效之日起返还重庆 A 有限公司工程款 10,240,263.63 元及资金占用损失（自 2022 年 5 月 16 日起至付清之日止，按全国银行间同业拆借中心公布的贷款市场报价利率计付）；

2. 广州 B 有限公司在本判决生效之日起 10 日内支付重庆 A 有限公司代垫的水电费 1,197,781.15 元及资金占用损失（自 2021 年 6 月 21 日起至付清之日止，按全国银行间同业拆借中心公布的贷款市场报价利率计付）；

3. 广州 B 有限公司在本判决生效之日起 10 日内支付重庆 A 有限公司审减违约金 623,340.11 元；

4. 广州 B 有限公司在本判决生效之日起 10 日内支付重庆 A 有限公司罚款 70,000 元；

5. 驳回重庆 A 有限公司的其他诉讼请求；

6. 驳回广州 B 有限公司的全部反诉请求。

重庆 A 有限公司与广州 B 有限公司均不服一审法院的判决结果向上级法院提出上诉，二审法院经过审理后，驳回双方的上诉，维持原判。

六、裁判理由

一审法院的裁决理由如下。

1. 虽然双方在《建设工程合同》中约定，工程最终结算审核流程为经发包人初步审核——发包人委托的专业造价事务所审核——发包人复核，但重庆 A 有限公司单方委托中国建设银行股份有限公司重庆市分行出具的结算审核报告未能形成建设方、施工方及审核方共同确认的定案表或确认意见，不能作为双方结算的依据。

根据咨询公司出具的鉴定意见书，双方当事人对可确定的造价结算金额为 168,978,253.77 元均无异议，该部分金额系按"施工图纸（实施版）+ 图纸会审纪要 + 设计变更单 + 工程签证单"计算的实际完成工程量，综合单价及各种费率按中标的综合单价及费率计算，且已扣除了广州 B 有限公司甩项未施工的部分，法院予以确认。对双方有争议的部分，法院认定如下：（1）中标清单中的项目特征明确有"筒瓦"，故广州 B 有限公司辩称系受重庆 A 有限公司误导、从而导致该部分综合单价 39.56 元/平方米未包括筒瓦的理由不能成立，所以 1-9#楼筒瓦屋面的结算金额按 0 元予以认定。（2）广州 B 有限公司主张商业楼干挂石材应按二次深化设计图重新组价计算、不再区分招标时的工程量和深化设计后的工程量更符合双方的约定，法院予以支持，所以原清单部分商业楼干挂石材按 1,689,223.37 元予以认定。(3) 双方在《建设工程合同》中就总包配合费如何收取的约定清楚明确，广州 B 有限公司应当自行向各分包单位收取，所以总包配合费按 0 元予以认定。(4) 法院认为，本案中，虽然钢筋、商品砼等价格确实在合同履行过程中出现了较大幅度的上涨，但在双方签订合同时已预见到材料价格可能出现涨跌的商业风险，因此才对出现价格波动时应如何调整材料价格进行了明确具体的约定，包括价差对比的基数、需调整的涨跌幅度、计算方法等。双方的争议实质并非材料价格是否调整，而是材料价格如何调整。按照重庆 A 有限公司的主张即合同约定的方式进行材料调差，已能在一定程度上分担市场价格上涨给施工单位带来的商业风险，并未造成双方利益的明显失衡，更未导致合同目的不能实现。广州 B 有限公司关于在该案中适用情势变更制度的理由不能成立。重庆 A 有限公司委托的会计师事务所出具的尽职调查报告虽然能在一定程度上反映施工单位的工程成本，但其依据的是施工单位单方提供的资料，未得到重庆 A 有限公司的认可，也并非双方的结算资料，故广州 B 有限公司主张双方通过事实行为变更了合同约定的计价方式的理由亦不能成立，法院不予支持。所以，人工、材料价差调整按 25,841,667.27 元予以认定。(5) 根据双方确认的调整时间段、付款凭证号时间及发票金额，增值税应相应调减 922,772.68 元。综上，重庆 A 有限公司的应付工程款总额为 195,586,371.73 元 (168,978,253.77 元 + 1,689,223.37 元 + 25,841,667.27 元 - 922,772.68 元)。此外，截至本案审理时竣工验收合格已逾 2 年、未满 5 年，重庆 A 有限公司未能举示充分证据证实有相应的应当扣除的款项，故就质保金重庆 A 有限公司应返还 80%，剩余 20% 待竣工验收合格 5 年后按合同约定返还。综上，重庆 A 有限公司在该案中应付工程款应认定为 193,630,508.01 元 (195,586,371.73 元 - 1,955,863.72 元)。

2. 重庆 A 有限公司主张代垫水电费共计 1,541,252.20 元，其中有 1,197,781.15 元得到广州 B 有限公司的认可，法院予以确认。另有 343,471.05 元未得到广州 B 有限公司的认可，且实际发生于广州 B 有限公司退场后，故不应由广州 B 有限公司承担支付责任。故广州 B 有限公司应偿还重庆 A 有限公司代为支付的水电费 1,197,781.15 元。

3.《建设工程合同》专用条款第十六条约定，如工程竣工结算造价的审减额超过审计审定的结算造价5%，发包人按照以下方式收取违约金，即审减率>5%，违约金=（承包人向发包人报审结算价款－最终审定结算价款）×5%（以审减额为计费基础）违约金在竣工结算价款中扣除。现法院认定案涉工程造价为195,586,371.73元，如按广州B有限公司报送的结算价款计算审减违约金，金额较高；重庆A有限公司自愿适用较低的标准，以额外咨询审计费623,340.11元计算审减违约金系对自己权利的放弃，法院予以尊重。故对重庆A有限公司要求广州B有限公司支付审减违约金623,340.11元的请求，法院予以支持。

4.《建设工程合同》专用条款第21.1条约定，出现约定情形时，发包人有权对承包人进行罚款。重庆A有限公司诉请的罚款金额共计165,000元，均无广州B有限公司的签字确认。但广州B有限公司认可其中70,000元的罚款处罚，法院予以认可。

二审法院审理查明后认为一审法院的查明和认定没有不当，予以维持。

七、案例评析

本案中，关键的争议焦点是如何启动工程造价鉴定程序以及在造价程序中人工、材料价差调整结算的问题。法院认为，重庆A有限公司单方委托第三方机构出具的工程结算报告不能作为结算依据，从而采纳广州B有限公司的申请启动造价鉴定程序。但是，根据《最高人民法院关于审理建设工程施工合同纠纷案件适用法律问题的解释》第十六条第一款的规定，当事人对建设工程的计价标准或者计价方式有约定的，按照约定结算工程价款。《最高人民法院关于适用〈中华人民共和国合同法〉若干问题的解释（二）》第二十六条规定，合同成立以后客观情况发生了当事人在订立合同时无法预见的、非不可抗力造成的不属于商业风险的重大变化，继续履行合同对于一方当事人明显不公平或者不能实现合同目的，当事人请求人民法院变更或者解除合同的，人民法院应当根据公平原则，并结合案件的实际情况确定是否变更或者解除。法院审理后认为，本案中不存在情势变更致使合同的基础动摇或者丧失，导致合同当事人预期的权利义务严重不对等，继续履行合同会显失公平的情形，从而没有按照施工单位提出的调差方式认定工程结算造价金额。①

【点评】

对于施工单位而言最大的不利因素便是施工过程中遇到人、材、机成本暴涨而业主方不同意签订补充协议调价，反而要求施工单位返还超额支付的工程款问题。该类案例给施工单位敲响了警钟，如遇人、材、机成本飙升，应伺机通过监理会议纪要、工程联系单、往来函件等文件先行固定施工单位多次要求业主方据实调价的证据，并通过约谈记录或者监理例会纪要等方式调整变更主合同约定的结算和调价条款，争取在工程竣工结算时人、材、机可以据实调差；同时，也可废除建设工程施工合同中约定的以业主方指定的第三方机构出具的结算审核报告为结算依据的霸王条款，从而化被动为主动，避免在发生争议时处于不利地位。

点评人：广东胜伦事务所律师　肖挺俊

---

① 重庆市第五中级人民法院民事判决书，(2021) 渝05民初4095号；重庆市高级人民法院民事判决书，(2022) 渝民终860号。

竣工逾 6 个月尚未结算，
能否适用建设工程价款优先受偿权

广东环球经纬律师事务所　左韵琦　陈启环

一、当事人的基本情况及案由

原告（债权人）：Z 公司

被告（债务人）：H 公司

案由：码头建造合同纠纷、破产重整

二、案情介绍

承包人 Z 公司于 2012 年与发包人 H 公司订立了码头工程施工合同。Z 公司依约履行了合同义务，因 H 公司拒绝配合结算，导致无法确认剩余工程款数额，Z 公司因此于 2017 年向北海海事法院提起诉讼，该案于 2017 年 9 月调解结案，民事调解书载明 H 公司应于 2017 年 10 月之前完成结算价款的审核，后 H 公司未按照规定时间完成结算审核，未支付价款。2017 年 11 月，Z 公司获悉，H 公司因资不抵债，法院于 10 月受理 H 公司的重整申请，并指定广西创和律师事务所担任 H 公司管理人。

律师在此情况下接受委托，代理 Z 公司参与破产重整案件，向管理人申报债权，递交债权申报材料。

1. 2018 年 3 月 23 日召开第一次债权人会议，会议按照代理人申报的金额确认了债权金额，但《H 公司债权表》仅认定 Z 公司的债权金额 2900 余万元，而否定按工程价款优先受偿。管理人认为，《最高人民法院关于建设工程价款优先受偿权问题的批复》第四条规定："建设工程承包人行使优先权的期限为六个月，自建设工程竣工之日或者建设工程合同约定的竣工之日起计算。"Z 公司未在竣工之日 6 个月内主张优先权，因此只能认定为普通债权。H 公司最主要的资产为码头及海域使用权，这些重要资产均设定了抵押，而管理人第一次认定的优先类债权金额几亿元，远高于 H 公司的资产价值。

清偿顺序先于建设工程价款优先受偿权的债权金额与建设工程价款优先受偿权的债权金额之和小于 H 公司的资产价值，因此倘若认定了优先权，则债权全部能够得到实现，否则，在破产财产尚不足以清偿优先债权的情况下，Z 公司将以极低的比例按照普通债权比例受偿。

2. 律师收到债权表后立即组织材料，检索类案，向管理人提出异议。最终说服管理人和合议庭，管理人发出的《债权异议答复函》，确认了 Z 公司的优先权，要求 Z 公司配合竣工验收等收尾工作。

3. 2018 年 8 月 6 日，管理人组织第二次债权人会议，律师提出 Z 公司债权属于工程价款优先受偿权，受到众多债权人的反对。律师向与会各方陈述，工程尚未结算，H 公司的付款条件未成就，因此，Z 公司主张优先权未过 6 个月期限；此外，码头是 H 公司的最主要资产，若 Z 公司不配合竣工验收，全部债权人均无法顺利实现债权。最终，二次债权人会议确认，Z 公司享有工程价款优先受偿权。

4. 2018 年 8 月 10 日，南宁铁路运输中级法院作出（2017）桂 71 破 1-3 号民事裁定书，最终确认 Z 公司的工程价款优先受偿权。

5. 因重整方案无法通过债权人会议审议，H 公司重整失败。2019 年法院裁定 H 公司破产，后法院数次拍卖码头、海域使用权等破产财产，因标的达数亿元之巨，风险大，均告流拍。

6. 2021 年，H 公司重启重整程序。关于重整方案中的财产如何分配问题，债权人有不同的观点，司法实务中的裁判尺度不一。在中国裁判文书网以"建设工程优先受偿权""执行财产分配"为关键词组合，共搜索到相关案件 15 例。关于上述情形中的案款如何分配，不同法院的做法相异，主要有以下 4 种方案：一是建设工程价款绝对优先原则；二是参考该楼盘评估价中确定的房产与土地的价值比例分配拍卖款；三是以诉讼中确认的建设工程价款为基础确定承包人的优先受偿款；四是由评估机构重新评估和分别确定拍卖成交时房产与土地的价值，进而由建设工程款优先受偿权人和抵押权人分别优先受偿。

律师认为，优先权属于法定债权，在重整中也应当优先保障工程价款优先权的实现。最终，律师说服管理人和合议庭采纳律师观点。2021年10月重整成功，H公司破产管理人收到投资人的全部款项。

7. 因律师为Z公司争取到了申报债权按工程价款优先受偿，故申报债权清偿比例为100%，而其他普通债权的清偿比例仅为3.8%。2021年11月，Z公司收到扣除法院费用和管理人费用后的全部款项，案件历经4年圆满收官。

三、争议焦点

H公司破产重整前，Z公司与H公司诉讼调解结案，法院的调解书既未确定债权金额，也未确定优先受偿权，H公司破产重整后，Z公司进行债权申报之时案涉工程竣工已超过6个月期限，能否适用工程价款优先受偿权。按照当时有效的司法解释《最高人民法院关于建设工程价款优先受偿权问题的批复》第四条之规定，建设工程承包人行使优先权的期限为6个月，自建设工程竣工之日或者建设工程合同约定的竣工之日起计算。

四、各方的意见

（一）债权人的意见

律师经过系统梳理后认为，如果双方约定的工程款支付时间晚于工程竣工6个月的期限（正如本案，工程尚未结算，H公司的付款条件未成就），承包人在合理的期限内就该部分工程款提出优先权主张的，应当得到支持。该合理期限为约定的支付条件成就之日起算6个月。原因在于：第一，《合同法》第二百八十六条规定了建设工程价款优先受偿权存在的一个前置条件，即发包人未按照约定支付工程款，经承包人催促在合理期限内未支付。上述规定说明工程款的支付首先要满足双方的约定，只有在符合双方合同中约定的支付条件时，承包人才能要求发包人支付；反过来说，如果工程款支付条件不成就，承包人无法主张支付更没有要求行使优先权的必要。第二，工程款支付条件还未成就即剥夺了承包人主张优先权的权利不符合立法本意，《合同法》规定建设工程价款优先权制度，旨在保证工程款的获得，尤其是保障工人工资。如果承包人都还不能主张支付工程款时，优先权就已经消灭，立法目的无疑将会落空。

律师收到第一次债权人会议《H公司债权表》（仅认定为普通债权）后，随即向H公司管理人提出异议，具体理由如下。

1. 案涉工程尚未竣工验收，Z公司行使优先受偿权未超过法律规定期。

（1）港口所在地的港口行政管理部门未曾组织对案涉工程的竣工验收，案涉工程至今尚未竣工验收系客观事实。

《港口工程竣工验收办法》第九条第一款规定："港口工程符合竣工验收条件的，项目法人应当向港口所在地港口行政管理部门提出竣工验收申请。"

《港口工程竣工验收办法》第六条规定："港口工程竣工验收，实行统一管理、分级负责制度。交通运输部统一管理全国港口竣工验收工作。国务院投资主管部门、省级人民政府投资主管部门审批、核准和省级交通运输主管部门审批的港口工程竣工验收，由省级交通运输主管部门负责。其余港口工程由港口所在地港口行政管理部门负责竣工验收。以上负责港口工程竣工验收的部门统称为竣工验收部门。"

至今港口所在地的港口行政管理部门未曾组织对案涉工程进行竣工验收。

（2）最高人民法院已经明确"司法解释规定的实际竣工日期"不能作为建设工程价款优先受偿权除斥期间的起算点，应当以"竣工验收合格之日"为竣工之日。案涉工程尚未竣工验收，因此主张优先权未超过法律规定时限。

由最高人民法院民事审判第一庭编著的《民事审判指导与参考》（2011年第2辑，总第46辑）第371页载明："问：司法解释规定实际竣工日期能否作为建设工程承包人行使工程价款优先受偿权除斥期间的起算点？答：答案是否定的。最高人民法院《关于审理建设工程施工合同纠纷案件适用法律问题的解释》（以下简称《解释》）第十四条规定：（一）建设工程经竣工验收合格的，以竣工验收合格之日为竣工日期；（二）承包人已经提交竣工验收报告，发包人拖延验收的，以承包人提交验收报告之日为竣工日期；（三）建设工程未经竣工验收，发包人擅自使用的，以转移占有建设工程之日为竣工日期。最高人民法院《关于建设工程价款优先受偿权问题的批复》（法释〔2002〕16号，以下简称《批复》）第四条规定：建设工程承包人行使优先权的期限为6个月，自建设工程竣工之日或者建设工程合同约定的竣工之日起计算。《批复》第四条规定的'建设工程竣工之日'不包括《解释》第十四条第（二）、（三）项规定的两种情形。人民法院依据《解释》第十四条第（二）、（三）项规定认定建设工程实际竣工日期的两种情形，是针对发包人恶意拖延工程竣工验收时间，以期达到拖延支付工程价款的违法目的而作出的惩罚性规定。人民法院不宜依据最高人民法院《批复》之规定，以此作为承包人行使优先权的6个月期限的起算点，认定承包人超过《合同法》第二百八十六条规定的工程价款优先权行使期限。"

因此，案涉工程应当以"竣工验收合格之日"为竣工日期，而案涉工程尚未竣工验收，Z公司主张优先权未超过法律规定时限。

2.《合同法》第二百八十六条规定工程价款优先受偿权的行使需要以工程款支付条件成就为前提，倘若支付条件尚未成就的情况下即起算优先受偿权，将导致承包人都还不能主张支付工程款时优先权就已经消灭，明显不符合立法本意。本案H公司未按约定于2017年12月31日支付剩余工程款，Z公司于2018年2月向其主张工程价款优先受偿权，依法应予以支持。

（1）《合同法》第二百八十六条规定："发包人未按照约定支付价款的，承包人可以催告发包人在合理期限内支付价款。发包人逾期不支付的，除按照建设工程的性质不宜折价、拍卖的以外，承包人可以与发包人协议将该工程折价，也可以申请人民法院将该工程依法拍卖。建设工程的价款就该工程折价或者拍卖的价款优先受偿。"

行使工程价款优先受偿权存在一个前置条件：发包人未按照约定支付工程款，经承包人催促在合理期限内未支付。上述规定说明只有付款条件成就时，承包人才能要求发包人支付，才能行使工程价款优先受偿权；反过来说，如果工程款支付条件不成就，承包人无权要求支付工程款，更遑论主张优先权。

倘若工程款支付条件还未成就即剥夺了承包人主张优先权的权利，这不符合立法本意，《合同法》规定建设工程价款优先权的目的就在于保证工程款的获得以及工人工资的保障，如果承包人都还不能主张支付工程款时优先权就已经消灭，立法目的将落空。

（2）本案中，北海海事法院（2017）桂72民初169号民事调解书确认Z公司与H公司应于2017年10月31日之前完成对涉案工程结算价款的审核；H公司应于2017年12月31日前和2018年3月31日前分批付清工程款。亦即，H公司的付款条件在2017年12月31日才成就。Z公司于2018年2月通过向H公司破产管理人申报的方式主张建设工程价款优先受偿权，属于在法律规定的期限内主张行使工程价款优先受偿权，依法应予以支持。

3. 最高人民法院（2016）最高法民终106号案件关于建设工程优先受偿权起算时点的裁判主旨为"优先受偿权行使期限的起算点，不应早于当事人之间约定的工程价款支付期限"，该案例在该案中足资借鉴。

（1）最高人民法院（2016）最高法民终106号案件在该案中（普定县鑫臻酒店与普定县鑫臻房地产公司与黑龙江省建工集团有限责任公司建设工程合同纠纷案）的裁判主旨为："《合同法》第二百八十六条规定承包人就未付工程款所承建工程享有优先受偿权，系为保护承包人对工程价款的实际受偿，在认定该优先受偿权的行使期限时，应当遵循案件的客观事实，尊重当事人之间关于支付工程价款期限的约定，优先受偿权行使期限的起算点，不应早于当事人之间约定的工程价款支付期限，以保证该优先权权能。故本院认为，一审判决认定黑龙江建工集团于2014年12月22日提起该案诉讼，未超出优先受偿权行使期限正确，鑫臻房开公司以案涉工程于2014年3月11日竣工验收，并应从此时开始计算优先受偿权行使期限的上诉理由不能成立，对其上诉请求，本院不予支持。"

（2）最高人民法院《司法责任制实施意见（试行）》（2017年8月1日起试行）确立了类案与关联案件检索制度：第三十九条规定："承办法官在

审理案件时，均应依托办案平台、档案系统、中国裁判文书网、法信、智审等，对本院已审结或正在审理的类案和关联案件进行全面检索，制作类案与关联案件检索报告。检索类案与关联案件有困难的，可交由审判管理办公室协同有关审判业务庭室、研究室及信息中心共同研究提出建议。"

第四十条规定："经检索类案与关联案件，有下列情形的，承办法官应当按需以下规定办理：（1）拟作出的裁判结果与本院同类生效案件裁判尺度一致的，在合议庭评议中作出说明后即可制作、签署裁判文书；（2）在办理新类型案件中，拟作出的裁判结果将形成新的裁判尺度的，应当提交专业法官会议讨论，出院庭长决定或建议提交审判委员会讨论；（3）拟作出的裁判结果将改交本院同类生效案件裁判尺度的，应当报请庭长召集专业法官会议研究，就相关法律适用问题进行梳理后，呈报院长提交审判委员会讨论；（4）发现本院同类生效案件裁判尺度存在重大差异的，报请庭长研究后通报审判管理办公室，由审判管理办公室配合相关审判业务庭室对法律适用问题进行梳理后，呈报院长提交审判委员会讨论。"

因此，该案争议焦点与（2016）最高法民终106号案件争议焦点相同，依法应当参照适用该案裁判逻辑。

4. 各省高院对建设工程价款优先受偿权起诉时点的确定与最高人民法院的裁判逻辑一致，本案可以参照适用。

《广东省高级人民法院关于审理建设工程合同纠纷案件疑难问题的解答》（粤高法〔2017〕151号）第十六条规定："建设工程承包人行使工程价款优先受偿权的起算时点应如何确定：建设工程承包人行使优先受偿权的期限为六个月，具体起算点按照以下方式确定：（1）工程已竣工的，自建设工程竣工之日或者建设工程合同约定的竣工之日起算，上述日期不一致的，以在后日期作为起算点，但合同约定的付款期限尚未届满的，以合同约定的付款期限届满之日作为起算点；（2）工程尚未竣工而合同解除、终止履行的，以合同实际解除、终止之日作为起算点；（3）发包人主张以《建设工程司法解释》第十四条第（二）、（三）项作为承包人行使优先受偿权起算点的，不予支持。"

广东省高院裁判指导意见第十六条第一项与（2016）最高法民终106

号案件裁判逻辑完全一致，第三项与最高人民法院在关于"司法解释规定实际竣工日期能否作为建设工程承包人刑事工程价款优先受偿权除斥期间的起算点"问题的答复中也完全一致。

综上，无论从法律条文、最高人民法院及各地省高院指导意见、最高人民法院案例的裁判逻辑均可以得知建设工程价款优先受偿权的行使应当以工程款付款条件成就，付款期限届满为前提，并且从工程实际竣工验收日期（而非法律推定竣工日期）之日起开始计算6个月。案涉工程尚未竣工验收，并且工程款付款条件在2017年12月31日才届满的情况下，Z公司于2018年2月提出工程价款优先受偿权，未超过法律规定期限，依法应当予以支持。因此，Z公司对H公司的债权应当属于工程价款优先受偿权，而非普通债权。

（二）H公司管理人的意见

1. H公司管理人在第一次债权人会议时认定Z公司债权为普通债权，理由在于项目竣工远超6个月，按最高人民法院《关于建设工程价款优先受偿权问题的批复》第四条的规定，不予支持。

2. H公司管理人收到Z公司的异议最终采纳发包人付款条件成就为工程价款优先受偿权起算时点的隐含条件的观点，认可Z公司享有建设工程价款优先受偿权，并提请法院确认债权。

五、裁判结果

（一）码头建造合同纠纷案

Z公司与H公司码头建造合同纠纷，在北海海事法院的主持下，Z公司和H公司达成调解协议：（1）被告承诺于2017年10月31日之前完成对涉案工程结算价款的审核，结算的价款以原被告双方及监理方确认的金额为准；（2）原告确认被告已向其支付工程款共计52,830,000元；（3）对于结算后被告仍欠付的工程款，被告承诺于2017年12月31日之前支付不少于50%的金额，其余价款于2018年3月31日之前付清；（4）对于欠付的工程款的利息由被告向原告支付（按照中国人民银行同期同类流动资金贷款利率计算），以监理及被告审核后并经原告确认的金额减半支付。

（二）H公司破产重整案

2018年5月14日H公司管理人确认Z公司享有工程价款优先受偿权，后南宁铁路运输中级法院于2018年8月10日裁定确认Z公司享有工程价款优先受偿权，2021年8月20日，在管理人制作且经法院认可的债权分配方案中，Z公司100%受偿，2021年11月，Z公司收到扣除法院费用和管理人费用后的全部款项。

六、裁判理由

南宁铁路运输中级法院认为，工程通常建设周期长，竣工结算缓慢，工程竣工后6个月未完成结算的情况普遍存在。在项目还未完成竣工结算，发包人应付款总额未定的情况下，鲜少有承包人会在诉讼前单独向发包人主张工程价款优先受偿权，而待到承发包人之间的矛盾不可调和，诉至法院时，6个月的期限往往早已经过去。若机械适用最高人民法院《关于建设工程价款优先受偿权问题的批复》第四条"建设工程承包人行使优先权的期限为六个月，自建设工程竣工之日或者建设工程合同约定的竣工之日起计算"，那么极有可能出现承包人尚不能主张工程款时，优先权就已经消灭的结果，这与《合同法》第二百八十六条中发包人逾期不付款之前提相矛盾，也将很大程度上导致这一立法目的落空。工程价款优先受偿权应当"自发包人应当给付建设工程价款之日起算"，Z公司进行债权申报时，双方还未进行结算，Z公司的债权应当认定为建设工程价款优先受偿权。

七、案例评析

本案中，已经设定抵押的码头资产系H公司最主要的资产，该码头由Z公司施工。因担保优先权债权巨大，担保优先权都无法完全受偿的情况下，倘若Z公司债权不能认定为优先权，公司利益将难以得到保护。但是，Z公司债权金额高达2900余万元，一旦认定工程价款优先受偿权，将能够完全受偿，这也意味着抵押权人需要放弃2900余万元。Z公司工程价款优先受偿的认定之路受到抵押权人等既得利益群体的激烈反对。

律师接手案件后通过系统梳理法律、类案，通过对法律的体系解释、目的解释，并找到最高人民法院类案的裁判尺度，从法律层面"发包人付款条件成就为工程价款优先受偿权起算时点的隐含条件"，从事实层面，需要 Z 公司配合竣工验收码头资产才具有最大价值等多角度出发，最终债权人会议通过了 Z 公司债权为建设优先权的债权清单。后南宁铁路运输中级法院裁定确认 Z 公司的建设工程价款优先受偿权，Z 公司的债权 100% 实现，而普通债权实现比例仅为 3.8%。

本案中法院关于认定工程价款优先受偿权起算时点的裁判尺度与此后颁布的《最高人民法院关于审理建设工程施工合同纠纷案件适用法律问题的解释（二）》"从自发包人应当给付建设工程价款之日起算"是完全吻合的。南宁铁路运输中级法院以及该案的管理人，能够采纳代理人的意见，打破法条的桎梏，不机械适用法律，使该案有了合情合理合法的处理结果。

2019 年 2 月 1 日施行《最高人民法院关于审理建设工程施工合同纠纷案件适用法律问题的解释（二）》第四条，将建设工程价款优先受偿权的起始时间改为"自发包人应当给付建设工程价款之日起算"。2021 年 1 月 1 日施行的《最高人民法院关于审理建设工程施工合同纠纷案件适用法律问题的解释（一）》第四十一条，又将工程价款优先受偿权主张的期限延长至 18 个月。

最新的司法解释关于工程价款优先受偿权"自发包人应当给付建设工程价款之日起算"之规定清晰明确，消除了司法实践的混乱，也使承包人的权利得到切实的保护。[①]

【点评】

立法与司法是法律调整机制中关系非常密切的一对范畴，是实现国家职能的两种重要形式。"造法"是立法者的权限，"释法"为司法者的权限。

---

① 北海海事法院民事调解书，(2017) 桂 72 民初 169 号，南宁铁路运输中级法院民事裁定书，(2017) 桂 71 破 1 号。

问题的关键在于,"造法"与"释法"的界限如何界定?"造法"与"释法"的关系又是什么?

一种观点认为,司法权应受到立法权的严格限制,"释法"是对立法本意的再诠释,将此观点推向极端则陷入完满体系的演绎思维中,认为法官的判决仅仅是已有规则的精确复写,并要求立法者制定完满的、全备的、无须解释即可回答所有可能问题的规则。另一种观点认为,长久以来的司法实践使人们已经摆脱了法秩序的全备性与无漏洞性的信条;因此,对构成要件的解释必须以法条保护的法益为指导,而不能仅停留在法条的字面含义上;法律一经制定就应当与立法者保持一定的距离,立法本意不一定是法律本意,应当在法益的指导下及法律用语可能具有的含义内确定构成要件的具体内容。

本案的审理及判决则充分证明了上述第二种观点的合理性及现实性。

本案的核心问题是:在H公司破产重整前,Z公司和H公司的诉讼通过调解结案,但法院调解书既未确定债权金额,也未确定优先受偿权;H公司破产重整后,Z公司进行债权申报之时案涉工程竣工已超过6个月期限,能否适用工程价款优先受偿权。按照当时有效的司法解释即最高人民法院《关于建设工程价款优先受偿权问题的批复》第四条之规定,建设工程承包人行使优先权的期限为6个月,自建设工程竣工之日或者建设工程合同约定的竣工之日起计算。但南宁铁路运输中级法院认为,倘若机械适用最高人民法院《关于建设工程价款优先受偿权问题的批复》第四条"建设工程承包人行使优先权的期限为六个月,自建设工程竣工之日或者建设工程合同约定的竣工之日起计算"之规定,那么极有可能出现在承包人尚不能主张工程款时,优先权就已经消灭的结果,这与《合同法》第二百八十六条中的发包人逾期不付款之前提相矛盾,也将很大程度上导致这一立法目的的落空。南宁铁路运输中级法院最终认定,工程价款优先受偿权应当"自发包人应当给付建设工程价款之日起算",Z公司进行债权申报时,双方还未进行结算,Z公司的债权应当认定为建设工程价款优先受偿权。

中国的司法机关由权力机关产生并对其负责,法院除了享有诸如立法提案权之外不享有立法权,但它的司法解释和典型判例在司法实践中起着相当于法律规范的作用。司法执法对立法具有实践检验的反射效果，促进立法的科学理论性的回归，使立法行为更贴近社会生活，从而增进立法的合理性。南宁铁路运输中级法院在本案中的裁判理由及结果即充分体现了在实践检验中的反射效果。

从司法问题反馈立法的角度出发，司法促进立法完善遵循"刺激—反应"模式，其途径是司法机关在法律理解与适用过程中遇到的问题以及经验通过一定的方式"刺激"立法者。

特别需要指出的是，在这一司法反馈立法的过程中，诉讼代理律师可以发挥重要的作用。如本案代理律师基于《合同法》第二百八十六条的立法目的、基于工程价款优先受偿权制度的立法目的、基于规则体系解释，依据案涉工程尚未竣工验收的客观事实，参照最高人民法院"审判指导与参考"中的裁判观点及类案裁判尺度、相关省高院对建设工程价款优先受偿权起诉时点确定的裁判逻辑，在本案审理中有理有据地向法庭翔实论证了"该案建设工程价款优先受偿权的行使应当以工程款付款条件成就，付款期限届满为前提，并且从工程实际竣工验收日期（而非法律推定竣工日期）之日起开始计算六个月"的观点，并且得到了法庭的认可和采纳，此观点与此后《最高人民法院关于审理建设工程施工合同纠纷案件适用法律问题的解释（二）》"从自发包人应当给付建设工程价款之日起算"的规定是完全吻合的。本案中律师能够打破法条的桎梏，不主张机械适用法律，主张对规则构成要件的解释必须以规则保护的法益为指导；法庭对律师观点的采纳和适用，不仅使本案有了合情合理合法的处理结果，更是实现了以司法实践检验并完善司法解释的反射效果。

点评人：暨南大学法学院教授　郭　鹏